AF819778

भारतीय वायु सेना (IAF)

अग्निवीर वायु

ग्रुप–Y

विज्ञान विषयों के अतिरिक्त
(Other Than Science Subjects)

30 प्रैक्टिस सेट्स

भारतीय वायु सेना (IAF)

अग्निवीर
वायु

ग्रुप–Y

विज्ञान विषयों के अतिरिक्त
(Other Than Science Subjects)

30 प्रैक्टिस सेट्स

लेखकगण
दिपाली, प्रदीप श्रीवास्तव
संजीव दीक्षित, सुशील सिंह

arihant
SUCCESS AND NOTHING LESS

arihant
SUCCESS AND NOTHING LESS

अरिहन्त पब्लिकेशन्स (इण्डिया) लिमिटेड

卐 **रजि. कार्यालय**

'रामछाया' 4577/15, अग्रवाल रोड, दरियागंज, नई दिल्ली- 110002
फोन: 011-47630600, 43518550

卐 **मुख्य कार्यालय**

कालिन्दी, टी.पी. नगर, मेरठ (यूपी)– 250002
फोन: 0121-7156203, 7156204

मुख्य वितरक

शर्मा बुक एजेन्सी, ओम नगर, आगरा देहली बाईपास (निकट अलवर ब्रिज), मथुरा
फोन: 09219662591, 8433486830 ई.मेल: sharmabookagency25@gmail.com

卐 **शाखा कार्यालय**

आगरा, अहमदाबाद, बरेली, बेंगलुरु, चेन्नई, दिल्ली, गुवाहाटी, हैदराबाद, जयपुर, झाँसी, कोलकाता, लखनऊ, नागपुर तथा पुणे

PO No : TXT-XX-XXXXXXX-X-XX

PUBLISHED BY ARIHANT PUBLICATIONS (INDIA) LTD.

'अरिहन्त' की पुस्तकों के बारे में अधिक जानकारी के लिए हमारी वेबसाइट **www.arihantbooks.com** पर लॉग इन करें या **info@arihantbooks.com** पर सम्पर्क करें।

Follow us on...

विषय-सूची

All About Exam...

1. Indian Air Force invites ONLINE application from **UNMARRIED INDIAN MALE AND FEMALE CANDIDATES** for selection test from **18 October 2024** onwards to join the IAF as an AGNIVEER VAYU. The number and employability of female candidates will be decided as per service requirement.

   (THE SELECTION TEST IS NOT FOR SELECTION AS COMMISSIONED OFFICERS/ PILOTS/ NAVIGATORS).

ELIGIBILITY CRITERIA

2. **Date of Birth Block**

   (a) Candidates born between **3 July 2004** and **3 January 2008** (both dates inclusive) are eligible to apply.

   (b) In case, a candidate clears all the stages of the Selection Procedure, then the upper age limit as on date of enrolment should be 21 years.

3. **Educational Qualification**

   (a) Science Subjects

   Candidates should have passed Intermediate/10+2/ Equivalent examination with Mathematics, Physics and English from an Education Board recognised by Central, State and UT with minimum 50% marks in aggregate and 50% marks in English.

   OR

   Passed Three years Diploma Course in Engineering (Mechanical/ Electrical/ Electronics/ Automobile/ Computer Science/Instrumentation Technology/ Information Technology) from Central, State and UT recognised Polytechnic institute with 50% marks in aggregate and 50% marks in English in Diploma Course (or in Intermediate/Matriculation, if English is not a subject in Diploma Course).

   OR

   Passed Two years Vocational Course with non-vocational subjects *viz.* Physics and Maths from Education Board recognised by Central, State and UT with 50% marks in aggregate and 50% marks in English in Vocational Course (or in Intermediate/Matriculation, if English is not a subject in Vocational Course).

   (b) Other Than Science Subjects

   Passed Intermediate / 10+2 / Equivalent examination in any stream/subjects from Education Board recognised by Central, State and UT with minimum 50% marks in aggregate and 50% marks in English.

   OR

   Passed Two Years Vocational Course from Education Board recognised by Central, State and UT with minimum 50% marks in aggregate and 50% marks in English in Vocational Course or in Intermediate/Matriculation if English is not a subject in Vocational Course.

Note 1: Candidates eligible for Science Subjects examination (including Intermediate/10+2/ Three Years Diploma Course in Enginering or Two Years Vocational Course with non-vocational subjects of Physics and Maths) are also eligible for other than Science Subjects and would be given an option of appearing in both Science and Other than Science Subjects examination in one sitting while filling up the online registration form.

Note 2: Education Board recognised by Central, State and UT as on date of registration shall only be considered.

Note 3: Exact aggregate Percentage of marks before decimal as written in the marks sheet of 10+2/Intermediate/Equivalent examination/ Three Years Diploma Course/Two Years Vocational Course or calculated as per the rules of concerned Education Board/Polytechnic Institute shall only be considered (For example 49.99% should be taken as 49% and not to be rounded off to 50%).

EXAMINATION PATTERN

Phase - I

4. **Online Test :** Eligible candidates will be sent provisional admit cards for Phase - I of testing on their registered e-mail IDs 48-72 hrs prior to the examination. Candidates are required to download the admit card, take a colour printout and carry the same to the examination centre. Name of city & exam date will be intimated to candidates at an earlier date to enable them to plan their movement. This provisional admit card can also be downloaded by the candidate under candidates login on CASB web portal https://agnipathvayu.cdac.in. All candidates in possession of provisional admit card will undertake Online Test at centres designated/ allotted as per their admit card. Online test will be objective type and questions will be bilingual (English & Hindi) except for English paper. Candidates are to bring one blue/black pen and original AADHAR card along with them for Phase - I testing. Details of the test are as follows:

   (a) **Science Subjects :** Total duration of the online test shall be **60 minutes** and shall comprise of **Physics, Mathematics and English as per 10+2 CBSE syllabus.**

   (b) **Other Than Science Subjects :** Total duration of the online test shall be **45 minutes** and shall comprise of **English as per 10+2 CBSE syllabus and Reasoning & General Awareness (RAGA).**

   (c) **Science Subjects & Other Than Science Subjects :** Total duration of the online test shall be **85 minutes** and shall comprise of **Physics, Mathematics and English as per 10+2 CBSE syllabus and Reasoning & General Awareness (RAGA).**

   (d) **Marking pattern for online test :**

      (i) One mark for every correct answer.

      (ii) Nil (0) marks for unattempted question.

      (iii) 0.25 marks shall be deducted for each wrong answer.

Note 4 : Above examination methodology has been designed to facilitate selection process based on qualifications of candidates. Irrespective of the examination methodology AGNIVEER VAYU enrolled under this entry is liable to be assigned any duty in organisational interest, at the discretion of Indian Air Force.

पाठ्यक्रम

ENGLISH

I. A short passage followed by four questions to test comprehension.

The questions will be set:

1. To judge understanding of the passage.
2. To draw inference
3. To judge understanding of vocabulary

II. Grammar-1

1. Subject - verb concord
2. Forms of verbs and errors in the use of verbs, etc.
3. Sequence of tenses and errors in the use of tenses
4. Transformation of sentences - Compound, Complex, Simple, Negative, Affirmative, Comparative degree, Positive degree, Superlative degree et

III. Grammar-2

1. Formation of words - Nouns from verbs and adjectives, Adjectives from nouns and verbs, Adverbs from adjectives etc
2. Determiners
3. The Preposition
4. Nouns and Pronouns
5. The Adjective
6. The Adverb
7. The Conjunction
8. The Modals
9. Clauses - Noun clauses, Adverb clauses of condition and time and Relative clauses

IV. Vocabulary

1. Synonyms and Synonyms in context
2. Antonyms and Antonyms in context
3. One word substitution
4. Spelling pitfalls
5. Simple Idioms/phrases
6. Words often confused/Selecting the correct word fitting in a sentence

V. Narration (Direct and Indirect)

1. Commands and requests
2. Statements (Various tenses)
3. Questions (Various forms of questions, tenses, etc.)

VI. Voice (Active and Passive)

1. Changes required under each tense.
2. Other conditions for transforming Active into Passive
   (a) The Preposition
   (b) Modal auxiliaries
   (c) Infinitive
   (d) Participles

VII. Jumbled Sentences

तर्कशक्ति (भाषिक और अभाषिक)

1. आंकिक श्रृंखला
2. दिशा एवं दूरी परीक्षण
3. गणितीय संक्रियाएँ
4. संख्या, समय एवं क्रम व्यवस्था परीक्षण
5. गणितीय अंकों को आभासी मान देना
6. सही गणितीय चिन्हों को भरना
7. मानव सम्बन्ध
8. कूटलेखन–कूटवाचन
9. विषम पद चुनना
10. पारस्परिक सम्बन्ध समस्याएँ
11. सबसे लम्बे और छोटे का सम्बन्ध
12. शब्दकोश शब्द
13. सादृश्यता
14. अभाषिक तर्कशक्ति
15. संख्या कूटलेखन
16. संख्या पहेली

गणित

1. अनुपात तथा समानुपात
2. औसत
3. लघुत्तम समापवर्त्य तथा महत्तम समापवर्तक
4. लाभ और हानि
5. चाल, समय एवं दूरी
6. प्रतिशत
7. संख्याओं का सरलीकरण
8. भिन्न
9. त्रिभुज, वर्ग और आयत का क्षेत्रफल
10. घनाभ, बेलन, शंकु और गोले का पृष्ठीय क्षेत्रफल और आयतन
11. प्रायिकता
12. साधारण त्रिकोणमिति

सामान्य ज्ञान और समसमायिकी

1. सामान्य विज्ञान
2. नागरिक शास्त्र
3. भूगोल
4. समसमायिकी
5. इतिहास
6. मूल कम्प्यूटर संक्रियाएँ

भारतीय वायु सेना
अग्निवीर वायु

[(ग्रुप-Y) विज्ञान विषयों के अतिरिक्त]

सॉल्वड पेपर*

(18 मार्च, 2024)

समय : 45 मिनट | पूर्णांक : 50

निर्देश

1. इस सॉल्वड पेपर में कुल 50 बहुविकल्पीय प्रश्न हैं, जिनमें प्रत्येक सही विकल्प के लिए 1 अंक है।
2. सभी प्रश्न अनिवार्य हैं और प्रत्येक प्रश्न MCQ के प्रारूप में हैं।
3. गलत उत्तर के लिए 0.25 नकारात्मक अंक का प्रावधान है।

सेक्शन I ➤ अंग्रेजी भाषा

1. What is the most appropriate synonym of the given word?
Mentor
(a) Guide (b) Opponent
(c) Novice (d) Rival

2. Select the correct antonym for the given word.
Identical
(a) Different (b) Indistinguishable
(c) Similar (d) Corresponding

3. Select the option that can be used as a one word substitute for the given group of words.
One for whom the world is a home
(a) Homely (b) Familiar
(c) Cosmopolitan (d) Democratic

4. Select the correctly spelt word.
(a) Sponteneous (b) Spontanious
(c) Spontaneous (d) Spontaneuse

5. Select the most appropriate option to complete the sentence.
Scarcely had I reached the roof to set the antenna right ……… it started raining.
(a) when (b) till
(c) than (d) before

6. Fill in the blank spaces by choosing the correct word/s.
Her little girls are always ……… dressed.
(a) pretty (b) prettiest
(c) prettier (d) prettily

7. Select the most appropriate indirect form of the given sentence.
He said to me, 'I am enjoying my work.'
(a) He told me that he is enjoying his work.
(b) He told me that he was enjoying his work.
(c) He said to me that he was enjoying his work.
(d) He told me that he will enjoying his work.

8. Select the correct passive form of the given sentence.
Do not ruin the painting.
(a) Let the painting not be ruin.
(b) Let the painting not being ruined
(c) Let the painting not be ruined.
(d) Let the painting not ruined.

9. Select the most appropriate option. That can substitute the underlined segment in the given sentence. If there is no need to substitute it, select 'No substitution required'.
Ria sits right <u>besides</u> Shimona in the craft class.
(a) beside (b) be side
(c) besides to (d) No substitution required

10. Select the option that will improve the underlined part of the given sentence. In case no improvements is needed, select 'No improvement required'.
The government has decided to build a bridge <u>over the river</u>.
(a) No improvement required (b) in the river
(c) below the river (d) beyond the river

*स्मृति पर आधारित

11. Out of the four alternatives, choose the one which can be substituted for the given words/sentences and click the button corresponding to it.
Property inherited from one's father or ancestors.
(a) Patrimony (b) Mercenary
(c) Hereditary (d) Aristocracy

12. What is the verb form of the given noun?
Adorable
(a) Adoration (b) Adore
(c) Adornment (d) None of these

13. In the following question, sentences of a paragraph have been jumbled and labelled as A, B, C and D. You are required to rearrange the jumbled sentences of the paragraph and mark your response accordingly by selecting the correct option.
(A) The latter is the total debt accumulated over years of deficit spending.
(B) A fiscal deficit is a shortfall in a government's income compared with its spending.
(C) A fiscal deficit is calculated as a percentage of Gross Domestic Product (GDP), or simply as total dollars spent in excess of income.
(D) A fiscal deficit is different from fiscal debt.
(a) CBDA (b) BCAD (c) BCDA. (d) CBAD

14. In the following question, one part of the sentence may have an error. Find out which part of the sentence has an error and click the button corresponding to it. If the sentence is free from error, click the 'No error' option.
What will happen, if I will not get a job?
(a) What will (b) happen, if
(c) I will not get a job (d) No error

15. In the following question, some parts of the sentence may have errors. Find out which part of the sentence has an error and select the appropriate option. If a sentence is free from error, select 'No error'.
Unless you do not give(a)/ the keys to the safe(b)/ you will be shot(c)/ No error(d)
(a) Unless you do not give (b) the keys to the safe
(c) you will be shot (d) No error

Comprehension Passage

In the heart of the countryside, the village sprawls across the fertile land, nestled amongst emerald-green fields. At dawn, the roosters crow, signaling the beginning of a new day. Men and women head out to their farms, tools in hand, ready to cultivate the land. In these villages, life moves at a pace dictated by the rising and setting of the Sun.

Even the market, full of vibrant colours and the rich aromas of fresh produce, seems to follow the natural rhythms. Children, free from the constraints of Urban life, roam the fields and streams, discovering the joys of nature. Here, community bonds are strong, with neighbours ready to lend a hand in times of need. The pace of life, though slow and steady, is far from sluggish; it's full of purpose and hardwork.

16. What signals the beginning of a new day in the village?
(a) The sunset
(b) The roosters crowing
(c) The market opening
(d) The children playing

17. What is the primary activity of men and women in the village?
(a) Shopping at the market
(b) Cultivating the land
(c) Roaming the fields and streams
(d) Playing games

18. Where do the children spend most of their time?
(a) In school
(b) In the fields and streams
(c) At home
(d) In the market

19. Which one of the following is a synonym for 'Sluggish'?
(a) Rapid (b) Lively
(c) Slow (d) Swift

20. What is a significant aspect of village life mentioned in the passage?
(a) The constant traffic (b) Strong community bonds
(c) Urban constraints (d) Technology advancements

सेक्शन II ➤ सामान्य जागरूकता, गणित एवं तर्कशक्ति

21. यदि $\tan 7\theta \times \tan 2\theta = 1$ है, तो $\tan 3\theta$ का मान ज्ञात करें।
(a) $\sqrt{3}$ (b) $\frac{1}{\sqrt{3}}$
(c) $-\sqrt{3}$ (d) $-\frac{1}{\sqrt{3}}$

22. यदि $a^2 + b^2 + c^2 = 16$ और $ab + bc + ca = 10$ है, तो $a + b + c$ का मान ज्ञात करें।
(a) ± 9 (b) ± 6
(c) ± 7 (d) -6

23. तीन अंकों की वह सबसे बड़ी संख्या क्या होगी, जिसे 3, 7 और 21 से विभाजित करने पर शेष 2 बचे?
(a) 978 (b) 982
(c) 983 (d) 989

24. एक वस्तु को ₹ 1536 में बेचने पर एक व्यक्ति को 20% की हानि हुई। 20% लाभ कमाने के लिए उसे इसे कितने में बेचना चाहिए?
(a) ₹ 1200 (b) ₹ 3044 (c) ₹ 2304 (d) ₹ 1000

25. तार से बने एक वर्ग को वृत्त में परिवर्तित किया गया है। यदि वर्ग का क्षेत्रफल 484 वर्ग सेमी है, तो वृत्त का क्षेत्रफल क्या है?
(a) 616 सेमी^{2} (b) 121 सेमी^{2}
(c) 154 सेमी^{2} (d) 260 सेमी^{2}

26. एक पिता ने अपनी सम्पत्ति को तीन बराबर हिस्सों मे बाँटा, पहले हिस्से से सबसे बड़े बेटे को ₹ 500 दिए, फिर दूसरे बेटे को अपनी कुल सम्पत्ति का 10% दिया और अन्त में पहले और दूसरे बेटे के हिस्से की संयुक्त राशि सबसे छोटे बेटे को दे दी। पिता की सम्पत्ति का कुल मूल्य क्या है?
(a) ₹ 2000 (b) ₹ 2250 (c) ₹ 1200 (d) ₹ 1250

27. राजा और गोपाल 48 किमी की दूरी पर है। वे एक-दूसरे से मिलने के लिए एक ही समय पर क्रमशः 7 किमी/घण्टा और 5 किमी/घण्टा की गति से यात्रा करना शुरू करते हैं। वे .... समय के बाद मिलते हैं।
(a) 3 घण्टे (b) 7 घण्टे (c) 5 घण्टे (d) 4 घण्टे

28. तीन घंटियाँ 40 सेकण्ड, 60 सेकण्ड और 20 सेकण्ड के अन्तराल पर बजती हैं। यदि वे सुबह 9:11 बजे एकसाथ बजती हैं, तो अगली बार घंटियाँ किस समय एकसाथ बजेंगी?
(a) 9:13 (b) 9:20 (c) 10:00 (d) 9:25

29. एक लड़की बस स्टॉप पर पहुँचती है और उसे पता चलता है कि यहाँ से हर 25 मिनट में एक बस निकलती है। आखिरी बस 1:50 बजे निकलती है। अगली बस कितने बजे आएगी?
(a) 2:15 (b) 2:10
(c) 1:30 (d) 2:30

30. **निर्देश** यह प्रश्न एक निश्चित पैटर्न का अनुसरण करता है, दिए गए विकल्पों में से उपयुक्त विकल्प चुनिए।

40	67	38	80
80	40	67	62
35	50	20	?
45	43	75	51

(a) 16 (b) 7 (c) 72 (d) 85

31. निम्नलिखित प्रश्न में दी गई श्रृंखला में से लुप्त अंक ज्ञात कीजिए।
3, 5, 9, 17, 33, ?
(a) 63 (b) 65 (c) 70 (d) 78

32. 40 छात्रों की एक पंक्ति में, जब सविता को उसके बाएँ से 3 स्थान पर स्थानान्तरित किया गया, तो उसका स्थान पंक्ति के बाएँ छोर से 14 वाँ हो गया। यदि अनिता का स्थान सविता के पहले स्थान के दाएँ से तीसरा है, तो पंक्ति के दाएँ छोर से अनिता का स्थान अब क्या होगा?
(a) 33 (b) 24
(c) 35 (d) 21

33. एक आदमी ने एक लड़के की ओर इशारा करते हुए कहा कि यह लड़का मेरी पत्नी की बेटी के पिता का बेटा है। वह आदमी लड़के से किस तरह से सम्बन्धित है?
(a) बेटा (b) पिता
(c) चाचा (d) ससुर

34. दिए गए प्रश्न में दिए गए विकल्पों मे से विषम शब्द चुनिए।
(a) नेफ्रोलॉजी (b) ज्योतिष
(c) पक्षी विज्ञान (d) कीट विज्ञान

35. पाँच दोस्तों में धीरज, सुरेश और महेश से लम्बा है। नीरज, रवि से लम्बा है, लेकिन धीरज जितना लम्बा नहीं है, सुरेश, रवि से छोटा है, लेकिन सबसे छोटा नहीं है। उनमें से सबसे लम्बा कौन है?
(a) धीरज (b) नीरज
(c) सुरेश (d) महेश

36. एक व्यक्ति अपने घर से निकलकर दक्षिण दिशा में 4 किमी चलता है। फिर वह अपने दाएँ मुड़ता है और 6 किमी चलता है। फिर, वह अपने बाएँ मुड़ता है और 4 किमी चलता है। वह प्रारम्भिक बिन्दु से कितनी दूरी पर और किस दिशा में है?
(a) उत्तर-पूर्व, 10 किमी (b) दक्षिण-पश्चिम, 10 किमी
(c) दक्षिण-पूर्व, 8 किमी (d) उत्तर-पश्चिम, 12 किमी

37. यदि $10 \times 5 + 8 = 16$ तथा $9 \times 3 + 8 = 24$, तो $20 \times 4 + 5 = ?$
(a) 20 (b) 18 (c) 25 (d) 29

38. 7:10 बजे घड़ी में मिनट की सुई और घण्टे की सुई के बीच का कोण क्या होगा?
(a) 160° (b) 155° (c) 260° (d) 120°

39. यदि MUSICAL को KWQKACJ लिखा जाता है, तो SPRINKLE को कैसे लिखा जाएगा?
(a) ORBKCNJG (b) QNPGLIJC
(c) QRPKLMJG (d) URTKPMNG

40. दी गई आकृति का सही दर्पण प्रतिबिम्ब चुनें, जब दर्पण को MN पर रखा गया हो जैसा कि नीचे दिखाया गया है।

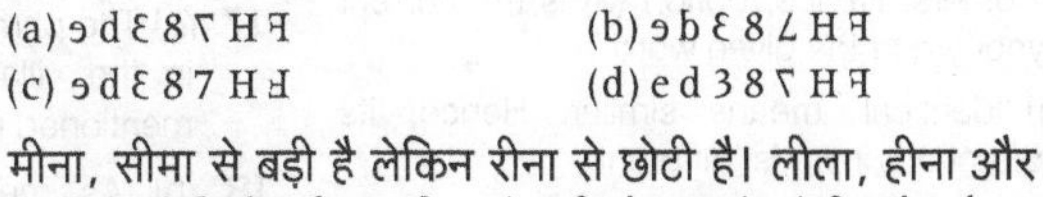

41. मीना, सीमा से बड़ी है लेकिन रीना से छोटी है। लीला, हीना और सीमा दोनों से छोटी है। सीमा, हीना से बड़ी है। सबसे छोटी कौन है?
(a) रीना (b) मीना (c) हीना (d) लीला

42. यदि शब्द VERTICAL के सभी अक्षरों को अंग्रेजी वर्णमाला क्रम के अनुसार बाएँ से दाएँ ओर व्यवस्थित किया जाए, तो मूल शब्द के सम्बन्ध में कितने अक्षरों की स्थिति अपरिवर्तित रहेगी?
(a) एक (b) दो (c) कोई नहीं (d) तीन

43. प्रश्न में दिए गए विकल्पों में से विषम शब्द चुनिए।
(a) कलम : लेखन सामग्री (b) सूर्य : तारा
(c) पृथ्वी : चन्द्रमा (d) चित्रकार : कलाकार

44. निम्नलिखित में से किस शासक ने विक्रमशिला विश्वविद्यालय की स्थापना की थी?
(a) मिहिरभोज (b) धर्मपाल
(c) देवपाल (d) नागभट्ट

45. यू. एस. ओपन 2023 किसने जीता था?
(a) नोवाक जोकोविच (b) राफेल नडाल
(c) रोजर फेडरर (d) डेनियल मेदवेदेव

46. वूलर झील भारत के किस राज्य में स्थित है?
(a) तेलंगाना (b) महाराष्ट्र
(c) जम्मू-कश्मीर (d) आन्ध्र प्रदेश

47. 'MLA' का पूर्ण रूप क्या है?
(a) मेम्बर ऑफ लेजिस्लेटिव असेम्बली
(b) मेम्बर ऑफ लॉ असेम्बली
(c) मेम्बर ऑफ लीगल असेम्बली
(d) मास्टर ऑफ लीगल असेम्बली

48. निम्नलिखित में से किसके कारण मंकीपॉक्स रोग होता है?
(a) बैक्टीरिया (b) वायरस
(c) कवक (d) प्रोटोजोआ

49. भूकम्प की तीव्रता मापी जाती है
(a) मीट्रिक टन स्केल (b) इंजीनियर स्केल
(c) रिक्टर स्केल (d) न्यूटन स्केल

50. कम्प्यूटर को इण्टरनेट से कनेक्ट करने के लिए किस डिवाइस का उपयोग किया जाता है?
(a) मॉडेम (b) केबल
(c) डेटाकार्ड (d) बस कार्ड

उत्तरमाला

1. (a)	**2.** (a)	**3.** (c)	**4.** (c)	**5.** (a)	**6.** (d)	**7.** (b)	**8.** (c)	**9.** (a)	**10.** (a)
11. (a)	**12.** (b)	**13.** (c)	**14.** (c)	**15.** (a)	**16.** (b)	**17.** (b)	**18.** (b)	**19.** (c)	**20.** (b)
21. (b)	**22.** (b)	**23.** (d)	**24.** (c)	**25.** (a)	**26.** (d)	**27.** (d)	**28.** (a)	**29.** (a)	**30.** (b)
31. (b)	**32.** (d)	**33.** (b)	**34.** (b)	**35.** (a)	**36.** (b)	**37.** (c)	**38.** (b)	**39.** (c)	**40.** (a)
41. (d)	**42.** (c)	**43.** (c)	**44.** (b)	**45.** (a)	**46.** (c)	**47.** (a)	**48.** (b)	**49.** (c)	**50.** (a)

संकेत एवं हल

1. *(a)* A mentor refers to a person who trains and advises a person over a period of time. A guide means a person who gives advice to others. Hence, option (a) is the correct synonym of the given word.

2. *(a)* 'Identical' means similar. Hence, its correct antonym is 'different'.

3. *(c)* Cosmopolitan means someone for whom the world is a home.

4. *(c)* 'Spontaneous' is the correctly spelt word. It means happening or done naturally without any plan or being forced to.

5. *(a)* The structure of sentence starting with scarcely is 'scarcely + had + subject + third form of the verb + ……… + when + simple past tense.' Hence, option (a) is the most appropriate option to complete the sentence.

6. *(d)* An adverb is required to complete the sentence meaningfully. Among the options, 'prettily' is the only adverb which describes the manner in which the little girls are dressed.

7. *(b)* 'He told me that he was enjoying his work' is the correct indirect form of the given sentence.

8. *(c)* 'Let the painting not be ruined' is the correct passive form of the given sentence.

9. *(a)* 'Besides' should be replaced by 'beside' to make the sentence grammatically correct. 'Besides' means in addition to and 'beside' means right next to.

10. *(a)* The sentence is grammatically correct and contextually meaningful.

11. *(a)* Patrimony means property inherited from one's father or ancestors.

12. *(b)* The verb form of 'adorable' is 'adore'. Adore means to love and respect deeply.

13. *(c)* The correct sequence is BCDA.

14. *(c)* Part (c) of the sentence contains an error. 'I will not get a job' should be replaced by 'I do not get a job' in order to make the sentence grammatically corre ct.

15. *(a)* Part (a) of the sentence contains an error. Use 'Unless you give' in place of 'Unless you do not give' to make the sentence grammatically correct.

16. *(b)* According to the passage, 'the roosters crowing' signals the beginning of a new day in the village.

17. *(b)* The primary activity of men and women in the village is cultivating the land as mentioned in the passage.

18. *(b)* As mentioned in the passage, the children spend most of their time in the fields and streams discovering the joys of nature.

19. *(c)* 'Sluggish' means slow. Hence, option (c) is its correct synonym.

20. *(b)* According to the passage, the villagers have strong community bonds with neighbours ready to lend a hand in times of need.

21. *(b)* $\tan 7\theta \times \tan 2\theta = 1$

$$\Rightarrow \tan 7\theta = \frac{1}{\tan 2\theta}$$

$$\Rightarrow \tan 7\theta = \cot 2\theta \quad \left[\because \cot\theta = \frac{1}{\tan\theta}\right]$$

$$\Rightarrow \tan 7\theta = \tan(90^\circ - 2\theta)$$

$$[\because \tan(90^\circ - \theta) = \cot\theta]$$

$$\Rightarrow 7\theta = 90^\circ - 2\theta$$

$$\Rightarrow 7\theta + 2\theta = 90^\circ$$

$$\Rightarrow 9\theta = 90^\circ$$

$$\Rightarrow \theta = \frac{90^\circ}{9} = 10^\circ$$

$$\therefore \tan 3\theta = \tan 3 \times 10 = \tan 30^\circ = \frac{1}{\sqrt{3}}$$

22. *(b)* हम जानते हैं कि,

$$(a + b + c)^2 = a^2 + b^2 + c^2 + 2ab + 2bc + 2ca$$

$$= 16 + 2(ab + bc + ca)$$

$$= 16 + 2 \times 10$$

$$= 16 + 20$$

$$= 36$$

$$\therefore a + b + c = \sqrt{36} = \pm 6$$

23. *(d)* 3, 7 और 21 का ल. स. = 21

सबसे बड़ी तीन अंको की संख्या = 999

जब हम 999 को 21 से भाग देते है तो शेषफल 12 प्राप्त होता है।

अर्थात्

```
21)999(47
   84
   159
   147
    12 शेषफल
```

$\therefore$ अभीष्ट संख्या $= 999 - 12 + 2$

$= 987 + 2$

$= 989$

24. *(c)* दिया है, वस्तु का विक्रय मूल्य = ₹1536

हानि % = 20%

$\therefore$ वस्तु का क्रय मूल्य = विक्रय मूल्य $\times \left(\frac{100}{100 - \text{हानि\%}}\right)$

$$= 1536 \times \frac{100}{80}$$

$$= 1536 \times \frac{5}{4}$$

$$= ₹\,1920$$

तब, 20% लाभ पर विक्रय मूल्य

$= \text{क्रय मूल्य} \times \frac{(100 + \text{लाभ\%})}{100}$

$$= 1920 \times \frac{(100 + 20)}{100}$$

$$= 1920 \times \frac{120}{100}$$

$$= ₹\,2304$$

25. *(a)* माना वर्ग की भुजा $= a$ सेमी

$\therefore$ वर्ग का क्षेत्रफल = 484 सेमी^{2}

$\Rightarrow a^2 = 484$ सेमी^{2}

$\therefore a = 22$ सेमी

अब, वर्ग का परिमाप = वृत्त का परिमाप

$$4a = 2\pi r$$

[जहाँ, r = वृत्त की त्रिज्या]

$$\Rightarrow 4 \times 22 = 2 \times \frac{22}{7} \times r$$

$r = \frac{4 \times 22 \times 7}{2 \times 22} = 14$ सेमी

तब, वृत्त का क्षेत्रफल $= \pi r^2$

$= \frac{22}{7} \times 14 \times 14$

$= 616$ सेमी^{2}

26. *(d)* माना पिता की कुल सम्पत्ति का मूल्य = ₹ x

उसने ₹ 500 अपने बड़े बेटे को दिए और x का 10% दूसरे बेटे को दिया।

दूसरे बेटे को प्राप्त सम्पत्ति = ₹ $\frac{x}{10}$

तथा सबसे छोटे बेटे को प्राप्त सम्पत्ति

$= 500 + \frac{x}{10}$

प्रश्नानुसार,

$500 + \frac{x}{10} + \left(\frac{x}{10} + 500\right) = x$

$\Rightarrow \quad 1000 + \frac{2x}{10} = x$

$\Rightarrow \quad 1000 + \frac{x}{5} = x$

$\Rightarrow \quad x - \frac{x}{5} = 1000$

$\Rightarrow \quad \frac{4x}{5} = 1000$

$\therefore \quad x = \frac{1000 \times 5}{4} = 1250$

अतः पिता की कुल सम्पत्ति का मूल्य = ₹ 1250

27. *(d)* राजा और गोपाल के बीच की दूरी

= 48 किमी

उनके मिलने मे लगा समय

$= \frac{\text{दोनों के बीच की दूरी}}{\text{सापेक्ष चाल}}$

$= \frac{48}{7+5} = \frac{48}{12} = 4$ घण्टे

अतः वे दोनों 4 घण्टे बाद मिलेगें।

28. *(a)* घंटियाँ क्रमशः 40, 60 और 20 सेकण्ड पर बजती हैं।

तब, 40, 60 और 20 का ल. स =120

ल. स. = 120 सेकण्ड = 2 मिनट

वह अगली बार एकसाथ (9:11 + 0:02)

= 9:13 बजे बजेंगी।

29. *(a)* बस स्टॉप से बस प्रत्येक 25 मिनट बाद निकलती है।

आखिरी बस 1:50 पर गई थी तो अगली बस के जाने का समय

= 1:50 + 0:25 (25 मिनट) = 2:15

30. *(b)* जिस प्रकार, पहले कॉलम से,

40 + 80 + 35 + 45 = 200

दूसरे कॉलम से, 67 + 40 + 50 + 43 = 200

तीसरे कॉलम से, 38 + 67 + 20 + 75 = 200

उसी प्रकार, चौथे कॉलम से,

80 + 62 + ? + 51 = 200

$\therefore$? = 200 − 193 = 7

31. *(b)* शृंखला में दिया गया पैटर्न निम्न प्रकार है,

3 5 9 17 33 [65]

×2−1 ×2−1 ×2−1 ×2−1 ×2−1

32. *(d)* सविता का बाएँ से प्रारम्भिक स्थान

= 14 + 3 = 17वाँ

बाएँ छोर से अनिता का स्थान

= 17 + 3 = 20 वाँ

∴ दाएँ छोर से अनिता का स्थान

= 40 − 20 + 1 = 21 वाँ

33. *(b)* प्रश्नानुसार,

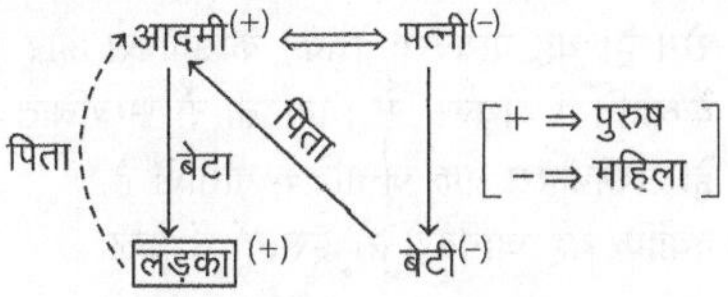

अतः वह आदमी उस लड़के का पिता है।

34. *(b)* 'ज्योतिष विज्ञान' को छोड़कर शेष अन्य तीनों जीव विज्ञान से सम्बन्धित हैं, जबकि ज्योतिष विज्ञान के अन्तर्गत ग्रहों और तारों के शुभ तथा अशुभ प्रभावों का अध्ययन किया जाता है।

35. *(a)* प्रश्नानुसार,

धीरज > सुरेश, महेश ...(i)

नीरज > रवि > सुरेश ...(ii)

धीरज > नीरज ...(iii)

समी (i), (ii) तथा (iii) से सभी व्यक्तियों का क्रम (लम्बाई के अनुसार)

धीरज > नीरज > रवि > सुरेश > महेश

अतः धीरज सबसे लम्बा है।

36. *(b)* प्रश्नानुसार,

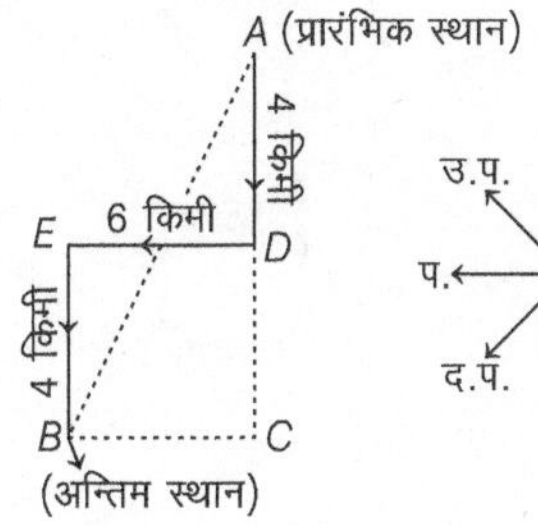

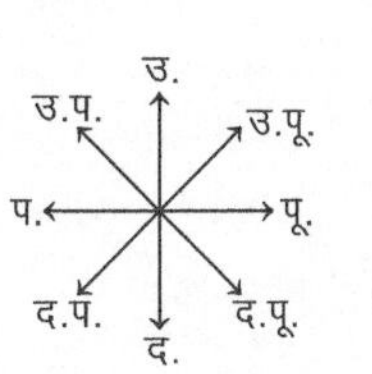

ΔABC में, $AC = AD + DC = 4 + 4$ $[\because DC = EB]$

= 8 किमी

तथा $BC = DE = 6$ किमी

$\therefore$ ΔABC में, पाइथागोरस प्रमेय द्वारा

$AB^2 = AC^2 + BC^2$

$\Rightarrow \quad AB^2 = 8^2 + 6^2$

$\Rightarrow \quad AB^2 = 64 + 36$

$\therefore \quad AB = \sqrt{100}$

= 10 किमी

अतः वह प्रारम्भिक बिन्दु से 10 किमी, दक्षिण-पश्चिम दिशा में है।

37. *(c)* जिस प्रकार,

$10 \times 5 + 8 = 10 \div 5 \times 8$

$= 2 \times 8 = 16$

$9 \times 3 + 8 = 9 \div 3 \times 8$

$= 3 \times 8 = 24$

उसी प्रकार, $20 \times 4 + 5 = 20 \div 4 \times 5$

$= 5 \times 5 = \boxed{25}$

38. *(b)* दिया गया समय = 7:10

$\therefore$ अभीष्ट कोण $= \left|\frac{11}{2} M - 30 H\right|$

(यहाँ $H = 7$ घण्टे, $M = 10$ मिनट)

$= \left|\frac{11}{2} \times 10 - 30 \times 7\right|$

$= |55 - 210|$

$= 155°$

39. *(c)* जिस प्रकार,

M U S I C A L

−2 +2 −2 +2 −2 +2 −2

K W Q K A C J

उसी प्रकार,

S P R I N K L E

−2 +2 −2 +2 −2 +2 −2 +2

[Q R P K L M J G]

40. *(a)* विकल्प आकृति (a) प्रश्न आकृति का सही दर्पण प्रतिबिम्ब है।

M

F H 7 8 3 b e ‖ ɘ d Ɛ 8 7 H Ⅎ

N

41. *(d)* प्रश्नानुसार,

रीना > मीना > सीमा ...(i)

सीमा, हीना > लीला ...(ii)

सीमा > हीना ...(iii)

समी (i), (ii) तथा (iii) से, सभी व्यक्तियों का क्रम (लम्बाई के अनुसार)

रीना > मीना > सीमा > हीना > लीला

अतः लीला सबसे छोटी है।

42. *(c)* दिया गया शब्द = V E R T I C A L

अंग्रेजी वर्णमाला का क्रम = A C E I L R T V

स्पष्टतः यहाँ कोई भी अक्षर अपने आरम्भिक स्थान पर नहीं है।

43. *(c)* सभी युग्मों में विकल्प (c) को छोड़कर दूसरे भाग के अन्तर्गत पहला भाग आता है। जैसे–सूर्य एक प्रकार का तारा है, कलम, लेखन सामग्री के अन्तर्गत आता है, चित्रकार,

कलाकार वर्ग के अन्तर्गत आता है, जबकि पृथ्वी एक ग्रह है तथा चन्द्रमा, पृथ्वी का उपग्रह है।
अतः पृथ्वी : चन्द्रमा विषम युग्म है।

44. *(b)* 'विक्रमशिला विश्वविद्यालय' की स्थापना धर्मपाल ने की थी। यह विश्वविद्यालय पाल साम्राज्य के दौरान भारत के सबसे महत्त्वपूर्ण मठों में से एक था। बख्तियार खिलजी नामक मुस्लिम आक्रमणकारी ने 1193 ई. के आस-पास इस विश्वविद्यालय को नष्ट कर दिया।

45. *(a)* यू. एस. ओपन 2023 नोवाक जोकोविच ने जीता था। जोकोविच ने फाइनल में डेनियल मेदवेदेव को 6-3, 7-6 और 6-3 से हराया। यह नोवाक जोकोविच के करियर की 24वीं ग्रैण्ड स्लैम जीत थी।

46. *(c)* वूलर झील दक्षिण एशिया की सबसे बड़ी मीठे पानी की झीलों में से एक है। यह भारत के जम्मू-कश्मीर के बान्दीपोरा जिले में स्थित है। इस झील का आकार मौसम के अनुसार बदलता रहता है। यह झील 1580 मी की ऊँचाई पर स्थित है।

47. *(a)* 'MLA' का पूर्ण रूप मेम्बर ऑफ लेजिस्लेटिव असेम्बली है। 'MLA' मतदाताओं द्वारा विधायिका में चुना गया प्रतिनिधि होता है। विधायक का मुख्य कार्य अपने निर्वाचन क्षेत्र में विनियम एवं नियमों को व्यवस्थित करना और नए विनियमों पर विचार करना, निरीक्षण करना और अनुमोदन के लिए समर्थन करना है।

48. *(b)* मंकीपॉक्स, वायरस के कारण होने वाला रोग है। यह वायरस चेचक, काउपॉक्स और वैक्सीनिया वायरस से निकटता से सम्बन्धित है। मंकीपॉक्स एक जूनोटिक बीमारी है, क्योंकि यह जानवरों से इंसानों में फैल सकती है। इसके अतिरिक्त यह रोग संक्रमित व्यक्ति के निकट सम्पर्क थे माध्यम से या वायरस दूषित सामग्री के माध्यम से मनुष्यों मे फैल सकता है।

49. *(c)* भूकम्प की तीव्रता रिक्टर पैमाने से मापी जाती है। यह पैमाना वर्ष 1935 में चार्ल्स एफ. रिक्टर द्वारा विकसित किया गया था। इस भूकम्पमापी पर दर्ज भूकम्पीय तरंगों के आयाम को मापने के लिए एक लघुगणकीय पैमाने का उपयोग किया जाता है।

50. *(a)* कम्प्यूटर को इण्टरनेट से कनेक्ट करने के लिए उपयोग किया जाने वाला प्राथमिक उपकरण मॉडेम है। यह एक हार्डवेयर डिवाइस है, जिसका पूरा नाम 'मॉडुलेटर-डीमॉलेटर' है। इसका उपयोग एनालॉग सिम्नल को डिजिटल सिग्नल में बदलने के लिए किया जाता हैं।'

भारतीय वायु सेना

अग्निवीर वायु फेज-1

(ग्रुप-Y) विज्ञान विषय के अतिरिक्त

प्रैक्टिस सेट 1

समय : 45 मिनट | **पूर्णांक** : 50

निर्देश

1. इस प्रैक्टिस सेट में कुल 50 बहुविकल्पीय प्रश्न हैं जिनमें प्रत्येक सही विकल्प के लिए 1 अंक है।
2. सभी प्रश्न अनिवार्य हैं और प्रत्येक प्रश्न MCQs के प्रारूप में हैं।
3. गलत उत्तर के लिए 0.25 नकारात्मक अंक का प्रावधान है।

सेक्शन I ➤ अंग्रेजी भाषा

Directions (Q. Nos. 1-4) *Read the passage carefully and answer the questions that follow.*

I had seen this road many years ago when my parents moved to Mundakkottukurussi, our ancestral village. However, in those early years, I hadn't begun exploring the countryside. I stored the unknown road in my head under 'One Day I Will', Ten years ago, when I recovered from a herniated disc, it was to discover that I had a useless left leg. Though I managed to lose the limp, I hated not being able to stride around as I used to, I needed a challenge to tell myself that I wasn't going to buckle to a creature called sciatica. Thus, the 'One Day I Will' arrived.

"Where does the road by the medical shop lead to?" I asked my parents while visiting them next. 'Chalavara', they said, "It's not an easy road to walk on." My father added, "There are too many ups and downs." Chalavara was a superior grade of a village as compared to Mundakkottukurussi with a high school, a fine library, ATMs and several shops. But it also has two approach roads. The one I had chosen was a narrow back road used by the locals and that settled it for me, I needed to know for myself I could walk a road that wasn't going to be easy. And the next day, I would get up and walk that road again.

1. What is 'sciatica'?
(a) A type of animal
(b) Name of a real place
(c) Name of an imaginary place
(d) A herniated disc

2. Where did the forefathers of the writer live?
(a) Chalavara
(b) Bengaluru
(c) Mundakkottukurussi
(d) Out of India

3. What disability did the writer suffer due to the herniated disc?
(a) A useless left leg
(b) Depression
(c) Loss of memory
(d) Poor visibility

4. 'One Day I Will' is the title of
(a) A village
(b) The unknown road
(c) A tourist place
(d) A path famous with

Directions (Q. Nos. 5-7) *Find out which part of the sentence has an error.*

5. Many a man (a)/have come to India from Bangladesh (b)/ to live here permanently. (c)/ No error (d)

6. One of the boys (a)/ who always give the correct answer (b)/ is Samuel. (c)/ No error (d)

7. I worked (a)/ as a medical representative (b)/ for eight months. (c)/ No error (d)

Directions (Q. Nos. 8-10) *Fill in the blanks with the suitable alternative.*

8. On reaching the top of the ridge, we came upon a ..... of monkeys.
(a) troop (b) pack
(c) herd (d) colony

9. Jason and James took their bike with
(a) they (b) them
(c) their (d) us

10. Those are probably the.......curtains in the store.
(a) fancy (b) fancier
(c) fanciest (d) most fanciest

11. Select the option that can be used as a one-word substitute for the given group of words.
One whose hobby is stamp collection.
(a) Phonologist (b) Philanthropist
(c) Philatelest (d) Panegyrist

12. Select the correctly spelt word.
(a) Terbulence
(b) Turbulance
(c) Turbulence
(d) Turbulense

13. Select the most appropriate indirect form of the given sentence.
My parents said to me, "Good Night!"
(a) My parents told me to good night.
(b) My parents told me the night was good.
(c) My parents told me good night.
(d) My parents bade me good night.

14. Select the correct passive form of the given sentence.
They found him lying dead on the roadside.
(a) The roadside found him lying dead.
(b) He was lying dead found by the roadside.
(c) Lying by the roadside, he was found dead.
(d) He was found lying dead by the roadside.

15. Select the most appropriate option that can substitute the underlined segment in the given sentence.
I don't remember exactly <u>when did I go</u> to Shimla last year.
(a) When I did go
(b) When I was going
(c) When I went
(d) No improvement

16. Change the verb 'succeed' into adjective.
(a) Successful
(b) Succeeding
(c) Success
(d) Successfuly

17. Rearrange the parts of a sentence which are labelled P, Q, R and S to produce the meaningful sentence.
(P) : with the management of organisations
(Q) : employees can organise into trade or labour unions
(R) : about working and contractual conditions
(S) : which represent the workforce to collectively bargain.
(a) QSPR (b) RSQP
(c) SPRQ (d) RPQS

18. Choose the word which best expresses the meaning of the given word.
Ache
(a) Comfort
(b) Ease
(c) Suffering
(d) Relief

19. Select the one which is opposite in meaning to the given word.
Duty
(a) Commission
(b) Obligation
(c) Irresponsibility
(d) Role

Direction (Q. No. 20) *Transform the following assertive sentence into interrogative sentence by selecting the correct option.*

20. Please wait for me.
(a) Will you please wait for me?
(b) Will you wait for me, please?
(c) Will you not wait for me, please?
(d) Can you not wait for me please?

सेक्शन II ➛ सामान्य जागरुकता, गणित एवं तर्कशक्ति

1. सबसे प्राचीनतम वेद है
(a) अथर्ववेद (b) सामवेद
(c) ऋग्वेद (d) यजुर्वेद

2. 'वायुदाब' किसके द्वारा मापा जाता है?
(a) हाइग्रोमीटर (b) बैरोमीटर
(c) क्रोनोमीटर (d) अमीटर

3. निम्नलिखित देशों में से कौन-सा देश म्यांमार के साथ थल सीमा साझा नहीं करता है?
(a) बांग्लादेश (b) भारत
(c) कम्बोडिया (d) लाओस

4. संयुक्त राष्ट्र संघ का मुख्यालय स्थित है
(a) न्यूयॉर्क में
(b) वाशिंगटन में
(c) जेनेवा में
(d) रोम में

5. भारत के राष्ट्रपति को पद और गोपनीयता की शपथ निम्नलिखित में से कौन दिलाता है?
(a) उप-राष्ट्रपति
(b) प्रधानमन्त्री
(c) सर्वोच्च न्यायालय का मुख्य न्यायाधीश
(d) लोकसभा अध्यक्ष

6. निम्नलिखित में किस कम्प्यूटर कुंजी द्वारा छोटे अक्षरों को बड़े अक्षरों में बदला जाता है?
(a) ऑल्ट (b) कण्ट्रोल
(c) कैप्स लॉक (d) एण्टर

7. स्वतन्त्रता के बाद एक ही ओलम्पिक खेल में दो पदक जीतने वाले प्रथम भारतीय कौन हैं?
(a) नीरज चोपड़ा (b) पीवी सिन्धु
(c) मनु भाकर (d) सुशील कुमार

8. एक आदमी ₹ 3 के 10 सन्तरे खरीदता है और ₹ 3 में 8 के हिसाब से बेचता है, लाभ प्रतिशत ज्ञात कीजिए।
(a) 20% (b) 25% (c) 27% (d) 30%

9. जतिन 7.5 किमी अधिक दूरी तय करता है, यदि वह प्रति घण्टे 4 किमी की बजाय 9 किमी चलता है। उसके द्वारा तय की गई दूरी वास्तव में (किमी) में क्या है?
(a) 6 (b) 8
(c) 5 (d) 7

10. नीचे दी गई समीकरण को हल करें।
$34508 + 3.4508 + 345.08 - 32.89 = ?$
(a) 320.1488 (b) 350.1488
(c) 355.1488 (d) 450.1488

11. यदि $\sec\theta - \operatorname{cosec}\theta = 0$ और θ न्यून कोण है, तो $\sec^2\theta + \operatorname{cosec}^2\theta$ का मान ज्ञात करें।
(a) 2 (b) 4 (c) 0 (d) 1

12. निम्न व्यंजक को सरल करें।
$5\frac{1}{3} \div \left[7 - 3 \div \left(1 - \frac{1}{4}\right) \times \frac{2}{3} + 1\right] - 3 \div 1 + 2$
(a) 0 (b) – 4 (c) 15 (d) $\frac{7}{41}$

13. A एक कार्य को 10 दिनों में और B उसी कार्य को 20 दिनों में कर सकता है। यदि वे दोनों 2 दिनों में एकसाथ मिलकर कार्य करते हैं, तो कार्य का कितना भाग समाप्त होगा?
(a) $\frac{3}{10}$ (b) $\frac{3}{8}$ (c) $\frac{1}{3}$ (d) $\frac{1}{4}$

14. यदि दो घनों के आयतनों का अनुपात 27 : 64 है, तो उनके सम्पूर्ण पृष्ठीय क्षेत्रफलों का अनुपात क्या होगा?
(a) 27 : 64 (b) 9 : 16
(c) 3 : 4 (d) 3 : 8

15. ताश के 52 पत्तों में से एक पत्ता चुना गया है। इसके लाल फेस कार्ड होने की प्रायिकता है
(a) $\frac{3}{26}$ (b) $\frac{3}{13}$ (c) $\frac{2}{13}$ (d) $\frac{1}{2}$

16. निम्नलिखित श्रृंखला में प्रश्न चिह्न (?) का स्थान ले सकने वाली संख्या का चयन करें।
25, 26, 53, 160, 641, ?
(a) 3206 (b) 2908 (c) 3202 (d) 3403

17. दिए गए विकल्पों में से सम्बन्धित शब्द को चुनिए।
मछली : शल्क :: भालू : ?
(a) पंख (b) पत्ते
(c) लोमचर्म (d) त्वचा

18. P और Q भाई हैं। R और S बहनें हैं। P का पुत्र S का भाई है। Q का R से क्या सम्बन्ध है?
(a) चाचा (b) भाई (c) पिता (d) दादा

19. निम्नलिखित में प्रतीकों के किस सेट को * के स्थान पर रखा जा सकता है?
25*2*6 = 4*11*0
(a) ×, −, ×, + (b) +, −, ×, +
(c) ×, +, ×, − (d) ×, +, +, ×

20. यदि TIMBER को एक कूट भाषा में BERMIT लिखा जाए, तो उस कूट भाषा में BANTER को किस प्रकार लिखा जाएगा?
(a) RETNAB (b) TERNAB
(c) TENBAR (d) TABNER

21. उस विकल्प का चयन करें, जो तीसरे अक्षर-समूह से उसी प्रकार से सम्बन्धित है, जिस प्रकार से दूसरा अक्षर-समूह, पहले अक्षर-समूह से सम्बन्धित है।
AZW : GFC : : LSM : ?
(a) RYS (b) RXY (c) QOS (d) DMT

22. यदि बीते कल से पहले वाला दिन रविवार था, तो आने वाले कल से अगले दिन से तीसरे दिन कौन-सा दिन होगा?
(a) रविवार (b) सोमवार
(c) बुधवार (d) शनिवार

23. लता पूर्व की ओर 30 मी दौड़ी, फिर बाएँ मुड़कर 15 मी चली। फिर दाएँ मुड़कर 10 मी चली और फिर दाईं ओर मुड़कर 15 मी चली। लता प्रारम्भिक स्थान से कितनी दूर है?
(a) 20 मी (b) 30 मी (c) 40 मी (d) 45 मी

24. निम्नलिखित में से कौन-सा वेन-आरेख गाजर, खाद्य, वनस्पतियों के बीच सम्बन्ध को सही दर्शाता है?

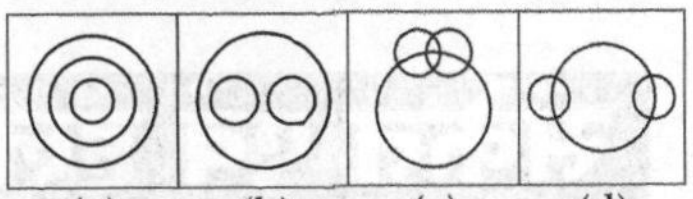

(a) (b) (c) (d)

25. एक ट्रेन में सदैव होता है
(a) इंजन (b) स्टेशन (c) डिब्बा (d) ए. सी. कोच

26. उस विकल्प आकृति का चयन करें, जिसमें उसके एक भाग के रूप में आकृति X सन्निहित है (घुमाने की अनुमति नहीं है)।

प्रश्न आकृति

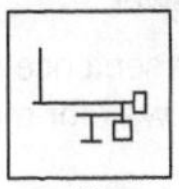

X

उत्तर आकृतियाँ

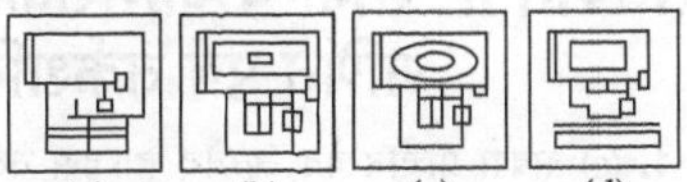

(a) (b) (c) (d)

27. X, Y, Z और P एक गोलाकार मेज के चारों ओर बैठे हैं और अपने-अपने व्यापार की चर्चा कर रहे हैं।
(i) X, बावर्ची के विपरीत बैठा है।
(ii) Y, नाई के दाएँ ओर बैठता है।
(iii) धोबी, दर्जी के बाएँ ओर बैठता है।
(iv) P, Z के विपरीत बैठता है।
ऊपर दी गई जानकारी के आधार पर बताइए कि X और Y का क्या व्यापार है?
(a) दर्जी और नाई (b) नाई और बावर्ची
(c) दर्जी और बावर्ची (d) दर्जी और धोबी

28. नीचे दिए बए चित्र में प्रश्नवाचक चिह्न के स्थान पर कौन-सी संख्या आएगी?

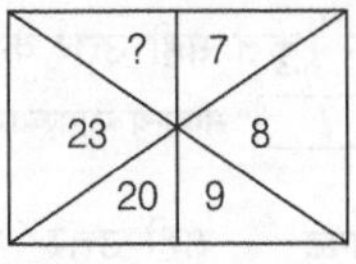

(a) 19 (b) 22 (c) 26 (d) 28

29. वह उत्तर आकृति चुनिए, जो प्रश्न आकृति में दी गई श्रृंखला को पूर्ण करेगी

प्रश्न आकृतियाँ

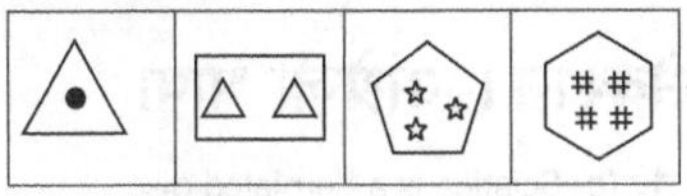

उत्तर आकृतियाँ

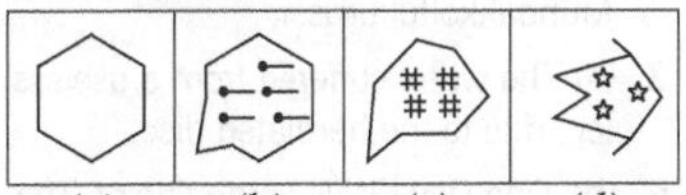

(a) (b) (c) (d)

30. उत्तर आकृतियों में से वह उत्तर आकृति चुनिए, जो प्रश्न आकृति के पैटर्न को पूरा करेगी।

प्रश्न आकृति

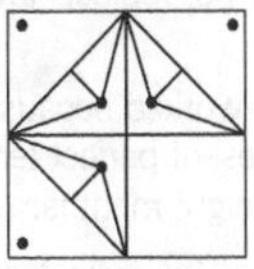

उत्तर आकृतियाँ

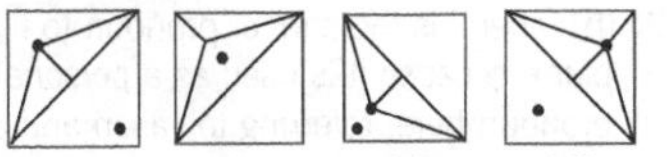

(a) (b) (c) (d)

उत्तरमाला

सेक्शन I अंग्रेजी भाषा

1 (d)	2 (c)	3 (a)	4 (b)	5 (b)	6 (b)	7 (a)	8 (a)	9 (b)	10 (c)
11 (c)	12 (c)	13 (d)	14 (d)	15 (c)	16 (a)	17 (a)	18 (c)	19 (c)	20 (b)

सेक्शन II सामान्य जागरूकता, गणित एवं तर्कशक्ति

1 (c)	2 (b)	3 (c)	4 (a)	5 (c)	6 (c)	7 (c)	8 (b)	9 (a)	10 (b)
11 (b)	12 (a)	13 (a)	14 (b)	15 (a)	16 (a)	17 (c)	18 (a)	19 (a)	20 (b)
21 (a)	22 (a)	23 (c)	24 (a)	25 (a)	26 (b)	27 (c)	28 (c)	29 (b)	30 (a)

स्कोर कार्ड

- कुल Attempted प्रश्न
  अंग्रेजी भाषा [   ] सामान्य जागरूकता, गणित एवं तर्कशक्ति [   ]
- कुल सही व गलत प्रश्न
  अंग्रेजी भाषा [/] सामान्य जागरूकता, गणित एवं तर्कशक्ति [/]
- फाइनल स्कोर (कुल सही उत्तर के अंक – गलत उत्तर के अंक)
  अंग्रेजी भाषा [/] सामान्य जागरूकता, गणित एवं तर्कशक्ति [/]

समय 45 मिनट   सही उत्तर 1 अंक   गलत उत्तर 0.25 अंक

- रिजल्ट
  - 10 से नीचे (किसी भी सेक्शन में) - Average (सिलेक्शन नहीं)
  - 10-18 के बीच में (कुल 35+) - Good (सिलेक्शन हो सकता है)
  - 18 से ऊपर (दोनों सेक्शन में) - Excellent (100% सिलेक्शन)
- टिप्पणी
  यदि आपका स्कोर किसी भी सेक्शन में 10 से नीचे है तब आप बार-बार प्रैक्टिस करें और ऐसा तब तक करें जब तक आपका स्कोर 10-18 (कुल 35+) के बीच में नहीं हो जाता।

संकेत एवं हल

सेक्शन I अंग्रेजी भाषा

1. (d) Sciatica is a herniated disc.

2. (c) The forefathers of the writer live in Mundakkottukurussi.

3. (a) The writer suffered from a useless left leg, due to the herniated disc.

4. (b) 'One Day I Will' is the title of 'The Unknown Road'.

5. (b) Many a man is a singular noun and hence takes a singular verb. So, replace 'have' by 'has'.

6. (b) 'One of the' is a singular noun and takes a singular verb after it. So, replace 'give' by 'gives'.

7. (a) Insert 'have' before worked because the sentence is used in present perfect tense with a time frame i.e. eight months.

8. (a) 'Troop' of monkeys is the collective noun to be filled here.

9. (b) 'Them' is the correct pronoun to fill the blank because it is used as a personal pronoun here, referring to Jason and James.

10. (c) 'Fanciest' is the correct option as it is the superlative degree is used before 'the'.

11. (c) A person who collects stamp as a hobby or investment is called philatelist.

12. (c) The correctly spelt word is 'Turbulence'

13. (d) The correct indirect form of the given sentence is My parents bade me good night.

14. (d) The correct passive form of the given sentence is 'He was found lying dead by the roadside'.

15. (c) Here, 'when I went' should be used in place of 'when did I go' to improve the given sentence.

16. (a) 'Successful' is the correct adjective form of the given word.

17. (a) The correct order is QSPR, to produce the meaningful sentence.

18. (c) 'Ache' and 'Suffering' both means 'Pain'.

19. (c) 'Duty' means responsibility. So, its antonym will be 'irresponsibility'. Hence option (c) is the correct answer.

20. (b) The correct interrogative sentence of the given sentence is, 'will you wait for me, please?'

सेक्शन II सामान्य जागरुकता, गणित एवं तर्कशक्ति

1. (c) सबसे प्राचीन वेद ऋग्वेद है। इस वेद में 10 मण्डल, 1028 सूक्त व 10,462 ऋचाएँ हैं। ऋग्वेद से आर्यों के जीवन, समाज व राजनीतिक संरचना का परिचय मिलता है। ऋग्वेद के पाठककर्ता को होतृ कहा जाता है।

2. (b) वायुदाब बैरोमीटर द्वारा मापा जाता है। वायुदाब मापने के लिए पानी, हवा या पारे का प्रयोग किया जाता है। बैरोमीटर के आविष्कारक ई. टोरिसैली हैं। उन्होंने 1643 ई. में इसका आविष्कार किया था।

3. (c) म्यांमार और कम्बोडिया के मध्य थल सीमाओं का साझा नहीं होता है, जबकि बांग्लादेश, भारत एवं लाओस के साथ म्यांमार की सीमाएँ लगती हैं। म्यांमार की सबसे छोटी सीमा रेखा बांग्लादेश के साथ साझा होती है।

4. (a) संयुक्त राष्ट्र संघ का मुख्यालय न्यूयॉर्क (अमेरिका) में स्थित है। संयुक्त राष्ट्र की स्थापना 24 अक्टूबर, 1945 को की गई थी। वर्तमान में इसके सदस्य देशों की संख्या '193' है। 193वाँ देश साउथ सूडान है। संयुक्त राष्ट्र की 'छः' आधिकारिक भाषाएँ (अंग्रेजी, फ्रेंच, चीनी, रूसी, अरबी, स्पेनिश) हैं। वर्तमान में इसके महासचिव का नाम 'एण्टोनियो गुटरेस' है, जो पुर्तगाल के हैं।

5. (c) भारतीय संविधान के अनुच्छेद-60 के अन्तर्गत राष्ट्रपति को पद और गोपनीयता की शपथ सर्वोच्च न्यायालय का मुख्य न्यायाधीश दिलाता है।

6. (c) कम्प्यूटर के की-बोर्ड पर कैप्स लॉक कुँजी का प्रयोग छोटे अक्षरों को बड़े अक्षरों में बदलने के लिए किया जाता है। यह शिफ्ट एवं कण्ट्रोल कुँजी के ठीक ऊपर होता है।

7. (c) स्वतन्त्रता के बाद एक ही ओलम्पिक खेल में दो पदक (कांस्य, पेरिस ओलम्पिक) जीतने वाली प्रथम भारतीय मनु भाकर हैं। इन्होंने 10 मीटर में एकल पदक तथा सरबजोत सिंह के साथ युगल पदक जीता।

8. (b) 10 संतरों का क्रय मूल्य = ₹ 30

एक सन्तरे का क्रय मूल्य = ₹ $\frac{3}{10}$

तथा एक सन्तरे का विक्रय मूल्य = ₹ $\frac{3}{8}$

अतः लाभ प्रतिशत

$$= \frac{\text{विक्रय मूल्य} - \text{क्रय मूल्य}}{\text{क्रय मूल्य}} \times 100$$

$$= \frac{\left(\frac{3}{8} - \frac{3}{10}\right)}{\frac{3}{10}} \times 100$$

$$= \frac{(30-24)}{80} \times \frac{10 \times 100}{3}$$

$$= \frac{6}{80} \times \frac{1000}{3} = 25\%$$

9. (a) ∵ दूरी = चाल × समय से,

$\Rightarrow 9 \times t - 4 \times t = 7.5$ (∵ समय = t घण्टे)

$\Rightarrow \quad 5t = 7.5$

$\therefore \quad t = 1.5$ घण्टे

अतः 4 किमी/घण्टा की दर से तय की गई दूरी $= 4 \times 1.5 = 6$ किमी

10. (b) दी हुई समीकरण को हल करने पर,

$34.508 + 3.4508 + 345.08 - 32.89$

$= 383.0388 - 32.89 = 350.1488$

11. (b) दिया है, $\sec\theta - \text{cosec}\,\theta = 0$

$\Rightarrow \quad \sec\theta = \text{cosec}\,\theta$

$\Rightarrow \quad \sec\theta = \sec(90° - \theta)$

$\Rightarrow \quad \theta = (90° - \theta)$

$\Rightarrow \quad \theta = 45°$

$\therefore \quad \sec^2\theta + \text{cosec}^2\theta$ का मान

$= \sec^2 45° + \text{cosec}^2 45°$

$= (\sqrt{2})^2 + (\sqrt{2})^2 = 2 + 2 = 4$

12. (a) $5\frac{1}{3} \div \left[7 - 3 \div \left(1 - \frac{1}{4}\right) \times \frac{2}{3} + 1\right] - 3 \div 1 + 2$

BODMAS का प्रयोग करने पर,

$= \frac{16}{3} \div \left[7 - 3 \div \frac{3}{4} \times \frac{2}{3} + 1\right] - \frac{3}{1} + 2$

$= \frac{16}{3} \div \left[7 - 3 \times \frac{4}{3} \times \frac{2}{3} + 1\right] - 3 + 2$

$= \frac{16}{3} \div \left[7 - \frac{8}{3} + 1\right] - 1$

$= \frac{16}{3} \div \left[8 - \frac{8}{3}\right] - 1 = \frac{16}{3} \div \left[\frac{24 - 8}{3}\right] - 1$

$= \frac{16}{3} \div \frac{16}{3} - 1 = \frac{16}{3} \times \frac{3}{16} - 1$

$= 1 - 1 = 0$

13. (a) A द्वारा एक दिन में किया गया कार्य $= \frac{1}{10}$

तथा B द्वारा एक दिन में किया गया कार्य $= \frac{1}{20}$

∴ A और B दोनों का दो दिन का कार्य

$= 2\left(\frac{1}{10} + \frac{1}{20}\right) = 2\left(\frac{2+1}{20}\right)$

$= 2 \times \frac{3}{20} = \frac{3}{10}$ भाग

14. (b) माना दोनों घनों की भुजाएँ a_1 व a_2 हैं।

तब, दो घनों के आयतनों का अनुपात

$= 27 : 64$

घनों की भुजाओं का अनुपात $(a_1 : a_2)$

$= \sqrt[3]{27} : \sqrt[3]{64} = 3 : 4$

अतः सम्पूर्ण पृष्ठीय क्षेत्रफलों का अनुपात

$= 6a_1^2 : 6a_2^2$

$= 6 \times (3)^2 : 6 \times (4)^2$

$= 9 : 16$

15. (a) 52 पत्तों की गड्डी में 12 फेस कार्ड हैं जिनमें 6 लाल और 6 काले हैं।

∴ एक लाल फेस कार्ड चुनने की प्रायिकता

$= \frac{6}{52} = \frac{3}{26}$

16. (a) दी गई शृंखला का क्रम निम्न प्रकार है,

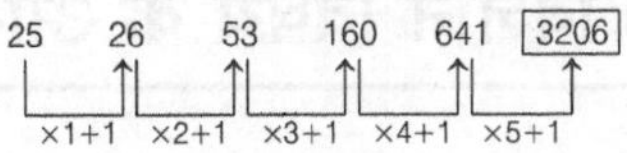

$\therefore \quad ? = 3206$

17. (c) जिस प्रकार, 'मछली' के बाहरी भाग को शल्क कहा जाता है। उसी प्रकार 'भालू' के बाहरी भाग को लोमचर्म कहा जाता है।

18. (a) प्रश्नानुसार,

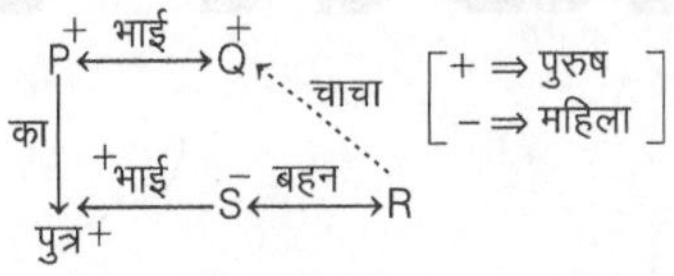

P का पुत्र, R एवं S का भाई है।

अतः Q, R एवं S का चाचा है।

19. (a) दिया गया व्यंजक,

$25 * 2 * 6 = 4 * 11 * 0$

विकल्प (a) से चिह्न रखने पर,

$25 \times 2 - 6 = 4 \times 11 + 0$

$\Rightarrow \quad 50 - 6 = 44 + 0$

$\Rightarrow \quad 44 = 44$

अतः प्रतीकों का सेट '×, –, ×, +' सही है।

20. (b) जिस प्रकार,

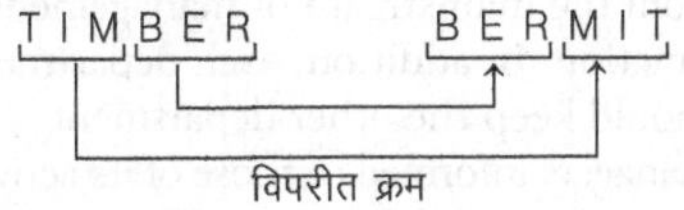

उसी प्रकार,

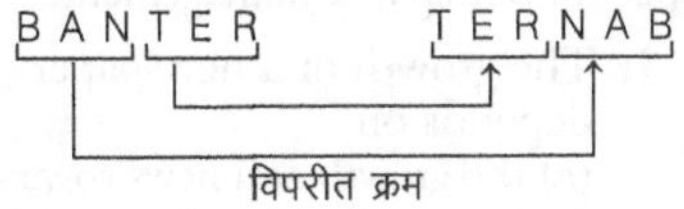

21. (a) जिस प्रकार,

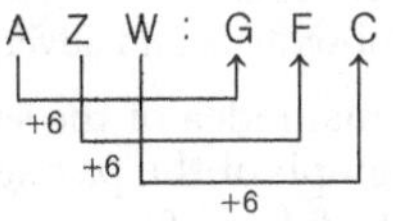

उसी प्रकार,

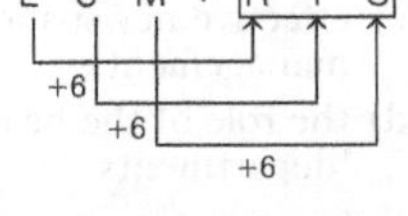

22. (a) ∴ बीते कल से पहला दिन = रविवार

∴ आज का दिन = रविवार + 2 = मंगलवार

तब आने वाले दिन सं अगला दिन

= मंगलवार + 2 = बृहस्पतिवार

अभिष्ट दिन = बृहस्पतिवार + 3 = रविवार

23. (c) लता का गमन-पथ निम्न प्रकार है

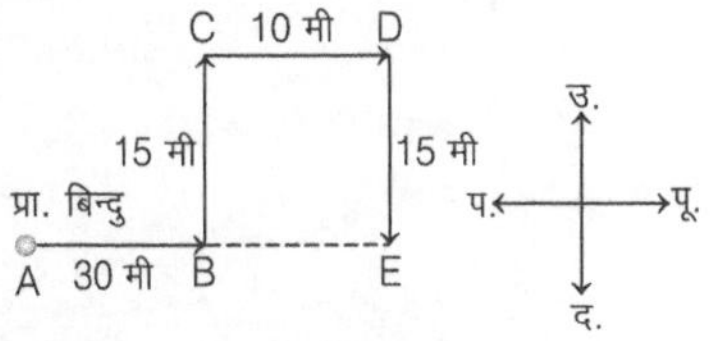

अतः प्रारम्भिक स्थान से दूरी,

AE = AB + BE = 30 + 10 = 40 मी

[∴ BE = CD]

24. (a) सभी 'गाजर', 'वनस्पतियाँ' तथा सभी 'वनस्पतियाँ', 'खाद्य' होती हैं। अतः इनके मध्य सही वेन-आरेख निम्नवत् होगा।

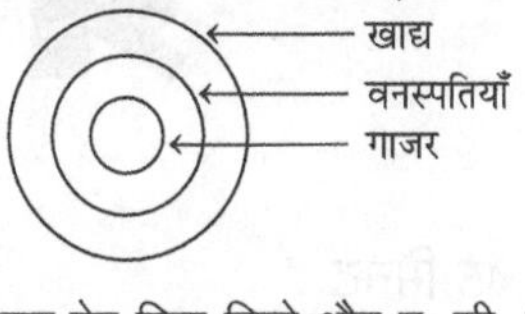

25. (a) एक ट्रेन बिना डिब्बे और ए. सी. कोच वाली हो सकती है, जबकि बिना इंजन के ट्रेन की कल्पना नहीं की जा सकती है।

26. (b) आकृति x, विकल्प (b) में दी गई आकृति में सन्निहित है।

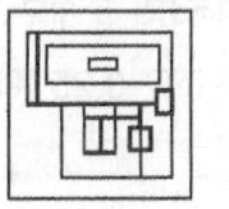

27. (c) प्रश्नानुसार, दी गई जानकारियों को व्यवस्थित करने पर,

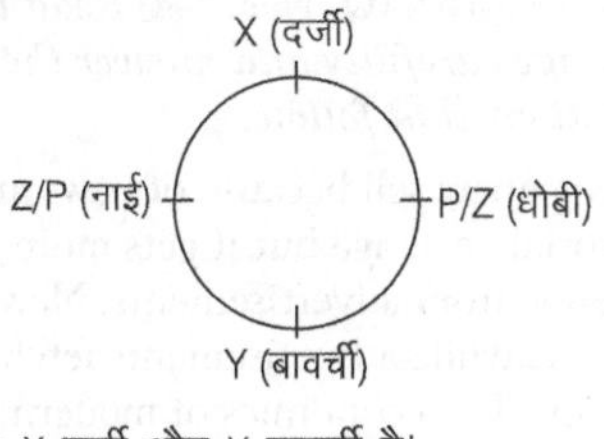

अतः X दर्जी और Y बावर्ची है।

28. (c) जिस प्रकार,

7 के विपरीत $= 7 \times 3 - 1 = 20$

8 के विपरीत $= 8 \times 3 - 1 = 23$

उसी प्रकार,

9 के विपरीत $= 9 \times 3 - 1 = \boxed{26}$

29. (b) प्रत्येक अगली आकृति में एक भुजा तथा अन्दर की ओर एक नए डिजाइन की वृद्धि हो रही है। अतः विकल्प (b) में दी गई आकृति शृंखला को पूरा करेगी।

30. (a) उत्तर आकृति (a) प्रश्न आकृति के पैटर्न को पूरा करेगी।

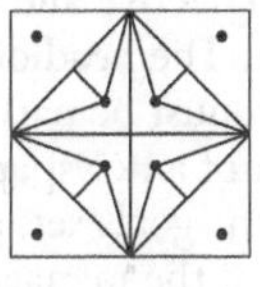

भारतीय वायु सेना

अग्निवीर वायु फेज-1

(ग्रुप-Y) विज्ञान विषय के अतिरिक्त

प्रैक्टिस सेट 2

समय : 45 मिनट | पूर्णांक : 50

निर्देश

1. इस प्रैक्टिस सेट में कुल 50 बहुविकल्पीय प्रश्न हैं जिनमें प्रत्येक सही विकल्प के लिए 1 अंक है।
2. सभी प्रश्न अनिवार्य हैं और प्रत्येक प्रश्न MCQs के प्रारूप में हैं।
3. गलत उत्तर के लिए 0.25 नकारात्मक अंक का प्रावधान है।

सेक्शन I ➤ अंग्रेजी भाषा

Directions (Q. Nos. 1-4) *Read the passage carefully and answer the questions that follow.*

Newspapers sell because of news and editorial coverage but it gets more revenue from advertisements. News costs money, while advertisements fetch money. The economics of modern newspapers is such that it cannot run by just selling news; it has to depend on advertisements. The economics of newspaper publishing requires both subscribers who can afford to buy newspapers and businessmen who can afford to advertise in it. The growth of the press depends on both. Therefore, in newspaper management neither aspect can be neglected.

Co-ordination among the various departments editorial, circulation, advertising and production– is very essential for effective and better management. The head of various departments must be part of the management of a newspaper. They must be aware of the goals set, policies and future plans of the management. They cannot afford to remain cut off from the mainstream of management function. In addition, each department should keep the other department managers informed of those of its activities that will be useful to them. This is a **vital** aspect of newspaper management.

1. The growth of a newspaper depends on
(a) the growth and news coverage
(b) large scale subscribers
(c) advertisers
(d) subscribers and advertisers

2. The main idea of the second paragraph of the passage is
(a) the future of newspapers
(b) how to sell newspapers
(c) effective newspaper management
(d) the role of the heads of departments

3. The word **goal** in the passage means
(a) aim (b) conclusion
(c) result (d) benefit

4. The word **vital** as used in the context means
(a) primary (b) important
(c) healthy (d) lively

5. In the following question, the first and the last sentence of the paragraph are given and numbered as S_1 and S_6. The rest of the passage is split into four parts and named P, Q, R and S. These four parts are jumbled. Read the sentences and find out which of the four combinations is correct.

S_1 : Studies of Nobel laureates show that
P : or encounter professional
Q : and have strained relationship with friends and colleagues
R : they often publish less frequently
S : after winning the prize
S_6 : envy and rivalry

The correct sequence should be
(a) SRQP
(b) RQPS
(c) QPSR
(d) PSRQ

Direction (Q. No. 6) *Select the one which best expresses the same sentence in Passive/Active voice.*

6. She has learnt the answer by heart.
(a) The answer by her was learnt by heart.
(b) The answer has been learnt by heart by her.
(c) The answer was learnt by her by heart.
(d) The answer is learnt by heart by her.

Direction (Q. No. 7) *Select the one which best expresses the same sentence in Direct/Indirect speech.*

7. "Call the witness", said the magistrate.
(a) The magistrate requested to call the witness.
(b) The magistrate begged for calling the witness.
(c) The magistrate ordered to call the witness.
(d) The magistrate prayered to call the witness.

Direction (Q. No. 8) *Choose the correct alternative for the given sentence.*

8. The......to this mountain is not an easy task.
(a) ascent (b) assent
(c) affect (d) effect

Directions (Q. Nos. 9 and 10) *Select the alternative which best expresses the meaning of the idiom/phrase.*

9. Break down
(a) To walk long way
(b) To fail
(c) To ignore someone
(d) To exercise

10. Lend one's ear
(a) To listen attentively
(b) To rent out something
(c) To ignore someone
(d) Pain in ear

11. Choose the correctly spelt word.
(a) Phenamenon
(b) Phenomenon
(c) Phenominon
(d) Phenomenan

Directions (Q. Nos. 12 and 13) *Choose the one which can be substituted for the given word/sentence.*

12. Place, where wine is made
(a) Bakery
(b) Cloakroom
(c) Tannery
(d) Brewery

13. A paper written by hand
(a) Handicraft
(b) Handiwork
(c) Manuscript
(d) Thesis

14. Select the correctly spelt word.
(a) Pitiaeble
(b) Pitiable
(c) Pitiabale
(d) Petiabale

15. Select the most appropriate option that can substitute the underlined segment in the given sentence.
If you <u>will come with me</u> I shall be happy.
(a) come with me
(b) had come with me
(c) came with me
(d) No improvement

Directions (Q. Nos. 16 and 17) *Choose the appropriate conjunctions to fill the blanks.*

16. We shall fail ..... we are industrious.
(a) even
(b) unless
(c) whether
(d) until

17. I went to the shop ...... bought some pens.
(a) and
(b) to
(c) as
(d) for

Direction (Q. No. 18) *Determine the underlined clause in the given sentence.*

18. Some people buy expensive cars simply <u>because they can.</u>
(a) Noun clause
(b) Adjective clause
(c) Adverb clause
(d) Either (a) or (c)

Directions (Q. Nos. 19 and 20) *Read the following sentences carefully and identify the part of the sentence which has an error.*

19. The Board of Directors want the facilities of car and accommodation for itself.
(a) want the facilities
(b) The Board of Directors
(c) of car and accommodation
(d) for iteself

20. Shivangi never has and never will allow her brother to join army.
(a) Shivangi never
(b) has and never will allow
(c) her brother to join army
(d) No error

सेक्शन II ➻ सामान्य जागरूकता, गणित एवं तर्कशक्ति

1. मानव शरीर में भोजन का पाचन निम्नलिखित में से किस अंग से शुरू होता है?
(a) मुख (b) आमाशय
(c) छोटी आँत (d) बड़ी आँत

2. टीपू सुल्तान को ब्रिटिश सेना ने ...... आंग्ल-मैसूर युद्ध में पराजित किया था।
(a) प्रथम (b) दूसरे
(c) तीसरे (d) पाँचावें

3. संविधान सभा द्वारा संविधान को कब स्वीकार किया गया था?
(a) 26 जनवरी, 1950
(b) 26 नवम्बर, 1950
(c) 15 अगस्त, 1950
(d) 26 नवम्बर, 1949

4. कौन-सा पर्वतीय दर्रा उत्तराखण्ड में स्थित नहीं है?
(a) लिपुलेख दर्रा (b) शिपकी ला दर्रा
(c) नीति दर्रा (d) मुलिंग दर्रा

5. 'राष्ट्रीय मतदाता दिवस' मनाया जाता है
(a) 15 जनवरी को (b) 15 फरवरी को
(c) 25 फरवरी को (d) 25 जनवरी को

6. किसी वेबसाइट के पहले प्रदर्शित होने वाले पेज को क्या कहते हैं?
(a) फर्स्ट फेज (b) इनीशियल पेज
(c) वेबपेज (d) मेन पेज

7. अप्रैल, 2024 में भारतीय वायु सेना द्वारा गगन शक्ति-2024 अभ्यास किस स्थान पर आयोजित किया गया?
(a) जयपुर
(b) पोखरण
(c) जोधपुर
(d) अजमेर

8. यदि एक त्रिकोण में, $\angle B = 90°$ और $\angle A = 30°$, तो $\cos^2 A - \sin^2 A - \tan^2 A = ?$
(a) $\frac{3}{2}$ (b) $\frac{2}{3}$ (c) $\frac{1}{2}$ (d) $\frac{1}{6}$

9. $\frac{2}{30}, \frac{20}{40}, \frac{4}{50}, \frac{8}{60}$ का ल.स. ज्ञात कीजिए।
(a) $\frac{40}{300}$ (b) $\frac{2}{10}$
(c) $\frac{1}{4}$ (d) 4

10. गणना कीजिए $\frac{40.7 \times 40.7 \times 40.7 + 1}{40.7 \times 40.7 - 40.7 + 1}$
(a) 417 (b) 4.17
(c) 41.7 (d) 441.7

11. दो संख्याओं A और B का अनुपात 13 : 17 है। यदि A में 15% की वृद्धि और B में 30% की वृद्धि होती है, तो A का B से नया अनुपात ज्ञात करें।
(a) 21 : 31 (b) 23 : 33
(c) 23 : 34 (d) 21 : 29

12. कोई कार, 54 किमी/घण्टा की चाल से किसी निश्चित दूरी को 50 मिनट में तय करती है। यदि चाल में 25% की वृद्धि होती है, तो कार उस दूरी के $\frac{3}{4}$ भाग को कितने समय में तय करेगी?
(a) 35 मिनट (b) 30 मिनट
(c) 25 मिनट (d) 40 मिनट

13. एक घर बनाने में 138 लोगों को 50 दिन लगे। 20 दिनों में 207 पुरुष कार्य का कितना भाग पूरा कर सकते हैं।
(a) $\frac{3}{5}$ (b) $\frac{2}{3}$ (c) $\frac{2}{5}$ (d) $\frac{4}{5}$

14. एक वर्ग के विकर्ण की लम्बाई 26 सेमी है, वर्ग की भुजा सेमी में ज्ञात कीजिए।
(a) $13\sqrt{2}$ (b) $\pm 13\sqrt{2}$
(c) 13 (d) $26\sqrt{2}$

15. यदि $x = y$ का 50% है, तो 25 का y% किसके समान होगा?
(a) x का 20% (b) x का 50%
(c) x का 12.5% (d) x का 15%

16. X की आयु Y के आयु की 2/3 है। 6 वर्ष के बाद X की आयु 46 वर्ष हो जाएगी, Y की वर्तमान आयु है
(a) 40 वर्ष (b) 56 वर्ष
(c) 60 वर्ष (d) 100 वर्ष

17. A, B की बहन है। C, B की माता है। D, C का पिता है। E, D की माता है, तो A से D का क्या सम्बन्ध है?
(a) नानी (b) नाना (c) पुत्री (d) धेवती

18. सुधीर का कक्षा में ऊपर से सातवाँ तथा नीचे से अठाईसवाँ स्थान है। कक्षा में कुल कितने विद्यार्थी हैं?
(a) 34 (b) 35 (c) 28 (d) 21

19. निम्नलिखित में से कौन-सी संख्या इस शृंखला में नहीं आती?
232, 343, 454, 564, 676
(a) 676 (b) 454 (c) 343 (d) 564

20. हरि आयु में चमन से बड़ा है। विजय सतीश से बड़ा है। मुकेश विजय के बराबर बड़ा नहीं है किन्तु चमन से बड़ा है। सतीश चमन के बराबर बड़ा नहीं है। सबसे छोटा कौन है?
(a) हरि (b) मुकेश
(c) चमन (d) सतीश

21. यदि 'KINDLE' को एक कूट भाषा में 'ELDNIK' लिखा जाता है, तो उस कूट भाषा में 'EXOTIC' को क्या लिखा जाएगा?
(a) EXOTLC
(b) CXOTIE
(c) COXITE
(d) CITOXE

22. दिए गए समीकरण को सन्तुलित करने तथा * चिह्नों को प्रतिस्थापित करने के लिए गणितीय चिह्नों का सही क्रम समूह चुनिए।
8 * 5 * 2 * 72 * 4
(a) = × + ÷ (b) × = + ÷
(c) × + = ÷ (d) + × = ÷

23. सुरेश का जन्म 4 अक्टूबर, 1999 को हुआ था। शशिकान्त का जन्म सुरेश से 6 दिन पहले हुआ था। उस वर्ष स्वतन्त्रता दिवस रविवार को पड़ा था। शशिकान्त किस दिन जन्मा था?
(a) मंगलवार (b) बुधवार
(c) सोमवार (d) रविवार

24. निम्नलिखित में से कौन-सी आकृति घोड़ों, तोतों और पक्षियों के बीच सम्बन्ध को भली-भाँति दर्शाती है?

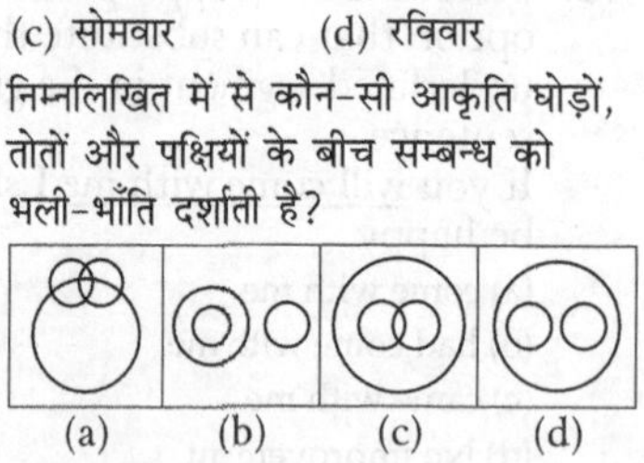

(a) (b) (c) (d)

25. एक कलम में अवश्य होगा
(a) ट्यूब (b) ढक्कन
(c) स्याही (d) निब

26. उस विकल्प का चयन कीजिए, जो दिए गए शब्दों के उस क्रम-विन्यास को दर्शाता है जिस क्रम में वे अंग्रेजी शब्दकोश में आते हैं।
1. Industry
2. Indent
3. Indoor
4. Indolent
5. Index
(a) 2, 1, 3, 5, 4
(b) 2, 4, 5, 3, 1
(c) 1, 2, 3, 5, 4
(d) 2, 5, 4, 3, 1

27. कागज के एक टुकड़े को प्रश्न आकृति में दिखाए अनुसार मोड़ा और काटा जाता है। इसे खोलने पर यह किस प्रकार का दिखाई देगा, दी गई उत्तर आकृतियों में से सही विकल्प का चयन करें।

प्रश्न आकृतियाँ

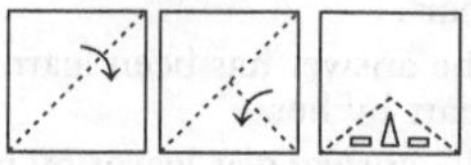

उत्तर आकृतियाँ

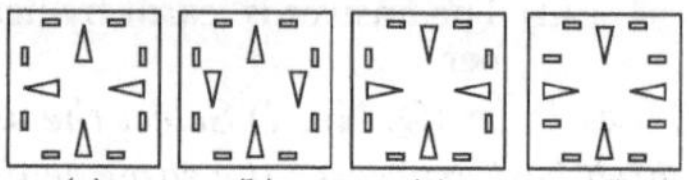

(a) (b) (c) (d)

28. **प्रश्न आकृतियाँ**

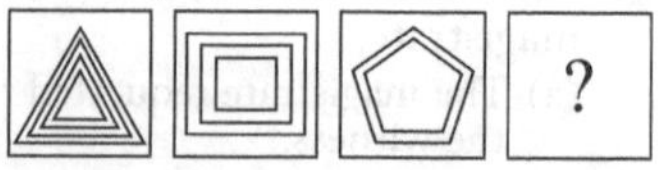

उत्तर आकृतियाँ

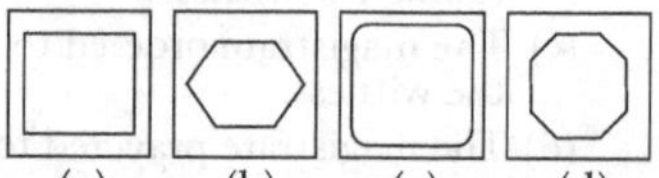

(a) (b) (c) (d)

29. दी गई आकृति के दाईं ओर दर्पण रखे जाने पर, बनने वाले सही दर्पण प्रतिबिम्ब का चयन करें।

प्रश्न आकृति

उत्तर आकृतियाँ

(a) (b) (c) (d)

30. दो कथन और उसके बाद तीन निष्कर्ष I, II और III दिए गए हैं। कथनों को सत्य मानते हुए भले ही वे सामान्य रूप से ज्ञात तथ्यों से अलग हों, यह निर्णय लें कि कौन-सा/से निष्कर्ष कथनों का तार्किक रूप से अनुसरण करता है/करते हैं?

कथन
कोई भी खेत, घर नहीं है।
सभी खेत, पार्क हैं।

निष्कर्ष
I. कोई भी घर, खेत नहीं है।
II. कुछ पार्क, खेत हैं।
III. कुछ घर, खेत हैं।
(a) सभी निष्कर्ष अनुसरण करते हैं
(b) निष्कर्ष I और II अनुसरण करते हैं
(c) निष्कर्ष II और III अनुसरण करते हैं
(d) केवल निष्कर्ष II अनुसरण करता है

उत्तरमाला

सेक्शन I अंग्रेजी भाषा

1 (d)	2 (d)	3 (a)	4 (b)	5 (a)	6 (b)	7 (c)	8 (a)	9 (b)	10 (a)
11 (b)	12 (d)	13 (c)	14 (b)	15 (a)	16 (b)	17 (a)	18 (c)	19 (d)	20 (b)

सेक्शन II सामान्य जागरूकता, गणित एवं तर्कशक्ति

1 (a)	2 (c)	3 (d)	4 (b)	5 (d)	6 (c)	7 (b)	8 (d)	9 (d)	10 (c)
11 (c)	12 (b)	13 (a)	14 (a)	15 (b)	16 (c)	17 (b)	18 (a)	19 (d)	20 (d)
21 (d)	22 (d)	23 (a)	24 (b)	25 (d)	26 (d)	27 (c)	28 (b)	29 (a)	30 (b)

स्कोर कार्ड

- कुल Attempted प्रश्न
  अंग्रेजी भाषा [ ] सामान्य जागरूकता, गणित एवं तर्कशक्ति [ ]
- कुल सही व गलत प्रश्न
  अंग्रेजी भाषा [/] सामान्य जागरूकता, गणित एवं तर्कशक्ति [/]
- फाइनल स्कोर (कुल सही उत्तर के अंक – गलत उत्तर के अंक)
  अंग्रेजी भाषा [/] सामान्य जागरूकता, गणित एवं तर्कशक्ति [/]

समय 45 मिनट सही उत्तर 1 अंक गलत उत्तर 0.25 अंक

- रिजल्ट
  - 10 से नीचे (किसी भी सेक्शन में) - Average (सिलेक्शन नहीं)
  - 10-18 के बीच में (कुल 35+) - Good (सिलेक्शन हो सकता है)
  - 18 से ऊपर (दोनों सेक्शन में) - Excellent (100% सिलेक्शन)
- टिप्पणी
  यदि आपका स्कोर किसी भी सेक्शन में 10 से नीचे है तब आप बार-बार प्रैक्टिस करें और ऐसा तब तक करें जब तक आपका स्कोर 10-18 (कुल 35+) के बीच में नहीं हो जाता।

संकेत एवं हल

सेक्शन I अंग्रेजी भाषा

1. (d) The growth of a newspaper depends on subscribers and advertisers.

2. (d) The main idea of the second paragraph of the passage is, the role of the heads of departments.

3. (a) In context to the passage, the word 'goal' means 'aim'.

4. (b) The word 'vital' means 'important' as used in the context.

5. (a) The most logical order of the given sentence is SRQP, hence the correct sentence will be

Studies of Nobel laureates show that after winning the prize they often publish less frequently and have strained relationships with friends and colleagues or encounter professional envy and rivalry.

6. (b) The correct passive voice is– 'The answer has been learnt by heart by her'.

7. (c) To express the given sentence in indirect speech, following structure to be followed Ordered + to + Verb_1 + Object

So, the correct sentence is– 'The magistrate ordered to call the witness.'

8. (a) For the given sentence, 'ascent' is the correct word to fill the blank, as 'ascent' means a climb or walk to the summit of a mountain or a hill.

9. (b) 'Break down' means 'to stop working' or 'to fail'.

10. (a) Idiom 'To lend one's ear' means 'to listen someone attentively'.

11. (b) The correctly spelt word is 'Phenomenon' and it means a fact or situation that is observed to exist or happen.

12. (d) Brewery is a place where wine is made.

13. (c) A paper written by hand is called manuscript.

14. (b) The correctly spelt word is 'Pitiable'.

15. (a) The most appropriate option is 'come with me' that can substitute the underlined segment.

16. (b) Conjunction 'Unless' should be used in the blank. It is a conditional word which means 'except if'.

17. (a) Coordinate conjunction 'and' will be used in the given blank.

18. (c) The underlined clause is-adverb clause of reason.

19. (d) Here, use 'themselves' in place of 'itself' because, in the sentence Board of Directors used as collective noun.

20. (b) Use 'allowed' after 'has' to make the sentence error free.

In a compound sentence both auxiliary verbs and principal verb should be mentioned separately if they differ in number, form or voice. In such cases, one verb can't act for both the clauses..

सेक्शन II सामान्य जागरुकता, गणित एवं तर्कशक्ति

1. (a) मानव शरीर में भोजन की पाचन क्रिया मुख से प्रारम्भ होती है। मुख में दाँतों के द्वारा भोजन के छोटे-छोटे टुकड़ों में विभाजित किया जाता है। तत्पश्चात् भोजन आमाशय में जाता

है, जहाँ विभिन्न एन्जाइमों के माध्यम से भोजन की पाचन क्रिया प्रारम्भ हो जाती है। इसके बाद सुपाचित भोजन छोटी आँत में एवं असुपाचित भोजन (अपाच्य भोजन) बड़ी आँत में चला जाता है। भोजन का पूर्णरूप से सुपाचन छोटी आँत में ही होता है।

2. (c) टीपू सुल्तान को ब्रिटिश सेना ने तीसरे आंग्ल-मैसूर युद्ध (1790-1792 ई. तक) में परास्त किया था। इस युद्ध में टीपू को अंग्रेज, निजाम एवं मराठों की संयुक्त सेना के विरुद्ध युद्ध करना पड़ा था। युद्ध की समाप्ति के बाद टीपू सुल्तान को श्रीरंगपट्टनम की सन्धि (1792 ई.) करनी पड़ी थी। इस सन्धि की शर्तों के अनुसार, टीपू को अपना आधा राज्य अंग्रेजों एवं उनके सहयोगियों को देना पड़ा था। टीपू सुल्तान को शेर-ऐ-मैसूर भी कहा जाता है।

3. (d) संविधान सभा द्वारा भारतीय संविधान को 26 नवम्बर, 1949 को अन्तिम रूप से स्वीकार किया गया तथा 26 जनवरी, 1950 को इसे लागू कर दिया गया, इसी के साथ भारत एक गणतन्त्र देश बन गया। भारतीय संविधान को बनने में 2 वर्ष, 11 महीने, 18 दिन लगे तथा इसका प्रारूप बी. आर. अम्बेडकर द्वारा तैयार किया गया।

4. (b) शिपकी ला दर्रा उत्तराखण्ड में स्थित नहीं है, यह हिमाचल प्रदेश में स्थित है। यह हिमाचल प्रदेश के किन्नौर जिले को तिब्बत के जान्दा जिले से जोड़ता है। सतलुज नदी इसी दर्रे से होकर तिब्बत से भारत में प्रवेश करती है। यह दर्रा 3930

5. (d) 'राष्ट्रीय मतदाता दिवस' हर वर्ष 25 जनवरी को मनाया जाता है। भारत सरकार ने वर्ष 2011 से चुनाव में लोगों की सक्रिय भागीदारी बढ़ाने के उद्देश्य से भारतीय निर्वाचन आयोग की स्थापना दिवस 25 जनवरी को 'राष्ट्रीय मतदाता दिवस' के रूप में मनाने की शुरुआत की थी।

6. (c) किसी वेबसाइट के पहले प्रदर्शित होने वाले पेज को वेबपेज कहते हैं। यह किसी वेबसाइट या ब्राउजर का प्रारम्भिक या मुख्य वेबपेज होता है। एक वेबपेज में बहुत सारे डाटा मौजूद होते हैं; जैसे–टेक्सट, इमेज, एनिमेशन, ऑडियो, वीडियो, ग्राफिक्स आदि।

7. (b) अप्रैल, 2024 में भारतीय वायुसेना द्वारा राजस्थान के पोखरण स्थित फील्ड फायरिंग रेंज में भारत के सबसे बड़े वायु सैन्य अभ्यास गगनशक्ति-2024 का आयोजन किया गया। प्रत्येक 5 वर्ष में आयोजित होने वाले इस वायु सैन्य अभ्यास में लगभग 10 हजार वायु सैनिकों ने भाग लिया। इस अभ्यास का उद्देश्य जवाबी कार्यवाही, वायुरक्षा, काउण्टर सतह, लम्बी दूरी के हमले व एक थिएटर से दूसरे तक सुरक्षा बलों की तेजी से तैनाती सहित अनेक प्रकार के गहन अभियानों के लिए भारतीय वायुसेना की तत्परता का परीक्षण करना था।

8. (d) $\cos^2 A - \sin^2 A - \tan^2 A$

$= \cos^2 (30°) - \sin^2 (30°) - \tan^2 (30°)$

$= \left(\frac{\sqrt{3}}{2}\right)^2 - \left(\frac{1}{2}\right)^2 - \left(\frac{1}{\sqrt{3}}\right)^2$

$= \frac{3}{4} - \frac{1}{4} - \frac{1}{3} = \frac{1}{2} - \frac{1}{3} = \frac{1}{6}$

9. (d) $\frac{2}{30} = \frac{1}{15}, \frac{20}{40} = \frac{1}{2}$

$\frac{4}{50} = \frac{2}{25}, \frac{8}{60} = \frac{2}{15}$

$\therefore$ ल.स. $= \frac{1, 1, 2, 2 \text{ का ल.स.}}{15, 2, 25, 15 \text{ का म.स.}} = \frac{2}{1} = 2$

$\because$ ल.स. 2 के सभी उच्चतम गुणज भी होंगे।

$\therefore$ अभीष्ट ल.स. = 4

10. (c) $\frac{40.7 \times 40.7 \times 40.7 + 1}{40.7 \times 40.7 - 40.7 + 1}$

$= \frac{(40.7)^3 + (1)^3}{(40.7)^2 - 40.7 + (1)^2}$

$= \frac{(40.7 + 1) [(40.7)^2 - 40.7 + (1)^2]}{(40.7)^2 - 40.7) + (1)^2}$

$[\because a^3 + b^3 = (a + b)(a^2 - ab + b^2)]$

$= 40.7 + 1 = 41.7$

11. (c) दिया है, $\frac{A}{B} = \frac{13}{17}$ ...(i)

वृद्धि के बाद नया अनुपात

$\frac{\frac{115}{100} \times A}{\frac{130}{100} \times B} = \frac{115}{130} \times \frac{A}{B}$

$= \frac{115}{130} \times \frac{13}{17} = \frac{23}{34}$ ...(i)

$\therefore$ $\frac{A}{B}$ का नया अनुपात $= \frac{23}{34}$

12. (b) कार की चाल = 54 किमी/घण्टा

$= \frac{54 \times 1000}{60} = 900$ मी/मिनट

लिया गया समय = 50 मिनट

दूरी = समय × चाल

= 50 × 900

= 45000 मी

नई चाल $= 900 \times \frac{125}{100}$

= 1125 मी/मिनट

नई दूरी $= 45000 \times \frac{3}{4}$

= 33750 मी

नया समय $= \frac{\text{दूरी}}{\text{चाल}}$

$= \frac{33750}{1125}$

= 30 मिनट

13. (a) 138 व्यक्ति कार्य को 50 दिन में करते हैं। तब, 1 व्यक्ति उस कार्य को 138 × 50 दिनों में करेगा।

$\therefore$ 207 व्यक्ति उस कार्य को

$= \frac{138 \times 50}{207}$ दिन में

20 दिन में 207 व्यक्तियों द्वारा किया गया कार्य

$= \frac{20 \times 207}{138 \times 50} = \frac{3}{5}$

14. (a) प्रश्नानुसार,

वर्ग का विकर्ण = भुजा $\sqrt{2}$

$\Rightarrow$ 26 = भुजा $\sqrt{2}$

$\therefore$ वर्ग की भुजा $= \frac{26}{\sqrt{2}} \times \frac{\sqrt{2}}{\sqrt{2}}$

[$\because$ हर का परिमेयीकरण करने पर]

$= \frac{26\sqrt{2}}{2}$

$= 13\sqrt{2}$ सेमी

15. (b) दिया है, $x = y$ का 50%

$= y \times \frac{50}{100} = \frac{y}{2}$

$\Rightarrow$ $y = 2x$

$\therefore$ 25 का $y\% = 25 \times \frac{y}{100}$

$= 25 \times \frac{2x}{100} = 50 \times \frac{x}{100}$

$= x$ का 50%

16. (c) प्रश्नानुसार, $X = \frac{2}{3} Y$ ...(i)

तथा $X + 6 = 46$

$\therefore$ $X = 46 - 6 = 40$ वर्ष

अब समी (i) से, $X = \frac{2}{3} Y$

$\Rightarrow$ $Y = \frac{3}{2} \times 40 = 60$ वर्ष

17. (b) प्रश्नानुसार,

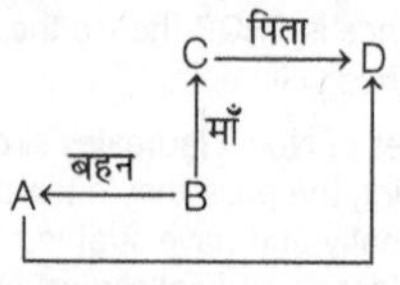

अतः D, A का नाना है।

18. (a) कक्षा में कुल विद्यार्थियों की संख्या

$= (7 + 28) - 1$

$= 34$

19. (d) संख्या-शृंखला इस प्रकार है

232 —(+111)→ 343 —(+111)→ 454 —(+111)→ 564 (565) —(+111)→ 676

अतः 564 के स्थान पर 565 होना चाहिए।

20. (d) आयु के अनुसार व्यवस्थित क्रम इस प्रकार होगा

हरि > चमन > सतीश ...(i)

विजय > मुकेश > चमन > सतीश ...(ii)

अतः स्पष्ट है कि इसमें सबसे छोटा सतीश है।

21. (d) जिस प्रकार,

K I N D L E ⟶ E L D N I K

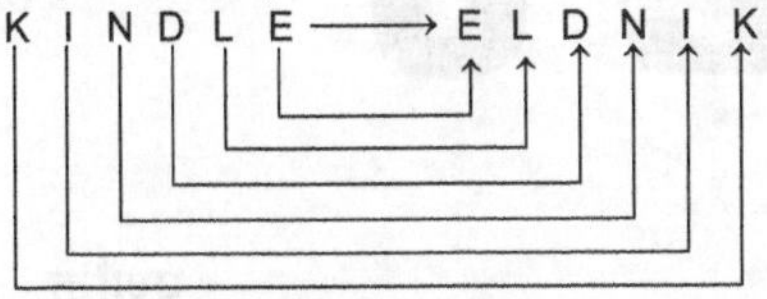

उसी प्रकार, EXOTIC ⟶ CITOXE

22. (d) विकल्प (d) से, चिह्नों को परिवर्तन करने पर

$8*5*2*72*4 \Rightarrow 8+5\times 2=72\div 4$

$\Rightarrow \quad 8+10=18$

$\Rightarrow \quad 18=18$

23. (a) शशिकान्त का जन्म 28 सितम्बर, 1999 को हुआ है।

$\because$ 15 अगस्त, 1999 का दिन रविवार है।

$\therefore$ कुल दिन = 16 + 28 = 44 दिन

कुल विषम दिन = 2 दिन

अतः शशिकान्त का जन्मदिन

= रविवार + 2

= मंगलवार

24. (b) तोता एक पक्षी होता है जबकि घोड़ा एक जानवर है। अतः इनके मध्य सम्बन्धों का वेन-आरेख निम्नवत् होगा

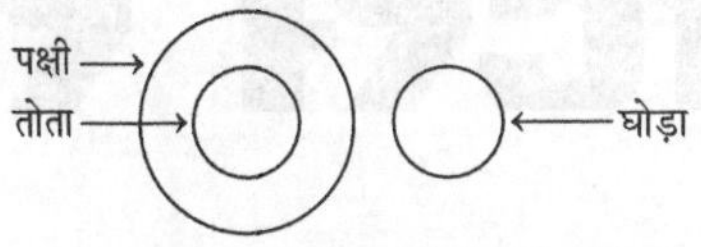

25. (d) निब, पेन में जरूर होगा तभी लिखा जा सकता है। स्याही खत्म हो जाने के बाद भी पेन की स्थिति कहने को पेन जैसी ही होती है।

26. (d) शब्दों को अंग्रेजी शब्दकोश के अनुसार व्यवस्थित करने पर,

Indent → Index → Indolent → Indoor → Industry

(2) (5) (4) (3) (1)

सही अनुक्रम ⇒ 2, 5, 4, 3, 1

27. (c) कागज के टुकड़े को प्रश्न आकृति में दिखाए अनुसार मोड़ने और काटने पर, अगर कागज खोला जाए, तो यह विकल्प (c) में दी गई आकृति जैसा दिखेगा।

28. (b) पिछले चित्र की तुलना में, अगले चित्र में भुजाओं की संख्या एक अधिक है, जबकि आकृति (b) की संख्या एक कम है।

29. (a) विकल्प (a) में दी गई आकृति प्रश्न में दी गई आकृति का सही दर्पण प्रतिबिम्ब है।

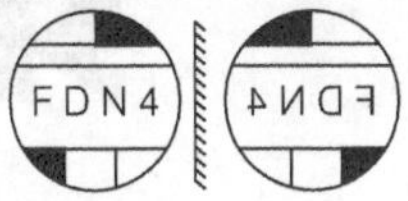

30. (b) कथनानुसार,

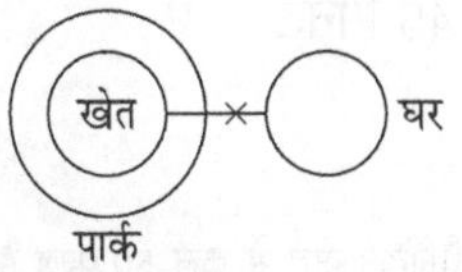

निष्कर्ष I. (✓) II. (✓) III. (✗)

अतः निष्कर्ष I और II अनुसरण करते हैं।

भारतीय वायु सेना

अग्निवीर वायु फेज-1

(ग्रुप-Y) विज्ञान विषय के अतिरिक्त

प्रैक्टिस सेट 3

समय : 45 मिनट

पूर्णांक : 50

निर्देश

1. इस प्रैक्टिस सेट में कुल 50 प्रश्न हैं तथा परीक्षा की अवधि 45 मिनट है।
2. प्रत्येक सही उत्तर के लिए 1 अंक का प्रावधान है।
3. गलत उत्तर के लिए 0.25 नकारात्मक अंक का प्रावधान है।

सेक्शन I ➻ अंग्रेजी भाषा

Directions (Q. Nos. 1-4) *Read the passage carefully and answer the questions that follow.*

Once an ant who had come to drink at a stream fell into the water and was carried away by the swift current. She was in great danger of drowning. A dove perched on a nearby tree, saw the ant in danger and dropped a leaf into the water. The ant climbed onto this and was carried to safety.

Sometime after this a hunter, creeping through the bushes, saw the dove asleep and took careful aim with his gun. He was about to fire when the ant who was nearby, crawied forward and bit him sharply in the ankle. Thus, the hunter missed his **aim** and the loud noise of the gun awakened the dove from her sleep. She saw her danger and flew swifty away to safety. Thus, the ant repaid the dove for having saved in the foaming current of the stream.

1. The ant came to the stream to
(a) fall into it
(b) look at the swift current
(c) carry back some water
(d) drink at it

2. The dove dropped a leaf into the water to
(a) save the ant
(b) down the ant
(c) help itself
(d) perch on it

3. The dove was in danger because
(a) a hunter wanted to care for it
(b) there was a bush nearby
(c) a hunter was about to shoot it
(d) it had fallen off the branch

4. The word **aim** at in this passage means
(a) to point a gun at something or someone
(b) to have an ambition
(c) to try to reach somewhere
(d) to look at something

Direction (Q. No. 5) *Fill in the blank with correct verb.*

5. Tina......behind the sofa but did not find her missing shoe.
(a) looked
(b) walked
(c) see
(d) showed

Direction (Q.No. 6) *Convert the given sentence into complex sentence.*

6. He may be honest, but he is selfish.
(a) Though he is honest, he is selfish
(b) Although honest, yet he is selfish
(c) He may be honest, however he is selfish
(d) He may be honest, though he is selfish

Directions (Q. Nos. 7-10) *Find out which part of the sentence has an error.*

7. Neither of the teams (a)/ are sensible enough (b)/ since we were children. (c)/ No error (d).

8. The first inning (a)/ of the match (b)/ was very sensational. (c)/ No error (d)

9. One should respect (a)/ the religions of others (b)/ as much as his own. (c)/ No error (d)

10. That was (a)/ the most unique opportunity (b)/ he got in his life. (c)/ No error (d)

11. Select the most appropriate indirect form of the given sentence.
He said, "I have often told you not to waste your time."
(a) He said that he had often told not waste your time.
(b) He said that he had often told him not to waste his time.
(c) He said that he had often suggested to him not to waste his time.
(d) He told that he had often told him not ot waste his time.

12. Select the correct passive form of the given sentence.
Did everybody miss the first bus?
(a) The first bus was missed by everybody.
(b) Was the first bus missed by everybody.
(c) Everybody missed the first bus.
(d) Had the first bus been missed by everybody.

13. Select the most appropriate option that can substitute the underlined segment in the given sentence.
When the examinations were over Anil and me went to our native town.
(a) me and Anil
(b) Anil and I
(c) I and Anil
(d) No improvement

Direction (Q. No. 14) *Choose the word opposite in meaning to the word given.*

14. Dishevelled
(a) Composed (b) Tidy
(c) Confident (d) Jovial

Direction (Q. No. 15) *Choose the word similar in meaning to the given word.*

15. Priority
(a) Urgency (b) Protocol
(c) Precedence (d) Necessity

Direction (Q. No. 16) *Choose the one which can be substituted for the given sentence.*

16. Group of people living together in the same locality
(a) Neighbourhood
(b) Crowd
(c) Community
(d) Public

Directions (Q. Nos. 17 and 18) *Choose the correctly spelt word.*

17. (a) Mischievous
(b) Mischievious
(c) Mischeivous
(d) Mischeivious

18. (a) Agnostik (b) Accomplice
(c) Advercity (d) Acrimonous

Direction (Q. No. 19) *Read the sentences given below and find out which of the four combinations is correct.*

19. P : Victoria Memorial,
Q : represent a unique combination of
R : classical European architecture and Mughal Motifs
S : one of India's most beautiful monuments
(a) PQRS (b) RQPS
(c) QRSP (d) PSQR

Direction (Q. No. 20) *Fill in the blank with correct adverb.*

20. Change the following adjective into adverb.
Terrible
(a) Terrified (b) terribly
(c) Terrifying (d) None of these

सेक्शन II ➤ सामान्य जागरूकता, गणित एवं तर्कशक्ति

1. निम्नलिखित में से कौन-सा लोकनृत्य ओडिशा से सम्बन्धित है?
(a) छऊ (b) तमाशा
(c) मलखम्ब (d) इनमें से कोई नहीं

2. विश्व की सबसे गहरी झील कौन-सी है?
(a) बैकाल झील (b) कैस्पियन सागर
(c) टेंगानिका झील (d) सुपीरियर झील

3. परमाणु के एक मौलिक कण, प्रोटॉन की खोज किसने की थी?
(a) चैडविक (b) जेजे थॉमसन
(c) रदरफोर्ड (d) न्यूटन

4. मौलिक कर्त्तव्यों का प्रावधान किस देश से लिया गया है?
(a) आयरलैण्ड
(b) पूर्व सोवियत संघ (रूस)
(c) जर्मनी
(d) ब्रिटेन

5. भारत की सेना का सर्वोच्च सेनापति कौन होता है?
(a) राष्ट्रपति (b) जनरल
(c) एडमिरल (d) कमाण्डर

6. निम्न में से कौन-सा हार्डवेयर नहीं है?
(a) प्रोसेसर-चिप (b) की-बोर्ड
(c) प्रिण्टर (d) जावा लैंग्वेज

7. निम्नलिखित में से कौन-सा एक भारत में वीरता का दूसरा सर्वोच्च पुरस्कार है?
(a) वीर चक्र
(b) महावीर चक्र
(c) अशोक चक्र
(d) शौर्य चक्र

8. $441 \div \left[270 \div \frac{3}{7} \text{ का } 35 + \left(17 \div \frac{1}{3}\right) - \left(8\frac{1}{2} - \frac{5}{2}\right)\right]$ का मान ज्ञात करें।
(a) 7 (b) 21
(c) 11 (d) 14

9. ₹ 5400 को 2 वर्ष के लिए 20% प्रतिवर्ष चक्रवृद्धि ब्याज दर पर निवेश किया गया। 2 वर्ष के अन्त में प्राप्त ब्याज क्या होगा?
(a) ₹ 7776 (b) ₹ 1876
(c) ₹ 2376 (d) ₹ 7276

10. किसी वस्तु का अंकित मूल्य ₹ 1360 है। यदि एक दुकानदार इस वस्तु को 25% की छूट देने के बाद, 15% की हानि पर बेचता है, तो वस्तु का क्रय मूल्य ज्ञात करें।
(a) ₹ 1200 (b) ₹ 1600
(c) ₹ 1400 (d) ₹ 1500

11. एक 152.5 मी लम्बी रेलगाड़ी जो 57 किमी/घण्टा की गति से चल रही है, एक प्लेटफॉर्म को 39 सेकण्ड में पार करती है। प्लेटफॉर्म की लम्बाई कितनी है?
(a) 617.5 मी (b) 590 मी
(c) 480 मी (d) 465 मी

12. यदि किसी वृत्त की त्रिज्या, उस वर्ग के विकर्ण के बराबर हैं, जिसका क्षेत्रफल 12 सेमी^{2} है, तो वृत्त का क्षेत्रफल ज्ञात करें।
(a) 28π सेमी^{2}
(b) 36π सेमी^{2}
(c) 32π सेमी^{2}
(d) 24π सेमी^{2}

13. एक पर्स में मौजूद पैसों में से 1/5वाँ हिस्सा निकाल लेने पर, शेष बची राशि का 1/12वाँ हिस्सा ₹ 7.40 है। आरम्भ में पर्स में कितनी राशि (₹ में) थी?
(a) 123 (b) 112
(c) 129 (d) 111

14. 2349, 2835 और 3078 का महत्तम समापवर्तक ज्ञात करें।
(a) 3 (b) 27
(c) 81 (d) 9

15. एक पासे को एक बार फेंकने पर, एक अभाज्य संख्या प्राप्त करने की प्रायिकता क्या है?
(a) $\frac{1}{2}$ (b) $\frac{3}{4}$ (c) $\frac{5}{6}$ (d) $\frac{2}{5}$

16. निम्नलिखित में से उसे चुनिए, जो अन्य तीन विकल्पों से भिन्न है।
(a) फ्लाइंग ऑफिसर (b) विंग कमाण्डर
(c) मेजर (d) एयर मार्शल

17. दिए गए विकल्पों में से उसे चुनिए जो अनुक्रम को पूरा करेगा।
3, 5, 8, 13, 21, 34, 55, ?
(a) 34 (b) 55 (c) 21 (d) 89

18. एक कैदी ने उससे मिलने आए लड़के का जेलर से परिचय कराते हुए कहा, "मेरा कोई भाई या बहन तो है नहीं, यह लड़का मेरे पिता के पुत्र का पुत्र है"। लड़का उसका कौन है?
(a) भतीजा (b) पुत्र
(c) चचेरा भाई (d) चाचा

19. दिए हुए विकल्पों में से लुप्त संख्या ज्ञात कीजिए।

1	3	7
2	4	4
4	5	9
3	2	3
50	70	?

(a) 23 (b) 115
(c) 118 (d) 220

20. उस विकल्प का चयन करें, जो तीसरे पद से ठीक उसी प्रकार सम्बन्धित है, जिस प्रकार दूसरा पद पहले पद से सम्बन्धित है।
SHOVEL : MFWPIT : : NOVICE : ?
(a) OPWJDF
(b) MNUHBD
(c) FDJWPO
(d) WPOHBD

21. चार उत्तर आकृतियों में से कौन-सी आकृति नीचे प्रश्न आकृति में दिए गए टुकड़ों से बनाई जा सकती है?

प्रश्न आकृति

उत्तर आकृतियाँ

(a) (b) (c) (d)

22. वह आरेख चुनिए, जो गायों, पशुओं और बकरियों के बीच सम्बन्ध का सही निरूपण करता है।

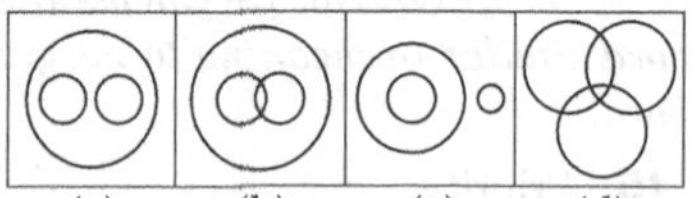

(a) (b) (c) (d)

23. दिए गए विकल्पों में से उस उत्तर आकृति को चुनिए, जिसमें प्रश्न आकृति निहित है।

प्रश्न आकृति

उत्तर आकृतियाँ

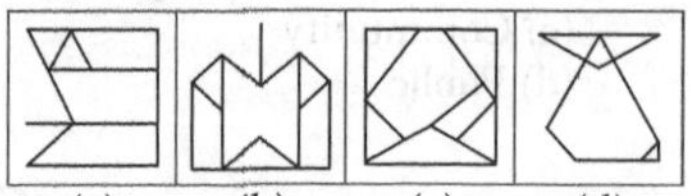

(a) (b) (c) (d)

24. यदि 'v' का अर्थ है '–', 'r' का अर्थ है '×' और 's' का अर्थ है '+', तो निम्नलिखित समीकरण का मान क्या होगा?
20 s 15 r 6 v 13 r 4 = ?
(a) 158 (b) 328 (c) 468 (d) 58

25. यदि नीचे दी गई सभी संख्याओं के अन्तिम दो अंकों को परस्पर बदल दिया जाए, तो नई व्यवस्था में सबसे छोटी और सबसे बड़ी संख्या का योगफल क्या होगा?
327, 837, 976
(a) 1339 (b) 1349
(c) 1325 (d) 1329

26. उस विकल्प का चयन कीजिए, जो दिए गए शब्दों के उस क्रम-विन्यास को दर्शाता है जिस क्रम में वे अंग्रेजी शब्दकोष में आते हैं।
1. Ruthless
2. Ruler
3. Routine
4. Rusticate
5. Rugby
(a) 3, 2, 5, 4, 1
(b) 3, 5, 2, 4, 1
(c) 3, 5, 2, 1, 4
(d) 5, 3, 2, 4, 1

27. चार अक्षर-समूह दिए गए हैं, जिनमें से तीन एक निश्चित प्रकार से समान हैं, जबकि एक उनसे असंगत है। उस असंगत अक्षर-समूह का चयन कीजिए।
(a) NKLM
(b) EBCD
(c) WXYZ
(d) IFGH

28. उस विकल्प का चयन करें, जो तीसरे शब्द से उसी प्रकार सम्बन्धित है, जिस प्रकार दूसरा शब्द, पहले शब्द से सम्बन्धित है।
कीटविज्ञान : कीड़े : : जीवाश्मिकी : ?
(a) भूकम्प
(b) जीवाश्म
(c) ऑटोमोबाइल
(d) खनिज

29. नीचे दिए गए प्रश्न में विषम आकृति चुनिए।

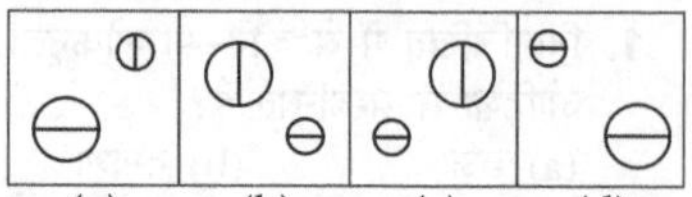

(a) (b) (c) (d)

30. 31 जनवरी, 2009 को सप्ताह का कौन-सा दिन था?
(a) रविवार
(b) शनिवार
(c) शुक्रवार
(d) सोमवार

उत्तरमाला

सेक्शन I अंग्रेजी भाषा

1 (d)	2 (a)	3 (c)	4 (a)	5 (a)	6 (b)	7 (a)	8 (a)	9 (c)	10 (b)
11 (c)	12 (b)	13 (b)	14 (b)	15 (c)	16 (a)	17 (a)	18 (b)	19 (d)	20 (b)

सेक्शन II सामान्य जागरूकता, गणित एवं तर्कशक्ति

1 (a)	2 (a)	3 (c)	4 (b)	5 (a)	6 (d)	7 (b)	8 (a)	9 (c)	10 (a)
11 (d)	12 (d)	13 (d)	14 (c)	15 (a)	16 (c)	17 (d)	18 (b)	19 (b)	20 (c)
21 (b)	22 (a)	23 (b)	24 (d)	25 (a)	26 (b)	27 (c)	28 (b)	29 (d)	30 (b)

स्कोर कार्ड

- **कुल Attempted प्रश्न**
  अंग्रेजी भाषा [ ] सामान्य जागरूकता, गणित एवं तर्कशक्ति [ ]
- **कुल सही व गलत प्रश्न**
  अंग्रेजी भाषा [/] सामान्य जागरूकता, गणित एवं तर्कशक्ति [/]
- **फाइनल स्कोर (कुल सही उत्तर के अंक – गलत उत्तर के अंक)**
  अंग्रेजी भाषा [/] सामान्य जागरूकता, गणित एवं तर्कशक्ति [/]

समय 45 मिनट सही उत्तर 1 अंक गलत उत्तर 0.25 अंक

- **रिजल्ट**
  - 10 से नीचे (किसी भी सेक्शन में) - Average (सिलेक्शन नहीं)
  - 10-18 के बीच में (कुल 35+) - Good (सिलेक्शन हो सकता है)
  - 18 से ऊपर (दोनों सेक्शन में) - Excellent (100% सिलेक्शन)
- **टिप्पणी**
  यदि आपका स्कोर किसी भी सेक्शन में 10 से नीचे है तब आप बार-बार प्रैक्टिस करें और ऐसा तब तक करें जब तक आपका स्कोर 10-18 (कुल 35+) के बीच में नहीं हो जाता।

संकेत एवं हल

सेक्शन I अंग्रेजी भाषा

1. (d) The ant came to the stream to drink at it.

2. (a) The dove dropped a leaf into the water to save the ant.

3. (c) The dove was in danger because a hunter was about to shoot it.

4. (a) In this passage, the word 'aim at' means to point a gun at something or someone.

5. (a) 'Looked' is the right option according to the given sentence.

6. (b) Use 'was' in place of 'are' as 'neither' referred to singular subject and the given sentence is in past tense.

7. (a) 'Though he is honest, he is selfish' is the correct complex sentence. Complex sentence is the sentence that has one main clause and one or more subordinate clause.

8. (a) In the given sentence the word 'inning' is not used correctly. We should use 'innings' instead.

9. (c) The word replace 'his' by 'ones' to make the possessive pronoun correct.

10. (b) Remove 'most' as 'unique' means uncommon and use of any superlative degree is wrong before 'unique'.

11. (b) The correct indirect form of the given sentence is 'He said that he had often told him not to waste his time.'

12. (b) The correct passive form of the given sentence is 'Was the first bus missed by everybody.'

13. (b) Here, 'Anil and I' should be used in place of 'Anil and me' to improve the sentence.

14. (b) 'Dishevelled' means 'not neat or tidy'. So, tidy is correct antonym.

15. (c) 'Priority' means 'preference', so precedence is its correct answer.

16. (a) Group of people that living together in the same locality is called neighbourhood.

17. (a) The correctly spelt word is 'Mischievous'. Mischievous means being naughty.

18. (b) The correctly spelt word is 'Accomplice'. It means partner in crime.

19. (d) After rearrangement, the correct sequence is PSQR.

20. (b) The adverb form of 'Terrible' is 'Terribly'.

सेक्शन II सामान्य जागरुकता, गणित एवं तर्कशक्ति

1. (a) 'छऊ' लोकनृत्य ओडिशा राज्य से सम्बन्धित है। यह ओडिशा में 'मयूरभंज छऊ' नाम से प्रसिद्ध है। यह नृत्य मार्शल व लोथ परम्पराओं वाला एक अर्द्धशास्त्रीय नृत्य है। यह नृत्य मुख्यतः क्षेत्रीय त्योहारों में ही प्रदर्शित किया जाता है। वर्ष 2010 में इस नृत्य को यूनेस्को की मानवता की अमूर्त सांस्कृतिक विरासत की सूची में शामिल किया गया।

2. (a) बैकाल झील विश्व की सबसे गहरी झील है। इस झील की औसत गहराई 744.4 मी है। यह झील रूस के साइबेरिया क्षेत्र के दक्षिण भाग में स्थित है। इस झील की लम्बाई 636 किमी है। इस झील को यूनेस्को ने विश्व विरासत के प्राकृतिक स्थलों की सूची में शामिल किया है।

3. (c) परमाणु के एक मौलिक कण, प्रोटॉन की खोज वर्ष 1911 में रदरफोर्ड ने गोल्डस्टीन के साथ मिलकर की। वर्ष 1920 में रदरफोर्ड ने ही परमाणु के इस कण का नाम प्रोटॉन रखा था।

4. (b) मौलिक कर्त्तव्यों का प्रावधान भारतीय संविधान में पूर्व सोवियत संघ (रूस) से लिया गया है। 42वें संविधान संशोधन 1976 के अन्तर्गत मौलिक कर्त्तव्यों को सरदार स्वर्ण सिंह समिति की सिफारिश के तहत् जोड़ा गया था। मौलिक कर्त्तव्यों को संविधान में अनुच्छेद-51(क) के अन्तर्गत रखा गया है। वर्तमान में मौलिक कर्त्तव्यों की संख्या 11 है।

5. (a) भारतीय सेना का सर्वोच्च सेनापति राष्ट्रपति होता है। संविधान के अनुच्छेद-53 के तहत् वह थल सेना, नौसेना व वायुसेना के प्रमुख की नियुक्ति करता है। वह युद्ध आरम्भ या समाप्ति की घोषणा करता है, किन्तु यह सब वह संसद की अनुमति के अनुसार करता है।

6. (d) जावा लैंग्वेज हार्डवेयर नहीं है। यह एक कम्प्यूटरीकृत मशीनी भाषा है, जबकि प्रोसेसर-चिप, की-बोर्ड, प्रिण्टर हार्डवेयर की श्रेणी में आते हैं।
हार्डवेयर कम्प्यूटर के वे भाग होते हैं, जिन्हें आँखों द्वारा देखा व हाथों द्वारा छूकर महसूस किया जा सकता है।

7. (b) भारत में वीरता का पहला सर्वोच्च सम्मान परमवीर चक्र है। दूसरा सबसे बड़ा सम्मान महावीर चक्र है, तीसरा वीर चक्र, चौथा अशोक चक्र, पाँचवाँ कीर्ति चक्र एवं छठा शौर्य चक्र है। प्रत्येक वर्ष गणतन्त्र दिवस के अवसर पर इन पुरस्कारों का वितरण राष्ट्रपति द्वारा किया जाता है।

8. (a) $441 \div \left[270 \div \frac{3}{7}\right.$ का $\left. 35 + \left(17 \div \frac{1}{3}\right) - \left(8\frac{1}{2} - \frac{5}{2}\right)\right]$

$$= 441 \div \left[270 \div 15 + (17 \times 3) - \left(\frac{17}{2} - \frac{5}{2}\right)\right]$$

$$= 441 \div \left[270 \div 15 + 51 - \frac{12}{2}\right]$$

$$= 441 \div \left[270 \times \frac{1}{15} + 51 - 6\right]$$

$= 441 \div [18 + 51 - 6] = 441 \div [69 - 6]$
$= 441 \div 63 = 7$

9. (c) दिया है, मूलधन (P) = ₹ 5400
दर (r) = 20%
समय (n) = 2 वर्ष
सूत्र $A = P\left(1 + \frac{r}{100}\right)^n$ से,
चक्रवृद्धि मिश्रधन
$= 5400\left(1 + \frac{20}{100}\right)^2 = 5400 \times \frac{6}{5} \times \frac{6}{5}$
= ₹ 7776
∴ चक्रवृद्धि ब्याज
= चक्रवृद्धि मिश्रधन − मूलधन
= 7776 − 5400 = ₹ 2376

10. (a) दिया है, वस्तु का अंकित मूल्य = ₹ 1360
∵ छूट = 25%
∴ वस्तु का विक्रय मूल्य
$= \text{अंकित मूल्य} \times \frac{(100 - \text{छूट})}{100}$
$= 1360 \times \frac{75}{100} = ₹\ 1020$
तथा हानि = 15%
∴ वस्तु का क्रय मूल्य
$= \frac{\text{विक्रय मूल्य} \times 100}{(100 - \text{हानि})}$
$= 1020 \times \frac{100}{85} = ₹\ 1200$

11. (d) माना प्लेटफॉर्म की लम्बाई x मी है।
तब, चाल $= \frac{\text{दूरी}}{\text{समय}}$ से,
$57 \times \frac{5}{18} = \frac{x + 152.5}{39}$
[∵ 1 किमी/घण्टा $= \frac{5}{18}$ मी/से]
⇒ $617.5 = x + 152.5$
∴ $x = 617.5 - 152.5 = 465$ मी

12. (d) दिया है, वर्ग का क्षेत्रफल = 12 सेमी^{2}
∴ वर्ग की भुजा (a) = $\sqrt{12}$ सेमी
∴ वर्ग का विकर्ण = भुजा × $\sqrt{2}$
$= \sqrt{12} \times \sqrt{2} = \sqrt{24}$ सेमी
∴ वृत्त की त्रिज्या (r) = वर्ग का विकर्ण
$= \sqrt{24}$ सेमी
अतः वृत्त का क्षेत्रफल = πr^2
$= \pi \times 24 = 24\pi$ सेमी^{2}

13. (d) माना आरम्भ में पर्स में ₹ x थे। तब
प्रश्नानुसार, $\left(x - \frac{x}{5}\right)$ का $\frac{1}{12} = 7.4$
⇒ $\frac{4x}{5} \times \frac{1}{12} = 7.4 \Rightarrow \frac{4x}{60} = 7.4$
∴ $x = \frac{7.4 \times 60}{4} = ₹\ 111$

14. (c) 2349 और 3078 का म. स.
2349) 3078 (1
2349
729) 2349 (3
2187
162) 729 (4
648
81) 162 (2
162
X

अब, 81 और 2835 का म.स.
81) 2835 (35
2835
X
∴ 2349, 2835 और 3078 का म.स. = 81

15. (a) एक पासे पर 6 संख्याएँ {1, 2, 3, 4, 5, 6} होती हैं।
∴ कुल सम्भव परिणामों की संख्या $n(S) = 6$
माना E_1 = अभाज्य संख्या {2, 3, 5} प्राप्त होने की घटना
तब, $n(E_1) = 3$
∴ अभाज्य संख्या प्राप्त होने की प्रायिकता
$= \frac{n(E_1)}{n(S)} = \frac{3}{6} = \frac{1}{2}$

16. (c) 'मेजर' को छोड़कर अन्य सभी भारतीय वायु सेना के पदाधिकारी है जबकि 'मेजर' भारतीय थल सेना में एक अधिकारी पद है।

17. (d) संख्या-शृंखला का क्रम इस प्रकार है,
3 → 5 → 8 → 13 → 21 → 34 → 55 → [89]
+2, +3, +5, +8, +13, +21, +34

18. (b) प्रश्नानुसार,
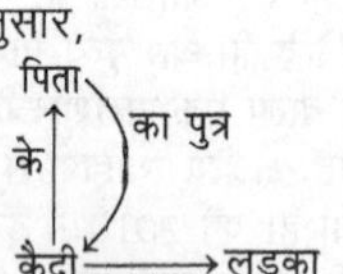

कैदी के पिता का पुत्र स्वयं कैदी हुआ। अतः वह लड़का कैदी का पुत्र है।

19. (b) जिस प्रकार, $(1 + 2 + 4 + 3) \times 5 = 50$
तथा $(3 + 4 + 5 + 2) \times 5 = 70$
उसी प्रकार, $(7 + 4 + 9 + 3) \times 5 = \boxed{115}$

20. (c) जिस प्रकार,
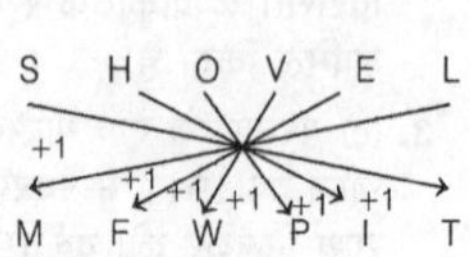

उसी प्रकार,
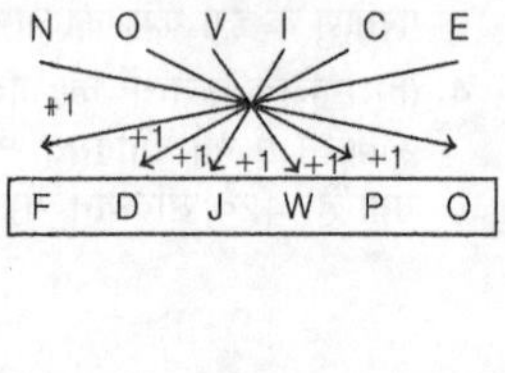

21. (b) उत्तर आकृति (b) प्रश्न आकृति के टुकड़ों से बनाई जा सकती है।
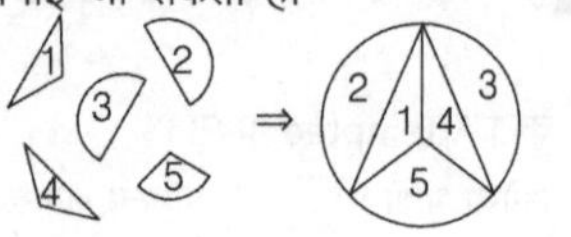

22. (a) गाय और बकरी दोनों अलग-अलग पशु हैं। अतः इनके मध्य सम्बन्धों का वेन-आरेख निम्नवत् होगा
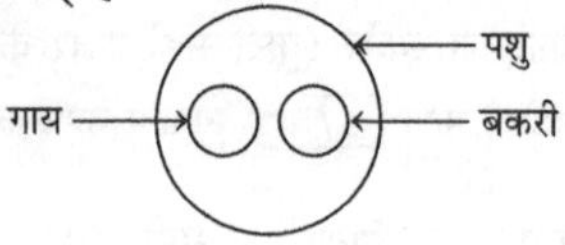

23. (b) उत्तर आकृति (b) में प्रश्न आकृति निहित है।
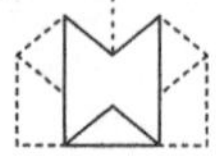

24. (d) दिया गया समीकरण
= 20 s 15 r 6 v 13 r 4
दिए गए चिह्नों को प्रश्नानुसार बदलने पर,
$= 20 + 15 \times 6 - 13 \times 4$
$= 20 + 90 - 52 = 110 - 52 = 58$

25. (a) दी गई संख्याएँ 327, 837, 976 हैं। संख्याओं के अन्तिम दोनों अंकों को परस्पर बदलने पर, 372, 873, 967
∴ अभीष्ट योगफल = 967 + 372 = 1339

26. (b) अंग्रेजी शब्दकोष के अनुसार शब्दों को क्रम में लगाने पर,
Routine → Rugby → Ruler → Rusticate → Ruthless
3 5 2 4 1
⇒ 3, 5, 2, 4, 1

27. (c) दिए गए अक्षर समूहों में से केवल अक्षर समूह (c) में क्रमागत वर्ण हैं।
W → X → Y → Z
+1 +1 +1

28. (b) जिस प्रकार, कीटविज्ञान में कीड़ों के बारे में पढ़ाया जाता है, उसी प्रकार, जीवाश्मिकी में जीवाश्मों के बारे में पढ़ाया जाता है।

29. (d) सभी आकृतियाँ दो विभिन्न आकार वाले वृत्तों से बनी हैं। प्रत्येक वृत्त के भीतर रेखा भी है। इनमें से एक रेखा लम्बवत् है, जबकि दूसरी रेखा क्षैतिज है लेकिन विकल्प (d) की आकृति में दोनों ही रेखाएँ क्षैतिज हैं।

30. (b) वर्ष 2008 तक कुल विषम दिन
⇒ $1 + 1 + 1 + 2 + 1 + 1 + 1 + 2$
⇒ $\frac{10}{7} = 3$ विषम दिन
31 जनवरी 2009 तक कुल विषम दिन
$= 31 + 3 = \frac{34}{7} = 6$ विषम दिन
अतः यदि विषम दिन 6 होते हैं, तो वह दिन शनिवार होता है।
अतः 31 जनवरी 2009 को शनिवार है।

भारतीय वायु सेना

अग्निवीर वायु फेज-1

(ग्रुप-Y) विज्ञान विषय के अतिरिक्त

प्रैक्टिस सेट 4

समय : 45 मिनट | पूर्णांक : 50

निर्देश

1. इस प्रैक्टिस सेट में कुल 50 प्रश्न हैं तथा परीक्षा की अवधि 45 मिनट है।
2. प्रत्येक सही उत्तर के लिए 1 अंक का प्रावधान है।
3. गलत उत्तर के लिए 0.25 नकारात्मक अंक का प्रावधान है।

सेक्शन I ➤ अंग्रेजी भाषा

Directions (Q. Nos. 1-5) *Read the following passage carefully and answer the questions that follow.*

Fever in the season of dengue is sending Calcuttans scurrying to hospitals for admission, triggering a shortage of beds that has forced some private health care institutes to even postpone planned surgeries.

Apollo Gleneagles Hospitals on the Bypass had 504 patients in its care on Thursday of whom 70 had been admitted with fever. Belle Vue Clinic had 180 patients, 32 of them with dengue. Calcutta Medical Research Institute had 350 patients 60 of them with fever.

The number of people admitted for treatment of fever caused by dengue or any undiagnosed illness has been rising every day across hospitals for more than a fortnight.

"There had been heavy pressure on all private hospitals for admission of dengue and cases of unknown fever since the beginning of August. Now it is a surge," said Pradip Tandon, President of the Association of Hospitals of Eastern India. In July, four to five patients were getting admitted with fever on an average in every hospital. The number has since ballooned with the Calcutta Municipal Corporation apparently in denial about the extent of the dengue outbreak and the Government focused on playing down the threat. Such has been the rush of patients with fever that some hospitals are calling up people to postpone admissions planned in advance, mostly for surgeries. "We have told many people to come only when we call them to confirm availability of beds," said an official at Belle Vue.

1. The Government's 'playing down the threat' means
   (a) refusing to acknowledge the danger
   (b) refusing to play with the threat
   (c) playing and threatening
   (d) putting down the threat

2. The word 'ballooned' implies
   (a) playing with balloons
   (b) decreased
   (c) increased tremendously
   (d) increased slightly

3. Belle Vue Clinic is the name of
   (a) a medicine shop
   (b) a nursing home
   (c) a clinic with a good view
   (d) a clinic with a bell in it

4. The rush in hospitals has been rising
   (a) for more than one month
   (b) for the last four nights
   (c) for more than four days
   (d) for more than fifteen days

5. Which one of the following is a synonym for 'apparently'?
   (a) Lively (b) Obviously
   (c) Shift (d) Slow

Directions (Q. Nos. 6-7) *Fill in the blanks with correct alternative.*

6. Please step out of the car, Mr Jones. Do you realise you .... at over 90 mph?
   (a) were driving (b) have driven
   (c) have had (d) had had

7. Your friend.......too much.
(a) talk (b) talks
(c) talking (d) talked

8. Improve the underlined part of the given sentence. If none of the substitution improve the sentence, choose (d) 'No improvement' as your answer.
Myself Rajeshwari Khanna.
(a) Myself is
(b) Myselves
(c) I am
(d) No improvement

9. Choose the correct passive voice of the given sentence.
Has someone made all the necessary arrangements?
(a) Has all the necessary arrangement been made by someone?
(b) Have the necessary arrangements been all made by someone?
(c) Have all the necessary arrangements been made by someone?
(d) All the necessary arrangements have been made by one?

10. Select the most appropriate indirect form of the given sentence.
She said to her friend, "We have not won the match".
(a) She said that we have not won the match.
(b) She said with sorrow to her friend that we have not won the match.
(c) She said to her friend that they have not won the match.
(d) She told her friend that they have not won the match.

Directions (Q. Nos. 11 and 12) *Find out which part of the sentence has an error.*

11. More you (a)/ think of it, (b)/ the worse it becomes. (c)/ No error(d)

12. The teacher (a)/ scolded him always (b)/ because he rarely reached school on time. (c)/ No error (d)

13. Choose the one which can be substituted for the given words/statements.
The act of looking back upon past events.
(a) Introspection
(b) Retrospection
(c) Extrospection
(d) Circumspection

14. The noun form of the verb 'enter' is
(a) entry (b) entering
(c) enterful (d) entered

15. Rearrange the parts of the sentence to produce the meaningful sentence.
P : with the management of organisations
Q : employees can organise into trade or labour unions
R : about working and contractual conditions
S : which represent the work force to collectively bargain
(a) QSPR (b) RSQP
(c) SPRQ (d) RPQS

16. Fill in the blank with suitable preposition.
It became clear that the strangers were heading ...... a serious disaster.
(a) along (b) towards
(c) for (d) into

17. Fill in the blank with suitable word.
I went to the shop......bought some pens.
(a) and (b) as
(c) while (d) so

Directions (Q. Nos. 18-20) *Choose the correct answer as directed in each question.*

18. Choose the word similar in meaning to the word given.
Momentous
(a) Important (b) Temporary
(c) Fleeting (d) Monumental

19. Choose the word opposite in meaning to the given word.
Controversial
(a) Uncertain (b) Dubious
(c) Undisputed (d) Questionable

20. Find the wrongly spelt word.
(a) Passagway
(b) Causeway
(c) Subway
(d) Straightway

सेक्शन II ➤ सामान्य जागरूकता, गणित एवं तर्कशक्ति

1. किसकी सिफारिश पर राज्यों में राष्ट्रपति शासन लगाया जा सकता है?
(a) मुख्यमन्त्री (b) संसद
(c) प्रधानमन्त्री
(d) सम्बन्धित राज्य का राज्यपाल

2. सिन्धु घाटी सभ्यता के निम्नलिखित स्थानों में से कौन-सा एक स्थान रावी नदी के किनारे पर स्थित था?
(a) लोथल (b) मोहनजोदड़ो
(c) चन्हुदड़ो (d) हड़प्पा

3. वायुमण्डल में सर्वाधिक प्रतिशत मात्रा किस गैस की है?
(a) कार्बन डाइऑक्साइड
(b) हीलियम
(c) नाइट्रोजन (d) ऑर्गन

4. जब कोई कार विराम से अचानक चल पड़ती है, उसमें बैठे यात्री पीछे की तरफ झुक जाते हैं। यह घटना .... का उदाहरण है।
(a) न्यूटन के गति का प्रथम नियम
(b) न्यूटन के गति का दूसरा नियम
(c) न्यूटन के गति का तीसरा नियम
(d) उपरोक्त में से कोई नहीं

5. भारत के पहले मुख्य चुनाव आयुक्त निम्नलिखित में से कौन थे?
(a) केवीके सुन्दरम
(b) सुकुमार सेन
(c) डॉ. नागेन्द्र सिंह
(d) टी. स्वामीनाथन

6. 'RAM' का पूर्ण रूप है
(a) रीड ऑनली मेमोरी
(b) रेण्डम अर्थमेटिक मेमोरी
(c) रेण्डम एक्सेस मेमोरी
(d) रीड ऑटो मेमोरी

7. अगस्त 2024 में किस भारतीय अभिनेता को लोकार्नो फिल्म फेस्टिवल में सम्मानित किया गया?
(a) शाहरूख खान (b) आमीर खान
(c) अक्षय कुमार (d) अजय देवगन

8. दो धनात्मक संख्याओं का ल.स. उनके म.स. से तीन गुना है। यदि ल.स. और म.स. का गुणनफल 867 हों, तो संख्याएँ ज्ञात कीजिए।
(a) 17, 51 (b) 27, 81
(c) 13, 39 (d) 51, 153

9. यदि $\cot^2\theta + \cot^4\theta = 2$ है, तो $2\sin^4\theta + \sin^2\theta$ का मान ज्ञात करें।
(a) 5 (b) 3
(c) 1 (d) 2

10. यदि सुनीता की आय उसके पति की आय से $\frac{75}{4}$% अधिक है, तो उसके पति की आय सुनीता की आय से लगभग कितने प्रतिशत कम है?
(a) 16% (b) 14%
(c) 25% (d) 11%

11. 29 सदस्यों के एक समूह की औसत आयु 23 वर्ष है। यदि उस समूह के नेता की आयु भी शामिल कर ली जाए, तो औसत आयु में 2 महीने की वृद्धि हो जाती है। समूह के नेता की आयु कितनी है?
(a) 25 वर्ष (b) 28 वर्ष
(c) 32 वर्ष (d) 27 वर्ष

12. एक टैंक को 3 घण्टे में नल A द्वारा भरा जा सकता है और नल B, 4 घण्टे में इसे भर सकता है। नल C, 6 घण्टे में इस भरे टैंक को खाली कर सकता है। यदि सभी तीनों नल एक साथ खोले जाते हैं, तो टैंक को पूरी तरह से भरने के लिए कितना समय लगेगा?
(a) 8 घण्टे (b) $\frac{10}{7}$ घण्टे
(c) 5 घण्टे (d) $\frac{12}{5}$ घण्टे

13. भूमि के आयताकार प्लॉट के आयाम, 37 मी और 23 मी हैं। आयत की परिधि क्या है?
(a) 60 मी (b) 61 मी
(c) 122 मी (d) 120 मी

14. यदि $a - \frac{24}{a} = 5$ है, जहाँ $a > 0$ है, तो $a^2 + \frac{64}{a^2}$ का मान ज्ञात करें।
(a) 45 (b) 60 (c) 65 (d) 56

15. रामू शान्त पानी में 9 किमी/घण्टा की गति से नाव चला सकता है। उसे धारा की दिशा में जाने की तुलना में धारा की विपरीत दिशा में जाने का दोगुना समय लगता है। धारा की गति ज्ञात कीजिए।
(a) 16 किमी/घण्टा
(b) 8 किमी/घण्टा
(c) 3 किमी/घण्टा
(d) 9 किमी/घण्टा

16. दिए गए विकल्पों में से लुप्त संख्या ज्ञात कीजिए।

169	64	81	30
625	?	49	50
1296	576	100	70

(a) 324 (b) 289
(c) 441 (d) 361

17. श्रीमती और श्री गोपाल के 3 पुत्रियाँ हैं। प्रत्येक पुत्री का एक भाई भी है, तो इस परिवार में कुल कितने सदस्य हैं?
(a) 5 (b) 6 (c) 7 (d) 8

18. निम्न श्रृंखला में गलत संख्या ज्ञात कीजिए।
7, 28, 63, 124, 215, 342
(a) 28 (b) 63 (c) 124 (d) 342

19. एक कक्षा में सफल हुए लड़कों की सूची में राजन का 11वाँ स्थान है और नीचे की ओर से वह 31वें स्थान पर है। तीन लड़कों ने परीक्षा ही नहीं दी और एक फेल हो गया था। कक्षा में कुल कितने छात्र हैं?
(a) 32 (b) 42 (c) 45 (d) 46

20. राहुल और रोबिन भाई हैं। प्रमोद, रोबिन के पिता हैं। शीला प्रमोद की बहन है। प्रेमा प्रमोद की भांजी है। शुभा, शीला की नातिन (दोहती) है। राहुल, शुभा के क्या लगते हैं?
(a) भाई (b) ममेरा भाई
(c) मामा (d) भांजा

21. यदि '×' का अर्थ 'योग' है, '–' का अर्थ 'भाग' है, '÷' का अर्थ 'घटाना' है और '+' का अर्थ 'गुणा' है, तो निम्नलिखित में से कौन-सा समीकरण सही है?
(a) $16 + 5 - 10 \times 4 \div 3 = 9$
(b) $16 \div 5 \times 10 \div 4 + 3 = 12$
(c) $16 + 5 \div 10 \times 4 - 3 = 9$
(d) $16 \times 5 \div 10 \div 4 - 3 = 19$

22. कोई आदमी एक स्थान से चलना शुरू करता है। 8 किमी उत्तर की ओर जाता है, दाएँ घूमता है और 12 किमी चलता है, बाएँ घूमता है और 7 किमी चलता है, फिर घूमता है और 24 किमी दक्षिण की ओर चलता है, दाएँ घूमता है और 12 किमी चलता है। वह आरम्भिक स्थान से किस दिशा में है?
(a) उत्तर (b) दक्षिण
(c) पश्चिम (d) पूर्व

23. निम्नलिखित में से उसे चुनिए, जो अन्य तीन विकल्पों से भिन्न है।
(a) पृथ्वी (b) सागरिका
(c) अर्जुन (d) अग्नि

24. कौन-सा आरेख मानव प्राणियों, शिक्षकों और स्नातकों के बीच सम्बन्ध का सही निरूपण करता है?

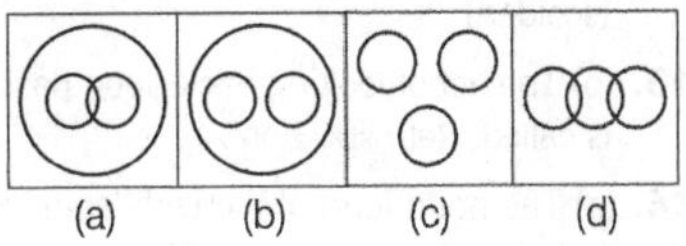

25. नीचे दिए गए शब्दों में से कौन-सा शब्द शब्दकोष के अनुसार दूसरे स्थान पर आएगा?
(a) Aqueous (b) Aquarium
(c) Aquiline (d) Aquatic

26. कौन-सी उत्तर आकृति प्रश्न आकृति के प्रतिरूप को पूरा करती है?

प्रश्न आकृति

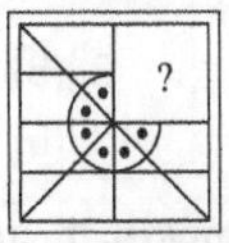

उत्तर आकृतियाँ

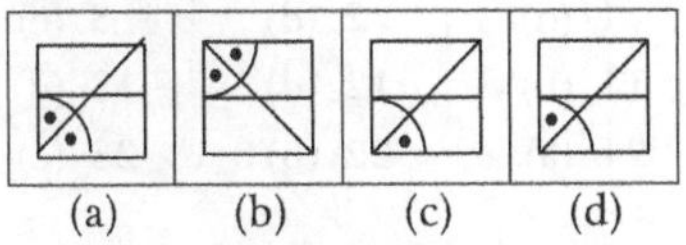

27. दी गई उत्तर आकृतियों में से उस उत्तर आकृति को चुनिए, जिसमें प्रश्न आकृति निहित है।

प्रश्न आकृति

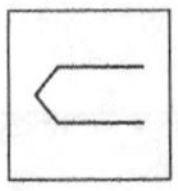

उत्तर आकृतियाँ

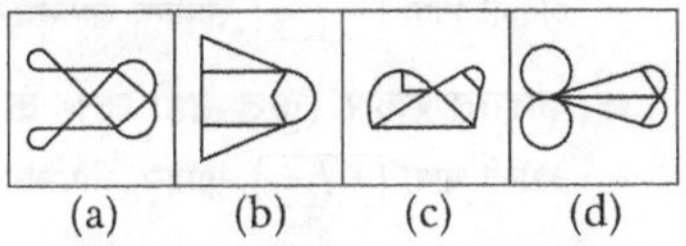

निर्देश *(प्र.सं. 28-30) नीचे दिए गए प्रत्येक प्रश्न में उत्तर आकृतियों (a), (b) (c) तथा (d) में से वह आकृति चुनिए जो प्रश्न आकृतियों में दी गई शृंखला को पूरा करती है।*

28. किसी निश्चित कूटभाषा में, 'UMBRELLA' को 'VNCSDKKZ' और 'FASTENED' को 'GBTUDMDC' लिखा जाता है। उसी कूटभाषा में 'MONUMENT' को किस प्रकार लिखा जाएगा?
(a) NPOVPFOU (b) NPOVLDMS
(c) NPOWLEOS (d) LNMTLGMS

29. **प्रश्न आकृतियाँ**

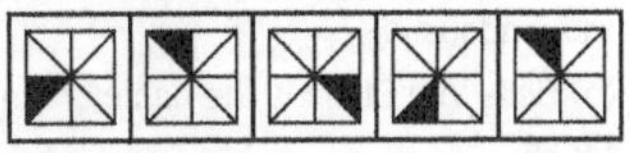

उत्तर आकृतियाँ

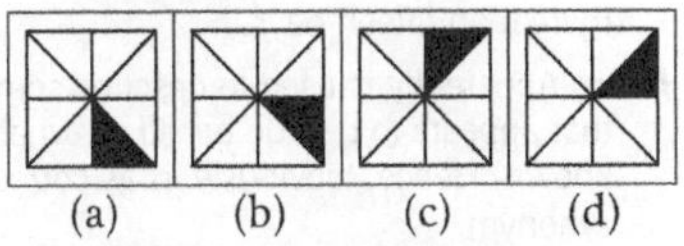

30. दिए गए संयोजन के सही दर्पण प्रतिबिम्ब का चयन करें, जब दर्पण को दर्शाए गए अनुसार, MN पर रखा जाता है।

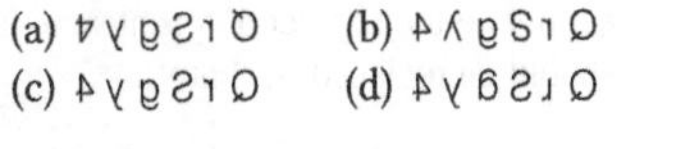

उत्तरमाला

सेक्शन I अंग्रेजी भाषा

1 (a)	2 (c)	3 (b)	4 (d)	5 (b)	6 (a)	7 (b)	8 (c)	9 (c)	10 (d)
11 (a)	12 (b)	13 (b)	14 (a)	15 (a)	16 (b)	17 (a)	18 (a)	19 (c)	20 (a)

सेक्शन II सामान्य जागरूकता, गणित एवं तर्कशक्ति

1 (d)	2 (d)	3 (c)	4 (a)	5 (b)	6 (c)	7 (a)	8 (a)	9 (c)	10 (a)
11 (b)	12 (d)	13 (d)	14 (c)	15 (c)	16 (a)	17 (b)	18 (a)	19 (c)	20 (c)
21 (a)	22 (b)	23 (c)	24 (a)	25 (d)	26 (a)	27 (a)	28 (b)	29 (d)	30 (c)

स्कोर कार्ड

- कुल Attempted प्रश्न
  अंग्रेजी भाषा [ ] सामान्य जागरूकता, गणित एवं तर्कशक्ति [ ]
- कुल सही व गलत प्रश्न
  अंग्रेजी भाषा [/] सामान्य जागरूकता, गणित एवं तर्कशक्ति [/]
- फाइनल स्कोर (कुल सही उत्तर के अंक – गलत उत्तर के अंक)
  अंग्रेजी भाषा [/] सामान्य जागरूकता, गणित एवं तर्कशक्ति [/]

समय 45 मिनट सही उत्तर 1 अंक गलत उत्तर 0.25 अंक

- रिजल्ट
  - 10 से नीचे (किसी भी सेक्शन में) - Average (सिलेक्शन नहीं)
  - 10-18 के बीच में (कुल 35+) - Good (सिलेक्शन हो सकता है)
  - 18 से ऊपर (दोनों सेक्शन में) - Excellent (100% सिलेक्शन)
- टिप्पणी
  यदि आपका स्कोर किसी भी सेक्शन में 10 से नीचे है तब आप बार-बार प्रैक्टिस करें और ऐसा तब तक करें जब तक आपका स्कोर 10-18 (कुल 35+) के बीच में नहीं हो जाता।

संकेत एवं हल

सेक्शन I अंग्रेजी भाषा

1. (a) The Government's playing down 'the threat' means refusing to acknowledge the danger.

2. (c) The word 'ballooned' implies increased tremendously.

3. (b) Belle Vue Clinic is the name of a nursing home.

4. (d) The rush in hospitals has been rising for more than fifteen days.

5. (b) Apparently is used to describe something that appears to be true based on what is known. Hence, 'obviously' is its correct synonym.

6. (a) 'Were driving' is the correct alternative as the sentence denotes the past tense.

7. (b) In the given sentence, singular subject is given, so verb also used singular, Hence, 'talks' is correct alternative.

8. (c) 'Myself' is a reflexive pronoun. So, it cannot be the subject of a sentence. It should be replaced by 'I am'.

9. (c) The correct passive voice of the given sentence is 'Have all the necessary arrangements been made by someone?'

10. (d) The most appropriate indirect form of the given sentence is - 'She told her friend that they have not won the match'.

11. (a) 'The' is used before more to complete the given quote. The complete and correct quote is the more think of it, the worse it becomes.

12. (b) The error is in part (b) because of the wrong placement of adverb 'always'. Adverb (always) should be used before Verb (seolded).

13. (b) The act of looking back upon past events is called 'Retrospection'.

14. (a) The noun form of the verb 'enter' is 'entry'.

15. (a) The correct sequence is QSPR.

16. (b) 'towards' indicates movement in particular direction. So, option (b) is the right answer.

17. (a) Coordinate conjunction 'and ' will be used in the blank. Unless is a conditional word which means except if.

18. (a) 'Momentous' means being important. Hence, option (a) 'Important' is the correct similar meaning word to the given word.

19. (c) 'Controversial' means disputed, so its correct antonym will be 'Undisputed'.

20. (a) The wrongly spelt word is 'passagway'. Its correct spelling is 'passageway' and it means a long way or narrow way that allows passage.

सेक्शन II सामान्य जागरूकता, गणित एवं तर्कशक्ति

1. (d) भारतीय संविधान के अनुच्छेद 356 के अन्तर्गत राष्ट्रपति को किसी राज्य में संवैधानिक तन्त्र की विफलता या संविधान उल्लंघन की दशा में 'राष्ट्रपति शासन' लगाने का अधिकार है। सम्बन्धित राज्य के राज्यपाल की अनुशंसा या स्व-संज्ञान होने पर राष्ट्रपति राज्य में राष्ट्रपति शासन लगाने का निर्देश देता है।

2. (d) सिन्धु सभ्यता का प्रमुख केन्द्र 'हड़प्पा' रावी नदी के बाएँ तट पर स्थित था। इस स्थल की खोज वर्ष 1921 में दयाराम साहनी ने की थी। वर्तमान में यह स्थल पाकिस्तान के पंजाब प्रान्त के मांटगोमरी जिले में स्थित है। इसके अतिरिक्त मोहनजोदड़ो व चन्हूदाड़ो (पाकिस्तान के सिन्ध प्रान्त में) सिन्धु नदी के किनारे व लोथल (भारत-गुजरात) भोगवा नदी के किनारे स्थित था।

3. (c) वायुमण्डल में सर्वाधिक प्रतिशत मात्रा नाइट्रोजन (78%) की है। इसके बाद ऑक्सीजन (21%), ऑर्गन (0.93%) तथा कार्बन डाइऑक्साइड (0.03%) का स्थान है।

4. (a) न्यूटन के गति के प्रथम नियम अनुसार, यदि कोई वस्तु विरामावस्था में है या एक सरल रेखा में समान वेग से गतिशील रहती है, तो उसकी विरामावस्था या समान गति की अवस्था में परिवर्तन तभी होता है, जब उस पर कोई बाह्य बल लगाया जाता है। न्यूटन के गति के प्रथम नियम को गैलीलियो का जड़त्व का नियम भी कहते हैं।

5. (b) सुकुमार सेन भारत के पहले मुख्य चुनाव आयुक्त थे, जो मार्च, 1950 से लेकर दिसम्बर, 1958 तक इस पद पर रहे। वर्ष 1954 में इन्हें पद्म भूषण से सम्मानित किया गया था। मुख्य चुनाव आयुक्त की नियुक्ति भारत के राष्ट्रपति द्वारा की जाती है। इसका कार्यकाल 6 वर्ष या 65 वर्ष जो भी पहले हो, का होता है।

6. (c) 'रेण्डम एक्सेस मेमोरी' RAM का पूर्ण रूप है। यह एक अस्थायी मेमोरी है। जब कम्प्यूटर को ऑफ किया जाता है, तो उसमें मौजूद डेटा समाप्त हो जाता है।

7. (a) अगस्त 2024 में 77वें लोकार्नो फिल्म फेस्टिवल में शाहरूख खान को करियर अचीवमेंट अवॉर्ड से सम्मनित किया गया। यह पुरस्कार अभिनेता के फिल्म जगत पर विस्तृत प्रभाव के लिए दिया जाता है।

8. (a) माना म.स. $= x$

तब, ल.स. $= 3x$

प्रश्नानुसार,

म.स. × ल.स. = 867

$\Rightarrow \quad x \times 3x = 867$

$\Rightarrow \quad x^2 = 289 \Rightarrow x = 17$

तब, म.स. = 17 तथा ल.स. $= 3x = 51$

$\because$ पहली संख्या × दूसरी संख्या

= ल.स. × म.स.

अतः संख्याएँ = 17, 51

9. (c) दिया है, $\cot^2\theta + \cot^4\theta = 2$

$\Rightarrow \quad \cot^2\theta(1+\cot^2\theta) = 2$

$\Rightarrow \quad \cot^2\theta \operatorname{cosec}^2\theta = 2$

$\Rightarrow \quad \frac{\cos^2\theta}{\sin^2\theta} \times \frac{1}{\sin^2\theta} = 2$

$\Rightarrow \quad \cos^2\theta = 2\sin^4\theta$

$\Rightarrow \quad 1 - \sin^2\theta = 2\sin^4\theta$

अतः $2\sin^4\theta + \sin^2\theta = 1$

10. (a) माना सुनीता के पति की आय $= x$

$\therefore$ सुनीता की आय $= x \times \frac{100 + \frac{75}{4}}{100} = \frac{19x}{16}$

पति की आय में कमी (प्रतिशत)

$= \frac{\text{सुनीता की आय} - \text{पति की आय}}{\text{सुनीता की आय}} \times 100$

$= \frac{\frac{19x}{16} - x}{\frac{19x}{16}} \times 100$

$= \frac{3 \times 100}{19} = 15.78$

$\approx 16\%$

वैकल्पिक विधि

अभीष्ट प्रतिशत $= \frac{r}{(100+r)} \times 100$

$= \frac{\frac{75}{4}}{100 + \frac{75}{4}} \times 100$

$= \frac{75}{4} \times \frac{4}{475} \times 100$

$= 15.78\% \approx 16\%$

11. (b) 29 सदस्यों की आयु का योग

= औसत × कुल सदस्य

$= 29 \times 23 = 667$

$\therefore$ नेता को शामिल करने पर कुल आयु का योग

$= 30 \times \left(23 + \frac{2}{12}\right)$

$= 30 \times \frac{139}{6} = 695$

अतः नेता की आयु = 695 − 667 = 28 वर्ष

वैकल्पिक विधि

नेता की आयु = पूर्व औसत + औसत में वृद्धि × नई संख्या

$= 23 + \frac{2}{12} \times 30 = 23 + 5 = 28$ वर्ष

12. (d) नल A का 1 घण्टे का कार्य $= \frac{1}{3}$

नल B का 1 घण्टे का कार्य $= \frac{1}{4}$

नल C का 1 घण्टे का कार्य $= -\frac{1}{6}$

प्रश्नानुसार,

$(A + B + C)$ द्वारा 1 घण्टे का कार्य

$= \frac{1}{3} + \frac{1}{4} - \frac{1}{6}$

$= \frac{4+3-2}{12}$

$= \frac{5}{12}$

अतः $(A + B + C)$ के द्वारा कार्य करने में लगा समय

$= \frac{1}{\frac{5}{12}} = \frac{12}{5}$ घण्टे

13. (d) दिया है,

आयताकार प्लॉट की लम्बाई $(l) = 37$ मी

आयताकार प्लॉट की चौड़ाई $(b) = 23$ मी

$\therefore$ आयताकार प्लॉट की परिधि $= 2(l + b)$

$= 2(37 + 23) = 2 \times 60 = 120$ मी

14. (c) दिया है, $a - \frac{24}{a} = 5$

$\Rightarrow \quad a^2 - 24 = 5a$

$\Rightarrow \quad a^2 - 5a - 24 = 0$

$\Rightarrow \quad a^2 - 8a + 3a - 24 = 0$

$\Rightarrow \quad a(a-8) + 3(a-8) = 0$

$\Rightarrow \quad (a-8)(a+3) = 0$

$\therefore \quad a = 8, -3$

$\because \quad a > 0$

$\therefore \quad a = 8$

$\therefore \quad a^2 + \frac{64}{a^2} = 8^2 + \frac{64}{8^2}$

$= 64 + \frac{64}{64}$

$= 64 + 1 = 65$

15. (c) माना धारा की चाल x किमी/घण्टा है,

तब प्रश्नानुसार, $2 \times \frac{s}{(9+x)} = \frac{s}{(9-x)}$

$\left[\text{समय} = \frac{\text{दूरी}}{\text{चाल}}\right]$

$\Rightarrow \quad 2(9-x) = 9 + x$

$\Rightarrow \quad 18 - 2x = 9 + x$

$\Rightarrow \quad 2x + x = 18 - 9$

$\Rightarrow \quad 3x = 9$

$\therefore \quad x = 3$ किमी/घण्टा

16. (a) जिस प्रकार, $\sqrt{169}+\sqrt{64}+\sqrt{81}$

$=13+8+9=30$

तथा $\sqrt{1296}+\sqrt{576}+\sqrt{100}$

$=36+24+10$

$=70$

उसी प्रकार, $\sqrt{625}+\sqrt{x}+\sqrt{49}=50$

$\sqrt{x}=50-25-7=18$

$\therefore \quad x=(18)^2=\boxed{324}$

17. (b) श्रीमती + श्री गोपाल = 2 (सदस्य)
कुल पुत्रियाँ = 3; कुल पुत्र = 1
परिवार में कुल सदस्यों की संख्या
= 2 + 3 + 1 = 6

18. (a) संख्या-श्रेणी का क्रम इस प्रकार है,

$(2^3-1)=8-1=7$

$(3^3-1)=27-1=\boxed{26}$

$(4^3-1)=64-1=63$

$(5^3-1)=125-1=124$

$(6^3-1)=216-1=215$

$(7^3-1)=343-1=342$

अतः 28 गलत है, इसके स्थान पर 26 होना चाहिए।

19. (c) कुल छात्रों की संख्या
= 11 + 31 − 1 + 3 + 1 = 45

20. (c) प्रश्नानुसार, सम्बन्ध-आरेख खींचने पर

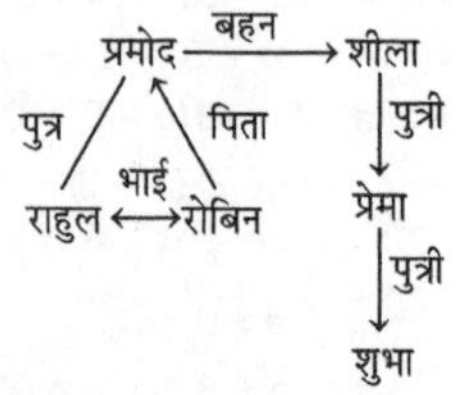

अतः राहुल, शुभा का मामा है।

21. (a) विकल्प (a) से,
$\because 16+5-10\times4\div3=9$

चिह्न परिवर्तन करने पर,

$16\times5\div10+4-3=9$

$\Rightarrow \quad 8+4-3=9$

$\Rightarrow \quad 9=9$

अतः समीकरण (a) सही है।

22. (b) आदमी का गमन-पथ इस प्रकार है,

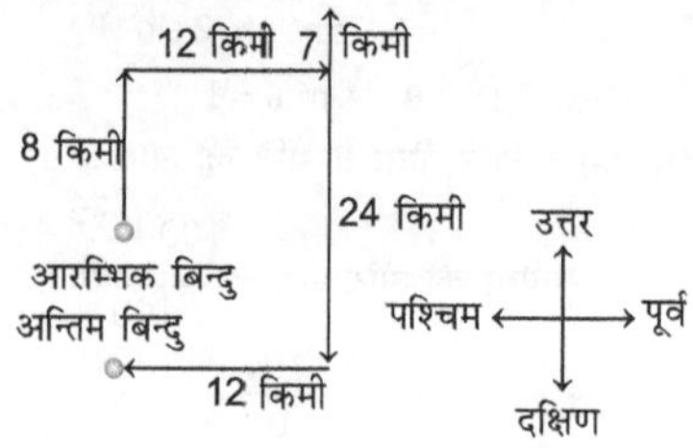

अतः स्पष्ट है कि वह आदमी अब अपने आरम्भिक स्थान से दक्षिण दिशा में है।

23. (c) 'अर्जुन' को छोड़कर अन्य सभी मिसाइलें है जबकि अर्जुन एक युद्धक टैंक हैं जिसकी अधिकतम गति 70 किमी/घण्टा है।

24. (a) प्रश्नानुसार, वेन-आरेख खींचने पर

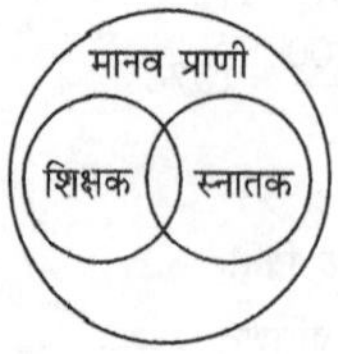

25. (d) दिए गए शब्दों का शब्दकोश के अनुसार क्रम निम्नवत् है

Aquarium → Aquatic → Aqueous → Aquiline

अतः शब्दकोश के अनुसार दूसरा शब्द
= Aquatic

26. (a) उत्तर आकृति (a) प्रश्न आकृति को पूरा करेगी।

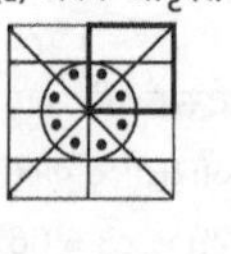

27. (a) उत्तर आकृति (a) में प्रश्न आकृति निहित है।

28. (b) जिस प्रकार,

U M B R E L L A
+1 +1 +1 +1 −1 −1 −1 −1
V N C S D K K Z

और

F A S T E N E D
+1 +1 +1 +1 −1 −1 −1 −1
G B T U D M D C

उसी प्रकार,

M O N U M E N T
+1 +1 +1 +1 −1 −1 −1 −1
N P O V L D M S

29. (d) आकृतियों का रंगा भाग दक्षिणावर्त दिशा में क्रमशः एक और दो स्थान छोड़कर घूम रहा है। यही प्रक्रिया बार-बार दोहराई जाती है। इसी क्रमानुसार,

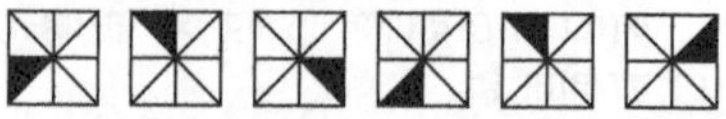

अतः उत्तर आकृति (d) होगी।

30. (c) उत्तर विकल्प (c) में दिया गया संयोजन, प्रश्न में दिए गए संयोजन का सही दर्पण प्रतिबिम्ब है।

भारतीय वायु सेना

अग्निवीर वायु फेज-1

(ग्रुप-Y) विज्ञान विषय के अतिरिक्त

प्रैक्टिस सेट 5

समय : 45 मिनट **पूर्णांक** : 50

निर्देश

1. इस प्रैक्टिस सेट में कुल 50 प्रश्न हैं तथा परीक्षा की अवधि 45 मिनट है।
2. प्रत्येक सही उत्तर के लिए 1 अंक का प्रावधान है।
3. गलत उत्तर के लिए 0.25 नकारात्मक अंक का प्रावधान है।

सेक्शन I ✱ अंग्रेजी भाषा

Directions (Q. Nos. 1-5) *Read the following passage carefully and answer the questions that follow.*

Teaching, more even than most other professions, has been transformed during the last hundred years form a small, highly skilled profession concerned with a minority of the population, to a large and important branch of the public service. The profession has a great and honourable tradition, extending from the dawn of history until recent times, but any teacher in the modern world who allows himself to be inspired by the ideals of his predecessors is likely to be made sharply aware that it is not his function to teach what he thinks, but to instil such beliefs and prejudices as are thought useful by his employers.

1. The author seems to
(a) be against the current trend in the teaching profession
(b) approve the recent developments in the mode of teaching
(c) be a traditionalist in his views
(d) consider education as a part of public service

2. According to this passage, in modern times a successful teacher is primarily supposed to
(a) impart knowledge
(b) impart new and the latest skills
(c) to the lines preferred by those in authority
(d) instil values he cherishes the most

3. In ancient times the teaching profession was
(a) limited to a highly skilled minority
(b) reserved for the upper class
(c) reserved for a privileged few
(d) open to all

4. What has transformed teaching into an important, branch of public services is
(a) teaching skills
(b) technical developments
(c) utilitarian philosophy
(d) the demand of the employing industry

5. Select the most, appropriate antonym of the given word. 'Honourable'.
(a) Honest (b) Dishonourable
(c) Ethical (d) Virtuous

Direction (Q. No. 6) *Rearrange the following parts to form a meaningful sentence.*

6. P : the sick people and prescribes medicine
Q : person who looks after
R : so that the patient recovers fast
S : the doctor is a
(a) QRPS (b) PQSR
(c) SQPR (d) RSPQ

Direction (Q. No. 7) *Select the one which best expresses the same sentence in passive/active voice.*

7. Who gave you permission to enter?
(a) By whom were you given permission to enter?
(b) By whom was you given permission to enter?
(c) By whom you were given permission to enter?
(d) By whom given you permission to enter?

Direction (Q. No. 8) *Select the one which best expresses the same sentence in direct speech.*

8. The girl wondered where the sparrows had gone.
(a) The girl said, "Oh! Where the sparrows have gone?"
(b) The girl said, "Oh! Where are the sparrows?"
(c) The girl said, "Oh! Where had the sparrows gone?"
(d) The girl said, "Oh! Where have the sparrows gone?"

Directions (Q. Nos. 9-10) *Fill in the blanks with the correct alternative.*

9. Choose the correct synonym for the following word.
Acquaint
(a) Withhold (b) Conceal
(c) Familiarise (d) Risky

10. Choose the correct antonym for the following word.
Wrath
(a) Agitated
(b) Gentleness
(c) Anger
(d) Worship

Directions (Q. Nos. 11 and 12) *Choose the alternative which best expresses the meaning of the given idiom/phrase.*

11. To grease the palm
(a) To rub oil in the hand
(b) To lubricate the machine parts
(c) To bribe
(d) To cut the tree

12. To get away
(a) To escape (b) To face
(c) To pass (d) To reach

Directions (Q. Nos. 13-14) *Choose the correct one which can be substituted for the given words/sentence.*

13. A person who is solely motivated by money or personal gain
(a) Mercenary (b) Merchant
(c) Money-lender (d) Chaxlatan

14. Something that is beyond the power of nature
(a) Magical (b) Prenatural
(c) Unnatural (d) Supernatural

Directions (Q. Nos. 15-17) *Fill in the blanks with the correct use of clause.*

15. Change the following adjective into adverb.
Terrible
(a) Terrified
(b) Terribly
(c) Terrifying
(d) None of the above

16. Select the most appropriate that can substitute the underlined segment in the given sentence. If there is no need to substitute it, select 'No substitution required.
The Minister agreed will answer question on television.
(a) to answer
(b) with answering
(c) for answering
(d) No improvement

17. Fill in the blank with the most suitable word.
Everybody was watching the cricket match on T.V......?
(a) weren't they (b) isn't they
(c) does they (d) didn't they

Directions (Q. Nos. 18-20) *Fill in the blanks with correct alternatives.*

18. The treasure was hidden......a big shore.
(a) on (b) underneath
(c) toward (d) off

19. He would not have been successful in the project, but......my help.
(a) of (b) with
(c) for (d) off

20. The child was hiding ..... the door.
(a) with (b) by
(c) behind (d) for

सेक्शन II ➤ सामान्य जागरुकता, गणित एवं तर्कशक्ति

1. 'हैरी पॉटर एण्ड द कर्स्ड वाइल्ड' नामक पुस्तक किसने लिखी है?
(a) पैट्रिक सस्काइण्ड
(b) ऐन फ्रैंक
(c) जेके रॉलिंग
(d) इलीन फेर्राण्टे

2. निम्न में से किस देश के साथ भारत की सबसे लम्बी सीमा लगती है?
(a) चीन (b) पाकिस्तान
(c) बांग्लादेश (d) नेपाल

3. वर्ष 2024 के ओलम्पिक खेलों में भारत ने कुल कितने पदक जीते?
(a) पाँच (b) चार
(c) छ: (d) सात

4. 'पंचायतों का गठन' संविधान के किस भाग में है?
(a) भाग V (b) भाग IX
(c) भाग X (d) भाग XX

5. 'डूरण्ड कप' किस खेल से सम्बन्धित है?
(a) क्रिकेट (b) फुटबॉल
(c) टेनिस (d) बैडमिण्टन

6. ग्रीष्म ऋतु में मिट्टी के घड़े में रखा पानी .... की प्रक्रिया (घटना) के कारण ठण्डा हो जाता है।
(a) परासरण (b) भाप
(c) विसरण (d) वाष्पोत्सर्जन

7. इण्टरनेट पर सूचनाएँ खोजने के लिए किसका प्रयोग किया जाता है?
(a) वेबपेज
(b) ई-मेल
(c) वेब-पोर्टल
(d) सर्च इंजन

8. एक व्यक्ति एक यात्रा में पहले 200 किमी की दूरी को 50 किमी/घण्टा की गति से तथा अगले 200 किमी की दूरी को 70 किमी/घण्टा की गति से तय करता है। 400 किमी की यात्रा में उसकी औसत गति ज्ञात कीजिए।
(a) 56.5 किमी/घण्टा
(b) 60.6 किमी/घण्टा
(c) 64.6 किमी/घण्टा
(d) 58.3 किमी/घण्टा

9. एक पुराने फोन को ₹ 6360 में बेचने पर रंजीता को इसे कुछ वर्ष पहले खरीदने पर आई लागत से 47% कम मूल्य प्राप्त हुआ। 13% का लाभ प्राप्त करने के लिए रंजीता को इसे किस मूल्य पर बेचना चाहिए था?
(a) ₹ 11550 (b) ₹ 12550
(c) ₹ 10550 (d) ₹ 13560

10. छ: अंकों वाली वह छोटी-से-छोटी संख्या ज्ञात करें, जो 53 से पूर्णत: विभाजित है।
(a) 100008 (b) 100064
(c) 100011 (d) 100042

11. निम्न में θ का मान ज्ञात करें $3\operatorname{cosec}\theta + 4\sin\theta - 4\sqrt{3} = 0$ है, जहाँ θ न्यूनकोण है।
(a) 30° (b) 15° (c) 60° (d) 45°

12. $3 + \cfrac{3}{3 + \cfrac{1}{3 + \cfrac{1}{3}}}$ का मान है
(a) $\frac{40}{11}$ (b) $\frac{43}{11}$ (c) $\frac{46}{11}$ (d) $\frac{41}{11}$

13. ₹ 23465 का दूसरे वर्ष में 7.5% की दर से प्राप्त साधारण ब्याज और चक्रवृद्धि ब्याज के बीच अन्तर ज्ञात कीजिए।
(a) ₹ 132 (b) ₹ 6
(c) ₹ 147 (d) ₹ 73.5

14. एक गोले और लम्बवृत्तीय बेलन का आयतन बराबर है। यदि उनकी त्रिज्या भी समान है, तो बेलन की त्रिज्या और ऊँचाई का अनुपात ज्ञात करें।
(a) 3 : 4 (b) 1 : 2
(c) 1 : 3 (d) 4 : 3

15. एक डिब्बे में 5 लाल कंचे, 8 सफेद कंचे और 4 हरे कंचे हैं। इस डिब्बे में से एक कंचा यादृच्छया निकाला जाता है। उसकी लाल होने की प्रायिकता क्या है?
(a) $\frac{5}{17}$ (b) $\frac{6}{17}$
(c) $\frac{7}{17}$ (d) $\frac{8}{17}$

16. दिए गए विकल्पों में से उस सही विकल्प को चुनिए जो अनुक्रम को पूरा करेगा।
2, 6, 14, 26, ?, 62
(a) 52 (b) 54 (c) 44 (d) 42

17. रमेश पूर्व की ओर 20 मी गया, फिर बाईं ओर मुड़ा और 15 मी चलने के बाद दाईं ओर मुड़कर 25 मी चला और फिर दाईं ओर मुड़कर 15 मी चला। रमेश प्रारम्भिक स्थान से कितनी दूर है?
(a) 60 मी (b) 35 मी
(c) 40 मी (d) 45 मी

18. यदि COURSE को एक कूट भाषा में ESRUOC लिखा जाए, तो कूट भाषा में BREATH को किस प्रकार लिखा जाएगा?
(a) HATEBR
(b) HTAERB
(c) HTBREA
(d) HEATRB

19. दिए गए विकल्पों में से लुप्त संख्या ज्ञात कीजिए।

5	6	3	8
6	5	4	7
7	4	5	6
210	120	60	?

(a) 336 (b) 330
(c) 270 (d) 390

20. दिए गए विकल्पों में से विषम शब्द/संख्या ज्ञात कीजिए।
(a) 762 (b) 789
(c) 879 (d) 785

21. दिए गए कथनों और निष्कर्षों को ध्यानपूर्वक पढ़ें। यह मानते हुए कि कथनों में दी गई जानकारी सत्य है, चाहे वह ज्ञात तथ्यों से असंगत हो, निर्धारित करें कि कौन-सा/से निष्कर्ष कथनों का तार्किक रूप से अनुसरण करता/करते हैं है/?

कथन
1. कुछ गेदें, चम्मच हैं।
2. सभी पत्थर, गेंद हैं।
3. कोई भी गेन्द, कंकड़ नहीं हैं।

निष्कर्ष
I. कुछ गेदें, पत्थर हैं।
II. कोई भी चम्मच, पत्थर नहीं है।
III. कोई भी पत्थर, कंकड़ नहीं है।
(a) केवल निष्कर्ष III अनुसरण करता है
(b) निष्कर्ष II और III दोनों अनुसरण करते हैं
(c) निष्कर्ष I और III दोनों अनुसरण करते हैं
(d) निष्कर्ष I और II दोनों अनुसरण करते हैं

22. उस उत्तर आकृति को चुनिए जिसमें प्रश्न आकृति निहित है।

प्रश्न आकृति

उत्तर आकृतियाँ

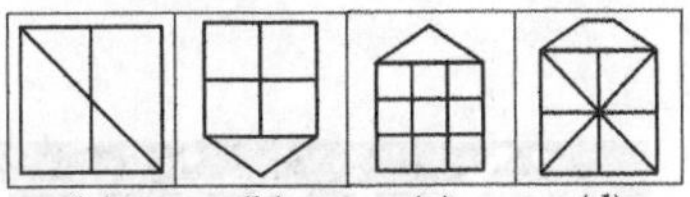

(a) (b) (c) (d)

23. संख्या 7296184 के कितने अंकों का स्थान इस संख्या के अंकों को आरोही क्रम में लगाने पर बने स्थान के समान होगा?
(a) तीन (b) दो
(c) एक (d) शून्य

24. उस विकल्प का चयन करें, जिसमें शब्द ठीक उसी प्रकार सम्बन्धित हैं जिस प्रकार दिए गए शब्द-युग्म के शब्द सम्बन्धित हैं।
लीबिया : त्रिपोली
(a) कम्पाला : युगाण्डा
(b) हरारे : जिम्बाब्वे
(c) अफगानिस्तान : जकार्ता
(d) जाम्बिया : लुसाका

25. दी गई आकृति में कितने त्रिभुज हैं?

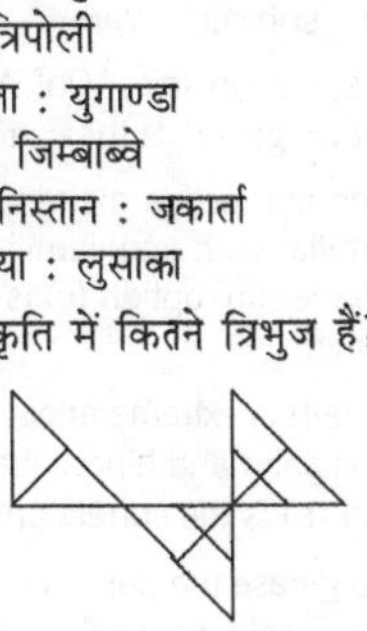

(a) 14 (b) 15
(c) 16 (d) 17

26. हरीश की घड़ी में 1 से 12 तक के अंकों के स्थान पर बिन्दुगत निशान लगे हुए हैं। यदि उसकी घड़ी को दर्पण में देखा जाए, तो 7 बजकर 40 मिनट हो रहा है। घड़ी का वास्तविक समय क्या होगा?
(a) 4:40 (b) 4:20
(c) 4:30 (d) 5:20

27. निम्नलिखित वेन आरेख का अध्ययन कर बताइए कि कौन-सा वर्ण परास्नातक ग्रामीणों को दर्शाता है जो शिक्षक नहीं है?

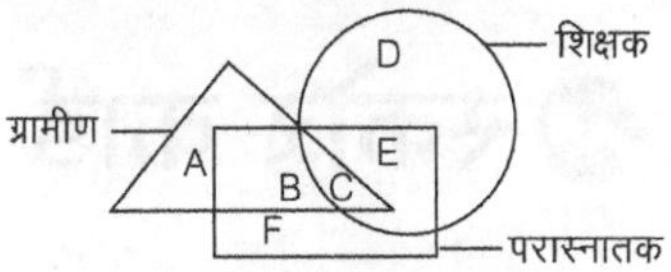

(a) C (b) F
(c) B (d) E

28. चार शब्द दिए गए हैं, जिनमें से तीन किसी प्रकार समान हैं और एक भिन्न है। भिन्न का चयन करें।
(a) सैक्सोफोन
(b) बाँसुरी
(c) मैंडोलिन
(d) शहनाई

29. दिए गए विकल्पों में से उस आकृति का चयन कीजिए, जो निम्नांकित श्रेणी में प्रश्नवाचक चिह्न (?) के स्थान पर आ सकती है।

प्रश्न आकृतियाँ

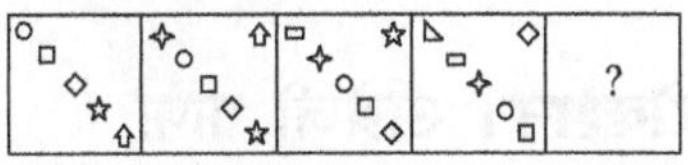

उत्तर आकृतियाँ

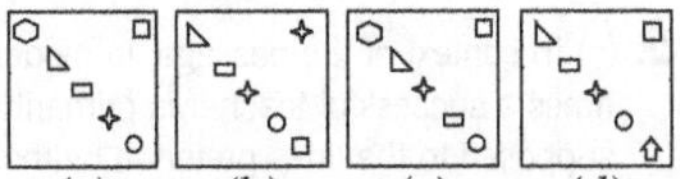

(a) (b) (c) (d)

30. **प्रश्न आकृतियाँ**

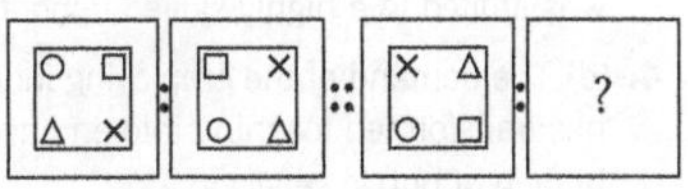

उत्तर आकृतियाँ

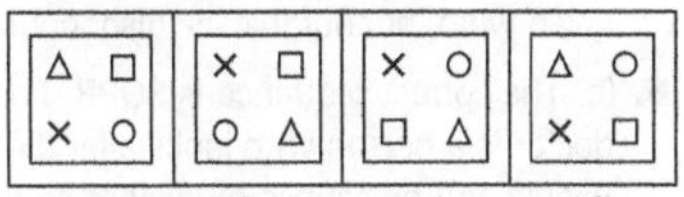

(a) (b) (c) (d)

उत्तरमाला

सेक्शन I अंग्रेजी भाषा

1 (d)	2 (c)	3 (a)	4 (d)	5 (b)	6 (c)	7 (a)	8 (d)	9 (c)	10 (b)
11 (c)	12 (a)	13 (a)	14 (d)	15 (b)	16 (a)	17 (a)	18 (b)	19 (b)	20 (c)

सेक्शन II सामान्य जागरूकता, गणित एवं तर्कशक्ति

1 (c)	2 (c)	3 (c)	4 (b)	5 (b)	6 (d)	7 (d)	8 (d)	9 (d)	10 (c)
11 (c)	12 (b)	13 (a)	14 (a)	15 (a)	16 (d)	17 (d)	18 (b)	19 (a)	20 (d)
21 (c)	22 (d)	23 (a)	24 (d)	25 (b)	26 (b)	27 (c)	28 (b)	29 (a)	30 (a)

स्कोर कार्ड

- कुल Attempted प्रश्न
  अंग्रेजी भाषा [ ] सामान्य जागरूकता, गणित एवं तर्कशक्ति [ ]
- कुल सही व गलत प्रश्न
  अंग्रेजी भाषा [/] सामान्य जागरूकता, गणित एवं तर्कशक्ति [/]
- फाइनल स्कोर (कुल सही उत्तर के अंक – गलत उत्तर के अंक)
  अंग्रेजी भाषा [/] सामान्य जागरूकता, गणित एवं तर्कशक्ति [/]

समय 45 मिनट सही उत्तर 1 अंक गलत उत्तर 0.25 अंक

- रिजल्ट
  - 10 से नीचे (किसी भी सेक्शन में) - Average (सिलेक्शन नहीं)
  - 10-18 के बीच में (कुल 35+) - Good (सिलेक्शन हो सकता है)
  - 18 से ऊपर (दोनों सेक्शन में) - Excellent (100% सिलेक्शन)
- टिप्पणी
  यदि आपका स्कोर किसी भी सेक्शन में 10 से नीचे है तब आप बार-बार प्रैक्टिस करें और ऐसा तब तक करें जब तक आपका स्कोर 10-18 (कुल 35+) के बीच में नहीं हो जाता।

संकेत एवं हल

सेक्शन I अंग्रेजी भाषा

1. (d) The author seems to consider education as a part of public service.

2. (c) In context of the passage, in modern times a successful teacher is primarily supposed to the lines preferred by those in authority.

3. (a) In ancient times, the teaching profession was limited to a highly skilled minority.

4. (d) The demand of the employing industry has transformed teaching into an important branch of public services.

5. (b) The most appropriate antonym of the given word 'honourable' is 'dishonourable'.

6. (c) The correct sequence is SQPR, i.e. the doctor is a person who looks after the sick people and prescribes medicines so that the patient recovers fast.

7. (a) "By whom were you given permission to enter?", is the correct passive voice of the given sentence.
Structure to be followed ⇒ By whom (subject) + was/were + object + Verb_3

8. (d) To make the direct speech of the given sentence following structure to be followed-Exclamatory word + wh' word + have+ subject + Verb_1
Hence, the girl said, "Oh! Where have the sparrows gone?" is the correct answer.

9. (c) Acquint means make someone aware of or familiar with and 'familiarise' also means the same. So, option (c) is its correct synonym.

10. (b) Wrath is extreme anger and 'gentleness' means calm and kind behaviour. Therefore, option (b) is the correct antonym or wrath.

11. (c) To grease the palm means to bribe, e.g. Many people grease the palm of concerned people to get the work done instantly.

12. (a) To get away means to escape.
e.g., Don't let him get away.

13. (a) 'Mercenary' is a person who is solely motivated by money or personal gain.

14. (d) Something that is beyond the power of nature is called supernatural.

15. (b) The adverb form of 'Terrible' is 'terribly'.

16. (a) 'Agreed' us followed by infinitive (to + V_1). So, 'will answer' will be replaced by 'to answer' to improve the given sentence.

17. (a) The correct question tag is 'weren't they' to fill the blank.

18. (b) 'Underneath' should be used to give the idea of a hidden object.

19. (b) 'With' is the correct usage. As per rule, but is a conjunction, but to express some certainty, it is used as a preposition.

20. (c) 'Behind' is the correct alternative according to the given sentence.

सेक्शन II सामान्य जागरूकता, गणित एवं तर्कशक्ति

1. (c) 'हैरी पॉटर एण्ड द कर्स्ट चाइल्ड' नामक पुस्तक जेके रॉलिंग द्वारा लिखी गई है। उनका वास्तविक नाम जोआन मुर्रय है। अंग्रेजी में लिखी गई रॉलिंग का यह उपन्यास क्रम हैरी पॉटर 21वीं सदी का सबसे मशहूर उपन्यास है।

2. (c) भारत की स्थलीय सीमा की लम्बाई 15200 किमी है। भारत की सबसे लम्बी स्थलीय सीमा बांग्लादेश (4096 किमी) से लगती है। भारत की सबसे छोटी सीमा अफगानिस्तान के साथ (106 किमी) लगती है।

3. (c) वर्ष 2024 के ओलम्पिक खेलों में भारत ने कुल छः पदक जीते।

4. (b) 'ग्राम पंचायतों का गठन' भारतीय संविधान के भाग IX के अन्तर्गत किया गया है। बलवन्त राय मेहता समिति की सिफारिश के आधार पर 2 अक्टूबर, 1959 ई. को राजस्थान के नागौर जिले में सर्वप्रथम पंचायती राजव्यवस्था की शुरुआत हुई तथा 73वें संविधान संशोधन, 1992 के तहत पंचायती व्यवस्था को संवैधानिक दर्जा दिया गया है।

5. (b) 'डूरण्ड कप' फुटबॉल से सम्बन्धित है। यह भारत में फुटबॉल का सबसे पुराना टूर्नामेण्ट है। 1888 ई. में शिमला में पहली बार 'डूरण्ड कप' प्रतियोगिता का आयोजन हुआ। इस टूर्नामेण्ट का नाम 'एम. डूरण्ड' की याद में रखा गया जो 1884 ई. से 1894 ई. तक भारत के विदेश सचिव रहे।

6. (d) ग्रीष्म ऋतु में मिट्टी के घड़े में रखा पानी वाष्पोत्सर्जन की प्रक्रिया के कारण ठण्डा हो जाता है। मिट्टी के घड़े की सतह पर अतिसूक्ष्म छिद्र होते हैं, इन छिद्रों से निकलने वाले जल का वाष्पोत्सर्जन होता है और जिस सतह पर वाष्पोत्सर्जन होता है वह सतह ठण्डी हो जाती है।

7. (d) इण्टरनेट पर सूचनाएँ खोजने के लिए सर्च इंजन का प्रयोग किया जाता है। प्रसिद्ध सर्च इंजन गूगल, बिंग, याहू , Ask.com आदि हैं।

8. (d) यहाँ, $x = 50$ किमी/घण्टा, $y = 70$ किमी/घण्टा

$\therefore$ अभीष्ट औसत गति $= \dfrac{2xy}{x+y}$

$= \dfrac{2 \times 50 \times 70}{50 + 70}$

$= \dfrac{7000}{120}$

$= 58.3$ किमी/घण्टा

नोट औसत गति ज्ञात करने का यह सूत्र केवल समान दूरी के लिए ही मान्य है।

9. (d) माना क्रय मूल्य = ₹ x

प्रश्नानुसार, क्रय मूल्य $\times \dfrac{(100 - \text{हानि}\%)}{100}$ = विक्रय मूल्य

$x \times \left(\dfrac{100-47}{100}\right) = 6360$

$\Rightarrow \quad x \times \dfrac{53}{100} = 6360$

$\Rightarrow \quad x =$ ₹ 12000

13% के लाभ कमाने हेतु विक्रय मूल्य

$=$ क्रय मूल्य $\times \left(\dfrac{100 + \text{लाभ}\%}{100}\right)$

$= \dfrac{12000 \times 113}{100} =$ ₹ 13560

10. (c) छः अंकों की सबसे छोटी संख्या $= 100000$

तब,

```
53) 100000 (1887
    53
    470
    424
     460
     424
      360
      318
       42
```

$\therefore$ अभीष्ट संख्या $= 100000 + (53 - 42)$

$= 100000 + 11$

$= 100011$

दी गई संख्याओं को 53 से भाग देने पर विभाजित होने वाली छोटी-से-छोटी संख्या 100011 है।

11. (c) दिया है,

$3\operatorname{cosec}\theta + 4\sin\theta - 4\sqrt{3} = 0$

$\Rightarrow \quad \dfrac{3}{\sin\theta} + 4\sin\theta - 4\sqrt{3} = 0$

$\Rightarrow 3 + 4\sin^2\theta - 4\sqrt{3}\sin\theta = 0$

$\Rightarrow \quad (\sqrt{3} - 2\sin\theta)^2 = 0$

$\Rightarrow \quad \sqrt{3} - 2\sin\theta = 0$

$\Rightarrow \quad \sin\theta = \dfrac{\sqrt{3}}{2} = \sin 60^\circ$

$\therefore \quad \theta = 60^\circ$

12. (b) $3 + \dfrac{3}{3 + \dfrac{1}{3 + \dfrac{1}{3}}} = 3 + \dfrac{3}{3 + \dfrac{1}{\dfrac{9+1}{3}}}$

$= 3 + \dfrac{3}{3 + \dfrac{3}{10}} = 3 + \dfrac{3}{\dfrac{30+3}{10}}$

$= 3 + \dfrac{30}{33}$

$= \dfrac{99+30}{33}$

$= \dfrac{129}{33} = \dfrac{43}{11}$

13. (a) $\therefore$ अभीष्ट अन्तर

= चक्रवृद्धि ब्याज − साधारण ब्याज

= चक्रवृद्धि मिश्रधन − मूलधन $- \dfrac{\text{मूलधन} \times \text{दर} \times \text{समय}}{100}$

$= 23465\left(1 + \dfrac{7.5}{100}\right)^2 - 23465 - \dfrac{23465 \times 7.5 \times 2}{100}$

$= 23465\left[\dfrac{1849}{1600} - 1 - \dfrac{15}{100}\right]$

$= 23465\left[\dfrac{1849 - 1600 - 240}{1600}\right]$

$= \dfrac{23465 \times 9}{1600} = 131.99$

$\approx$ ₹ 132

वैकल्पिक विधि

किसी धन P पर r% वार्षिक ब्याज की दर से दो वर्ष के लिए साधारण ब्याज और चक्रवृद्धि ब्याज में अन्तर $= \dfrac{Pr^2}{100^2} = \dfrac{23465 \times 7.5 \times 7.5}{100 \times 100}$

$= 131.99 \approx$ ₹ 132

14. (a) माना गोले एवं बेलन की त्रिज्या r तथा बेलन की ऊँचाई h है।

प्रश्नानुसार,

गोले का आयतन = बेलन का आयतन

$\dfrac{4}{3}\pi r^3 = \pi r^2 h$

$\Rightarrow \quad \dfrac{4}{3} r = h$

$\therefore \quad \dfrac{r}{h} = \dfrac{3}{4} = 3 : 4$

15. (a) डिब्बे में कुल कंचों की संख्या,

$n(S) = 5 + 8 + 4 = 17$

लाल कंचों की संख्या = 5

तब, अभीष्ट प्रायिकता $= \dfrac{5}{17}$

16. (d) अक्षर-श्रृंखला का क्रम इस प्रकार है,

2 → 6 → 14 → 26 → [42] → 62

अन्तर: +4, +8, +12, +16, +20

अन्तरों का अन्तर: +4, +4, +4, +4

$\therefore \quad ? = 42$

17. (d) रमेश का गमन-पथ इस प्रकार है,

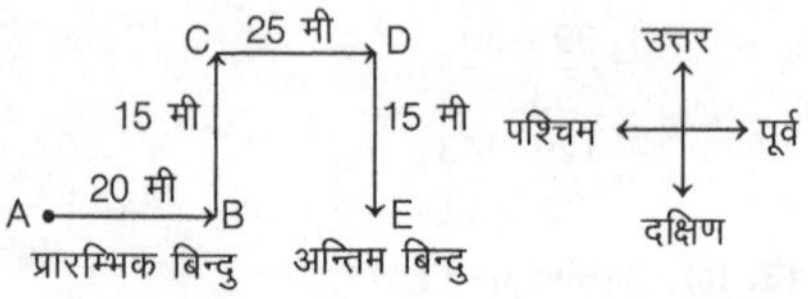

∴ प्रारम्भिक स्थान से दूरी

$= AE = AB + BE$

$= AB + CD$

$= 20 + 25$

$= 45$ मी

18. (b) जिस प्रकार,

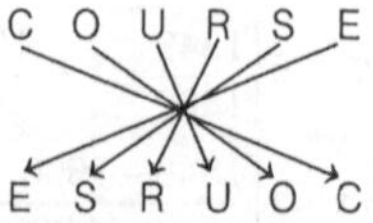

उसी प्रकार,

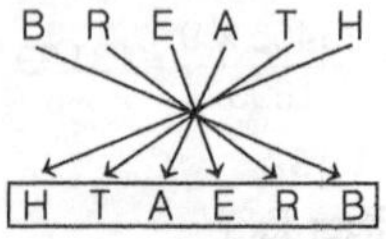

यहाँ, शब्दों को विपरीत क्रम में कूटबद्ध किया गया है।

19. (a) जिस प्रकार, $5 \times 6 \times 7 = 210$

तथा $6 \times 5 \times 4 = 120$

एवं $3 \times 4 \times 5 = 60$

उसी प्रकार, $8 \times 7 \times 6 = \boxed{336}$

20. (d) सभी विकल्पों को देखने पर,

(a) $762 \Rightarrow 7 + 6 + 2 = 15 \Rightarrow 1 + 5 = 6$

(b) $789 \Rightarrow 7 + 8 + 9 = 24 \Rightarrow 2 + 4 = 6$

(c) $879 \Rightarrow 8 + 7 + 9 = 24 \Rightarrow 2 + 4 = 6$

(d) $785 \Rightarrow 7 + 8 + 5 = 20 \Rightarrow 2 + 0 = 2$

अतः विकल्प (d) इनमें भिन्न है।

21. (c) कथनानुसार,

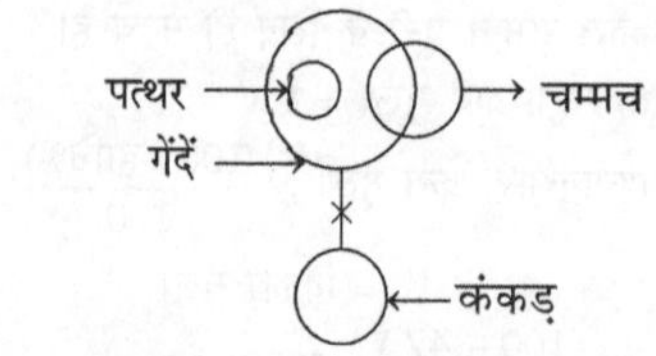

निष्कर्ष I. (✓) II. (✗) III. (✓)

अतः निष्कर्ष I और III अनुसरण करते हैं।

22. (d) उत्तर आकृति (d) प्रश्न आकृति में निहित है

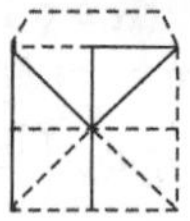

23. (a) प्रश्नानुसार,

दी गई संख्या,	7	2	9	6	1	8	4
अंकों को बढ़ते (आरोही) क्रम में व्यवस्थित करने पर,	1	2	4	6	7	8	9

अतः केवल तीन अंक के स्थान अपरिवर्तित रहेंगे।

24. (d) जिस प्रकार, लीबिया की राजधानी त्रिपोली है, उसी प्रकार जाम्बिया की राजधानी लुसाका है।

25. (b) दी गई आकृति में कुल 15 त्रिभुज हैं

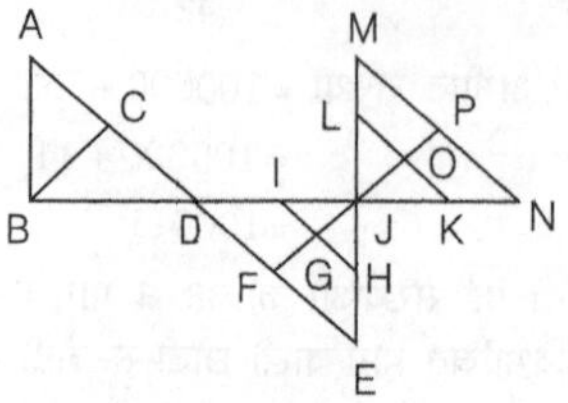

ΔABC, ΔBCD, ΔIJG, ΔJGH,

ΔFJE, ΔDJF, ΔLJO, ΔJOK, ΔMJP, ΔPJN,

ΔABD, ΔDJE, ΔMJN, ΔIJH और ΔLJK हैं।

26. (b) घड़ी का वास्तविक समय

= 12 : 00 − प्रतिबिम्बित समय

= 11 : 60 − 7 : 40 = 4 : 20

अतः घड़ी में 4 बजकर 20 मिनट हुए हैं।

27. (c) वर्ण 'B' उन ग्रामीणों को दर्शाता है जो परास्नातक तो है, किन्तु शिक्षक नहीं है।

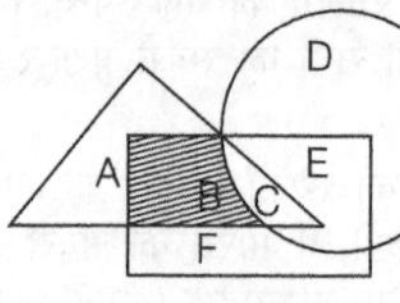

28. (c) दिए गए संगीत यन्त्रों में केवल मैंडोलिन में तारों के द्वारा संगीत उत्पन्न किया जाता है, जबकि अन्य सभी में हवा के द्वारा संगीत उत्पन्न किया जाता है।

29. (a) प्रश्न आकृतियों में प्रतीक निम्नवत् रूप से परिवर्तित हो रहे हैं।

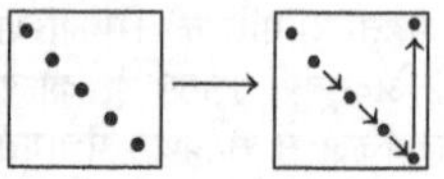

विकल्प (a) में दी गई आकृति '?' के स्थान पर आएगी और दी गई आकृति शृंखला को पूरा करेगी।

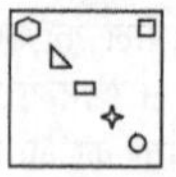

30. (a) प्रश्न आकृति के प्रथम युग्म की आकृतियों के तत्वों में परिवर्तन का क्रम निम्न है,

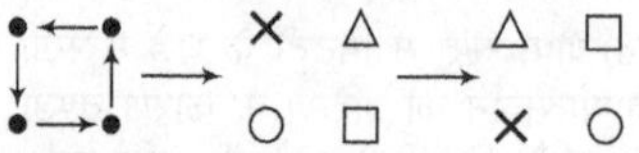

अतः विकल्प (a) की उत्तर आकृति प्राप्त होती है।

भारतीय वायु सेना

अग्निवीर वायु फेज-1

(ग्रुप-Y) विज्ञान विषय के अतिरिक्त

प्रैक्टिस सेट 6

समय : 45 मिनट | पूर्णांक : 50

निर्देश

1. इस प्रैक्टिस सेट में कुल 50 प्रश्न हैं तथा परीक्षा की अवधि 45 मिनट है।
2. प्रत्येक सही उत्तर के लिए 1 अंक का प्रावधान है।
3. गलत उत्तर के लिए 0.25 नकारात्मक अंक का प्रावधान है।

सेक्शन I ➻ अंग्रेजी भाषा

Directions (Q. Nos. 1-4) *Read the following passage carefully and answer the questions that follow.*

He had neither thought much about the origin of wealth nor about the inequity of human conditions.

He firmly believed that if this world was-evil, the next could not but be good and this faith, upheld him.

He was not like the clever fellows who sell their souls to the devil, he never took the name of God in vain, he lived the life of an honest man and though he had no wife of his own, he did not covet his neighbour's for woman is the enemy of strong men, as he learnt by the story of Samson which is written in the scriptures.

1. The passage indicated that the writer is talking about the person was
(a) not well-educated
(b) a deeply religious person
(c) a scholar of the scriptures
(d) an eccentric

2. The person described in the passage believed that
(a) repeating the name of God would give him peace of mind
(b) if this world is not good, the next would certainly bring him happiness
(c) one must, lead an honest life
(d) one must remain a bachelor if one wanted to be happy

3. The person mentioned in the passage presumed that woman was the enemy of a strong man because
(a) he firmly believed that woman was evil
(b) he had read the story of Samson
(c) surrendering to woman meant for him selling his soul to the devil
(d) woman might spoil his chances in the next world

4. The idiom 'To sell one's soul to the devil' means to
(a) sell oneself to make both ends meet
(b) suppress the voice of one's conscience and take to an immoral life
(c) sell one's honesty for the sake of monetary benefits
(d) buy evil by mortgaging goodness

Directions (Q. Nos. 5-7) *Fill in the blanks with the suitable word.*

5. The girl whom you met is the …… sister of Ravi.
(a) eldest (b) elder
(c) older (d) oldest

6. Basant … a cab.
(a) drives (b) drive
(c) driving (d) were driving

7. They reached the railway station before the train …
(a) had left (b) had been left
(c) left (d) was leaving

8. Select the most appropriate phrase/sentence which best explain the given words.
Brittle
(a) Which can be drawn into wires
(b) Which can be hammered without breaking
(c) Which can be moulded to any shape
(d) Which can be easily broken

9. Choose the correct passive voice of the given sentence.
You need to clean your shoes properly.

(a) Your shoes are needed to clean properly
(b) You are needed to clean your shoes properly
(c) Your shoes need to be cleaned properly
(d) Your shoes are needed by you to clean properly

Directions (Q. Nos. 10-12) *Find out which part of the sentence has an error.*

10. There was (a)/a bunch of parrots (b) / roosting on the mango tree. (c) / No error (d)

11. One should (a) / do your duty (b) / honestly and sincerely. (c) / No error (d)

12. Everyone thought that (a) / the circle made by (b) / Rahul was most around. (c) / No error (d)

13. Choose the correct indirect speech of the given sentence.

"Are you alone, my son?" asked a soft voice close behind me.

(a) A soft voice asked that what I was doing there alone.
(b) A soft voice said to me are you alone son.
(c) A soft voice from my back asked If I was alone.
(d) A soft voice behind me asked If I was alone.

14. Select the option that will improve the underlined part of the given sentence. In case no improvement is needed, select 'No improvement required'.

He <u>looks up to</u> his father.

(a) looks away from
(b) stares at
(c) respects
(d) No improvements

15. Given here are four jumbled sentences . Pick the option that given the correct order.

P : in estimating the size of the Earth
Q : but they were hampered by the lack of instruments of precision
R : ancient astronomers
S : used methods which were theoretically valid

The correct sequence should be

(a) RPQS (b) PRQS
(c) RSQP (d) RPSQ

16. Given here are four jumbled sentences. Pick the option that gives the correct order.

A. The project has already started on an experimental basis in the West district.
B. A website is soon going to be launched where application forms can be downloaded and submitted.
C. Standing in a queue at a government office to submit application form will be a thing of the past.
D. A unique code will be alloted while submitting the form which will help in finding the status of the application.

(a) A B C D (b) D A B C
(c) C B D A (d) B A D C

Direction (Q. No. 17) *Find the correctly spelt word.*

17. (a) Measureable (b) Manageable
(c) Marriagable (d) Manoverable

Direction *(Q. No. 18) Choose the word opposite in meaning to the word given.*

18. Tentative
(a) Definite (b) Insufficient
(c) Plentiful (d) Active

Direction *(Q. No. 19) Choose the word similar in meaning to the given word.*

19. Benevolence
(a) Flatter (b) Morbidity
(c) Kindness (d) Vision

Direction (Q. No. 20) *Find the wrongly spelt word.*

20. (a) Deliquency (b) Friquency
(c) Discrepency (d) Hesitancy

सेक्शन II ➤ सामान्य जागरुकता, गणित एवं तर्कशक्ति

1. विश्व का सबसे ऊँचा पठार कौन-सा है?
(a) तिब्बती पठार
(b) मेघालय पठार
(c) छोटा नागपुर पठार
(d) दक्कन पठार

2. कांग्रेस के किस अधिवेशन में असहयोग आन्दोलन को अपनाया गया था?
(a) बॉम्बे अधिवेशन, 1921
(b) नागपुर अधिवेशन, 1920
(c) मद्रास अधिवेशन, 1927
(d) लाहौर अधिवेशन, 1916

3. पम्पास घास के मैदान कहाँ स्थित हैं?
(a) उत्तरी अफ्रीका (b) ऑस्ट्रेलिया
(c) अर्जेण्टीना (d) मध्य एशिया

4. सर्वोच्च न्यायालय के प्रथम मुख्य न्यायाधीश थे
(a) एच. जे. सारस्वत (b) एच. जे. कानिया
(c) एस. एस. सीकरी (d) वाई. पी. चन्द्रचूड़

5. पीतल किसकी मिश्रधातु है?
(a) Cu + Zn (b) Al + Mg
(c) Cu + Al + Zn (d) Cu + Sn

6. संयुक्त सैन्य अभ्यास 'उदार शक्ति 2024' भारत और ………… के मध्य सम्पन्न हुआ।
(a) मलेशिया
(b) इण्डोनेशिया
(c) अमेरिका
(d) चीन

7. निम्न में से कौन-सा एक ऑपरेटिंग सिस्टम नहीं है?
(a) एम एस-डॉस (b) एम एस-वर्ड
(c) लाइनक्स (d) विण्डोज

8. जिस त्रिकोण का आधार 24 सेमी और क्षेत्रफल 84 वर्ग सेमी है, उसकी ऊँचाई (सेमी में) बताएँ।
(a) 7 (b) 3.5
(c) 6 (d) 3

9. सुनील, नाव को धारा के विपरीत 1 घण्टे 15 मिनट में 20 किमी तक ले जा सकता है। यदि नदी की धारा की चाल 2 किमी/घण्टा है, तो धारा की दिशा में नाव को 30 किमी ले जाने में उसे कुल कितना समय लगेगा?
(a) 1 घण्टा 20 मिनट
(b) 1 घण्टा 10 मिनट
(c) 1 घण्टा 45 मिनट
(d) 1 घण्टा 30 मिनट

10. वह सबसे छोटी संख्या ज्ञात कीजिए जिसे 20000 में जोड़ने पर उनका योग 12, 15 और 25 से विभाज्य हो।
(a) 100 (b) 180
(c) 200 (d) 150

11. निम्न को हल करें

$$\frac{(0.540 \times 0.540 - 0.460 \times 0.460)}{(1 - 0.920)} = ?$$

(a) 2 (b) 0.01 (c) 0.1 (d) 1

12. सामू को एक परीक्षा को पास करने के लिए 40% अंकों की आवश्यकता है। यदि वह 190 अंक प्राप्त करके भी 10 अंकों से फेल हो जाता है, तो परीक्षा कुल कितने अंकों की थी?
(a) 450 (b) 550
(c) 500 (d) 400

13. 25 मदों का औसत 40 है, परन्तु एक मद 50 के स्थान पर 25 लिखा गया था। वास्तविक माध्य ज्ञात कीजिए।
(a) 39 (b) 41 (c) 40 (d) 42

14. रक्षा 27 दिनों में किसी कार्य को कर सकती है जबकि इस्थर को इसे खुद करने में 45 दिन लगते हैं। वे एकसाथ कार्य करना शुरू करते हैं, लेकिन कार्य खत्म हो जाने से 9 दिन पहले रक्षा छोड़ जाती है। इस्थर कितने दिन कार्य करता है?
(a) 18 (b) 27 (c) 13.5 (d) 22.5

15. यदि एक त्रिकोण में $\angle B = 90°$ एवं $\angle A = 60°$ तो
$\sin^2 A - \cos^2 A + \tan^2 A = ?$
(a) $\frac{5}{2}$ (b) $\frac{5}{6}$ (c) $\frac{2}{3}$ (d) $\frac{7}{2}$

16. उस विकल्प का चयन कीजिए, जिसका तीसरे पद से वही सम्बन्ध है, जो दूसरे पद का पहले पद से है।
DEBONAIR : EDRIOBAN : : HALLMARK : ?
(a) LLAMKRAM (b) AHKRLLAM
(c) AHLLAMKR (d) AHKRLLMA

17. निम्नलिखित में से उसे चुनिए, जो अनुक्रम को पूरा करेगा।
2, 10, 26, 50, ?
(a) 74 (b) 50 (c) 78 (d) 82

18. संमित्रा उत्तर की ओर 8 मी चला और दाएँ मुड़कर 16 मी चला। फिर अपने बाएँ मुड़कर 5 मी चला। वह फिर बाईं ओर मुड़ा और 16 मी चला। अब वह अपने प्रारम्भिक स्थान से कितनी दूर है?
(a) 32 मी (b) 23 मी
(c) 13 मी (d) 16 मी

19. सुधा, प्रिया के पिता के पिता के इकलौते बेटे की पत्नी की पुत्री है। सुधा प्रिया से किस प्रकार सम्बन्धित है?
(a) बहन (b) चचेरी बहन
(c) भाभी (d) माता

20. उस उत्तर आकृति को चुनिए, जिसमें प्रश्न आकृति निहित है।

प्रश्न आकृति

उत्तर आकृतियाँ

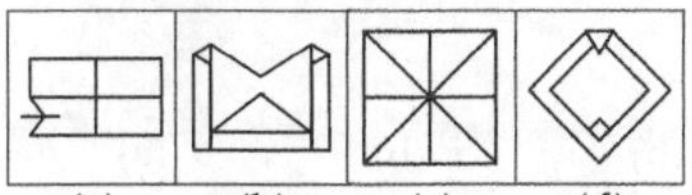

(a) (b) (c) (d)

21. निम्नलिखित में से कौन-सी आकृति प्राणी, महिलाएँ और माताओं के बीच सम्बन्ध को भली-भाँति दर्शाती है?

(a) 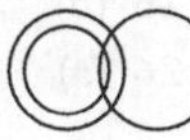 (b) 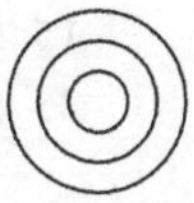

(c)  (d) इनमें से कोई नहीं

22. यदि 3 * 2 = 9, 2 * 3 = 8 तथा 3 * 3 = 27 हो, तो 4 * 3 का मान क्या होगा?
(a) 12 (b) 16
(c) 64 (d) 46

23. चार विकल्प दिए गए हैं, जिनमें से तीन एक निश्चित प्रकार से समान हैं और एक उनसे असंगत है। उस असंगत विकल्प का चयन कीजिए।
(a) पुद्दुचेरी (b) दिल्ली
(c) जम्मू एवं कश्मीर (d) चण्डीगढ़

24. पाँच डण्डे A, B, C, D और E अलग-अलग लम्बाई के है। डण्डा E, C से छोटा लेकिन B से लम्बा है। डण्डा C, केवल D से छोटा है। यदि डण्डा A, B से छोटा है, तो डण्डा D और डण्डा E के ठीक बीच कौन-सा डण्डा है?
(a) C
(b) B
(c) A
(d) उपरोक्त में से कोई नहीं

25. नीचे एक ही पासे की दो अलग-अलग स्थितियाँ दिखाई गई हैं, जिनमें 1 से 6 तक की संख्याओं वाले 6 फलक हैं। '2' दर्शाने वाले फलक के विपरीत फलक पर कौन-सी संख्या होगी?

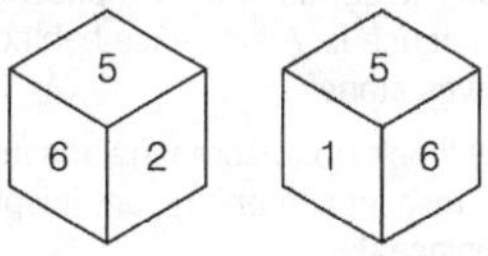

(i) (ii)

(a) 6 (b) 5 (c) 3 (d) 1

26. नीचे दिए गए विकल्पों में से सम्बन्धित शब्द चुनिए
एयरफोस एकेडमी : हैदराबाद : : पैराट्रूपर्स ट्रेनिंग स्कूल : ?
(a) आगरा
(b) विशाखापट्टनम
(c) भुवेनश्वर
(d) कोयम्बटूर

27. नीचे दिए गए शब्दों में से कौन-सा शब्द शब्दकोश के अनुसार अन्तिम स्थान पर आएगा?
(a) Tortoise
(b) Toronto
(c) Troped
(d) Torus

28. नीचे दी गई आकृति में कितने त्रिभुज हैं?

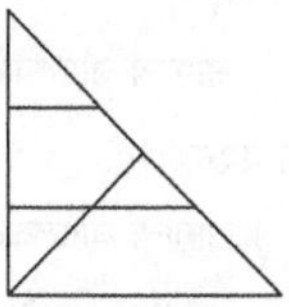

(a) 9 (b) 6 (c) 7 (d) 8

29. निम्नांकित आकृति में एक कागज के टुकड़े को मोड़ने का क्रम और मुड़े हुए कागज को काटने की विधि दर्शाई गई है। यह कागज खोलने पर कैसा दिखेगा?

प्रश्न आकृतियाँ

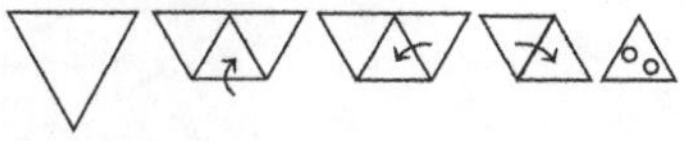

उत्तर आकृतियाँ

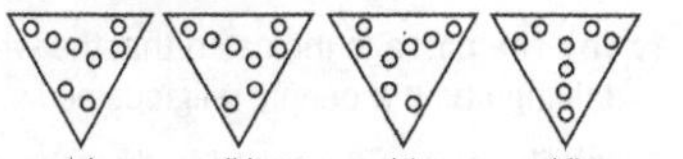

(a) (b) (c) (d)

30. **प्रश्न आकृतियाँ**

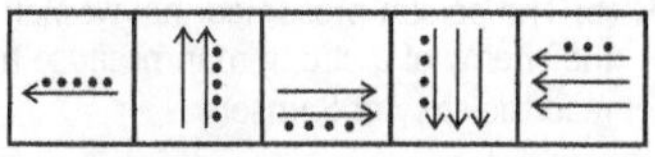

उत्तर आकृतियाँ

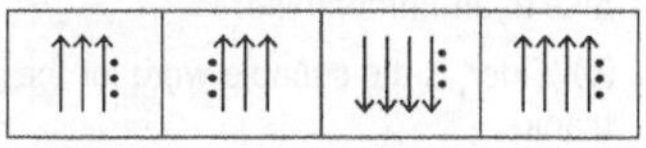

(a) (b) (c) (d)

उत्तरमाला

सेक्शन I अंग्रेजी भाषा

1 (b)	2 (b)	3 (b)	4 (b)	5 (b)	6 (a)	7 (a)	8 (d)	9 (c)	10 (b)
11 (b)	12 (c)	13 (d)	14 (c)	15 (c)	16 (c)	17 (b)	18 (a)	19 (c)	20 (b)

सेक्शन II सामान्य जागरूकता, गणित एवं तर्कशक्ति

1 (a)	2 (b)	3 (c)	4 (b)	5 (a)	6 (a)	7 (b)	8 (a)	9 (d)	10 (a)
11 (d)	12 (c)	13 (b)	14 (d)	15 (d)	16 (b)	17 (d)	18 (c)	19 (a)	20 (b)
21 (b)	22 (c)	23 (d)	24 (a)	25 (d)	26 (a)	27 (c)	28 (c)	29 (b)	30 (d)

स्कोर कार्ड

- कुल Attempted प्रश्न
  अंग्रेजी भाषा [ ] सामान्य जागरूकता, गणित एवं तर्कशक्ति [ ]
- कुल सही व गलत प्रश्न
  अंग्रेजी भाषा [/] सामान्य जागरूकता, गणित एवं तर्कशक्ति [/]
- फाइनल स्कोर (कुल सही उत्तर के अंक – गलत उत्तर के अंक)
  अंग्रेजी भाषा [/] सामान्य जागरूकता, गणित एवं तर्कशक्ति [/]

समय 45 मिनट सही उत्तर 1 अंक गलत उत्तर 0.25 अंक

- रिजल्ट
  - 10 से नीचे (किसी भी सेक्शन में) - Average (सिलेक्शन नहीं)
  - 10-18 के बीच में (कुल 35+) - Good (सिलेक्शन हो सकता है)
  - 18 से ऊपर (दोनों सेक्शन में) - Excellent (100% सिलेक्शन)
- टिप्पणी
  यदि आपका स्कोर किसी भी सेक्शन में 10 से नीचे है तब आप बार-बार प्रैक्टिस करें और ऐसा तब तक करें जब तक आपका स्कोर 10-18 (कुल 35+) के बीच में नहीं हो जाता।

संकेत एवं हल

सेक्शन I अंग्रेजी भाषा

1. (b) The passage indicated that the writer is talking about a deeply religious person.

2. (b) The person described in the passage, is believed that if this world is not good, the next would certainly bring him happiness.

3. (b) The person presumed that woman was the enemy of a strong man because he had read the story of Samson.

4. (b) 'To sell one's soul to the devil' means to suppress the voice of one's conscience and take to an immoral life.

5. (b) 'Elder' is the suitable word for the given blank.

6. (a) With singular subject, singular verb is used. Hence, 'Drives' is the correct alternative to fill the given blank.

7. (a) When two actions are occuring one after the other, use simple past and past perfect forms of tense (As per rule of sequence of tense). Hence, 'Had left' is the correct usage.

8. (d) Brittle is that can be easily broken.

9. (c) The correct passive form of the given sentence is your shoes need to be cleaned properly.

10. (b) Bunch is not used for a group of parrots. It should be changed to pandemonium.

11. (b) Replace 'your duty' by one's duty as possessive pronoun should be used.

12. (c) 'Most' is not used with adjective like round. So, the word most should be deleted.

13. (d) The correct indirect speech of the given sentence is 'A soft voice behind me asked If I was alone'.

14. (c) 'Look up to someone' means to admire or respect somebody. So, 'respects' can replace it.

15. (c) The correct sequence should be RSQP.

16. (c) The correct sequence is CBDA.

17. (b) The correctly spelt word is manageable. 'manageable' means able to be managed easily.

18. (a) 'Tentative' means 'provisional', not certain. So, 'Definite' is its correct antonym which means certain.

19. (c) 'Benevolence' means kindness of a person. Hence, 'kindness' is its correct answer.

20. (b) The wrongly spelt word is friquency. Its correct spelling is frequency and it means number of repeat, occurrence.

सेक्शन II सामान्य जागरूकता, गणित एवं तर्कशक्ति

1. (a) विश्व का सबसे ऊँचा पठार तिब्बत का पठार है। यह पठार दक्षिण में हिमालयन पर्वत शृंखला से लेकर उत्तर में टकलामाकन रेगिस्तान तक विस्तृत है।
इस पठार की लम्बाई उत्तर से दक्षिण तक 1000 किमी तथा पूर्व से पश्चिम तक चौड़ाई 2500 किमी है। यह समुद्र तल से 8000 मी की औसत ऊँचाई पर स्थित है। इसी कारण इसे **'दुनिया की छत'** भी कहा जाता है।

2. (b) भारतीय राष्ट्रीय कांग्रेस ने वर्ष 1920 के नागपुर अधिवेशन में असहयोग आन्दोलन को अपनाया था। इस अधिवेशन की अध्यक्षता सी. विजयराघवाचार्य ने की थी। असहयोग आन्दोलन का प्रस्ताव गाँधीजी ने तैयार किया था। उन्होंने इस आन्दोलन के दौरान बहिष्कार की घोषणा की, तो विद्यार्थियों ने विद्यालयों का तथा वकीलों ने अदालतों का बहिष्कार किया।

5 फरवरी, 1922 को गोरखपुर के चौरी-चौरा में आन्दोलनकारियों द्वारा पुलिस स्टेशन को जला दिया गया, जिससे एक 'थानेदार' समेत 21 सिपाहियों की मौत हो गई। इस घटना से दुखित होकर गाँधीजी ने 11 फरवरी, 1922 को असहयोग आन्दोलन स्थगित कर दिया।

3. (c) 'पम्पास' घास के मैदान दक्षिण अमेरिकी देश अर्जेण्टीना में स्थित हैं। ये शीतोष्ण कटिबन्धीय घास के मैदान हैं। इन्हें 'हार्ट ऑफ अर्जेण्टीना' भी कहा जाता है।

4. (b) सर्वोच्च न्यायालय के प्रथम मुख्य न्यायाधीश हरिलाल जे. कानिया थे। संविधान के अनुच्छेद- 124(1) के तहत् 28 जनवरी, 1950 को सुप्रीम कोर्ट की स्थापना की गई। सुप्रीम कोर्ट या संघीय न्यायालय को संविधान के भाग V में अनुच्छेद-124-147 तक वर्णित किया गया है। वर्तमान में मुख्य न्यायाधीश डी.वाई. चन्द्रचूड़ है।

5. (a) पीतल, कॉपर (Cu) + जिंक (Zn) की मिश्र धातु है। पीतल में 70% कॉपर व 30% जिंक होता है। पीतल का उपयोग बर्तन बनाने, तार, पाइप व पुर्जे बनाने में किया जाता है।

6. (a) उदार शक्ति 2024 अभ्यास 5 से 9 अगस्त, 2024 तक कुआंतन में हुआ और इसमें रॉयल मलेशियाई वायु सेना (RMAF) के साथ मिलकर काम करना शामिल था।

7. (b) एम. एस. वर्ड एक ऑपरेटिंग सिस्टम नहीं है। यह एक वर्ड प्रोसेसिंग सॉफ्टवेयर है, जिसका प्रयोग किसी डॉक्यूमेन्ट को टेक्स्टफॉर्म में बनाने तथा उसमें कुछ एडिट करने में किया जाता है। एम. एस. वर्ड का एक्सटेंशन कोड .doc या .docx है।

8. (a) दिया है, त्रिकोण का आधार = 24 सेमी

माना त्रिकोण की ऊँचाई = x सेमी

∴ प्रश्नानुसार, क्षेत्रफल = 84 सेमी^{2}

$\frac{1}{2}\times$ आधार $\times$ ऊँचाई = 84

$\Rightarrow \frac{1}{2}\times 24\times x = 84 \Rightarrow x = \frac{84\times 2}{24} = 7$

अतः त्रिकोण की ऊँचाई = 7 सेमी

9. (d) माना स्थिर जल में नाव की चाल

= x किमी/घण्टा

दिया है, नदी की धारा की चाल

= 2 किमी/घण्टा

∴ धारा के विपरीत नाव की चाल

= $(x-2)$ किमी/घण्टा

धारा की दिशा में नाव की चाल

= $(x+2)$ किमी/घण्टा

प्रश्नानुसार, चाल = $\frac{\text{दूरी}}{\text{समय}}$ से

$x - 2 = \frac{20}{1\frac{1}{4}}$

$\Rightarrow \quad (x-2) = \frac{20\times 4}{5} = 16$

$x = 18$ किमी/घण्टा

∴ धारा की दिशा में 30 किमी जाने में लगा समय

$= \frac{30}{x+2} = \frac{30}{18+2}$

$= \frac{30}{20} = \frac{3}{2}$

$= 1\frac{1}{2}$

= 1 घण्टा 30 मिनट

10. (a) 12, 15 और 25 का ल.स.

2	12, 15, 25
2	6, 15, 25
3	3, 15, 25
5	1, 5, 25
5	1, 1, 5
	1, 1, 1

$= 2\times 2\times 3\times 5\times 5 = 300$

अतः 300) 20000 (66
1800
2000
1800
200

∴ अभीष्ट संख्या = 300 − 200 = 100

11. (d) $\frac{(0.540\times 0.540 - 0.460\times 0.460)}{(1-0.920)}$

$= \frac{(0.54)^2 - (0.46)^2}{0.08}$

$= \frac{(0.54+0.46)(0.54-0.46)}{0.08}$

$[\because a^2 - b^2 = (a+b)(a-b)]$

$= \frac{1.00\times 0.08}{0.08} = 1$

12. (c) माना परीक्षा में कुल अधिकतम अंक = x

परीक्षा में पास होने के लिए आवश्यक अंक

= x का 40% = $\frac{x\times 40}{100} = \frac{4x}{10}$

प्रश्नानुसार, सामू द्वारा प्राप्तांक अंक = 190

$\frac{4x}{10} - 10 = 190$

$\Rightarrow \quad \frac{4x}{10} = 200$

$\Rightarrow \quad x = \frac{200\times 10}{4} = 500$

अतः परीक्षा में कुल अधिकतम अंक = 500

13. (b) दिया है, 25 मदों का औसत = 40

तब, 25 मदों का कुल योग

= औसत × कुल पद

= 40×25

एक मद, 50 के स्थान पर 25 लिखा गया हो, अब, 25 मदों का वास्तविक योग

$= 40\times 25 + (50-25)$

$= 1000 + 25 = 1025$

अतः वास्तविक माध्य = $\frac{\text{पदों का योग}}{\text{पदों की संख्या}}$

$= \frac{1025}{25} = 41$

14. (d) माना इस्थर x दिन कार्य करता है।

प्रश्नानुसार, $\frac{x-9}{27} + \frac{x}{45} = 1$

$\Rightarrow \frac{5x - 45 + 3x}{135} = 1$

$\Rightarrow \quad 8x - 45 = 135 \Rightarrow 8x = 180$

$\therefore \quad x = 22.5$

अतः इस्थर द्वारा किया गया कार्य = 22.5 दिन

15. (d) दिया है,

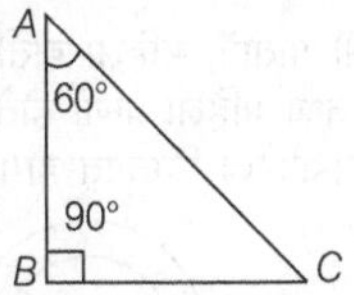

प्रश्नानुसार,

$\sin^2 A - \cos^2 A + \tan^2 A = \sin^2 60° - \cos^2 60° + \tan^2 60°$

$= \left(\frac{\sqrt{3}}{2}\right)^2 - \left(\frac{1}{2}\right)^2 + (\sqrt{3})^2$

$= \frac{3}{4} - \frac{1}{4} + 3 = \frac{2}{4} + 3 = \frac{1}{2} + 3 = \frac{7}{2}$

16. (b) जिस प्रकार,

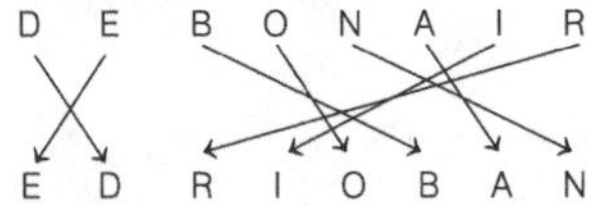

उसी प्रकार,

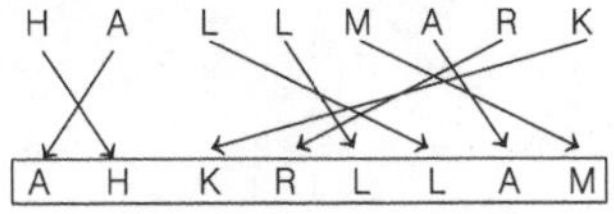

17. (d) संख्या शृंखला का क्रम निम्नवत् है,

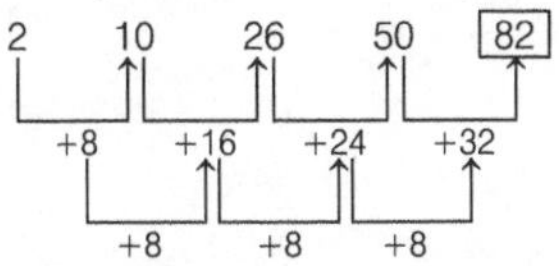

∴ ? = 82

18. (c) संमित्रा का गमन-पथ इस प्रकार है,

अन्तिम बिन्दु

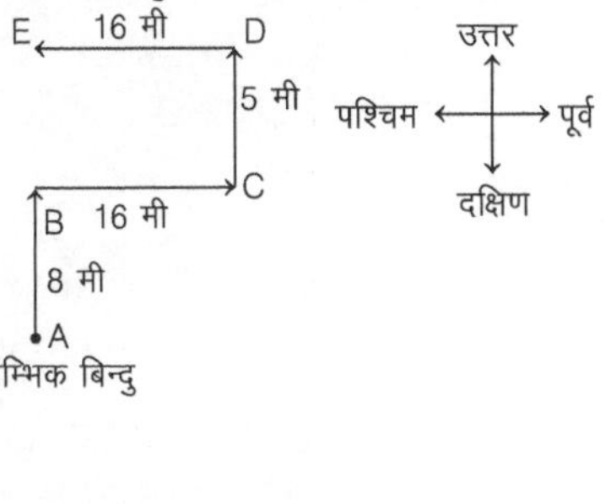

प्रारम्भिक बिन्दु

अभीष्ट दूरी = AE = AB + BE = AB+CD
= (8+ 5) मी = 13 मी

19. (a) प्रश्नानुसार, रक्त सम्बन्ध आरेख बनाने पर,

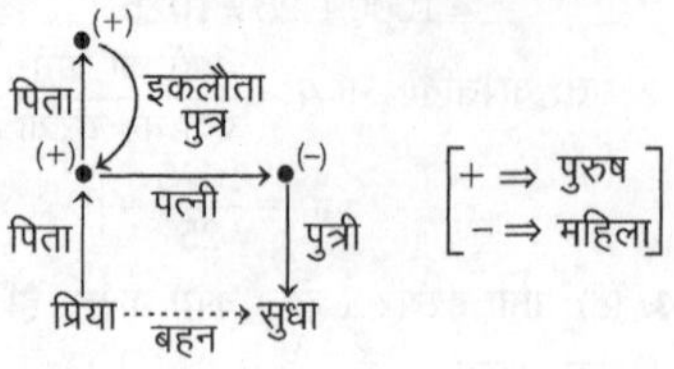

अतः सुधा, प्रिया की बहन है।

20. (b) उत्तर आकृति (b) में प्रश्न आकृति निहित है।

21. (b) सभी माताएँ, महिला होती हैं जबकि सभी माताएँ तथा महिला प्राणी होते हैं। अतः इनके मध्य वेन-आरेख निम्नवत् होगा

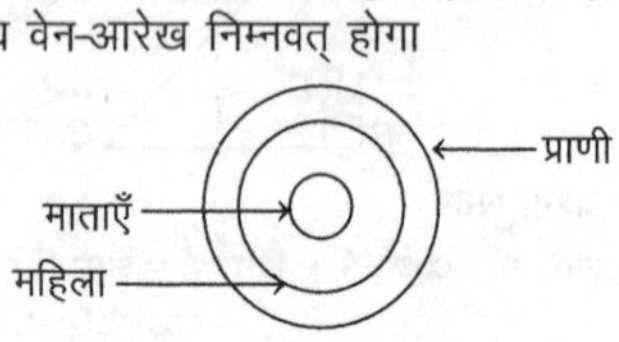

22. (c) जिस प्रकार, $3 * 2 \Rightarrow 3^2 = 9$
$2 * 3 \Rightarrow 2^3 = 8$
तथा $3 * 3 \Rightarrow 3^3 = 27$
उसी प्रकार, $4 * 3 \Rightarrow 4^3 = \boxed{64}$

23. (d) चण्डीगढ़ को छोड़कर अन्य सभी केन्द्रशासित प्रदेशों में विधानसभा है।

24. (a) प्रश्नानुसार,
$D > C > E > B > A$
अतः उपरोक्त से स्पष्ट है कि डण्डा D और डण्डा E के बीच, डण्डा C है।

25. (d) दिए गए पासे की दोनों स्थितियों में 5 और 6 उभ्यनिष्ठ हैं।
∴ शेष बची दोनों संख्या एक-दूसरे के विपरीत फलक पर होगी।
अतः '2' दर्शाने वाले फलक के विपरीत फलक पर संख्या '1' होगी।

26. (a) जिस प्रकार, 'एयर फोर्स एकेडमी', हैदराबाद में स्थित है। उसी प्रकार, पैराट्रूपर्स ट्रेनिंग स्कूल, आगरा में स्थित है।

27. (c) दिए गए शब्दों का शब्दकोशानुसार क्रम निम्नवत् होगा
Toronto → Tortoise → Torus → Troped
∴ अभीष्ट शब्द 'Troped' होगा।

28. (c) दी गई आकृति में कुल 7 त्रिभुज हैं

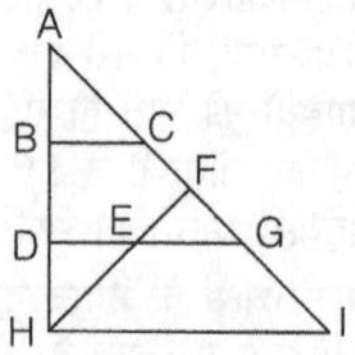

⇒ ΔABC, ΔADG, ΔDEH, ΔEFG, ΔHFI, ΔAHF, ΔAHI.

29. (b) प्रश्न में दिए गए कागज को खोलने पर वह विकल्प (b) में दी गई आकृति जैसा दिखाई देगा।

30. (d) सभी आकृतियों में तीर 90° दक्षिणावर्त घूम जाता है। काले छोटे वृत्तों की संख्या दो लगातार प्रश्नाकृति में समान रहने के बाद एक कम हो जाती है, तीरों की संख्या दो प्रश्नाकृतियों में समान रहने के बाद एक बढ़ जाती है।

भारतीय वायु सेना

अग्निवीर वायु फेज-1

(ग्रुप-Y) विज्ञान विषय के अतिरिक्त

प्रैक्टिस सेट 7

समय : 45 मिनट | पूर्णांक : 50

निर्देश

1. इस प्रैक्टिस सेट में कुल 50 प्रश्न हैं तथा परीक्षा की अवधि 45 मिनट है।
2. प्रत्येक सही उत्तर के लिए 1 अंक का प्रावधान है।
3. गलत उत्तर के लिए 0.25 नकारात्मक अंक का प्रावधान है।

सेक्शन I ➛ अंग्रेजी भाषा

Directions (Q. Nos. 1-5) *Read the passage carefully and answer the questions that follow.*

If India takes up the doctrine of the sword, she may gain temporary victory. Then India will cease to be the pride of my heart. I am wedded to India because I owe my all to India. I believe absolutely that she has a mission for all the world. She is not to copy Europe blindly. India's acceptance of the sword will be the hour of my trial. I hope I shall not be found wanting. My religion has no geographical limits. If I have a living faith in it, it will transcend my love for India herself. My life is dedicated to the service of India through the religion of non-violence.

1. India will cease to be a pride of the writer's heart when it
(a) copies others
(b) does not fight for its cause
(c) follows the path of violence
(d) has no mission for the world

2. A religion has no geographical limits when
(a) it is followed by a small community
(b) it rises above the interests of a country
(c) many people follow it
(d) people fight for their religion

3. The expression 'hour of trial' in the passage given above means the time
(a) of trial in a court of law
(b) when a person gets some punishment
(c) when one's principles are put to test
(d) when a man faces some difficult problems in life

4. The expression 'doctrine of the sword' means
(a) dictatorship
(b) belief in the use of violent methods
(c) fighting with a sword
(d) habit of carrying arms

5. Select the most appropriate synonym of the given word 'transcend'.
(a) Apathetic
(b) Go beyond
(c) Insensible
(d) Incurious

Fill in the blank with suitable prepositions.

6. Nadheeka was musing ...... memories of the past.
(a) over (b) about
(c) on (d) from

Fill in the blanks with appropriate conjunctions.

7. Each school has its own set of rules ...... all good pupils should follow them.
(a) but (b) or
(c) so (d) and

8. Select the most appropriate synonym of the given word.
Coalition
(a) Alone
(b) Disintegration
(c) Alliance
(d) Perfection

9. Select the most appropriate antonym of the given word.
Brisk
(a) Agile (b) Nimble
(c) Sluggish (d) Quick

Directions (Q. Nos. 10 and 11) *Choose the one which can be substituted for the given sentence.*

10. The act of producing beautiful handwriting using a brush or a special pen
(a) Hieroglyphics (b) Calligraphy
(c) Stenciling (d) Graphics

11. A word made of the initial letters of the words in a phrase
(a) Acronym (b) Abridgement
(c) Almanac (d) Anachronism

Directions (Q. Nos. 12 and 13) *Choose the alternative which best expresses the meaning of the idiom/phrase given in underline in the sentence.*

12. His blood ran cold when he heard his uncle was murdered.
(a) He was frightened
(b) He was horrified
(c) He was disgusted
(d) He was depressed

13. This is so simple that even a man in the street can understand it.
(a) An ordinary person
(b) An illiterate person
(c) An unknown person
(d) A stranger

Directions (Q. Nos. 14 and 15) *Choose the correct word for the given blanks.*

14. Fill in the blank with the correct option.
I am ....anxious about the test to be held tomorrow.
(a) feeling (b) feels
(c) felt (d) feel

15. Identify the segment in the sentence which contains a grammatical error.
Although we reached his house in time, he was left for the airport.
(a) Although we reached
(b) he was left
(c) his house in time
(d) for the airport

Select the one which best expresses the same sentence in Passive/Active voice.

16. This shirt cannot be worn by me any longer.
(a) I cannot wear this shirt any longer.
(b) Wearing of this shirt any longer is not possible.
(c) This shirt is too worn out to be worn any longer.
(d) This worn out shirt cannot be worn any longer.

Select the one which best expresses the same sentence in Direct/Indirect speech.

17. Nisha told Monika, "What a beautiful dress you are wearing!"
(a) Nisha exclaimed that Monika was wearing a very beautiful dress.
(b) Nisha exclaimed that it is a very beautiful dress.
(c) Nisha exclaimed that Monika is wearing a very beautiful dress.
(d) Nisha told Monika that was a beautiful dress.

Directions (Q. Nos. 18 and 19) *Read the sentence given below and find out which of the four combinations is correct.*

18. P : had started a fast until death
Q : demanding the passing of the bill
R : at Jantar Mantar in New Delhi
S : Anna Hazare, a Gandhian Rights Activist
(a) SQPR
(b) RQSP
(c) PSRQ
(d) SPRQ

19. P : as it moves through its succession of stages
Q : in which a product is sold (advertising saturation)
R : product life-cycle is the conditions
S : changes over time must be managed
(a) QRPS
(b) RQSP
(c) SPRQ
(d) RSPQ

Fill in the blanks with suitable articles.

20. The noun form of the verb 'leak' is
(a) leakage
(b) leaking
(c) leaky
(d) disleak

सेक्शन II ➤ सामान्य जागरूकता, गणित एवं तर्कशक्ति

1. कम्प्यूटर में दो-या-दो से अधिक डिवाइसेज होते हैं, जो डेटा व प्रोग्राम को शेयर करने के लिए कनेक्टेड होते हैं, उन्हें क्या कहा जाता है?
(a) नेटवर्क (b) सिस्टम
(c) वर्क स्टेशन (d) डिवाइस

2. नॉकडाउन और नॉकआउट किस खेल से जुड़े हुए शब्द हैं?
(a) हॉकी (b) बॉक्सिंग
(c) क्रिकेट (d) बैडमिण्टन

3. हाइड्रोजन बम किस नाभिकीय अभिक्रिया पर आधारित है?
(a) ताप नाभिकीय संलयन
(b) भारी जल अभिक्रिया
(c) ताप नाभिकीय विखण्डन
(d) द्रुत प्रजनक अभिक्रिया

4. पानीपत का द्वितीय युद्ध किनके बीच लड़ा गया था?
(a) बाबर-इब्राहिम लोदी
(b) अकबर-हेमू
(c) हुमायूँ-शेरशाह
(d) अकबर-इब्राहिम लोदी

5. अगस्त 2024 में भारत का पहला अनाज एटीएम किस राज्य ने प्रारम्भ किया?
(a) उत्तर प्रदेश
(b) ओडिशा
(c) मध्य प्रदेश
(d) हरियाणा

6. हुण्डरू जलप्रपात किस नदी पर स्थित है?
(a) सुवर्णरेखा नदी
(b) कृष्णा नदी
(c) गोदावरी नदी
(d) कावेरी नदी

7. अन्तर्राष्ट्रीय मुद्रा कोष (IMF) का मुख्यालय कहाँ स्थित है?
(a) जेनेवा (b) वॉशिंगटन डी.सी.
(c) वियना (d) न्यूयॉर्क

8. एक ट्रेन निरन्तर गति से यात्रा करके 10.8 सेकण्ड और 11.4 सेकण्ड में एक ही दिशा में चल रहे दो व्यक्तियों को पार करती है, पहला व्यक्ति 4.8 किमी/घण्टा की रफ्तार से चल रहा था जबकि दूसरा व्यक्ति 6.6 किमी/घण्टा की रफ्तार से चल रहा था। ट्रेन की गति (किमी/घण्टा) में क्या है?
(a) 39.6 (b) 40.2 (c) 38.4 (d) 39.0

9. 12 घड़ियाँ बेचकर एक दुकानदार 2 घड़ियों के विक्रय मूल्य के बराबर लाभ कमा लेता है, प्रतिशत में उसका लाभ ज्ञात करें।
(a) 20% (b) 22%
(c) 16.67% (d) 25%

10. गीता एक खिलौने को 10 मिनट में जोड़ सकती है, जबकि सुधा उसी खिलौने को 15 मिनट में जोड़ सकती है। यदि वे एकसाथ कार्य करती हैं, तो वे 60 खिलौनों को कितने समय में जोड़ सकती हैं?
(a) 5 घण्टे (b) 6 घण्टे
(c) 7 घण्टे 30 मिनट (d) 7 घण्टे

11. C पर समकोण त्रिभुज ABC में, यदि $\sec A = \frac{13}{5}$ हो, तो $\frac{1+\sin A}{\cos B}$ का मान ज्ञात करें।
(a) $\frac{18}{5}$ (b) 5 (c) $\frac{3}{2}$ (d) $\frac{25}{12}$

12. राम और श्याम के बीच एक धनराशि 8 : 19 के अनुपात में विभाजित की जाती है। यदि श्याम को ₹ 247 प्राप्त हुए, तो राम को कितनी राशि प्राप्त हुई?
(a) ₹ 112 (b) ₹ 96
(c) ₹ 120 (d) ₹ 104

13. एक टेपरिकॉर्डर नगद ₹ 3500 में अथवा ₹ 1000 पहले आंशिक नगद और शेष तीन बराबर सरल किस्तों में बेचा गया। यदि 12.5% चक्रवृद्धि वार्षिक ब्याज लगाया जाता है, तो किस्त की देय राशि है
(a) ₹ 1050.65 (b) ₹ 1049.83
(c) ₹ 1000.35 (d) ₹ 1100.45

14. एक लम्ब वृत्तीय शंकु की ऊँचाई और तिरछी ऊँचाई क्रमशः $\sqrt{429}$ सेमी, 25 सेमी है। π का मान $\frac{22}{7}$ मानते हुए शंकु का वक्र पृष्ठीय क्षेत्रफल ज्ञात कीजिए।
(a) 1056 सेमी^{2} (b) 1100 सेमी^{2}
(c) 1078 सेमी^{2} (d) 1144 सेमी^{2}

15. दो सिक्के एकसाथ उछाले जाते हैं, तो ठीक-ठीक एक चित आने की प्रायिकता क्या है ?
(a) $\frac{1}{2}$ (b) $\frac{1}{4}$ (c) $\frac{1}{3}$ (d) $\frac{1}{5}$

16. दिए गए विकल्पों में से उस सही विकल्प को चुनिए, जो अनुक्रम को पूरा करेगा।
31, 37, 49, 67, ?
(a) 87 (b) 91 (c) 89 (d) 97

17. दिए गए समीकरणों के आधार पर अनुत्तरित समीकरण का सही उत्तर ज्ञात कीजिए। यदि $6 * 5 = 91$, $8 * 7 = 169$, $10 * 7 = 657$, तो $11 * 10 = ?$
(a) 331 (b) 993
(c) 678 (d) 845

18. चार अक्षर-समूह दिए गए हैं, जिनमें से तीन किसी प्रकार समान हैं और एक असंगत है। असंगत अक्षर-समूह का चयन करें।
(a) BDMS (b) KMPV
(c) HJPV (d) MIGF

19. मैं अपने घर से उत्तर की ओर 5 किमी चला। मैं दाईं ओर मुड़ा और 3 किमी चला। फिर मैं दक्षिण की ओर 1 किमी गया। मैं अपने घर से कितना दूर हूँ?
(a) 7 किमी (b) 6 किमी
(c) 4 किमी (d) 5 किमी

20. उस सही विकल्प का चयन करें, जो दिए गए शब्द विन्यास के तार्किक और सार्थक क्रम को दर्शाता है।
1. कक्षा 2. प्रवेश 3. प्रमाण-पत्र
4. आवेदन 5. मूल्यांकन
(a) 4, 2, 1, 5, 3 (b) 2, 4, 3, 1, 5
(c) 4, 2, 5, 1, 3 (d) 3, 5, 2, 4, 1

21. यदि एक कूटी भाषा में PLAYER को QNDCJX लिखा जाता है, तो उसी कूट भाषा में SINGER को किस प्रकार लिखा जाएगा?
(a) TKQKJX (b) TKJKQX
(c) TKQKXJ (d) TKQXJK

22. यदि $\div$ का अर्थ $-$ है, $-$ का अर्थ $\times$ है, $\times$ का अर्थ $+$ है और $+$ का अर्थ $\div$ है, तो
$20 \times 60 \div 40 - 20 + 10 = ?$
(a) 80 (b) 60
(c) 40 (d) 0

23. दिए गए विकल्पों में से लुप्त संख्या ज्ञात कीजिए।

9	5	4	10
8	7	6	9
12	6	8	?

(a) 8 (b) 9
(c) 10 (d) 12

24. X और Y भाई-भाई हैं। R, Y का पिता है। S, T का भाई है और X का मामा है। T का R से क्या सम्बन्ध है?
(a) माता (b) पत्नी
(c) बहन (d) भाई

25. निम्नलिखित में से किस उत्तर आकृति द्वारा प्रश्न आकृति पूरी होती है?

प्रश्न आकृति

उत्तर आकृतियाँ

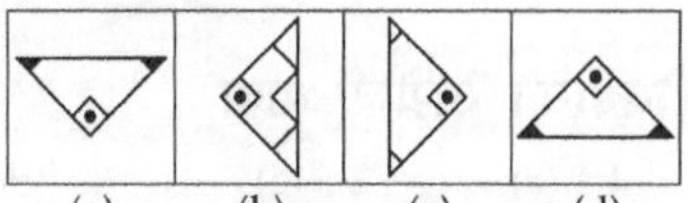

(a) (b) (c) (d)

26. उत्तर आकृतियों में से कौन-सी आकृति प्रश्न आकृति का सही प्रतिबिम्ब होगी, जबकि दर्पण AB रेखा पर रखा हो?

प्रश्न आकृति

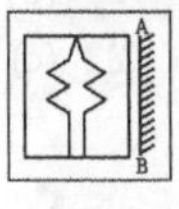

उत्तर आकृतियाँ

(a) (b) (c) (d)

27. निम्नलिखित में से कौन-सी आकृति मछलियों, साँपों और पक्षियों के बीच सम्बन्ध को भली-भाँति दर्शाती है?

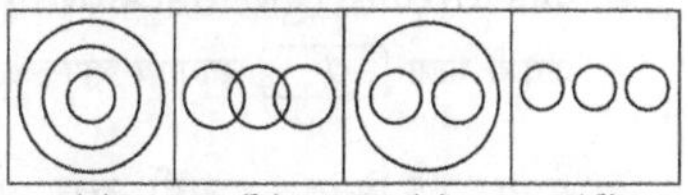

(a) (b) (c) (d)

28. नीचे दी गई आकृति में कितने त्रिभुज हैं

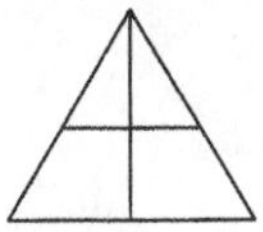

(a) 5 (b) 6 (c) 7 (d) 8

29. उस विकल्प का चयन करें, जिसमें शब्द ठीक उसी प्रकार सम्बन्धित है, जिस प्रकार दिए गए शब्द-युग्म के शब्द सम्बन्धित हैं।
कण्ठहार : सोना
(a) कुम्हार : मिट्टी
(b) समुद्र : नदी
(c) घास : लॉन
(d) कागज : काष्ठ लुगदी

30. मोहन की आयु, सोहन की आयु की तीन गुना है। सोहन की आयु रवि की आयु की आधी है यदि रवि की आयु किशोर की आयु की पाँच गुना है तो सबसे अधिक आयु किसकी है?
(a) मोहन (b) सोहन
(c) रवि (d) किशोर

उत्तरमाला

सेक्शन I अंग्रेजी भाषा

1 (c)	2 (c)	3 (c)	4 (b)	5 (b)	6 (c)	7 (d)	8 (c)	9 (c)	10 (b)
11 (a)	12 (a)	13 (a)	14 (a)	15 (b)	16 (a)	17 (a)	18 (d)	19 (b)	20 (a)

सेक्शन II सामान्य जागरूकता, गणित एवं तर्कशक्ति

1 (a)	2 (b)	3 (a)	4 (b)	5 (b)	6 (a)	7 (b)	8 (d)	9 (a)	10 (b)
11 (d)	12 (d)	13 (b)	14 (b)	15 (a)	16 (b)	17 (a)	18 (d)	19 (d)	20 (a)
21 (a)	22 (d)	23 (c)	24 (b)	25 (a)	26 (b)	27 (d)	28 (b)	29 (d)	30 (a)

स्कोर कार्ड

- कुल Attempted प्रश्न
  अंग्रेजी भाषा [ ] सामान्य जागरूकता, गणित एवं तर्कशक्ति [ ]
- कुल सही व गलत प्रश्न
  अंग्रेजी भाषा [/] सामान्य जागरूकता, गणित एवं तर्कशक्ति [/]
- फाइनल स्कोर (कुल सही उत्तर के अंक – गलत उत्तर के अंक)
  अंग्रेजी भाषा [/] सामान्य जागरूकता, गणित एवं तर्कशक्ति [/]

समय 45 मिनट सही उत्तर 1 अंक गलत उत्तर 0.25 अंक

- रिजल्ट
  - 10 से नीचे (किसी भी सेक्शन में) - Average (सिलेक्शन नहीं)
  - 10-18 के बीच में (कुल 35+) - Good (सिलेक्शन हो सकता है)
  - 18 से ऊपर (दोनों सेक्शन में) - Excellent (100% सिलेक्शन)
- टिप्पणी
  यदि आपका स्कोर किसी भी सेक्शन में 10 से नीचे है तब आप बार-बार प्रैक्टिस करें और ऐसा तब तक करें जब तक आपका स्कोर 10-18 (कुल 35+) के बीच में नहीं हो जाता।

संकेत एवं हल

सेक्शन I अंग्रेजी भाषा

1. (c) India will cease to be a pride of the writer's heart when it follows the path of violence.

2. (c) A religion has no geographical limits when many people follow it.

3. (c) The expression 'hour of trial' means, the time when one's principles are put to test.

4. (b) The given expression 'Doctrine of the sword' means belief in the use of violent methods.

5. (b) 'Transcend' means go beyond the range or limits of. So, 'go beyond' would be its correct synonym.

6. (c) Use of 'on' is suitable here as musing takes the preposition 'on'.

7. (d) Use of 'and' is suitable here because there is no contrast between both clauses.

8. (c) Coalition means the union of two or more political parties that allows them to form a government or fight an election together.
So, 'alliance' is the synonym of 'coalition'. Alliance is a group of countries political parties or people who have agreed to work together because of shared interests or aims.

9. (c) Brisk mean quick, energetic and active. So, 'sluggish' would be its correct antonym as it mean slow-moving or inactive.

10. (b) 'Calligraphy' is the right answer.

11. (a) 'Acronym' is the correct answer for the given sentence.

12. (a) His blood ran cold means 'He was frightened'.

13. (a) 'A Man in the street' means an average or ordinary person either male or female.

14. (a) 'Feeling' is the correct form of verb for the given blank.

15. (b) There is an error in part (b). Use 'he had left' in place of 'he was left' because simple past is used in first part.

16. (a) The correct active sentence of the given sentence is 'I cannot wear this shirt any longer'.
Structure ⇒ Subject + Cannot + $Verb_1$ + Object

17. (a) The given sentence is of exclamatory type and its structure is-
Exclaim + Subject + Auxiliary + $Verb_1$ + Adjective + Noun
Hence, option (a) is its correct answer.

18. (d) The correct sequence is SPRQ. i.e., Anna Hazare, a Gandhian Rights Activist, had started a fast until death at Jantar Mantar in New Delhi demanding the passing of the bill.

19. (b) The correct sequence is RQSP, i.e. Product life-cycle is the conditions in which a product is sold changes over time and must be managed as it moves through its succession of stages.

20. (a) The noun form of the verb'leak' is 'leakage'.

सेक्शन II सामान्य जागरूकता, गणित एवं तर्कशक्ति

1. (a) कम्प्यूटर में दो-या-दो से अधिक डिवाइसेज, जो डेटा व प्रोग्राम को शेयर करने के लिए कनेक्टेड की जाती हैं, उन्हें नेटवर्क कहा जाता है। कम्प्यूटर नेटवर्क कई प्रकार के होते हैं; जैसे–लोकल एरिया नेटवर्क (LAN), मैट्रोपोलिटन एरिया नेटवर्क (MAN), वाइड एरिया नेटवर्क (WAN) आदि।

2. (b) नॉकडाउन व नॉकआउट शब्द बॉक्सिंग खेल से सम्बन्धित हैं। नॉकडाउन व नॉकआउट शब्द का अर्थ हरा देना या नीचे गिरा देना होता है। बॉक्सिंग या मुक्केबाजी लड़ाई का एक खेल व एक मार्शल आर्ट है, जिसमें दो खिलाड़ी अपनी मुट्ठियों का प्रयोग करके लड़ते हैं। इस खेल का संचालन 2 से 3 मिनटों के राउण्ड्स में एक रेफरी द्वारा किया जाता है।

3. (a) हाइड्रोजन बम ताप नाभिकीय संलयन अभिक्रिया पर आधारित है। दो हाइड्रोजन परमाणु मिलकर हीलियम का एक परमाणु बनाते हैं, इस दौरान अत्यधिक ऊर्जा विमुक्त होती है। यह ऊर्जा सूर्य से निकलने वाली ऊर्जा के बराबर होती है। हाइड्रोजन बम को 'H-Bomb' भी कहा जाता है।

'**एडवर्ड टेलर**' को 'हाइड्रोजन बम का पिता' कहा जाता है।

4. (b) पानीपत का द्वितीय युद्ध 5 नवम्बर, 1556 को अकबर व आदिल सूर के सेनापति हेमू के बीच हुआ था। इस युद्ध में मुगल सेना का नेतृत्व अकबर के संरक्षक बैरम खाँ ने किया। इस युद्ध में हेमू पराजित हुआ और उसकी हत्या कर दी गई।

5. (b) ओडिशा सरकार ने 08 अगस्त, 2024 को राष्ट्रीय खाद्य सुरक्षा कार्यक्रम के तहत खाद्य वितरण में सुधार के लिए डिज़ाइन की गई एक नई तकनीक, राज्य का पहला अनाज एटीएम पेश किया। यह मशीन केन्द्र सरकार के अन्नपूर्ति कार्यक्रम का हिस्सा है।

6. (a) हुण्डरू जलप्रपात स्वर्णरेखा नदी पर स्थित है। यह जलप्रपात झारखण्ड के राँची शहर से 28 किमी दूर स्थित है। इस जलप्रपात की कुल ऊँचाई 98 मी या 320 फीट है। यह झारखण्ड में सर्वाधिक ऊँचाई से गिरने वाला जलप्रपात है। इसके अतिरिक्त यह जलप्रपात पर्यटन स्थल के रूप में भी प्रसिद्ध है।

7. (b) अन्तर्राष्ट्रीय मुद्रा कोष (IMF) का मुख्यालय वॉशिंगटन डी.सी. में स्थित है। इसकी स्थापना वर्ष 1945 में की गई थी। इस संस्था का उद्देश्य अन्तर्राष्ट्रीय मौद्रिक सहयोग की स्थापना करना, अन्तर्राष्ट्रीय व्यापार का सन्तुलित विकास करना तथा प्रतिकूल भुगतान सन्तुलन को ठीक करना आदि है। वर्तमान में आई. एम. एफ. की प्रबन्ध निदेशक किस्यालिना जॉर्जीवा है।

8. (d) माना ट्रेन की गति = x किमी/घण्टा

अब, दूरी = चाल × समय से,

$$(x-4.8)\times\frac{10.8}{60\times60} = (x-6.6)\times\frac{11.4}{60\times60}$$

$\left[\because 1 \text{ सेकण्ड} = \frac{1}{60\times60} \text{ घण्टा}\right]$

$\Rightarrow \quad 10.8x - 4.8\times10.8 = 11.4x - 6.6\times11.4$

$\Rightarrow \quad 11.4x - 10.8x = -51.84 + 75.24$

$\Rightarrow \quad 0.6x = 23.4$

$\therefore \quad x = 39$ किमी/घण्टा

9. (a) माना 1 घड़ी का विक्रय मूल्य = ₹ x

तब, 2 घड़ियों का विक्रय मूल्य = ₹ $2x$

तथा 12 घड़ियों का विक्रय मूल्य = ₹ $12x$

∵ लाभ = विक्रय मूल्य – क्रय मूल्य

⇒ क्रय मूल्य = $12x - 2x$ = ₹ $10x$

अतः लाभ प्रतिशत = $\frac{\text{लाभ}}{\text{क्रय मूल्य}}\times100 = \frac{2x}{10x}\times100 = 20\%$

10. (b) गीता का 1 मिनट का कार्य = $\frac{1}{10}$

और सुधा का 1 मिनट का कार्य = $\frac{1}{15}$

∴ दोनों मिलकर 1 मिनट में कार्य करते हैं

$$= \frac{1}{10}+\frac{1}{15} = \frac{3+2}{30} = \frac{5}{30} = \frac{1}{6}$$

∴ दोनों मिलकर 1 खिलौना 6 मिनट में जोड़ सकती हैं,

∴ दोनों मिलकर 60 खिलौने जोड़ सकती हैं

$= 60\times6 = 360$ मिनट

$= \frac{360}{60} = 6$ घण्टे

11. (d) प्रश्नानुसार,

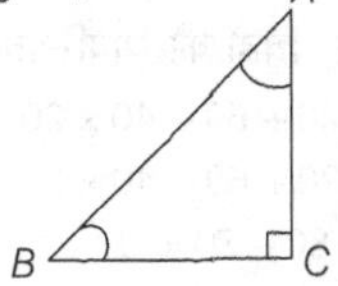

ΔABC में,

दिया है, $\sec A = \frac{13}{5} = \frac{\text{कर्ण}}{\text{आधार}} = \frac{AB}{AC}$

यदि $AB = 13, AC = 5$

$\therefore \quad BC = \sqrt{AB^2 - AC^2} = \sqrt{(13)^2-(5)^2}$

[∵ पाइथागोरस प्रमेय से]

$= \sqrt{169-25} = \sqrt{144}$

$\Rightarrow \quad BC = 12$

अब, $\sin A = \frac{BC}{AB} = \frac{12}{13}$

तथा $\cos B = \frac{BC}{AB} = \frac{12}{13}$

$$\therefore \quad \frac{1+\sin A}{\cos B} = \frac{1+\frac{12}{13}}{\frac{12}{13}} = \frac{13+12}{12} = \frac{25}{12}$$

12. (d) माना राम की धनराशि = ₹ $8x$

तथा श्याम की धनराशि = ₹ $19x$

प्रश्नानुसार, $19x = 247$

$\Rightarrow \quad x = \frac{247}{19}$

$\Rightarrow \quad x$ = ₹13

अतः राम की धनराशि = 8×13 = ₹ 104

13. (b) टेपरिकॉर्डर का नकद मूल्य = ₹ 3500

किस्तों में चुकाई जाने वाली राशि (P)

= ₹ (3500 – 1000) = ₹ 2500

माना प्रत्येक किस्त = ₹ x

तथा $r = 12.5\%$, $m = 3$ [दिया है]

$$\therefore \quad \frac{x}{\left(1+\frac{r}{100}\right)} + \frac{x}{\left(1+\frac{r}{100}\right)^2} + \frac{x}{\left(1+\frac{r}{100}\right)^3} = P$$

$$\Rightarrow x\times\left(\frac{8}{9}\right) + x\times\left(\frac{8}{9}\right)^2 + x\times\left(\frac{8}{9}\right)^3 = 2500$$

$$\Rightarrow \quad x\times\frac{8}{9}\times\left(1+\frac{8}{9}+\frac{64}{81}\right) = 2500$$

$$\Rightarrow \quad x\times\frac{8}{9}\times\left(\frac{81+72+64}{81}\right) = 2500$$

$$\Rightarrow \quad x = \frac{9\times81\times2500}{8\times217}$$

= ₹ 1049.83

14. (b) दिया है, $h = \sqrt{429}$ सेमी,

$l = 25$ सेमी

$\because \; l^2 = h^2 + r^2$ [∵ पाइथागोरस प्रमेय से]

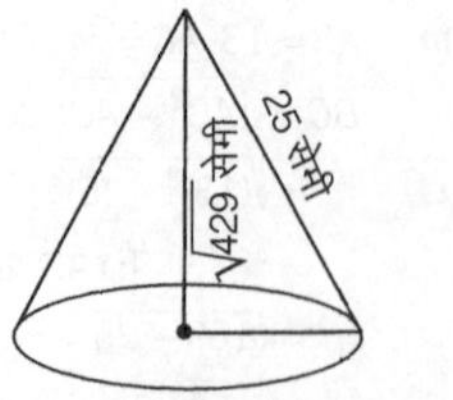

$\Rightarrow 25^2 = (\sqrt{429})^2 + r^2$

$\Rightarrow \quad 625 - 429 = r^2$

$\Rightarrow \quad r = \sqrt{196} = 14$ सेमी

$\therefore$ शंकु का वक्रपृष्ठीय क्षेत्रफल $= \pi rl$

$= \frac{22}{7} \times 14 \times 25$

$= 2 \times 22 \times 25$

$= 44 \times 25$

$= 1100$ सेमी^{2}

15. (a) यहाँ, दो सिक्के एकसाथ उछाले जाते हैं इसलिए सम्भावित परिणाम (H, T), (T, H), (H, H) तथा (T, T) होंगे।

कुल परिणामों की संख्या = 4

माना E_1 सही-सही एक चित प्राप्त होने की घटना है।

तब, E_1 के अनुकूल परिणाम (H, T) और (T, H) होंगे।

$\therefore E_1$ के अनुकूल परिणामों की संख्या = 2

अतः अभीष्ट प्रायिकता

$= \frac{E_1 \text{ के अनुकूल परिणामों की संख्या}}{\text{कुल परिणामों की संख्या}}$

$= \frac{2}{4} = \frac{1}{2}$

16. (b) संख्या-श्रेणी का क्रम इस प्रकार है,

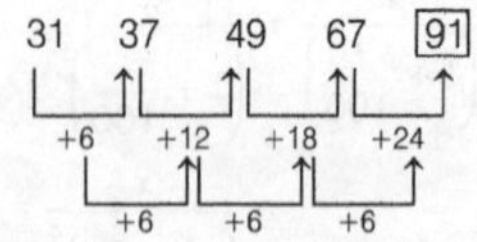

17. (a) जिस प्रकार,

$6 * 5 \Rightarrow 6^3 - 5^3 = 216 - 125 = 91$

$8 * 7 \Rightarrow 8^3 - 7^3 = 512 - 343 = 169$

तथा

$10 * 7 \Rightarrow 10^3 - 7^3 = 1000 - 343 = 657$

उसी प्रकार,

$11 * 10 \Rightarrow 11^3 - 10^3 = 1331 - 1000 = \boxed{331}$

18. (d) यहाँ,

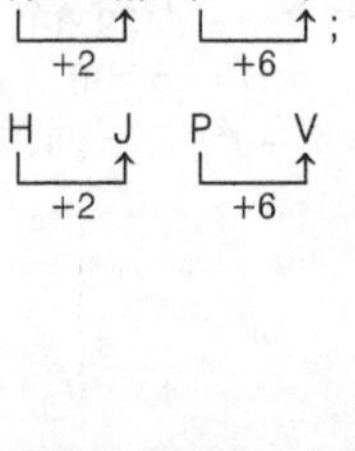

परन्तु,

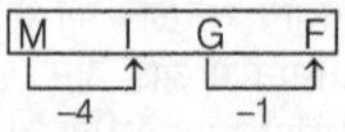

$\therefore$ MIGF असंगत है।

19. (d) मेरा गमन-पथ इस प्रकार है

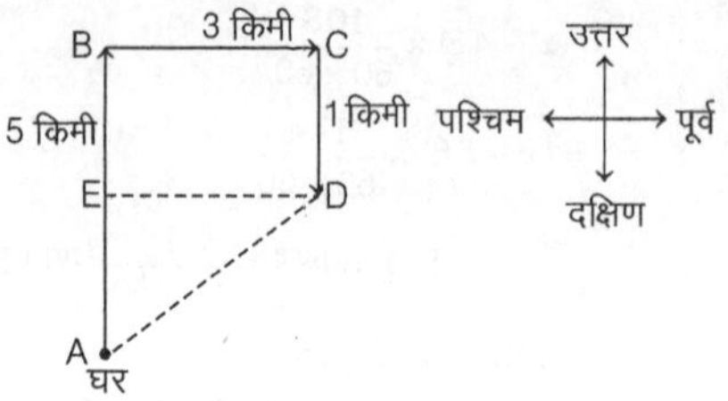

$\therefore$ अभीष्ट दूरी = AD

$= \sqrt{(AE)^2 + (ED)^2}$

$= \sqrt{(AB - BE)^2 + (BC)^2}$

$= \sqrt{(5 - CD)^2 + (3)^2}$

$= \sqrt{(5-1)^2 + (3)^2}$

$= \sqrt{16 + 9} = \sqrt{25} = 5$ किमी

20. (a) शब्दों का तार्किक और सार्थक क्रम निम्न है,

आवेदन → प्रवेश → कक्षा → मूल्यांकन → प्रमाण पत्र

(4) (2) (1) (5) (3)

21. (a) जिस प्रकार,

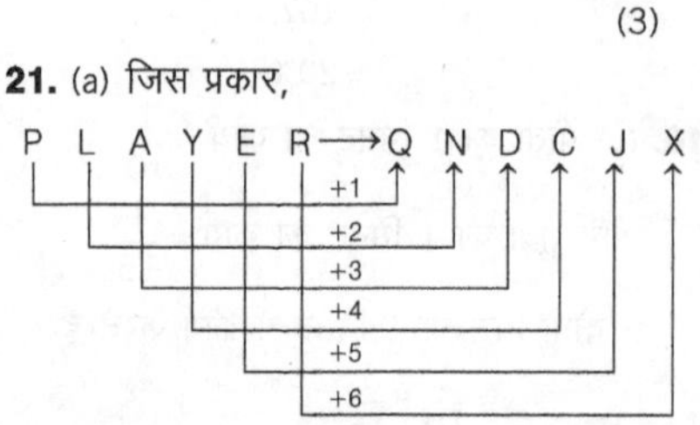

उसी प्रकार,

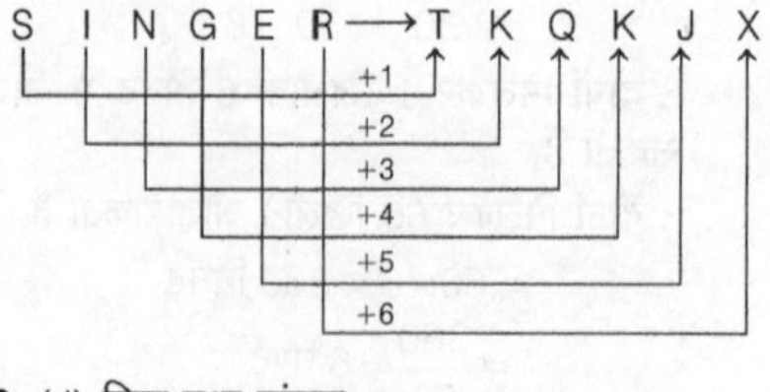

22. (d) दिया हुआ व्यंजक,

$20 \times 60 \div 40 - 20 + 10 = ?$

प्रश्नानुसार, चिह्नों को व्यवस्थित करने पर,

$? = 20 + 60 - 40 \times 20 \div 10$

$\therefore \quad ? = 20 + 60 - 40 \times 2$

$= 80 - 80 = 0$

23. (c) जिस प्रकार,

$(9 + 5) - 4 = 10$

तथा $(8 + 7) - 6 = 9$

उसी प्रकार, $(12 + 6) - 8 = \boxed{10}$

24. (b) सम्बन्ध-आरेख इस प्रकार होगा

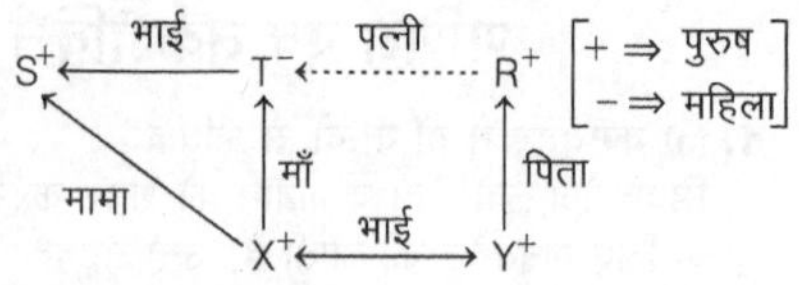

अतः T, R की पत्नी है।

25. (a) उत्तर आकृति (a) प्रश्न आकृति को पूरा करती है।

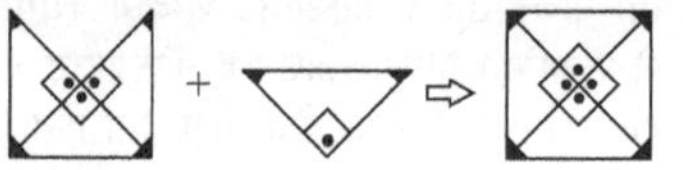

26. (b) उत्तर आकृति (b) प्रश्न आकृति का सही दर्पण प्रतिबिम्ब होगी।

27. (d) मछली, साँप तथा पक्षी तीनों अलग-अलग प्रजातियाँ हैं।

28. (b) दी गई आकृति बिन्दुओं के नाम रखने पर,

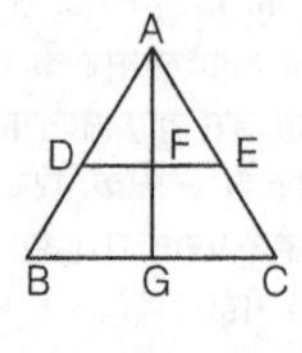

बनने वाले त्रिभुज निम्न प्रकार होंगे

$\Delta ADF, \Delta AFE, \Delta ADE, \Delta ABG, \Delta AGC, \Delta ABC$

$\therefore$ दी गई आकृति में 6 त्रिभुज हैं।

29. (d) जिस प्रकार, कण्ठहार, सोने से बनता है। उसी प्रकार, कागज, काष्ठ लुगदी से बनता है।

30. (a) माना किशोर की आयु x वर्ष है।

तब, रवि की आयु = $5x$ वर्ष

सोहन की आयु $= \frac{5x}{2}$

$= 2.5x$ वर्ष

मोहन की आयु $= 3 \times 2.5x$

$= 7.5x$ वर्ष

अब आयु के अनुसार इनका क्रम निम्नवत् होगा

मोहन > रवि > सोहन > किशोर

↓ ↓ ↓ ↓

$7.5x$ वर्ष $5x$ वर्ष $2.5x$ वर्ष x वर्ष

अतः सबसे अधिक आयु मोहन की है।

भारतीय वायु सेना

अग्निवीर वायु फेज-1

(ग्रुप-Y) विज्ञान विषय के अतिरिक्त

प्रैक्टिस सेट 8

समय : 45 मिनट **पूर्णांक** : 50

निर्देश

1. इस प्रैक्टिस सेट में कुल 50 प्रश्न हैं तथा परीक्षा की अवधि 45 मिनट है।
2. प्रत्येक सही उत्तर के लिए 1 अंक का प्रावधान है।
3. गलत उत्तर के लिए 0.25 नकारात्मक अंक का प्रावधान है।

सेक्शन I ✈ अंग्रेजी भाषा

Directions (Q. Nos. 1-4) *Read the passage given below and answer the questions that follow.*

Insects, by far the most abundant creatures on earth, might have taken over long ago if hordes of them weren't eaten away everyday by birds, frogs or spiders. But these tiny, six-legged invertebrates have many ways of protecting themselves: a speedy get away, venomous stings, repugnant odours, poisonous flesh or irritating hairs.

However, camouflage is the most spectacular form of insect trickery. Some deceive their enemies by taking on the appearance of a dreaded species.

This is called mimesis. It's how small wasp moths imitate wasps, thanks to the black and yellow rings on their armour, their diaphanous wings and irregular flight.

Some butterflies simply disappear by becoming exactly the colour of their host plant. Others disguise, their shape with disruptive patterns of colours-the principle used to design military uniforms.

1. The main theme of the passage is
(a) eco-balance (b) fearful insects
(c) environment (d) camouflage

2. "Some butterflies simply disappear ..." means that butterflies
(a) fly away to save themselves
(b) are destroyed by their enemies
(c) only appear to have gone
(d) cannot be found any more

3. Small wasp moths protect themselves by
(a) a speedy get away
(b) changing colour
(c) venomous stings
(d) irritating hairs

4. Which one of the following is a synonym for 'hordes'?
(a) Rapid (b) Crowd
(c) Minority (d) Scatter

Directions (Q. Nos. 5-8) *Fill in the blanks with the suitable word.*

5. When the thief entered house the inmates ... in the hall.
(a) were slept
(b) were sleeping
(c) slept
(d) had been sleeping

6. They were ordered to wait……the signal was given.
(a) unless (b) till
(c) upto (d) when

7. We have lots of things is common…… music.
(a) beside (b) below
(c) among (d) besides

8. He was asleep, …… ?
(a) was he (b) wasn't he
(c) didn't he (d) did he

9. Given one word for the following expression.
Life history of a man written by himself
(a) Biography
(b) Autobiography
(c) Calligraphy
(d) Bibliography

10. Select the option that will improve the underlined part of the given sentence. In case no improvement is needed, select 'No improvement' required.
The stranger asked the little girl <u>what is her name</u>.

(a) what her name is
(b) what her name was
(c) what was her name
(d) No improvement

Direction (Q. No. 11) *Fill in the blank with the comparative degree of the word given in the bracket.*

11. Everyone was home for the holidays. What could make for ... (merry) Diwali than that?
(a) a merryer (b) a merrier
(c) the merriest (d) a merry

Directions *(Q. Nos. 12 and 13) Find out which part of the sentence has an error.*

12. Sujay is (a) / enough good (b)/to deal with such situations. (c) / No error (d)

13. I saw portion (a)/ of the manuscript (b) / on birds. (c)/No error (d)

14. Select the most appropriate indirect form of the given sentence.
She said to him,"Why don't you go today?"
(a) She asked him why he did not go that day.
(b) She said to him Why he don't go that day.
(c) She asked him not to go that day.
(d) She asked him Why he did no go today.

15. In the following question, sentence of a paragraph have been jumbled and labelled as A,B,C and D. Rearrange the jumbled sentences and choose the most logical order among the given choices.
A : Our lesson in love and respect make us a tolerant people.
B : I love Indian culture. In no other country have I seen so much love and respect.
C : I feel I have to repay my country whatever way I can.
D : I was born and brought up in this country and feel I owe everything to it.
(a) D C B A (b) C D B A
(c) D C A B (d) A B C D

Direction (Q. No. 16) *Choose the one which best expresses the meaning of the given word.*

16. Petition
(a) Rotation
(b) Administration
(c) Appeal
(d) Vocation

Direction (Q. No. 17) *Choose the word opposite in meaning to the given word.*

17. Corrupt
(a) Honest (b) Unclean
(c) Heartless (d) Hateful

Direction (Q. No. 18) *Find the correctly spelt word.*

18. (a) Upheval (b) Uphieval
(c) Upheaval (d) Upheival

Directions (Q. No. 19) *Find the wrongly spelt word.*

19. (a) Reference (b) Preference
(c) Difference (d) Tempastuous

Direction (Q. No. 20) *Select the one which best expresses the same sentence in Passive /Active voice.*

20. Drinking has ruined many people.
(a) Many people has been ruined by drinking.
(b) Many people have been ruined by drinking.
(c) Many people are ruined by drinking.
(d) Many people has ruined drinking.

सेक्शन II सामान्य जागरूकता, गणित एवं तर्कशक्ति

1. भारत के राष्ट्रीय ध्वज को कब स्वीकार किया गया था?
(a) 26 जनवरी, 1950
(b) 15 अगस्त, 1947
(c) 22 जुलाई, 1947
(d) 24 जनवरी, 1949

2. भारत की सबसे ऊँची पर्वत चोटी कौन-सी है?
(a) कामेट
(b) K-2 (गॉडविन ऑस्टिन)
(c) नन्दा देवी
(d) नंगा पर्वत

3. निम्नलिखित में से कौन-सी पुस्तक ज्योतिबा फुले द्वारा लिखी गई थी?
(a) गुलामगिरी
(b) डिस्कवरी ऑफ इण्डिया
(c) विंग्स ऑफ फायर
(d) माई एक्सपेरिमेण्ट्स विद ट्रुथ

4. भारतीय सेना ने अगस्त 2024 में किस क्षेत्र में 'पर्वत प्रहार' नामक सैन्य अभ्यास किया?
(a) लद्दाख
(b) लेह
(c) (a) और (b) दोनों
(d) उपरोक्त में कोई नहीं

5. नाभिकीय संलयन अभिक्रिया निम्नलिखित में से किस समीकरण पर आधारित है?
(a) $E = mc^2$ (b) $E = m^2 c$
(c) $C^2 = em$ (d) $E^2 = mc$

6. शान्तिकाल में दिया जाने वाला भारत का सर्वोच्च वीरता पुरस्कार है
(a) महावीर चक्र (b) परमवीर चक्र
(c) शौर्य चक्र (d) अशोक चक्र

7. एम. एस. वर्ड (MS word) में 'रिप्लेस ऑप्शन' किस मेन्यू में आता है?
(a) व्यू (b) फाइल
(c) इन्सर्ट (d) एडिट

8. एक असमान्तर चतुर्भुज की दो समान्तर भुजाओं के बीच की दूरी ज्ञात कीजिए, यदि असमान्तर चतुर्भुज का क्षेत्रफल 150 वर्ग मी है और दो समान्तर भुजाओं की लम्बाई क्रमशः 10 मी और 15 मी है।
(a) 12 मी (b) 14 मी
(c) 10 मी (d) 15 मी

9. 8 मी ऊँचे एक प्लेटफॉर्म के शीर्ष से, एक टावर का उन्नयन कोण 30° था। यदि प्लेटफॉर्म टावर से $40\sqrt{3}$ मी दूर हो, तो टावर कितना ऊँचा होगा?
(a) $20\sqrt{3}$ मी (b) 40 मी
(c) 48 मी (d) $30\sqrt{3}$ मी

10. यदि $a : b = 5 : 7, b : c = 8 : 15$ है, तो $8c : 5a$ का मान ज्ञात करें।
(a) 176 : 65 (b) 8 : 21
(c) 21 : 5 (d) 24 : 5

11. 50 पेन, 80 पेन्सिल और 65 पैमाने समान रूप से कुछ छात्रों के बीच में वितरित किए गए और पाया गया कि प्रत्येक आइटम के 5 वितरित नहीं किए गए हैं। छात्रों की संख्या का पता लगाएँ।
(a) 5 (b) 20 (c) 15 (d) 10

12. यदि $\sqrt{2} = 1.4142$ हो, तो $\frac{7}{3+\sqrt{2}}$ का मान होगा
(a) 1.5858 (b) 4.4142
(c) 3.4852 (d) 3.5858

13. एक शहर में, प्रत्येक वर्ष, जनसंख्या में 3% की वृद्धि होती है। यदि उस शहर की वर्तमान जनसंख्या 3000000 है, तो 3 वर्षों के बाद जनसंख्या होगी।
(a) 3281781 (b) 3277181
(c) 3217881 (d) 3278181

14. एक निश्चित धनराशि 3 वर्ष में ₹ 2500 और 8 वर्ष में ₹ 4750 हो जाती है। मूलधन ज्ञात कीजिए।
(a) ₹ 1260 (b) ₹ 1150
(c) ₹ 1200 (d) ₹ 1100

15. रवि स्थिर जल में एक नाव को 14 किमी/घण्टा की चाल से ले जा सकता है। यदि नदी 2 किमी/घण्टा की चाल से प्रवाहित है और रवि को उसमें धारा के विपरीत एक निश्चित दूरी तय करने में 3 घण्टे लगते हैं, तो उसे धारा की दिशा में उतनी ही दूरी तय करने में कितना समय लगेगा?
(a) 2 घण्टे 15 मिनट
(b) 2 घण्टे
(c) 2 घण्टे 20 मिनट
(d) 2 घण्टे 30 मिनट

16. उसे चुनिए जो अन्य तीन विकल्पों से भिन्न है।
(a) गोंद (b) जैल
(c) प्लास्टर (d) मोम

17. दो कथन और उसके बाद तीन निष्कर्ष I, II और III दिए गए हैं। कथनों को सत्य मानते हुए, भले ही वे सामान्य रूप से ज्ञात तथ्यों से भिन्न प्रतीत होते हों, यह निर्णय लें कि कौन-सा/से निष्कर्ष कथनों का तार्किक रूप से अनुसरण करता है/करते हैं?

कथन
1. सभी कथन, उत्तर हैं।
2. कुछ कथन, प्रश्न हैं।

निष्कर्ष
I. कोई प्रश्न, कथन नहीं है।
II. कुछ उत्तर, कथन हैं।
III. कुछ प्रश्न, कथन हैं।
(a) निष्कर्ष I और II अनुसरण करते हैं
(b) निष्कर्ष I और III अनुसरण करते हैं
(c) या तो निष्कर्ष I या III अनुसरण करता है
(d) निष्कर्ष II और III अनुसरण करते हैं

18. कुछ समीकरण किसी विशेष प्रणाली के आधार पर हल किए गए हैं। इसी आधार पर हल न किए गए समीकरण का उत्तर ज्ञात कीजिए।
$4 \times 6 \times 9 = 649, 7 \times 3 \times 2 = 372,$
$8 \times 9 \times 4 = ?$
(a) 489 (b) 849 (c) 948 (d) 984

19. सुरेश, कौशल, मधुर, अमित और रमेश पाँच मित्र हैं। सुरेश, कौशल से छोटा किन्तु रमेश से लम्बा है। मधुर सबसे लम्बा है। अमित, कौशल से थोड़ा छोटा किन्तु सुरेश से थोड़ा लम्बा है। यदि वे अपनी लम्बाई (कद) के अनुसार खड़े हो जाएँ, तो सबसे छोटा कौन होगा?
(a) अमित (b) मधुर
(c) रमेश (d) कौशल

20. दी गई श्रृंखला में गलत संख्या ज्ञात कीजिए।
6, 14, 31, 64, 137, 280
(a) 31 (b) 64
(c) 137 (d) 280

21. बस में एक लड़की की ओर इशारा करते हुए एक आदमी ने अपने मित्र से कहा, "वह मेरे पिता की पत्नी के इकलौते पुत्र की पुत्री है"। लड़की उस आदमी से किस प्रकार सम्बन्धित है?
(a) चचेरा (b) पुत्री
(c) माता (d) बहन

22. यदि FIREWOOD को एक कूटभाषा में ERIFDOOW लिखा जाए, तो उस कूट भाषा में FRACTION को किस प्रकार लिखा जाएगा?
(a) ARFITCNO (b) NOITCARF
(c) CARFNOIT (d) CRAFNOIT

23. निम्न आकृति में कितने त्रिभुज हैं?

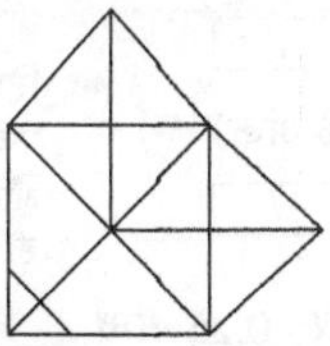

(a) 19 (b) 25 (c) 24 (d) 22

24. निम्नलिखित में से कौन-सी आकृति गौरैयाओं, पक्षियों और चूहों के बीच सम्बन्ध को भली-भाँति दर्शाती है?

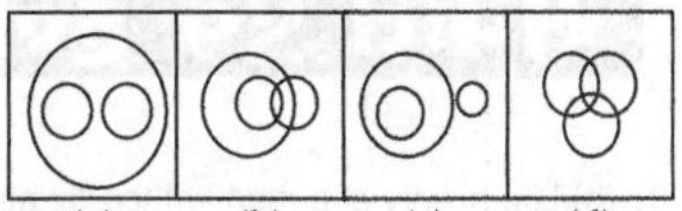

(a) (b) (c) (d)

25. उस उत्तर आकृति को चुनिए जिसमें प्रश्न आकृति निहित है।

प्रश्न आकृति

उत्तर आकृतियाँ

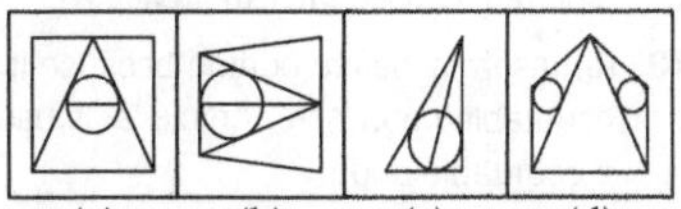

(a) (b) (c) (d)

26. कौन-सी उत्तर आकृति प्रश्न आकृति के पैटर्न को पूरा करेगी?

प्रश्न आकृति

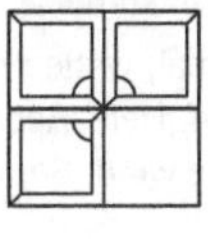

उत्तर आकृतियाँ

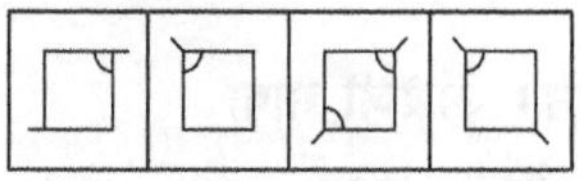

(a) (b) (c) (d)

27. नीचे दिए गए प्रश्न में प्रश्न आकृतियों में बाईं ओर दी गई दोनों आकृतियों के मध्य एक निश्चित सम्बन्ध हैं इसी सम्बन्ध के आधार पर दाईं ओर प्रश्न वाचक चिह्न के स्थान पर आने वाली आकृति को उत्तर आकृतियों में से चुनिए।

प्रश्न आकृतियाँ

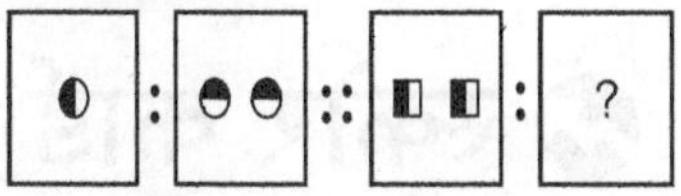

उत्तर आकृतियाँ

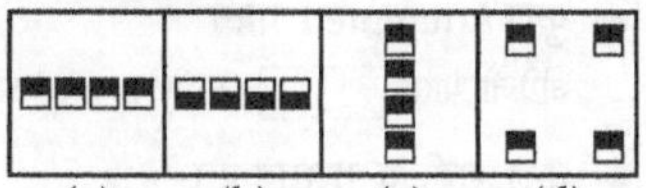

(a) (b) (c) (d)

28. कागज के एक टुकड़े को प्रश्न आकृति के अनुसार मोड़ा और काटा जाता है। इसे खोलने पर यह कैसा दिखाई देगा, दी गई उत्तर-आकृतियों में से सही विकल्प का चयन करें।

प्रश्न आकृतियाँ

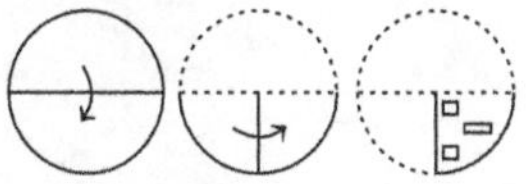

उत्तर आकृतियाँ

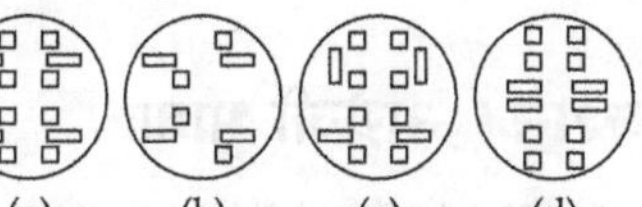

(a) (b) (c) (d)

29. एक ही पासे की दो भिन्न-भिन्न स्थितियों को दर्शाया गया है। यदि संख्या '6' नीचे (निचले फलक पर) है, तो शीर्ष वाले फलक पर कौन-सी संख्या होगी?

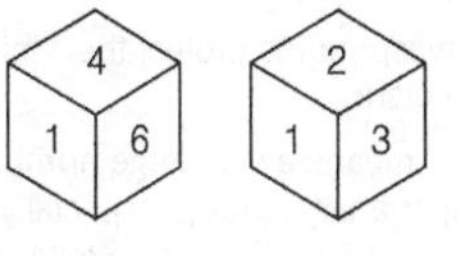

(a) 2 (b) 3
(c) 4 (d) 5

30. उस विकल्प का चयन करें, जो तीसरे अक्षर-समूह से उसी प्रकार से सम्बन्धित है जिस प्रकार से दूसरा अक्षर-समूह पहले अक्षर-समूह से सम्बन्धित है।
NEED : OGHH : : FAST : ?
(a) GCWY (b) GCVX
(c) GDUX (d) ECVZ

उत्तरमाला

सेक्शन I अंग्रेजी भाषा

1 (d)	2 (c)	3 (b)	4 (b)	5 (b)	6 (b)	7 (d)	8 (b)	9 (b)	10 (b)
11 (b)	12 (b)	13 (a)	14 (a)	15 (a)	16 (c)	17 (a)	18 (c)	19 (d)	20 (b)

सेक्शन II सामान्य जागरूकता, गणित एवं तर्कशक्ति

1 (c)	2 (b)	3 (a)	4 (a)	5 (a)	6 (d)	7 (d)	8 (a)	9 (c)	10 (c)
11 (c)	12 (a)	13 (d)	14 (b)	15 (a)	16 (d)	17 (d)	18 (d)	19 (c)	20 (b)
21 (b)	22 (c)	23 (b)	24 (c)	25 (b)	26 (d)	27 (a)	28 (a)	29 (b)	30 (b)

स्कोर कार्ड

- कुल Attempted प्रश्न
  अंग्रेजी भाषा [ ] सामान्य जागरूकता, गणित एवं तर्कशक्ति [ ]
- कुल सही व गलत प्रश्न
  अंग्रेजी भाषा [/] सामान्य जागरूकता, गणित एवं तर्कशक्ति [/]
- फाइनल स्कोर (कुल सही उत्तर के अंक – गलत उत्तर के अंक)
  अंग्रेजी भाषा [/] सामान्य जागरूकता, गणित एवं तर्कशक्ति [/]

समय 45 मिनट सही उत्तर 1 अंक गलत उत्तर 0.25 अंक

- रिजल्ट
  - 10 से नीचे (किसी भी सेक्शन में) - Average (सिलेक्शन नहीं)
  - 10-18 के बीच में (कुल 35+) - Good (सिलेक्शन हो सकता है)
  - 18 से ऊपर (दोनों सेक्शन में) - Excellent (100% सिलेक्शन)
- टिप्पणी
  यदि आपका स्कोर किसी भी सेक्शन में 10 से नीचे है तब आप बार-बार प्रैक्टिस करें और ऐसा तब तक करें जब तक आपका स्कोर 10-18 (कुल 35+) के बीच में नहीं हो जाता।

संकेत एवं हल

सेक्शन I अंग्रेजी भाषा

1. (d) The main theme of the passage is 'Camouflage'. It means hide or disguise the presence of (a person, animal or object) by means of camouflage.

2. (c) "Some butterflies simply disappear ..." means that butterflies only appear to have gone.

3. (b) Small wasp moths protect themselves by changing colour.

4. (b) 'Hordes' means a very large number of something or a large group, especially one considered in a negative way. So, 'crowd' would be its correct synonym.

5. (b) Use of past progressive is more proper here according to the proper sense of sentences.

6. (b) 'Till' is the appropriate conjunction to be used in the blank to denote a time period.

7. (d) 'Besides' is used to show in addition to somebody/something.

8. (b) The correct question tag for the given blank is 'wasn't he'.

9. (b) Life history of a man written by himself is called autobiography.

10. (b) The sentence shows indirect narration. So, replace 'what is her name' with 'what her name was', to improve the sentence.

11. (b) The comparative degree of 'merry' is 'merrier'. So, option (b) is the right choice.

12. (b) 'Enough good' is incorrect, 'good enough' should be used in place of it as adverb 'enough' is used after the adjective.

13. (a) Insert 'a' before portion because it is a countable noun here. Article 'a' is used with a countable noun.

14. (a) The correct indirect form of the given sentence is - She asked him why he did not go that day.

15. (a) DCBA is the correct sequence to form a meaningful and logical paragraph.

16. (c) 'Petition' means a formal, written request made to an official person. Here 'Appeal' has the same sense of the word. So, it is the correct synonym.

17. (a) Corrupt means 'dishonest', so honest is its correct antonym.

18. (c) The correctly spelt word is Upheaval. 'Upheaval' means to lift up.

19. (d) The wrongly spelt word is 'tempastuous'. Right word or spelling is 'Tempestuous' and it means very strong, stormy.

20. (b) The given sentence denotes to Present Perfect tense, so the structure is-Object + have been + Verb$_3$ + by + Subject 'Many people have been ruined by drinking' is the correct answer.

सेक्शन II सामान्य जागरूकता, गणित एवं तर्कशक्ति

1. (c) भारतीय राष्ट्र ध्वज को 22 जुलाई, 1947 को स्वीकार किया गया। वर्तमान भारतीय ध्वज (तिरंगा) की लम्बाई-चौड़ाई का अनुपात 3 : 2 है तथा इसमें तीन रंग केसरिया, सफेद व हरा क्षैतिज पट्टियों के रूप में सम्मिलित हैं। इसके बीच में नीले रंग की 24 तीलियों का एक चक्र है।

2. (b) भारत की सबसे ऊँची चोटी गॉडविन ऑस्टिन या K-2 है। यह विश्व की दूसरी सबसे ऊँची पर्वत चोटी है। यह पर्वत चोटी कराकोरम की पर्वतश्रेणी में स्थित है। इसकी ऊँचाई 8611 मी है। इस पर्वत चोटी का स्थानीय नाम थाप्सांग या छोगोरी भी है, जिसका अर्थ होता है–विशाल पहाड़।

3. (a) 'गुलामगिरी' पुस्तक ज्योतिबा फुले द्वारा लिखी गई थी। यह पुस्तक मराठी भाषा में रचित है, जिसका प्रकाशन सर्वप्रथम 1873 ई. में किया गया था। महात्मा ज्योतिराव गोविन्दराव फुले एक प्रसिद्ध भारतीय समाज सुधारक, समाज प्रबोधक, लेखक, दार्शनिक व क्रान्तिकारी थे।
उन्होंने तत्कालीन भारतीय समाज में प्रचलित जाति आधारित विभाजन, भेदभाव, ऊँच-नीच का विरोध किया तथा महिलाओं व दलितों के उत्थान के लिए अनेक कार्य किए।

4. (a) भारतीय सेना ने 2024 में लद्दाख क्षेत्र में 'पर्वत प्रहार' नामक सैन्य अभ्यास किया, जो भारत-चीन सीमा के पास स्थित है। यह अभ्यास सैनिकों को उच्च ऊँचाई वाले युद्ध के लिए तैयार करने पर केन्द्रित है, जिसमें पूर्वी लद्दाख के कठिन और पहाड़ी इलाकों में लड़ाई शामिल है।

5. (a) नाभिकीय संलयन अभिक्रिया द्रव्यमान ऊर्जा समीकरण $E = mc^2$ पर आधारित है। इस समीकरण को प्रसिद्ध भौतिकशास्त्री अल्बर्ट आइन्स्टाइन द्वारा प्रस्तुत किया गया था। नाभिकीय संलयन अभिक्रिया में दो हल्के नाभिक बनते हैं। इस प्रक्रिया में अत्यधिक ऊर्जा मुक्त होती है। सूर्य से निकलने वाली ऊर्जा तथा हाइड्रोजन बम नाभिकीय संलयन अभिक्रिया पर ही आधारित हैं।

6. (d) शान्तिकाल में भारत का सर्वोच्च वीरता पुरस्कार 'अशोक चक्र' है। यह पुरस्कार तीनों सेनाओं (थलसेना, नौसेना, वायुसेना), केन्द्रीय अर्द्धसैनिक बलों, अन्य पुलिस बलों को दिया जा सकता है। अशोक चक्र गिल्ट गोल्ड का बना होता है। इस पदक की पुरस्कार 4 जनवरी, 1952 ई, को की गयी थी। यह मरणोपरान्त भी दिया जा सकता है।

7. (d) एम. एस. वर्ड में 'रिप्लेस ऑप्शन' एडिट मेन्यू में आता है। एम. एस. वर्ड (माइक्रोसॉफ्ट वर्ड) एक वर्ड प्रोसेसिंग सॉफ्टवेयर है, जिसका प्रयोग किसी डॉक्यूमेण्ट को बनाने व उसमें एडिट करने के लिए किया जाता है।

8. (a) प्रश्नानुसार, असमान्तर (समलम्ब) चतुर्भुज का क्षेत्रफल

$= \frac{1}{2} \times$ (समान्तर भुजाओं का योग)

× समान्तर भुजाओं के बीच की दूरी

$\Rightarrow \quad 150 = \frac{1}{2} \times (10 + 15)$

× समान्तर भुजाओं के बीच की दूरी

$\therefore$ समान्तर भुजाओं के बीच की दूरी

$= \frac{150 \times 2}{25}$

$= 12$ मी

9. (c) माना टावर की ऊँचाई h मी है।

प्रश्नानुसार,

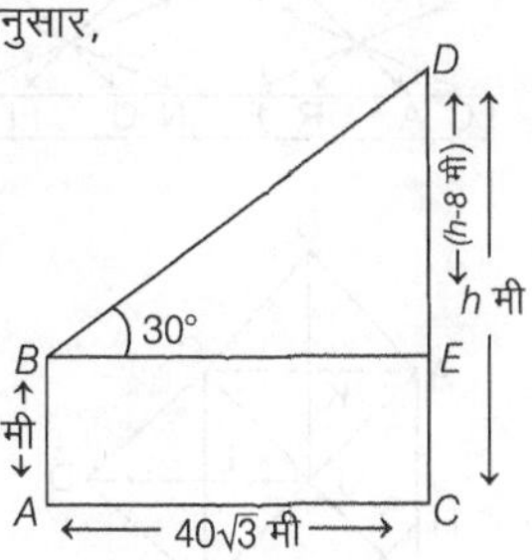

यहाँ, $AB = 8$ मी, $AC = 40\sqrt{3}$ मी, $DE = (h - 8)$ मी

अब ΔDBE में, $\tan 30° = \frac{DE}{BE}$

$\Rightarrow \quad \frac{1}{\sqrt{3}} = \frac{(h-8)}{40\sqrt{3}} \quad [\because BE = AC]$

$\Rightarrow \quad 40 = h - 8$

$\therefore \quad h = 40 + 8 = 48$ मी

अतः टॉवर की ऊँचाई = 48 मी

10. (c) दिया है, $a : b = 5 : 7$

और $b : c = 8 : 15$

$\therefore a : b : c = 5 \times 8 : 7 \times 8 : 7 \times 15$

$= 40 : 56 : 105$

तब, $a : c = 40 : 105 = 8 : 21$

या $c : a = 21 : 8$

अतः $8c : 5a$ का मान

$= 21 \times 8 : 8 \times 5 = 21 : 5$

11. (c) कुल वितरित पेन = 50 − 5 = 45

कुल वितरित पेन्सिल = 80 − 5 = 75

कुल वितरित पैमाने = 65 − 5 = 60

छात्रों की संख्या = 45, 75, 60 का म.स.प.

$45 = ③ \times 3 \times ⑤$

$75 = ③ \times ⑤ \times 5$,

$60 = 2 \times 2 \times ③ \times ⑤$

अतः छात्रों की संख्या = 3 × 5 = 15

12. (a) $\frac{7}{3+\sqrt{2}} = \frac{7}{3+\sqrt{2}} \times \frac{3-\sqrt{2}}{3-\sqrt{2}}$

[∵ हर का परिमेयीकरण करने पर]

$= \frac{21 - 7\sqrt{2}}{(3)^2 - (\sqrt{2})^2} \quad [\because (a+b)(a-b) = a^2 - b^2]$

$= \frac{21 - 7 \times 1.4142}{7}$

$= 3 - 1.4142 = 1.5858$

13. (d) शहर की वर्तमान जनसंख्या = 3000000

समय (T) = 3 वर्ष

वृद्धि दर (r) = 3% प्रति वर्ष

अतः अभीष्ट जनसंख्या

$= 3000000\left(1 + \frac{3}{100}\right)^3$

$\left[\because A = P\left(1 + \frac{r}{100}\right)^n\right]$

$= 3000000\left(\frac{103}{100}\right)^3 = 3278181$

अतः 3 वर्ष पश्चात् शहर की जनसंख्या = 3278181

14. (b) माना वह राशि ₹ x तथा ब्याज की दर r% है।

प्रश्नानुसार,

$2500 - x = \frac{x \times r \times 3}{100} \quad \ldots(i)$

$\left[\because \text{मिश्रधन} - \text{मूलधन} = \frac{\text{मूलधन} \times \text{दर} \times \text{समय}}{100}\right]$

तथा $4750 - x = \frac{x \times r \times 8}{100} \quad \ldots(ii)$

समी (i) को समी (ii) से भाग देने पर,

$\frac{2500 - x}{4750 - x} = \frac{3}{8}$

$\Rightarrow \quad 20000 - 8x = 14250 - 3x$

$\Rightarrow \quad 8x - 3x = 20000 - 14250$

$\Rightarrow \quad 5x = 5750$

$\therefore \quad x =$ ₹ 1150

वैकल्पिक विधि

(8 − 3 =) 5 वर्ष का ब्याज

= 4750 − 2500 = ₹ 2250

1 वर्ष का ब्याज $= \frac{2250}{5} =$ ₹ 450

3 वर्ष का ब्याज = 450 × 3 = ₹ 1350

$\therefore$ मूलधन = मिश्रधन − ब्याज

= 2500 − 1350 = ₹ 1150

15. (a) दिया है, स्थिर जल में नाव की चाल = 14 किमी/घण्टा

तथा नदी प्रवाह की चाल = 2 किमी/घण्टा

$\therefore$ धारा के विपरीत नाव की चाल

= 14 − 2 = 12 किमी/घण्टा

प्रश्नानुसार, चाल $= \frac{\text{दूरी}}{\text{समय}}$

$\Rightarrow \quad 12 = \frac{\text{दूरी}}{3}$

$\Rightarrow \quad$ दूरी = 36 किमी

$\therefore$ धारा की दिशा में उतनी दूरी तय करने में लगा समय

$= \frac{36}{14+2} = \frac{36}{16} = \frac{9}{4}$

$= 2\frac{1}{4} =$ 2 घण्टे 15 मिनट

16. (d) अन्य सभी चिपकाने के काम में प्रयुक्त होते हैं, पर मोम का कार्य भिन्न है।

17. (d) प्रश्नानुसार,

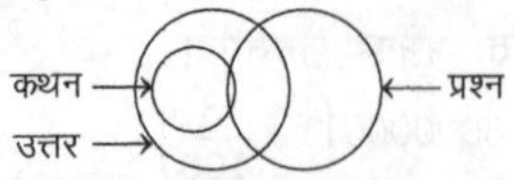

निष्कर्ष I. (✗) II. (✓) III. (✓)

अतः निष्कर्ष II और निष्कर्ष III अनुसरण करते हैं।

18. (d) जिस प्रकार, $4 \times 6 \times 9 = 6\ 4\ 9$

तथा $7 \times 3 \times 2 = 3\ 7\ 2$

उसी प्रकार, $8 \times 9 \times 4 =$ 9 8 4

19. (c) लम्बाई के अनुसार सही क्रम इस प्रकार है मधुर > कौशल > अमित > सुरेश > रमेश स्पष्ट है कि सबसे छोटा रमेश है।

20. (b) संख्या शृंखला का क्रम इस प्रकार है,

6 → 14 → 31 → 64 (66) → 137 → 280

×2+2, ×2+3, ×2+4, ×2+5, ×2+6

अतः संख्या 64 गलत है, इसके स्थान पर 66 होना चाहिए।

21. (b) पिता की पत्नी का इकलौता पुत्र वह आदमी स्वयं है। अतः लड़की उस आदमी की पुत्री है।

22. (c) जिस प्रकार,

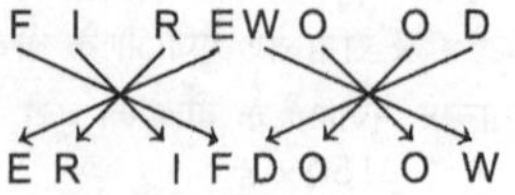

उसी प्रकार,

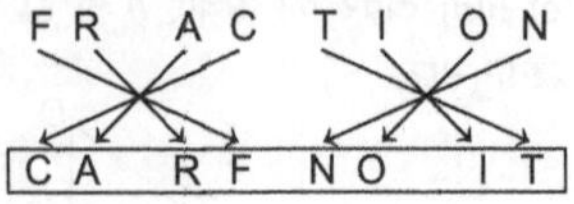

23. (b)

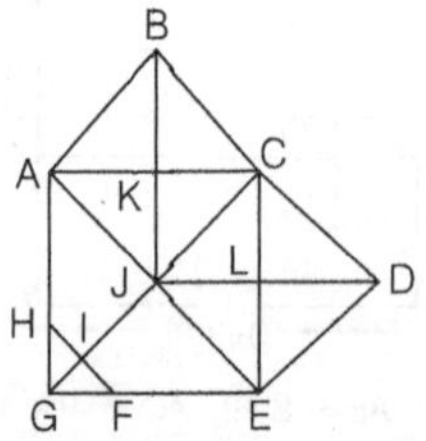

कुल त्रिभुजों की अभीष्ट संख्या = 25

(ΔHIG, ΔGIF, ΔABK, ΔBCK, ΔAKJ, ΔKCJ, ΔCJL, ΔCLD, ΔJLE, ΔLDE, ΔAGJ, ΔGJE, ΔABC, ΔAJC, ΔCDE, ΔCJE, ΔBCJ, ΔBAJ, ΔJCD, ΔJED, ΔGAC, ΔGEC, ΔACE, ΔAGE और ΔGHF)

24. (c) गौरेया एक पक्षी है जबकि चूहा इनसे अलग है। अतः इनके मध्य वेन-आरेख निम्नवत् होगा

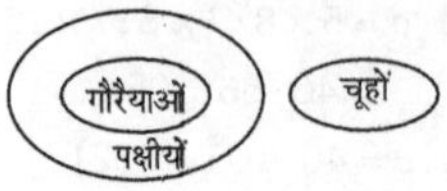

25. (b) उत्तर आकृति (b) में प्रश्न आकृति निहित है।

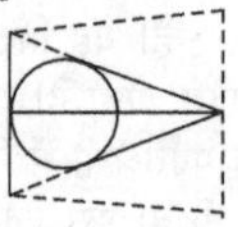

26. (d) उत्तर आकृति (d) प्रश्न आकृति के पैटर्न को पूरा करेगी।

27. (a) प्रश्न युग्म में आकृति दो गुनी होकर 90° दक्षिणावर्त घूम जाती है। ठीक इसी प्रकार का परिवर्तन द्वितीय युग्म में करने पर विकल्प (a) की आकृति प्राप्त होती है।

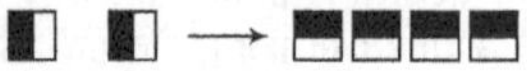

28. (a) प्रश्न में दिए गए कागज के टुकड़े को खोलने पर, यह उत्तर आकृति (a) जैसा दिखाई देगा।

29. (b) पासे की दोनों स्थितियों से, उभयनिष्ठ अंक 1 से होते हुए सभी अंकों को दक्षिणावर्त दिशा में लिखने पर,

1	4	6
1	2	3

अतः संख्या '6' के नीचे वाले फलक पर संख्या '3' है।

30. (b) जिस प्रकार, N E E D → O G H H (+1, +2, +3, +4)

उसी प्रकार, F A S T → G C V X (+1, +2, +3, +4)

भारतीय वायु सेना
अग्निवीर वायु फेज-1
(ग्रुप-Y) विज्ञान विषय के अतिरिक्त

प्रैक्टिस सेट 9

समय : 45 मिनट | **पूर्णांक** : 50

निर्देश

1. इस प्रैक्टिस सेट में कुल 50 प्रश्न हैं तथा परीक्षा की अवधि 45 मिनट है।
2. प्रत्येक सही उत्तर के लिए 1 अंक का प्रावधान है।
3. गलत उत्तर के लिए 0.25 नकारात्मक अंक का प्रावधान है।

सेक्शन I ➔ अंग्रेजी भाषा

Directions (Q. Nos. 1-4) *Read the passage carefully and answer the questions that follow.*

Gandhiji advises his followers to hate evil without hating evil-doer. It sounds an impossible thing, if he has made it as true as it can be, in his own life.

Great as he is as a politician, as a leader of men, as a moral reformer, he is greater than all these as a man, because none of these aspects and activities limit his humanity.

They are rather inspired and sustained by it. Though an incorrigible idealist and given to referring all conduct to certain pet formulae of his own, he is essentially a lover of men and not of mere ideas, which makes him so cautious and conservative in his revolutionary schemes. If he proposes an experiment for society, he must first subject himself to its ordeal. If he calls for a sacrifice, he must first pay its price himself.

While many socialists wait for all to be deprived of their privileges before they would part with theirs, this man first renounces before he ventures to make any claims on renunciation of others.

1. Which of the following traits of Gandhiji's character is best reflected in the passage?
(a) Organisational quality
(b) As a moral reformer
(c) As a leader of people
(d) Humanity

2. Which of the following statements best reflects Gandhiji's philosophy?
(a) Make sacrifice for others
(b) Be an incorrigible idealist
(c) Love mankind
(d) Example is better than precept

3. What does the author mean when he says, "He must first subject himself to its ordeal"?
(a) He must himself preach people
(b) He must be conservative in his experiment
(c) He must overcome his hardships
(d) He must first apply his experiment on himself

4. The nearest meaning of the expression 'an incorrigible idealist' is
(a) he was an orthodox idealist
(b) his idealism needed no improvement
(c) his idealism was useless
(d) they did not compromise with his idealism

Directions (Q. Nos. 5 and 6) *Fill in the blanks with correct alternative.*

5. Select the most appropriate synonym of the given word.
Illicit
(a) Illegal (b) Draw
(c) Differ (d) Postpone

6. Select the most appropriate antonym of the given word.
Blustered
(a) Angry (b) Gentle
(c) Neglect (d) Impede

Directions (Q. Nos. 7 and 8) *Fill in the blanks with correct preposition.*

7. Do not laugh … other's mistakes.
(a) at (b) for
(c) against (d) about

8. He could not cope ... the heavy workload.
(a) in with
(b) up with
(c) up
(d) with

Directions (Q. Nos. 9 and 10) *Choose the appropriate conjunction to fill the given blanks.*

9. We shall fail ... we are industrious.
(a) even (b) unless
(c) whether (d) until

10. I went to the shop ... bought some pens.
(a) and (b) to
(c) as (d) for

11. find the correctly spelt word.
(a) consince
(b) conscience
(c) concinse
(d) consinse

Directions (Q. Nos. 12 and 13) *Choose the alternative which best expresses the meaning of the given Idiom/Phrase.*

12. To drop a hint
(a) To become worn from use
(b) To be friendly with someone
(c) To give an indication
(d) To watch very keenly

13. To face the music
(a) To prepare to give a music performance
(b) To suffer evil consequences of one's bad actions
(c) To suffer hardships
(d) To change the things

14. Noun form of 'innocent' is
(a) innocentness (b) innocense
(c) innocention (d) innocency

Directions (Q. Nos. 15 and 16) *Choose the one which can be substituted for the given word/sentence.*

15. One who offers his service of his own free will.
(a) Worker (b) Slave
(c) Volunteer (d) Servant

16. One who is always doubting
(a) Sceptic (b) Deist
(c) Rationalist (d) Positivist

Direction (Q. No. 17) *Select the one which best expresses the same sentence in Indirect/Direct speech.*

17. He says, "I go for a walk every morning".
(a) He says that he goes for a walk every morning.
(b) He said that he used to go for a walk every morning.
(c) He said that he goes for a walk every morning.
(d) He says he went for a walk every morning.

Direction (Q. No. 18) *Read the sentences and find out which of the four combinations is correct.*

18. S_1 : The Bermuda Triangle is an area
P : of many unexplained disappearances
Q : the three points of the triangle being Miami,
R : is famous for being the supposed site
S : of the Atlantic Ocean off the coast of florida and
S_6 : Bermuda and San Juan in Puerto Rico. The proper sequence should be
(a) PQRS (b) SRPQ
(c) QSRP (d) RPQS

Directions (Q. Nos. 19 and *20) Find out which part of the sentence has an error.*

19. It is high time (a)/that you (b)/go home. (c)/No error (d)

20. I declined the invitation (a)/not because I did not want to go (b)/but because I have no time. (c)/ No error (d)

सेक्शन II सामान्य जागरुकता, गणित एवं तर्कशक्ति

1. निम्नलिखित में से कौन-सा राज्य लोककला युग्म सही नहीं है?
(a) मधुबनी चित्रकारी — बिहार
(b) तन्जौर कला — राजस्थान
(c) पट्टचित्र — ओडिशा
(d) कालमेजुथु — तमिलनाडु

2. 'सफेद हाथियों की भूमि' किस देश को कहा जाता है?
(a) जापान (b) थाईलैण्ड
(c) ताइवान (d) चीन

3. निम्नलिखित में से कौन भारतीय संविधान के प्रारूपण के लिए उत्तरदायी संविधान सभा का हिस्सा नहीं था?
(a) महात्मा गाँधी
(b) सरदार वल्लभभाई पटेल
(c) जवाहरलाल नेहरू
(d) डॉ. बीआर अम्बेडकर

4. पोलियो की रोकथाम के लिए प्रभावी पहली वैक्सीन किसने बनाई थी?
(a) जे. एच. गिब्बन (b) जे. ई. सॉल्क
(c) रॉबर्ट एडवर्ड्स (d) जेम्स सिम्पसन

5. 'दीन-ए-इलाही' की शुरुआत किसके शासनकाल में की गई थी?
(a) बाबर (b) औरंगजेब
(c) अकबर (d) शेरशाह सूरी

6. .... न हो, तो कम्प्यूटर बूट नहीं कर सकता है
(a) कम्पाइलर (b) लोडर
(c) ऑपरेटिंग सिस्टम (d) एसेम्बलर

7. न्यूनतम समर्थन मूल्य पर सभी फसलों को खरीदने वाला भारत का पहला राज्य कौन-सा है?
(a) उत्तर प्रदेश (b) मध्य प्रदेश
(c) हरियाणा (d) पंजाब

8. एक टैंक से तीन पाइप जुड़े हुए हैं। पहला पाइप टैंक को 30 मिनट में और दूसरा 45 मिनट में भर सकता है, जबकि तीसरा पाइप टैंक को खाली करने के लिए है। तीनों पाइप खुले होने पर टैंक 27 मिनट में भरता है। ज्ञात कीजिए कि तीसरा पाइप टैंक को कितने समय में खाली कर देगा?
(a) 50 मिनट (b) 52 मिनट
(c) 54 मिनट (d) 56 मिनट

9. दो गोलों का पृष्ठीय क्षेत्रफल 4 : 9 के अनुपात में है। उनके आयतनों का अनुपात क्या है?
(a) 8 : 27 (b) 16 : 81
(c) 2 : 3 (d) 4 : 9

10. एक व्यक्ति हर बार 5 घण्टों में धारा के विपरीत 4 किमी और धारा की दिशा में 6 किमी तैरता है। धारा की गति कितनी है?
(a) 1.5 किमी/घण्टा
(b) 2.2 किमी/घण्टा
(c) 3.2 किमी/घण्टा
(d) 1.2 किमी/घण्टा

11. एक कपड़े की दुकान में, जब महेश ₹ 414 में 25 शर्ट बेचता है, तो 7 शर्ट के क्रय मूल्य के बराबर हानि होती है। एक शर्ट का क्रय मूल्य कितना है?
(a) ₹ 21 (b) ₹ 46
(c) ₹ 23 (d) ₹ 27

12. एक कक्षा में 40 छात्रों का औसत वजन 45 किग्रा है। यदि कक्षा अध्यापक का वजन भी इसमें शामिल कर लिया जाए, तो औसत वजन 1 किग्रा बढ़ जाता है। कक्षा अध्यापक का वजन (किग्रा में) कितना है?
(a) 86 (b) 84 (c) 81 (d) 92

13. यदि $\operatorname{cosec}^2\theta(\cos\theta - 1)(1 + \cos\theta) = k$ हो, तो k का मान ज्ञात करें।
(a) 1 (b) 0
(c) $\frac{1}{2}$ (d) –1

14. 8% प्रतिवर्ष की दर से 1 वर्ष 6 महीने के लिए ₹ 15625 पर चक्रवृद्धि ब्याज क्या होगा, जब चक्रवृद्धि ब्याज अर्द्धवार्षिक रूप से संयोजित किया जाता है?
(a) ₹ 1950 (b) ₹ 1951
(c) ₹ 1900 (d) ₹ 1952

15. इसकी प्रायिकता क्या है कि यादृच्छिक रूप से चुने गए एक ऐसे वर्ष में, जो अधिवर्ष न हो, 53 रविवार हों
(a) $\frac{1}{7}$ (b) $\frac{2}{7}$
(c) $\frac{3}{7}$ (d) $\frac{1}{2}$

16. यदि अनिल, सुनील से कम तेज दौड़ता है और सुनील, सूरज जितना ही तेज किन्तु उससे अधिक तेज नहीं दौड़ता है, तो सूरज दौड़ता है
(a) अनिल जितना ही तेज
(b) सुनील से अधिक तेज
(c) अनिल से अधिक तेज
(d) अनिल से कम तेज

17. दिए गए विकल्पों में से उस सही विकल्प को चुनिए, जो अनुक्रम को पूरा करेगा।
169, 144, 121, 100, ?
(a) 99 (b) 74
(c) 81 (d) 101

18. यदि SPANK को एक कूट भाषा में PSNAK लिखा जाए, तो उस कूट भाषा में THROW को किस प्रकार लिखा जाएगा?
(a) HTORW (b) HTWOR
(c) HTWRO (d) HTROW

19. उस विकल्प का चयन करें, जिसमें संख्याएँ आपस में ठीक उसी प्रकार सम्बन्धित हैं, जिस प्रकार दिए गए संख्या-युग्म की संख्याएँ आपस में सम्बन्धित हैं।
28 : 70
(a) 34 : 86 (b) 30 : 84
(c) 12 : 32 (d) 18 : 45

20. मितान ने दक्षिण की ओर 12 किमी यात्रा की, फिर बाईं ओर मुड़कर 10 किमी यात्रा की, फिर बाईं ओर मुड़कर 12 किमी यात्रा की। मितान प्रारम्भिक स्थान से कितनी दूरी पर था?
(a) 8 किमी (b) 10 किमी
(c) 12 किमी (d) 14 किमी

21. दिए गए विकल्पों में से लुप्त संख्या ज्ञात कीजिए।

5	4	9	6
7	5	2	4
1	3	4	5
35	60	72	?

(a) 116 (b) 136 (c) 120 (d) 126

22. कमल अपनी बहन गीता से 5 गुना बड़ी है, जो अपने भाई राम से 2 वर्ष छोटी है। यदि राम 8 वर्ष का है, तो कमल की आयु क्या होगी?
(a) 30 वर्ष (b) 24 वर्ष
(c) 40 वर्ष (d) 28 वर्ष

23. कौन-सी उत्तर आकृति, प्रश्न आकृति के पैटर्न को पूरा करेगी?

प्रश्न आकृति

उत्तर आकृतियाँ

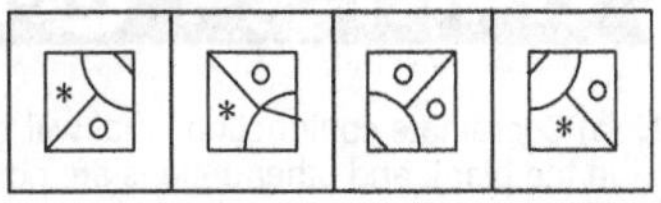

(a) (b) (c) (d)

24. शाम 4.30 बजे घड़ी की दो सूईयों के बीच का कोण क्या होगा?
(a) 45° (b) 90° (c) 180° (d) 60°

25. यदि बरसात को 'जल', जल को 'सड़क', सड़क को 'बादल', बादल को 'आकाश', आकाश को 'सागर', और सागर को 'हिमालय' कहा जाए, तो वायुयान कहाँ उड़ेगा?
(a) बादल (b) सागर
(c) सड़क (d) हिमायल

26. उस विकल्प का चयन करें, जो अक्षरों के उस क्रम को दर्शाता है, जिन्हें नीचे दिए गए रिक्त स्थानों में बाईं से दाईं ओर रखने पर, अक्षरों का दिया गया अनुक्रम सही प्रकार से पूरा हो जाएगा।
K_P_LC_R_CP_N_PR
(a) C P P M R R
(b) C R P M R C
(c) M R P M R R
(d) E R P R R C

27. निम्न संख्याओं की सूची में कितने अंक '4' ऐसे हैं, जिनके आगे अंक '5' आता हो, परन्तु उनसे पहले अंक 6 न आता हो?
2 1 4 5 2 1 3 0 7 6 1 9 4 0 3 6 4 5 4 9 5 8 2 5 3 7 6 8 5 4 5 6 7 4
(a) पाँच (b) छः
(c) चार (d) दो

28. दिए गए आरेख में, वृत्त 'स्नातकों' को निरूपित करता है, आयत 'स्कूल शिक्षकों' को निरूपित करता है और त्रिभुज 'विवाहित व्यक्तियों' को निरूपित करता है। विभिन्न खण्डों में दी गई संख्याएँ उस श्रेणी के व्यक्तियों की संख्या को निरूपित करती हैं। कितने स्कूल शिक्षक या तो स्नातक हैं या विवाहित व्यक्ति हैं, लेकिन दोनों नहीं हैं?

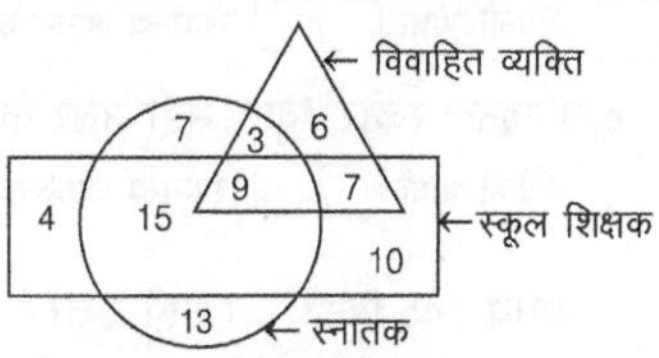

(a) 25 (b) 29 (c) 22 (d) 15

29. नीचे दिए गए प्रश्न में एक समूह प्रश्न आकृतियों का है तथा दूसरा समूह उत्तर आकृतियों का है। प्रश्नाकृतियाँ एक शृंखला में हैं, प्रश्नांकित स्थान पर आने वाली आकृति बताइए।

प्रश्न आकृतियाँ

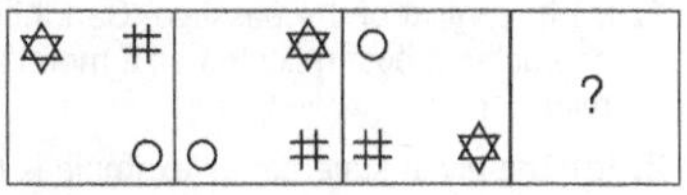

उत्तर आकृतियाँ

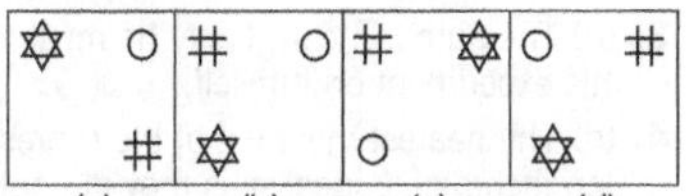

(a) (b) (c) (d)

30. दिए गए समीकरण को सन्तुलित करने के लिए किन दो गणितीय चिह्नों को आपस में बदलना होगा?
$39 \div 3 \times 13 + 26 - 13 = 2$
(a) $\div$ और $-$ (b) $+$ और $-$
(c) $\div$ और $\times$ (d) $\times$ और $-$

उत्तरमाला

सेक्शन I अंग्रेजी भाषा

1 (b)	2 (d)	3 (d)	4 (d)	5 (a)	6 (b)	7 (a)	8 (d)	9 (b)	10 (a)
11 (b)	12 (c)	13 (b)	14 (b)	15 (c)	16 (a)	17 (a)	18 (b)	19 (c)	20 (c)

सेक्शन II सामान्य जागरूकता, गणित एवं तर्कशक्ति

1 (d)	2 (b)	3 (a)	4 (b)	5 (c)	6 (c)	7 (c)	8 (c)	9 (a)	10 (d)
11 (c)	12 (a)	13 (d)	14 (b)	15 (a)	16 (c)	17 (c)	18 (a)	19 (d)	20 (b)
21 (c)	22 (a)	23 (d)	24 (a)	25 (b)	26 (b)	27 (d)	28 (c)	29 (b)	30 (a)

स्कोर कार्ड

- कुल Attempted प्रश्न
  अंग्रेजी भाषा [ ] सामान्य जागरूकता, गणित एवं तर्कशक्ति [ ]
- कुल सही व गलत प्रश्न
  अंग्रेजी भाषा [/] सामान्य जागरूकता, गणित एवं तर्कशक्ति [/]
- फाइनल स्कोर (कुल सही उत्तर के अंक – गलत उत्तर के अंक)
  अंग्रेजी भाषा [/] सामान्य जागरूकता, गणित एवं तर्कशक्ति [/]

समय 45 मिनट   सही उत्तर 1 अंक   गलत उत्तर 0.25 अंक

- रिजल्ट
  - 10 से नीचे (किसी भी सेक्शन में) - Average (सिलेक्शन नहीं)
  - 10-18 के बीच में (कुल 35+) - Good (सिलेक्शन हो सकता है)
  - 18 से ऊपर (दोनों सेक्शन में) - Excellent (100% सिलेक्शन)
- टिप्पणी
  यदि आपका स्कोर किसी भी सेक्शन में 10 से नीचे है तब आप बार-बार प्रैक्टिस करें और ऐसा तब तक करें जब तक आपका स्कोर 10-18 (कुल 35+) के बीच में नहीं हो जाता।

संकेत एवं हल

सेक्शन I अंग्रेजी भाषा

1. (b) In context of the passage, Gandhiji's character is best reflected as a moral reformer.

2. (d) The given statement– 'example is better than precept', best reflects Gandhiji's philosophy.

3. (d) The author mean, firstly he must apply his experiment on himself.

4. (d) The nearest meaning of the expression 'an incorrigible idealist' is they did not compromise with his idealism.

5. (a) Illicit means illegal or disapproved by society. So, illegal is its synonym.

6. (b) Blustered is to talk in a loud, aggressive way and gentle is having a mild or kind way of talking. Therefore, option (b) 'gentle' is the opposite of 'blustered'.

7. (a) 'Laugh' agrees with preposition 'at'.

8. (d) 'Cope' always agree with preposition–'with'. Use of any other auxiliary term is improper.

9. (b) A conjunction 'unless' should be used in the blank, as it is a conditional word which means except if.

10. (a) Coordinate conjunction 'and' will be used in the blank and other options are not relevant.

11. (b) The correctly spelt word is Conscience.

12. (c) 'To drop a hint' means 'to give an conscience.'

13. (b) To face the music means to suffer evil consequences of one's bad actions.

14. (b) Noun form of 'innocent' is 'innocense'.

15. (c) One who offers his service of his own free will is called 'volunteer'.

16. (a) 'Sceptic' is one who is always doubting.

17. (a) 'He says that he goes for a walk every morning', is the correct indirect speech of the given sentence. The given sentence is in Present tense and the structure to be followed is 'Subject + Verb + Complement'.

18. (b) The correct sequence is SRPQ.

19. (c) Replace 'go' with 'went' because the verb is used in second form with the phrase — 'It is high time'.

20. (c) Use 'had no time' in place of 'have no time' as sentence is in past tense.

सेक्शन II सामान्य जागरुकता, गणित एवं तर्कशक्ति

1. (d) कालमेजुथु लोककला तमिलनाडु राज्य से सम्बन्धित नहीं है। यह लोककला केरल राज्य से सम्बन्धित है। इसे 'कलमा जट्टू' भी कहा जाता है। यह एक आनुष्ठानिक फर्श चित्रकला है, जिसे सामान्यतः त्योहार, व्रत, पूजा, उत्सव आदि शुभ अवसरों पर सूखे व प्राकृतिक रंगों से बनाया जाता है। इस चित्रकला में केरल के मन्दिरों व पावन उपवनों में फर्श पर काली देवी और भगवान के चित्र बनाए जाते हैं।

2. (b) 'सफेद हाथियों की भूमि' थाईलैण्ड को कहा जाता है। थाईलैण्ड का प्राचीन नाम 'स्याम' है। इसकी राजधानी बैंकॉक है। थाईलैण्ड दक्षिणी-पूर्व एशिया का एकमात्र देश है, जो कभी किसी यूरोपियन देश का उपनिवेश नहीं बना। थाईलैण्ड का प्रमुख धर्म 'बौद्ध धर्म' है। थाईलैण्ड में रहने वाले 75% लोग थाई, 14% चीनी तथा 11% अन्य हैं।

3. (a) महात्मा गाँधी भारतीय संविधान के प्रारूपण के लिए उत्तरदायी संविधान सभा का हिस्सा नहीं थे। कैबिनेट मिशन की सिफारिशों के आधार पर संविधान सभा का गठन जुलाई, 1946 में किया गया था। संविधान सभा में सदस्यों की कुल संख्या 389 थी, जिसमें 292 सदस्य ब्रिटिश प्रान्त से, 93 सदस्य देसी रियासतों से तथा 4 सदस्य चीफ कमिश्नरी क्षेत्रों से थे। संविधान सभा की प्रथम बैठक 9 दिसम्बर, 1946 को नई दिल्ली में हुई।

4. (b) पोलियो की रोकथाम के लिए प्रभावी पहली वैक्सीन जे. ई. सॉल्क द्वारा वर्ष 1952 में बनाई गई थी। पोलियो एक असंक्रामक रोग है, जो मुख्यतः वायरस के कारण होता है।

5. (c) मुगल शासक अकबर ने 'दीन-ए-इलाही' धर्म की घोषणा 1582 ई. में की थी। बीरबल एकमात्र हिन्दू था, जिसने 'दीन-ए-इलाही' धर्म स्वीकार किया था।

6. (c) ऑपरेटिंग सिस्टम न हो, तो कम्प्यूटर बूट नहीं कर सकता। ऑपरेटिंग सिस्टम कुछ विशेष प्रोग्रामों का ऐसा व्यवस्थित समूह है, जो किसी कम्प्यूटर के सम्पूर्ण क्रियाकलापों को नियन्त्रित करता है। यह कम्प्यूटर के साधनों के उपयोग को व्यवस्थित करने में सहायता करता है। कुछ प्रमुख ऑपरेटिंग सिस्टम LINX, UNIX, MS-DOS, Windows 9X आदि हैं।

7. (c) हरियाणा सभी फसलों को न्यूनतम समर्थन मूल्य पर खरीदने वाला पहला राज्य है।

4 अगस्त, 2024 को हरियाणा के मुख्यमन्त्री नायब सिंह सैनी ने घोषणा की कि राज्य सभी फसलों को न्यूनतम समर्थन मूल्य (MSP) पर खरीदेगा, जिससे हरियाणा इतने व्यापक पैमाने पर ऐसा करने वाला भारत का पहला राज्य बना।

8. (c) माना तीसरा पाइप टैंक को x मिनट में खाली कर सकता है। तब,

प्रश्नानुसार,

$$\frac{1}{30}+\frac{1}{45}-\frac{1}{x}=\frac{1}{27}$$

[∵ निकासी पाईप का कार्य ऋणात्मक लिया जाता है]

$$\Rightarrow \frac{1}{x}=\frac{1}{30}+\frac{1}{45}-\frac{1}{27}$$

$$\Rightarrow \frac{1}{x}=\frac{3+2}{90}-\frac{1}{27}$$

$$\Rightarrow \frac{1}{x}=\frac{5}{90}-\frac{1}{27}$$

$$\Rightarrow \frac{1}{x}=\frac{1}{18}-\frac{1}{27}$$

$$\Rightarrow \frac{1}{x}=\frac{3-2}{54}$$

$$\Rightarrow \frac{1}{x}=\frac{1}{54}$$

∴ तीसरा पाइप टैंक को 54 मिनट में खाली कर सकता है।

9. (a) प्रश्नानुसार,

$$\frac{\text{पहले गोले का पृष्ठीय क्षेत्रफल}}{\text{दूसरे गोले का पृष्ठीय क्षेत्रफल}}=\frac{4\pi r_1^2}{4\pi r_2^2}$$

$$\Rightarrow \frac{4}{9}=\frac{r_1^2}{r_2^2}$$

$$\Rightarrow \left(\frac{r_1}{r_2}\right)^2=\frac{4}{9} \Rightarrow \frac{r_1}{r_2}=\frac{2}{3} \quad \text{...(i)}$$

अतः गोलों के आयतनों का अनुपात

$$\left(\frac{V_1}{V_2}\right)=\frac{\frac{4}{3}\pi r_1^3}{\frac{4}{3}\pi r_2^3}=\frac{r_1^3}{r_2^3}$$

$$\Rightarrow \frac{V_1}{V_2}=\left(\frac{r_1}{r_2}\right)^3$$

$$\Rightarrow \frac{V_1}{V_2}=\left(\frac{2}{3}\right)^3 \quad [\because \text{समी (i) से}]$$

$$\Rightarrow \frac{V_1}{V_2}=\frac{8}{27}$$

$$\therefore V_1:V_2=8:27$$

10. (d) माना व्यक्ति की गति x किमी/घण्टा है। तथा धारा की गति y किमी/घण्टा है। तब,

प्रश्नानुसार, $x-y=\frac{4}{5}$ ...(i)

$$\left[\because \text{चाल (गति)} \ \frac{\text{दूरी}}{\text{समय}}\right]$$

$$x+y=\frac{16}{5} \quad \text{...(ii)}$$

समी (i) तथा (ii) को हल करने पर,

$x=2$ किमी/घण्टा, $y=1.2$ किमी/घण्टा

∴ धारा की गति 1.2 किमी/घण्टा है।

11. (c) माना 1 शर्ट का क्रय मूल्य = ₹ x

7 शर्ट का क्रय मूल्य = ₹ $7x$

25 शर्ट का क्रय मूल्य = ₹ $25x$

∵ हानि = क्रय मूल्य − विक्रय मूल्य

$\Rightarrow 7x=25x-414 \Rightarrow 18x=414$

∴ x = ₹ 23

वैकल्पिक विधि

1 शर्ट का क्रय मूल्य $=\frac{414}{(25-7)}$

$=\frac{414}{18}$ = ₹ 23

∴ 1 शर्ट का क्रय मूल्य = ₹ 23

12. (a) कक्षा के 40 छात्रों का कुल वजन

= औसत × कुल छात्र

= 40 × 45 = 1800 किग्रा

माना कक्षा अध्यापक का वजन = x किग्रा

प्रश्नानुसार,

नया औसत = 46

$$\Rightarrow \frac{1800+x}{41}=46$$

$$\Rightarrow 1800+x=1886$$

∴ $x=1886-1800$

= 86 किग्रा

अतः कक्षा अध्यापक का वजन = 86 किग्रा

वैकल्पिक विधि

अध्यापक का वजन = नया औसत + व्यक्ति की संख्या × पूर्व संख्या

$=46+1\times 40$

= 86 किग्रा

13. (d) दिया है,

$$\text{cosec}^2\,\theta(\cos\theta-1)(1+\cos\theta)=k$$

$$\Rightarrow k=-\text{cosec}^2\,\theta(1-\cos\theta)(1+\cos\theta)$$

$$=-\text{cosec}^2\,\theta\,(1-\cos^2\theta)$$

$$=-\frac{1}{\sin^2\theta}\times\sin^2\theta=-1$$

14. (b) दिया है, P = ₹ 15625

दर (r) = 8% प्रतिवर्ष

$=\frac{8}{2}$ = 4% प्रति छमाही

समय (n) = 1 वर्ष 6 महीने = 3 छमाही

$$\therefore \text{चक्रवृद्धि ब्याज (CI)}=P\left[\left(1+\frac{r}{100}\right)^n-1\right]$$

$$=15625\left[\left(1+\frac{4}{100}\right)^3-1\right]$$

$$=15625\left[\left(\frac{26}{25}\right)^3-1\right]$$

$$=15625\left[\frac{17576}{15625}-1\right]$$

$$=\frac{15625\times 1951}{15625}$$

= ₹ 1951

15. (a) एक सामान्य वर्ष में 365 दिन या 52 सप्ताह और 1 दिन होता है। यह अतिरिक्त दिन सप्ताह के सात दिनों में से कोई भी दिन हो सकता है।

∴ 7 सम्भावनाओं में से रविवार होने की घटना = 1

∴ अभीष्ट प्रायिकता $=\frac{1}{7}$

16. (c) प्रश्नानुसार, दौड़ने की वरीयता इस प्रकार है

सूरज = सुनील > अनिल

स्पष्ट है कि सूरज, अनिल से अधिक तेज दौड़ता है।

17. (c) संख्या शृंखला का क्रम इस प्रकार है,

169	144	121	100	81
↓	↓	↓	↓	↓
$(13)^2$	$(12)^2$	$(11)^2$	$(10)^2$	$(9)^2$

∴ ? = 81

18. (a) जिस प्रकार,

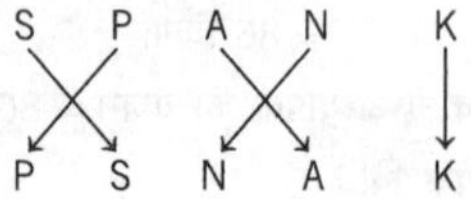

उसी प्रकार,

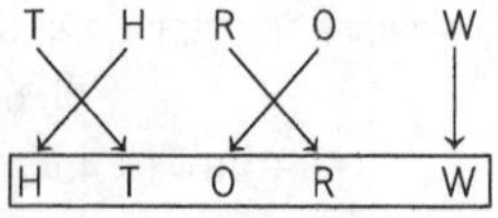

19. (d) जिस प्रकार,

$$(28:70) \Rightarrow (28 \times 2) + \left(\frac{28}{2}\right)$$

$$= 56 + 14 = 70$$

उसी प्रकार, विकल्प (d) से,

$$(18:45) \Rightarrow (18 \times 2) + \left(\frac{18}{2}\right)$$

$$= 36 + 9 = 45$$

20. (b) मितान का गमन पथ निम्नवत् है

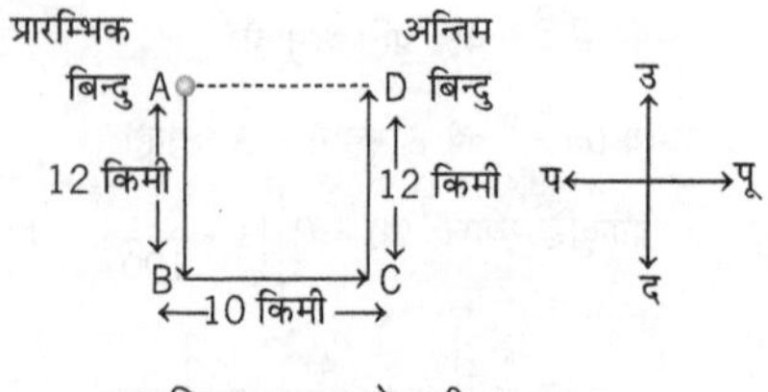

$\therefore$ प्रारम्भिक स्थान से दूरी

$= AD = BC = 10$ किमी

21. (c) जिस प्रकार, $5 \times 7 \times 1 = 35$

$4 \times 5 \times 3 = 60$

तथा $9 \times 2 \times 4 = 72$

उसी प्रकार, $6 \times 4 \times 5 = \boxed{120}$

22. (a) दिया है, राम की आयु = 8 वर्ष

तब, गीता की आयु = 8 − 2 = 6 वर्ष

अतः कमल की आयु = 5 × 6 = 30 वर्ष

23. (d) उत्तर आकृति (d) प्रश्न आकृति को पूरा करती है।

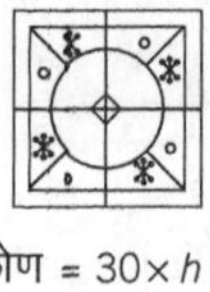

24. (a) अभीष्ट कोण $= 30 \times h \sim \frac{11}{2} \times m$

$= 4 \times 30 \sim \frac{11}{2} \times 30$

$= 120 \sim 165 = 45^\circ$

अतः 4 बजकर 30 मिनट पर दोनों सूईयों के बीच 45° का कोण बनेगा।

25. (b) हम जानते हैं, वायुयान आकाश में उड़ता है तथा प्रश्न में आकाश को सागर कहा गया है। अतः वायुयान 'सागर' में उड़ेगा।

26. (b) दिए गए अनुक्रम में अक्षरों का क्रम निम्न प्रकार है

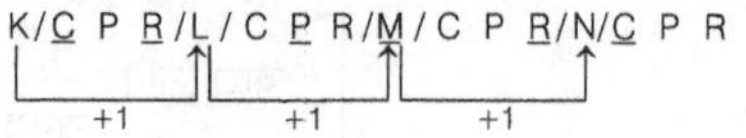

$\Rightarrow$ CRPMRC

27. (d)

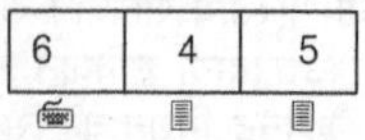

2 [1 4 5] 2 1 3 0 7 6 1 9 4 0 3 6 4 5 4 9
5 8 2 5 3 7 6 8 [5 4 5] 6 7 4

दी गई संख्या सूची में ऐसे '4' की संख्या मात्र दो है जिसके आगे अंक 5 आता हो, परन्तु उनसे पहले 6 नहीं है।

28. (c) स्कूल शिक्षक जो स्नातक हैं = 15

स्कूल शिक्षक जो विवाहित हैं = 7

$\therefore$ स्कूल शिक्षक जो या तो स्नातक हैं, या विवाहित व्यक्ति हैं = 15 + 7 = 22

29. (b) दी गई आकृति श्रृंखला के प्रत्येक चरण में, प्रत्येक चिह्न दक्षिणावर्त दिशा में एक स्थान आगे बढ़ रहा है। इसी क्रम में उत्तर आकृति (b) श्रृंखला की आगामी आकृति होगी।

30. (a) दिया गया समीकरण,

$39 \div 3 \times 13 + 26 - 13 = 2$

विकल्प (a) से '÷' और '−' को आपस में बदलने पर,

$39 - 3 \times 13 + 26 \div 13 = 2$

BODMAS नियम को लगाने पर,

$\Rightarrow 39 - 3 \times 13 + 2 = 2$

$\Rightarrow 39 - 39 + 2 = 2$

$\Rightarrow 2 = 2$

भारतीय वायु सेना
अग्निवीर वायु फेज-1
(ग्रुप-Y) विज्ञान विषय के अतिरिक्त

प्रैक्टिस सेट 10

समय : 45 मिनट | पूर्णांक : 50

निर्देश

1. इस प्रैक्टिस सेट में कुल 50 प्रश्न हैं तथा परीक्षा की अवधि 45 मिनट है।
2. प्रत्येक सही उत्तर के लिए 1 अंक का प्रावधान है।
3. गलत उत्तर के लिए 0.25 नकारात्मक अंक का प्रावधान है।

सेक्शन I ✈ अंग्रेजी भाषा

Directions (Q. Nos. 1-4) *Read the passage carefully and answer the questions that follow.*

A book is written, not to multiply the voice merely, not to carry it merely but to perpetuate it. The author has something to say which he perceives to be true and useful or helpfully beautiful. So far he knows no one has said it, so for as he knows no one else can say it. He is bound to say it clearly and melodiously if he may; clearly at all events. In the sum of his life, he finds this to be the thing or group of things, manifest him; this, the piece of true knowledge, or sight, which his share of sunshine and Earth has permitted him to seize. That is a book.

1. The opening sentence of the passage implies that the aim of writing a book is to
(a) repeat the message it contains
(b) enable the author to express his ideas in writing
(c) preserve from extinction the message it contains
(d) propagate the ideology of the author

2. Which of the following would be the most suitable title for the passage?
(a) Contribution of an author
(b) Aim of writing a book
(c) Book-the source of true knowledge
(d) Writers and their books

3. According to the writer, a person is to write a book, because
(a) he wishes to satisfy his ego
(b) he has something nice and pleasing to say
(c) he is capable of expression whatever he wants to say
(d) he has discovered something unique, true and good which he must convey distinctly and musically

4. Which of the following is opposite in meaning to the word 'manifest' given in the passage?
(a) Unclear
(b) Dark
(c) Pure
(d) Hard

Directions (Q. Nos. 5 and 6) *Choose the correct form of verb.*

5. The man with the roses … like your brother.
(a) look (b) looks
(c) looking (d) None of these

6. They did not know where they … from.
(a) had come (b) have come
(c) has come (d) come

Direction (Q. No. 7) *Select the one which best expresses the same sentence in Passive/Active voice.*

7. Did everybody miss the first bus?
(a) The first bus was missed by everybody
(b) Was the first bus missed by everybody
(c) Everybody missed the first bus
(d) Had the first bus been missed by everybody

8. Choose the correct sentence in indirect speech of the given sentence.

He said angrily to his brother, "Why don't you do as you are told".

(a) He angrily told his brother that why didn't he do as he is told.
(b) He asked his brother why did he not do as he was told.
(c) he angrily asked his brother why he didn't he do as he has told.
(d) He angrily asked his brother why he did not do as he was told.

9. Select a word or phrase from the given list to complete the sentence.
I have already taken tea, ...?
(a) didn't I (b) haven't I
(c) did I (d) have I

10. Improve the underlined part of the given sentence.
The Minister agreed <u>will answer</u> questions on television.
(a) to answer
(b) for answering
(c) with answering
(d) No improvement

Directions (Q. Nos. 11 and 12) *Find out which part of the sentence has an error.*

11. We must have (a)/sympathy for (b)/needy and the poor. (c)/No error (d)

12. Everyone thought that (a)/the circle made by (b)/Rahul was most a round. (c)/No error (d)

13. Select the most appropriate option to complete the sentence.
The historical place is...... .
(a) seeing worth (b) worth seeing
(c) worthy of seeing
(d) worthy seeing

14. Choose the correct meaning of the idiom/phrase underlined below.
I am <u>pised off</u> with the behaviour of my employers.
(a) in a very delicate state
(b) annoyed or disappointed
(c) to delay inordinatley
(d) very pleased or happy

15. Select the most appropriate phrases/sentences which best explain the given words.
Pacifist
(a) One who sees negative side of things.
(b) One who sees positive side of things.
(c) One who believes in total abolition of war.
(d) One who does not believe in the existence of God.

Direction (Q. No. 16) *Choose the word similar in meaning to the word given.*

16. Obsession
(a) Preoccupation (b) Suspicion
(c) Frustration (d) Dejection

Direction (Q. No. 17) *Choose the word opposite in meaning to the word given.*

17. Exemptions
(a) Generalisation (b) Liberalisation
(c) Exclusions (d) Inclusions

Directions (Q. Nos. 18 and 19) *Find the correctly spelt word.*

18. (a) Hypocrisy (b) Hypocresy
(c) Hipocrisy (d) Hipocrecy

19. (a) Ireversible (b) Irreversible
(c) Irrevarsible (d) Irravarsible

Direction (Q. No. 20) *Find out which of the four combination is correct to make the meaningful sentence.*

20. Like most people,
P : all of their behaviour
Q : entrepreneurs are complex
R : can explain
S : and no one theory
(a) QPRS (b) RSQP
(c) QSRP (d) RPQS

सेक्शन II ➤ सामान्य जागरुकता, गणित एवं तर्कशक्ति

1. कंस्ट्रक्शन के समय विश्व का सबसे तेज कम्प्यूटर हो, तो वह कम्प्यूटर किस वर्ग में आता है?
(a) मिनी कम्प्यूटर (b) सुपर कम्प्यूटर
(c) माइक्रो कम्प्यूटर (d) मेनफ्रेम कम्प्यूटर

2. सोमनाथ मन्दिर किस राज्य के तट पर स्थित है?
(a) महाराष्ट्र (b) गोवा
(c) तमिलनाडु (d) गुजरात

3. सिनेमा जगत का विश्व प्रसिद्ध ऑस्कर पुरस्कार किस देश में दिया जाता है?
(a) अमेरिका (b) फ्रांस
(c) कनाडा (d) इंग्लैण्ड

4. निम्न में से कौन एक सूती वस्त्र उद्योग का केन्द्र है?
(a) भिलाई (b) नेपानगर
(c) कोयम्बटूर (d) बोकारो

5. मानव शरीर में पाचन तन्त्र का सबसे लम्बा हिस्सा कौन-सा है?
(a) अग्न्याशयी वाहिनी
(b) छोटी आँत
(c) बड़ी आँत
(d) ग्रसिका

6. जलियाँवाला बाग नरसंहार के लिए कौन-सा ब्रिटिश अधिकारी जिम्मेदार था?
(a) जनरल डायर (b) जनरल इरविन
(c) जनरल क्लाइव (d) जनरल सॉण्डर्स

7. अगस्त 2024 में भारतीय वायुयान विधेयक 2024 परित किया गया। इसमें निम्न में से किस अधिनियम को प्रतिस्थापित किया?
(a) वायुयान अधिनियम 1934
(b) विमान अधिनियम 1934
(c) विमान अधिनियम 1912
(d) वायुयान अधिनियम 1912

8. उस राशि का 3 वर्ष के लिए 7% की दर पर चक्रवृद्धि ब्याज ज्ञात कीजिए, जिसका 3 वर्ष में 7% की दर पर साधारण ब्याज ₹ 18900 होगा। (निकटतम ₹ में पूर्णांकित)
(a) 19746 (b) 18390
(c) 20254 (d) 21053

9. यदि दो बेलनों के आयतन का अनुपात 6 : 1 है और उनकी ऊँचाई का अनुपात 1 : 6 है, तो उनकी त्रिज्याओं का अनुपात क्या है?
(a) 8 : 1 (b) 3 : 1 (c) 6 : 1 (d) 9 : 1

10. यदि A एक न्यून कोण है और $\operatorname{cosec} A = \sqrt{2}$ है, तब $4 \sin 2A \div \sec A$ का मान कितना होगा?
(a) $4\sqrt{2}$ (b) $\frac{1}{(\sqrt{2})}$
(c) $4-\sqrt{2}$ (d) $2\sqrt{2}$

11. दो स्थानों A और B के बीच की दूरी 245 किमी है। दो कारें एक ही समय में A और B से चलना शुरू करती हैं और क्रमश: 40 किमी/घण्टा और 30 किमी/घण्टा की गति से चलती हैं, तो वे कितने समय (घण्टे) बाद एक-दूसरे को मिलेंगी?
(a) $2\frac{3}{4}$ घण्टे (b) 3 घण्टे
(c) 2 घण्टे (d) $3\frac{1}{2}$ घण्टे

12. दी गई संख्याओं के लिए निम्न में से कौन-सा आरोही क्रम सही है?
(a) $\frac{1}{3}, 0.3, \frac{2}{8}$ (b) $0.3, \frac{1}{3}, \frac{2}{8}$
(c) $\frac{2}{8}, 0.3, \frac{1}{3}$ (d) $\frac{1}{3}, \frac{2}{8}, 0.3$

13. 117 और एक अन्य संख्या का महत्तम समापवर्तक 13 है। दूसरी संख्या दिए गए विकल्पों में से कौन-सी नहीं हो सकती है?
(a) 169 (b) 143 (c) 156 (d) 130

14. एक व्यापारी अंकित मूल्य पर 20% की छूट देता है। यदि वह 20% का लाभ अर्जित करना चाहता है, तो अंकित मूल्य क्रय मूल्य से कितने प्रतिशत अधिक होगा?
(a) 45% (b) 50%
(c) 37.5% (d) 40%

15. एक चुनाव में, एक उम्मीदवार को कुल वैध वोटों का 80% मिला। कुल वोटों में से 20% अवैध घोषित किए गए थे। वोटों की कुल संख्या 64000 है। उम्मीदवार के पक्ष में मतदान किए गए वैध वोटों की संख्या ज्ञात करें।
(a) 5120 (b) 10240
(c) 38280 (d) 40960

16. निम्नलिखित में से उसे चुनिए जो अन्य तीन विकल्पों से भिन्न है।
(a) अशोक चक्र (b) महावीर चक्र
(c) कीर्ति चक्र (d) पद्म श्री

17. उस विकल्प को चुनिए, जिसमें समुच्चय की संख्याएँ वही सम्बन्ध साझा करती है, जो दिए गए समुच्चय में संख्याओं द्वारा साझा किया जाता है। (**ध्यान दें** संख्याओं को उनके घटक अंकों में अलग-अलग किए बिना, पूर्ण संख्याओं पर संक्रियाएँ की जानी चाहिए। उदाहरण 13-13 पर संक्रियाएँ जैसे 13 को जोड़ना/घटाना/ गुणा करना आदि किया जा सकता है। 13 को 1 एवं 3 में अलग करने की और फिर 1 एवं 3 पर गणितीय संक्रियाएँ करने की अनुमति नहीं है)
(17, 12, 10)
(25, 23, 4)
(a) (31, 27, 8)
(b) (28, 42, 12)
(c) (18, 17, 3)
(d) (9, 19, 15)

18. दी गई दो संख्याओं (अंकों को नहीं) को आपस में बदलने पर निम्नलिखित में से कौन-सा समीकरण सही नहीं होगा?
3 और 8
I. $6 \div 2 \times 8 + 3 - 1 = 17$
II. $9 + 3 - 6 \div 2 \times 8 = 6$
(a) न तो I और न ही II
(b) केवल I
(c) I और II दोनों
(d) केवल II

19. एक व्यक्ति अपने घर से सीधे उत्तर दिशा में 10 मी गया और बाईं ओर घूमकर 25 मी चला। वह फिर दाईं ओर मुड़ा और 5 मी चला और फिर दाईं ओर मुड़कर 25 मी चला। अब, वह किस दिशा की ओर चल रहा है?
(a) उत्तर
(b) पूर्व
(c) दक्षिण
(d) पश्चिम

20. दिए गए विकल्पों में से लुप्त संख्या ज्ञात कीजिए।

7	9	3
8	3	5
2	5	?
112	135	900

(a) 6 (b) 70
(c) 60 (d) 65

21. निम्न श्रृंखला में गलत संख्या ज्ञात कीजिए।
6, 12, 21, 32, 45, 60
(a) 6 (b) 12
(c) 21 (d) 32

22. रमेश 33 विद्यार्थियों की एक कक्षा में 13वें स्थान पर है। श्रेणी अनुसार सुरेश से नीचे 5 विद्यार्थी हैं। रमेश और सुरेश के बीच कितने विद्यार्थी हैं?
(a) 12 (b) 14
(c) 15 (d) 16

23. उस विकल्प को चुनिए, जो पाँचवे शब्द से उसी प्रकार सम्बन्धित है जैसे दूसरा शब्द पहले शब्द से सम्बन्धित है और चौथा शब्द तीसरे शब्द से सम्बन्धित है।
ट्रक : वाहन : : बर्गर : भोजन : : गिलास : ?
(a) क्रॉकरी (b) किराना
(c) इलेक्ट्रानिक्स (d) फर्नीचर

24. निम्नलिखित में से कौन-सी आकृति मधुमक्खी, कीट और मक्खी के बीच सम्बन्ध को भली-भाँति दर्शाती है?

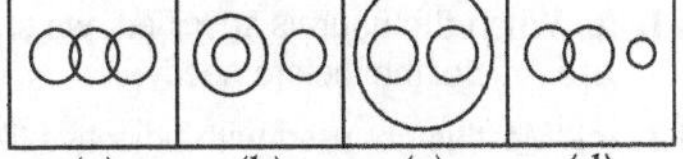

(a) (b) (c) (d)

25. W, X का भाई है। V, W का पिता है। X, Z का पति है। Z, A की बहन है। Z का ससुर कौन है?
(a) X (b) V
(c) A (d) W

26. उस उत्तर आकृति को चुनिए, जिसमें प्रश्न आकृति निहित है।
प्रश्न आकृति

उत्तर आकृतियाँ

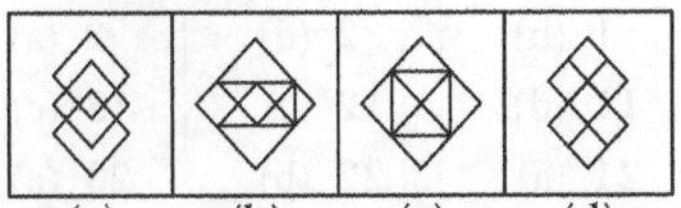

(a) (b) (c) (d)

27. आकृति में त्रिभुजों की संख्या बताइए।
(a) 8
(b) 9
(c) 12
(d) 13

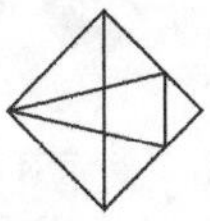

28. नीचे दी गई उत्तर आकृतियों में से वह उत्तर आकृति चुनिए, जो प्रश्न आकृतियों में दी गई श्रृंखला को पूरा करती है।
प्रश्न आकृतियाँ

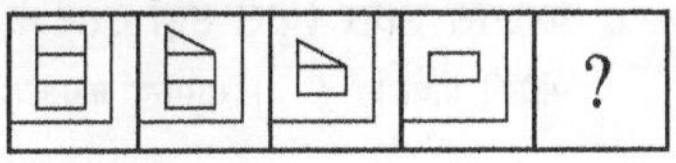

उत्तर आकृतियाँ

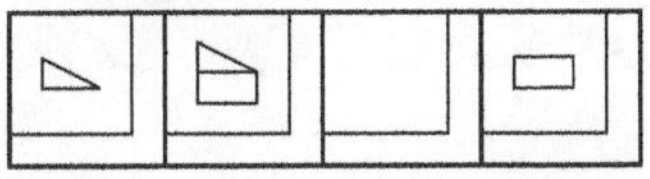

(a) (b) (c) (d)

29. दिए गए शब्दों को शब्दकोश के क्रमानुसार व्यवस्थित कीजिए।
1. Mayor
2. Maybe
3. May
4. Mayst
5. Mayfly
(a) 3, 2, 1, 4, 5 (b) 3, 2, 4, 5, 1
(c) 3, 2, 1, 5, 4 (d) 3, 2, 5, 1, 4

30. नीचे एक ही पासे की चार अलग-अलग स्थितियों को दर्शाया गया है जिनके छः फलकों पर 1 से 6 तक संख्याएँ अंकित हैं। उस संख्या को चुनिए, जो '1' वाले फलक के सम्मुख फलक पर आएगी।

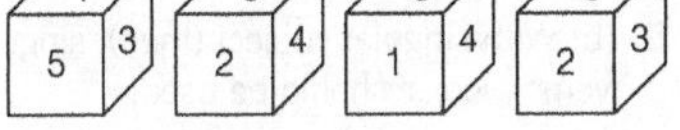

(a) 6 (b) 4 (c) 2 (d) 5

उत्तरमाला

सेक्शन I अंग्रेजी भाषा

1 (a)	2 (c)	3 (d)	4 (a)	5 (b)	6 (a)	7 (b)	8 (d)	9 (b)	10 (a)
11 (c)	12 (c)	13 (b)	14 (b)	15 (c)	16 (a)	17 (d)	18 (a)	19 (b)	20 (c)

सेक्शन II सामान्य जागरूकता, गणित एवं तर्कशक्ति

1 (b)	2 (d)	3 (a)	4 (c)	5 (b)	6 (a)	7 (b)	8 (c)	9 (c)	10 (d)
11 (d)	12 (c)	13 (c)	14 (b)	15 (d)	16 (d)	17 (a)	18 (c)	19 (b)	20 (c)
21 (a)	22 (b)	23 (a)	24 (c)	25 (b)	26 (c)	27 (d)	28 (c)	29 (d)	30 (c)

स्कोर कार्ड

- कुल Attempted प्रश्न
  अंग्रेजी भाषा [ ] सामान्य जागरूकता, गणित एवं तर्कशक्ति [ ]
- कुल सही व गलत प्रश्न
  अंग्रेजी भाषा [/] सामान्य जागरूकता, गणित एवं तर्कशक्ति [/]
- फाइनल स्कोर (कुल सही उत्तर के अंक – गलत उत्तर के अंक)
  अंग्रेजी भाषा [/] सामान्य जागरूकता, गणित एवं तर्कशक्ति [/]

समय 45 मिनट सही उत्तर 1 अंक गलत उत्तर 0.25 अंक

- रिजल्ट
  - 10 से नीचे (किसी भी सेक्शन में) - Average (सिलेक्शन नहीं)
  - 10-18 के बीच में (कुल 35+) - Good (सिलेक्शन हो सकता है)
  - 18 से ऊपर (दोनों सेक्शन में) - Excellent (100% सिलेक्शन)
- टिप्पणी
  यदि आपका स्कोर किसी भी सेक्शन में 10 से नीचे है तब आप बार-बार प्रैक्टिस करें और ऐसा तब तक करें जब तक आपका स्कोर 10-18 (कुल 35+) के बीच में नहीं हो जाता।

संकेत एवं हल

सेक्शन I अंग्रेजी भाषा

1. (a) The opening sentence of the passage implies that the aim of writing a book is to repeat the message it contains.

2. (c) The most suitable title for the passage is – 'Book'–The source of true knowledge' as the whole passage is about the book.

3. (d) According to the writer, a person is to write a book because he has discovered something unique, true and good which he must convey distinctly and musically.

4. (a) 'Manifest' means clear or obvious. So, its opposite is 'unclear'.

5. (b) With singular subject (man), singular verb – 'looks' should be used.

6. (a) Use of 'had come' is proper here as sentence is in indirect speech so use of past perfect is more suitable.

7. (b) The given sentence is in simple past tense. The correct passive voice of the given sentence is – 'Was the first bus missed by everybody?' Structure is – Was/were + Object + $(\text{Verb})_3$ + by + Subject.

8. (d) The correct indirect speech of the given sentence is - "He angrily asked his brother why he did not do as he was told.

9. (b) 'Haven't I' is the correct word for the given blank.

10. (a) 'Agreed' is followed by infinitive (to $+V_1$). So, 'will answer' will be replaced by 'to answer'.

11. (c) When the noun is specified, we should use Article 'the' before needy.

12. (c) 'Most' is not used with adjective like round.

13. (b) 'Worth seeing' is the correct word for the given blank.

14. (b) Pised off means annoyed or disappointed.

15. (c) Pacifist is the one who believes in total abolition of war.

16. (a) 'Obsession' is the state in which the mind of a person is filled with a particular thing, i.e. preoccupation. Hence, preoccupation is its correct answer.

17. (d) 'Exemption' means official permission for not to do something that you have to do generally. So, 'Inclusion' is correct antonym which means 'including somebody'.

18. (a) The correctly spelt word is – 'Hypocrisy' and it means pretense.

19. (b) The correctly spelt word is irreversible. Irreversible means that cannot be undone or changed.

20. (c) The correct sequence is – 'QSRP' and the sentence is – 'Like most people, entrepreneurs are complex and no one theory can explain all of their behaviour.'

सेक्शन II सामान्य जागरूकता, गणित एवं तर्कशक्ति

1. (b) सुपर कम्प्यूटर आकार में बड़े, अधिक स्टोरेज क्षमता वाले व अधिक गति वाले होते हैं। इनमें अनेक सी.पी.यू. एक समान्तर क्रम में लगे रहते हैं। इनके प्रोसेसिंग की गति फ्लॉप्स में मापी जाती है। सुपर कम्प्यूटर का उपयोग शोध व खोज करने, मौसम सम्बन्धी सूचनाओं की भविष्यवाणी करने, कंस्ट्रक्शन व एनिमेशन युक्त चलचित्रों के निर्माण में किया जाता है।

2. (d) सोमनाथ मन्दिर गुजरात राज्य के काठियावाड़ क्षेत्र में गिर सोमनाथ जिले में स्थित है। यह मन्दिर भगवान सोमनाथ (शिव) को समर्पित है तथा भारत के 12 ज्योतिर्लिंगों में से एक है। मान्यता है कि इस मन्दिर का निर्माण स्वयं चन्द्रदेव ने कराया था, जिसका उल्लेख ऋग्वेद में किया गया है। इस मन्दिर का पुनर्निर्माण गुर्जर प्रतिहार शासक नागभट्ट I ने 815 ई. में कराया था। 1025 ई. में महमूद गजनवी ने इस मन्दिर पर हमला करके सारी सम्पत्ति लूट ली और मन्दिर को नष्ट कर दिया।

3. (a) सिनेमा जगत का विश्व प्रसिद्ध ऑस्कर पुरस्कार अमेरिका में प्रतिवर्ष फरवरी माह में हॉलीवुड के कोडेक थिएटर (डॉल्बी थिएटर) में आयोजित किया जाता है। इन पुरस्कारों की शुरुआत वर्ष 1929 में हुई थी। इन पुरस्कारों का आधिकारिक नाम **एकेडमी अवॉर्ड** ऑफ मेरिट है।

4. (c) कोयम्बटूर सूती वस्त्र उद्योग का एक प्रमुख केन्द्र है। इसे दक्षिण भारत का मेनचेस्टर भी कहा जाता है। यह तमिलनाडु राज्य का प्रमुख औद्योगिक शहर है।

5. (b) मानव शरीर में पाचन तन्त्र का सबसे लम्बा भाग छोटी आँत होती है। छोटी आँत आमाशय से प्रारम्भ होकर बड़ी आँत पर पूर्ण होती है। एक वयस्क पुरुष में इसकी औसत लम्बाई 6.9 मी तथा वयस्क स्त्री में 7.1 मी तक होती है। छोटी आँत में ही भोजन का सबसे अधिक पाचन व अवशोषण होता है। इसका व्यास लगभग 2 से 3.5 सेमी तक होता है।

6. (a) जलियाँवाला बाग नरसंहार के लिए ब्रिटिश अधिकारी जनरल डायर उत्तरदायी था।

13 अप्रैल, 1919 को अमृतसर में जलियाँवाला बाग में डॉ. सतपाल व सैफुद्दीन किचलू की गिरफ्तारी के विरोध में हो रही जनसभा पर जनरल डायर के आदेश पर अन्धाधुन्ध गोलियाँ चलाई गईं। इस हत्याकाण्ड में लगभग 1000 से अधिक व्यक्ति मारे गए। इस जन नरसंहार के विरोध में महात्मा गाँधी ने 'कैसर-ए-हिन्द' तथा रवीन्द्रनाथ टैगोर ने 'नाइटहुड' की उपाधि लौटा दी।

7. (b) नागरिक उड्डयन मन्त्री के. राम मोहन नायडू द्वारा लोकसभा में प्रस्तुत भारतीय वायुयान विधेयक 2024, 1934 के पुराने विमान अधिनियम को प्रतिस्थापित करने के लिए बनाया गया एक नया कानून है। यह नया कानून भारत में नागरिक उड्डयन के नियमों को अद्यतन और सरल बनाने के लिए बनाया गया है।

विमान अधिनियम 1934 को पहली बार बनाए जाने के बाद से 21 बार बदला जा चुका है, जिससे भ्रम और अनावश्यक जटिलता पैदा हुई है। नए विधेयक का उद्देश्य नियमों को स्पष्ट बनाना, पुराने नियमों को हटाना और यह सुनिश्चित करना है कि वे विमानन के लिए अंतर्राष्ट्रीय मानकों से मेल खाते हों।

8. (c) साधारण ब्याज $= \dfrac{P \times r \times n}{100}$

$\Rightarrow \quad 18900 = \dfrac{P \times 7 \times 3}{100}$

$\therefore$ मूलधन $(P) = \dfrac{1890000}{21} = ₹\ 90000$

$\therefore$ चक्रवृद्धि ब्याज $= P\left[\left(1+\dfrac{r}{100}\right)^n - 1\right]$

$= 90000\left[\left(1+\dfrac{7}{100}\right)^3 - 1\right]$

$= 90000\left[\dfrac{(107)^3-(100)^3}{(100)^3}\right]$

$= \dfrac{9}{100}[1225043 - 1000000]$

$= \dfrac{9}{100} \times 225043 = ₹\ 20254$

9. (c) माना दोनों बेलनों की त्रिज्याएँ क्रमशः r_1 और r_2 है तथा ऊँचाइयाँ क्रमशः H_1 और H_2 हैं।

दिया है,

दोनों बेलनों के आयतन का अनुपात

$(V_1 : V_2) = 6:1$

$\Rightarrow \quad \dfrac{\pi r_1^2 H_1}{\pi r_2^2 H_2} = \dfrac{6}{1}$

$\Rightarrow \quad \dfrac{r_1^2 H_1}{r_2^2 H_2} = \dfrac{6}{1}$ ...(i)

तथा दिया है,

ऊँचाइयों का अनुपात $H_1 : H_2 = 1:6$

तब, समी (i) से,

$\dfrac{r_1^2}{r_2^2}\left(\dfrac{1}{6}\right) = \dfrac{6}{1}$

$\Rightarrow \quad \dfrac{r_1^2}{r_2^2} = \dfrac{36}{1} \Rightarrow \dfrac{r_1}{r_2} = \dfrac{6}{1}$

अतः त्रिज्याओं का अनुपात $(r_1 : r_2) = 6:1$

10. (d) $\operatorname{cosec} A = \sqrt{2} = \operatorname{cosec} 45°$

$\therefore \quad A = 45°$

अतः $4\sin 2A \div \sec A = \dfrac{4 \times \sin(2 \times 45°)}{\sec 45°}$

$= \dfrac{4 \times \sin 90°}{\sec 45°} = \dfrac{4 \times 1}{\sqrt{2}} = \dfrac{4}{\sqrt{2}} \times \dfrac{\sqrt{2}}{\sqrt{2}}$

$= 2\sqrt{2}$

11. (d) माना दोनों कार t घण्टे बाद एक-दूसरे से स्थान A से x किमी दूर बिन्दु M पर मिलती हैं। तब प्रश्नानुसार,

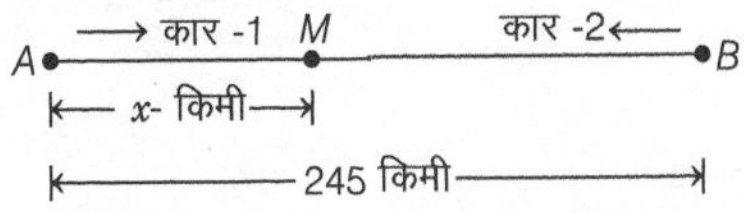

$\dfrac{x}{40} = \dfrac{245 - x}{30} \quad \left[\because \text{समय} = \dfrac{\text{दूरी}}{\text{चाल}}\right]$

$\Rightarrow \quad 3x = 980 - 4x$

$\Rightarrow \quad 3x + 4x = 980$

$\Rightarrow \quad 7x = 980$

$\therefore \quad x = 140$ किमी

$\therefore$ अभीष्ट समय $(t) = \dfrac{\text{दूरी}}{\text{चाल}} = \dfrac{140}{40} = 3\dfrac{1}{2}$ घण्टे

12. (c) $\dfrac{1}{3} = 0.33, 0.30, \dfrac{2}{8} = 0.25$

अतः सही आरोही क्रम निम्न हैं,

$0.25 < 0.30 < 0.33$

$\therefore \quad \dfrac{2}{8} < 0.30 < \dfrac{1}{3}$

13. (c) दिया है, संख्याओं का म.स. $= 13$

माना दूसरी संख्या $= 13x$

तथा पहली संख्या $= 117 = 13 \times 3 \times 3$

$\therefore x, 3 \times 3$ की सह-अभाज्य संख्या होगी।

दिए गए विकल्पों में से

$169 = 13 \times 13$

$143 = 13 \times 11$

$156 = 13 \times 2 \times 2 \times 3$

$130 = 13 \times 2 \times 5$

अतः 156 दूसरी संख्या नहीं है क्योंकि इसमें 3 एक गुणनखण्ड है।

14. (b) माना अंकित मूल्य $= ₹ x$

$\therefore$ विक्रय मूल्य

$=$ अंकित मूल्य $\times \dfrac{(100 - \text{छूट\%})}{100}$

$= x \times \dfrac{(100-20)}{100} = \dfrac{80}{100}x = \dfrac{4}{5}x$

प्रश्नानुसार, 20% लाभ अर्जित करना चाहता है

तब, क्रय मूल्य = विक्रय मूल्य $\times \dfrac{100}{(100 + \text{लाभ \%})}$

$= \dfrac{4}{5}x \times \dfrac{100}{(100+20)} = \dfrac{2}{3}x$

$\therefore$ अभीष्ट अधिक प्रतिशत

$= \left(\dfrac{x - \dfrac{2}{3}x}{\dfrac{2}{3}x}\right) \times 100$

$= \left(\dfrac{\dfrac{1}{3}x}{\dfrac{2}{3}x}\right) \times 100 = 50\%$

15. (d) दिया है, वोटों की कुल संख्या $= 64000$

कुल अवैध वोट $= 20\%$

$\therefore$ कुल वैध वोट $= 100 - 20 = 80\%$

$\therefore$ कुल वैध वोटों की संख्या

$= 64000 \times \dfrac{80}{100} = 51200$

उम्मीदवार को मिले वोट = 51200 का 80%

$= 51200 \times \dfrac{80}{100} = 40960$

16. (d) पद्म श्री के अलावा अन्य सभी वीरता पुरस्कार है जबकि पद्म श्री किसी क्षेत्र में की गई उच्च कोटी की विशिष्ट सेवा के लिए प्रदान किया जाता है।

17. (a) जिस प्रकार,

$(17, 12, 10) \Rightarrow (17-12) \times 2 = 10$

और $(25, 23, 4) \Rightarrow (25-23) \times 2 = 4$

उसी प्रकार, विकल्प (a) से,

$(31, 27, 8) \Rightarrow (31-27) \times 2 = 8$

18. (c) I. दी गई समीकरण

$6 \div 2 \times 8 + 3 - 1 = 17$

प्रश्नानुसार, 3 और 8 को आपस में बदलने पर,

$6 \div 2 \times 3 + 8 - 1$

$= 3 \times 3 + 8 - 1 = 9 + 8 - 1$

$= 16 \neq 17$

II. दी गई समीकरण

$9 + 3 - 6 \div 2 \times 8 = 6$

प्रश्नानुसार, 3 और 8 को आपस में बदलने पर,

$9 + 8 - 6 \div 2 \times 3$

$= 9 + 8 - \frac{6}{2} \times 3$

$= 9 + 8 - 9$

$= 8 \neq 6$

अतः समी I और II दोनों सही नहीं है।

19. (b) व्यक्ति का गमन पथ इस प्रकार है

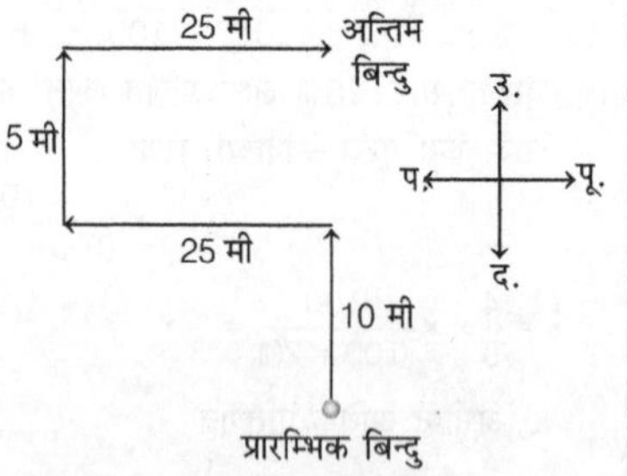

अतः स्पष्ट है कि अब वह पूर्व दिशा की ओर चल रहा है।

20. (c) जिस प्रकार,

$7 \times 8 \times 2 = 112$

तथा $9 \times 3 \times 5 = 135$

उसी प्रकार, $3 \times 5 \times ? = 900$

$\therefore \quad ? = \frac{900}{15} = \boxed{60}$

21. (a) संख्या-शृंखला का क्रम इस प्रकार है,

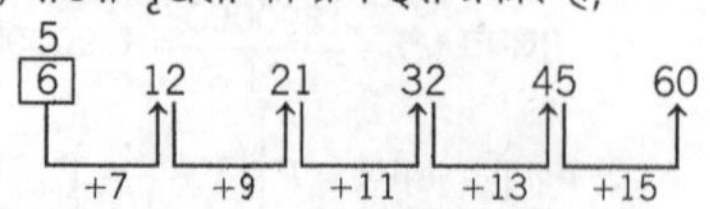

अतः गलत संख्या 6 है। इसके स्थान पर 5 होना चाहिए।

22. (b) सुरेश का नीचे से स्थान $= 5 + 1 = 6$ वाँ

$\therefore$ सुरेश का ऊपर से स्थान

$= [(33-6)+1]$ वाँ $= 28$ वाँ

रमेश का ऊपर से स्थान $= 13$ वाँ

रमेश और सुरेश के बीच विद्यार्थियों की कुल संख्या $= (28-13)-1 = 15-1 = 14$

23. (a) जिस प्रकार, ट्रक, वाहन के अन्तर्गत आता है और बर्गर, भोजन के अन्तर्गत आता है। उसी प्रकार, गिलास, क्रॉकरी के अन्तर्गत आता है।

24. (c) मधुमक्खी और मक्खी दोनों अलग-अलग कीट होते हैं। अतः इनके मध्य सम्बन्धों का वेनआरेख निम्नवत् होगा

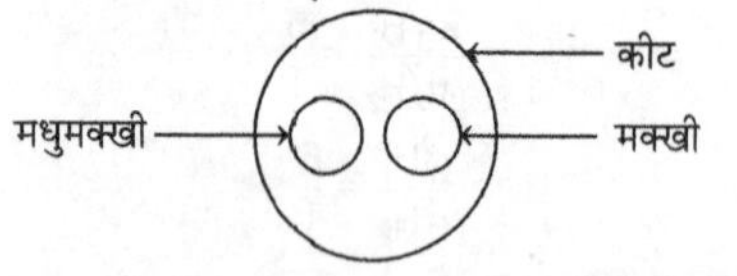

25. (b) प्रश्नानुसार,

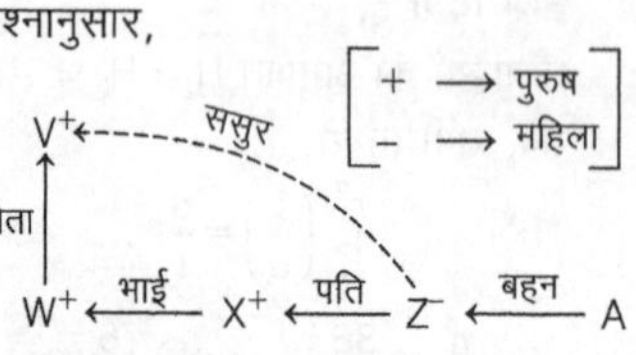

अतः 'Z' का ससुर 'V' है।

26. (c) उत्तर आकृति (c) में प्रश्न आकृति निहित है।

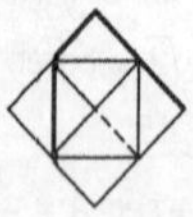

27. (d) दी गई आकृति में निम्न त्रिभुज हैं

AFH, FHG, FEG, DGE, BCD, ABH, AFG, FHE, AFE, ACE, AFB, FED और FBD

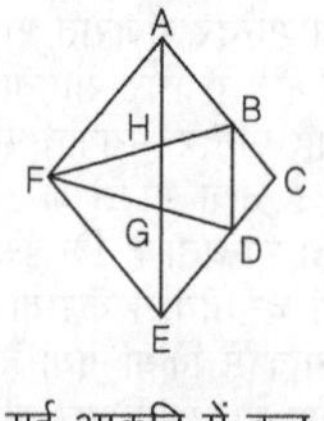

अर्थात दी गई आकृति में कुल 13 त्रिभुज हैं।

28. (c) प्रश्न आकृति में दी गई आकृतियों के विश्लेषण से हम पाते हैं कि प्रथम आकृति में कुल तीन आयत हैं। दूसरी आकृति में $\frac{1}{2}$ आयत कम हो जाता है तथा सिर्फ $2\frac{1}{2}$ आयत बचते हैं, जबकि तीसरी आकृति में पूरा एक आयत कम होता है और अब सिर्फ $1\frac{1}{2}$ आयत बचते हैं। उससे अगली आकृति में केवल एक आयत रह जाता है। अतः घटने का क्रम,

$1/2 \rightarrow 1 \rightarrow 1/2 \rightarrow 1$

अतः श्रेणी में आधा और एक आयत क्रमशः घटते हैं। इसी प्रकार पाँचवीं और अन्तिम आकृति में पूरा एक आयत घटेगा और उत्तर आकृति (c) प्राप्त होगी।

29. (d) दिए गए शब्दों का अंग्रेजी शब्दकोश के अनुसार क्रम निम्न हैं

May → Maybe → Mayfly → Mayor →
(3) (2) (5) (1)

Mayst
(4)

$\Rightarrow 3, 2, 5, 1, 4$

30. (c) दिए गए पासे की स्थितियों का ध्यानपूर्वक अवलोकन करने पर, ज्ञात होता है कि पासे की दूसरी और तीसरी स्थिति में संख्या 4 उभ्यनिष्ठ है।

संख्या '4' से शुरू करते हुए अन्य संख्याओं को दक्षिणावर्त क्रम में लिखने पर

II ⟶ 4 उभ्यनिष्ठ 2 ↕ विपरीत 1; 3 ↕ विपरीत 6
III ⟶ 4

अतः संख्या '1' वाले फलक के सम्मुख फलक पर संख्या '2' आएगी।

भारतीय वायु सेना

अग्निवीर वायु फेज-1

(ग्रुप-Y) विज्ञान विषय के अतिरिक्त

प्रैक्टिस सेट 11

समय : 45 मिनट | पूर्णांक : 50

निर्देश

1. इस प्रैक्टिस सेट में कुल 50 प्रश्न हैं तथा परीक्षा की अवधि 45 मिनट है।
2. प्रत्येक सही उत्तर के लिए 1 अंक का प्रावधान है।
3. गलत उत्तर के लिए 0.25 नकारात्मक अंक का प्रावधान है।

सेक्शन I ➤ अंग्रेजी भाषा

Directions (Q. Nos. 1-5) *Read the following passage carefully and answer the given questions that follow.*

Vacations were once the prerogative of the privileged few, even as late as the nineteenth century. Now they are considered the right of all, except for such unfortunate masses as in China, for whom life, except for sleep and brief periods of rest, is uninterrupted toil. They are more necessary now than before because the average life is well rounded and has become increasingly departmentalised. The idea of vacations, as we conceive it must be incomprehensible to primitive people. Rest of some kind has of course always been a plan of the rhythm of human life, but earlier ages did not find it necessary to organise it in the way that modern man has done. Holidays, feast days, were sufficient. With modern man's increasing tensions, with the useless quality of so much of his work, this break in the year's routine became steadily more necessary. Vacations became necessary for the purpose of renewal and repair.

1. The author's main purpose in this passage is to
(a) explore the history of vacations
(b) tell why vacations have become
(c) contrast holiday and festive occasions with vacation
(d) demonstrate that vacations are not really necessary

2. According to the passage, we need vacations now more than ever because we have
(a) a more carefree nature
(b) much more free time
(c) little diversity in our work
(d) a higher standard of living

3. It is implied in the passage that our lives are very
(a) Habitual (b) Patriotic
(c) Varied (d) Independent

4. As used in the passage the word 'prerogative' (line I) most nearly means
(a) habit (b) privilege
(c) request (d) hope

5. Which of the following is a antonym for 'incomprehensible'?
(a) Understandable
(b) Incoherent
(c) Inarticulate
(d) Unclear

6. Select the most appropriate option to complete the sentence.
Don't loiter ....the street.
(a) onto (b) about
(c) on (d) into

Directions (Q. Nos. 7 and 8) *Fill in the blanks with most appropriate conjunction.*

7. John is reading .... Mary is playing.
(a) so (b) because
(c) but (d) or

8. He was late .... it was raining heavily.
(a) so
(b) that
(c) When
(d) because

9. Complete the sentence with the most appropriate option.

The students.........on their project next year.
(a) working (b) will be woking
(c) will have been woking
(d) will be worked

10. Choose the correct meaning of the given idiom-phrase.
To burn one's fingers
(a) To get injured is an accident
(b) To pay a heavy price
(c) To suffer from meddling in something
(d) To get a burn injury on the hands.

11. The noun form of 'innocent' is
(a) Innocentness (b) Innocence
(c) Innocention (d) Innocency

Direction (Q. No. 12) *Choose the one which can be substituted for the given sentence.*

12. A small village or group of houses
(a) Community (b) Settlement
(c) Hamlet (d) Colony

Direction (Q. No. 13) *Fill in the blank with suitable or correct alternative.*

13. These flowers smell......... .
(a) sweet (b) sweetly
(c) more sweetly (d) most sweetly

Directions (Q. Nos. 14 and 15) *Choose the alternative which best expresses the meaning of the underlined Idiom/Phrase.*

14. The young boy's act put his father in a pickle.
(a) in a funny position
(b) in a serious position
(c) in a sad situation
(d) in an embarrassing or outward situation

15. They got on well with each other the moment they met.
(a) had an agreement
(b) had a misunderstanding
(c) had a friendly relationship
(d) fell in love

Direction (Q. No. 16) *Select one which best expresses the same sentence in Passive/Active voice.*

16. They have made a film based on this novel.
(a) A film was based on this novel and made.
(b) A film have been made based on this novel.
(c) A film based on this novel has been made.
(d) A film has been based and made on this novel.

Direction (Q. No. 17) *Select the one which best expresses the same sentence in Indirect/Direct speech.*

17. He ordered his servant to do as he was told.
(a) He ordered his servant, "Do as you are told."
(b) He said to his servant, "Do as you are told".
(c) He said to his servant, "Do as I told you".
(d) He said to his servant, "Do as you were told".

Directions (Q. Nos. 18 and 19) *Rearrange the given jumbled parts of the sentence to produce the correct and meaningful sentence.*

18. Around the world,
P: painful terminal diseases
Q: the question of humane death
R: people are wrestling with
S: especially in the face of
(a) RSQP (b) PQRS
(c) RQSP (d) PSQR

19. Like most people
P: all of their behaviour
Q: entrepreneurs are complex
R: can explain
S: and no one theory
(a) QPRS (b) RSQP
(c) RPQS (d) QSRP

20. Find out which part of the sentence has an error.
No sooner (a)/ they had received the guests (b)/ than they began entertaining them (c)/ No error (d).

सेक्शन II ➤ सामान्य जागरूकता, गणित एवं तर्कशक्ति

1. अप्रैल, 2024 में किस भारतीय संगठन ने स्वच्छ खेलों के प्रति जागरुकता बढ़ाने के लिए # Play True अभियान का आयोजन किया ?
(a) राष्ट्रीय डोपिंग रोधी एजेन्सी
(b) राष्ट्रीय खेल महासंघ
(c) युवा मामले व खेल मन्त्रालय
(d) राष्ट्रीय खेल संगठन

2. एक्सेल में वर्कबुक निम्न में किसका संग्रह है?
(a) स्टार्टअप
(b) पेज
(c) डायग्राम्स
(d) वर्कशीट्स

3. विश्व का सबसे ऊँचा पठार निम्न में से कौन-सा है?
(a) पामीर (तिब्बत) का पठार
(b) मंगोलिया का पठार
(c) मेडागास्कर का पठार
(d) ग्रीनलैण्ड का पठार

4. शिवाजी II पर पेशवाओं की विजय के बाद मराठा साम्राज्य की राजधानी ……… बन गई थी।
(a) नागपुर (b) उज्जैन
(c) बड़ौदा (d) पूना

5. 'काजीरंगा नेशनल पार्क' किस राज्य में स्थित है?
(a) तमिलनाडु (b) मणिपुर
(c) असम (d) आन्ध्र प्रदेश

6. कौन-सी प्रक्रिया जड़ों से पत्तियों तक पानी और खनिजों के अवशोषण और उपरिमुखी गति में मदद करती है?
(a) अवसादन (b) संघनन
(c) संचय (d) वाष्पोत्सर्जन

7. लोकसभा व विधानसभा का सदस्य बनने की न्यूनतम आयु कितनी है?
(a) 20 वर्ष (b) 21 वर्ष
(c) 25 वर्ष (d) 30 वर्ष

8. 40 छात्रों की औसत आयु 15 वर्ष है। 10 नए छात्रों के प्रवेश ले लेने से औसत आयु 0.2 वर्ष बढ़ जाती है। नए छात्रों की औसत आयु कितनी है?
(a) 15.2 वर्ष (b) 16 वर्ष
(c) 16.2 वर्ष (d) 16.4 वर्ष

9. तीन संख्याओं का योगफल 51 है। यदि पहली संख्या का दूसरी संख्या से अनुपात 4 : 5 तथा पहली संख्या का तीसरी संख्या से अनुपात 1 : 2 है, तो तीनों संख्याओं का गुणनफल ज्ञात कीजिए।
(a) 4320 (b) 4072 (c) 3854 (d) 3676

10. 3, 4 और 5 सेमी भुजा वाले तीन घन एक धातु के बने हैं। इनको गलाकर एक नया घन तैयार किया जाता है, तो इस घन की भुजा कितनी होगी?
(a) 6 सेमी (b) 8 सेमी
(c) 7 सेमी (d) 7.5 सेमी

11. एक ट्रेन किसी चाल से एक स्टेशन से प्रस्थान करती है। इसी स्टेशन से, पहली ट्रेन की दिशा में ही, दो घण्टों के बाद एक दूसरी ट्रेन 70 किमी/घण्टा की चाल से प्रस्थान करती है और पाँच घण्टों के बाद पहली ट्रेन के बराबर आ जाती है। किमी/घण्टा में पहली ट्रेन की चाल बताएँ।

(a) 50 किमी/घण्टा (b) 55 किमी/घण्टा
(c) 40 किमी/घण्टा (d) 45 किमी/घण्टा

12. साजिन ने ₹ 1000 में दो कुर्सियाँ खरीदीं। उसने एक को 20% लाभ और दूसरी को 20% हानि पर बेच दिया। यदि दोनों कुर्सियों का विक्रय मूल्य बराबर है, तो उनके क्रय मूल्य क्रमश: (लगभग)......होंगे।
(a) ₹ 330, ₹ 570 (b) ₹ 400, ₹ 600
(c) ₹ 380, ₹ 520 (d) ₹ 360, ₹ 540

13. तीन घण्टियाँ क्रमश: 45, 60 और 125 मिनट के नियमित अन्तराल पर बजती हैं। यदि सोमवार को सुबह 10 बजे पर तीनों घण्टी एकसाथ बजती हैं, तो वे दोबारा एकसाथ कब बजेंगी?
(a) गुरुवार (उसी सप्ताह), 1 बजे
(b) शुक्रवार (उसी सप्ताह), 1 बजे
(c) शनिवार (उसी सप्ताह), 9 बजे
(d) शुक्रवार (अगले सप्ताह), 10 बजे

14. निम्नलिखित समीकरण को हल करें।
$$\frac{8^3 - 9^3}{8^2 + 8 \times 9 + 9^2} = ?$$
(a) -1 (b) 1 (c) $\frac{1}{9}$ (d) $\frac{1}{8}$

15. एक ताश की गड्डी से काले समूह का '10' निकालने की प्रायिकता क्या है?
(a) $\frac{1}{26}$ (b) $\frac{1}{52}$ (c) $\frac{2}{5}$ (d) $\frac{1}{2}$

16. निम्नलिखित श्रृंखला में प्रश्नचिह्न (?) का स्थान ले सकने वाली संख्या का चयन करें।
35, 35, 33, 99, 95, 475, ?
(a) 481 (b) 469 (c) 501 (d) 476

17. दिए हुए विकल्पों में से उस विकल्प का चयन कीजिए जिसमें दी गई संख्याओं का समूह प्रश्न में दी हुई संख्याओं के समूह के समान हो।
दिया गया समूह (2, 10, 28)
(a) (4, 20, 56) (b) (7, 42, 49)
(c) (12, 24, 48) (d) (9, 27, 81)

18. दिए गए विकल्पों में से लुप्त संख्या ज्ञात कीजिए।

64	25	81
36	49	16
14	12	?

(a) 13 (b) 26 (c) 97 (d) 15

19. एक स्थान 'A' से मोहन ने पूर्व दिशा में अवस्थित स्थान 'B' तक सीधे 8 मी की दूरी का सफर किया। वह दाईं ओर मुड़ा और 4 मी चला, वह फिर दाईं ओर मुड़ा और 8 मी चला। अन्त में वह दाईं ओर मुड़कर 3 मी चला। वह अपने प्रारम्भिक स्थान से कितनी दूरी पर है?
(a) 8 मी (b) 3 मी
(c) 1 मी (d) 4 मी

20. कुछ समीकरण किसी विशेष प्रणाली के आधार पर हल किए गए हैं। इसी आधार पर हल न किए गए समीकरण का उत्तर ज्ञात कीजिए।
$6 \times 8 \times 2 = 268, 1 \times 2 \times 3 = 312,$
$9 \times 7 \times 5 = ?$
(a) 957 (b) 579 (c) 795 (d) 597

21. चार संख्याएँ दी गई हैं, जिनमें से तीन किसी प्रकार समान हैं और एक असंगत है। असंगत संख्या का चयन करें।
(a) 2379 (b) 2197
(c) 1331 (d) 4913

22. किसी सांकेतिक भाषा में '792' का अर्थ है। 'God is good', '847' का अर्थ 'rose is beautiful' तथा '546' का अर्थ 'Children are beautiful' है, तो इस सांकेतिक भाषा में किस अंक का अर्थ 'rose' है?
(a) 8 (b) 7 (c) 2 (d) 9

23. माला की ओर इशारा करते हुए कला ने कहा, "वह मेरे भाई की इकलौती बहन की पुत्री है।" माला का कला से क्या सम्बन्ध है?
(a) माता (b) पुत्री
(c) मौसी (d) भतीजी

24. उस विकल्प आकृति का चयन करें, जिसमें उसके एक भाग के रूप में आकृति X सन्निहित है (घुमाने की अनुमति नहीं हैं।)

प्रश्न आकृति

(X)

उत्तर आकृतियाँ

(a) (b) (c) (d)

(a) संवेदना (b) साँस का चलना
(c) स्थूलता (d) हृदय गति

25. कौन-सी उत्तर आकृति प्रश्न आकृति के पैटर्न को पूरा करेगी?

प्रश्न आकृति

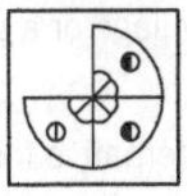

उत्तर आकृतियाँ

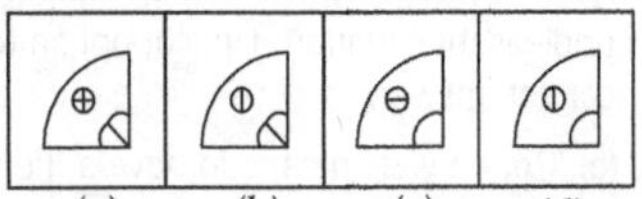

(a) (b) (c) (d)

26. चार उत्तर आकृतियों में से कौन-सी आकृति नीचे प्रश्न आकृति में दिए गए टुकड़ों से बनाई जा सकती है?

प्रश्न आकृति

उत्तर आकृतियाँ

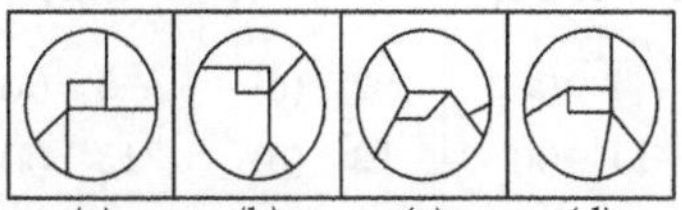

(a) (b) (c) (d)

27. एक कूटभाषा में, 'SAUCE' को 'ASVEC' के रूप में लिखा जाता है। उसी कूटभाषा में 'MEANT' को किस प्रकार से लिखा जाएगा?
(a) EMBTN (b) EMCTN
(c) EMANT (d) MEBTN

28. नीचे प्रश्न आकृतियों में पहली दो आकृतियों के बीच एक निश्चित सम्बन्ध है। उसी सम्बन्ध के आधार पर तीसरी आकृति के लिए, प्रश्नवाचक चिह्न के स्थान पर आने वाली सम्बन्धित उत्तर आकृति चुनिए।

प्रश्न आकृतियाँ

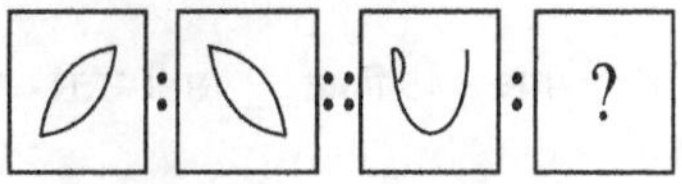

उत्तर आकृतियाँ

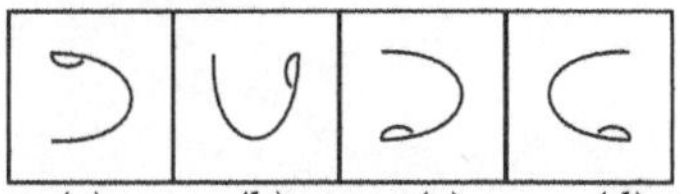

(a) (b) (c) (d)

29. यदि संख्या 6837941 के अंकों को घटते क्रम में रखा जाए, तो कितने अंकों के स्थान अपरिवर्तित रहेंगे?
(a) कोई नहीं
(b) एक
(c) दो
(d) तीन

30. उस आकृति का चयन करें, जो निम्न श्रेणी में अगले स्थान पर आएगी।

प्रश्न आकृतियाँ

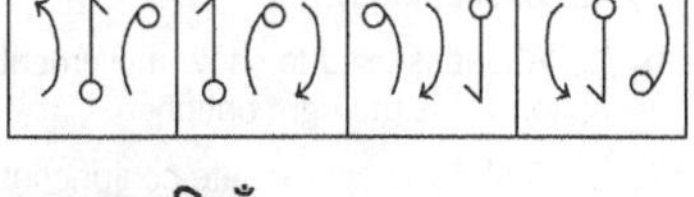

उत्तर आकृतियाँ

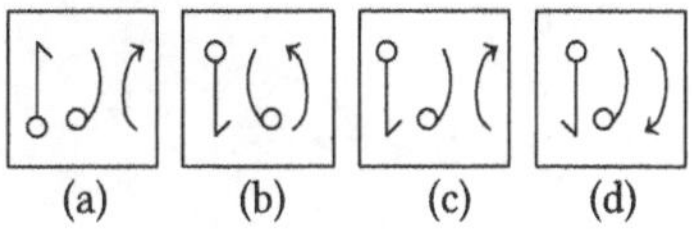

(a) (b) (c) (d)

उत्तरमाला

सेक्शन I अंग्रेजी भाषा

1 (a)	2 (a)	3 (c)	4 (b)	5 (a)	6 (b)	7 (c)	8 (d)	9 (b)	10 (c)
11 (b)	12 (c)	13 (d)	14 (d)	15 (c)	16 (c)	17 (b)	18 (c)	19 (d)	20 (b)

सेक्शन II सामान्य जागरूकता, गणित एवं तर्कशक्ति

1 (a)	2 (d)	3 (a)	4 (d)	5 (c)	6 (d)	7 (c)	8 (b)	9 (a)	10 (a)
11 (a)	12 (b)	13 (a)	14 (a)	15 (a)	16 (b)	17 (a)	18 (a)	19 (c)	20 (d)
21 (a)	22 (a)	23 (b)	24 (c)	25 (b)	26 (d)	27 (a)	28 (b)	29 (c)	30 (c)

स्कोर कार्ड

- कुल Attempted प्रश्न
  अंग्रेजी भाषा [ ] सामान्य जागरूकता, गणित एवं तर्कशक्ति [ ]
- कुल सही व गलत प्रश्न
  अंग्रेजी भाषा [/] सामान्य जागरूकता, गणित एवं तर्कशक्ति [/]
- फाइनल स्कोर (कुल सही उत्तर के अंक – गलत उत्तर के अंक)
  अंग्रेजी भाषा [/] सामान्य जागरूकता, गणित एवं तर्कशक्ति [/]

समय 45 मिनट सही उत्तर 1 अंक गलत उत्तर 0.25 अंक

- रिजल्ट
  - 10 से नीचे (किसी भी सेक्शन में) - Average (सिलेक्शन नहीं)
  - 10-18 के बीच में (कुल 35+) - Good (सिलेक्शन हो सकता है)
  - 18 से ऊपर (दोनों सेक्शन में) - Excellent (100% सिलेक्शन)
- टिप्पणी
  यदि आपका स्कोर किसी भी सेक्शन में 10 से नीचे है तब आप बार-बार प्रैक्टिस करें और ऐसा तब तक करें जब तक आपका स्कोर 10-18 (कुल 35+) के बीच में नहीं हो जाता।

संकेत एवं हल

सेक्शन I अंग्रेजी भाषा

1. (a) In this passage, the author's main purpose is to explore the history of vacations.

2. (a) According to the passage, we need vacations now more than ever because we have a more carefree nature.

3. (c) It is implied in the passage that our lives are very varied.

4. (b) 'Prerogative' means a right or privilege exclusive to a particular, individual or class.

5. (a) Incomprehensible means impossible to understand. So, understandable would be its correct antonym.

6. (b) 'About' is used to show movement. So, option (b) is the right option.

7. (c) 'But' is the appropriate conjunction in the given sentence as two contrasting phrases are given.

8. (d) In the given sentence, conjunction 'because' should be used as reason is mentioned in the sentence.

9. (b) 'Will be working' is the correct tense form for the given blank.

10. (c) To burn one's fingers mean to suffer from meddling in something.

11. (b) The noun form of 'innocent' is 'innocence'.

12. (c) 'Hamlet' means small village or a group of houses.

13. (a) 'Sweet' is the correct alternative for the given blank.

14. (d) 'In a pickle' means in a difficult or unpleasant situation. Hence, option (d) is its correct answer.

15. (c) 'Got on well' means to have a friendly relationship.

16. (c) 'A film based on this novel has been made', is the correct passive voice of the given sentence as the sentence is in present perfect tense and to made it in Passive voice 'has been' should be used.

17. (b) The given sentence is in Indirect speech, so its correct Direct speech is– He said to his servant, "Do as you are told".
The structure to be follow is – Verb_1 + Conjunction + Subject + Auxiliary + Verb

18. (c) The correct sequence is 'RQSP' to make the meaning sentence, i.e. "Around the world, people are wrestling with the question of humane death especially in the face of painful terminal diseases."

19. (d) The correct sequence is QSRP.

20. (b) Use past indefinite (Did they receive) in place of 'had received' as simple past is used after 'no sooner' in sentence containing conjuction 'no sooner.........than'.

सेक्शन II सामान्य जागरूकता, गणित एवं तर्कशक्ति

1. (a) 15-30 अप्रैल, 2024 को राष्ट्रीय डोपिंग रोधी एजेन्सी (NADA) ने स्वच्छ खेलों के प्रति जागरूकता बढाने के उद्देश्य से # Play True अभियान चलाया। इस अभियान में देश भर के 12,133 से अधिक प्रतिभागियों ने भाग लिया। इस अभियान का उद्देश्य स्वच्छ खेलों व डोपिंग रोधी प्रथाओ के प्रति जागरूकता बढ़ाना था।

2. (d) एक्सेल में वर्कबुक 'वर्कशीट्स' का संग्रह है। माइक्रोसॉफ्ट एक्सेल एक पावर फुल स्प्रेडशीट प्रोग्राम है, जो डाटा को व्यवस्थित करने, निर्णय तक पहुँचाने, ग्राफ, व्यवस्थित डाटा को वेब पर पब्लिश करने तथा रियल टाइम को एक्सेस करने की सुविधा देता है।

3. (a) तिब्बत या पामीर का पठार विश्व का सबसे ऊँचा पठार है। इस पठार की औसत ऊँचाई समुद्र तल से 4500 मीटर या 14,800 फुट है। विश्व के 8000 मीटर से ऊँचे सभी 14 पहाड़ या पर्वत इसी क्षेत्र में पाए जाते हैं। इस कारण इसे 'दुनिया की छत' भी कहा जाता है। इस पठार का विस्तार दक्षिण में हिमालय पर्वत श्रृंखला से लेकर उत्तर में टकलामकान रेगिस्तान तक विस्तृत है।

4. (d) शिवाजी II पर पेशवाओं की विजय के बाद मराठा साम्राज्य की राजधानी पूना (पुणे) बन गई थी। पेशवा (मराठा का प्रधानमन्त्री) स्वयं पुणे (पूना) में रहता था। 1707 ई. में शम्भाजी के पुत्र साहू तथा शिवाजी II की संरक्षिका ताराबाई के बीच खेड़ा का युद्ध हुआ था, जिसमें साहू विजयी रहा। साहू के नेतृत्व में ही मराठा साम्राज्य में पेशवा पद का सृजन हुआ, जो पहले पेशवा के साथ वंशानुगत हो गया। मराठा साम्राज्य के प्रथम पेशवा बालाजी विश्वनाथ (1713-1720 ई. तक) थे, जबकि अन्तिम पेशवा बाजीराव II (1796-1818 ई.) था, जो अंग्रेजों की सहायता से पेशवा बना था।

5. (c) 'काजीरंगा नेशनल पार्क' भारत के असम राज्य के गोलाघाट, नागाँव जिले के बीच स्थित है। यह पार्क एक सींग वाले भारतीय गेण्डा के लिए विश्व प्रसिद्ध है। इस पार्क का क्षेत्रफल 430 किमी^{2} है। वर्ष 1974 में इसे नेशनल पार्क का दर्जा दिया गया।

6. (d) वाष्पोत्सर्जन की प्रक्रिया पौधों में जड़ों से पत्तियों तक पानी व खनिजों के अवशोषण व उपरिमुखी गति में सहायता करती है। वाष्पोत्सर्जन की प्रक्रिया द्वारा पौधे मिट्टी से अवशोषित जल का उपयोग कर शेष जल को पत्तियों पर उपस्थित रन्ध्रों के माध्यम से वाष्प के रूप में शरीर से बाहर निकाल देते हैं। वाष्पोत्सर्जन की प्रक्रिया मुख्यतः दिन के समय होती है तथा वाष्पोत्सर्जन की दर को पोटोमीटर नामक यन्त्र की सहायता से मापा जाता है।

7. (c) भारतीय संविधान में लोकसभा व विधानसभा का सदस्य बनने की न्यूनतम आयु 25 वर्ष है। लोकसभा व विधानसभा के सदस्यों का कार्यकाल 5 वर्ष का होता है, लेकिन इन्हें कार्यकाल पूर्ण होने से पूर्व भी पद से हटाया जा सकता है।

8. (b) $\because$ 40 छात्रों की औसत आयु = 15 वर्ष

$\therefore$ 40 छात्रों की आयु का योग = औसत × कुल छात्र = 40 × 15 = 600 वर्ष

तथा 10 नए छात्रों के प्रवेश लेने पर औसत आयु = 15 + 0.2 = 15.2 वर्ष

$\therefore$ सभी (40 + 10) = 50 छात्रों की आयु का योग = 15.2 × 50 = 760 वर्ष

10 नए छात्रों की आयु का योग = 760 − 600 = 160 वर्ष

$\therefore$ 10 नए छात्रों की औसत आयु

$$= \frac{\text{छात्रों की कुल आयु}}{\text{छात्रों की कुल संख्या}}$$

$$= \frac{160}{10} = 16 \text{ वर्ष}$$

9. (a) पहली संख्या : दूसरी संख्या = 4 : 5

तथा पहली संख्या : तीसरी संख्या = 1 : 2 = 4 : 8 [$\because$ 4 की गुणा करने पर]

$\therefore$ पहली संख्या : दूसरी संख्या : तीसरी संख्या = 4 : 5 : 8

माना तीनों संख्याएँ क्रमशः $4x$, $5x$ तथा $8x$ हैं,

तब $4x + 5x + 8x = 51$

$\Rightarrow \quad 17x = 51$

$\therefore \quad x = \frac{51}{17} = 3$

अतः तीनों संख्याओं का गुणनफल

$= 4x \times 5x \times 8x = 160 \times (3)^3$

$= 160 \times 27 = 4320$

10. (a) माना घनों की भुजाएँ $a = 3$ सेमी, $b = 4$ सेमी, $c = 5$ सेमी

$\therefore$ बड़े घन की भुजा

$= \sqrt[3]{a^3 + b^3 + c^3}$

$= \sqrt[3]{3^3 + 4^3 + 5^3} = \sqrt[3]{27 + 64 + 125}$

$= \sqrt[3]{216} = 6$ सेमी

11. (a) माना दूसरी ट्रेन, पहली ट्रेन को स्टेशन से x किमी दूर पकड़ लेती है तब प्रश्नानुसार,

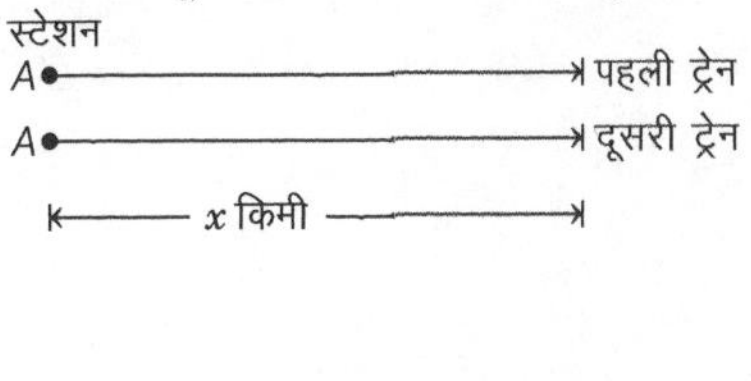

अब, दूसरी ट्रेन की चाल $= \frac{\text{दूरी}}{\text{समय}} = 70 = \frac{x}{5}$

$\therefore \quad x = 350$ किमी/घण्टा

अतः पहली ट्रेन की चाल $= \frac{x}{7}$ किमी/घण्टा

$= \frac{350}{7} = 50$ किमी/घण्टा

12. (b) माना 20% लाभ पर बेची गई कुर्सी का क्रय मूल्य ₹ x है। तब प्रश्नानुसार, दोनों कुर्सियों का विक्रय मूल्य समान है,

($x + x$ का 20%)

$= (1000 - x) - (1000 - x)$ का 20%

$\Rightarrow \frac{120}{100} \times x = \frac{80}{100} \times (1000 - x)$

$\Rightarrow \quad 3x = 2(1000 - x)$

$\Rightarrow \quad 3x = 2000 - 2x$

$\Rightarrow \quad 5x = 2000$

$\therefore \quad x = ₹ 400$

तथा दूसरी कुर्सी का क्रय मूल्य

= 1000 − 400 = ₹ 600

13. (a) 45, 60 और 125 का ल.स.

5	45, 60, 125
5	9, 12, 25
5	9, 12, 5
3	9, 12, 1
3	3, 4, 1
4	1, 4, 1
	1, 1, 1

$= 5 \times 5 \times 5 \times 3 \times 3 \times 4$

$= 4500$ मिनट $= \frac{4500}{60}$ घण्टे

[$\because$ 1 मिनट $= \frac{1}{60}$ घण्टे] = 75 घण्टे

अतः तीनों घण्टियाँ एकसाथ पुनः गुरुवार को (उसी सप्ताह) 1 बजे अपराह्न

[$\because$ 72 घण्टे + 3 घण्टे या (24 × 3) 3 दिन + 3 घण्टे बाद] बजेंगी।

14. (a) $\frac{8^3 - 9^3}{8^2 + 8 \times 9 + 9^2} = ?$

$\Rightarrow \quad ? = \frac{(8-9)(8^2 + 8 \times 9 + 9^2)}{(8^2 + 8 \times 9 + 9^2)}$

[$\because a^3 - b^3 = (a - b)(a^2 + ab + b^2)$]

$\therefore \quad ? = 8 - 9 = -1$

15. (a) ताश की गड्डी में दो काले समूह-हुकुम और चिड़डी होते हैं, तब कुल '10' की संख्या = 2

अतः अभीष्ट प्रायिकता $= \frac{2}{52} = \frac{1}{26}$

16. (b) दी गई श्रेणी का क्रम निम्न प्रकार है,

35 → 35 → 33 → 99 → 95 → 475 → **469**

(×1, −2, ×3, −4, ×5, −6)

$\therefore \quad ? = 469$

17. (a) जिस प्रकार, 2 → 10 → 28 ($\times 5$, $\times 2.8$)

उसी प्रकार, 4 → 20 → 56 ($\times 5$, $\times 2.8$)

18. (a) जिस प्रकार, $\sqrt{64}+\sqrt{36}=8+6=14$

तथा $\sqrt{25}+\sqrt{49}=5+7=12$

उसी प्रकार, $\sqrt{81}+\sqrt{16}=9+4=\boxed{13}$

19. (c) मोहन का गमन-पथ इस प्रकार है,

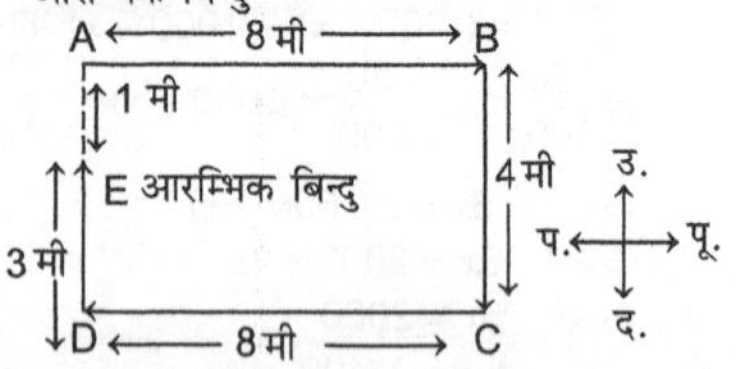

$\therefore$ प्रारम्भिक स्थान से दूरी (AE) = AD – DE ,

= BC – ED = 4 – 3 = 1 मी

20. (d) जिस प्रकार, $6\times8\times2 \longrightarrow 2\ 6\ 8$

तथा $1\times2\times3 \longrightarrow 3\ 1\ 2$

उसी प्रकार, $9\times7\times5 \longrightarrow \boxed{5\ 9\ 7}$

21. (a) $2197=(13)^3$;

$1331=(11)^3$

और $4913=(17)^3$

परन्तु 2379 किसी भी संख्या का घन नहीं है।

22. (a) प्रश्नानुसार,

[7] 92 → God [is] good

8 ④ [7] → Rose [is] (beautiful)

5 ④ 6 → Children are (beautiful)

$\therefore$ rose → 8

23. (b) रक्त सम्बन्ध आरेख निम्न प्रकार है।

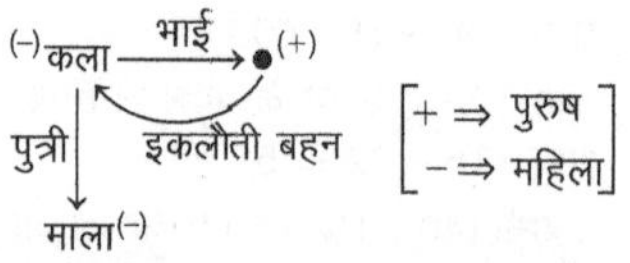

कला के भाई की इकलौती बहन स्वयं कला हुई। अतः माला, कला की पुत्री है।

24. (c) प्रश्न आकृति (X), उत्तर आकृति (c) में सन्निहित है।

25. (b) उत्तर आकृति (b) प्रश्न आकृति के पैटर्न को पूरा करेगी।

26. (d) उत्तर आकृति (d) प्रश्न आकृति के टुकड़ों से बनाई जा सकती है।

27. (a) जिस प्रकार,

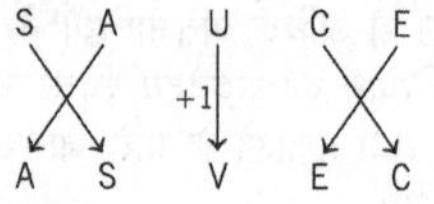

उसी प्रकार,

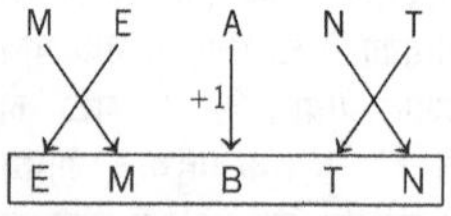

28. (b) जिस प्रकार, प्रथम युग्म की पहली आकृति का दर्पण प्रतिबिम्ब दूसरी आकृति है उसी प्रकार, द्वितीय युग्म की पहली आकृति का दर्पण प्रतिबिम्ब उत्तर आकृति (b) होगा।

29. (c) प्रश्नानुसार,

दी गई संख्या, 6 [8] 3 7 9 4 [1]

अंकों को घटते (अवरोही) क्रम में व्यवस्थित करने पर, 9 [8] 7 6 4 3 [1]

अतः केवल दो अंकों (8 और 1) के स्थान अपरिवर्तित रहेंगे।

30. (c) प्रत्येक क्रमागत आकृतियों में पहले प्रतीक का जल प्रतिबिम्ब, दूसरे प्रतीक का दर्पण प्रतिबिम्ब और तीसरा प्रतीक समान अवस्था में बांईं ओर प्रतिस्थापित हो रहा है। उत्तर आकृति (c) प्रश्न में दी गई श्रेणी को पूरा करेगी और अगले स्थान पर आएगी।

भारतीय वायु सेना

अग्निवीर वायु फेज-1

(ग्रुप-Y) विज्ञान विषय के अतिरिक्त

प्रैक्टिस सेट 12

समय : 45 मिनट **पूर्णांक** : 50

निर्देश

1. इस प्रैक्टिस सेट में कुल 50 प्रश्न हैं तथा परीक्षा की अवधि 45 मिनट है।
2. प्रत्येक सही उत्तर के लिए 1 अंक का प्रावधान है।
3. गलत उत्तर के लिए 0.25 नकारात्मक अंक का प्रावधान है।

सेक्शन I ➤ अंग्रेजी भाषा

Directions (Q. Nos. 1-5) *Read the following passage carefully and answer the questions that follow.*

Most of us are not very good listeners. We tend to believe that at meetings we shall be judged by the amount we can contribute in sheer volume of words rather than how much we absorb other people's ideas. When we are listening, or think we are, we find it almost impossible to stop talking to ourselves. We assume that what the other person is saying, is dreary and pointless. We don't open our mouth, of course, because that is just plain bad manners, but we do tend to use our listening moment to work out and rehearse what we hope to say. Again and again at meetings you will hear people hotly denouncing views that have never been put forward or defending to the last breath those that have never been attacked. We live in a competitive world and most of us are concerned with putting our own ideas across or beating the other in argument about their ideas.

1. At meetings, we believe we shall be judged by the
(a) number of questions we put to the speaker
(b) noise we make while others are speaking
(c) volume of words we contribute
(d) amount of ideas we absorb from others

2. 'It is just plain bad manners', this refers to
(a) talking to ourselves
(b) using offensive language
(c) sleeping soundly while somebody is talking
(d) interrupting the speaker frequently

3. Often at times, you will hear people hotly denouncing
(a) views held universally
(b) views that have never been put forward
(c) absurd arguments put forward by others
(d) views that are opposed to their own

4. 'Dreary' in the present context means
(a) humorous (b) lively
(c) provocative (d) uninteresting

5. Which one of the following is a synonym for 'denouncing'?
(a) Praise (b) Defend
(c) Slow (d) Criticise

Direction (Q. No. 6) *Find the wrongly spelt word.*

6. (a) Capracious (b) Auspicious
(c) Fallicious (d) Dalicious

Directions (Q. Nos. 7 and 8) *Choose the word opposite in meaning to the given word.*

7. Approached
(a) Retreated (b) Reached
(c) Arrived (d) Reproached

8. Include
(a) Embrace (b) Embody
(c) Eliminate (d) Enclose

Directions (Q. Nos. 9 and 10) *Choose the word similar in meaning to the word given.*

9. Prudent
(a) Skilled (b) Experience
(c) Cautious (d) Criminal

10. Panacea
(a) Flatter (b) Praise
(c) Inactivity (d) Cure-all

Directions (Q. Nos. 11-14) *Choose the correct alternative to fill in the given blanks.*

11. Open the Window,......?
(a) don't you (b) aren't you
(c) will you (d) should you

12. Throw a stone .... the fierce dog.
(a) at (b) upon
(c) on (d) above

13. The sound effects .... by the recording director.
(a) are provided (b) being provide
(c) been provided (d) provided

14. We heard that the Richards .... their house recently.
(a) had shifted
(b) have shifted
(c) will shift
(d) are shifting

Directions (Q. Nos. 15-17) *Find out which part of the sentence has an error.*

15. You need not tell a lie(a)/ when the judge asks you where you were (b)/ when the crime was committed. (c)/ No error (d)

16. The reason Navita (a)/ felt exhausted was (b)/ because she worked non-stop for 12 hours. (c)/ No error (d)

17. Once an ant (a)/ had a argument (b)/ with an elephant. (c) / No error (d)

18. Verb form of 'Simple' is
(a) simplicity
(b) simpling
(c) simplify
(d) simpleness

19. Choose the indirect form of given sentence.
The employer said to him, "I shall pay your wages tomorrow".
(a) The employer told him that he would pay his wages the next day.
(b) The employer said that he shall pay your wages the next day.
(c) The employer said that I shall pay my wages the next day.
(d) The employer told him that he shall pay his wages the next day.

20. Select the most appropriate option that can substitute the underline segment in the given sentence. If there is no need to substitute it, select 'No improvement required'.
The small child does whatever his father <u>was done</u>.
(a) has done (b) does
(c) did
(d) No improvement required

सेक्शन II ➤ सामान्य जागरूकता, गणित एवं तर्कशक्ति

1. रेडियोएक्टिव विकिरण की गणना किस यन्त्र से की जाती है?
(a) डायनमोमीटर
(b) गीगर-मूलर काउण्टर
(c) मैकमीटर
(d) रेडियोमीटर

2. अप्रैल, 2024 में केन्द्र सरकार द्वारा शुरू की गई 'नमस्ते योजना' किससे सम्बन्धित है?
(a) स्वच्छता कर्मियों
(b) कृषि श्रमिक
(c) स्वास्थ्य कार्यकर्ता
(d) निर्माण श्रमिक

3. निम्न में से कौन एक उच्च स्तरीय प्रोग्रामिंग भाषा है?
(a) कोबोल (b) फॉरट्रॉन
(c) बेसिक (d) ये सभी

4. किस धर्म के भिक्षुओं के लिए चैत्य और विहारों का निर्माण किया गया था?
(a) यहूदी (b) ईसाई
(c) बौद्ध (d) हिन्दू

5. किस खेल से 'वजीर', 'घोड़ा', 'राजा' और 'रानी' शब्द सम्बन्धित हैं?
(a) बैडमिण्टन (b) बिलियर्ड्स
(c) शतरंज (d) टेनिस

6. किस राज्य में विधानसभा के सदस्यों की संख्या सर्वाधिक है?
(a) बिहार (b) आन्ध्र प्रदेश
(c) तमिलनाडु (d) उत्तर प्रदेश

7. किस नदी को 'बंगाल का शोक' कहा जाता है?
(a) गंगा (b) कोसी
(c) दामोदर (d) स्वर्ण रेखा

8. यदि एक व्यक्ति का वेतन पहले साल 11% बढ़ता है और दूसरे साल 11% कम हो जाता है, तो आरम्भिक वेतन के सापेक्ष तीसरे साल के आरम्भ में उसके वेतन में कितने प्रतिशत परिवर्तन होगा?
(a) + 1.22 (b) – 1.23
(c) – 1.21 (d) + 1.21

9. एक टेबल के दो पायों की लम्बाई का अनुपात 5 : 7 है। यदि उनके बीच का अन्तर 18 मी है, तो बड़े पाये की लम्बाई कितनी होगी?
(a) 63 मी (b) 56 मी
(c) 50 मी (d) 69 मी

10. A और B मिलकर एक कार्य को 72 दिनों में करते हैं। B और C उसे 120 दिनों में तथा C और A उसे 90 दिनों में पूरा कर सकते हैं। तद्नुसार, यदि A, B और C तीनों मिलकर कार्य करें, तो वे 3 दिनों में कितना कार्य कर देंगे?
(a) $\frac{1}{40}$ (b) $\frac{1}{30}$ (c) $\frac{1}{20}$ (d) $\frac{1}{10}$

11. $\dfrac{5}{5+\dfrac{1}{5+\dfrac{1}{5}}}$ का मान है
(a) $\frac{26}{135}$ (b) $\frac{130}{135}$ (c) $\frac{135}{26}$ (d) $\frac{135}{130}$

12. दो टॉवरों के बीच की क्षैतिज दूरी 60 मी हैं। पहले टॉवर के शीर्ष से दूसरे टॉवर के शीर्ष का अवनमन कोण 45° है। यदि दूसरे टॉवर की ऊँचाई 130 मी है, तो पहले टॉवर की ऊँचाई ज्ञात कीजिए।
(a) 60 मी (b) 70 मी
(c) 50 मी (d) 30 मी

13. एक तैराक स्थिर जल में 9 किमी/घण्टा की गति से तैरने पर यह पाता है कि उसे धारा की दिशा में एक निश्चित दूरी तय करने में लगा समय, धारा की विपरीत दिशा में उतनी ही दूरी तय करने में लगे समय का आधा है। जल की गति ज्ञात करें।
(a) 5 किमी/घण्टा (b) 3 किमी/घण्टा
(c) 8 किमी/घण्टा (d) 10 किमी/घण्टा

14. A को उसके पिता की सम्पत्ति का $\frac{2}{5}$ हिस्सा प्राप्त होता है, जिसमें से वह $\frac{1}{3}$ दान कर देता है। यदि उसने ₹ 16858 दान किए, तो उसे अपने पिता की सम्पत्ति से कितने रुपए मिले?
(a) ₹ 252870 (b) ₹ 50574
(c) ₹ 42145 (d) ₹ 126435

15. विजय ₹ 14 प्रति दर्जन की दर से केले बेचता है और 40% का लाभ अर्जित करता है। बाद में केले का क्रय मूल्य 30% बढ़

जाता है। यदि विक्रय मूल्य समान रखा जाता है, तो उसका नया लाभ प्रतिशत क्या है?
(a) 7.69% (b) 9.09%
(c) 8.33% (d) 7.14%

16. संमित्रा उत्तर दिशा की ओर 4 किमी चलकर दाएँ घूमकर 5 किमी जाता है। दक्षिण की ओर घूमकर 2 किमी चलता है। फिर वह पश्चिम की ओर मुड़कर 3 किमी जाता है और कुछ देर के लिए रुकता है। वह फिर 2 किमी चलता है। आरम्भिक स्थान से संमित्रा कितनी दूर है?
(a) 16 किमी (b) 2 किमी
(c) 4 किमी (d) 3 किमी

17. यदि C = 3 और CAT = 24, तो FAULT क्या है?
(a) 60 (b) 57 (c) 64 (d) 72

18. A का अर्थ है +, B से अभिप्राय है −, C का अर्थ है ×, और D का अर्थ है ÷, तब (3 A 5 B 2) C 4 D 6 = ?
(a) 3 (b) 4
(c) 5 (d) 6

19. निम्नलिखित प्रत्येक प्रश्न में, दिए गए विकल्पों में से लुप्त संख्या ज्ञात कीजिए।

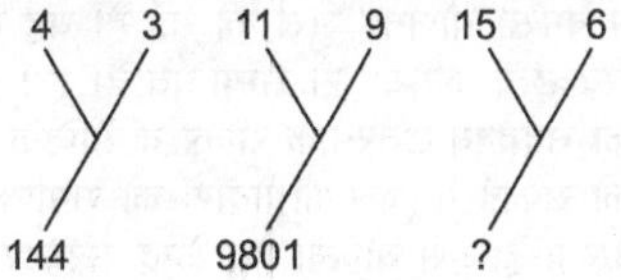

(a) 2250 (b) 8100
(c) 11036 (d) 1216

20. यदि एक कूट भाषा में, 'PUTREFY' लिखा जाता है 'XPQSTRL' और 'NAVIGATE' लिखा जाता है 'GYMOWYQT', तो उस कूट भाषा में 'AVIARY' किस प्रकार लिखा जाएगा?
(a) YOMYLS (b) YMOYLS
(c) YMOYSL (d) YOMYSL

21. दिए गए विकल्पों में, लुप्त संख्या को ज्ञात कीजिए।
1, 2, 4, 3, 9, 4, 16, 5, ?, ?
(a) 6, 24 (b) 9, 21
(c) 5, 25 (d) 8, 30

22. कागज के एक टुकड़े को मोड़ा जाता है और उसमें छेद किया जाता है, जैसा कि नीचे प्रश्न आकृतियों में दिखाया गया है। दी गई उत्तर आकृतियों में से, बताइए कि खोले जाने के बाद वह किस उत्तर आकृति के समान दिखाई देगी?

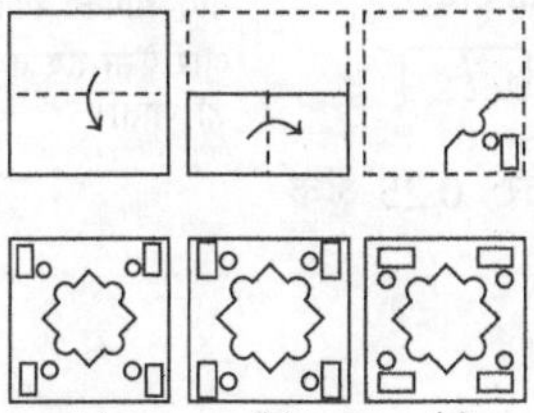

(a) (b) (c) (d)

23. लड़कों की एक पंक्ति में, श्रीनाथ बाएँ से सातवाँ है तथा वेंकट दाएँ से बारहवाँ। यदि वे अपना स्थान बदल लें, तो श्रीनाथ बाएँ से 22वें स्थान पर हो जाता है। पंक्ति में कुल कितने लड़के हैं?
(a) 19 (b) 31
(c) 33 (d) 34

24. निम्नलिखित प्रश्न में, दिए गए विकल्पों में से अलग शब्द युग्म चुनिए।
(a) क्रोकरी-कप (b) कीट-तितली
(c) उभयचर-मेंढक (d) कृंतक-छिपकली

25. शब्द 'JUSTIFY' में अक्षरों के कितने ऐसे जोडे है, जिनके बीच में उतने ही अक्षर हैं, जितने अंग्रेजी वर्णमाला में उनके बीच होते हैं?
(a) एक (b) दो
(c) तीन (d) तीन से अधिक

26. प्रकाश, गीता से लम्बा है। अमर, प्रभात से लम्बा है, लेकिन उतना लम्बा नहीं, जितना कि गीता है। प्रबोध, प्रकाश से लम्बा है। इनमें से सबसे नाटा/नाटी कौन है?
(a) प्रबोध (b) गीता
(c) प्रकाश (d) प्रभात

27. प्रभात की घड़ी में 1 से 12 तक के अंकों के स्थान पर बिन्दुगत निशान लगे हुए हैं। यदि उसकी घड़ी में 7 बज रहे हैं और उसे एक दर्पण के सामने रखें, तो दर्पण में बने प्रतिबिम्ब में उसे क्या समय दिखाई देगा?
(a) 5:35 घण्टे
(b) 6:00 घण्टे
(c) 5:00 घण्टे
(d) 8:00 घण्टे

28. दी गई आकृति में, कितने त्रिभुज हैं?

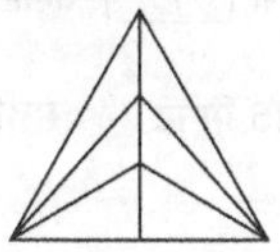

(a) 13
(b) 14
(c) 12
(d) 15

29. निम्नलिखित में से विजातीय आकृति चुनिए।

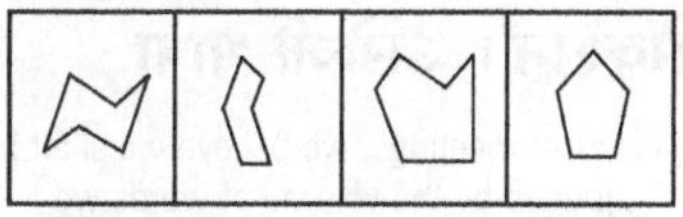

(a) (b) (c) (d)

30. नीचे दी गई उत्तर आकृतियों में से, वह उत्तर आकृति चुनिए, जो प्रश्न आकृतियों में दी गई श्रृंखला को पूरा करती हैं।

प्रश्न आकृतियाँ

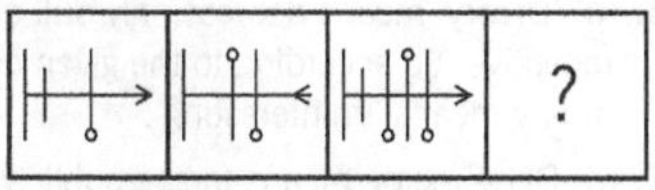

उत्तर आकृतियाँ

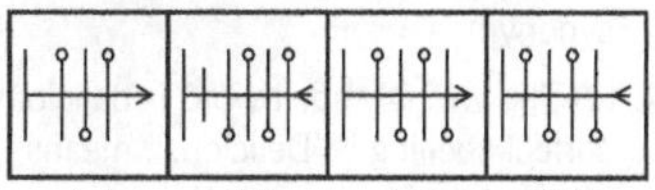

(a) (b) (c) (d)

उत्तरमाला

सेक्शन I अंग्रेजी भाषा

1 (c)	2 (d)	3 (b)	4 (d)	5 (d)	6 (d)	7 (a)	8 (c)	9 (c)	10 (d)
11 (c)	12 (a)	13 (a)	14 (b)	15 (a)	16 (c)	17 (b)	18 (c)	19 (a)	20 (b)

सेक्शन II सामान्य जागरूकता, गणित एवं तर्कशक्ति

1 (b)	2 (a)	3 (d)	4 (c)	5 (c)	6 (d)	7 (c)	8 (c)	9 (a)	10 (c)
11 (b)	12 (b)	13 (b)	14 (b)	15 (a)	16 (b)	17 (a)	18 (b)	19 (b)	20 (c)
21 (c)	22 (a)	23 (c)	24 (d)	25 (a)	26 (d)	27 (c)	28 (d)	29 (d)	30 (d)

स्कोर कार्ड

- कुल Attempted प्रश्न
  अंग्रेजी भाषा [ ] सामान्य जागरूकता, गणित एवं तर्कशक्ति [ ]
- कुल सही व गलत प्रश्न
  अंग्रेजी भाषा [/] सामान्य जागरूकता, गणित एवं तर्कशक्ति [/]
- फाइनल स्कोर (कुल सही उत्तर के अंक – गलत उत्तर के अंक)
  अंग्रेजी भाषा [/] सामान्य जागरूकता, गणित एवं तर्कशक्ति [/]

समय 45 मिनट सही उत्तर 1 अंक गलत उत्तर 0.25 अंक

- रिजल्ट
  - 10 से नीचे (किसी भी सेक्शन में) - Average (सिलेक्शन नहीं)
  - 10-18 के बीच में (कुल 35+) - Good (सिलेक्शन हो सकता है)
  - 18 से ऊपर (दोनों सेक्शन में) - Excellent (100% सिलेक्शन)
- टिप्पणी
  यदि आपका स्कोर किसी भी सेक्शन में 10 से नीचे है तब आप बार-बार प्रैक्टिस करें और ऐसा तब तक करें जब तक आपका स्कोर 10-18 (कुल 35+) के बीच में नहीं हो जाता।

संकेत एवं हल

सेक्शन I अंग्रेजी भाषा

1. (c) At meetings, we believe we shall be judged by the volume of words we contribute.

2. (d) 'It is just plain bad manners', this refers to interrupting the speaker frequently.

3. (b) Often at times, we will hear people hotly denouncing the views that have never been put forward.

4. (d) 'Dreary' means depressingly dull or repetitive. So according to the given context, dreary means 'uninteresting'.

5. (d) Denouncing means to say publicly that something is wrong, or to condemn openly. Hence, 'criticise' would be its correct synonym.

6. (d) The wrongly spelt word is dalicious. Its correct spelling is 'Delicious', means pleasing and tasteful.

7. (a) 'Approached' means to come near to somebody or something/reach. So, 'retreated' is its correct antonym which means to move backward.

8. (c) 'Include' means to add something/somebody. So, 'eliminate' is its correct antonym that means to remove.

9. (c) 'Prudent' means sensible and careful i.e. being cautious.

10. (d) 'Panacea' means solving all the problems. So, 'cure-all' is its similar meaning word.

11. (c) 'Will you' is suitable tag for the given sentence.

12. (a) 'At' is the correct preposition which is used with the word 'throw'.

13. (a) In the given sentence, subject is plural so we should use plural helping verb for proper subject-verb agreement. Hence, 'are provided' is the correct answer.

14. (b) An action done in near past uses present form of tense. Hence, 'have shifted' is its correct answer.

15. (a) Replace 'need' by 'will' because it is a command and one is expected not to tell a lie before a judge.

16. (c) 'Because' is not used with reason. It should be replaced by 'that' as 'the reason' is always followed by the conjunction 'that'.

17. (b) 'An' should be used in the place of 'a'.

18. (c) The verb form of 'simple' is 'simplify'.

19. (a) The correct indirect form of the given sentence is - 'The employer told him that he would pay his wages the next day'.

20. (b) Since the sentence is in present tense, 'was done' 'would be replaced by 'does' to make the sentence correct.

सेक्शन II सामान्य जागरूकता, गणित एवं तर्कशक्ति

1. (b) रेडियोएक्टिव विकिरण (रेडियोधर्मिता) की गणना गीगर-मूलर काउण्टर यन्त्र से की जाती है। इस उपकरण का आविष्कार वर्ष 1928 में जर्मन भौतिक वैज्ञानिक हंस गीगर द्वारा किया गया था।

2. (a) अप्रैल, 2024 में केन्द्र सरकार के सामाजिक न्याय व अधिकारिता मन्त्रालय व आवास व शहरी मामलों के मंत्रालय के नेतृत्व में नमस्ते योजना' शुरू की गई है। यह योजना 'स्वच्छता कर्मियों' से सम्बन्धित है। इस योजना का उद्देश्य खतरनाक सीवर व सैप्टिक टैंक की सफाई मैनुअल भागीदारी को समाप्त करना है। इस योजना हेतु केन्द्र सरकार द्वारा ₹ 349.73 करोड़ का प्रावधान किया गया है।

3. (d) कोबोल, फॉरट्रान, बेसिक सभी उच्चस्तरीय कम्प्यूटर प्रोग्रामिंग भाषाएँ हैं। उच्चस्तरीय प्रोग्रामिंग भाषाओं में अंग्रेजी के कुछ चुने शब्दों व साधारण गणित में प्रयोग किए जाने वाले चिह्नों का प्रयोग किया जाता है।

4. (c) बौद्ध धर्म के भिक्षुओं के लिए चैत्य व विहारों का निर्माण किया गया था। बौद्ध धर्म में बुद्ध के प्रतीक के रूप में स्तूप को पूजा जाता था, इन स्तूपों को ही चैत्य कहा जाता था। बौद्ध परम्परा के अनुसार, चैत्य गुफाएँ धार्मिक पूजा-अर्चना व चिन्तन-तपश्चर्या के लिए होती है, जबकि विहार बौद्ध भिक्षुओं के आवास के लिए बनाए जाते थे।

5. (c) शतरंज खेल से 'वजीर', 'घोड़ा', 'राजा', 'रानी' शब्द सम्बन्धित हैं। इस खेल की शुरुआत भारत में ही हुई थी। इसका प्राचीन नाम 'चतुरंग' है, जो भारत से अरब होते हुए यूरोप पहुँचा। यह खेल दो खिलाड़ियों द्वारा एक चौकोर बोर्ड पर खेला जाता है, जिसमें 64 खाने होते हैं, जो काले व सफेद रंग का होता है। इस खेल का मुख्य लक्ष्य शह व मात (चेक मेट) देना होता है।

6. (d) उत्तर प्रदेश राज्य में विधानसभा के सदस्यों की संख्या सर्वाधिक है। यहाँ विधानसभा सदस्य संख्या 403 + 1 है। एक सदस्य एंग्लो इण्डियन समुदाय के अन्तर्गत आता है। वर्तमान में उत्तर प्रदेश विधानसभा के अध्यक्ष सतीश महाना हैं।

7. (c) दामोदर नदी को 'बंगाल का शोक' कहा जाता है क्योंकि इसी नदी के किनारे कोयला व अभ्रक के प्रमुख संयन्त्र स्थापित हैं।

इन संयन्त्रों से निकलने वाले कोयले के अवशेष से इस नदी में जमाव के कारण यह नदी देश की सर्वाधिक प्रदूषित नदी कही जाती है।

यह नदी झारखण्ड के छोटा नागपुर क्षेत्र से निकलकर पश्चिम बंगाल पहुँचती है। स्वतन्त्र भारत की पहली जल विद्युत बहुउद्देशीय परियोजना 7 जुलाई, 1948 को दामोदर घाटी पर ही स्थापित की गई थी।

8. (c) यहाँ, $x = +11\%$ तथा $y = -11\%$

$\therefore$ अभीष्ट प्रतिशत परिवर्तन

$= x + y + \frac{xy}{100} = 11 - 11 - \frac{11 \times 11}{100}$

$= \frac{-121}{100} = -1.21\%$ (कमी)

अतः आरम्भिक वेतन के सापेक्ष, अन्तिम वेतन में 1.21% की कमी हो जाएगी।

9. (a) माना टेबल के दो पायों की लम्बाई क्रमशः $5x$ व $7x$ हैं।

प्रश्नानुसार, पायों की लम्बाई के बीच अन्तर $= 18$ मी

$\Rightarrow 7x - 5x = 18$

$\Rightarrow \quad 2x = 18$

$\Rightarrow \quad x = 9$

$\therefore$ बड़े पाये की लम्बाई $= 7 \times 9 = 63$ मी

10. (c) A और B का 1 दिन का कार्य $= \frac{1}{72}$

B और C का 1 दिन का कार्य $= \frac{1}{120}$

C और A का 1 दिन का कार्य $= \frac{1}{90}$

$\therefore A, B$ और C का 1 दिन का कार्य

$= \frac{1}{2}\left(\frac{1}{72} + \frac{1}{120} + \frac{1}{90}\right)$

$= \frac{1}{2} \times \left(\frac{5+3+4}{360}\right) = \frac{1}{60}$

अतः A, B और C का 3 दिन का कार्य

$= \frac{3}{60} = \frac{1}{20}$

11. (b) $\frac{5}{5+\frac{1}{5+\frac{1}{5}}} = \frac{5}{5+\frac{1}{\frac{26}{5}}} = \frac{5}{5+\frac{5}{26}}$

$= \frac{5}{\frac{130+5}{26}} = \frac{5}{\frac{135}{26}} = \frac{5 \times 26}{135} = \frac{130}{135}$

12. (b) माना पहले टॉवर की ऊँचाई h मी है।

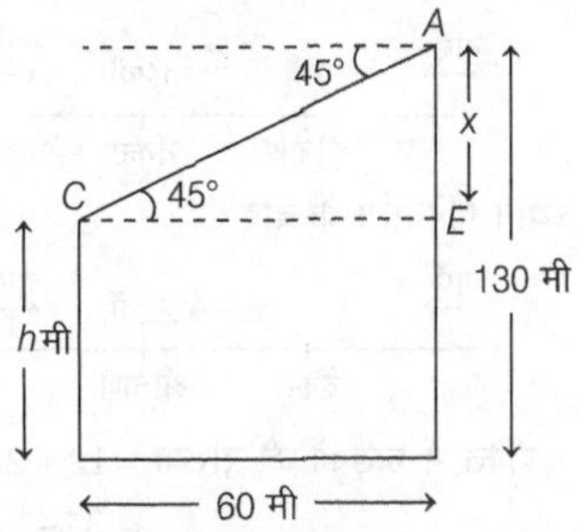

ΔCEA में, $\tan 45° = \frac{AE}{CE} = \frac{x}{60}$

$\Rightarrow \quad 1 = \frac{x}{60}$

$\Rightarrow \quad x = 60$ मी

$\therefore$ पहले टॉवर की ऊँचाई, $h = 130 - x$

$= 130 - 60 = 70$ मी

13. (b) माना जल की गति $= x$

धारा की दिशा में तैराक की गति $= x + 9$

धारा की विपरीत दिशा में तैराक की गति $= 9 - x$

धारा की दिशा में,

समय $= \frac{\text{दूरी}}{\text{चाल}} = \frac{D}{x+9}$

धारा की विपरीत दिशा में,

समय $= \frac{D}{9-x}$

प्रश्नानुसार, $\frac{D}{x+9} = \frac{1}{2} \times \frac{D}{9-x}$

$\Rightarrow \quad 2(9 - x) = x + 9$

$\Rightarrow \quad 18 - 2x = x + 9$

$\Rightarrow \quad 9 = 3x$

$x = 3$

अतः जल की गति 3 किमी/घण्टा है।

14. (b) माना A के पिता की सम्पत्ति ₹ x है।

तब प्रश्नानुसार, A को प्राप्त हिस्सा = ₹ $\frac{2}{5}x$

दान किया गया भाग $= \frac{2}{5}x$ का $\frac{1}{3}$

$\Rightarrow \quad 16858 = \frac{2}{15} \times x$

$\therefore \quad x = \frac{16858 \times 15}{2}$

= ₹126435

तब, A को प्राप्त हिस्सा $= 126435 \times \frac{2}{5}$

= ₹ 50574

15. (a) दिया है,

12 केलों का विक्रय मूल्य = ₹14

$\therefore$ 1 केले का विक्रय मूल्य = ₹ $\frac{14}{12}$

लाभ प्रतिशत = 40%

तब, 1 केले का क्रय मूल्य

$= \frac{14}{12} \times \frac{100}{(100+40)}$

$= \frac{1400}{12 \times 140}$

= ₹ $\frac{10}{12}$

प्रश्नानुसार, केले का क्रय मूल्य 30% बढ़ जाने पर,

अब 1 केले का क्रय मूल्य

= ₹ $\frac{10}{12} \times \frac{130}{100}$

= ₹ $\frac{13}{12}$

$\therefore$ अभीष्ट नया लाभ %

$= \frac{\left[\left(\frac{14}{12}\right) - \left(\frac{13}{12}\right)\right]}{\left(\frac{13}{12}\right)} \times 100$

$= \frac{1}{13} \times 100$

$= 7.69\%$

16. (b) संमित्रा का गमन-पथ इस प्रकार है

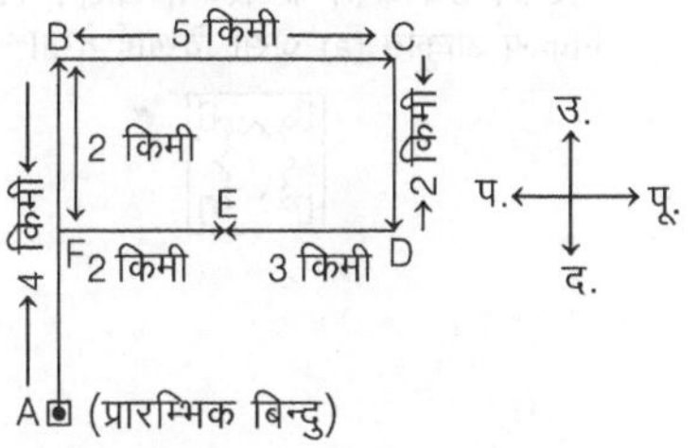

अतः आरम्भिक बिन्दु से दूरी

= AF = AB – BF = AB – CD

= 4 – 2 = 2 किमी

17. (a) जिस प्रकार, C = 3

(अंग्रेजी वर्णमाला में स्थान)

तथा CAT = 3 + 1 + 20 = 24

उसी प्रकार,

FAULT = 6 + 1 + 21 + 12 + 20 = **60**

18. (b) दिया है, $A \to +, B \to -, C \to \times, D \to \div$

प्रश्नानुसार, (3 A 5 B 2) C 4 D 6

$\Rightarrow \quad (3 + 5 - 2) \times 4 \div 6$

$= (6) \times 4 \div 6$

$= \frac{6 \times 2}{3} = 4$

19. (b) जिस प्रकार, $4 \times 3 = 12$ एवं $(12)^2 = 144$

तथा $11 \times 9 = 99$

एवं $(99)^2 = 9801$

उसी प्रकार, $15 \times 6 = 90$

एवं $(90)^2 =$ **8100**

20. (c) जिस प्रकार,

P U T [R] E F [Y]
↓ ↓ ↓ ↓ ↓ ↓ ↓
X P Q [S] T R [L]

तथा

N [A] [V] [I] G [A] T E
↓ ↓ ↓ ↓ ↓ ↓ ↓ ↓
G [Y] [M] [O] W [Y] Q T

उसी प्रकार,

A V I A R Y
↓ ↓ ↓ ↓ ↓ ↓
[Y M O Y S L]

21. (c) संख्या शृंखला का क्रम इस प्रकार है

1 2 4 3 9 4 16 [5] [25]

(+1 : 2 → 3, 3 → 4, 4 → 5)

1 = $(1)^2$, 4 = $(2)^2$, 9 = $(3)^2$, 16 = $(4)^2$, 25 = $(5)^2$

22. (a) अतः दिए गए क्रमानुसार, कागज को मोड़कर छेद करने के पश्चात् खोलने पर, यह विकल्प आकृति (a) जैसा दिखाई देगा।

23. (c) प्रश्नानुसार,

बाएँ → 7वाँ (श्रीनाथ) ... 12वाँ (वेंकट) ← दाएँ

स्थान परिवर्तन के बाद,

बाएँ → (वेंकट) ... → 22वाँ (श्रीनाथ) ← दाएँ

∴ पंक्ति में लड़कों की संख्या = 12 + 22 − 1
= 34 − 1 = 33

24. (d) दिए गए विकल्पों में, 'कृंतक-छिपकली' अलग शब्द युग्म है क्योंकि, अन्य सभी में प्रथम शब्द वर्ग समूह है तथा दूसरा शब्द समूह का एक प्रणाली है जबकि, विकल्प (d) ऐसा नहीं है।

25. (a) प्रश्नानुसार,

10 21 19 20 9 6 25
J U S T I F Y

∴ अक्षर-युग्म = ST = एक।

26. (d) प्रश्नानुसार, लम्बाई के क्रम में व्यवस्थित करने पर,

प्रबोध > प्रकाश > गीता > अमर > [प्रभात]

अतः इनमें से सबसे नाटा 'प्रभात' है।

27. (c) प्रतिबिम्बित समय

= 12 : 00 − वास्तविक समय

= 12 : 00 − 7 : 00 = 5 : 00

अतः दर्पण में 5 : 00 बजा हुआ दिखाई देगा।

28. (d) आकृति में बिन्दुओं के नाम रखने पर, दी गई आकृति में, निम्न त्रिभुज है

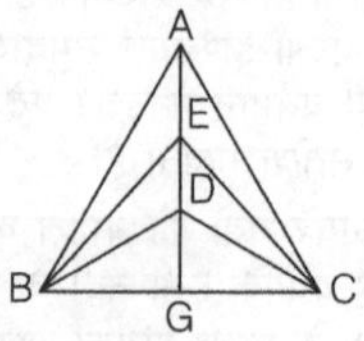

ΔBGD, ΔBGE, ΔBGA, ΔCGD, ΔCGE, ΔCGA, ΔBDC, ΔBEC, ΔBAC, ΔABD, ΔABE, ΔACD, ΔACE, ΔBED, ΔCED

अतः दी गई आकृति में, कुल 15 त्रिभुज हैं।

29. (d) अन्य सभी आकृतियाँ कुल छः रेखाओं से बनी हैं, जबकि आकृति (d) कुल पाँच रेखाओं से बनी है।

30. (d) दी गई प्रश्न आकृतियों में, पहली आकृति से दूसरी आकृति में देखने पर ज्ञात होता है कि छोटी रेखा गायब हो जाती है तथा छोटे वृत्त वाली रेखा की विपरीत दिशा में एक नयी छोटे वृत्त वाली रेखा उत्पन्न हो जाती है तथा तीर के निशान की दिशा विपरीत हो जाती है तथा अगली आकृति में एक छोटी रेखा उत्पन्न होने के साथ ही एक और छोटे वृत्त वाली रेखा विपरीत दिशा में उत्पन्न हो जाती है तथा तीर के निशान की दिशा फिर से पलट जाती है। तब, इस प्रकार उत्तर आकृति (d) प्राप्त होगी।

भारतीय वायु सेना

अग्निवीर वायु फेज-1

(ग्रुप-Y) विज्ञान विषय के अतिरिक्त

प्रैक्टिस सेट 13

समय : 45 मिनट

पूर्णांक : 50

निर्देश

1. इस प्रैक्टिस सेट में कुल 50 प्रश्न हैं तथा परीक्षा की अवधि 45 मिनट है।
2. प्रत्येक सही उत्तर के लिए 1 अंक का प्रावधान है।
3. गलत उत्तर के लिए 0.25 नकारात्मक अंक का प्रावधान है।

सेक्शन I ➛ अंग्रेजी भाषा

Directions (Q. Nos. 1-4) *Read the following passage carefully and answer the questions that follow.*

Self-directed learning, in its broadest meaning, describes a process in which individuals take the initiative with or without the help of others, in diagnosing their learning needs formulation learning goals, identifying resources for learning, choosing and implementing learning strategies and evaluating learning outcomes.

Thus it is important to attain new knowledge easily and skillfully for the rest of his or her life. What is the need for self-directed learning? One reason is that there is convincing evidence that people, who take the initiative in learning, learn more things and learn better than people who sit at the feet of teachers passively waiting to be taught. The second reason is that self-directed learning is more in tune with our natural processes of psychological development; an essential aspect of maturing is developing the ability to take increasing responsibility of our own lives to become increasingly self-directed.

The third reason is that many of the new developments in education put a heavy responsibility on the learners to take a good deal of initiative in their own learning. To meet the challenges in today's instructive environment, self-directed learning is most essential.

1. In self-directed learning, an individual
(a) takes initiative with or without the help of others
(b) is passive and waits for directions
(c) is helpless and dependent
(d) takes initiative, without an objective

2. There is need for self-directed learning because
(a) it is less challenging
(b) it helps people to learn more things and learn better
(c) it is a more cost-effective method
(d) it is a modern method of learning

3. The modern environment according to the author is
(a) restrictive
(b) instructive
(c) less developed
(d) impracticable

4. The synonym of the word 'diagnosing' is
(a) searching
(b) examining
(c) identifying
(d) complying

Directions (Q. Nos. 5 and 6) *Choose the sentence that have the correct use of noun.*

5. (a) The jury is consisted of five intelligent judges.
(b) The jury consist of five intelligent judges.
(c) The juries consists of five intelligent judges.
(d) The jury consists of five intelligent judges.

6. (a) My uncle is in the teaching line.
(b) My uncle in the teaching techniques.
(c) My uncle is in the teaching profession.
(d) My uncle in the teaching professions.

Directions (Q. Nos. 7-9) *Fill in the blanks with correct form of verbs.*

7. She .... me stop the car.
(a) ask (b) made
(c) got (d) tell

8. The owner of these books ....
(a) have gone
(b) were gone
(c) has gone
(d) is gone

9. Had you worked hard, you ...... passed?
(a) would (b) will
(c) would have (d) will have

10. Give one word for the following expression, choosing from the options given below.
One who is honourably discharged from service.
(a) Retired (b) Emeritus
(c) Relieved (d) Emancipated

Directions (Q. Nos. 11 and 12) *In the following question, sentences of a paragraph have been jumbled and labelled as A,B,C and D. You are required to rearrange the jumbled sentences of the paragraph and mark the correct option.*

11. A. The universities in a democracy can no longer be content with the limited goal of scholarship.
B. They are to respond to changed conditions and to new demands. They must not merely display their traditional resourcefulness but also must have the capacity for effective growth.
C. Universities in the modern world are called upon to play a crucial role in the progress of our civilisation.
D. They have to devise new programmes and take into account the needs of society.
(a) CBAD (b) CBDA
(c) CADB (d) DBAC

12. A. Parts of northern region were pounded by heavy rains today.
B. Vehicular traffic come to a near. As the sky remained heavily overcast with dark clouds reducing the visibility considerably.
C. As mid and high altitude areas of Himachal Pradesh were in grip of severe cold wave with snow lashing the tribal areas and mid ranges receiving showers.
D. A large number of tourists were forced to buy heavy wollens and stay indoors due to inclement weather.
(a) ACBD (b) CABD
(c) ADCB (d) DABC

Direction (Q. No. 13) *Select the one which best expresses the same sentence in Passive/Active voice.*

13. Who can question Gandhiji's integrity?
(a) By whom can Gandhiji's integrity can be questioned?
(b) By whom can Gandhiji's integrity be questioned?
(c) Gandhiji's integrity can be questioned by whom?
(d) Who could have questioned Gandhiji's integrity?

Direction (Q. No. 14) *Select the one which best expresses the same sentence in Direct/Indirect speech.*

14. "I came home last night", said he.
(a) He told that he had come home last night.
(b) He said that he came home last night.
(c) He said that he had come home the previous night.
(d) He says that he came home the previous night.

15. The noun form of 'believe' is
(a) Belief (b) Believence
(c) Believeness (d) Believeful

16. Select the option that will improve the underlined part of the given sentence. In case no improvement is needed, select 'No improvement' as your answer.
For many centuries in Indian history there was no city so famous <u>like</u> the city of Ujjain.
(a) as
(b) such as
(c) likewise
(d) No improvement

Direction (Q. No. 17) *Choose the alternative which best expresses the meaning of given idiom/phrase.*

17. Wear and Tear
(a) a brand name
(b) lot of sorrow
(c) damage
(d) a warning

Directions (Q. Nos. 18-20) *Fill in the blanks with the suitable preposition.*

18. We should go .... doing more good than harm.
(a) on (b) above
(c) about (d) to

19. Is not learning superior .... wealth?
(a) than (b) from
(c) by (d) to

20. Turn the lights .... before you go to bed.
(a) on (b) off
(c) out (d) down

सेक्शन II ➻ सामान्य जागरुकता, गणित एवं तर्कशक्ति

1. आत्मसम्मान आन्दोलन की शुरुआत किसने की ?
(a) ईवी रामास्वामी नायकर
(b) ज्योतिबा फुले
(c) डॉ. बी. आर. अम्बेडकर
(d) महात्मा गाँधी

2. भारत में संसदीय ढाँचे में कौन-से दो अस्थायी सदन हैं?
(a) राज्यसभा व विधानसभा
(b) विधानपरिषद् व राज्यसभा
(c) लोकसभा व विधानसभा
(d) लोकसभा व विधानपरिषद्

3. 'मिसाइल मैन ऑफ इण्डिया' के रूप में किसे जाना जाता है?
(a) डॉ. ए. पी. जे अब्दुल कलाम
(b) डॉ. राजेन्द्र प्रसाद
(c) डॉ. एस. राधाकृष्णन
(d) होमी भाभा

4. कम्प्यूटर पर कोई विशेष कार्य करने के लिए किस सॉफ्टवेयर का प्रयोग किया जाता है?
(a) सिस्टम (b) प्रोग्राम
(c) एप्लीकेशन (d) पैकेज

5. 'छत्रक शिला' किस प्रकार के प्राकृतिक भूगोल-सम्बन्धी क्षेत्र में पाई जाती है?
(a) मरुस्थल (b) पहाड़
(c) तटीय मैदान (d) पठार

6. निम्न में कौन सार्वत्रिक विलायक है?
(a) जल (b) एल्कोहल
(c) ईथर (d) नेफ्था

7. पुस्तक 'द नेमसेक' के लेखक कौन हैं?
(a) विक्रम सेठ (b) झुम्पा लाहिड़ी
(c) शोभा डे (d) इनमें से कोई नहीं

8. यदि P वह सबसे बड़ी संख्या है, जिससे 60, 150 और 285 को विभाजित किया जाए, तो प्रत्येक दशा में समान शेष बचता है, तो P के अंकों का योगफल है
(a) 7 (b) 5 (c) 4 (d) 9

9. यदि $x = 7$ और $y = 2$, तो $\frac{x^3 - y^3}{x^2 - y^2} - \frac{3xy}{x + y}$ का मान क्या है?
(a) $\frac{26}{9}$ (b) $\frac{25}{9}$ (c) $\frac{21}{10}$ (d) $\frac{28}{9}$

10. एक समूह की 5 लघुत्तम संख्याओं का माध्य 19 हैं, जबकि एकत्रित रूप से समूह की सभी 13 संख्याओं का औसत 21 हैं। 8 अधिकतम (सबसे बड़ी) संख्याओं का माध्य क्या है?
(a) 23.50 (b) 23.75
(c) 22.25 (d) 22.75

11. नेहा की ₹ 8000 की राशि एक निश्चित साधारण ब्याज दर पर 3 वर्षों के बाद ₹ 9200 हो जाती है। यदि ब्याज दर 2% बढ़ जाती है, तो उसे कितनी राशि प्राप्त होती?
(a) ₹ 9680 (b) ₹ 8900
(c) ₹ 9800 (d) ₹ 2000

12. 6 लड़के या 10 लड़कियाँ एक काम को 25 दिनों में कर सकते हैं। 12 लड़के और 30 लड़कियाँ उसी काम को करने के लिए कितने दिन लेंगे?
(a) 10 (b) 5 (c) 15 (d) 20

13. एक बन्द लकड़ी का आयताकार बॉक्स 1 सेमी मोटी लकड़ी से बना है, जिसका बाहरी आयाम इस प्रकार है कि लम्बाई 22 सेमी, चौड़ाई 17 सेमी और ऊँचाई 12 सेमी। इसे सीमेन्ट से पूरी तरह भरा जाता है। बॉक्स में सीमेन्ट की मात्रा कितनी होगी?
(a) 1488 घन सेमी (b) 3000 घन सेमी
(c) 4488 घन सेमी (d) 2880 घन सेमी

14. हरि एक पुरानी कार खरीदता है और इसकी मरम्मत पर ₹ 3000 खर्च करता है। यदि वह कार को ₹ 58000 में बेचता है और 16% का लाभ कमाता है, तो उसने कार खरीदने के लिए कितना भुगतान किया था?
(a) ₹ 45000 (b) ₹ 47000
(c) ₹ 48000 (d) ₹ 46000

15. एक पासे को एक बार फेंकने पर, 4 से बड़ी संख्या प्राप्त होने की प्रायिकता क्या है?
(a) $\frac{1}{3}$ (b) $\frac{2}{3}$ (c) $\frac{1}{4}$ (d) $\frac{1}{2}$

16. दिए गए विकल्पों में से उस सही विकल्प को चुनिए, जो अनुक्रम को पूरा करेगा।
6, 11, 21, 26, 36, ?, 51
(a) 41 (b) 39 (c) 47 (d) 48

17. दिए गए विकल्पों में से वह शब्द चुनिए, जो दिए गए शब्द मे अक्षरों का प्रयोग करके नहीं बनाया जा सकता है।
POSSIBILITIES
(a) POSTER (b) BOSS
(c) BILE (d) SOIL

18. कितने काँच, फोन और कलम दोनों हैं?

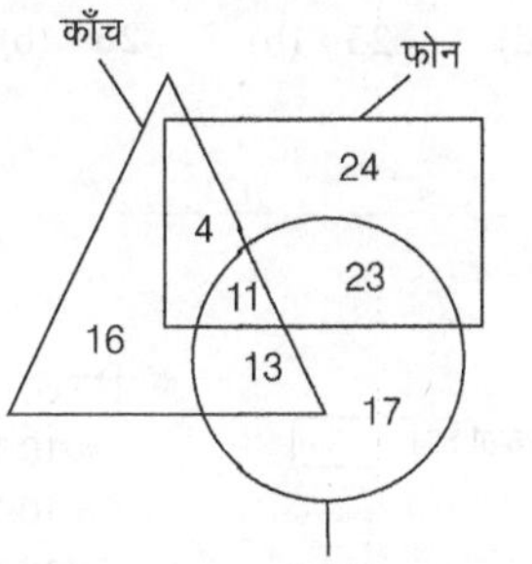

(a) 24 (b) 11 (c) 15 (d) 13

19. यदि E = 5, PEN = 35, तो PAGE का मान होगा
(a) 28 (b) 29 (c) 36 (d) 27

20. किसी कूटभाषा (कोड) में, SISTER को RHRSDQ के रूप में लिखा जाता है, तो उस कोड में UNCLE को किस रूप में लिखा जाएगा?
(a) TMBKD (b) TBMKD
(c) TVBOD (d) TMKBD

21. M, P का पुत्र है। Q पौत्री है O की, जो P का पति है। M का O से क्या सम्बन्ध है?
(a) पुत्र (b) पुत्री (c) माता (d) पिता

22. कौन-सी उत्तर आकृति, प्रश्न आकृति के पैटर्न को पूरा करेगी?

प्रश्न आकृति

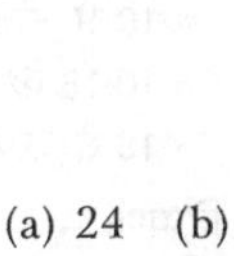

उत्तर आकृतियाँ

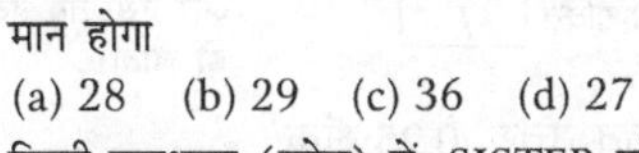

(a) (b) (c) (d)

23. निम्नलिखित में से, कौन-सी आकृति हिरन, खरगोश और बाघ के बीच सम्बन्ध को भली-भाँति दर्शाती है?

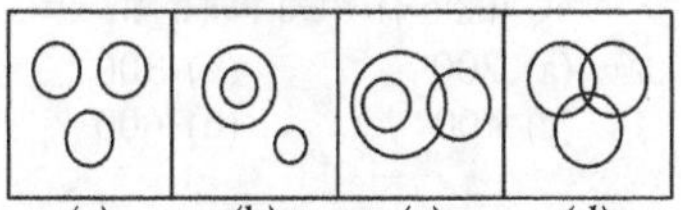

(a) (b) (c) (d)

24. निम्नलिखित प्रश्न में, दिए गए विकल्पों में से अलग अक्षर/अक्षरों को चुनिए।
(a) PLH (b) ZVR
(c) KGC (d) TPK

25. कागज के एक टुकड़े को मोड़ा जाता है और उसमें छेद किया जाता है, जैसा कि नीचे प्रश्न आकृतियों में दिखाया गया है। दी गई उत्तर आकृतियों में से, बताइए कि खोले जाने के बाद वह किस उत्तर आकृति के समान दिखाई देगी?

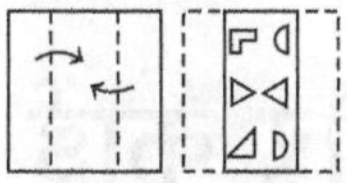

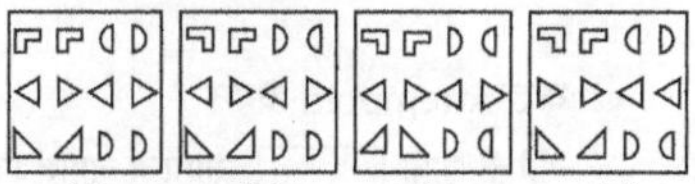

(a) (b) (c) (d)

26. नीचे दिए गए प्रश्न में, कुछ कथन दिए गए है और उन कथनों के आधार पर कुछ निष्कर्ष दिए गए हैं। आपको मानना है कि दिए गए कथन सत्य हैं, चाहे वे सामान्यतः ज्ञात तथ्यों से अलग प्रतीत होते हों। सभी निष्कर्षों को पढ़िए और फिर निश्चय कीजिए, कि दिए गए निष्कर्षों में से कौन-सा निष्कर्ष तार्किक रूप से दिए गए कथनों के अनुसार है।

कथन
कोई E, F नहीं है।
सभी F, D हैं।

निष्कर्ष
I. कोई E, D नहीं है।
II. कुछ D, F हैं।
III. कोई F, E नहीं है।

(a) सभी निष्कर्ष कथनों के अनुसार हैं
(b) दोनों निष्कर्ष II और III कथनों के अनुसार हैं
(c) दोनों निष्कर्ष I और III कथनों के अनुसार हैं
(d) दोनों निष्कर्ष I और II कथनों के अनुसार हैं

27. यदि किसी सांकेतिक भाषा में RAT को 39 लिखा जाता है, तो उसी सांकेतिक भाषा में TOM को क्या लिखा जाएगा?
(a) 28 (b) 38
(c) 42 (d) 48

28. कुछ सन्तरे 40 बच्चों के बीच बराबर बाँटे गए। यदि 20 बच्चे अधिक होते, तो प्रत्येक बच्चे को 5 सन्तरे कम मिलते। बताइए कि प्रारम्भ में बाँटे गए सन्तरों की संख्या कितनी थी?
(a) 200 (b) 300
(c) 400 (d) 600

29. निम्नलिखित आकृति में कितने वर्ग हैं?

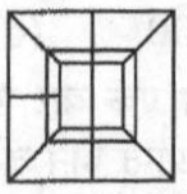

(a) 5 (b) 9
(c) 6 (d) 3

30. निम्न में से विजातीय आकृति चुनिए।

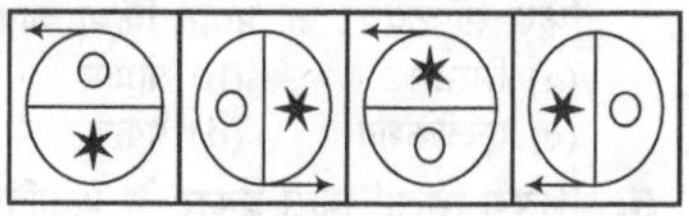

(a) (b) (c) (d)

उत्तरमाला

सेक्शन I अंग्रेजी भाषा

1 (a)	2 (b)	3 (b)	4 (c)	5 (d)	6 (c)	7 (b)	8 (c)	9 (a)	10 (b)
11 (a)	12 (a)	13 (b)	14 (c)	15 (a)	16 (a)	17 (c)	18 (c)	19 (d)	20 (b)

सेक्शन II सामान्य जागरूकता, गणित एवं तर्कशक्ति

1 (a)	2 (c)	3 (a)	4 (c)	5 (a)	6 (a)	7 (b)	8 (d)	9 (b)	10 (c)
11 (a)	12 (b)	13 (b)	14 (b)	15 (a)	16 (a)	17 (a)	18 (b)	19 (b)	20 (a)
21 (a)	22 (c)	23 (a)	24 (d)	25 (b)	26 (b)	27 (d)	28 (d)	29 (d)	30 (d)

स्कोर कार्ड

- कुल Attempted प्रश्न
  अंग्रेजी भाषा [ ] सामान्य जागरूकता, गणित एवं तर्कशक्ति [ ]
- कुल सही व गलत प्रश्न
  अंग्रेजी भाषा [/] सामान्य जागरूकता, गणित एवं तर्कशक्ति [/]
- फाइनल स्कोर (कुल सही उत्तर के अंक – गलत उत्तर के अंक)
  अंग्रेजी भाषा [/] सामान्य जागरूकता, गणित एवं तर्कशक्ति [/]

समय 45 मिनट सही उत्तर 1 अंक गलत उत्तर 0.25 अंक

- रिजल्ट
  - 10 से नीचे (किसी भी सेक्शन में) - Average (सिलेक्शन नहीं)
  - 10-18 के बीच में (कुल 35+) - Good (सिलेक्शन हो सकता है)
  - 18 से ऊपर (दोनों सेक्शन में) - Excellent (100% सिलेक्शन)
- टिप्पणी
  यदि आपका स्कोर किसी भी सेक्शन में 10 से नीचे है तब आप बार-बार प्रैक्टिस करें और ऐसा तब तक करें जब तक आपका स्कोर 10-18 (कुल 35+) के बीच में नहीं हो जाता।

संकेत एवं हल

सेक्शन I अंग्रेजी भाषा

1. (a) In self-directed learning, an individual takes initiative with or without the help of others.

2. (b) There is need for self-directed learning because it helps people to learn more things and learn better.

3. (b) According to the author, the modern environment is instructive. 'Instructive' means useful and informative.

4. (c) The given word 'Diagnosing' means identify, determine, recognise etc. So, 'identifying' is its correct synonym.

5. (d) The correct use of noun is given in option (d) because the 'jury' is a collective noun and always followed by singular verb i.e. (consists).

6. (c) The correct use of noun is given in option (c) as we know that teaching is a 'profession'.

7. (b) With singular subject (she), singular verb (made) should be used in the given sentence.

8. (c) 'Has gone' is the correct option to fill in the blank.

9. (a) 'Would' is the correct modal verb to fill in the given space.

10. (b) One who is honourably discharged from service is called Emeritus.

11. (a) CBAD is the correct sequence to form a coherent paragraph.

12. (a) ACBD is the correct sequence to form a logical and coherent paragraph.

13. (b) The given sentence is in simple present tense of interrogative type. To change it in passive voice, following structure should be followed–

Subject (by whom) + can + object + be+ ($Verb_3$)

Hence, 'By whom can Gandhiji's integrity be questioned?' is the correct passive voice sentence.

14. (c) The given sentence is affirmative sentence and to change it in indirect speech, auxiliary verb + Ist form of verb should be used before complement. Hence, the correct indirect speech is–

"He said that he had come home the previous night."

15. (a) The noun form of 'Believe' is 'Belief'.

16. (a) The word 'like' should be replaced by 'as' because as is used to show comparison to refer to the extent of something.

17. (c) 'Wear and Tear' means the damage to objects, furniture, property, etc.
Hence, 'damage' is its correct answer.

18. (c) 'About' is the suitable preposition used with 'go'. 'Go about' means being doing something.

19. (d) With words ending 'ior' preposition 'to' should be used.

20. (b) Here, 'off' is appropriate use, that is used for switching or turning off the lights.

सेक्शन II सामान्य जागरूकता, गणित एवं तर्कशक्ति

1. (a) आत्मसम्मान आन्दोलन की शुरुआत वर्ष 1920 में ईवी रामास्वामी नायकर द्वारा तमिलनाडु के तन्जौर जिले में की गई। इस आन्दोलन का उद्देश्य धर्म, जाति व पुरोहितवाद के विरुद्ध समाज में चेतना लाना था। इस आन्दोलन के माध्यम से उन्होंने हिन्दू रूढ़िवादिता का खण्डन किया तथा धर्म के साथ-साथ ब्राह्मणों के आधिपत्य व जाति प्रथा पर भी आक्रमण किया। ई वी रामास्वामी ने विधवा विवाह व परिवार नियोजन जैसे मुद्दों पर बल दिया।

2. (c) भारत में संसदीय ढाँचे में लोकसभा व विधानसभा दोनों अस्थायी सदन हैं अर्थात् इन्हें समय से पहले भंग किया जा सकता है। राज्यसभा और विधानपरिषद् स्थायी सदन है। ये कभी भंग नहीं किया जा सकता।

3. (a) डॉ. ए. पी. जे अब्दुल कलाम को 'मिसाइल मैन ऑफ इण्डिया' के नाम से जाना जाता है। वे एक भारतीय वैज्ञानिक, लेखक व राजनीतिज्ञ थे, उन्होंने भारत के मिसाइल व परमाणु हथियार कार्यक्रमों के विकास में अग्रणी भूमिका निभाई थी। इसके अतिरिक्त वे प्रधानमन्त्री के मुख्य वैज्ञानिक सलाहकार भी रहे तथा वर्ष 2002 से 2007 तक भारत के राष्ट्रपति भी रहे। 27 जुलाई, 2015 को शिलांग (मेघालय) में उनका निधन हो गया।

4. (c) कम्प्यूटर पर कोई विशेष कार्य करने के लिए एप्लीकेशन सॉफ्टवेयर का प्रयोग किया जाता है। एप्लीकेशन सॉफ्टवेयर उन प्रोग्रामों को कहा जाता है, जो वास्तविक कार्य कराने के लिए प्रयोग किए जाते हैं; जैसे–कार्यालय के कर्मचारियों की वेतन गणना करना, पत्र व दस्तावेज तैयार करना, सभी लेन-देन व खातों का हिसाब-किताब रखना आदि।

5. (a) 'छत्रक शिला' (Mashroom Rock) मरुस्थलीय क्षेत्र की स्थलाकृति है। छत्रक शिलाओं का निर्माण पवन द्वारा चट्टानों के निचले भाग में अत्यधिक अपघर्षण के द्वारा होता है, जबकि चट्टानों के ऊपरी भाग अप्रभावित रहता है। छत्रक शिला को सहारा रेगिस्तान में 'गारा' कहते हैं।

6. (a) जल एक सार्वत्रिक विलायक है। इसका pH मान 7 होता है। वर्षा का जल अन्य प्रकार के जलों की तुलना में काफी शुद्ध होता है। जल एक ध्रुवीय कार्बनिक यौगिक है, जो रंगहीन, गन्धहीन व पारदर्शी होता है। सामान्यतः जल ही ऐसा पदार्थ है, जो पृथ्वी तल पर द्रव, ठोस (बर्फ) व गैस (वाष्प) तीनों रूपों में देखा जाता है।

7. (b) 'द नेमसेक' ऊपन्यास की लेखिका झुम्पा-लाहिड़ी है। वे एक ब्रिटिश-अमेरिकी लेखिका है, यह उनका पहला उपन्यास है, जो वर्ष 2003 में प्रकाशित हुआ। यह उपन्यास मूल रूप से एक बंगाली कपल अशोक व आशिमा गांगुली पर आधारित है।

8. (d) प्रश्नानुसार,

$P = (150-60), (285-150)$

तथा $(285-60)$ का म.स.

$= 90, 135$ तथा 225 का म.स.

$90 = 2 \times ③ \times ③ \times ⑤$

$135 = ③ \times ③ \times 3 \times ⑤$

$225 = ③ \times ③ \times ⑤ \times 5$

$\therefore$ 90, 135, 225 का म.स.$= 3 \times 3 \times 5 = 45$

अतः $P = 45$

$\therefore P$ के अंकों का योग $= 4 + 5 = 9$

9. (b) व्यंजक $= \left(\dfrac{x^3 - y^3}{x^2 - y^2}\right) - \left(\dfrac{3xy}{x+y}\right)$

$= \dfrac{(x-y)(x^2+y^2+xy)}{(x-y)(x+y)} - \dfrac{3xy}{x+y}$

$= \left(\dfrac{x^2+y^2+xy}{x+y}\right) - \dfrac{3xy}{x+y}$

$= \dfrac{x^2+y^2+xy-3xy}{x+y}$

$= \dfrac{x^2+y^2-2xy}{x+y}$

$= \dfrac{(x-y)^2}{x+y}$

जब, $x = 7$ और $y = 2$

$= \dfrac{(7-2)^2}{7+2}$

$= \dfrac{25}{9}$

10. (c) 5 लघुत्तम संख्याओं का योगफल

$=$ माध्य $\times$ कुल संख्याएँ

$= 5 \times 19 = 95$

13 संख्याओं का योगफल $= 13 \times 21 = 273$

शेष 8 संख्याओं का योगफल

$= 273 - 95 = 178$

8 अधिकतम संख्याओं का माध्य

$= \dfrac{\text{कुल योग}}{\text{कुल संख्याएँ}} = \dfrac{178}{8} = 22.25$

11. (a) दिया है, मूलधन $=$ ₹ 8000

मिश्रधन $=$ ₹ 9200

साधारण ब्याज $=$ मिश्रधन $-$ मूलधन

$= 9200 - 8000 =$ ₹ 1200

समय $= 3$ वर्ष

$\because$ साधारण ब्याज $= \dfrac{\text{मूलधन} \times \text{दर} \times \text{समय}}{100}$

$\Rightarrow \quad 1200 = \dfrac{8000 \times \text{दर} \times 3}{100}$

$\therefore \quad$ दर $= \dfrac{1200 \times 100}{8000 \times 3} = 5\%$

प्रश्नानुसार, दर को 2% बढ़ाने पर,

नया साधारण ब्याज $= \dfrac{8000 \times 7 \times 3}{100}$

$=$ ₹ 1680

$\therefore$ नया मिश्रधन $=$ मूलधन $+$ ब्याज

$= 8000 + 1680 =$ ₹ 9680

12. (b) दिया है, 6 लड़के $= 10$ लड़कियाँ

तब, 12 लड़के $= 20$ लड़कियाँ

अतः 12 लड़के $+$ 30 लड़कियाँ $= 50$ लड़कियाँ

माना 12 लड़के और 30 लड़कियों को काम करने में लगा समय x दिन है।

तब, $M_1 \times D_1 = M_2 \times D_2$ से,

$10 \times 25 = 50 \times x$

$\Rightarrow \quad x = \dfrac{10 \times 25}{50}$

$\therefore \quad x = 5$ दिन

अतः 12 लड़के और 30 लड़कियों को काम करने में लगा समय 5 दिन हैं।

13. (b) आयताकार बॉक्स की भीतरी लम्बाई

$= 22 - 2 = 20$ सेमी

आयताकार बॉक्स की भीतरी चौड़ाई

$= 17 - 2 = 15$ सेमी

आयताकार बॉक्स की भीतरी ऊँचाई

$= 12 - 2 = 10$ सेमी

बॉक्स में भरे जा सकने वाले सीमेन्ट की मात्रा

$=$ बॉक्स का भीतरी आयतन

$=$ लम्बाई $\times$ चौड़ाई $\times$ ऊँचाई

$= 20 \times 15 \times 10$

$= 3000$ घन सेमी

14. (b) माना पुरानी कार का क्रय मूल्य ₹ x था।
तब, कार का वास्तविक लागत मूल्य
$= ₹ (x + 3000)$
प्रश्नानुसार,
$$\text{क्रय मूल्य} \times \frac{(100 + \text{लाभ})}{100} = \text{विक्रय मूल्य}$$
$(x + 3000)$ का 116% = 58000
$$\Rightarrow \frac{(x + 3000) \times 116}{100} = 58000$$
$$\Rightarrow 116x + 3000 \times 116 = 58000 \times 100$$
$$\Rightarrow 116x = 58000 \times 100 - 3000 \times 116$$
$$\Rightarrow 116x = 5800000 - 348000$$
$$\Rightarrow 116x = 5452000$$
$$\therefore x = ₹ 47000$$

15. (a) परिणामों की कुल संख्या = 6
माना 4 से बड़ी संख्या प्राप्त करना घटना E है, तब E के अनुकूल परिणाम 5 तथा 6 हैं।
$\therefore E$ के अनुकूल परिणामों की संख्या = 2
अतः अभीष्ट प्रायिकता $= \frac{2}{6} = \frac{1}{3}$

16. (a) संख्या शृंखला का क्रम इस प्रकार है
6 → 11 → 21 → 26 → 36 → [41] → 51
+5, +10, +5, +10, +5, +10

17. (a) दिए गए शब्द के अक्षरों का प्रयोग करके 'POSTER' शब्द नहीं बनाया जा सकता है क्योंकि दिए गए शब्द में 'R' अक्षर नही है।

18. (b) दिए गए वेन आरेख से 11 काँच, फोन और कलम दोनों हैं।

19. (b) दिया है, E = 5
अतः जिस प्रकार,
P E N (16 5 14) ⇒ 16 + 5 + 14 = 35
उसी प्रकार,
P A G E (16 1 7 5) ⇒ 16 + 1 + 7 + 5 = [29]
नोट सभी वर्णमाला क्रमांकिक मान का योग हैं।

20. (a) जिस प्रकार,
S I S T E R → R H R S D Q
(प्रत्येक अक्षर −1)

उसी प्रकार,
U N C L E → T M B K D
(प्रत्येक अक्षर −1)

21. (a) प्रश्नानुसार,

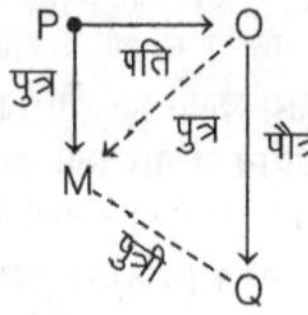

अतः M, O का पुत्र है।

22. (c) उत्तर आकृति (c), प्रश्न आकृति के पैटर्न को पूरा करेगी।

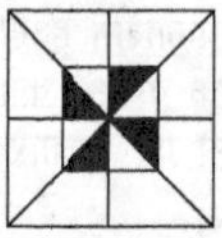

23. (a) हिरन, खरगोश और बाघ तीनों अलग-अलग जानवर हैं।
अतः इनके मध्य वेनआरेख निम्नवत् होगा

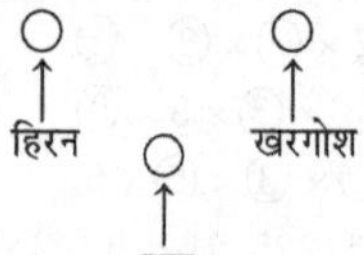

24. (d) P L H (−4, −4), Z V R (−4, −4), K G C (−4, −4)
परन्त [T P K] (−4, −5)
अतः 'TPK' अन्य सभी से भिन्न है।

25. (b) प्रश्नानुसार, दिए गए कागज को मोड़कर, छेद करके उसके पश्चात् खोलने पर, यह विकल्प (b) की आकृति जैसा दिखाई देगा।

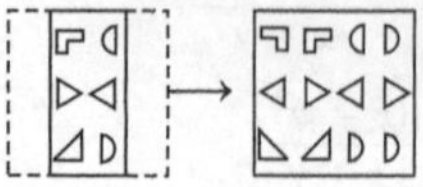

26. (b) कथनानुसार,

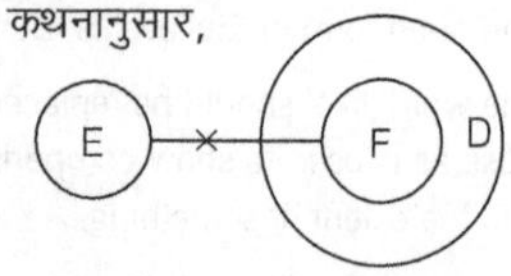

निष्कर्ष I. (✗) II. (✓) III. (✓)
अतः दोनों निष्कर्ष II और III कथनों के अनुसार हैं।

27. (d) जिस प्रकार,
R A T (18 1 20) ⟶ 18 + 1 + 20 = 39
उसी प्रकार,
T O M (20 15 13) ⟶ 20 + 15 + 13 = [48]
अतः उसी सांकेतिक भाषा में TOM को 48 लिखा जाएगा।

28. (d) माना प्रारम्भ में प्रत्येक बच्चे को प्राप्त होने वाले सन्तरों की संख्या = x, तो कुल सन्तरों की संख्या = $40x$
प्रश्नानुसार, जब 40 + 20 = 60 बच्चे हो जाए, तब बच्चों को प्राप्त होने वाले सन्तरों की संख्या = $60(x - 5)$
$$\therefore 60(x - 5) = 40x$$
$$\Rightarrow 60x - 300 = 40x$$
$$\Rightarrow 20x = 300$$
$$\therefore x = 15$$
$\therefore$ सन्तरों की कुल संख्या
$$= 40x = 40 \times 15 = 600$$
अतः प्रारम्भ में कुल सन्तरों की संख्या 600 थी।

29. (d) आकृति में बिन्दुओं के नाम रखने पर,

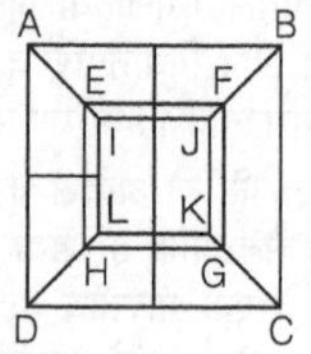

वर्गों के नाम निम्न हैं
ABCD, EFGH और IJKL
अतः आकृति में कुल 3 वर्ग हैं।

30. (d) आकृति (d) के अतिरिक्त अन्य सभी आकृतियों में तीर का निशान वामावर्त दिशा की ओर घूम रहा है, जबकि आकृति (d) में, यह दक्षिणावर्त दिशा की ओर घूम रहा है।

भारतीय वायु सेना

अग्निवीर वायु फेज-1

(ग्रुप-Y) विज्ञान विषय के अतिरिक्त

प्रैक्टिस सेट 14

समय : 45 मिनट पूर्णांक : 50

निर्देश

1. इस प्रैक्टिस सेट में कुल 50 प्रश्न हैं तथा परीक्षा की अवधि 45 मिनट है।
2. प्रत्येक सही उत्तर के लिए 1 अंक का प्रावधान है।
3. गलत उत्तर के लिए 0.25 नकारात्मक अंक का प्रावधान है।

सेक्शन I ➤ अंग्रेजी भाषा

Directions (Q. Nos. 1-4) *Read the passage carefully and answer the given questions that follow.*

The most frightening aspect of malnutrition is that it is likely to cause permanent brain damage. Experiments carried out on animals suggest that brain damage due to malnutrition is irreversible. This may not be true of human beings. Nevertheless, known facts as well as results of tests conducted so far point out alarming conclusions. The human brain grows very fast 3 months before its birth, the child's brain weights 1/4th of the adult's brain. In one year, the brain of a child is already 66% of the weight of the adult brain. At 4 yr the brain weights 90% and at 8, the child's brain is the size of an adult's and there is no further increase. Quite obviously, the first 4 yr are crucial for the development of the brain and if the child suffers from malnutrition, the damage to the brain may well be permanent.

1. The most serious harm that may be caused by malnutrition in childhood is
(a) permanent damage of the brain
(b) improper growth of the brain
(c) lack of proper size of the brain
(d) goitre in the neck region

2. The theme of the passage is
(a) experiments on human beings
(b) growth of the brain
(c) malnutrition and its effect
(d) permanent brain damage

3. Find out the word in the passage, which means 'very important'.
(a) Alarming (b) Nevertheless
(c) Conducted (d) Crucial

4. The meaning of 'irreversible' is
(a) irrelevant (b) changed
(c) unchangeable (d) altered

5. Choose the alternative which best expresses the meaning of the idiom/phrase. Fling away
(a) To have an affair
(b) To flare up
(c) To throw aside violently
(d) To shling

Direction (Q. No. 6) *Choose the word almost nearest in meaning to the word given below.*

6. Delineate
(a) Expand (b) Portray
(c) Explain (d) Argue

Direction (Q. No. 7) *Choose the word almost opposite in meaning to the word given below.*

7. Substantial
(a) Flimsy (b) Hefty
(c) Actual (d) Excess

Direction (Q. No. 8) *Choose the correct one word substitute for the following sentence.*

8. Dry weather with no rainfall
(a) Draught (b) Draft
(c) Drought (d) Desert

Direction (Q. No. 9) *A sentence, split into four parts has been given. Choose the best order which produces the meaningful sentence.*

9. For thousands of years,
P : one of the most important fruits

Q : the strange fruit of this bush
R : of the mediterranean region
S : has been regarded as
(a) PQRS (b) QSPR
(c) PSQR (d) QRPS

Directions (Q. Nos. 10-14) *Choose the most appropriate answer and fill the given blanks.*

10. It is ...... picture than the one we saw last Monday.
(a) interesting
(b) much interesting
(c) more interesting
(d) most interesting

11. Write it down...... you should forget about it.
(a) lest (b) because
(c) for (d) or

12. Did the child........from the chair?
(a) fell (b) fallen
(c) falling (d) fall

13. They live......the fifth floor.
(a) in (b) to
(c) on (d) at

14. The noun form of 'succeed' is......
(a) successful
(b) succeeding
(c) success (d) successfully

15. Select the most appropriate meaning of the given idiom.
To leave no stone unturned
(a) To keep clean and tidy
(b) To try utmost
(c) To work enthusiastically
(d) To change the thing

Directions (Q. Nos. 16-18) *Find out which part of the sentence has an error.*

16. India and Pakistan (a)/ should cooperate with (b)/ one another in this matter. (c)/ No error (d)

17. How long it takes (a)/ to travel from Chennai to Trichy (b)/ by train? (c)/ No error (d)

18. Every boy and every girl (a)/ were given (b)/ a packet of sweets (c)/ No error (d)

Direction (Q. No. 19) *Select the one which best expresses the same sentence in Passive / Active voice.*

19. They made him the President of the club.
(a) They were made him the President of the club.
(b) The President of the club was made them by him.
(c) He was made the President of the club by them.
(d) The President of the club was made him by them.

Direction (Q. No. 20) *Select the one which best expresses the same sentence in Direct / Indirect speech.*

20. The beggar said, "Poverty is a great curse".
(a) The beggar said poverty has a great curse.
(b) The beggar said that poverty is a great curse.
(c) The beggar said that poverty was a great curse.
(d) The beggar said that poverty had been a great curse.

सेक्शन II ➤ सामान्य जागरूकता, गणित एवं तर्कशक्ति

1. चन्द्रगुप्त मौर्य ने नन्द वंश के किस शासक को हटाकर मौर्य वंश की स्थापना की?
(a) महापद्मानन्द (b) नन्दिवर्धन
(c) राष्ट्रपाल (d) घनानन्द

2. निम्नलिखित में से कौन-सी पहाड़ियाँ भारतीय प्रायद्वीपीय पठार में नहीं पाई जाती हैं?
(a) जावड़ी पहाड़ियाँ
(b) लुसाई पहाड़ियाँ
(c) वेलिकोन्दा पहाड़ियाँ
(d) नल्लामाला पहाड़ियाँ

3. भारतीय संविधान के किस अनुच्छेद के तहत, किसी राज्य में राष्ट्रपति शासन लागू किया जाता है?
(a) अनुच्छेद-368 (b) अनुच्छेद-356
(c) अनुच्छेद-350 (d) अनुच्छेद-325

4. निम्न में से किसे कोशिका का पॉवर हाउस कहा जाता है?
(a) लाइसोसोम (b) माइटोकॉण्ड्रिया
(d) केन्द्रक (d) कोशिका द्रव्य

5. अन्तर्राष्ट्रीय मजदूर दिवस-2024 की थीम (विषय) क्या रहा ?
(a) जलवायु परिवर्तन के बीच काम पर सुरक्षा व स्वास्थ्य सुनिश्चित करना।
(b) मानवता का उत्थान करने वाले सभी श्रम की गरिमा व महत्त्व है।
(c) बाल श्रम को समाप्त करने के लिए सार्वभौमिक सामाजिक संरक्षण
(d) लचीला पुर्नप्राप्ति

6. www का पूरा नाम क्या है?
(a) World Wide Wonder
(b) World Wide Wizard
(c) World Wide Web
(d) Wide World Web

7. विश्व का सबसे लम्बा बाँध कौन-सा है?
(a) हीराकुण्ड बाँध
(b) रोगन बाँध
(c) थ्री-गार्ज बाँध
(d) उपरोक्त में से कोई नहीं

8. नई सरकारी नीति में प्याज के मूल्य में 35% की वृद्धि की जाती है। एक व्यक्ति को प्याज की खपत को कितने प्रतिशत (%) कम कर देना चाहिए कि उसके व्यय में कोई वृद्धि न हो?
(a) 25% (b) 29%
(c) 26% (d) 33%

9. निम्नलिखित में से कौन-सा शान्त दशमलव या टर्मिनेटिंग डेसिमल है?
(a) $\frac{1}{24}$ (b) $\frac{1}{32}$
(c) $\frac{1}{96}$ (d) $\frac{1}{48}$

10. $[21+(-7)+12]\times 21+5$ का मान ज्ञात कीजिए।
(a) 194 (b) 491
(c) 149 (d) 419

11. ₹ 110 की एक राशि ₹ 2, ₹ 1 और 50 पैसे के सिक्कों के रूप में हैं, जिनका अनुपात क्रमश: 1 : 2 : 3 है। इसमें 50 पैसे के कितने सिक्के हैं?
(a) 40 (b) 60
(c) 80 (d) 20

12. राज अकेले एक कार्य को 20 दिनों में पूरा कर सकता है और प्रताप अकेले उसी कार्य को राज द्वारा लिए गए समय के आधे समय में पूरा कर सकता है। दोनों मिलकर कुल कार्य का $\frac{3}{5}$ भाग कितने दिनों में पूरा करेंगे?
(a) 6 दिनों में (b) 8 दिनों में
(c) 4 दिनों में (d) 10 दिनों में

13. एक आयताकार हॉल का फर्श 150 सेमी चौड़े कालीन से ढ़का हुआ है। यदि हॉल 20 मी लम्बा और 18 मी चौड़ा हैं, तो ₹ 10 प्रति वर्ग मी की दर से आवश्यक कालीन की लागत ज्ञात कीजिए।
(a) ₹ 2480 (b) ₹ 3000
(c) ₹ 2500 (d) ₹ 2400

14. यदि $\cos A = \frac{1}{2} = \sin B$ है, तो $\tan(A - B)$ है

(a) $\frac{1}{2}$ (b) $\frac{1}{\sqrt{3}}$
(c) $\frac{1}{3}$ (d) 1

15. एक कार $2\frac{1}{2}$ घण्टे के लिए 62 किमी/घण्टा और $1\frac{1}{4}$ घण्टे के लिए 68 किमी/घण्टा की चाल से यात्रा करती हैं। तय की गई कुल दूरी में इसकी औसत चाल क्या होगी?

(a) 65 (b) 64
(c) 63 (d) 61

16. राजू ऊपर से 10वें स्थान पर है और रवि नीचे से 21वें स्थान पर। उनके बीच में 3 छात्र हैं। कक्षा में कुल कितने छात्र हैं?

(a) 34 (b) 33 (c) 31 (d) 32

17. P, T का पिता है। T, M की पुत्री है। M, K की पुत्री है। P का K से क्या सम्बन्ध है?

(a) पिता (b) ससुर (c) भाई (d) दामाद

18. यदि '+' भाग के लिए है, '÷' गुणा के लिए है, '×' योग के लिए है, तो नीचे दिए गए समीकरणों में से कौन-सा सही है?

(a) $10 \div 5 + 4 = 6$
(b) $10 - 4 + 2 = 6$
(c) $10 + 2 - 5 = 6$
(d) $10 + 2 \times 1 = 6$

19. दिए गए विकल्पों में से उस सही विकल्प को चुनिए, जो अनुक्रम को पूरा करेगा।

25, 49, 121, ?, 289

(a) 529 (b) 169
(c) 329 (d) 225

20. (::) के बाईं ओर दिए गए शब्द एक-दूसरे से किसी तर्क/नियम/सम्बन्ध से सम्बन्धित हैं। उसी तर्क/नियम/सम्बन्ध के आधार पर दिए गए विकल्पों में से (::) के दाईं ओर लुप्त शब्द/शब्द युग्म को चुनिए।

ओडोमीटर : वाहन द्वारा तय की गई दूरी :: बैरोमीटर : ?

(a) वायुमण्डलीय दाब
(b) तापमान
(c) दूरी
(d) लम्बाई

21. एक शाम राजा ने सूर्य की ओर चलना शुरू किया । थोड़ी दूर चलकर वह अपनी दाईं ओर घूमा और फिर अपनी दाईं ओर घूमा। थोड़ी दूर चलकर वह फिर अपनी दाईं ओर घूमा। उसका मुँह किस दिशा में है?

(a) दक्षिण (b) पूर्व
(c) पश्चिम (d) उत्तर

22. कौन-सी उत्तर आकृति, प्रश्न आकृति के पैटर्न को पूरा करेगी?

प्रश्न आकृति

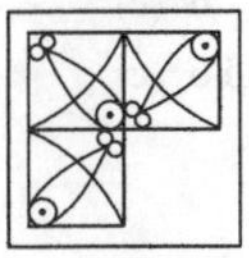

उत्तर आकृतियाँ

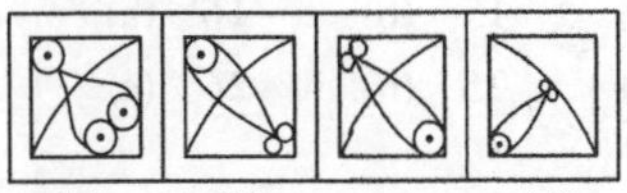

(a) (b) (c) (d)

23. कागज के एक टुकड़े को मोड़ा जाता है और उसमें छेद किया जाता है, जैसा कि नीचे प्रश्न आकृतियों में दिखाया गया है। दी गई उत्तर आकृतियों में से बताइए कि खोले जाने के बाद, वह किस उत्तर आकृति के समान दिखाई देगी?

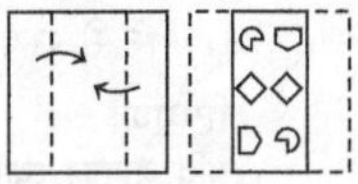

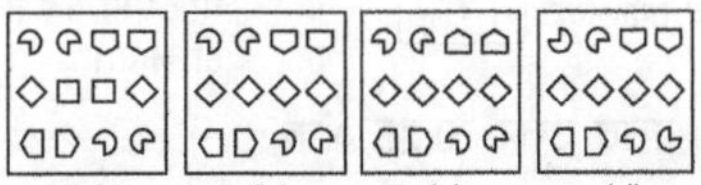

(a) (b) (c) (d)

24. उस विकल्प को चुनिए, जिसमें समुच्चय की संख्याएँ वही सम्बन्ध साझा करती हैं, जो दिए गए समुच्चय में संख्याओं द्वारा साझा किया जाता है। (**ध्यान दें** संख्याओं को उनके घटक अंकों में अलग-अलग किए बिना, पूर्ण संख्याओं पर संक्रियाएँ की जानी चाहिए। उदाहरण 13-13 पर संक्रियाएँ जैसे 13 को जोड़ना/घटाना/ गुणा करना आदि किया जा सकता है। 13 को 1 एवं 3 में अलग करने की और फिर 1 एवं 3 पर गणितीय संक्रियाएँ करने की अनुमति नहीं है)

(136, 48, 184), (189, 37, 226)

(a) (116, 62, 178)
(b) (203, 69, 262)
(c) (148, 84, 222)
(d) (211, 17, 238)

25. दिल्ली रेलवे स्टेशन के पूछताछ ऑफिस में एक यात्री को बताया गया कि 25 मिनट पहले विजयवाड़ा के लिए ट्रेन छूटी है, जबकि प्रत्येक 50 मिनट बाद एक ट्रेन विजयवाड़ा के लिए छूटती है। अगली ट्रेन सुबह 10 : 30 बजे जाएगी। किस समय यह सूचना यात्री को दी गई?

(a) सुबह 9 : 55 (b) सुबह 10 : 05
(c) सुबह 10 : 10 (d) सुबह 10 : 25

26. एक अनुक्रम दिया गया है, जिसमें एक पद लुप्त है। दिए गए विकल्पों में से उस सही विकल्प को चुनिए, जो अनुक्रम को पूरा करेगा।

DMQ, HUZ, LCI, PKR, ?

(a) TMO
(b) TSB
(c) TSA
(d) TRA

27. नीचे दिए गए वेन आरेख में त्रिभुज शहरी को, वर्ग अनपढ़ को तथा वृत्त मजदूरों को दर्शाता है। वेन आरेख का अध्ययन कीजिए और बताइए कितने अनपढ़ मजदूर हैं, जो शहरी नहीं हैं?

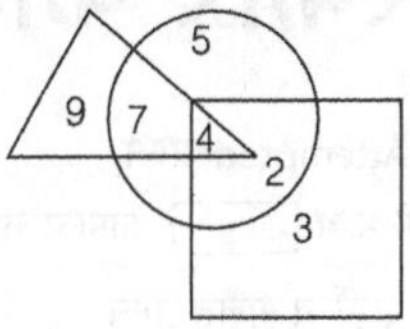

(a) 2 (b) 3
(c) 4 (d) 7

28. किसी कूटभाषा में 'They are fools' का अर्थ 'Plan is risky' तथा 'We are wise' का अर्थ 'Train is fast' तथा 'Wise never fools' का अर्थ 'Fast always risky' हैं, तो नीचे लिखे किस विकल्प का अर्थ 'Train' है?

(a) They (b) We
(c) Never (d) Wise

29. निम्नलिखित आकृति में कितने वृत्त हैं?

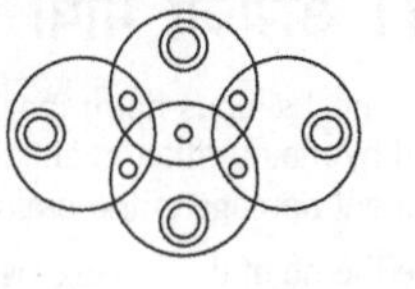

(a) 13 (b) 16
(c) 17 (d) 22

30. नीचे दी गई आकृतियों में से वह उत्तर आकृति चुनिए, जो प्रश्न आकृतियों में दी गई शृंखला को पूरा करेगी?

प्रश्न आकृतियाँ

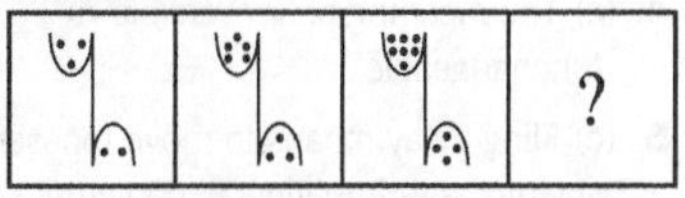

उत्तर आकृतियाँ

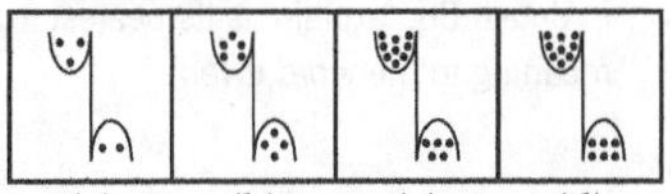

(a) (b) (c) (d)

उत्तरमाला

सेक्शन I अंग्रेजी भाषा

1 (a)	2 (c)	3 (d)	4 (c)	5 (c)	6 (c)	7 (a)	8 (c)	9 (b)	10 (c)
11 (a)	12 (d)	13 (c)	14 (c)	15 (b)	16 (c)	17 (a)	18 (b)	19 (c)	20 (b)

सेक्शन II सामान्य जागरुकता, गणित एवं तर्कशक्ति

1 (d)	2 (b)	3 (b)	4 (b)	5 (a)	6 (c)	7 (a)	8 (c)	9 (b)	10 (a)
11 (b)	12 (c)	13 (d)	14 (b)	15 (b)	16 (a)	17 (d)	18 (d)	19 (b)	20 (a)
21 (a)	22 (b)	23 (b)	24 (a)	25 (b)	26 (c)	27 (a)	28 (b)	29 (c)	30 (c)

स्कोर कार्ड

- कुल Attempted प्रश्न
  अंग्रेजी भाषा [ ] सामान्य जागरूकता, गणित एवं तर्कशक्ति [ ]
- कुल सही व गलत प्रश्न
  अंग्रेजी भाषा [/] सामान्य जागरूकता, गणित एवं तर्कशक्ति [/]
- फाइनल स्कोर (कुल सही उत्तर के अंक – गलत उत्तर के अंक)
  अंग्रेजी भाषा [/] सामान्य जागरूकता, गणित एवं तर्कशक्ति [/]

समय 45 मिनट   सही उत्तर 1 अंक   गलत उत्तर 0.25 अंक

- रिजल्ट
  - 10 से नीचे (किसी भी सेक्शन में) - Average (सिलेक्शन नहीं)
  - 10-18 के बीच में (कुल 35+) - Good (सिलेक्शन हो सकता है)
  - 18 से ऊपर (दोनों सेक्शन में) - Excellent (100% सिलेक्शन)
- टिप्पणी
  यदि आपका स्कोर किसी भी सेक्शन में 10 से नीचे है तब आप बार-बार प्रैक्टिस करें और ऐसा तब तक करें जब तक आपका स्कोर 10-18 (कुल 35+) के बीच में नहीं हो जाता।

संकेत एवं हल

सेक्शन I अंग्रेजी भाषा

1. (a) The most serious harm that may be caused by malnutrition in childhood is the permanent damage of the brain.

2. (c) The theme of the passage is 'Malnutrition and its effect' because the whole passage is based on about the Malnutrition and its effect in childhood.

3. (d) 'Crucial' means of great importance. So it is the correct word which means very important as used in the passage for the development of the brain.

4. (c) The meaning of 'irreversible' is 'unchangeable'.

5. (c) Fling away means to move (oneself) violently with impatience, contempt.

6. (c) 'Delineate' means to describe something in detail. So, 'explain' is its nearest in meaning to the word given.

7. (a) 'Substantial' means important, so its correct antonym will be flimsy that means 'unimportant'.

8. (c) Dry weather with no rainfall is called 'Drought'.

9. (b) The correct sequence is 'QSPR' and the sentence is– For thousands of years, the strange fruit of this bush has been regarded as one of the most important fruits of the mediterranean region.

10. (c) Here, comparative degree is used, because'than' is given in the sentence.

11. (a) 'Lest' will be used in the blank.This conjunction is used in order to prevent something from happening.

12. (d) The given sentence is in past indefinite, so first form of verb is used in past indefinite. Hence, 'fall' is the correct answer.

13. (c) Here preposition 'on' should be used.

14. (c) The noun form of 'succeed' is 'success'.

15. (b) The idiom-'To leave no stone unturned' means'to try ulmost'.

16. (c) Use 'each other' in place of 'one another' as reciprocal pronoun 'each other' is used for two (subjects) while 'one another' is used for more than two nouns (subjects).

17. (a) The correct syntax for interrogative sentence is 'wh' word + do/does + sub + verb. Hence, we should replace 'it takes' by 'does it take'.

18. (b) 'Every' agrees with singular helping verb so here singular verb 'was' should be used.

19. (c) The correct passive voice of the given sentence is– "He was made the President of the club by them". The sentence is in past tense so 'was' is used with third form of verb.

20. (b) The beggar said that 'poverty is a great curse' is the correct answer of the given sentence. The given sentence denotes to universal truth, hence there should be no change in reported speech.

सेक्शन II सामान्य जागरूकता, गणित एवं तर्कशक्ति

1. (d) चन्द्रगुप्त मौर्य ने नन्द वंश के अन्तिम शासक घनानन्द को 322 ई. पू. में अपने गुरू चाणक्य की सहायता से पराजित करके मगध पर मौर्य वंश की स्थापना की। चन्द्रगुप्त मौर्य जैन धर्म का अनुयायी था।

2. (b) लुशाई की पहाड़ियाँ भारतीय प्रायद्वीपीय पठार में नहीं पाई जाती हैं, जबकि वेलिकोन्दा की पहाड़ियाँ, जावड़ी पहाड़ियाँ तथा नल्लामाला की पहाड़ियाँ भारतीय प्रायद्वीपीय पठार में पाई जाती हैं। लुशाई की पहाड़ियाँ, पटकाई पहाड़ियों की एक उप-शृंखला है, जो भारत के मिजोरम व त्रिपुरा राज्यों में स्थित है, इन्हें मिजो पहाड़ियाँ भी कहा जाता है। इस उप-शृंखला का सबसे ऊँचा पर्वत फौंगपुई पर्वत है, जिसकी ऊँचाई 2147 मी है। इसे 'नीला पहाड़' भी कहा जाता है।

3. (b) भारतीय संविधान में अनुच्छेद-356 के तहत किसी राज्य में राष्ट्रपति शासन लागू किया जाता है। इस अनुच्छेद के तहत यदि किसी राज्य का संवैधानिक तन्त्र असफल हो गया हो, तो वहाँ राज्यपाल की रिपोर्ट के आधार पर राष्ट्रपति शासन लागू किया जा सकता है। राष्ट्रपति शासन के समय राज्यपाल राज्य का वास्तविक प्रमुख होता है।

4. (b) माइटोकॉण्ड्रिया को कोशिका का पॉवर हाउस कहा जाता है। माइटोकॉण्ड्रिया जीवन की आवश्यक रासायनिक क्रियाओं को करने के लिए कोशिका को ए. टी. पी. (एडिनोसीन ट्राई फॉस्फेट) के रूप में ऊर्जा प्रदान करते हैं। माइटोकॉण्ड्रिया में कुछ मात्रा में डी. एन. ए. व राइबोसोम भी पाया जाता है। यह प्रोटीन का निर्माण भी करता है।

5. (a) वर्ष 2024 में अन्तर्राष्ट्रीय मजदूर दिवस की थीम (विषय) जलवायु परिवर्तन के बीच काम पर सुरक्षा व स्वास्थ्य सुनिश्चित करने पर केन्द्रित हैं, जिसमे वैश्विक स्तर पर श्रमिकों के सामने आने वाली चुनौतियों पर जोर दिया गया है। ध्यातव्य है कि अन्तर्राष्ट्रीय मजदूर दिवस प्रत्येक वर्ष 1 मई को मनाया जाता हैं। इस दिवस को मनाने का उद्देश्य श्रमिको के अधिकार व अवसरों को बढ़ावा देना है।

6. (c) www का पूरा नाम वर्ल्ड वाइड वेब है। यह एक विशेष रूप से स्वरूपित डॉक्यूमेण्ट्स को सपोर्ट करने वाले इण्टरनेट सर्वर की एक प्रणाली है। इसे वेब भी कहते हैं; जैसे–www.yahoo.com, www.khoj.com आदि।

7. (a) विश्व का सबसे लम्बा बाँध हीराकुण्ड बाँध (सम्भलपुर, ओड़िसा) है जो महानदी पर बना है। इस बाँध की कुल लम्बाई 26 किमी है। इस बाँध का निर्माण वर्ष 1957 में किया गया। इसका उद्देश्य बाढ़ नियन्त्रण व विद्युत उत्पादन करना है।

8. (c) माना पहली खपत $= x$ इकाई

तथा पहला मूल्य = ₹ 1 प्रति इकाई

$\therefore$ पहला खर्च = ₹ x

[$\because$ खर्च = खपत $\times$ मूल्य]

पुनः माना नई खपत $= y$ इकाई

नया मूल्य $= 1 \times \frac{(100+35)}{100}$

$\therefore$ नया खर्च $= y \times 1 \times \frac{(100+35)}{100}$

$= \frac{135}{100} y = \frac{27y}{20}$

प्रश्नानुसार, $\frac{27y}{20} = x \Rightarrow y = \frac{20}{27} x$

$\therefore$ खपत में प्रतिशत कमी

$= \frac{\left(x - \frac{20}{27}x\right)}{x} \times 100$

$= \frac{7}{27} \times 100 \approx 26\%$

वैकल्पिक विधि

प्याज की खपत में प्रतिशत कमी

$= \frac{r}{(100+r)} \times 100$

$= \frac{35}{135} \times 100 \approx 26\%$

9. (b) $\because \frac{1}{24} = 0.041\overline{6}$,

$\frac{1}{32} = 0.03125$

$\frac{1}{96} = 0.01041\overline{6}$

तथा $\frac{1}{48} = 0.0208\overline{3}$

अतः $\frac{1}{32}$ शान्त दशमलव है।

10. (a) $[21 \div (-7) + 12] \times 21 + 5$

$[-3 + 12] \times 21 + 5$ [BODMAS नियम से]

$= 9 \times 21 + 5 = 189 + 5 = 194$

11. (b) माना ₹ 2, ₹ 1 और 50 पैसे के सिक्कों की संख्या क्रमशः $x, 2x$ व $3x$ हैं।

प्रश्नानुसार, कुल राशि = ₹ 110

$\therefore 2 \times x + 1 \times 2x + \frac{50}{100} \times 3x = 110$

$\Rightarrow 2x + 2x + \frac{3x}{2} = 110$

$\Rightarrow \frac{8x + 3x}{2} = 110$

$\Rightarrow 11x = 110 \times 2$

$\therefore x = 20$

अतः 50 पैसे के सिक्कों की संख्या

$= 3 \times 20 = 60$

12. (c) राज द्वारा किया गया एक दिन का कार्य

$= \frac{1}{20}$

तथा, प्रताप द्वारा किया गया एक दिन का कार्य $= \frac{2}{20} = \frac{1}{10}$

तब दोनों द्वारा किया गया एक दिन का कार्य

$= \frac{1}{20} + \frac{1}{10}$

$= \frac{1+2}{20} = \frac{3}{20}$

अर्थात् $\frac{20}{3}$ दिन में दोनों मिलकर एक कार्य को पूरा करेंगे।

$\therefore$ कार्य का $\frac{3}{5}$ भाग करने में लगा समय

$= \frac{3}{5} \times \frac{20}{3} = 4$ दिन

13. (d) हॉल का क्षेत्रफल = लम्बाई $\times$ चौड़ाई

$= 20 \times 18 = 360$ मी^{2}

$\therefore$ कालीन की लम्बाई

$= \frac{\text{हॉल का क्षेत्रफल}}{\text{कालीन की चौड़ाई}}$

$= \frac{360 \times 100}{150}$ मी [$\because$ 1 मी = 100 सेमी]

= 240 मी

$\therefore$ कालीन की लागत $= 240 \times 10 =$ ₹ 2400.

14. (b) $\because \cos A = \frac{1}{2}$

$\Rightarrow \cos A = \cos 60°$

दोनों ओर की तुलना करने पर,

$\therefore A = 60°$

तथा $\sin B = \frac{1}{2}$

$\Rightarrow \sin B = \sin 30°$

दोनों ओर की तुलना करने पर,

$\therefore B = 30°$

अतः $\tan(A - B) = \tan(60° - 30°)$

$= \tan 30° = \frac{1}{\sqrt{3}}$

15. (b) $2\frac{1}{2}$ घण्टे में तय की गई कुल दूरी

= चाल $\times$ समय $= 62 \times 2\frac{1}{2} = 62 \times \frac{5}{2}$

= 155 किमी

तथा $1\frac{1}{4}$ घण्टे में तय की गई दूरी

$= 68 \times 1\frac{1}{4} = 68 \times \frac{5}{4} = 85$ किमी

अतः औसत चाल $= \frac{\text{कुल दूरी}}{\text{कुल समय}}$

$= \frac{(155+85)}{\left(2\frac{1}{2} + 1\frac{1}{4}\right)} = \frac{240}{\frac{15}{4}}$

$= \frac{240 \times 4}{15}$

= 64 किमी/घण्टा

16. (a) ऊपर से 10वाँ राजू नीचे से 21वाँ रवि

राजू 10 वाँ
•
•
•
रवि 21वाँ

कक्षा में कुल छात्रों की संख्या
$= 10 + 3 + 21 = 34$

17. (d) सम्बन्ध आरेख खींचने पर,

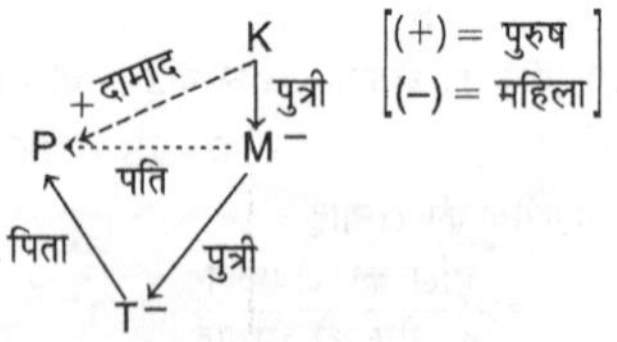

अतः P, K का दामाद है।

18. (d) दिया है, $+ \rightarrow \div, \div \rightarrow \times, \times \rightarrow +$

विकल्प (a) से, $10 \div 5 + 4 = 6$

$\Rightarrow 10 \times 5 \div 4 = 6$ (चिह्न परिवर्तन करने पर)

$\Rightarrow 10 \times \frac{5}{4} = 5 \Rightarrow 12.5 \neq 5$

विकल्प (b) से, $10 - 4 + 2 = 6$

$\Rightarrow 10 - 4 \div 2 = 6$ (चिह्न परिवर्तन करने पर)

$\Rightarrow \quad 10 - 2 = 6 \Rightarrow \; 8 \neq 6$

विकल्प (c) से, $10 + 2 - 5 = 6$

$\Rightarrow \quad 10 \div 2 - 5 = 6$ (चिह्न परिवर्तन करने पर)

$\Rightarrow \quad 5 - 5 = 6 \Rightarrow 0 \neq 6$

विकल्प (d) से,

$10 + 2 \times 1 = 6 \;\; \Rightarrow 10 \div 2 + 1 = 6$

(चिह्न परिवर्तन करने पर)

$\Rightarrow 5 + 1 = 6 \Rightarrow 6 = 6$

अतः विकल्प (d) सत्य है।

19. (b) संख्या शृंखला का क्रम इस प्रकार है

25	49	121	169	289
$(5)^2$	$(7)^2$	$(11)^2$	$(13)^2$	$(17)^2$

अभाज्य संख्याओं का बढ़ता क्रम

20. (a) जिस प्रकार, वाहन द्वारा तय की गई दूरी को ओडोमीटर द्वारा मापा जाता है।

उसी प्रकार, वायुमण्डलीय दाब को बैरोमीटर द्वारा मापा जाता है।

21. (a) राजा का गमन-पथ इस प्रकार है

चूँकि शाम के समय सूर्य पश्चिम की ओर रहता है, अतः राजा ने पश्चिम की ओर चलना शुरू किया।

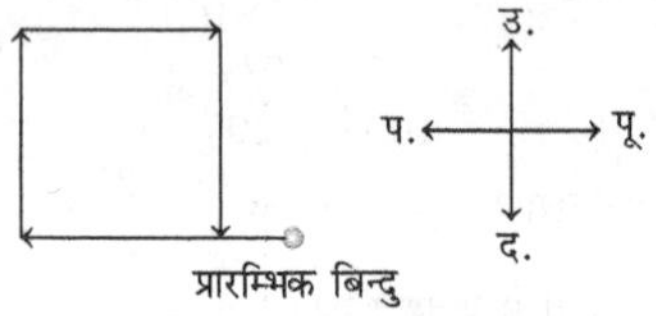

स्पष्ट है कि, अन्त में राजा का मुँह दक्षिण दिशा में है।

22. (b) उत्तर आकृति (b), प्रश्न आकृति के पैटर्न को पूरा करेगी।

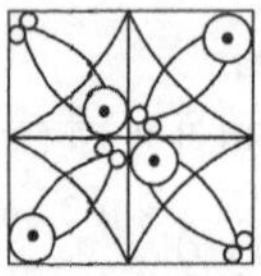

23. (b) अतः दिए गए क्रमानुसार, कागज को मोड़कर छेद करने पर उसके पश्चात् खोलने पर यह विकल्प आकृति (b) जैसा दिखाई देगा।

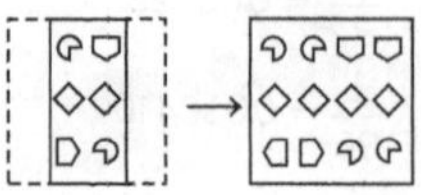

24. (a) जिस प्रकार,

(136, 48, 184)

$\Rightarrow \quad 136 + 48 = 184$

और (189, 37, 226)

$\Rightarrow \quad 189 + 37 = 226$

उसी प्रकार, विकल्प (a) से,

$(116, 62, 178) \Rightarrow 116 + 62 = 178$

25. (b) प्रश्नानुसार,

अगली ट्रेन छूटने का समय = 10 : 30 सुबह

इसके पहली ट्रेन छूटने का समय

= 10 : 30 − 0 : 50 = 9 : 40 बजे

∴ ट्रेन 25 मिनट पहले जा चुकी है।

अतः यात्री को मिलने वाली सूचना का सही समय

= 9 : 40 + 0 : 25 = सुबह 10 : 05 बजे

26. (c) दी गई शृंखला का सही क्रम निम्न होगा।

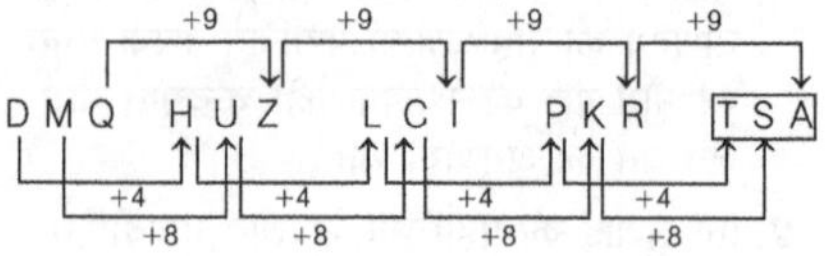

∴ ? = TSA

27. (a) प्रश्नानुसार,

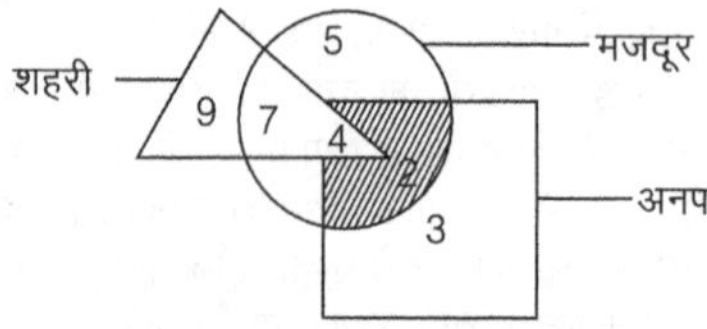

'2' ऐसे मजदूर हैं, जो अनपढ़ तो हैं, लेकिन शहरी नहीं हैं।

28. (b) They (are) fools → Plan (is) risky

We (are) [wise] → Train (is) [fast]

[Wise] never fools → [Fast] always risky

अतः उपरोक्त से स्पष्ट है कि We का अर्थ 'Train' है।

29. (c) आकृति में वृत्तों की गणना करने पर,

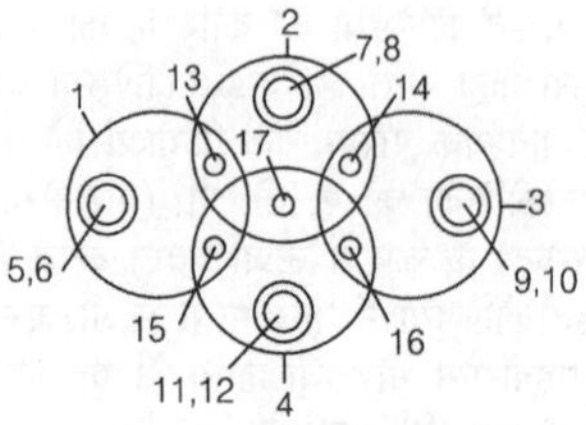

अतः आकृति में कुल 17 वृत्त हैं।

30. (c) आकृतियों के ऊपरी बिन्दुओं की संख्या में 2-2 की वृद्धि होती है तथा नीचे की बिन्दुओं की संख्या में 1-1 की वृद्धि होती है। इसी क्रमानुसार,

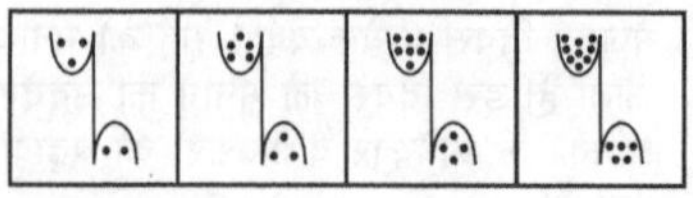

भारतीय वायु सेना

अग्निवीर वायु फेज-1

(ग्रुप-Y) विज्ञान विषय के अतिरिक्त

प्रैक्टिस सेट 15

समय : 45 मिनट **पूर्णांक** : 50

निर्देश

1. इस प्रैक्टिस सेट में कुल 50 प्रश्न हैं तथा परीक्षा की अवधि 45 मिनट है।
2. प्रत्येक सही उत्तर के लिए 1 अंक का प्रावधान है।
3. गलत उत्तर के लिए 0.25 नकारात्मक अंक का प्रावधान है।

सेक्शन I ➤ अंग्रेजी भाषा

Directions (Q. Nos. 1-5) *Read the passage carefully and answer the questions that follow.*

Dance involves our sense of rhythm. We have an innate sense of rhythm in us. From the time we are in our mother's womb, the rhythmic rocking we feel as she walks awakens our instinct of movement. As babies, we are rocked to sleep. As children, we sing nursery rhymes and clap or dance alongwith them. We have already begun dancing. In many countries, dance is indulged in to cultivate discipline and appreciation for one's native culture. For instance, in Africa, many tribes initiate their children into adulthood through dance. Young children imitate their parent's steps. Perfection of these steps signals their transition into adulthood. From ungainly, unsure first steps emerge refined steps. From there, an African is able to modify the steps to convey the message he wants to tell. When we have mastered walking, we learn the rudimentary steps of dance. From there, we are able to choreograph other steps suited to the message we wish to convey. Ironically, we are able to be spontaneous in the midst of discipline.

1. Why is dance taught in many countries?
(a) To gain applause
(b) To cultivate discipline and appreciation of one's culture
(c) To master walking
(d) To attain importance in society

2. What is the meaning of the word 'rudimentary'?
(a) Secondary (b) Tertiary
(c) Basic (d) Final

3. When is the human being first associated with rhythm?
(a) Durings his/her initiation to adulthood
(b) When a baby is rocked to sleep
(c) In the mother's womb
(d) In a ballet class

4. Give a synonym for 'spontaneous'.
(a) Spendthrift
(b) Quick
(c) Instinctive
(d) Unnatural

5. What is the main theme of the passage?
(a) 'Dance and Mother's womb'
(b) 'Dance and Culture'
(c) 'The Importance of Dance in life'
(d) 'African Dance styles'

Directions (Q. Nos. 6-8) *Choose the most appropriate answer for the given blanks.*

6. The thief explained how he......from the jail.
(a) escapes (b) had escaped
(c) escaped (d) has escaped

7. .... you please help my son?
(a) Can (b) Was able to
(c) Could (d) Were able to

8. My friend.....visit me every sunday when I was ill.
(a) could (b) used to
(c) was used to (d) can

9. Adjective form of 'man' is
(a) manness
(b) manly
(c) manful
(d) None of the above

10. Select the option that will improve the underlined part of the given sentence. In case, no improvement is needed, select 'No improvement required'.

Manisha unnecessarily picked up a quarrel with Riya and left the party hurried.

(a) has picked up
(b) picked on
(c) picked
(d) No improvement

11. Select the sentence with the correct use of Adverb.

(a) It is nothing else than pride.
(b) It is nothing else but pride.
(c) It is nothing else than a pride.
(d) It is nothing else but a pride.

Directions (Q. Nos. 12-14) *Fill in the blanks with the appropriate word(s).*

12. In the month of December, the temperature falls......4°C.

(a) from (b) below
(c) at (d) into

13. He is weak......he does a lot of work.

(a) and (b) yet
(c) because (d) so

14. She succeeded due to her ...... work.

(a) most hard
(b) more hard
(c) hard
(d) None of these

Directions (Q. Nos. 15 and 16) *Find out which part of the sentence has an error.*

15. Tea (a)/ which I am drinking (b)/ is hot. (c)/ No error (d)

16. One of the terrorists (a)/ of the Kashmir valley (b)/ are shot dead. (c)/ No error (d)

17. In following question, sentences of a paragraph have been jumbled and labelled as A,B,C and D. You required to rearrange the jumbled sentences of the paragraph and mark your response accordingly by selecting the correct option.

A. Perhaps, it was because of her childhood desire. Clearly, age is not a deterrent in one's choice of learning.
B. When Rachna came to Delhi eight years back, she had not anticipated a career in the field of art.
C. She has been successful in the various exhibitions that she has been part of in terms of business. She feels that her use of colour appeals to people.
D. She had got into expressing her thoughts with the help of a brush and colours only because her daughter refused to get initiated into it.

(a) BDAC (b) BDCA
(c) BACD (d) DBAC

18. Identify the correctly spelt word.

(a) Circuitous (b) Circitus
(c) Circutous (d) Circutious

19. Choose the word similar in meaning to the given word.

Transition

(a) Position
(b) Translation
(c) Change
(d) Movement

20. Choose the word opposite in meaning to the word given.

Dilate

(a) Frustrate (b) Contract
(c) Expand (d) Rotate

सेक्शन II ➤ सामान्य जागरूकता, गणित एवं तर्कशक्ति

1. विश्व की सबसे बड़ी व व्यस्त नहर कौन-सी है?

(a) कील नहर (b) स्वेज नहर
(c) पनामा नहर (d) अल्बर्ट नहर

2. जुलाई 2024 में यूनेस्को द्वारा मैदाम को भारत का 43वां विश्व धरोहर स्थल घोषित किया गया। ये कहाँ पर स्थित है?

(a) मणिपुर
(b) अरूणाचल प्रदेश
(c) नागालैण्ड
(d) असम

3. भारत के सर्वाधिक क्षेत्रफल पर पाए जाने वाले वन हैं

(a) आर्द्र मानसूनी वन
(b) दलदली वन
(c) उष्ण कटिबन्धीय सदाबहार वन
(d) उष्ण कटिबन्धीय आर्द्र पर्णपाती वन

4. प्लासी का युद्ध कब हुआ?

(a) 1757 ई. को (b) 1764 ई. को
(c) 1758 ई. को (d) 1766 ई. को

5. प्रत्येक संसदीय बैठक का पहला घण्टा .... के लिए होता है।

(a) व्यवस्था का प्रश्न
(b) धन विधेयक पर चर्चा
(c) प्रश्नकाल (d) शून्य काल

6. प्रकाश संश्लेषण प्रक्रिया ...... की उपस्थिति में होती है।

(a) सल्फर
(b) क्लोरोफिल और सूर्य का प्रकाश
(c) नाइट्रोजन
(d) कैडमियम

7. 1 किलोबाइट कितने बाइट के बराबर होता है?

(a) 512 (b) 1000
(c) 1024 (d) 1040

8. 66 किमी/घण्टा की रफ्तार से यात्रा करने वाली ट्रेन 33 सेकण्ड में 465 मी लम्बा पुल पार करती है। ट्रेन कितनी लम्बी थी?

(a) 240 मी (b) 160 मी
(c) 180 मी (d) 140 मी

9. दीपा ने एक कप का सैट ₹ 185 में खरीदा परन्तु पुराने स्टॉक को निकालते समय उसने वह सैट बाद में ₹ 170.2 का बेच दिया। बताइए कि उसे कुल कितने प्रतिशत हानि हुई?

(a) 16 (b) 14
(c) 8 (d) 7

10. यदि दो पूर्णांकों का लघुत्तम समापवर्त्य और महत्तम समापवर्तक क्रमश: 2184 और 2 हैं और उन संख्याओं में से एक संख्या 78 है, तो अन्य संख्या ज्ञात करें।

(a) 34 (b) 68
(c) 56 (d) 78

11. एक स्कूल में 12 शिक्षक हैं। उनमें से एक 62 वर्ष की आयु पूर्ण कर सेवानिवृत्त हो गया एवं उसके स्थान पर नए शिक्षक की नियुक्ति हुई। इस परिवर्तन से स्टाफ की औसत आयु 3 वर्ष कम हो जाती है। नए शिक्षक की आयु क्या है?

(a) 22 वर्ष (b) 24 वर्ष
(c) 26 वर्ष (d) 28 वर्ष

12. यदि $35x = 0.07y$ है, तो $\left[\frac{y-x}{y+x}\right]$ का परिणाम ज्ञात कीजिए।

(a) $\frac{51}{49}$ (b) $\frac{49}{53}$
(c) $\frac{49}{51}$ (d) $\frac{53}{57}$

13. पाइप A, 8 घण्टे में, पाइप B, P घण्टे में, पाइप C, 24 घण्टे में एक टंकी भर सकते हैं, यदि सभी पाइप खुले हैं, तो टंकी को भरने में 2.4 घण्टे लगते हैं। तो P का मान ज्ञात करें।

(a) 1 घण्टे (b) 2 घण्टे
(c) 4 घण्टे (d) 3 घण्टे

14. यदि $x+\cfrac{2}{3+\cfrac{4}{5+\cfrac{7}{6}}}=10$ हो, तब x का मान कितना होगा ?
(a) $\frac{1276}{135}$ (b) $\frac{53}{6}$ (c) 4.35 (d) −9

15. एक थैले में 24 गेंद हैं, जिसमें x लाल, $2x$ सफेद और $3x$ नीली हैं। एक गेंद यादृच्छिक रूप से चुनी जाती है। इस गेंद की सफेद होने की क्या प्रायिकता है?
(a) $\frac{1}{2}$ (b) $\frac{1}{3}$ (c) $\frac{1}{4}$ (d) $\frac{5}{6}$

16. दिए गए विकल्पों में से सम्बन्धित शब्द को चुनिए।
यथार्थ : प्रामाणिक :: मरीचिका : ?
(a) भ्रान्ति (b) प्रतिबिम्ब
(c) छिपाव (d) परावर्तन

17. नीचे दिए गए प्रश्न में, कुछ कथन दिए गए हैं और उन कथनों के आधार पर कुछ निष्कर्ष दिए गए हैं। आपको मानना है कि दिए गए कथन सत्य हैं चाहे वे समान्यत: ज्ञात तथ्यों से अलग प्रतीत होते हों। सभी निष्कर्षों को पढ़िए और फिर निश्चय कीजिए कि दिए गए निष्कर्षों में से कौन-सा निष्कर्ष तार्किक रूप से दिए गए कथनों के अनुसार है?

कथन कुछ F, T हैं।
कुछ T, P हैं।

निष्कर्ष
I. कुछ P, T हैं।
II. कोई F, T नहीं है।
III. कोई P, F नहीं है।
(a) सभी निष्कर्ष कथनों के अनुसार है
(b) केवल निष्कर्ष I कथनों के अनुसार है
(c) केवल निष्कर्ष II कथनों के अनुसार है
(d) केवल निष्कर्ष III कथनों के अनुसार है

18. एक व्यक्ति अपनी पत्नी से 3 वर्ष बड़ा है और अपने पुत्र से चार गुना बड़ा है। यदि तीन वर्ष बाद पुत्र की आयु 15 वर्ष हो जाएगी, तो इस समय पत्नी की आयु कितनी है?
(a) 60 वर्ष (b) 51 वर्ष
(c) 48 वर्ष (d) 45 वर्ष

19. दिए गए विकल्पों में से उस सही विकल्प को चुनिए, जो अनुक्रम को पूरा करेगा।
256, 16, 4, ?
(a) 8 (b) 6 (c) 2 (d) 4

20. यदि S का अर्थ है −, Q का अर्थ है ×, R का अर्थ है ÷, P का अर्थ है +, तो
1 P 45 R 2 Q 2 S 4 = ?
(a) 40 (b) 42 (c) 36 (d) 46

21. शैलेन्द्र, केशव, माधव, आशीष और राकेश पाँच मित्र हैं। शैलेन्द्र केशव से छोटा किन्तु राकेश से लम्बा है। माधव सबसे लम्बा है। आशीष केशव से थोड़ा छोटा और शैलेन्द्र से थोड़ा लम्बा है। सबसे छोटा कौन है?
(a) राकेश (b) शैलेन्द्र
(c) आशीष (d) केशव

22. दिए गए विकल्पों में से लुप्त संख्या ज्ञात कीजिए।

10	85	8
7	54	7
8	?	9

(a) 72 (b) 77 (c) 74 (d) 79

23. मैं 17 मी उत्तर की ओर गया, फिर पश्चिम की ओर मुड़कर 10 मी गया, फिर मैं दक्षिण की ओर मुड़ा और 5 मी चला और फिर पूर्व की ओर मुड़कर 10 मी चला। मैं आरम्भिक स्थान से किस दिशा की ओर हूँ?
(a) पूर्व (b) पश्चिम
(c) उत्तर (d) दक्षिण

24. यदि किसी कूटभाषा में ROAST को UTBPS लिखा जाता है, तो उसी कूटभाषा में LITRE को कैसे लिखा जाएगा?
(a) FSUJM (b) GSUKM
(c) MJUSF (d) FTUJM

25. निम्नलिखित प्रश्न में, दिए गए विकल्पों में से अलग शब्द युग्म को चुनिए।
(a) वृत्त-आकृति
(b) पेन्सिल-लेखन सामग्री
(c) जानवर-बिल्ली (d) ट्रक-वाहन

26. नीचे दिए गए शब्दों का शब्दकोशानुसार क्रम कौन-सा विकल्प दर्शाता है?
1. Drink 2. Drinking
3. Drive 4. Dictionary
5. Dracula
(a) 45123 (b) 41532
(c) 42513 (d) 45213

27. नीचे दी गई प्रत्येक संख्या के दूसरे और तीसरे अंक बदलने पर तथा बनी नई संख्याओं को आरोही क्रम में लगाने पर सबसे छोटी संख्या कौन-सी होगी?
245, 267, 297, 216
(a) 245 (b) 267 (c) 297 (d) 216

28. नीचे दी गई आकृति की दर्पण में छवि क्या होगी यदि दर्पण रेखा AB पर रखा है?

प्रश्न आकृति

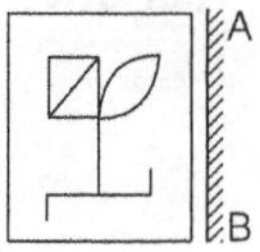

उत्तर आकृतियाँ

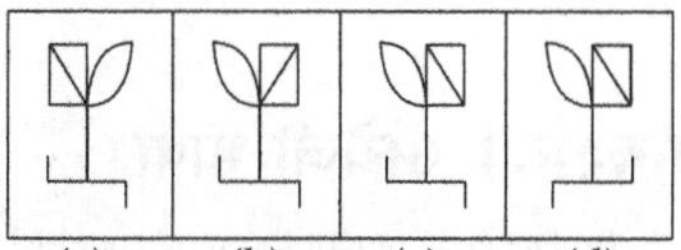

(a) (b) (c) (d)

29. निम्नलिखित वर्ग में कितने त्रिभुज हैं?

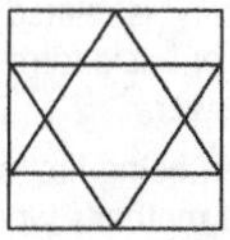

(a) 6 (b) 18 (c) 9 (d) 7

30. निम्नलिखित उत्तर आकृतियों में से वह उत्तर आकृति चुनिए, जो प्रश्न आकृतियों में दी गई शृंखला को पूरा करती है।

प्रश्न आकृतियाँ

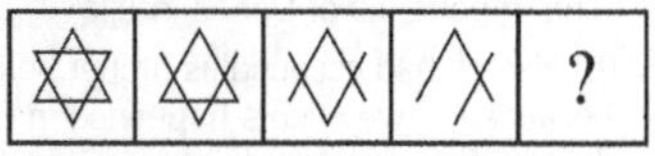

उत्तर आकृतियाँ

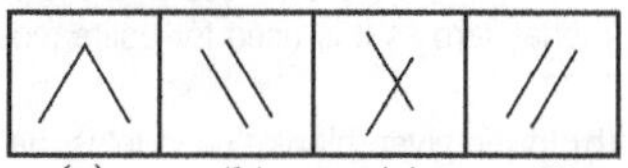

(a) (b) (c) (d)

उत्तरमाला

सेक्शन I अंग्रेजी भाषा

1 (b)	2 (c)	3 (c)	4 (c)	5 (c)	6 (b)	7 (c)	8 (b)	9 (b)	10 (c)
11 (b)	12 (b)	13 (b)	14 (c)	15 (a)	16 (c)	17 (a)	18 (a)	19 (c)	20 (b)

सेक्शन II सामान्य जागरूकता, गणित एवं तर्कशक्ति

1 (a)	2 (d)	3 (d)	4 (a)	5 (c)	6 (b)	7 (c)	8 (d)	9 (c)	10 (c)
11 (c)	12 (c)	13 (c)	14 (a)	15 (b)	16 (a)	17 (b)	18 (d)	19 (c)	20 (b)
21 (a)	22 (b)	23 (c)	24 (a)	25 (c)	26 (a)	27 (a)	28 (c)	29 (b)	30 (d)

स्कोर कार्ड

- कुल Attempted प्रश्न
  अंग्रेजी भाषा [ ] सामान्य जागरूकता, गणित एवं तर्कशक्ति [ ]
- कुल सही व गलत प्रश्न
  अंग्रेजी भाषा [/] सामान्य जागरूकता, गणित एवं तर्कशक्ति [/]
- फाइनल स्कोर (कुल सही उत्तर के अंक – गलत उत्तर के अंक)
  अंग्रेजी भाषा [/] सामान्य जागरूकता, गणित एवं तर्कशक्ति [/]

समय 45 मिनट सही उत्तर 1 अंक गलत उत्तर 0.25 अंक

- रिजल्ट
  - 10 से नीचे (किसी भी सेक्शन में) - Average (सिलेक्शन नहीं)
  - 10-18 के बीच में (कुल 35+) - Good (सिलेक्शन हो सकता है)
  - 18 से ऊपर (दोनों सेक्शन में) - Excellent (100% सिलेक्शन)
- टिप्पणी
  यदि आपका स्कोर किसी भी सेक्शन में 10 से नीचे है तब आप बार-बार प्रैक्टिस करें और ऐसा तब तक करें जब तक आपका स्कोर 10-18 (कुल 35+) के बीच में नहीं हो जाता।

संकेत एवं हल

सेक्शन I अंग्रेजी भाषा

1. (b) Dance is taught in many countries because to cultivate discipline and appreciation of one's culture.

2. (c) 'Rudimentary' is related to an immature, undeveloped or basic form. Hence, 'Basic' is its correct answer.

3. (c) The human being first associated with rhythm in the mother's womb.

4. (c) In context of the passage, 'spontaneous' means having an open natural and uninhibited manner. So, 'instinctive' is its correct synonym as it means relating to or prompted by instinct.

5. (c) The main theme of the given passage is 'The Importance of Dance in Life'.

6. (b) Use of 'had escaped' is proper here because for two events happened in past, the previous event should be in past perfect.

7. (c) In the given blank, 'could' is the correct modal verb as it is used for polite request here.

8. (b) In the given blank, 'used to' is the most suitable modal verb as the sentence denote habitual action and the past routine of the subject.

9. (b) Adjective form of 'man' is 'manly'.

10. (c) 'Picked up' means to improve. So,it should be replaced by 'picked' to make the sentence grammatically correct. 'Pick up a quarrel with someone is an idiom.

11. (b) 'Nothing else' is used with 'but' as pride is the uncountable noun. Hence, option (b) is the correct answer.

12. (b) 'Below' is used to express less than a number, amount or level. So, option (b) is the correct word to fill the given blank.

13. (b) Use of 'yet' is possible only when sentence shows contradiction and here a case of contradiction is occured so use of 'yet' is correct here.

14. (c) No comparison is made in the given sentence, so positive degree of adjective is used here. Hence, 'hard' is the correct word to fill the blank.

15. (a) Use 'the' before 'tea' as it is followed by a relative pronoun.

16. (c) Use 'is' in place of 'are' as phrase 'are of the' takes singular verb.

17. (a) The correct sequence is BDAC, to from a meaningful and coherent paragraph.

18. (a) The correctly spelt word is 'circuitous' and it means not straight.

19. (c) 'Transition' means 'to alter' or 'to change'. Hence, 'change' is its correct similar meaning word.

20. (b) 'Dilate' means 'open' or 'expand'. So, 'Contract' is its correct antonym, which means 'to become smaller'.

सेक्शन II सामान्य जागरूकता, गणित एवं तर्कशक्ति

1. (b) विश्व की सबसे व्यस्त नहर कील नहर है। यह नहर उत्तरी सागर को बाल्टिक सागर से जोड़ती है। पूर्व में (वर्ष 1948 तक) इस नहर को कैसर विल्हेम नहर' कहा जाता था। यह 98 किमी लम्बी जहाजी नहर है, जो जर्मनी के प्लेशिंग होल्सटीन में स्थित है।

2. (d) चराईदेव मैदाम पूर्वोत्तर भारत से शामिल होने वाला पहला सांस्कृतिक श्रेणी में यूनेस्को की विश्व धरोहर स्थल सूची में शामिल किया गया है। 21-31 जुलाई को दिल्ली में आयोजित विश्व धरोहर समिति के 46वें सत्र में भारत सरकार ने सूची में शामिल करने के लिए 52 स्थलों का प्रस्ताव रखा था।

3. (d) भारत के सर्वाधिक क्षेत्रफल पर पाए जाने वाले वन उष्ण कटिबन्धीय आर्द्र पर्णपाती वन है। ये भारत के सर्वाधिक वनों के अधीन क्षेत्रफल (37%) पर पाए जाने वाले वन है। इन वनों के अन्तर्गत साल, सागौन, टीक, शीशम, महुआ, आँवला, चन्दन प्रजातियों के वृक्ष पाए जाते हैं।

4. (a) प्लासी का युद्ध 23 जून, 1757 को बंगाल के नवाब सिराजुद्दौला व अंग्रेजों के बीच हुआ था इस युद्ध में नवाब अपने सेनापति मीर जाफर की धोखाधड़ी के कारण इस युद्ध में मारा गया। इसके बाद अंग्रेजों में मीर जाफर को बंगाल का नवाब बना दिया।

5. (c) प्रत्येक संसदीय बैठक का पहला घण्टा प्रश्नकाल के लिए होता है। प्रश्नकाल के दौरान संसद सदस्यों को प्रशासन व सरकार के क्रियाकलापों के प्रत्येक पहलू पर प्रश्न पूछने का अधिकार होता है। प्रश्नकाल के दौरान सदस्यों को सरकार के कार्यों पर आलोचन-प्रत्यालोचन का समय मिलता है। इस दौरान सरकार अपनी नीतियों व कार्यक्रमों की जानकारी सदन को देती है।

6. (b) प्रकाश संश्लेषण की प्रक्रिया क्लोरोफिल व सूर्य के प्रकाश की उपस्थिति में होती है। इसके अतिरिक्त प्रकाश संश्लेषण के लिए जल व कार्बन डाइऑक्साइड भी आवश्यक है। पौधे प्रकाश संश्लेषण की क्रिया के दौरान आवश्यक जल पौधे की जड़ों से अवशोषित करते हैं तथा वायुमण्डल से कार्बन डाइऑक्साइड लेते हैं।

वायुमण्डल से कार्बन डाइऑक्साइड लेते हैं। इस प्रक्रिया में पौधे कार्बोहाइड्रेट का निर्माण करते हैं।

$$6CO_2 + 12H_2O \xrightarrow[\text{क्लोरोफिल}]{\text{सूर्य का प्रकाश}} \underset{\text{ग्लूकोज}}{C_6H_{12}O_6} + \underset{\text{जल}}{6H_2O} + \underset{\text{ऑक्सीजन}}{6O_2}$$

7. (c) 1 किलोबाइट में 1024 बाइट होते हैं। इन इकाइयों का प्रयोग कम्प्यूटर की मैमोरी मापन में किया जाता है।

8. (d) दिया है, पुल की लम्बाई = 465 मी

माना ट्रेन की लम्बाई = x

अतः कुल तय दूरी = $(465 + x)$ मी

अतः चाल = $\frac{\text{दूरी}}{\text{समय}}$

$\Rightarrow \quad 66 \times \frac{5}{18} = \frac{465 + x}{33}$

$\left[\because 1 \text{ किमी/घण्टा} = \frac{5}{18} \text{ मी/से}\right]$

$\Rightarrow \quad 330 \times 33 = 18(465 + x)$

$\Rightarrow \quad 10890 = 8370 + 18x$

$\Rightarrow \quad 18x = 2520$

$\Rightarrow \quad x = \frac{2520}{18}$

$\therefore \quad x = 140$ मी

अतः ट्रेन की लम्बाई 140 मी है।

9. (c) क्रय मूल्य = ₹ 185

विक्रय मूल्य = ₹ 170.2

कुल हानि = क्रय मूल्य – विक्रय मूल्य

= 185 – 170.2

= ₹ 14.8

कुल प्रतिशत हानि

$= \frac{\text{हानि}}{\text{क्रय मूल्य}} \times 100\%$

$= \frac{14.8}{185} \times 100\% = 8\%$

10. (c) हम जानते हैं, कि दो संख्याओं का गुणनफल उन संख्याओं के ल.स. और म.स. के गुणनफल के बराबर होता है।

78× दूसरी संख्या = 2184 × 2

$\therefore$ अभीष्ट अन्य संख्या $= \frac{2184 \times 2}{78} = 56$

11. (c) माना नए शिक्षक की आयु x वर्ष है तथा पहले शिक्षकों की आयु का औसत a वर्ष है।

प्रश्नानुसार,

$12 \times a - 62 + x = 12(a - 3)$

$\Rightarrow \quad 12a - 62 + x = 12a - 36$

$\Rightarrow \quad x = -36 + 62 = 26$

$\therefore \quad x = 26$ वर्ष

अतः नए शिक्षक की आयु 26 वर्ष है।

12. (c) $\because 3.5x = 0.07y$

$\Rightarrow \quad \frac{y}{x} = \frac{3.5}{0.07} = 50$

$\therefore \quad \frac{y-x}{y+x} = \frac{\frac{y}{x} - 1}{\frac{y}{x} + 1} = \frac{50-1}{50+1} = \frac{49}{51}$

वैकल्पिक विधि

$3.5x = 0.07y \Rightarrow \frac{y}{x} = \frac{3.5}{0.07} = \frac{50}{1}$

योगान्तर अनुपात के नियम से, $\frac{y-x}{y+x}$

$= \frac{50-1}{50+1} = \frac{49}{51}$

13. (c) पाइप A के द्वारा 1 घण्टे में भरा भाग $= \frac{1}{8}$

पाइप B के द्वारा 1 घण्टे में भरा भाग $= \frac{1}{P}$

पाइप C के द्वारा 1 घण्टे में भरा भाग $= \frac{1}{24}$

प्रश्नानुसार, $\frac{1}{8} + \frac{1}{P} + \frac{1}{24} = \frac{1}{2.4}$

$\Rightarrow \quad \frac{1}{P} = \frac{1}{2.4} - \frac{1}{24} - \frac{1}{8}$

$\Rightarrow \quad \frac{1}{P} = \frac{10-1-3}{24} \Rightarrow \frac{1}{P} = \frac{6}{24} = \frac{1}{4}$

$\Rightarrow \quad P = 4$

अतः पाइप B के द्वारा टंकी भरने में लगा समय = 4 घण्टे

14. (a) $x + \cfrac{2}{3 + \cfrac{4}{5 + \cfrac{7}{6}}} = 10$

$\Rightarrow \quad x + \cfrac{2}{3 + \cfrac{24}{37}} = 10$

$\Rightarrow \quad x + \frac{74}{135} = 10$

$\Rightarrow \quad x = 10 - \frac{74}{135}$

$\therefore \quad x = \frac{1350 - 74}{135} = \frac{1276}{135}$

15. (b) प्रश्नानुसार,

गेंदों की कुल संख्या = $x + 2x + 3x$

$\Rightarrow \quad 24 = 6x$

$\therefore \quad x = 4$

तब, लाल गेंद = 4

सफेद गेंद = 2 × 4 = 8

नीली गेंद = 3 × 4 = 12

अतः अभीष्ट प्रायिकता $= \frac{8}{24} = \frac{1}{3}$

16. (a) जिस प्रकार, 'यथार्थ' का पर्यायवाची प्रामाणिक है। उसी प्रकार, 'मरीचिका' का पर्यायवाची भ्रान्ति है।

17. (d) प्रश्नानुसार,

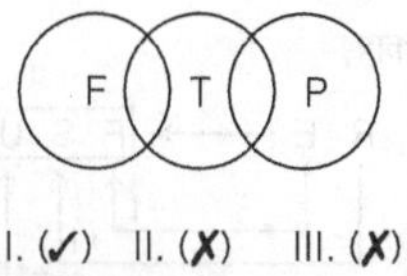

निष्कर्ष I. (✓) II. (✗) III. (✗)

अतः केवल निष्कर्ष I अनुसरण करता है।

18. (d) पुत्र की वर्तमान आयु = 15 – 3 = 12 वर्ष

व्यक्ति की वर्तमान आयु = 12 × 4 = 48 वर्ष

पत्नी की वर्तमान आयु = 48 – 3 = 45 वर्ष

19. (c) संख्या-शृंखला का क्रम इस प्रकार है

$\sqrt{256} = 16, \sqrt{16} = 4, \sqrt{4} = \boxed{2}$

20. (b) दिया गया समीकरण,

1 P 45 R 2 Q 2 S 4 = ?

प्रश्नानुसार, चिह्नों को अक्षरों के स्थान पर परिवर्तित करने पर,

$= 1 + 45 \div 2 \times 2 - 4$

$= 1 + \frac{45}{2} \times 2 - 4$

$= 1 + 45 - 4$

? = 46 – 4

$= \boxed{42}$

21. (a) प्रश्नानुसार,

राकेश < शैलेन्द्र < केशव ....(i)

तथा शैलेन्द्र < आशीष < केशव ...(ii)

उपरोक्त समीकरणों से प्राप्त आरोही क्रम,

∴ राकेश < शैलेन्द्र < आशीष < केशव < माधव

अतः सबसे छोटा राकेश है।

22. (b) जिस प्रकार, पहली पंक्ति में,

10 × 8 + 5 = 85

तथा दूसरी पंक्ति में,

7 × 7 + 5 = 54

उसी प्रकार, तीसरी पंक्ति में

8 × 9 + 5 = 77

23. (c) मेरा गमन-पथ इस प्रकार है

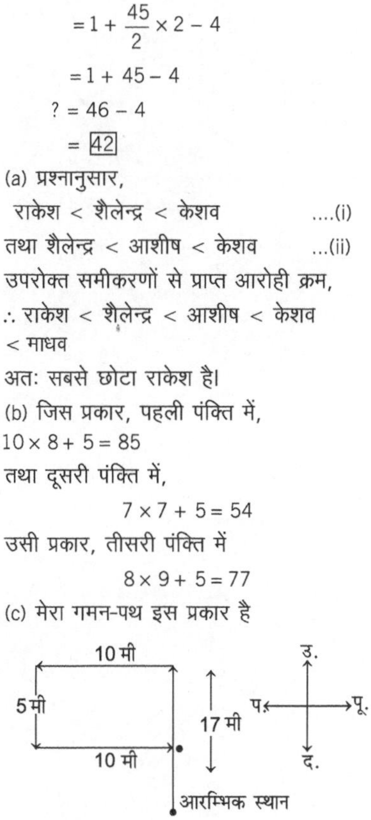

24. (a) जिस प्रकार,

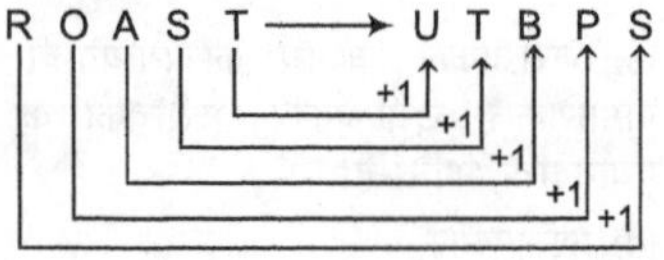

उसी प्रकार,

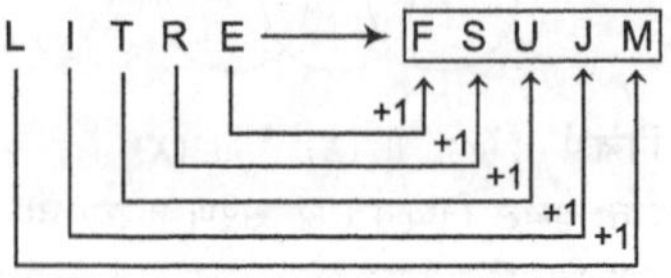

25. (c) शब्द समूह जानवर-बिल्ली के अतिरिक्त अन्य सभी में पहला शब्द किसी वस्तु का नाम है तथा दूसरा शब्द उसकी 'प्रकृति' का नाम है।

या, जानवर-बिल्ली के अतिरिक्त अन्य सभी निर्जीव वस्तुओं का समूह हैं।

26. (a) दिए गए शब्दों का शब्दकोश के अनुसार क्रम निम्न है

Dictonary → Dracula → Drink → Drinking
(4) (5) (1) (2)
→ Drive
(3)

⇒ 4, 5, 1, 2, 3

27. (a) प्रश्नानुसार,

प्रदत्त संख्या 245 267 297 216

प्रश्नानुसार 254 276 279 261

अतः संख्याओं को आरोही क्रम में लगाने पर,

254 < 261 < 276 < 279

∴ अभीष्ट संख्या = 254

अर्थात् 245

28. (c) आकृति (c), प्रश्न आकृति की दर्पण 'AB' में सही प्रतिबिम्ब होगा।

29. (b) आकृति में बिन्दुओं के नाम रखने पर,

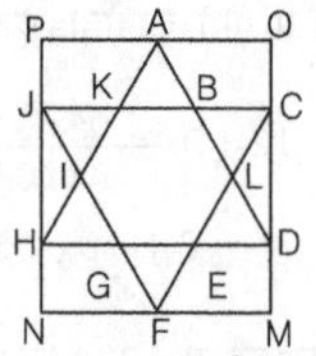

आकृति में निम्न त्रिभुज हैं

ABK, BCL, CLD, LDE, EFG, GHI, HIJ, IJK, AHD, JCF, CFM, JNF, PAH, AOD, BCD, CED, JKH और JGH

अतः आकृति में कुल 18 त्रिभुज हैं।

30. (d) प्रश्न आकृति में दिए गए चित्रों में एक-एक रेखाएँ क्रमशः घटती हैं, लेकिन दोनों त्रिभुजों से बारी-बारी एक-एक रेखाएँ घटती हैं अर्थात् पहले उल्टे त्रिभुज से फिर सीधे त्रिभुज से और इसी प्रकार क्रम चलता है।

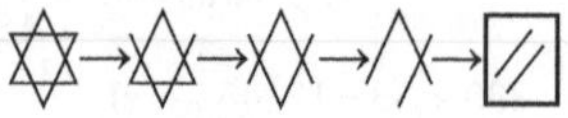

भारतीय वायु सेना

अग्निवीर वायु फेज-1

(ग्रुप-Y) विज्ञान विषय के अतिरिक्त

प्रैक्टिस सेट 16

समय : 45 मिनट पूर्णांक : 50

निर्देश

1. इस प्रैक्टिस सेट में कुल 50 प्रश्न हैं तथा परीक्षा की अवधि 45 मिनट है।
2. प्रत्येक सही उत्तर के लिए 1 अंक का प्रावधान है।
3. गलत उत्तर के लिए 0.25 नकारात्मक अंक का प्रावधान है।

सेक्शन I ➤ अंग्रेजी भाषा

Directions (Q. Nos. 1-5) *Read the following passage carefully and answer the questions that follow.*

Galileo Galilei was born in the year 1564 in the town of Pisa, Italy. When he was 20 yrs old, he was studying in Pisa. His father wanted him to be a doctor, but Galileo was bored with school, except for Maths. Because he needed to earn money Galileo began experimenting with different things trying to come up with some sort of invention that he could sell for money. When he heard that a Dutch inventor had invented something called a spyglass, but was keeping it a secret, Galileo Galilei decided to work on one of his own. Within four hours, he had invented a telescope that could magnify things to make them appear ten times larger than real life. One night, he pointed his telescope towards the sky and made his first of many space observations : the moon was not smooth, like everyone thought. The moon was covered with bumps and craters. As technology has improved, many others, have made improvements on the telescope, the wonderful device that allows us to see from a distance.

1. What is the main theme of the passage?
(a) Galileo and modern technology
(b) Galileo and the Dutch inventor
(c) Galileo and the spyglass
(d) Galileo and his telescope

2. What is the basic definition of a telescope?
(a) A device that allows us to spy on things
(b) A device that minimises objects
(c) A device that shows multiple objects
(d) A device that magnifies distant objects

3. What was the inspiration for Galileo's telescope?
(a) A Dutch inventor's spyglass
(b) A Dutch inventor's magnifying glass
(c) A Dutch inventor's modern device
(d) A Dutch inventor's telescope

4. Give a synonym for 'improvements'.
(a) Developments (b) Discoveries
(c) Decisions (d) Inventions

5. What is an important idea of the passage?
(a) Galileo tried to earn money with his inventions.
(b) Galileo was a great inventor.
(c) Galileo was good at Maths.
(d) Galileo knew about other inventors.

6. Given here are four jumbled sentences. Pick the option that gives the correct order.
P : to include any substance when it occurs
Q : A system that it endangers the stability of the at system
R : sometimes the term pollution is extended
S : At much unnaturally high concentration within
(a) PQRS (b) SQRP
(c) RPSQ (d) SPRQ

Directions (Q. Nos. 7 and 8) *Select the one which best expresses the same sentence in Passive voice.*

7. Look! they have painted the door.
(a) Look! the door's being painted.
(b) Look! the door had been painted.
(c) Look! the door has been painted.
(d) Look! the door was painted.

8. Don't subject the animals to cruelty.
(a) The animals are not to be subjected to cruelty.
(b) The animals shall not be subjected to cruelty.
(c) The animals will not be subjected to cruelty.
(d) The animals should not be subjected to cruelty.

9. Select the one which best expresses the same sentence in Indirect/Direct speech.
He said to me, "I grew these carrots myself".
(a) He told me that I grew these carrots myself.
(b) He told me that he grew these carrots myself.
(c) He told me that he had grow those carrots himself.
(d) He told me that he grew those carrots himself.

Directions (Q. Nos. 10 and 11) *Choose the alternative which best expresses the meaning of the underlined Idiom / Phrase.*

10. The trial made a mockery of justice.
(a) People mocked at the judgement.
(b) It was a mock trial.
(c) Make a serious issue.
(d) Made the system look ridiculous.

11. His recent statement is an about turn.
(a) a good announcement
(b) a declaration of war
(c) complete change of opinion
(d) a bold statement

Directions (Q. Nos. 12 and 13) *Find the correctly spelt word.*

12. (a) Populus (b) Pompous
(c) Prelious (d) Presumptuous

13. (a) Paraphernelia (b) Parsimonious
(c) Peccadilo (d) Peadiatrics

14. Give one word substitute for the given sentence.
A well experienced person
(a) Wise man (b) Intelligent
(c) Old man (d) Veteran

15. Identify the antonym of the given word.
Eternal
(a) Usual (b) Active
(c) Realistic (d) Temporary

Directions (Q. Nos. 16-20) *Choose the correct alternative to fill the given blanks.*

16. The noun of 'Aggressive' is …… .
(a) Aggressiveness (b) Aggression
(c) Aggressor (d) Aggress

17. He is ……… of the two.
(a) taller (b) tallest
(c) tall (d) None of these

18. ……… precaution is necessary in handling that machine.
(a) Little (b) The little
(c) A little (d) A few

19. ……… you work hard, you won't be able to clear even the preliminaries.
(a) If (b) Until
(c) Unless (d) Lest

20. Are you really desirous ……… visiting Japan?
(a) of (b) in
(c) to (d) about

सेक्शन II ➤ सामान्य जागरूकता, गणित एवं तर्कशक्ति

1. पत्रिका 'केसरी' की शुरुआत किसने की?
(a) लाला लाजपत राय
(b) बाल गंगाधर तिलक
(c) दादाभाई नौरोजी
(d) बिपिन चन्द्र पाल

2. शरीर में किस हॉर्मोन की कमी के कारण घेंगा (गोइटर) होता है?
(a) थाइरॉक्सिन (b) एड्रिनैलिन
(c) टेस्टोस्टेरोन (d) एस्ट्रोजेन

3. 0 व 1 के संयोजन के उपयोग की सुविधा किस प्रकार की कम्प्यूटर भाषा में है?
(a) हाई लेवल लैंग्वेज
(b) पास्कल
(c) मशीनी लैंग्वेज (d) 'C' लैंग्वेज

4. लद्दाख ……… के बीच स्थित है।
(a) शिवालिक और जास्कर पर्वत
(b) काराकोरम शृंखला और जास्कर पर्वत
(c) मध्य हिमालय और शिवालिक
(d) वृहत हिमालय और शिवालिक

5. 'FIFA' की स्थापना ……… में हुई थी।
(a) इटली (b) फ्रांस
(c) इंग्लैण्ड (d) स्पेन

6. मराठों के प्रथम पेशवा कौन थे?
(a) बालाजी विश्वनाथ
(b) बाजीराव I
(c) बाजीराव II
(d) शिवाजी

7. कूकी जनजाति भारत के किस राज्य में पाई जाती है?
(a) नागालैण्ड (b) मेघालय
(c) सिक्किम (d) मणिपुर

8. 11 सेमी, 7 सेमी और 14 सेमी की भुजाओं वाले एक त्रिभुज का क्षेत्रफल ज्ञात कीजिए।
(a) $7\sqrt{22}$ (b) $11\sqrt{8}$
(c) $12\sqrt{10}$ (d) $13\sqrt{3}$

9. $88\sqrt{3}$ मी ऊँची मीनार के शीर्ष से एक इमारत के आधार का अवनमन कोण 60° है। मीनार से इमारत की दूरी ज्ञात कीजिए।
(a) $44\sqrt{3}$ मी (b) $46\sqrt{3}$ मी
(c) 88 मी (d) 44 मी

10. जीवन को उसकी परीक्षा में 492 अंक प्राप्त होते हैं। यदि उसको 12 अंक और अधिक प्राप्त होते, तो उसके प्राप्त अंकों का प्रतिशत 84 होता। वह उसकी परीक्षा में अधिकतम कितने अंक प्राप्त कर सकता था?
(a) 504 (b) 540 (c) 580 (d) 600

11. दी गई संख्याओं में से किसका आरोही क्रम सही है।
(a) $\frac{1}{2}, \frac{2}{5}, \frac{3}{5}$ (b) $\frac{3}{5}, \frac{1}{2}, \frac{2}{5}$
(c) $\frac{2}{5}, \frac{1}{2}, \frac{3}{5}$ (d) $\frac{2}{5}, \frac{3}{5}, \frac{1}{2}$

12. 6, 9, 12, 13 और 15 से विभाजित होने वाली सबसे बड़ी 4 अंकों वाली संख्या क्या है?
(a) 9100 (b) 9360
(c) 9240 (d) 9326

13. एक पुस्तक को अंकित मूल्य के $\frac{8}{15}$ भाग पर बेचने पर 20% की हानि होती है। पुस्तक के अंकित मूल्य और क्रय मूल्य का अनुपात क्या होगा?
(a) 3 : 2
(b) 5 : 2
(c) 5 : 3
(d) 6 : 5

14. 2 साल के लिए 5% की ब्याज दर पर ₹ 400 का चक्रवृद्धि ब्याज और साधारण ब्याज के बीच अन्तर ज्ञात करें।
(a) ₹ 10 (b) ₹ 4 (c) ₹ 3 (d) ₹ 1

15. P एक काम को 12 दिनों में कर सकता है। Q उसी काम को 20 दिनों में कर सकता है। यदि वे दोनों मिलकर 5 दिन कार्य करते हैं, तो उसके बाद कितना काम बच जाएगा?
(a) $\frac{1}{4}$ (b) $\frac{1}{2}$ (c) $\frac{2}{3}$ (d) $\frac{1}{3}$

16. किसी एक खास कूटभाषा में, 'WATER' को 'XCWIW' लिखा जाता है। उस कूटभाषा में 'TIGER' को क्या लिखा जाएगा?
(a) VLKJX (b) UKIJW
(c) VKJIW (d) UKJIW

17. राम अपने घर से पूर्व की ओर गया। कुछ दूर चलने के बाद वह दाईं ओर मुड़ गया। फिर कुछ दूर चलने के बाद वह बाईं ओर मुड़कर चलने लगा। अब वह किस दिशा में चल रहा है?
(a) उत्तर (b) पूर्व
(c) पश्चिम (d) दक्षिण

18. प्रश्न सूचक चिह्न के स्थान पर कौन-सी संख्या आएगी?

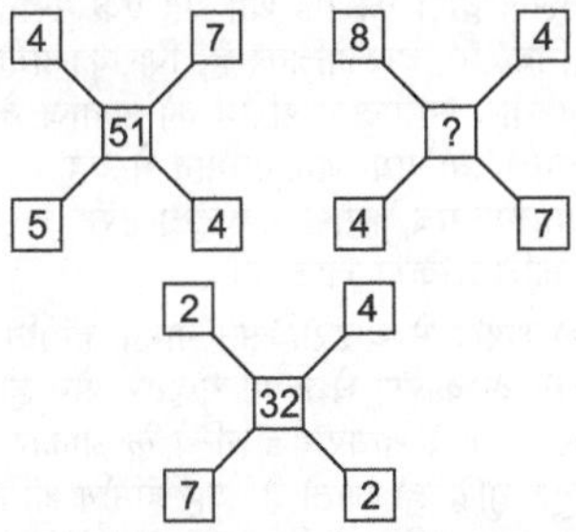

(a) 70 (b) 72 (c) 64 (d) 88

19. यदि जो जानवर चल रहे हैं, उसे Swimmers, जो रेंगते हैं उसे Flying, जो पानी में रहते हैं, उसे Snakes तथा जो आकाश में उड़ते हैं, उसे Hunters कहते हैं; तो छिपकली को क्या कहेंगे?
(a) Swimmers (b) Snakes
(c) Flying (d) Hunters

20. यदि B, A का भाई है और D, A का भाई है और B, E का भाई है, तब निम्नलिखित कथनों में से कौन-सा कथन निश्चित रूप से सही है?
(a) B, D का भाई है
(b) E, B का भाई है
(c) A, D का भाई है
(d) A, E का भाई है

21. यदि KNIFE : MPKHG हो, तो DTGCF: ?
(a) FVIEG (b) FVIEH
(c) BREAD (d) BRAED

22. (::) के बाएँ ओर दिए गए शब्द किसी तर्क/नियम/सम्बन्ध के आधार पर एक-दूसरे से सम्बन्धित हैं। समान तर्क/नियम/सम्बन्ध के आधार पर दिए गए विकल्पों में से (::) के दाएँ ओर लुप्त शब्द/शब्द युग्म को चुनिए।
दीवार : ईंट : : बोरी : ?
(a) भूरा (b) मोटा
(c) जूट (d) चूहा

23. उस विकल्प आकृति को चुनिए, जिसमें दी गई आकृति निहित है।
(घूर्णन की अनुमति नहीं है)

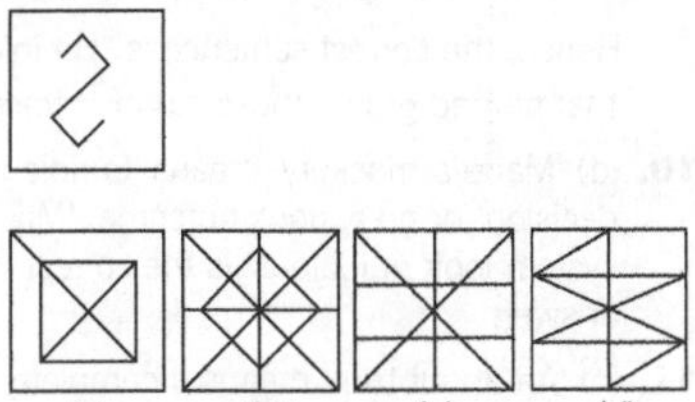

(a) (b) (c) (d)

24. निम्नलिखित प्रश्न में रिक्त स्थान पर कौन-सी संख्या आएगी?
257, 226, 197, ?
(a) 160 (b) 170
(c) 135 (d) 165

25. नीचे कितने 4 ऐसे हैं, जिनके पहले 7 आता हो, पर बाद में 3 न आता हो?
5 9 3 2 1 7 4 2 6 9 4 6 1 3 2 8 7 4 1 3 8
3 2 5 6 7 4 3 9 5 8 2 0 1 8 7 4 6 3
(a) तीन (b) पाँच
(c) छः (d) चार

26. नीचे एक पासे की तीन स्थितियाँ दी गई हैं। '4' वाले फलक के विपरीत फलक पर क्या आएगा?

(a) 6 (b) 5 (c) R (d) M

27. नीचे दिए गए विकल्पों में से वह अक्षर चुनिए जो उन भारतीय क्रिकेट खिलाड़ियों का प्रतिनिधित्व करता है जो स्नातक हैं।

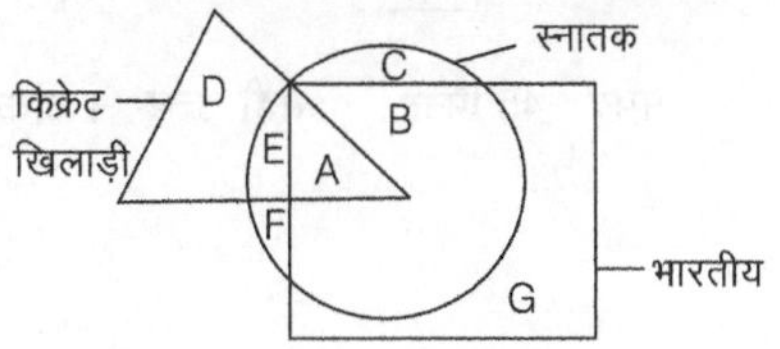

(a) E (b) A (c) F (d) B

28. उस सही विकल्प को चुनिए, जो दिए गए शब्दों की व्यवस्था को तार्किक और सार्थक क्रम में दिखाता हो।
1. बीमारी 2. दवाई की दुकान
3. चिकित्सक 4. दवा
5. परामर्श
(a) 5, 3, 1, 2, 4 (b) 3, 5, 1, 2, 4
(c) 2, 3, 5, 1, 4 (d) 1, 3, 5, 2, 4

29. नीचे दी गई आकृति में कितने आयत हैं?

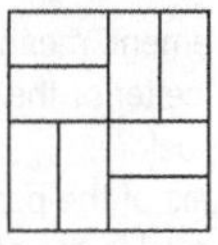

(a) 24 (b) 16 (c) 22 (d) 14

30. नीचे दिए गए विकल्पों में से सम्बन्धित आकृति चुनिए

प्रश्न आकृतियाँ

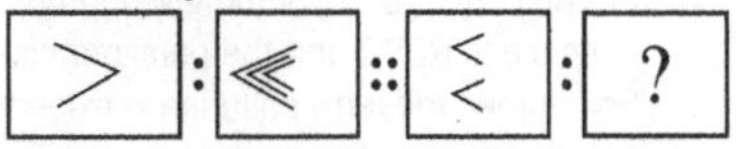

उत्तर आकृतियाँ

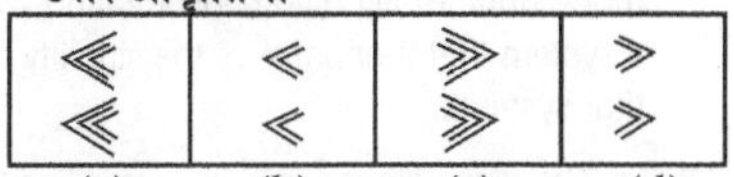

(a) (b) (c) (d)

उत्तरमाला

सेक्शन I अंग्रेजी भाषा

1 (d)	2 (d)	3 (a)	4 (a)	5 (b)	6 (c)	7 (c)	8 (d)	9 (c)	10 (d)
11 (c)	12 (b)	13 (b)	14 (d)	15 (d)	16 (c)	17 (a)	18 (c)	19 (c)	20 (a)

सेक्शन II सामान्य जागरूकता, गणित एवं तर्कशक्ति

1 (b)	2 (a)	3 (c)	4 (b)	5 (b)	6 (a)	7 (d)	8 (c)	9 (c)	10 (d)
11 (c)	12 (b)	13 (a)	14 (d)	15 (d)	16 (d)	17 (b)	18 (b)	19 (c)	20 (a)
21 (b)	22 (c)	23 (b)	24 (b)	25 (a)	26 (d)	27 (b)	28 (d)	29 (b)	30 (c)

स्कोर कार्ड

- कुल Attempted प्रश्न
  अंग्रेजी भाषा [ ] सामान्य जागरूकता, गणित एवं तर्कशक्ति [ ]
- कुल सही व गलत प्रश्न
  अंग्रेजी भाषा [/] सामान्य जागरूकता, गणित एवं तर्कशक्ति [/]
- फाइनल स्कोर (कुल सही उत्तर के अंक – गलत उत्तर के अंक)
  अंग्रेजी भाषा [/] सामान्य जागरूकता, गणित एवं तर्कशक्ति [/]

समय 45 मिनट सही उत्तर 1 अंक गलत उत्तर 0.25 अंक

- रिजल्ट
  - 10 से नीचे (किसी भी सेक्शन में) - Average (सिलेक्शन नहीं)
  - 10-18 के बीच में (कुल 35+) - Good (सिलेक्शन हो सकता है)
  - 18 से ऊपर (दोनों सेक्शन में) - Excellent (100% सिलेक्शन)
- टिप्पणी
  यदि आपका स्कोर किसी भी सेक्शन में 10 से नीचे है तब आप बार-बार प्रैक्टिस करें और ऐसा तब तक करें जब तक आपका स्कोर 10-18 (कुल 35+) के बीच में नहीं हो जाता।

संकेत एवं हल

सेक्शन I अंग्रेजी भाषा

1. (d) The main theme of the passage is–'Galileo and his telescope'.

2. (d) A device that magnifies distant object is called a telescope.

3. (a) 'A Dutch inventor's spyglass' was the inspiration for Galileo's telescope.

4. (a) 'Improvement' means a thing that makes something better or the quality of being better than before.
So, in context of the passage, 'Developments' is the correct synonym for the given word 'improvement'.

5. (b) An important idea of the passage is that Galileo was a great inventor.

6. (c) The correct order of the given jumbled sentence is RPSQ and the paragraph is- 'Sometimes the term pollution is extended to include any substance when it occurs, at much unnaturally high concentration within a system that it endangers the stability of that system'.

7. (c) The given sentence is in present perfect tense and to convert it in passive voice, has been + third form of verb should be used. Hence, 'Look! the door has been painted' is the correct Passive voice sentence.

8. (d) The given sentence is in simple present (negative) form. To make the Passive of the given sentence, 'should not be + III form of verb' will be used. Hence, the correct Passive voice sentence is "The animals should not be subjected to cruelty."

9. (c) In the given sentence, reflexive pronoun (myself) is used. So to convert it in indirect speech, the following structure should be followed,
Subject + had + IIIrd form of verb + object + reflexive pronoun
Hence, the correct sentence is "He told me that he had grown those carrots himself".

10. (d) 'Made a mockery' means 'to ridicule a decision' or no serious outcome. 'Made the system look ridiculous' is the correct answer.

11. (c) 'An about turn' means a complete change of opinion.

12. (b) The correctly spelt word is 'Pompous' and it means arrogant.

13. (b) The correctly spelt word is 'Parsimonious' and it means penurious, penny-pinching.

14. (d) A veteran is a person who has had long experience in a particular field.

15. (d) 'Eternal' means existing forever or without any end. So, 'temporary' is its correct antonym which means not permanant.

16. (c) The Noun form of 'Aggressive' is 'Aggressor'. Aggressor is the person or country that attacks another first.

17. (a) 'Taller' is correct alternative as the comparison is made only between the two.

18. (c) 'A Little' is the correct answer to fill the given blank as 'a little' means not much (some).

19. (c) Use of 'Unless' is proper here because it means except under the circumstances that gives proper sense here.

20. (a) Use of 'of' is proper here because 'desirous of something' means having a wish for something.

सेक्शन II सामान्य जागरूकता, गणित एवं तर्कशक्ति

1. (b) पत्रिका 'केसरी' की शुरुआत वर्ष 1881 में भारतीय स्वतन्त्रता सेनानी बाल गंगाधर तिलक द्वारा की गई थी। यह एक मराठी दैनिक समाचार पत्रिका है, जिसका प्रयोग भारतीय स्वतन्त्रता संग्राम को आवाज देने के लिए किया गया था। वर्तमान में यह समाचार-पत्र केसरी महरट्टा ट्रस्ट द्वारा प्रकाशित किया जाता है।

2. (a) शरीर में थाइरॉक्सिन नामक हॉर्मोन की कमी के कारण घेंघा या गोइटर रोग होता है। इस रोग में थायरॉयड ग्रन्थि के आकार में बहुत वृद्धि हो जाती है। यह हॉर्मोन थॉयरॉयड या अवटु ग्रन्थि से निकलता है, जो मनुष्य के गले में श्वसन नली ट्रैकिया के दोनों ओर लैरिंक्स के नीचे स्थित होती है। थाइरॉक्सिन हॉर्मोन कोशिकीय श्वसन की गति को तीव्र करता है तथा पीयूष ग्रन्थि के हॉर्मोन के साथ शरीर में जल सन्तुलन को नियन्त्रित करता है।

3. (c) 0 व 1 के संयोजन के उपयोग की सुविधा वाली भाषा कम्प्यूटरीकृत मशीनी लैंग्वेज है। कम्प्यूटर केवल बाइनरी अंकों 0 व 1 के माध्यम से बने निर्देशों को ही समझ सकता है। इन बाइनरी अंकों से बनी प्रोग्रामिंग भाषा को 'मशीनी भाषा' कहा जाता है।

4. (b) लद्दाख, काराकोरम श्रृंखला व जास्कर पर्वत के बीच स्थित है। यह भारत की सबसे विरल जनसंख्या वाले भागों में से एक है। इस केन्द्रशासित प्रदेश का कुल क्षेत्रफल 166698 वर्ग किमी है, जिसमें से केवल 59, 146 वर्ग किमी का क्षेत्र भारत के नियन्त्रण में है। इस केन्द्रशासित प्रदेश के उत्तर में चीन तथा पूर्व में तिब्बत की सीमाएँ हैं।

5. (b) FIFA की स्थापना 21 मई, 1904 को फ्रांस की राजधानी पेरिस में की गई थी। यह फुटबॉल का अन्तर्राष्ट्रीय नियन्त्रण निकाय है, जिसका पूरा नाम फेडरेशन ऑफ इण्टरनेशनल फुटबॉल एसोसिएशन है। वर्तमान में इस संस्था का मुख्यालय ज्यूरिख (स्विट्जरलैण्ड) में स्थित है। FIFA फुटबॉल की प्रमुख अन्तर्राष्ट्रीय प्रतियोगिताओं का आयोजन करता है जिसमें सबसे प्रमुख FIFA विश्व कप है, जिसका आयोजन प्रत्येक चार वर्ष के अन्तराल पर किया जाता है। इस संस्था का आदर्श वाक्य 'For the Good of the Game' है।

6. (a) मराठों के प्रथम पेशवा बालाजी विश्वनाथ (1713-20 ई.) थे। उन्हें मराठा साम्राज्य का पुनर्संस्थापक भी कहा जाता है। वर्ष 1719 में बालाजी विश्वनाथ ने मुगलों के साथ सन्धि की जिसके तहत मराठों की सैन्य सहायता के बदले मुगलों ने उन्हें दक्कन के छह सूबों से चौथ सरदेशमुखी कर वसूलने के अधिकार दे दिए। इस संधि को मराठा साम्राज्य का 'मैग्नाकार्टा' कहा जाता है।

7. (d) कूकी जनजाति भारत के मणिपुर राज्य में पाई जाती है। यह जनजाति मूलतः मंगोली नस्ल की वनवासी जनजाति है। इसे **चिन व मिजो** भी कहते हैं। ये जनजाति भारत के अरुणाचल प्रदेश को छोड़कर सभी उत्तरी-पूर्वी राज्यों में पाई जाती हैं। कूकी जनजाति के लोग 'उथेन' नामक देवता की पूजा करते हैं।

8. (c) त्रिभुज का अर्द्ध परिमाप

$$s = \frac{a+b+c}{2} = \frac{11+7+14}{2} = \frac{32}{2} = 16$$

अतः त्रिभुज का क्षेत्रफल

$$= \sqrt{s(s-a)(s-b)(s-c)}$$

[∵ हिरोन के सूत्र से]

$$= \sqrt{16(16-11)(16-7)(16-14)}$$

$$= \sqrt{16 \times 5 \times 9 \times 2} = \sqrt{1440}$$

$= 12\sqrt{10}$ वर्ग सेमी

9. (c) माना मीनार से इमारत की दूरी x मी है। तब प्रश्नानुसार,

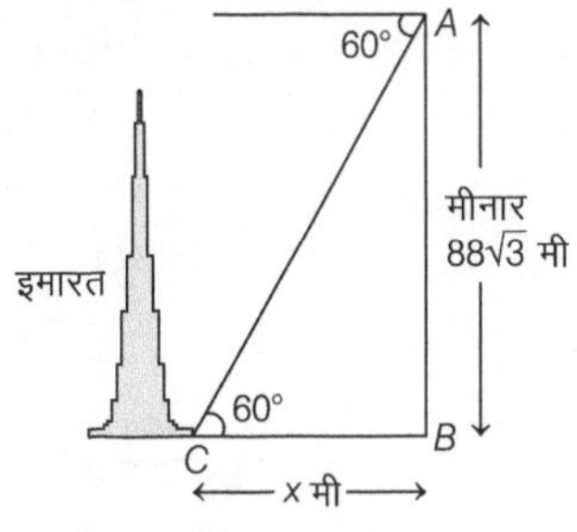

ΔABC में, $\tan 60° = \frac{AB}{CB}$

$\Rightarrow \quad \sqrt{3} = \frac{88\sqrt{3}}{x}$

$\therefore \quad x = 88$ मी

10. (d) माना अधिकतम अंक $= x$

प्रश्नानुसार, x का 84% = 492 + 12

$\Rightarrow \quad x \times \frac{84}{100} = 504$

$$x = \frac{504 \times 100}{84} = 600$$

11. (c) $\frac{1}{2} = 0.5, \frac{2}{5} = 0.4, \frac{3}{5} = 0.6$

अतः उचित आरोही क्रम निम्न है,

$$0.4 < 0.5 < 0.6$$

$\therefore \quad \frac{2}{5} < \frac{1}{2} < \frac{3}{5}$

12. (b) 6, 9, 12, 13 और 15 का ल. स.

2	6, 9, 12, 13, 15
2	3, 9, 6, 13, 15
3	3, 9, 3, 13, 15
	1, 3, 1, 13, 5

$= 2 \times 2 \times 3 \times 3 \times 5 \times 13$

$= 2340$

4 अंकों की सबसे बड़ी संख्या = 9999

अब, 2340) 9999 (
9360
639 ← शेष

अतः अभीष्ट संख्या = 9999 − 639 = 9360

13. (a) माना वस्तु का क्रय मूल्य ₹ x तथा अंकित मूल्य ₹ y है।

तब, वस्तु का विक्रय मूल्य

$\Rightarrow \quad x \times \frac{80}{100} = y \times \frac{8}{15}$

$\Rightarrow \quad x \times \frac{4}{5} = y \times \frac{8}{15}$

$\Rightarrow \quad \frac{x}{y} = \frac{8 \times 5}{15 \times 4} = \frac{2}{3}$

$\therefore \quad y : x = 3 : 2$

14. (d) दिया है, मूलधन (P) = ₹ 400

दर (r) = 5%, समय (t) = 2 वर्ष

$\therefore$ चक्रवृद्धि ब्याज $= P\left(1 + \frac{r}{100}\right)^t - P$

$$= 400\left(1 + \frac{5}{100}\right)^2 - 400$$

तथा साधारण ब्याज $= \frac{Prt}{100}$

$$= \frac{400 \times 5 \times 2}{100}$$

∵ अभीष्ट अन्तर

= चक्रवृद्धि ब्याज − साधारण ब्याज

$$= 400\left(1 + \frac{5}{100}\right)^2 - 400 - \frac{400 \times 5 \times 2}{100}$$

$$= 400 \times \left(\frac{21}{20}\right)^2 - 400 - \frac{400}{10}$$

$$= 400\left[\frac{441}{400} - 1 - \frac{1}{10}\right]$$

$$= 400\left[\frac{441 - 400 - 40}{400}\right] = ₹\ 1$$

वैकल्पिक विधि

$$D = \frac{PR^2}{(100)^2}$$

यहाँ, $P = 400, R = 5\%, D =$ अन्तर

$$D = \frac{400 \times (5)^2}{(100)^2} = \frac{4 \times 25}{100}$$

$\therefore \quad D = \frac{100}{100} = ₹\ 1$

15. (d) $(P + Q)$ का 1 दिन का काम

$$= \frac{1}{12} + \frac{1}{20} = \frac{5+3}{60} = \frac{8}{60} = \frac{2}{15}$$

$\therefore (P + Q)$ का 5 दिन का काम $= 5 \times \frac{2}{15} = \frac{2}{3}$

शेष काम $= 1 - \frac{2}{3} = \frac{1}{3}$

16. (d) जिस प्रकार,

W A T E R
+1↓ +2↓ +3↓ +4↓ +5↓
X C W I W

उसी प्रकार,

T I G E R
+1↓ +2↓ +3↓ +4↓ +5↓
U K J I W

17. (b) राम के चलने का मार्ग निम्नवत् है

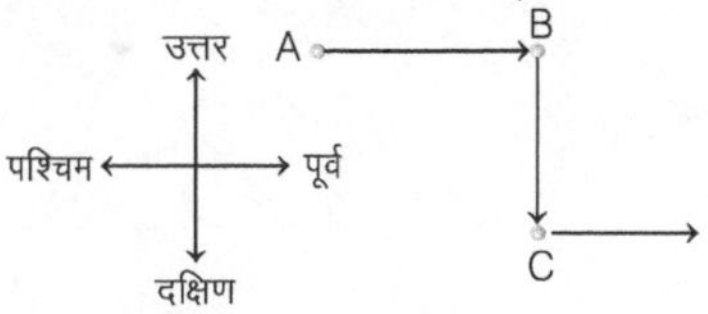

आरेख से स्पष्ट है कि राम अब पूर्व दिशा की ओर चल रहा है।

18. (b) जिस प्रकार,

$$4 \times 4 + 7 \times 5 = 16 + 35 = 51$$

तथा $\quad 2 \times 2 + 4 \times 7 = 4 + 28 = 32$

उसी प्रकार, $8 \times 7 + 4 \times 4 = 56 + 16 = \boxed{72}$

19. (c) रेंगने वाले जानवरों को Flying कहते हैं तथा छिपकली रेंगने वाला जानवर है। अतः छिपकली को Flying कहेंगे।

20. (a) प्रश्नानुसार, रक्त सम्बन्ध आरेख बनाने पर,

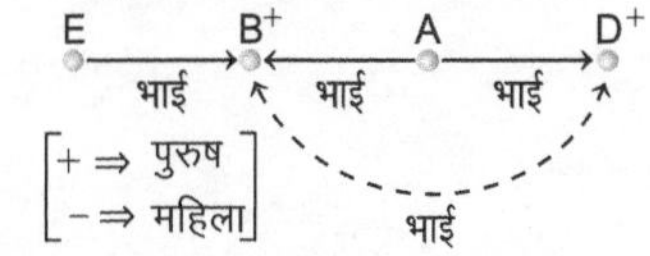

अतः कथन B, D का भाई है, निश्चित रूप से सही है।

21. (b) जिस प्रकार,

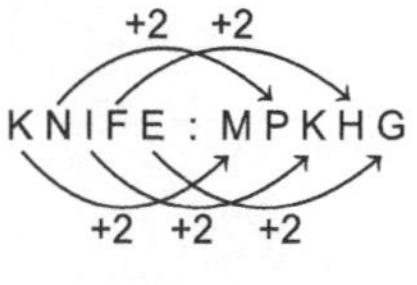

उसी प्रकार,

+2 +2

DTGCF : FVIEH

+2 +2 +2

22. (c) जिस प्रकार, ईंट से दीवार बनाई जाती है। उसी प्रकार, 'जूट' से बोरी बनाई जाती है।

23. (b) दी गई प्रश्न आकृति, विकल्प आकृति (b) में निहित है।

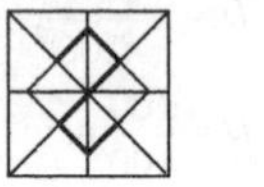

24. (b) दी गई श्रृंखला निम्न प्रकार है,

257 → 226 → 197 → 170

–31, –29, –27

+2, +2

25. (a) सही संयोजन

7	4	3

59321[742]6946132 8[741]38
32567439582018[746]3

उपर्युक्त शृंखला में तीन ऐसे 4 हैं, जिनके पहले 7 आता है, परन्तु बाद में 3 नहीं आता है।

26. (d) पासा II व III से,

दिए गए पासे में 6 उभयनिष्ठ फलक है,

अतः दक्षिणावर्त घुमाने पर,

स्थिति I → 6 M 5

↓ ↕ ↕

स्थिति II → 6 4 R

अतः फलक '4' के विपरीत फलक पर 'M' आएगा।

27. (b) अक्षर 'A' उन भारतीय क्रिकेट खिलाड़ियों का प्रतिनिधित्व करता है, जो स्नातक हैं।

28. (d) दिए गए शब्दों को सार्थक क्रम में व्यवस्थित करने पर,

1. बीमारी → 3. चिकित्सक → 5. परामर्श → 2. दवाई की दुकान → 4. दवा

∴ अभीष्ट कूट = 1, 3, 5, 2, 4

29. (b) दी गई आकृति में बिन्दुओं के नाम देने पर,

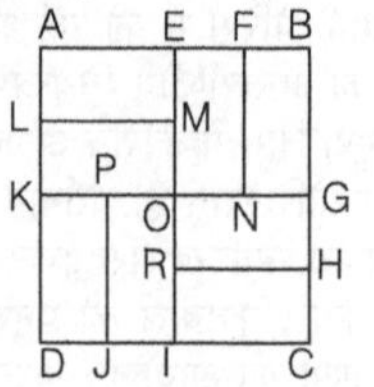

आयत = ▭ AEID, ▭ BEIC, ▭ ABGK, ▭ KGCD, ▭ AEML, ▭ LMOK, ▭ KPJD, ▭ POIJ, ▭ EFNO, ▭ BGNF, ▭ ORHG, ▭ HCIR, ▭ AFNK, ▭ BERH, ▭ PGCJ, ▭ LMID = 16

अतः आकृति में कुल 16 आयत हैं।

30. (c) प्रश्न आकृति के प्रथम युग्म की पहली आकृति तीन गुनी करके उलट देने पर दूसरी आकृति प्राप्त होती है। ठीक यही सम्बन्ध द्वितीय युग्म की पहली आकृति के साथ लागू करने पर विकल्प (c) की आकृति प्राप्त होती है।

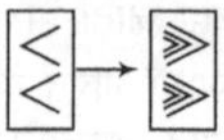

भारतीय वायु सेना

अग्निवीर वायु फेज-1

(ग्रुप-Y) विज्ञान विषय के अतिरिक्त

प्रैक्टिस सेट 17

समय : 45 मिनट **पूर्णांक** : 50

निर्देश

1. इस प्रैक्टिस सेट में कुल 50 प्रश्न हैं तथा परीक्षा की अवधि 45 मिनट है।
2. प्रत्येक सही उत्तर के लिए 1 अंक का प्रावधान है।
3. गलत उत्तर के लिए 0.25 नकारात्मक अंक का प्रावधान है।

सेक्शन I ➤ अंग्रेजी भाषा

Directions (Q. Nos. 1-5) *Read the passage carefully and answer the questions that follows.*

Self-directed learning, in its broadest meaning, describes a process in which individuals take the initiative with or without the help of others, in diagnosing their learning needs formulation learning goals, identifying resources for learning choosing and implementing learning strategies and evaluating learning outcomes. Thus, it is important to attain new knowledge easily and skillfully for the rest of his or her life.

What is the need for self-directed learning? One reason is that there is convincing evidence that people, who take the initiative in learning, learn more things and learn better than people waiting to be taught. The second reason is that self-directed learning is more in tune with our natural processes of psychological development; an essential aspect of maturing is developing the ability to take increasing responsibility of our own lives to become increasingly self-directed.

The third reason is that many of the new development in education put a heavy responsibility on the learners to take a good deal of initiative in their own learning. To meet the challenges in today's instructive environment, self-directed learning is most essential.

1. In self-directed learning, an individual
(a) takes initiative with or without the help of others
(b) is passive and walts for directions
(c) is helpless and dependent
(d) takes initiative, without an objective

2. There is need for self-directed learning because
(a) it is less challenging
(b) it helps people to learn more things and learn better
(c) it is more cost-effective method
(d) it is a modern method of learning

3. Which word best describes self-directed learning?
(a) Active learning
(b) Passive learning
(c) Compulsory learning
(d) Repulsive learning

4. The synonym of the word 'diagnosing' is
(a) searching (b) examining
(c) identifying (d) complying

5. The modern environment according to the author is
(a) restrictive
(b) instructive
(c) less developed
(d) impracticable

Directions (Q. Nos. 6 and 7) *Find out which part of the sentence has an error.*

6. We have discussing (a) / all the known mechanisms (b) / of physical growth./ (c) / No error(d)

7. A great many student (a) / have been declared (b) / successful. (c) / No error (d)

Directions (Q. Nos. 8-10) *Fill in the blanks with correct alternative.*

8. The Earth .... around the Sun.
(a) move (b) moves
(c) moved (d) is moving

9. Can I have some milk before I .... to bed?
(a) go (b) am going
(c) shall go (d) went

10. ...... I bring you a cup of coffee?
(a) Shall (b) Should
(c) Can (d) Will

Direction (Q. No. 11) *Choose the superlative of the given sentence.*

11. No other city is as big as Bombay in India.
(a) Bombay is the biggest city in India.
(b) Bombay is bigger than many cities in India.
(c) Bombay is very big city.
(d) In India, Bombay is the biggest city.

12. Choose the word opposite in meaning to the word given
Blustered
(a) Angry (b) Gentle
(c) Neglect (d) Impede

13. Choose the correct active voice of the following sentence from the given Options.
The class will be taken by the Maths teacher.
(a) The Maths teacher take the class.
(b) The Maths teacher will take the class.
(c) The Maths teacher take the class.
(d) The maths teacher was taking the class.

14. Choose the correct direct speech of the following sentence from the given option
I told him that he was not working hard.
(a) I told to him, "You are not working hard".
(b) I said to him, "You are not working hard".
(c) I said, "You are not working hard".
(d) I said to him "he is not working hard".

15. The adjective of 'silence' is
(a) silence
(b) silent
(c) silented
(d) silently

Directions (Q. Nos. 16 and 17) *Choose the word which can be substituted for the given words / sentence.*

16. A post with little work, but high salary
(a) Director (b) Trustee
(c) Sinecure (d) Ombudsman

17. Something that causes death
(a) Dangerous (b) Fatal
(c) Brutal (d) Horrible

Direction (Q. No. 18) *Find the correctly spelt word.*

18. (a) Tussel (b) Tunnele
(c) Tumble (d) Trable

Directions (Q. Nos. 19 and 20) *In the following questions, choose the word similar in meaning to the word given.*

19. Command
(a) Lead
(b) Instruct
(c) Manage
(d) Supervise

20. Convict
(a) Adventurer
(b) Fugitive
(c) Criminal
(d) Impostor

सेक्शन II ➤ सामान्य जागरूकता, गणित एवं तर्कशक्ति

1. निम्नलिखित में से कौन-सी पुस्तक जवाहरलाल नेहरू द्वारा नहीं लिखी गई है?
(a) एन ऑटोबायोग्राफी
(b) द ब्रोकन विंग
(c) ए बन्च ऑफ ओल्ड लेटर्स
(d) द डिस्कवरी ऑफ इण्डिया

2. यदि आप""""चाहते हो, तो प्रिण्ट प्रिव्यू उपयोगी होता है।
(a) डॉक्यूमेन्ट को कलर करना
(b) डॉक्यूमेन्ट को सेव करना
(c) डॉक्यूमेन्ट को डिलीट करना
(d) प्रिण्ट होने पर डॉक्यूमेन्ट कैसा दिखेगा, यह देखना

3. वर्ष 2024 में भारतीय निर्वाचन आयोग ने किस मंत्रालय के साथ 'मेरा पहला वोट देश के लिए' अभियान शुरू किया?
(a) शिक्षा मंत्रालय (b) गृह मंत्रालय
(c) कॉर्पोरेट मामलो के मंत्रालय
(d) रक्षा मंत्रालय

4. बल का एस. आई. मात्रक क्या है?
(a) पास्कल (b) बॉयल
(c) न्यूटन (d) जूल

5. राज्य हड़प नीति किसके द्वारा लागू की गई थी?
(a) लॉर्ड मेयो (b) लॉर्ड लिटन
(c) लॉर्ड डलहौजी (d) लॉर्ड कैनिंग

6. मीठे पानी या ताजे पानी की सबसे बड़ी झील निम्न में से कौन-सी है?
(a) अथबस्का (b) मिशीगन
(c) सुपीरियर (d) वूलर

7. निम्नलिखित में से कौन-सा विषय समवर्ती सूची में शामिल नहीं है?
(a) रक्षा (b) शिक्षा (c) वन (d) व्यापार

8. A और B साथ मिलकर एक काम 40 दिनों में कर सकते हैं। उनकी काम करने की दर का अनुपात 8 : 5 है। A उसी काम को अकेला कितने दिनों में पूरा करेगा?
(a) 65 दिन (b) 40 दिन
(c) 72 दिन (d) 104 दिन

9. 5 मी त्रिज्या तथा 10 मी तिरछी ऊँचाई वाले एक समवृत्ती शंकु की पार्श्विक सतह को रंगने की लागत ₹ 10 प्रति मी^{2} की दर से लगभग किसके सन्निकट होगी?
(a) ₹ 1570 (b) ₹ 2150
(c) ₹ 860 (d) ₹ 1000

10. एक नाव की गति धारा की विपरीत दिशा में 40 किमी/घण्टा है तथा स्थिर जल में 55 किमी/घण्टा है। नाव की गति, नदी की दिशा में क्या होगी?
(a) 75 किमी/घण्टा (b) 70 किमी/घण्टा
(c) 60 किमी/घण्टा (d) 65 किमी/घण्टा

11. दो घड़ियाँ ₹ 850 प्रति घड़ी की दर से बेचीं गई। एक पर 15% की हानि हुई और दूसरी पर 15% का लाभ हुआ। लाभ/हानि प्रतिशत ज्ञात कीजिए।
(a) न लाभ न हानि (b) हानि 2.25%
(c) लाभ 2.25% (d) हानि 2%

12. मूल्यांकन करें
$$\frac{(469+174)^2-(469-174)^2}{(469\times174)}$$
(a) 2 (b) −1 (c) 1 (d) 4

13. यदि कक्षा I में 20 छात्रों की आयु का औसत 10 वर्ष है और कक्षा II में 25 छात्रों की आयु का औसत 12 वर्ष है, तो सभी छात्रों की औसत आयु (वर्ष में) ज्ञात कीजिए।
(a) 11 (b) 11.111
(c) 10.50 (d) 10.85

14. यदि $A:B=3:4$ है और $B:C=6:5$ है, तो $A:(A+C)$ क्या होगा?
(a) 9 : 11 (b) 9 : 10
(c) 9 : 19 (d) 6 : 7

15. दो सिक्कों को एक साथ उछालने पर दो पट आने की क्या प्रायिकता है?
(a) $\frac{1}{2}$ (b) $\frac{1}{4}$ (c) $\frac{3}{4}$ (d) $\frac{1}{3}$

16. नीचे एक अनुक्रम दिया गया है, जिसमें एक पद लुप्त है। चार दिए गए विकल्पों में से वह विकल्प चुनिए, जो अनुक्रम को पूरा करे।
2, 5, 10, 17, 26, 37, 50, ?
(a) 63 (b) 65 (c) 67 (d) 69

17. दिए गए विकल्पों में से वह शब्द चुनिए, जो दिए गए शब्दों के अक्षरों का प्रयोग करके बनाया जा सकता है।
MONUMENT
(a) TENENT (b) TENT
(c) MOUNT (d) MOVEMENT

18. यदि 8 # 6 = 28 और 7 # 4 = 22, तो 9 # 3 = ?
(a) 4 (b) 24 (c) 8 (d) 10

19. नीचे दिए गए शब्दों में सम्बन्धित शब्द को चुनिए।
हाथ : बाँह :: दाँत : ?
(a) चेहरा (b) गर्दन
(c) मुँह (d) होठ

20. नीचे दिए गए शब्दों को उसी क्रम में लिखें, जिस क्रम में वे शब्दकोश में पाए जाते हैं।
1. House 2. Hut 3. Home 4. Hour
(a) 1, 2, 3, 4
(b) 3, 2, 1, 4
(c) 3, 4, 1, 2
(d) 4, 1, 2, 3

21. प्रत्येक प्रश्न में प्रश्नवाचक चिह्न (?) के स्थान पर उचित अंक ज्ञात कीजिए।

4	5	3
4	4	4
3	?	5

(a) 4 (b) 9 (c) 10 (d) 15

22. नीचे दिए गए विकल्पों में से भिन्न विकल्प को चुनिए।
(a) पैर-हाथ (b) आँख-नाक
(c) शरीर-सिर (d) कलाई-उँगली

23. लक्ष्मण मेरे घर से 15 किमी पश्चिम की ओर गया, फिर बाएँ मुड़ा और 25 किमी चला, बाद में पूर्व की ओर मुड़कर 15 किमी तथा फिर बाएँ मुड़कर 15 किमी दूरी तय की, तो वह मेरे घर से कितनी दूरी पर है?
(a) 20 किमी (b) 25 किमी
(c) 10 किमी (d) 15 किमी

24. यदि × का अर्थ है −, − का अर्थ है ×, + का अर्थ है ÷ और ÷ का अर्थ है +, तो
$(15-10)\div(130+10)\times 50=?$
(a) 1800 (b) 113 (c) 2000 (d) 123

25. यदि किसी सांकेतिक भाषा में PAINT को 74128 और EXCEL को 93596 लिखा जाता है, तो ACCEPT को उसी भाषा में कैसे लिखा जाएगा?
(a) 554978 (b) 547978
(c) 455978 (d) 735981

26. यदि चोर को डॉक्टर, डॉक्टर को इन्जीनियर, इन्जीनियर को पुलिस तथा पुलिस को साहुकार कहा जाए तो चोर को कौन पकड़ेगा?
(a) डॉक्टर (b) साहुकार
(c) इन्जीनियर (d) पुलिस

27. नीचे दिए गए वेन आरेखों में से कौन आरेख पानी में रहने वाले, जमीन पर रहने वाले और मेढ़कों के बीच सम्बन्ध को दर्शाता है?

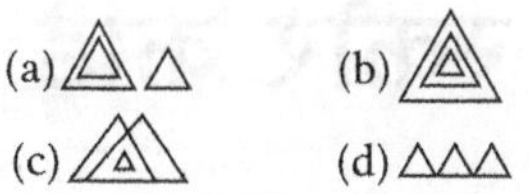

28. नीचे दी गई आकृति में कुल कितने त्रिभुज हैं?

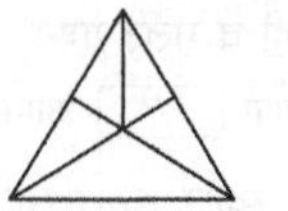

(a) 9
(b) 10
(c) 12
(d) 7

29. निम्न उत्तर आकृतियों में से सम्बन्धित आकृति का चयन कीजिए।
प्रश्न आकृतियाँ

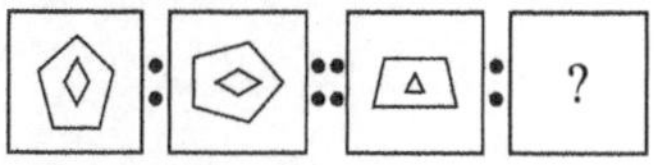

उत्तर आकृतियाँ

(a) (b) (c) (d)

30. निम्नलिखित में कौन-सी उत्तर आकृति दी गई प्रश्न आकृति को पूरा करेगी?
प्रश्न आकृति

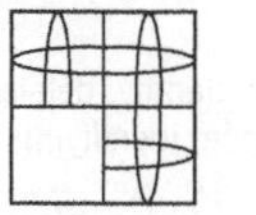

उत्तर आकृतियाँ

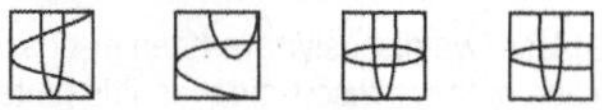

(a) (b) (c) (d)

उत्तरमाला

सेक्शन I अंग्रेजी भाषा

1 (a)	2 (b)	3 (a)	4 (c)	5 (b)	6 (a)	7 (a)	8 (b)	9 (a)	10 (a)
11 (a)	12 (b)	13 (b)	14 (b)	15 (b)	16 (c)	17 (b)	18 (c)	19 (b)	20 (c)

सेक्शन II सामान्य जागरूकता, गणित एवं तर्कशक्ति

1 (b)	2 (d)	3 (a)	4 (c)	5 (c)	6 (c)	7 (a)	8 (a)	9 (a)	10 (b)
11 (b)	12 (d)	13 (b)	14 (c)	15 (b)	16 (b)	17 (c)	18 (b)	19 (c)	20 (c)
21 (a)	22 (a)	23 (c)	24 (b)	25 (c)	26 (b)	27 (c)	28 (c)	29 (c)	30 (d)

स्कोर कार्ड

- कुल Attempted प्रश्न
  अंग्रेजी भाषा [ ] सामान्य जागरूकता, गणित एवं तर्कशक्ति [ ]
- कुल सही व गलत प्रश्न
  अंग्रेजी भाषा [/] सामान्य जागरूकता, गणित एवं तर्कशक्ति [/]
- फाइनल स्कोर (कुल सही उत्तर के अंक – गलत उत्तर के अंक)
  अंग्रेजी भाषा [/] सामान्य जागरूकता, गणित एवं तर्कशक्ति [/]

समय 45 मिनट सही उत्तर 1 अंक गलत उत्तर 0.25 अंक

- रिजल्ट
  - 10 से नीचे (किसी भी सेक्शन में) - Average (सिलेक्शन नहीं)
  - 10-18 के बीच में (कुल 35+) - Good (सिलेक्शन हो सकता है)
  - 18 से ऊपर (दोनों सेक्शन में) - Excellent (100% सिलेक्शन)
- टिप्पणी
  यदि आपका स्कोर किसी भी सेक्शन में 10 से नीचे है तब आप बार-बार प्रैक्टिस करें और ऐसा तब तक करें जब तक आपका स्कोर 10-18 (कुल 35+) के बीच में नहीं हो जाता।

संकेत एवं हल

सेक्शन I अंग्रेजी भाषा

1. (a) In self-directed learning, an individual takes initiative with or without the help of others.

2. (b) There is need for self-directed learning because it helps people to learn more things and learn in better way.

3. (a) The word 'Active learning' best describes self-directed learning as it is more in tune with our natural processes of psychological development.

4. (c) 'Diagnosing' means identify, determine, distinguishing etc. Hence, identifying is its correct synonym.

5. (b) The modern environment according to the author is instructive.

6. (a) Use 'we discuss/have been discussing' in place of 'have discussing' as it is better to use simple present tense here.

7. (a) Use 'students' in place of 'student' as 'A great many' is used for plural sense.

8. (b) It is a natural truth and subject is singular. Hence, singular verb 'moves' should be used.

9. (a) 'Can' refers to the present tense. Hence, first form of verb 'go' should be used to fill the blank.

10. (a) In the given blank, 'shall' will be used as it expresses the idea of knowing the willingness of other person.

11. (a) The correct use of superlative degree is given in option (a) i.e. 'Bombay is the biggest city in India.'

12. (b) 'Blustered' is to talk in a loud, aggressive way and 'gentle' is having a mild or kind way of talking. Therefore, option (b) 'gentle' is he opposite of 'blustered'.

13. (b) The correct active voice of the given sentence is the Maths teacher will take the class.

14. (b) The correct direct speech of the given sentence is -I said to him, "you are not working hard".

15. (b) The adjective of 'silence' is 'silent'.

16. (c) 'Sinecure' is a post with little work but high salary.

17. (b) Something that causes death is called 'Fatal'.

18. (c) The correctly spelt word is 'Tumble'. It means fall or make fall awkwardly.

19. (b) Command means 'to instruct'. Hence, its correct synonym is 'Instruct'.

20. (c) 'Convict' stands for criminal.

सेक्शन II सामान्य जागरूकता, गणित एवं तर्कशक्ति

1. (b) 'द ब्रोकन विंग' पुस्तक के लेखक जवाहरलाल नेहरू नहीं हैं। इस पुस्तक की लेखिका सरोजिनी नायडू हैं। यह उनकी कविताओं का संग्रह है। इस पुस्तक की रचना उन्होंने वर्ष 1915-16 के दौरान की थी। सरोजिनी नायडू एक प्रसिद्ध स्वतन्त्रता सेनानी, लेखिका व कुशल राजनीतिज्ञ थीं। उनका जन्म 13 फरवरी, 1879 को हैदराबाद में हुआ था। उनकी कविता संग्रह बर्ड ऑफ टाइम व गोल्डन थ्रैशहोल्ड ने उन्हें एक सुप्रसिद्ध कवि बना दिया था। उन्होंने वर्ष 1925 में काँग्रेस के कानपुर अधिवेशन की अध्यक्षता की थी।। इसके अतिरिक्त वह स्वतन्त्र भारत की पहली महिला राज्यपाल (उत्तर प्रदेश की) बनीं। उन्हें 'नाइटिंगेल ऑफ इण्डिया' या 'स्वर कोकिला' भी कहा जाता है।

2. (d) यदि आप प्रिण्ट होने पर डॉक्यूमेन्ट कैसा दिखेगा, ये देखना चाहते हो, तो प्रिण्ट प्रिव्यू उपयोगी होता है। यह माइक्रोसॉफ्ट वर्ड के फाइल में उपलब्ध होता है।

3. (a) 28 फरवरी से 6 मार्च, 2024 तक भारतीय निर्वाचन आयोग ने शिक्षा मंत्रालय के साथ 'मेरा पहला वोट देश के लिए' अभियान शुरू किया। इस अभियान का उद्देश्य युवाओं के बीच चुनावी प्रक्रिया में शामिल होने व उन्हें प्रोत्साहित करना था।

4. (c) बल का एस. आई. मात्रक 'न्यूटन' है। बल वह बाह्य कारक है जो किसी वस्तु की स्थिति या आकार में परिवर्तन करता है या परिवर्तन करने का प्रयास करता है। यह एक सदिश राशि है।

5. (c) राज्य हड़प नीति या राज्य अपहरण नीति लॉर्ड डलहौजी (1848-56 ई.) द्वारा लागू की गई थी। इस नीति का उद्देश्य अंग्रेजी ईस्ट इण्डिया कम्पनी की राज्य क्षेत्रीय सीमाओं में वृद्धि करना था। इस नीति के तहत सर्वप्रथम सतारा (1848), जैतपुर (1849), सम्भल (1849), झाँसी (1853), नागपुर (1854) व अवध (1856) आदि देसी रियासतें हुई थीं।

6. (c) मीठे या ताजे पानी की सबसे बड़ी झील सुपीरियर झील है। यह झील कनाडा-संयुक्त राज्य अमेरिका की सीमा पर स्थित है। आकार की दृष्टि से यह विश्व की तीसरी व ताजे पानी की सबसे बड़ी झील है। इस झील का सम्पूर्ण क्षेत्रफल 91459 वर्ग किमी है तथा गहराई 396 मी है। यह झील सालभर खुली रहती है। अधिक गहराई के कारण इसका पानी जमता नहीं है।

7. (a) रक्षा विषय भारतीय संविधान की समवर्ती सूची में सम्मिलित नहीं है, जबकि शिक्षा, वन व व्यापार समवर्ती सूची के विषय हैं। समवर्ती सूची में उन विषयों को शामिल किया जाता है, जिनमें कानून बनाने व उसे लागू करने का

अधिकार केन्द्र व राज्य सरकारें मिलकर करती हैं। समवर्ती सूची का प्रावधान कनाडा के संविधान से लिया गया है। वर्तमान में समवर्ती सूची में विषयों की संख्या 52 है।

8. (a) दिया है, A और B द्वारा किए गए कार्य का अनुपात $= 8:5$

A और B द्वारा लिए गए समय का अनुपात $= 5:8$

माना A और B अकेले कार्य को क्रमशः $5x$ और $8x$ दिन में करेंगे।

प्रश्नानुसार, $\frac{1}{5x} + \frac{1}{8x} = \frac{1}{40}$

$\Rightarrow \frac{5+8}{40x} = \frac{1}{40}$

$\therefore \quad x = 13$

अतः A को कार्य पूरा करने में $(5x) = 65$ दिन लगेंगे।

9. (a) दिया है, समवृत्तीय शंकु की त्रिज्या $(r) = 5$ मी

तथा तिर्यक ऊँचाई $(l) = 10$ मी

$\because$ शंकु का वक्रपृष्ठ $= \pi rl = \frac{22}{7} \times 5 \times 10$

$= \frac{1100}{7} = 157.1$ मी^{2}

अतः कुल लागत $= 157.1 \times 10$

$=$ ₹ $1571 \approx$ ₹ 1570

10. (b) दिया है, नाव की धारा के विपरीत दिशा में सापेक्ष चाल = स्थिर जल में नाव की चाल − धारा की चाल

$\Rightarrow \quad 40 = 55 -$ धारा की चाल

धारा की चाल $= 55 - 40 = 15$ किमी/घण्टा

$\therefore$ धारा की दिशा में नाव की सापेक्ष गति = स्थिर जल में नाव की चाल + धारा की चाल $= 55 + 15 = 70$ किमी/घण्टा

11. (b) माना दोनों घड़ियों का क्रय मूल्य क्रमशः x और y हैं,

तब, $x \times \frac{(100 - \text{हानि\%})}{100} = 850$

$\Rightarrow \frac{x \times (100-15)}{100} = 850$

$\therefore \quad x = \frac{850 \times 100}{85} =$ ₹ 1000

पुनः $y \times \frac{(100 + \text{लाभ\%})}{100} = 850$

$\Rightarrow \frac{y \times (100+15)}{100} = 850$

$\therefore \quad y = \frac{850 \times 100}{115} =$ ₹ $\frac{17000}{23}$

दोनों घड़ियों का कुल क्रय मूल्य

$= 1000 + \frac{17000}{23} = \frac{40000}{23}$

दोनों घड़ियों का कुल विक्रय मूल्य

$= 850 + 850 = 1700$

$\because$ क्रय मूल्य > विक्रय मूल्य

$\therefore$ हानि प्रतिशत $= \dfrac{\frac{40000}{23} - 1700}{\frac{40000}{23}} \times 100$

$= \dfrac{\frac{40000 - 39100}{23}}{\frac{40000}{23}} \times 100$

$= 2 \cdot 25\%$

वैकल्पिक विधि

यहाँ, $x = 15\%$

$\therefore$ अभीष्ट हानि प्रतिशत $= \left(\frac{x}{10}\right)^2 = \left(\frac{15}{10}\right)^2$

$= \frac{225}{100} = 2.25\%$

12. (d) $\frac{(469+174)^2 - (469-174)^2}{(469 \times 174)}$

माना $a = 469, b = 174$

तब दिया व्यंजक $= \frac{(a+b)^2 - (a-b)^2}{ab}$

$= \frac{a^2 + b^2 + 2ab - a^2 - b^2 + 2ab}{ab}$

$= \frac{4ab}{ab} = 4 \quad [\because (a+b)^2 - (a-b)^2 = 4ab]$

13. (b) कक्षा I में, छात्रों की कुल आयु = औसत × कुल छात्र

$= 10 \times 20 = 200$ वर्ष

तथा कक्षा II में, छात्रों की कुल आयु

$= 12 \times 25 = 300$ वर्ष

अतः सभी छात्रों की औसत आयु

$= \frac{\text{दोनों कक्षाओं के छात्रों की कुल आयु}}{\text{दोनों कक्षाओं के छात्रों की संख्या}}$

$= \frac{200 + 300}{20 + 25} = \frac{500}{45} = 11.111$ वर्ष

14. (c) $A : B = 3 : 4$

$\Rightarrow A : B = 9 : 12 \quad$ [$\because$ 3 की गुणा करने पर]

$B : C = 6 : 5$

$\Rightarrow B : C = 12 : 10 \quad$ [$\because$ 2 की गुणा करने पर]

$A : B : C = 9 : 12 : 10$

अतः $A : (A + C) = 9 : (9 + 10) = 9 : 19$

15. (b) प्रतिदर्श समष्टि $(S) = \{HH, HT, TH, TT\}$

$\therefore \quad n(S) = 4$

तथा $\quad n(E) = 1$

$\Rightarrow \quad P(E) = \frac{n(E)}{n(S)} = \frac{1}{4}$

16. (b) दी गई श्रृंखला निम्न प्रकार है,

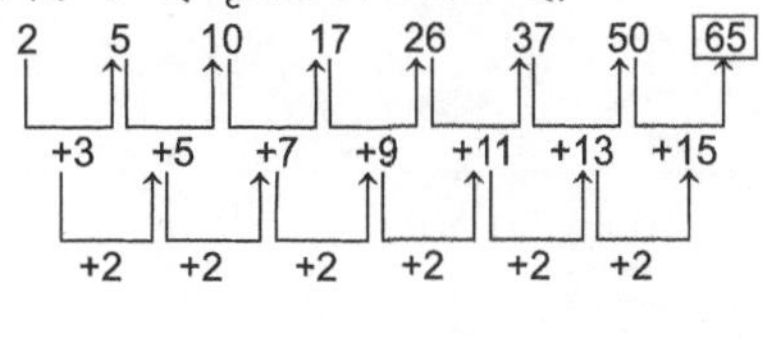

17. (c) दिए गए शब्द के अक्षरों का प्रयोग करके केवल शब्द 'MOUNT' बनाया जा सकता है, क्योंकि इस शब्द के सभी अक्षर मूल शब्द में मौजूद है।

18. (b) जिस प्रकार,

$8 \# 6 = 28$

$\Rightarrow (8 + 6) \times 2 = 28$

तथा $\quad 7 \# 4 = 22$

$\Rightarrow (7 + 4) \times 2 = 22$

उसी प्रकार, $\quad 9 \# 3$

$\Rightarrow (9 + 3) \times 2 = \boxed{24}$

19. (c) जिस प्रकार, हाथ, बाँह से जुड़ा होता है। उसी प्रकार, दाँत, मुँह से जुड़े होते हैं।

20. (c) शब्दकोश के अनुसार क्रम निम्नवत् होगा

3. Home 4. Hour 1. House 2. Hut

21. (a) जिस प्रकार, $4 + 5 + 3 = 12$

तथा $\quad 4 + 4 + 4 = 12$

उसी प्रकार, $\quad 3 + ? + 5 = 12$

$\therefore \quad ? = 12 - 3 - 5$

$= 12 - 8 = \boxed{4}$

22. (a) मनुष्य की आँखे, नाक से, सिर, शरीर से तथा ऊँगलियाँ, कलाई से जुड़ी होती है परन्तु हाथ और पैर अलग-अलग होते है।

23. (c) मेरे घर से लक्ष्मण का गमन पथ निम्नवत् है

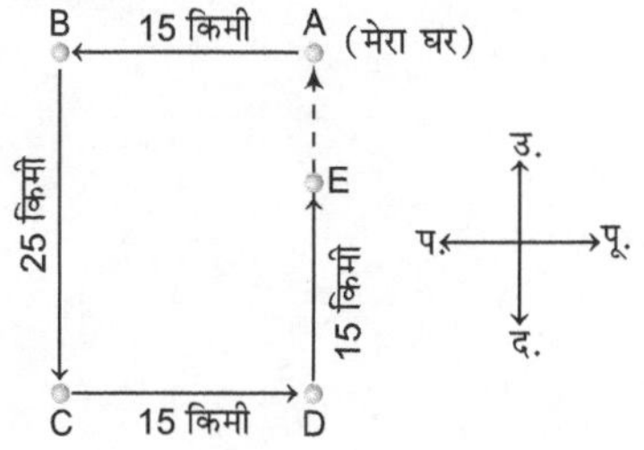

अभीष्ट दूरी = AE = AD − DE

= BC − 15

= 25 − 15 = 10 किमी

24. (b) दिया गया व्यंजक

$(15 - 10) \div (130 + 10) \times 50 = ?$

प्रश्नानुसार, चिह्नों को व्यवस्थित करने पर,

$? = (15 \times 10) + (130 \div 10) - 50$

$? = 150 + 13 - 50$

$= 163 - 50$

$? = \boxed{113}$

25. (c) जिस प्रकार,

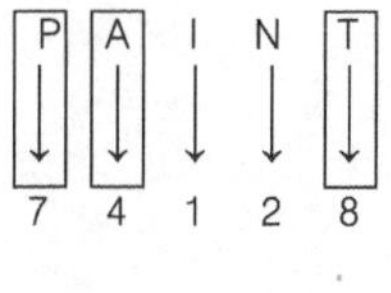

तथा

E	X	C	E	L
9	3	5	9	6

उसी प्रकार,

A	C	C	E	P	T
4	5	5	9	7	8

26. (b) चूँकि चोर को पकड़ने का काम पुलिस का है तथा प्रश्न में पुलिस को साहुकार कहा गया है। अतः चोर को साहुकार पकड़ेगा।

27. (c) मेंढ़क पानी में भी रह सकते हैं और जमीन पर भी रह सकते हैं। अतः विकल्प (c) में दिया गया वेन आरेख इनके मध्य सम्बन्ध की सही व्याख्या करता है।

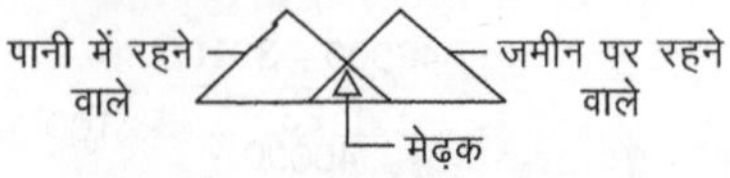

28. (c) आकृति में बिन्दुओं के नाम रखने पर,

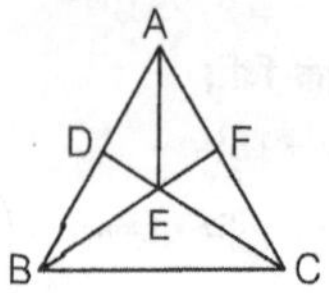

त्रिभुजों के नाम निम्न हैं
ADE, AEF, BDE, BCE, CEF, ADC, ABE, ACE, ABC, BCF, ABF और BCD
अतः आकृति में कुल 12 त्रिभुज हैं।

29. (c) प्रथम से द्वितीय आकृति में डिजाइन दक्षिणावर्त 90° घूमकर बनता है।
अतः उत्तर (c) होगा।

30. (d) प्रश्न आकृति उत्तर आकृति के विकल्प (d) द्वारा पूरी होगी।

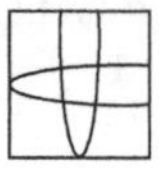

भारतीय वायु सेना

अग्निवीर वायु फेज-1

(ग्रुप-Y) विज्ञान विषय के अतिरिक्त

प्रैक्टिस सेट 18

समय : 45 मिनट

पूर्णांक : 50

निर्देश

1. इस प्रैक्टिस सेट में कुल 50 प्रश्न हैं तथा परीक्षा की अवधि 45 मिनट है।
2. प्रत्येक सही उत्तर के लिए 1 अंक का प्रावधान है।
3. गलत उत्तर के लिए 0.25 नकारात्मक अंक का प्रावधान है।

सेक्शन I ✈ अंग्रेजी भाषा

Directions (Q. Nos. 1-5) *Read the following passage carefully and answer the questions that follow.*

The Baxter house is located at the end of the street. This house sits farther back from the curb than the other houses. It is almost difficult to see from the road without peering behind the deformed oak tree that has obscured it for years. Even so, the Baxter house stands out from the other houses on the street.

It is tall and white. However, this white is no longer pristinely white, but a dingy greyish cream colour. Long vines hang from the tattered roof. The Baxter house is two storeys tall and has a large yard in the back that has never been mowed.

The other houses on the street are a mere one storey and have been palmed a variety of colours. The newer, single storey properties all appear to have been built around the same time; the yards mostly being of the same size and the houses appearing to be clones of one another. Aside from the Baxter house at the end, this street is a perfect slice of middle America.

The inhabitants of the other houses wonder who lives in the ancient, dilapidated house at the end of the street.

1. What makes the other houses on the street stand out visually from the Baxter house?

(a) The other houses have larger families living in them.
(b) The other houses on the street are a mere one story.
(c) The Baxter house is at the end of the street.
(d) The Baxter house is almost difficult to see from the road.

2. Based on the context of the passage, choose the meaning of the word 'mowed'.

(a) Watered (b) Grown
(c) Trimmed (d) Seeded

3. Why is it difficult to see the house from the road ?

(a) An oak tree obstructs the view.
(b) Other houses obstruct the view.
(c) The house is at the end of the street.
(d) The house is behind the curb.

4. Which characteristic makes it clear that the newer, single story properties all appear to have been built around the same time?

(a) They have all been painted the same colour.
(b) They are all situated next to each other on the street.
(c) There are no other oak trees on this street.
(d) The yards are mostly the same size.

5. Based on its use in the passage, it can be understood that dilapidated belongs to which of the following word groups?

(a) Rickety, neglected, run-down
(b) Ancient, old, primitive
(c) Dejected, crushed, melancholy
(d) Discarded, abandoned, discharged

Direction (Q. No. 6) *Fill the given blank by change the voice.*

6. I expect you to complete this work before sunset.
……… complete this work before sunset.

(a) I expect you to be
(b) I am expected you to
(c) You are expected to
(d) You are expected to be

Directions (Q. Nos. 7 and 8) *Rearrange the following parts into a meaningful sentence.*

7. P : the sick people and prescribes medicines
Q : person who looks after
R : so that the patient recovers fast
S : the doctor is a
(a) QRPS (b) PQSR
(c) SQPR (d) RSPQ

8. P : in the benefits of expanding markets for
Q : the new agriculture of high-value activities
R : commercial smallholders deliver
S : surpluses to food markets and share
(a) RQSP (b) PSQR (c) QSRP (d) RSPQ

9. Select the correct word for the given blank.
You don't like sugar in your coffee, ………?
(a) didn't you (b) do you
(c) will you (d) don't you

10. Select the option that will improve the underlined part of the given sentence. In case no improvement is needed, select 'No improvement' as your answer.
The prosecution failed in establish in every case today.
(a) on
(b) as
(c) to
(d) No improvement

Directions (Q. Nos. 11 and 12) *Fill in the blanks with correct alternative.*

11. A student will fail ……… he does not work hard.
(a) if (b) because
(c) until (d) though

12. The garbage has been disposed ………
(a) off (b) of
(c) with (d) out

Directions (Q. Nos. 13 and 14) *Find out which part of the sentence has an error.*

13. A interesting book (a)/'A Tale of two cities' (b)/was written by Alexander Dumas. (c)/No error (d)

14. Kalidas is (a)/a Shakespeare (b)/of India. (c)/ No error (d)

Directions (Q. Nos. 15 and 16) *Select the option which is the correct form of the given sentence.*

15. Higher you go, cooler it is.
(a) The higher you go, cooler it is.
(b) Higher you go, the cooler it is.
(c) The higher you go, the cooler it is.
(d) None of the above

16. I, he and you are class fellows.
(a) I, you and he are class fellows.
(b) You, he and I are class fellows.
(c) He, you and I are class fellows.
(d) None of the above

Direction (Q. No. 17) *Choose the one which can be substituted for the given sentence.*

17. Study of the interaction of people with their environment.
(a) Ecology
(b) Psychology
(c) Philosophy
(d) Geography

18. The noun form of 'believe' is
(a) belief
(b) believable
(c) believeness
(d) believing

Directions (Q. Nos. 19-20) *Fill in the blanks with correct alternative.*

19. As I opened my eyes, I ……… a strange sight.
(a) see
(b) looked
(c) saw
(d) watched

20. He said that he ……… going to Jaipur.
(a) is (b) were
(c) has been (d) was

सेक्शन II ➤ सामान्य जागरूकता, गणित एवं तर्कशक्ति

1. निम्न में से किस राज्य ने सर्वप्रथम पंचायती राज अपनाया था?
(a) आन्ध्र-प्रदेश (b) राजस्थान
(c) गुजरात (d) बिहार

2. कम्प्यूटर की कन्ट्रोल यूनिट का निम्न में से कौन-सा फंक्शन नहीं है?
(a) रीड इंस्ट्रक्शन्स (b) एक्जीक्यूट इंस्ट्रक्शन्स
(c) इन्टप्रैट इंस्ट्रक्शन्स (d) डायरेक्ट ऑपरेशन्स

3. नमक का रासायनिक नाम क्या है?
(a) मैग्नीशियम डाइऑक्साइड
(b) कैल्शियम क्लोराइड
(c) सोडियम सल्फेट
(d) सोडियम क्लोराइड

4. निम्नलिखित में से किसने दलित वर्ग संघ की स्थापना की?
(a) बाबू जगजीवन राम
(b) महात्मा गाँधी
(c) डॉ. बीआर अम्बेडकर
(d) सरदार वल्लभभाई पटेल

5. भाखड़ा नांगल बाँध किस नदी पर स्थित है?
(a) महानदी (b) चिनाब
(c) नर्मदा (d) सतलुज

6. 'वेलिंगटन ट्रॉफी किस खेल से सम्बन्धित है?
(a) फुटबॉल (b) क्रिकेट
(c) नौकादौड़ (d) बैडमिण्टन

7. पेण्टिंग 'माई मदर' किसने बनाया था?
(a) नन्दलाल बोस
(b) अबनीन्द्रनाथ टैगोर
(c) देबेन्द्रनाथ टैगोर
(d) बंकिम चन्द्र चटर्जी

8. कुछ धनराशि वार्षिक चक्रवृद्धि की दर से 5% चक्रवृद्धि ब्याज देकर प्रति ₹ 17640 की दो वार्षिक किस्तों में चुकाई जाती है। उधार ली गई राशि कितनी थी?
(a) ₹ 32400
(b) ₹ 32000
(c) ₹ 32200
(d) ₹ 32800

9. एक समचतुर्भुज का परिमाप 56 सेमी है और उसके विकर्णों में से एक की लम्बाई 26 सेमी है, समचतुर्भुज के दूसरे विकर्ण की लम्बाई ज्ञात कीजिए।
(a) $6\sqrt{3}$ सेमी (b) $6\sqrt{7}$ सेमी
(c) $6\sqrt{2}$ सेमी (d) $6\sqrt{5}$ सेमी

10. यदि $\sin x + \cos x = \sqrt{3} \cos x$, तो $\cot x$ का मान है
(a) $\frac{\sqrt{3}+1}{2}$ (b) $\sqrt{3}$
(c) 1 (d) $\frac{\sqrt{3}-1}{2}$

11. 60 किमी/घण्टा की चाल से गाड़ी चलाने पर इन्द्र अपने गन्तव्य पर समय से 3 मिनट पहले पहुँच जाता है। यदि वह 54 किमी/घण्टा की चाल से गाड़ी चलाता है, तो 2 मिनट देरी से पहुँचता है। इन्द्र द्वारा तय की गई कुल दूरी ज्ञात कीजिए।
(a) 48 किमी (b) 49 किमी
(c) 50 किमी (d) 45 किमी

12. एक शहर की आबादी 5% प्रति वर्ष की दर से बढ़ रही है। यदि शहर की वर्तमान आबादी 185220 है, तो एक साल पहले उस शहर की आबादी कितनी थी?
(a) 176000 (b) 176400
(c) 176200 (d) 170500

13. सुहरित के पास कपड़े का $68\frac{3}{4}$ मी भाग है। इसमें से $3\frac{1}{2}$ मी लम्बाई के यथासम्भव भाग को काटने के बाद, मूल कपड़े का कितना मीटर बचेगा?
(a) $2\frac{1}{4}$ मी (b) $1\frac{7}{8}$ मी
(c) $2\frac{1}{2}$ मी (d) $2\frac{1}{8}$ मी

14. निम्न में से ऐसी कौन-सी सबसे बड़ी संख्या है, जो 105 को विभाजित करने पर शेषफल 9 देती है और 164 को विभाजित करने पर शेषफल 20 देती है?
(a) 24 (b) 36
(c) 48 (d) 96

15. $3\sqrt{147}-\frac{7}{3}\sqrt{\frac{1}{3}}+7\sqrt{\frac{1}{3}}=?$
(a) $\frac{400}{9}\sqrt{3}$ (b) $\frac{203}{9}\sqrt{3}$
(c) $\frac{403}{9}\sqrt{3}$ (d) $\frac{200}{9}\sqrt{3}$

16. उस विकल्प को चुनिए, जिसमें समुच्चय की संख्याएँ वही सम्बन्ध साझा करती हैं, जो दिए गए समुच्चय में संख्याओं द्वारा साझा किया जाता है। (**ध्यान दें** संख्याओं को उनके घटक अंकों में अलग-अलग किए बिना, पूर्ण संख्याओं पर संक्रियाएँ की जानी चाहिए। उदाहरण के लिए, 13-13 पर संक्रियाएँ जैसे- 13 को जोड़ना/घटाना/ गुणा करना आदि किया जा सकता है 13 को 1 एवं 3 में अलग करने की और फिर 1 एवं 3 पर गणितीय संक्रियाएँ करने की अनुमति नहीं है)
(39, 78, 81)
(42, 84, 87)
(a) (60, 120, 124)
(b) (21, 42, 49)
(c) (43, 86, 95)
(d) (84, 168, 171)

17. एक महिला की ओर इंगित करते हुए विजय ने कहा, "उसकी माँ के पति की बहन मेरी बुआ है।" वह महिला के साथ किस रूप में सम्बन्धित है?
(a) भाई (b) साला
(c) चाचा (d) पति

18. यदि आप किसी पंक्ति के दोनों सिरों से 9वें स्थान पर हैं, तो पंक्ति में कुल कितने व्यक्ति हैं?
(a) 10 (b) 15 (c) 17 (d) 19

19. निम्नलिखित प्रश्नचिह्न के स्थान पर कौन-सी संख्या लिखी जा सकती है?

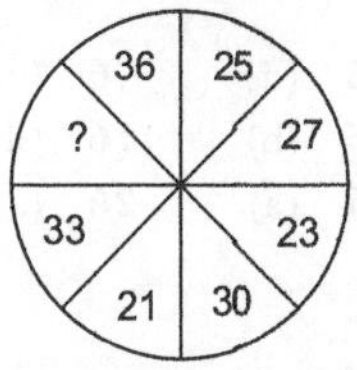

(a) 35 (b) 32 (c) 22 (d) 19

20. यदि Z = 26, NET = 39 हो, तो NUT का मान कितना होगा?
(a) 50 (b) 53 (c) 55 (d) 56

21. यदि एक कूटभाषा में CONSCIOUSLY को PEBNPJEXNKM लिखा जाता है, तो SOIL को कैसे लिखा जाएगा?
(a) NEKJ (b) NEJK
(c) JENK (d) ENJK

22. अमित पूर्व दिशा में 15 किमी चला, तब वह बाएँ मुड़कर 5 किमी चला, फिर बाएँ मुड़कर वह 15 किमी चला, तो अमित प्रारम्भिक स्थान से कितनी दूर है?
(a) 5 किमी (b) 15 किमी
(c) 30 किमी (d) 35 किमी

23. दिए गए दो चिह्नों को आपस में बदलने पर निम्नलिखित में से कौन-सा समीकरण सही होगा?
+ और –
I. $11-16\times3\div4+12=11$
II. $15\times3-45\div5+30=28$
(a) I और II दोनों
(b) न तो I और न ही II
(c) केवल I
(d) केवल II

24. चार लड़कियों के एक समूह में सीता की आयु 20 वर्ष है, श्वेता की आयु 12 वर्ष है। यदि मीरा, सीता से 4 वर्ष छोटी और गीता से 2 वर्ष बड़ी है, तो आयु के अनुसार सबसे छोटी कौन है?
(a) मीरा (b) गीता (c) श्वेता (d) सीता

25. एक श्रृंखला दी गई है, जिसमें एक पद लुप्त है। दिए गए विकल्पों में से वह सही विकल्प चुनिए, जो श्रृंखला को पूरा करें।
PQRS, VNZR, BKHQ, HHPP, ?
(a) NEXO (b) PQRT
(c) NEYO (d) NQXO

26. निम्नलिखित प्रश्न में, दिए गए विकल्पों में से अलग अक्षर/अक्षरों को चुनिए।
(a) UVTX
(b) PQOR
(c) ZAYB
(d) FGEH

27. नीचे दिए गए प्रश्न में उत्तर आकृतियों में से वह उत्तर आकृति चुनिए, जो प्रश्न आकृति को पूरा करेगी।

प्रश्न आकृतियाँ

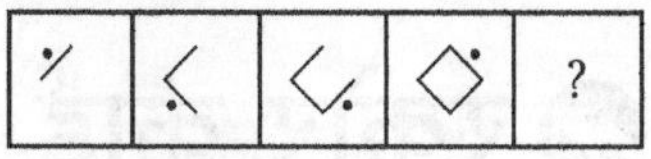

उत्तर आकृतियाँ

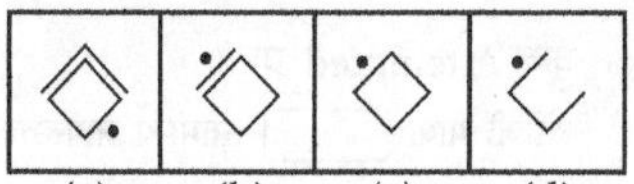

(a) (b) (c) (d)

28. दिए गए कागज को मोड़कर, निम्नलिखित में से कौन-सा बक्सा नहीं बनाया जा सकता है?

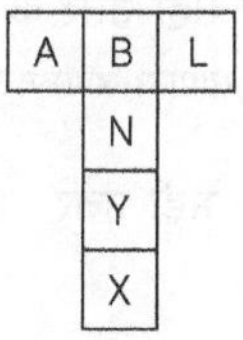

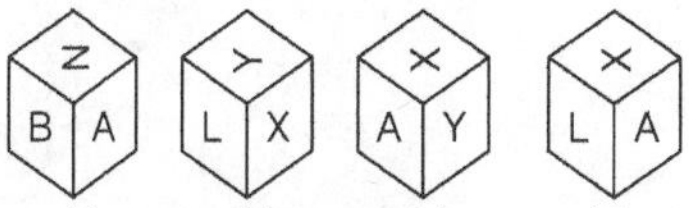

(a) (b) (c) (d)

29. दिए गए आरेख में कितने पेन हैं?

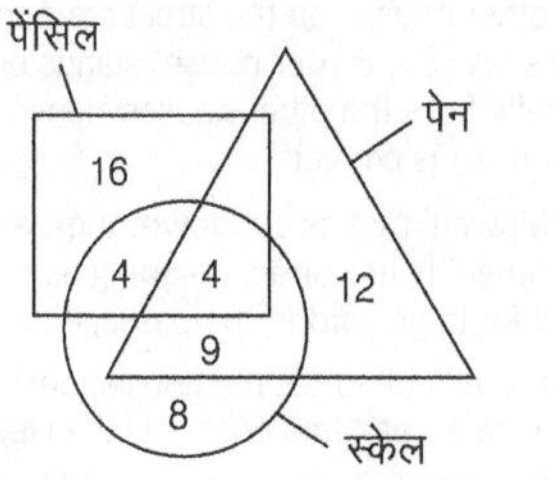

(a) 20 (b) 25
(c) 21 (d) 16

30. दी गई आकृति में कितने चतुर्भुज हैं?

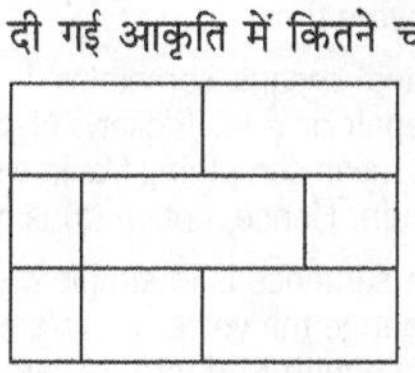

(a) 20 (b) 17 (c) 19 (d) 18

उत्तरमाला

सेक्शन I अंग्रेजी भाषा

1 (b)	2 (c)	3 (a)	4 (d)	5 (a)	6 (c)	7 (c)	8 (d)	9 (b)	10 (c)
11 (a)	12 (a)	13 (a)	14 (b)	15 (c)	16 (b)	17 (a)	18 (a)	19 (c)	20 (d)

सेक्शन II सामान्य जागरूकता, गणित एवं तर्कशक्ति

1 (b)	2 (d)	3 (d)	4 (c)	5 (d)	6 (c)	7 (b)	8 (d)	9 (a)	10 (a)
11 (d)	12 (b)	13 (a)	14 (c)	15 (b)	16 (d)	17 (a)	18 (c)	19 (d)	20 (c)
21 (b)	22 (a)	23 (c)	24 (c)	25 (a)	26 (a)	27 (b)	28 (d)	29 (b)	30 (a)

स्कोर कार्ड

- कुल Attempted प्रश्न
  अंग्रेजी भाषा [ ] सामान्य जागरूकता, गणित एवं तर्कशक्ति [ ]
- कुल सही व गलत प्रश्न
  अंग्रेजी भाषा [/] सामान्य जागरूकता, गणित एवं तर्कशक्ति [/]
- फाइनल स्कोर (कुल सही उत्तर के अंक – गलत उत्तर के अंक)
  अंग्रेजी भाषा [/] सामान्य जागरूकता, गणित एवं तर्कशक्ति [/]

समय 45 मिनट सही उत्तर 1 अंक गलत उत्तर 0.25 अंक

- रिजल्ट
  - 10 से नीचे (किसी भी सेक्शन में) - Average (सिलेक्शन नहीं)
  - 10-18 के बीच में (कुल 35+) - Good (सिलेक्शन हो सकता है)
  - 18 से ऊपर (दोनों सेक्शन में) - Excellent (100% सिलेक्शन)
- टिप्पणी
  यदि आपका स्कोर किसी भी सेक्शन में 10 से नीचे है तब आप बार-बार प्रैक्टिस करें और ऐसा तब तक करें जब तक आपका स्कोर 10-18 (कुल 35+) के बीच में नहीं हो जाता।

संकेत एवं हल

सेक्शन I अंग्रेजी भाषा

1. (b) The Baxter house is two stories tall and the other houses on the street are a mere one story. So, Baxter house stands out visually from the other houses Hence, option (b) is correct.

2. (c) 'Mowed' means cut down, trim, etc. So, 'Trimmed' is its correct meaning as it is used for large yard in the passage.

3. (a) It is difficult to see the house from the road because an oak tree obstructs the view.

4. (d) The fact that the yards are mostly the same size makes clear that the newer single story properties all appear to have been built around the same time.

5. (a) 'Dilapidated' means something like in a state of disrepair or ruin. Rickety, Neglected, run-down all mean something like in a state of disrepair or ruin. Hence, option (a) is correct.

6. (c) The given sentence is in simple present Tense. To change the voice, is/am/are should be used with IIIrd form of verb. Hence, 'you are expected to' is the correct answer to fill the blank.

7. (c) The correct sequence is 'SQPR' and the meaningful sentence is– The doctor is a person who looks after the sick people and prescribes medicines so that the patient recovers fast.

8. (d) The correct sequence is 'RSPQ' and the meaningful sentence is- Commercial smallholders deliver surpluses to food markets and share in the benefits of expanding markets for the new agriculture of high-value activities.

9. (b) Here, 'do you' is the correct tag for the given blank.

10. (c) In the given sentence, 'failed' should be followed by (to + v_1). So, 'in' should be replaced by 'to', to make the sentence grammatically correct.

11. (a) The given sentence denotes condition hence conjunction 'if' should be used.

12. (a) 'Dispose' word agrees with preposition 'off'.

13. (a) Replace 'a' with 'an' because here is a vowel sound in 'interesting', so, with the vowel sounding word 'an' is used.

14. (b) When a unique comparison is done then use of 'the' is more suitable to show it. So, 'the' is used in place of 'a' before Shakespeare.

15. (c) Article 'the' is used before 'higher' and 'cooler' to make the sentence grammatically correct.

16. (b) In the given sentence, 231 pattern of pronoun i.e. second person → third person → first person should be used as the sentence is in positive form. Hence, "you, he and I are class fellows" is the correct answer.

17. (a) 'Ecology' means 'science of environment'.

18. (a) The noun form of 'believe' is 'belief'.

19. (c) 'Saw' is the right option as the sentence is in past tense.

20. (d) Verb 'was' should be used in the blank as the subject is in past tense.

सेक्शन II सामान्य जागरूकता, गणित एवं तर्कशक्ति

1. (b) भारत में सर्वप्रथम 2 अक्टूबर, 1959 को प्रधानमन्त्री जवाहरलाल नेहरू द्वारा राजस्थान के नागौर जिले में पंचायती राज व्यवस्था को शुरू किया गया। बलवन्त राय मेहता समिति (1957) की सिफारिश पर पंचायतों का स्वरूप त्रिस्तरीय रखा गया तथा 73वें संविधान संशोधन, 1992 के तहत् भारत में पंचायती राज व्यवस्था को संवैधानिक दर्जा दिया गया।

2. (d) डायरेक्ट ऑपरेशन्स, कम्प्यूटर की कन्ट्रोल यूनिट का फंक्शन नहीं है जबकि रीड इंस्ट्रक्शन्स, एक्जीक्यूट इंस्ट्रक्शन्स व इन्टप्रैट इंस्ट्रक्शन्स कम्प्यूटर की कन्ट्रोल यूनिट के प्रमुख फंक्शन हैं।

3. (b) नमक का रासायनिक नाम सोडियम क्लोराइड है। यह आयनिक यौगिक है जिसका रासायनिक सूत्र NaCl होता है। यह एक क्रिस्टलीय पारदर्शक ठोस है जो प्राकृतिक रूप से रंगहीन होता है। इसका उपयोग खाद्य पदार्थों को बचाने हेतू परिरक्षक के रूप में व कास्टिक सोडा, बेकिंग सोडा व विरंजक चूर्ण के निर्माण में किया जाता है।

4. (c) डॉ. भीमराव अम्बेडकर ने वर्ष 1930 में दलित वर्ग संघ की स्थापना की। इस संघ की स्थापना दलितों को समाज की मुख्यधारा से जोड़ने के उद्देश्य से की गई थी। 24 सितम्बर, 1932 को पुणे की यरवदा जेल में गाँधीजी और डॉ. भीमराव अम्बेडकर के बीच एक समझौता हुआ, जिसे 'पूना पैक्ट' कहा जाता है। इस समझौते के अन्तर्गत साम्प्रदायिक पंचाट में दलितों के लिए पृथक निर्वाचन प्रणाली को समाप्त कर उनके लिए 148 सीटें आरक्षित की गईं।

5. (d) भाखड़ा-नांगल बाँध सतलुज नदी पर स्थित है। यह बाँध दुनिया के सबसे ऊँचे गुरुत्वाकर्षण बाँधों में से एक है। इस बाँध पर बना गोविन्द सागर जलाशय भारत का तीसरा सबसे बड़ा जलाशय है। इस बाँध का निर्माण वर्ष 1963 में पूरा हुआ था। यह बाँध हर वर्ष देश भर के पर्यटकों को अपनी ओर आकर्षित करता है। इस बाँध की ऊँचाई 741 फिट है।

6. (c) 'वेलिंग्टन ट्रॉफी' नौकादौड़ से सम्बन्धित है। यह एक वार्षिक नौकायन प्रतियोगिता है, जिसका आयोजन रोइंग फेडरेशन ऑफ इंडिया द्वारा किया जाता है। इस प्रतियोगिता का नामकरण 'ड्यूक ऑफ वेलिंग्टन' के नाम पर किया गया है। इस नौकादौड़ का आयोजन सुरक्षित जल क्षेत्रों में छोटी नावों पर किया जाता है, जिनमें दो या तीन लोग सवार होते हैं। इस ट्रॉफी को जीतना किसी नौकायन खिलाड़ी द्वारा प्राप्त किए जाने वाले सर्वोच्च सम्मानों में से एक माना जाता है।

7. (b) पेण्टिंग 'माई मदर' को अबनीन्द्रनाथ टैगोर (1871-1951) द्वारा बनाया गया था। वे बंगाल के प्रसिद्ध चित्रकार थे तथा भारतीय कला में स्वदेशी मूल्यों के सबसे बड़े समर्थक थे। उन्होंने 'बंगाल स्कूल ऑफ आर्ट' की स्थापना की, जिससे आधुनिक भारतीय चित्रकारी का विकास हुआ। उन्होंने भारतीय कला में स्वदेशी मूल्यों को शामिल करने तथा पश्चिम कला शैली के प्रभाव को कम करने का प्रयास किया।

8. (d) माना उधार ली गई धनराशि = ₹ P

दिया है, दर $r\% = 5\%$

वार्षिक किस्त (x) = ₹ 17640

तब प्रश्नानुसार,

$$17640 = \frac{P}{\left(\frac{100}{100+5}\right)+\left(\frac{100}{100+5}\right)^2}$$

$$\Rightarrow 1760 = \frac{P}{\left(\frac{100}{105}\right)+\left(\frac{100}{105}\right)^2}$$

$$\Rightarrow P = 17600\left[\left(\frac{20}{21}\right)+\left(\frac{20}{21}\right)^2\right]$$

$$\Rightarrow P = 17640 \times \frac{(420+400)}{441}$$

$$= 40 \times 820 = 32800$$

अतः उधार ली गई धनराशि ₹ 32800 है।

9. (a) दिया है,

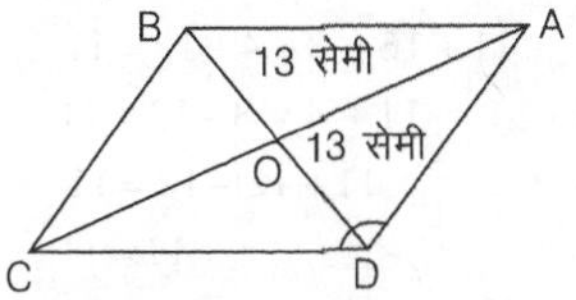

एक विकर्ण $(BD) = 26$ सेमी

∵ समचतुर्भुज का परिमाप = 4 × भुजा

∵ भुजा $= \frac{56}{4} = 14$ सेमी

ΔAOD में, पाइथागोरस प्रमेय से,

$$AO = \sqrt{AD^2 - OD^2} \quad \left[\because OD = \frac{BD}{2}\right]$$

$$= \sqrt{(14)^2 - (13)^2}$$

$$= \sqrt{196-169} = \sqrt{27} = 3\sqrt{3} \text{ सेमी}$$

अतः समचतुर्भुज का दूसरा विकर्ण

$$(AC) = 2 \times AO = 2 \times 3\sqrt{3}$$

$$= 6\sqrt{3} \text{ सेमी}$$

10. (a) $\sin x + \cos x = \sqrt{3}\cos x$

$\cos x$ से दोनों पक्षों में भाग देने पर,

$$\Rightarrow \frac{\sin x}{\cos x} + 1 = \frac{\sqrt{3}\cos x}{\cos x}$$

$$\Rightarrow \tan x + 1 = \sqrt{3}$$

$$\Rightarrow \tan x = \sqrt{3} - 1$$

$$\therefore \cot x = \frac{1}{\tan x} = \frac{1}{\sqrt{3}-1} \times \frac{\sqrt{3}+1}{\sqrt{3}+1}$$

[∵ हर का परिमेयीकरण करने पर]

$$= \frac{\sqrt{3}+1}{2}$$

11. (d) माना कुल दूरी = x किमी

प्रथम स्थिति से, $t - 3 = \frac{x}{60}$ ...(i)

दूसरी स्थिति से, $t + 2 = \frac{x}{54}$ ...(ii)

प्रश्नानुसार, $\frac{x}{54} - \frac{x}{60} = \frac{3+2}{60}$

[∵ समी (i) और (ii) से]

$$\left(\text{समय} = \frac{\text{दूरी}}{\text{चाल}}\right)$$

$$\Rightarrow \frac{10x - 9x}{540} = \frac{5}{60}$$

$$\Rightarrow \frac{x}{540} = \frac{1}{12}$$

$$\therefore x = 45 \text{ किमी}$$

12. (b) माना एक वर्ष पहले उस शहर की आबादी x थी।

तब प्रश्नानुसार,

$$x\left(1+\frac{5}{100}\right) = 185220$$

$$\left[\because A = P\left(1+\frac{r}{100}\right)^n\right]$$

$$\Rightarrow x \times \frac{105}{100} = 185220$$

$$\Rightarrow x = \frac{185220 \times 100}{105}$$

$$\therefore x = 176400$$

13. (a) कुल कपड़े की माप $= 68\frac{3}{4}$ मी

एक टुकड़े की माप $= 3\frac{1}{2}$ मी

$$\therefore \text{टुकड़ों की अभीष्ट संख्या} = \frac{68\frac{3}{4}}{3\frac{1}{2}}$$

= 19 (केवल पूर्णांक लेने पर)

$$\therefore \text{शेष कपड़ा} = 68\frac{3}{4} - 19 \times 3\frac{1}{2}$$

$$= \frac{275}{4} - 19 \times \frac{7}{2}$$

$$= \frac{275}{4} - \frac{133}{2}$$

$$= \frac{9}{4} = 2\frac{1}{4} \text{ मी}$$

14. (c) अभीष्ट संख्या = 105 − 9 और 164 − 20 का म.स. = 96 और 144 का म.स.

$$96 = 2 \times 2 \times 2 \times 2 \times 2 \times 3$$

$$144 = 2 \times 2 \times 2 \times 2 \times 3 \times 3$$

$$\therefore \text{म.स.} = 2 \times 2 \times 2 \times 2 \times 3 = 48$$

15. (b) $3\sqrt{147} - \frac{7}{3}\sqrt{\frac{1}{3}} + 7\sqrt{\frac{1}{3}}$

$$= 3\sqrt{7 \times 7 \times 3} - \frac{7}{3\sqrt{3}} + \frac{7}{\sqrt{3}}$$

$$= 21\sqrt{3} - \frac{7}{3\sqrt{3}} + \frac{7}{\sqrt{3}}$$

$$= \frac{189 - 7 + 21}{3\sqrt{3}}$$

$$= \frac{203}{3\sqrt{3}} \times \frac{\sqrt{3}}{\sqrt{3}}$$

$$= \frac{203\sqrt{3}}{9}$$

16. (d) जिस प्रकार,

(39, 78, 81)

$\Rightarrow \quad 39 \times 2 = 78$

$\Rightarrow \quad 39 \times 2 + 3 = 81$

(42, 84, 87)

$\Rightarrow \quad 42 \times 2 = 84$

$\Rightarrow \quad 42 \times 2 + 3 = 87$

उसी प्रकार, विकल्प (d) से,

(84, 168, 171)

$\Rightarrow \quad 84 \times 2 = 168$

$\Rightarrow \quad 84 \times 2 + 3 = 171$

17. (a) प्रश्नानुसार,

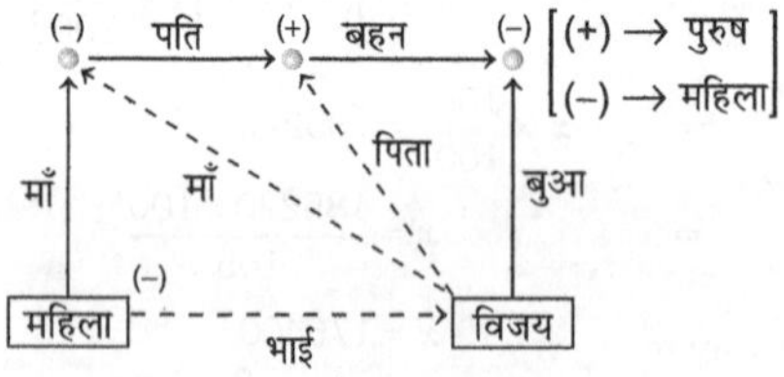

आरेख से स्पष्ट है कि विजय उस महिला का भाई है।

18. (c) पंक्ति में कुल व्यक्ति = (बाएँ से स्थान) + (दाएँ से स्थान) − 1

$= 9 + 9 - 1 = 18 - 1 = 17$

19. (d) प्रश्नानुसार,

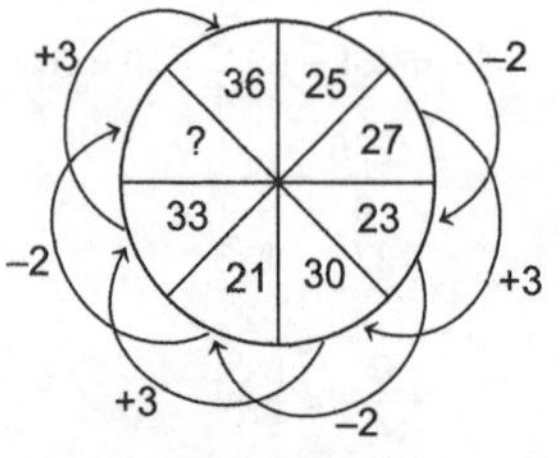

? = 21 − 2 = 19

20. (c) जिस प्रकार, Z = 26

तथा NET = 14 + 5 + 20 = 39

उसी प्रकार, NUT = 14 + 21 + 20 = 55

21. (b) यहाँ,

C	O	N	S	C	I	O	U	S	L	Y
↓	↓	↓	↓	↓	↓	↓	↓	↓	↓	↓
P	E	B	N	P	J	E	X	N	K	M

इसी प्रकार,

S	O	I	L
↓	↓	↓	↓
N	E	J	K

22. (a) अमित के चलने का मार्ग निम्नवत् है

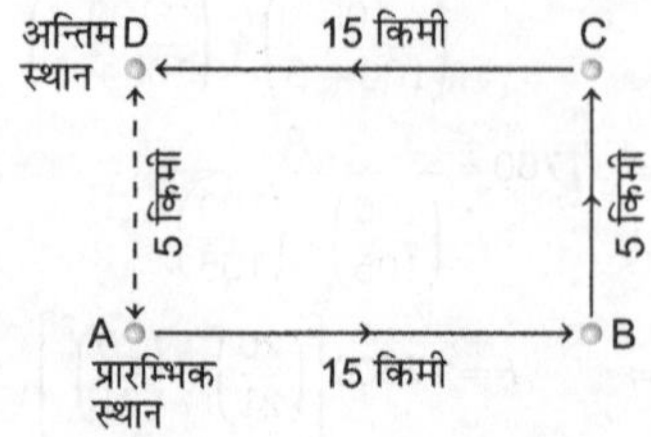

∵ अभीष्ट दूरी = AD = BC = 5 किमी

23. (c) **कथन I**

$11 - 16 \times 3 \div 4 + 12 = 11$

प्रश्नानुसार, + और − के आपस में स्थान परिवर्तित करने पर,

$\Rightarrow \quad 11 + 16 \times 3 \div 4 - 12 = 11$

$\Rightarrow \quad 11 + 4 \times 3 - 12 = 11$

$\Rightarrow \quad 11 + 12 - 12 = 11$

$\Rightarrow \quad 11 = 11$

कथन II

$15 \times 3 - 45 \div 5 + 30 = 28$

प्रश्नानुसार, + और − के स्थान आपस में बदलने पर,

$\Rightarrow \quad 15 \times 3 + 45 \div 5 - 30 = 28$

$\Rightarrow \quad 45 + 9 - 30 = 28$

$\Rightarrow \quad 54 - 30 = 28$

$\Rightarrow \quad 24 \neq 28$

अतः केवल कथन I सत्य है।

24. (c) प्रश्नानुसार,

सीता > मीरा > गीता > श्वेता

20 वर्ष 16 वर्ष 14 वर्ष 12 वर्ष

अतः आयु में सबसे छोटी 'श्वेता' है।

25. (a) दी गई श्रृंखला का क्रम निम्नवत् है,

$P \xrightarrow{+6} V \xrightarrow{+6} B \xrightarrow{+6} H \xrightarrow{+6} N$

$Q \xrightarrow{-3} N \xrightarrow{-3} K \xrightarrow{-3} H \xrightarrow{-3} E$

$R \xrightarrow{+8} Z \xrightarrow{+8} H \xrightarrow{+8} P \xrightarrow{+8} X$

$S \xrightarrow{-1} R \xrightarrow{-1} Q \xrightarrow{-1} P \xrightarrow{-1} O$

∴ ? = NEXO

26. (a) विकल्पवार परीक्षण से,

U V T X (+1, −2, +4) P Q O R (+1, −2, +3)

Z A Y B (+1, −2, +3) F G E H (+1, −2, +3)

अतः स्पष्ट है, अक्षर समूह UVTX अन्य सभी से भिन्न है।

27. (b) प्रश्न आकृतियों की प्रत्येक अगली आकृति में एक रेखा में बढ़ोत्तरी वामावर्त दिशा में हो रही है और बिन्दु भी वामावर्त दिशा में आगे बढ़ रहा है।

इसी क्रमानुसार

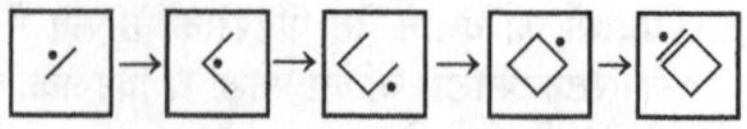

28. (d) प्रश्नानुसार,

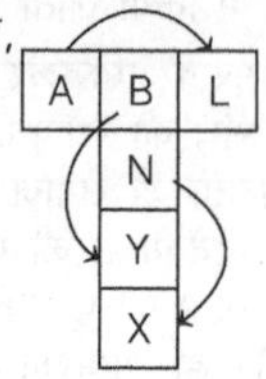

∵ A और L एक-दूसरे के विपरीत फलक हैं, इसलिए विकल्प आकृति (d) बनाना सम्भव नहीं है।

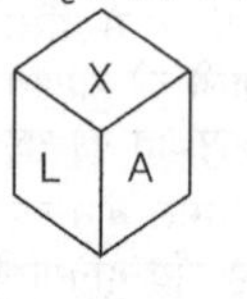

29. (b) प्रश्नानुसार,

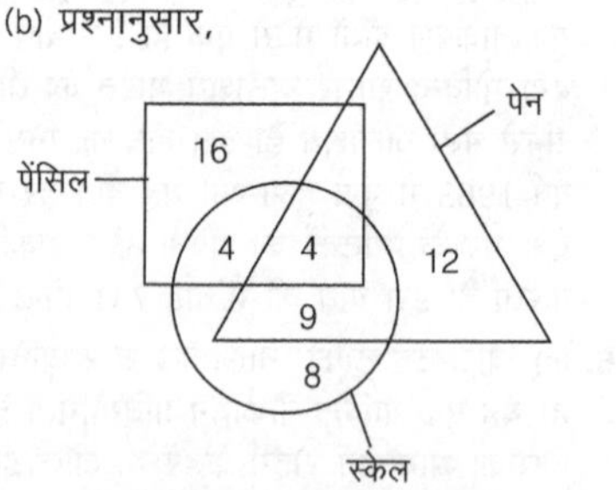

अतः आरेख से स्पष्ट है, पेनों की कुल संख्या = 12 + 9 + 4 = 25

30. (a) प्रश्नानुसार,

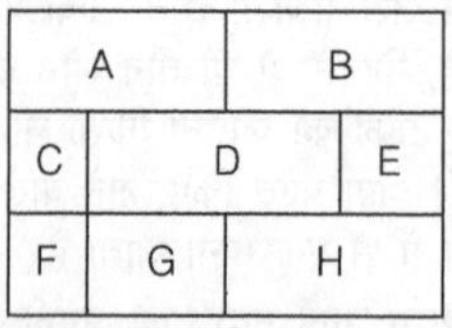

एकल आयतों की संख्या

= A, B, C, D, E, F, G, H = 8

दो एकल आयतों से बने आयतों की संख्या

= AB, CD, DE, FG, GH, CF = 6

तीन या अधिक एकल आयतों से मिलकर बने आयतों की संख्या

= ABCDE, CDEFGH, CDE, FGH, DEGH, ABCDEFGH = 6

अतः कुल आयतों की संख्या

= 8 + 6 + 6 = 20

भारतीय वायु सेना

अग्निवीर वायु फेज-1

(ग्रुप-Y) विज्ञान विषय के अतिरिक्त

प्रैक्टिस सेट 19

समय : 45 मिनट | पूर्णांक : 50

निर्देश

1. इस प्रैक्टिस सेट में कुल 50 प्रश्न हैं तथा परीक्षा की अवधि 45 मिनट है।
2. प्रत्येक सही उत्तर के लिए 1 अंक का प्रावधान है।
3. गलत उत्तर के लिए 0.25 नकारात्मक अंक का प्रावधान है।

सेक्शन I ➤ अंग्रेजी भाषा

Directions (Q. Nos. 1-4) *Read the passage carefully and answer the questions that follow.*

The reports published by a Delhi based non-governmental organisation working for the elimination of child labour in India suggest that there is no end in sight to the sordid saga of child labour. The studies conducted reveal the nightmarish or deals that a vast majority of children undergo for getting the basic necessities of life.

One of the activists narrated the heart-rending and shocking stories of many hapless children. He accused the society of insensitivity towards this vulnerable section. It is said that more than 5% of the total Indian population are child workers. Tens of thousands are chiefly engaged in agriculture in rural areas and in a variety of industries in urban areas. Children as young as seven years of age spend days stitching footballs, boxing and cricket gloves for export.

Many children spend their entire childhood making carpets with their dexterous hands. Unofficial figures suggest that as many as 40 to 100 million children work in hazardous industries like glassware, fireworks,quarries, etc. Many of them have been forced to work in unhygienic condition often on a casual basis.

1. The report was published by
(a) a Delhi based non-governmental organisation
(b) the Delhi Government
(c) a governmental organisation
(d) activist

2. The word 'heart-rending' means
(a) risky (b) distressing
(c) shocking (d) painful

3. ....of children work in hazardous conditions.
(a) Many (b) Millions
(c) 5% (d) Thousands

4. The society is accused of .... towards the problem of child labour.
(a) reports (b) vulnerability
(c) insensitivity (d) bias

5. Select the correct passive form of the given sentence.
The invigilator was reading out the instructions
(a) The instructions were read by invigilator.
(b) The instructions were being read out by the invigilator.
(c) The instructions has been read out by the invigilator.
(d) The instructions had been read by the invigilator.

6. Choose the correct indirect form of the given sentence.
"How cruel the boss is!", said the clerk.
(a) The clerk said that the bass was very cruel.
(b) The clerk said that the boss is very cruel.
(c) The clerk exclaimed that the boss is very cruel.
(d) The clerk exclaimed that the boss was very cruel.

7. In the following question, sentences of a paragraph have been jumbled and labelled as A, B, C and D. You are required to rearrange the jumbled sentence of the paragraph by selecting the correct option.

A : An integrated and combined approach was required to reveal the mystery of the brain- its structure, composition and function.
B : Since the early 80's scientists were clear that the brain would be the final frontier to conquer.
C : But the wasn't easy because understanding the brain involved completely integrating information from the level of the gene to the level of behaviour.
D : To fulfill this requirement a group of American scientists from various disciplines decided to work together. The initiative was flagged off and come to be known as the Human Brain Project.

(a) BCAD (b) BCDA
(c) CBAD (d) BDAC

Direction (Q. No. 8) *Select the one which best expresses the meaning of the given word.*

8. Barbarous
(a) Refined
(b) Polite
(c) Cruel
(d) Civilised

Direction (Q. No. 9) *Select the one which is opposite in meaning to the given word.*

9. Decimate
(a) Preserve (b) Destroy
(c) Execute (d) Abate

Direction (Q.No.10) *Select the alternative which is best substitute of the words / sentence.*

10. Wrap or cover for warmth
(a) Encourage (b) Muffle
(c) Divulge (d) Expose

Directions (Q. Nos. 11 and 12) *Find the correctly spelt word.*

11. (a) Upheval (b) Uphieval
(c) Upheaval (d) Upheival

12. (a) Ettiquet (b) Etiquette
(c) Etiquet (d) Etiqquet

Directions (Q. Nos. 13-15) *Fill in the blanks with correct alternative.*

13. By the time I Met him, he ...... reading the voluminous novel.
(a) was finishing (b) had finished
(c) will finish (d) finishing

14. The tribes lived ...... customs different from anything, the English had ever seen.
(a) on (b) by
(c) off (d) with

15. The food was well cooked.......bland.
(a) than (b) so (c) but (d) as

16. Choose the most appropriate meaning of the given idiom
Between the devil and the deep sea
(a) a deep sea diver
(b) to be evil tempered
(c) In a dilemma
(d) A man who is drowning

17. Improve the underlined part of the given sentence.
He <u>should not had</u> done it
(a) had not
(b) should had not
(c) should not have
(d) No improvement

Directions (Q. Nos. 18-20) *Find out which part of the sentence has an error.*

18. Neither of them (a)/ are (b)/ good. (c)/ No error (d)

19. No sooner (a)/ they had received the guests (b)/ than they began entertaining them. (c)/ No error (d)

20. Either Sohan or his friends (a)/ is to be blamed (b)/ for this mischief. (c)/ No error (d)

सेक्शन II ➤ सामान्य जागरूकता, गणित एवं तर्कशक्ति

1. मनु भाकर स्वतन्त्रता के बाद एक ही ओलम्पिक खेल में दो पदक जीतने वाली प्रथम भारतीय है। स्वतन्त्रता पूर्व यह रिकॉर्ड किसके नाम है?
(a) ध्यानचन्द्र
(b) के डी जाधव
(c) (a) और (b) दोनों
(d) नार्मन प्रिचर्ड

2. किस यूरोपियन शक्ति का भारत में सर्वप्रथम आगमन हुआ?
(a) पुर्तगाली (b) डच
(c) ब्रिटिश (d) फ्रेंच

3. वर्ष 2011 की जनगणना के अनुसार भारत में सर्वाधिक अनुसूचित जनजाति किस राज्य में रहती है?
(a) छत्तीसगढ़ (b) उत्तर प्रदेश
(c) मध्य प्रदेश (d) हरियाणा

4. भारतीय संविधान का कौन-सा अनुच्छेद जीवन की रक्षा और वैयक्तिक स्वतन्त्रता की गारण्टी देता है?
(a) अनुच्छेद-21(A) (b) अनुच्छेद-20
(c) अनुच्छेद-21 (d) अनुच्छेद-22

5. वर्ड डॉक्यूमेन्ट्स के लिए डिफॉल्ट फाइल एक्सटेंशन क्या है?
(a) .bmp (b) .wrd (c) .word (d) .docx

6. मनुष्यों में निम्नलिखित में से किस विटामिन की कमी के कारण बेरी-बेरी रोग होता है?
(a) विटामिन-D (b) विटामिन-A
(c) विटामिन-C (d) विटामिन-B1

7. 'प्लेइंग इट माई वे' किसकी आत्मकथा है?
(a) सौरभ गांगुली (b) राहुल द्रविड
(c) महेन्द्र सिंह धोनी (d) सचिन तेन्दुलकर

8. यदि $\frac{61}{19} = 3 + \cfrac{1}{x + \cfrac{1}{y + \cfrac{1}{z}}}$, जहाँ x, y और z धन पूर्णांक हैं, तो z किसके बराबर है?
(a) 1 (b) 2 (c) 3 (d) 4

9. 9 क्रमबद्ध विषम संख्याओं का औसत 27 है। यदि इन 9 विषम संख्याओं की पिछली और अगली विषम संख्या को भी शामिल कर लिया जाए, तो नया औसत क्या होगा?
(a) 28 (b) 29 (c) 32 (d) 27

10. 117 गेंदें A, B और C के बीच $2:4:7$ के अनुपात में बाँटी गई हैं। C की तुलना में A को कितनी गेंदें प्राप्त होती हैं?
(a) 27 अधिक (b) 27 कम
(c) 45 अधिक (d) 45 कम

11. किस वार्षिक साधारण ब्याज की दर पर कोई राशि 8 वर्ष में तीन गुनी हो जाएगी?
(a) 3% (b) 5%
(c) 25% (d) 10%

12. 12 व्यक्ति X दिनों में एक काम को पूरा कर सकते हैं, अब 8 अतिरिक्त व्यक्ति और कार्यरत् हैं। पूरा काम 60 दिनों में पूरा हो गया। X का मान ज्ञात करें।
(a) 80 (b) 100
(c) 55 (d) 45

13. एक ठोस सिलेण्डर, जिसके आधार की त्रिज्या 6 सेमी थी और ऊँचाई 9 सेमी थी, को पिघलाकर एक ठोस गोला बनाया जाता है। इस गोले की त्रिज्या......सेमी है।
(a) $3\sqrt[3]{3}$ (b) $3\sqrt[3]{9}$
(c) $4\sqrt[3]{3}$ (d) 27

14. 90 मेजों का क्रय मूल्य 60 मेजों के विक्रय मूल्य के बराबर है। लाभ प्रतिशत ज्ञात कीजिए।
(a) 33.33% (b) 40%
(c) 50% (d) 60%

15. 1 से 20 तक के नम्बर वाले टिकटों को थैले में डालकर अच्छी प्रकार मिलाया जाता है। फिर उसमें से एक टिकट निकाला जाता है। इसके 3 का गुणक होने की प्रायिकता बताइए।
(a) $\frac{1}{20}$ (b) $\frac{1}{10}$ (c) $\frac{3}{20}$ (d) $\frac{3}{10}$

16. एक महिला की फोटो की ओर इशारा करते हुए प्रिया ने कहा, "वह मेरे भाई के इकलौते बेटे की माँ है"। वह महिला प्रिया से कैसे सम्बन्धित है?
(a) भाभी (b) बहन (c) बहू (d) माँ

17. (::) के बायीं ओर दिए गए शब्द एक-दूसरे से किसी तर्क/नियम/सम्बन्ध से सम्बन्धित हैं। उसी तर्क/नियम/सम्बन्ध के आधार पर दिए गए विकल्पों में से (: :) के दायीं ओर लुप्त शब्द/शब्द युग्म को चुनिए।
Ùesve : peeheeve : : ?
(a) लीरा : तुर्की (b) बाहट : बांग्लादेश
(c) दिनार : ग्रीस (d) युआन : अर्जेंटीना

18. यदि 4 – 2 = 8, 7 – 3 = 22 और 6 – 3 = 9 हो, तो 9–4 =?
(a) 8 (b) 24
(c) 17 (d) 16

19. शब्दकोश क्रम में कौन-सा शब्द तीसरे स्थान पर आएगा?
Quadrillion, Quarterly, Question, Quench
(a) Question (b) Quench
(c) Quadrillion (d) Quarterly

20. एक लड़का बिन्दु X से 80 मी दूर Y की तरफ सीधा चलता है। फिर वह दाईं ओर मुड़कर 50 मी चलता है, फिर वह पुन: दाईं ओर मुड़कर 70 मी चलता है। अन्त में वह दाईं ओर मुड़कर 50 मी चलता है। वह अब प्रारम्भिक बिन्दु से कितनी दूर है?
(a) 10 मी (b) 30 मी
(c) 50 मी (d) 70 मी

21. एक घड़ी में 4 : 30 बजे हैं। यदि मिनट की सुई पूर्व की ओर है, तो घण्टे की सुई किस दिशा में होगी?
(a) उत्तर (b) उत्तर-पूर्व
(c) उत्तर-पश्चिम (d) दक्षिण-पूर्व

22. निम्नलिखित अंक श्रेणी में ऐसे कितने 7 हैं, जिनके ठीक पहले 6 हो परन्तु ठीक बाद में 4 नहीं हो?
7 4 2 7 6 4 3 6 7 5 3 5 7 8 4 3 7 6 7 2 4 0 6 7 4 3
(a) 1 (b) 2
(c) 4 (d) 6

23. निम्नलिखित प्रश्न में, दी गई शृंखला में से लुप्त संख्या को चुनिए।
17, 27, 37, 47, 57, 67, ?
(a) 117 (b) 107
(c) 127 (d) 77

24. यदि किसी सांकेतिक भाषा में STRONG को RUQPMH लिखा जाता है, तो उसी भाषा में HEIGHT को कैसे लिखा जाएगा?
(a) GFHHGU (b) GFGHGU
(c) GEHHU (d) GGHHGU

25. A, B से बड़ा है तथा C से छोटा है। D, A और C दोनों से बड़ा है। सबसे बड़ा कौन है?
(a) A (b) B
(c) C (d) D

26. निम्नलिखित प्रश्न में '?' के स्थान पर संख्या होगी

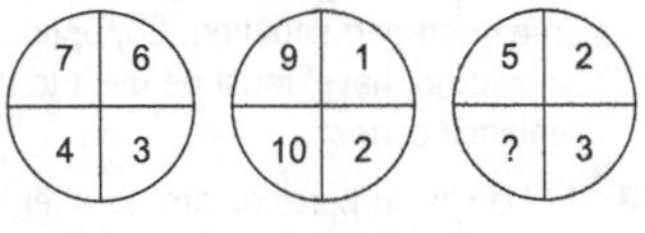

(a) 6 (b) 8
(c) 7 (d) 4

27. निम्नलिखित उत्तर आकृतियों में से वह उत्तर आकृति चुनिए, जो प्रश्न आकृतियों में दी गई शृंखला को पूरा करती है।

प्रश्न आकृतियाँ

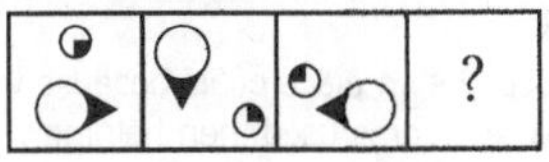

उत्तर आकृतियाँ

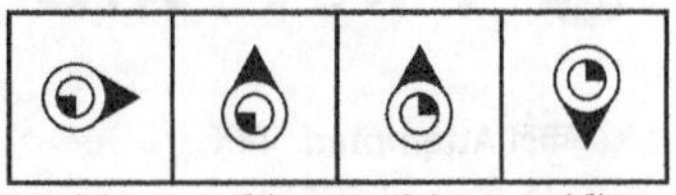

(a) (b) (c) (d)

28. नीचे दी गई प्रश्न आकृति का दर्पण प्रतिबिम्ब कैसा बनेगा, यदि दर्पण रेखा AB पर रखा है?

प्रश्न आकृति

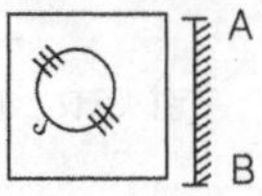

उत्तर आकृतियाँ

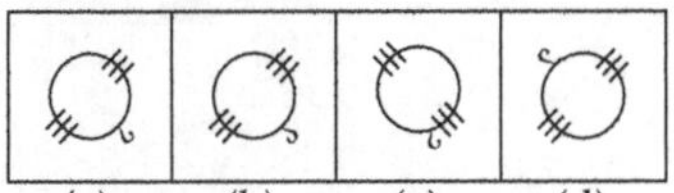

(a) (b) (c) (d)

29. नीचे दी गई आकृति में कुल कितने त्रिभुज हैं?

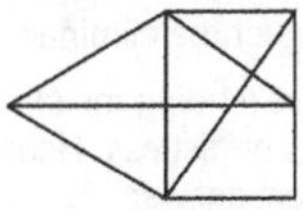

(a) 12 (b) 13
(c) 14 (d) 15

30. निम्न विकल्पों में से उस आकृति को चुनिए, जो प्रश्न आकृति में प्रश्नवाचक चिन्ह (?) के स्थान पर आएगी।

प्रश्न आकृतियाँ

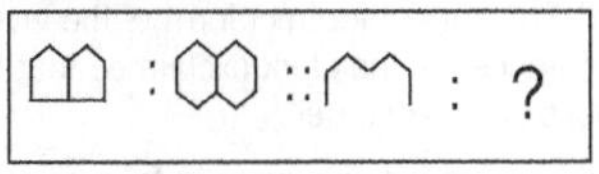

उत्तर आकृतियाँ

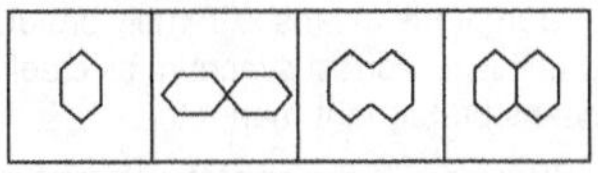

(a) (b) (c) (d)

उत्तरमाला

सेक्शन I अंग्रेजी भाषा

1 (a)	2 (b)	3 (b)	4 (c)	5 (d)	6 (d)	7 (a)	8 (c)	9 (a)	10 (b)
11 (c)	12 (b)	13 (c)	14 (b)	15 (c)	16 (c)	17 (c)	18 (b)	19 (b)	20 (b)

सेक्शन II सामान्य जागरूकता, गणित एवं तर्कशक्ति

1 (c)	2 (a)	3 (c)	4 (c)	5 (d)	6 (d)	7 (d)	8 (c)	9 (d)	10 (d)
11 (c)	12 (b)	13 (b)	14 (c)	15 (d)	16 (a)	17 (a)	18 (c)	19 (b)	20 (a)
21 (b)	22 (b)	23 (d)	24 (a)	25 (d)	26 (a)	27 (b)	28 (a)	29 (d)	30 (c)

स्कोर कार्ड

- कुल Attempted प्रश्न
  अंग्रेजी भाषा [ ] सामान्य जागरूकता, गणित एवं तर्कशक्ति [ ]
- कुल सही व गलत प्रश्न
  अंग्रेजी भाषा [/] सामान्य जागरूकता, गणित एवं तर्कशक्ति [/]
- फाइनल स्कोर (कुल सही उत्तर के अंक – गलत उत्तर के अंक)
  अंग्रेजी भाषा [/] सामान्य जागरूकता, गणित एवं तर्कशक्ति [/]

समय 45 मिनट सही उत्तर 1 अंक गलत उत्तर 0.25 अंक

- रिजल्ट
  - 10 से नीचे (किसी भी सेक्शन में) - Average (सिलेक्शन नहीं)
  - 10-18 के बीच में (कुल 35+) - Good (सिलेक्शन हो सकता है)
  - 18 से ऊपर (दोनों सेक्शन में) - Excellent (100% सिलेक्शन)
- टिप्पणी
  यदि आपका स्कोर किसी भी सेक्शन में 10 से नीचे है तब आप बार-बार प्रैक्टिस करें और ऐसा तब तक करें जब तक आपका स्कोर 10-18 (कुल 35+) के बीच में नहीं हो जाता।

संकेत एवं हल

सेक्शन I अंग्रेजी भाषा

1. (a) The report was published by a Delhi based non-governmental organisation working for the elimination of child labour.
2. (b) Heart-rending means causing great sadness or distress. Hence, 'distressing' is its correct answer.
3. (b) Millions of children work in hazardous conditions.
4. (c) The society is accused of insensitivity towards the problem of child labour.
5. (b) The correct passive form of the given sentence is. The instructions were being read out by the invigilator.
6. (d) The correct indirect form of the given sentence is- 'the clerk exclaimed that the boss was very cruel'.
7. (a) The correct sequence to form a meaningful paragraph is BCAD.
8. (c) Barbarous means extremely brutal. 'Cruel' is its correct synonym as cruel also means brutal, inhuman, etc.
9. (a) 'Preserve' is the correct antonym of the word 'decimate' which means to destroy, whereas Preserve means to keep alive or in existence.
10. (b) 'Muffle' is correct substitute for 'wrap or cover for warmth'.
11. (c) The correctly spelt word is 'upheaval' and it means to lift up.
12. (b) The correctly spelt word is 'etiquette'. It means how to conduct yourself beautifully or mannerism.
13. (c) The sentence belongs to past perfect tense, so the use of 'had finished' correctly implies that the action was completed before a certain point in the past.
14. (b) Use of 'by' is more proper here because live by something means to follow a particular belief.
15. (c) 'But' is a suitable conjunction to fill the blank, as it introduces a contrast between the food being well cooked and being bland.
16. (c) The idiom 'Between the devil and the deep sea' means 'in a dilemma'.
17. (c) 'Should' is always followed by 'have' to show something which had to be done in unrealised part situation. So, option (c) 'should not have' must be used to make the sentence correct.
18. (b) Use 'is' in place of 'are' as after 'either, neither' subject is used in plural form but helping verb is used in singular form according to subject-verb proper agreement.
19. (b) Use past indefinite (did they receive) in place of 'had received' as simple past is used after 'no sooner' in sentences containing conjunction no sooner .... than.
20. (b) Use 'are' in place of 'is' because when either .... or is used then helping verb is used according to the nearest subject.

सेक्शन II सामान्य जागरूकता, गणित एवं तर्कशक्ति

1. (d) नॉर्मन गिल्बर्ट प्रिचर्ड, 1900 पेरिस ओलम्पिक में भारत का प्रतिनिधित्व करते हुए एथलेटिक्स में दो रजत पदक जीतकर ओलम्पिक पदक जीतने वाले पहले भारतीय और एशियाई मूल के एथलीट बने।
2. (a) भारत में सर्वप्रथम 15वीं शताब्दी में पुर्तगाली यूरोपियन शक्ति ने आगमन किया। इसके बाद क्रमश: भारत में डच, ब्रिटिश, फ्रेंच आदि यूरोपियन शक्तियों का आगमन होना शुरू हो गया।
3. (c) वर्ष 2011 की जनगणना के अनुसार, भारत में सर्वाधिक अनुसूचित जनजाति मध्य प्रदेश (1.53 करोड़) में निवास करती है। इसके बाद क्रमश: महाराष्ट्र (1.05 करोड़) व ओडिशा (95.9 लाख) का स्थान है। ध्यातव्य है कि वर्ष 2011 की जनगणना के अनुसार भारत में अनुसूचित जनजाति (ST) की कुल जनसंख्या 10.43 करोड़ है, जो देश की कुल जनसंख्या का 8.6% है।
4. (c) भारतीय संविधान का अनुच्छेद-21 जीवन की रक्षा व वैयक्तिक स्वतन्त्रता की गारण्टी देता है। इस अनुच्छेद के अन्तर्गत किसी भी भारतीय नागरिक को कानून द्वारा निर्मित प्रक्रिया के अतिरिक्त उसके जीवन वैयक्ति स्वतन्त्रता के अधिकार से वंचित नहीं किया जा सकता है। यह मौलिक अधिकारों की श्रेणी में आता है। भारतीय संविधान में अनुच्छेद-12 से 35 तक मौलिक अधिकारों का वर्णन किया गया है।
5. (d) वर्ड डॉक्यूमेन्ट्स के लिए डिफॉल्ट फाइल एक्सटेंशन docx है, जो माइक्रोसॉफ्ट ऑफिस सॉफ्टवेयर का हिस्सा है। इस फाइल एक्सटेंशन का उपयोग माइक्रोसॉफ्ट वर्ड-2007 व उसके बाद के संस्करणों में दस्तावेजों के लिए किया जाता है।
6. (d) मनुष्य में विटामिन-B1 की कमी से बेरी-बेरी नामक रोग होता है। इस रोग के प्रमुख लक्षण हाथ-पैरों में दर्द, शरीर में कमजोरी, साँस फूलना व पैरों में सूजन आदि है। यह रोग मुख्यत: असन्तुलित आहार व अधिक शराब के सेवन से होता है।

विटामिन -B1 का रासायनिक नाम थायमीन है। यह विटामिन शरीर में कार्बोहाइड्रेट व अमीनो एसिड के उपापचय के लिए आवश्यक है। इसके प्रमुख प्राकृतिक स्रोत अनाज, फलियाँ, सोयाबीन, दूध, यीस्ट, अण्डे व माँस हैं।

7. (d) 'प्लेइंग इट माई वे' पुस्तक सचिन तेन्दुलकर की आत्मकथा पर आधारित है। इस पुस्तक को 5 नवम्बर, 2014 को मुम्बई में लॉन्च किया गया। इस पुस्तक के लेखक भारतीय खेल पत्रकार बोरिया मजूमदार है। इस पुस्तक में सचिन तेंदुलकर के 24 वर्ष अन्तर्राष्ट्रीय क्रिकेट कैरियर व उनके जीवन के विभिन्न पहलुओं का वर्णन किया गया है।

8. (c) दिया है, $\frac{61}{19} = 3 + \cfrac{1}{x + \cfrac{1}{y + \cfrac{1}{z}}}$

बायाँ पक्ष $= \frac{61}{19} = 3 + \frac{4}{19} = 3 + \cfrac{1}{\cfrac{19}{4}}$

$= 3 + \cfrac{1}{4 + \cfrac{3}{4}} = 3 + \cfrac{1}{4 + \cfrac{1}{\cfrac{4}{3}}}$

$= 3 + \cfrac{1}{4 + \cfrac{1}{1 + \cfrac{1}{3}}}$

दोनों पक्षों की तुलना करने पर,

$x = 4,\ y = 1$ तथा $z = 3$

9. (d) 9 क्रमबद्ध विषम संख्याओं का औसत $= 27$

क्रमबद्ध विषम संख्याओं की पिछली और अगली विषम संख्याओं को शामिल करने पर औसत में कोई परिवर्तन नहीं होता है।

$\therefore$ अभीष्ट औसत $= 27$

10. (d) दिया है, $A : B : C = 2 : 4 : 7$

A को प्राप्त गेंद

$= $ कुल गेंदों की संख्या $\times \frac{A \text{ का अनुपात}}{\text{अनुपातिक योग}}$

$= 117 \times \frac{2}{2+4+7} = 117 \times \frac{2}{13} = 18$

C को प्राप्त गेंद $= 117 \times \frac{7}{2+4+7}$

$= 117 \times \frac{7}{13} = 63$

अतः C की तुलना में, A को $(63 - 18 =)$ 45 गेंदें कम प्राप्त हुईं।

11. (c) माना मूलधन $= ₹\ x$

तब, मिश्रधन $= ₹\ 3x$

$\therefore$ साधारण ब्याज = मिश्रधन − मूलधन

$= 3x - x = ₹\ 2x$

प्रश्नानुसार,

साधारण ब्याज $= \frac{\text{मूलधन} \times \text{दर} \times \text{समय}}{100}$

$\Rightarrow \quad 2x = \frac{x \times \text{दर} \times 8}{100}$

$\therefore \quad$ दर $= \frac{200}{8} = 25\%$

12. (b) प्रश्नानुसार, $M_1 \times d_1 = M_2 \times d_2$ से,

$12 \times X = (12 + 8) \times 60$

$X = 20 \times 5$

$X = 100$

13. (b) माना गोले की त्रिज्या r सेमी है।

$\therefore$ सिलेण्डर का आयतन = गोले का आयतन

$\Rightarrow \pi \times (\text{त्रिज्या})^2 \times \text{ऊँचाई} = \frac{4}{3}\pi \times (\text{त्रिज्या})^3$

$\Rightarrow \quad \pi(6)^2 \times 9 = \frac{4}{3}\pi r^3$

$\Rightarrow \quad 36 \times 9 = \frac{4}{3} r^3$

$\Rightarrow \quad r^3 = \frac{36 \times 9 \times 3}{4}$

$\Rightarrow \quad r^3 = 9 \times 9 \times 3$

$\therefore \quad r = \sqrt[3]{9 \times 9 \times 3}$

$\Rightarrow \quad r = 3\sqrt[3]{9}$

14. (c) 90 मेजों का क्रय मूल्य = 60 मेजों का विक्रय मूल्य

$\Rightarrow \quad \frac{\text{क्रय मूल्य}}{\text{विक्रय मूल्य}} = \frac{60}{90} = \frac{2}{3}$

$\therefore$ लाभ प्रतिशत

$= \frac{\text{विक्रय मूल्य} - \text{क्रय मूल्य}}{\text{क्रय मूल्य}} \times 100$

$= \frac{3-2}{2} \times 100 = 50\%$

15. (d) प्रश्नानुसार, $n(S) = 20$ और

$E = \{3, 6, 9, 12, 15, 18\}$

$\Rightarrow \quad n(E) = 6$

अतः $\quad P(E) = \frac{n(E)}{n(S)} = \frac{6}{20} = \frac{3}{10}$

16. (a) प्रश्नानुसार,

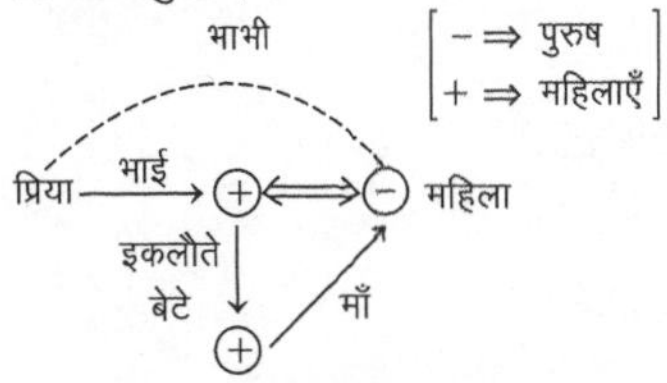

अतः फोटो वाली महिला, प्रिया की भाभी है।

17. (a) जिस प्रकार, येन, जापान की मुद्रा है। उसी प्रकार, लीरा, तुर्की की मुद्रा है।

18. (c) जिस प्रकार,

$4 - 2 \Rightarrow (4)^2 - (2)^3$

$= 16 - 8 = 8$

तथा $\quad 7 - 3 \Rightarrow (7)^2 - (3)^3$

$= 49 - 27 = 22$

और $\quad 6 - 3 \Rightarrow (6)^2 - (3)^3$

$= 36 - 27 = 9$

उसी प्रकार,

$9 - 4 \Rightarrow (9)^2 - (4)^3$

$= 81 - 64 = 17$

$\therefore \quad ? = \boxed{17}$

19. (b) शब्दकोश के अनुसार व्यवस्थित करने पर,

Quadrillion, Quarterly, Quench, Question

अतः तीसरे स्थान पर Quench होगा।

20. (a) लड़के के चलने का मार्ग निम्नवत् है,

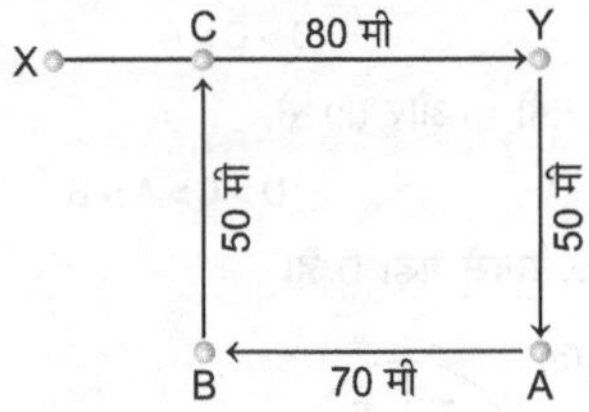

$\therefore$ अभीष्ट दूरी $(XC) = XY - CY$

$= 80 - AB$

$= 80 - 70$

$= 10$ मी

21. (b) प्रश्नानुसार,

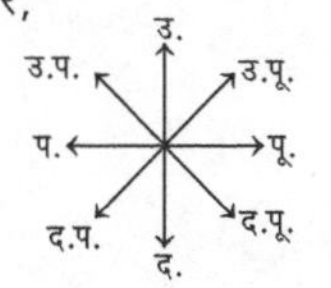

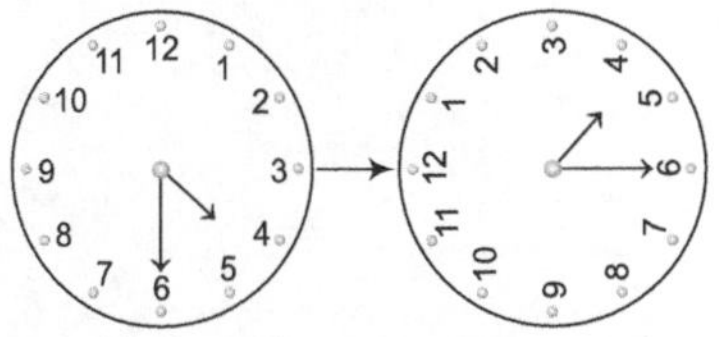

यदि मिनट की सूई पूर्व की ओर है, तो घण्टे की सूई उत्तर-पूर्व की ओर होगी।

22. (b) सही संयोजन = | 6 | 7 | 4 |

7 4 2 7 6 4 3 [6 7 5] 3 5 7 8 4 3 7 [6 7 2] 4 0 6 7 4 3

अतः अभीष्ट संख्या 2 है।

23. (d) दी गई शृंखला का क्रम निम्न प्रकार है,

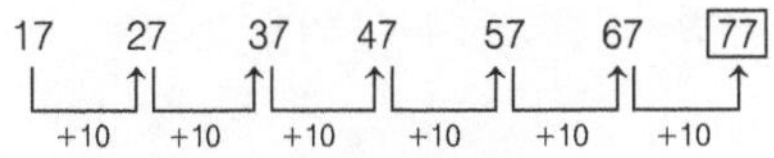

24. (a) जिस प्रकार,

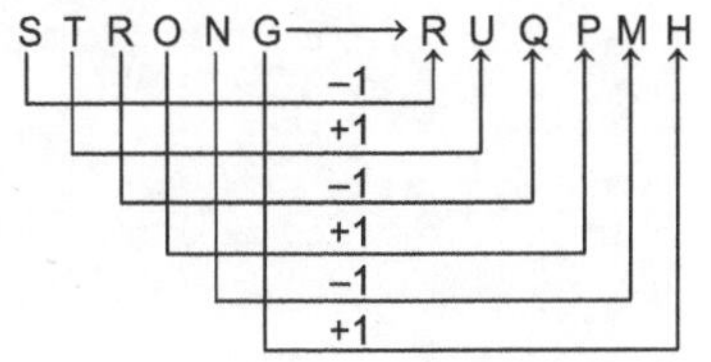

उसी प्रकार,

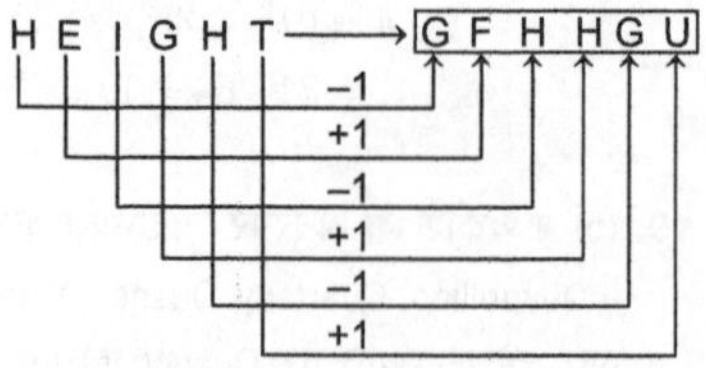

25. (d) प्रश्नानुसार, C > A > B ...(i)

D > C > A ...(ii)

समी (i) और (ii) से,

D > C > A > B

∴ सबसे बड़ा D है।

26. (a)

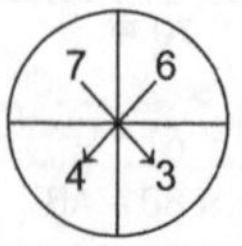

$\Rightarrow 7 + 3 = 6 + 4$

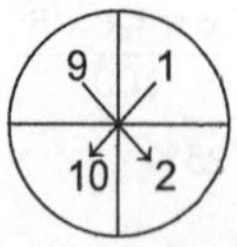

$\Rightarrow 9 + 2 = 1 + 10$

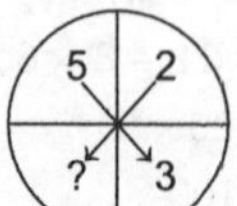

$\Rightarrow 5 + 3 = 2 + ?$

$\therefore ? = 8 - 2 = \boxed{6}$

27. (b) आकृति दक्षिणावर्त दिशा में 90° पर घूम रही है तथा आकृति 90° वामावर्त घूम रही है। इसी क्रमानुसार,

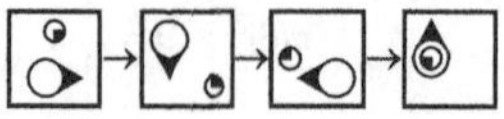

28. (a) प्रश्नानुसार,

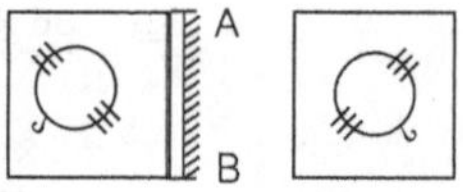

चूँकि दर्पण आकृति के दाईं ओर है। इसलिए आकृति के दाईं ओर का भाग बाईं ओर तथा बाईं ओर का भाग दाईं ओर दिखेगा। अत: इस प्रकार आकृति (a) प्राप्त होगी।

29. (d) आकृति में बिन्दुओं के नाम रखने पर,

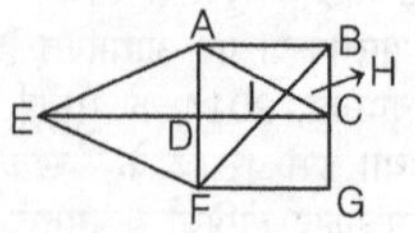

त्रिभुजों के नाम निम्न हैं

AED, AFH, AEF, AEC, ABF, ABC, EFI, ADC, ABH, BHC, BIC, BFG, CHI, DEF और DIF

अत: आकृति में कुल 15 त्रिभुज हैं।

30. (c) जिस प्रकार, प्रश्न आकृति की पहली आकृति से दूसरी आकृति में डिजाइन दोगुनी होकर नीचे से जुड़ जाती है। उसी प्रकार, तीसरी आकृति से चौथी आकृति में डिजाइन दोगुनी होकर नीचे से जुड़ जाएगी।

भारतीय वायु सेना

अग्निवीर वायु फेज-1

(ग्रुप-Y) विज्ञान विषय के अतिरिक्त

प्रैक्टिस सेट 20

समय : 45 मिनट **पूर्णांक** : 50

निर्देश

1. इस प्रैक्टिस सेट में कुल 50 प्रश्न हैं तथा परीक्षा की अवधि 45 मिनट है।
2. प्रत्येक सही उत्तर के लिए 1 अंक का प्रावधान है।
3. गलत उत्तर के लिए 0.25 नकारात्मक अंक का प्रावधान है।

सेक्शन I ➛ अंग्रेजी भाषा

Directions (Q. Nos. 1-5) *Read the following passage carefully and answer the questions that follow.*

Many years ago there lived in India a great king called Jahangir. He ruled over a very big kingdom or empire. So, he was called an emperor.

The emperor wanted to be just to all his subjects. He ordered his soldiers to tie a big bell in front of the palace. Then he sent the soldiers to every part of the empire. They announced that if the people had any complaint they could come to the palace and ring the bell. The emperor himself would listen to their complaints. He would give them justice.

1. Jahangir was called an emperor because
(a) he was a great king
(b) he ruled over a very big kingdom
(c) he lived in India
(d) he lived in a big empire many years ago

2. What was the desire of Jahangir?
(a) To order his soldiers
(b) To make many conquests
(c) To be just to his subjects
(d) To rule over a very big kingdom

3. The soldiers
(a) called all the people
(b) arrested all the criminals
(c) rode away to a distant land
(d) tied a big bell in front of the palace

4. Complaint means
(a) complete
(b) complexity
(c) objections
(d) disaster

5. The people would ring the bell if
(a) they were arrested
(b) they went to the palace
(c) they had any complaint
(d) they wanted justice

Direction (Q. No. 6) *Choose the word almost nearest in meaning to the word given below.*

6. Little
(a) Trivial
(b) Petty
(c) Sample
(d) Simple

Direction (Q. No. 7) *Choose the word almost opposite in meaning to the word given below.*

7. Immortal
(a) Eternal (b) Permanent
(c) Deathly (d) Temporary

Direction (Q. No. 8) *Choose the correct one word substitute for the following sentence.*

8. Living together of a man and woman without being married to each other
(a) marriage (b) equipage
(c) lineage (d) concubinage

Directions (Q. Nos. 9 and 10) *A sentence split into four parts has been given. Choose the best order which produces the original sentence.*

9. P : necessary to plant them at once
Q : some of the mangaboos
R : and all were so withered that it would be
S : fell down and had to be dragged from the fire

(a) QSRP (b) PQSR
(c) RQPS (d) SPRQ

10. P : human life is a tale of errors and follies
Q : we all commit errors and mistakes out of ignorance or inexperience
R : nobody is infallible
S : in the process of acquiring experience, man often stumbles and falls down
(a) PRQS (b) PSQR
(c) RSPQ (d) PQRS

Direction (Q. No. 11) *Select the one which best expresses the same sentence in Passive voice.*

11. Run home, please.
(a) You are please to run home.
(b) You are told to run home please.
(c) You are requested to run home.
(d) You run home and this is a request.

Direction (Q. No. 12) *Select the one which best expresses the same sentence in Direct/Indirect speech.*

12. The doctor said to the patient, "Take complete rest".
(a) The doctor told to the patient that take complete rest.
(b) The doctor advised the patient to take complete rest.
(c) The doctor suggested the patient to take complete rest.
(d) The doctor asked the patient take complete rest.

Directions (Q. Nos. 13 and 14) *Choose the most appropriate answer for the given blanks.*

13. They spoke in a low voice ...... the child wouldn't wake up.
(a) but
(b) because
(c) that
(d) so that

14. We shall fail ..... we are industrious.
(a) even (b) unless
(c) whether (d) until

Directions (Q. Nos. 15 and 16) *Find out which part of the sentence has an error.*

15. We have been knowing (a)/ each other (b)/ since we were children. (c)/ No error (d).

16. Look at what (a)/ I am doing (b)/ and do like I do. (c)/ No error (d).

Direction (Q. No. 17) *Choose the sentence with the correct use of adverb.*

17. (a) My brother smokes seldom.
(b) My brother seldom smokes.
(c) My brother smokes little.
(d) My brother smokes less.

Directions (Q. Nos. 18-20) *Fill in the blanks with suitable determiners.*

18. He .... goodbye to his friends before leaving.
(a) was bidding (b) bidding
(c) bid (d) bidded

19. The doctor gave me prescription .... my cough.
(a) for (b) with (c) at (d) to

20. Health is...........wealth.
(a) preferable to
(b) more preferable than
(c) more preferable to
(d) most preferable than

सेक्शन II ➛ सामान्य जागरूकता, गणित एवं तर्कशक्ति

1. मानव शरीर में प्रवेश करने वाले कीटाणुओं के खिलाफ रक्त का कौन-सा घटक लड़ता है?
(a) हीमोग्लोबिन
(b) लाल रक्त कोशिकाएँ
(c) बिम्बाणु (प्लेटलेट्स)
(d) सफेद रक्त कोशिकाएँ

2. हवा, पानी और जलवायु की क्रिया द्वारा चट्टानों के टूटने की प्रक्रिया को ……… कहा जाता है।
(a) भूस्खलन
(b) अपक्षयण/अपक्षय
(c) अपक्षरण
(d) मृदासर्पण (सॉलीफ्लोक्शन)

3. जब कम्प्यूटर प्रयोक्ता किसी डॉक्यूमेन्ट को……करते हैं, तो वे इसकी एपीयरेन्स को बदल देते हैं।
(a) एडिट (b) क्रिएट
(c) सेव (d) फॉर्मेट

4. वायु सेना के शीर्ष पदाधिकारी को क्या कहा जाता है?
(a) जनरल (b) एडमिरल
(c) एयर कॉमोडोर (d) एयर चीफ मार्शल

5. 'सविनय अवज्ञा आन्दोलन' अन्तिम रूप से कब वापस लिया गया?
(a) 30 मार्च, 1932 (b) 8 अप्रैल, 1933
(c) 7 अप्रैल, 1934 (d) 30 अप्रैल, 1935

6. यदि किसी मन्त्री के विरुद्ध अविश्वास प्रस्ताव पारित हो जाए, तो क्या होता है?
(a) उस मन्त्री को त्याग-पत्र देना पड़ता है
(b) पूरी मन्त्रिपरिषद् को त्याग-पत्र देना पड़ता है
(c) प्रधानमन्त्री को त्याग-पत्र देना पड़ता है
(d) उपरोक्त में से कोई नहीं

7. शेर की पूँछ जैसे (Lion Tailed) मैकाक को …… भी कहा जाता है।
(a) सिल्वर लंगूर (b) बियर्ड लंगूर
(c) ब्लैक लंगूर (d) होउलेर लंगूर

8. एक चुनाव में दो उम्मीदवारों में से एक उम्मीदवार ने कुल मतों के 30% मत प्राप्त किए तथा 500 मतों से हार गया, तो कुल मतों की संख्या ज्ञात कीजिए।
(a) 1250 (b) 1350 (c) 1260 (d) 1340

9. $(a + b + 2c)(a^2 + b^2 + 4c^2 - ab - 2bc - 2ca)$ का मान क्या है?
(a) $a^3 - b^3 - c^3 - 6abc$
(b) $a^3 + b^3 + 4c^3 - 6abc$
(c) $a^3 - b^3 - 8c^3 - 3abc$
(d) $a^3 + b^3 + 8c^3 - 6abc$

10. दो संख्याओं का म.स. 23 है तथा उनका ल.स. 1035 है। यदि उनमें एक संख्या 207 तथा दूसरी X है, तो $\frac{X}{23}$ ज्ञात कीजिए।
(a) 15 (b) 7 (c) 5 (d) 9

11. प्रतिवर्ष 20% चक्रवृद्धि ब्याज की दर से ₹ 10000 उधार दिए गए। यदि यह ब्याज अर्द्धवार्षिक रूप से गिना जाता है, तो 2 वर्ष के बाद मिश्रधन ज्ञात कीजिए।
(a) ₹ 14600 (b) ₹ 12500
(c) ₹ 14642 (d) ₹ 14641

12. एक पाइप एक टंकी को दूसरे पाइप से 6 गुना तेजी से भरता है। यदि दोनों पाइप एकसाथ टंकी को 22 मिनट में भर सकते हैं, तो तेजी से भरने वाला पाइप टंकी को कितने समय में भर सकेगा?
(a) 27 मिनट (b) 25.66 मिनट
(c) 28 मिनट (d) 30 मिनट

13. एक 20 मी लम्बी सीढ़ी एक खड़ी दीवार पर टिकी है। वह जमीन के साथ 60° का कोण बनाती है। दीवार से सीढ़ी के पैरों के बीच की दूरी ज्ञात कीजिए।
(a) 10 मी (b) 17.32 मी
(c) 36.64 मी (d) 30 मी

14. 28 मी व्यास वाले एक वृत्ताकार मैदान को समतल करने की लागत क्या होगी यदि शुल्क ₹ 125 प्रति वर्ग मी है? $\left(\pi = \frac{22}{7}\right)$
(a) ₹ 76000 (b) ₹ 76400
(c) ₹ 76800 (d) ₹ 77000

15. एक 125 मी लम्बी मैट्रो ट्रेन एक 75 मी लम्बे स्टेशन को 10 सेकण्ड में पार करती है। ट्रेन की गति कितनी है?
(a) 72 किमी/घण्टा (b) 36 किमी/घण्टा
(c) 18 किमी/घण्टा (d) 90 किमी/घण्टा

16. किसी कूटभाषा में MONKEY को XDJMNL लिखते हैं, तो TIGER को लिखा जाएगा
(a) QDFHS (b) SDFHS
(c) SHFDQ (d) UJHFS

17. एक वर्ग में रोशन का स्थान ऊपर से 8वाँ तथा नीचे से 84वाँ है, तो वर्ग में कुल कितने छात्र हैं?
(a) 93 (b) 95
(c) 96 (d) 91

18. यदि '+' का अर्थ घटाना, '−' का अर्थ गुणा, '÷' का अर्थ जोड़ना है तथा '×' का अर्थ भाग है, तो निम्नलिखित का अर्थ क्या होगा?
$20 \times 10 \div 6 - 4 + 6$
(a) 24 (b) 20
(c) 22 (d) 40

19. नीचे दिए गए प्रश्न में कुछ कथन दिए गए हैं और उन कथनों के आधार पर कुछ निष्कर्ष दिए गए हैं। आपको मानना है कि दिए गए कथन सत्य हैं चाहे वे समान्यत: ज्ञात तथ्यों से भिन्न प्रतीत होते हों। सभी निष्कर्षों को पढ़िए और फिर निश्चय कीजिए कि दिए गए निष्कर्षों में से कौन-सा निष्कर्ष तार्किक रूप से दिए गए कथनों के अनुसार है।

कथन
सभी चेरी, गुलाबी हैं।
कुछ नीले, गुलाबी हैं।

निष्कर्ष
I. कुछ नीले, चेरी नहीं हैं।
II. सभी गुलाबी, चेरी हैं।
III. कुछ गुलाबी, चेरी हैं।
(a) केवल निष्कर्ष III कथनों के अनुसार है
(b) सभी निष्कर्ष कथनों के अनुसार हैं
(c) निष्कर्ष I और II दोनों कथनों के अनुसार हैं
(d) कोई भी निष्कर्ष कथनों के अनुसार नहीं है

20. एक ही पासे की दो अलग-अलग स्थितियाँ दिखाई गई हैं, जिनके छ: फलकों पर 1 से 6 तक संख्याएँ अंकित है। उस संख्या को चुनिए, जो '4' वाले फलक के विपरीत फलक पर होगी।

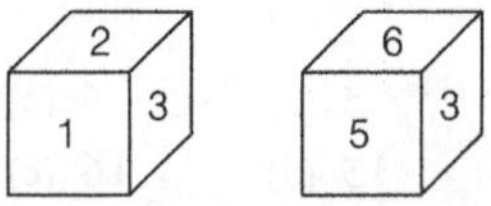

(a) 2 (b) 1 (c) 5 (d) 3

21. A, D का भाई है। D, B का पिता है, B और C बहनें हैं, तो C का A से क्या सम्बन्ध है?
(a) भतीजी (b) चाची
(c) भतीजा (d) चचेरी बहन

22. शब्दकोश में दूसरे स्थान पर कौन आएगा?
(a) Descover (b) Devastate
(c) Destroy (d) Destort

23. बेमेल पद का चयन कीजिए।
(a) ORIGINAL (b) MEMORISE
(c) ARISER (d) UNIVERSITY

24. नीचे दी गई शृंखला में कितने ऐसे 7 हैं, जिनके पहले के दो अंकों का योग, बाद के दो अंकों के योग से अधिक है?
647359764377862476393 2757
(a) 4 (b) 2 (c) 3 (d) 1

25. निम्नलिखित प्रश्न में प्रश्नवाचक चिह्न (?) के स्थान पर उचित अंक ज्ञात कीजिए।

4	25	64
9	36	81
16	49	?

(a) 100 (b) 105 (c) 200 (d) 199

26. कागज के एक टुकड़े को मोड़ा जाता है और उसमें छेद किया जाता है, जैसा कि नीचे प्रश्न आकृतियों में दिखाया गया है। दी गई उत्तर आकृतियों में से बताइए कि खोले जाने के बाद वह किस उत्तर आकृति के समान दिखाई देगी?

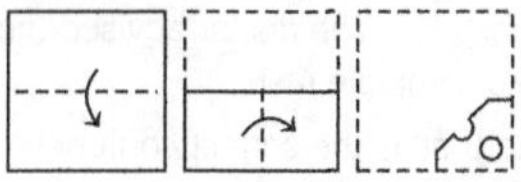

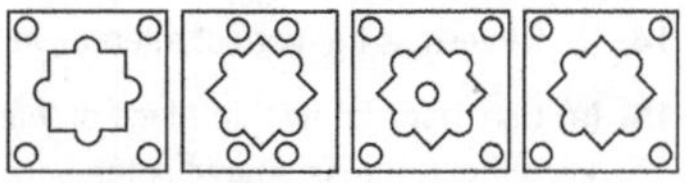

(a) (b) (c) (d)

27. निम्नलिखित आकृतियों में से उस आकृति को चुनिए, जो अन्य आकृतियों से भिन्न है।

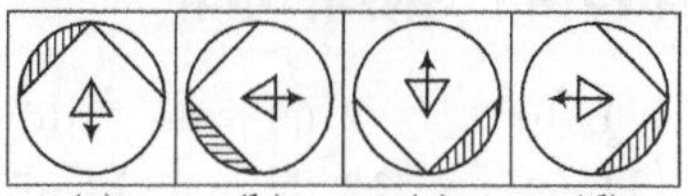

(a) (b) (c) (d)

28. नीचे दी गई प्रश्न आकृति का जल प्रतिबिम्ब कैसा बनेगा?

प्रश्न आकृति

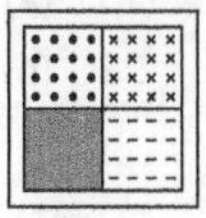

उत्तर आकृतियाँ

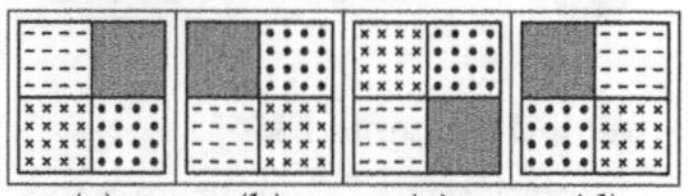

(a) (b) (c) (d)

29. दिए गए चित्र में कितने वर्ग उपस्थित हैं?

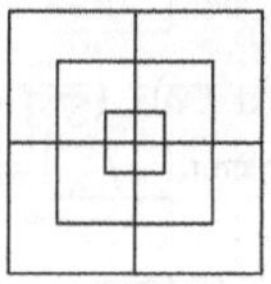

(a) 13
(b) 15
(c) 14
(d) 16

30. प्रश्न आकृतियों में चिह्न '::' से पहले दी गई आकृतियों के बीच एक निश्चित सम्बन्ध है। इसी सम्बन्ध के आधार पर चिह्न '::' के बाद दी गई आकृति के लिए उत्तर आकृतियों में से सम्बन्धित आकृति चुनिए।

प्रश्न आकृतियाँ

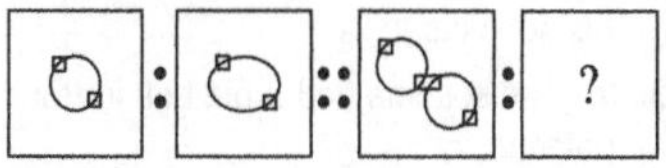

उत्तर आकृतियाँ

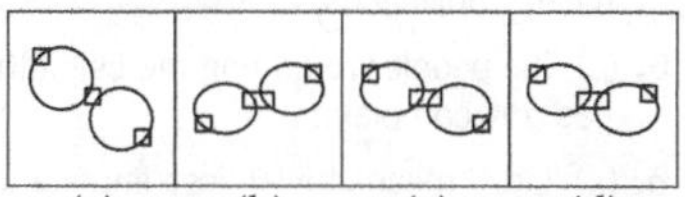

(a) (b) (c) (d)

उत्तरमाला

सेक्शन I अंग्रेजी भाषा

1 (b)	2 (c)	3 (d)	4 (c)	5 (c)	6 (a)	7 (d)	8 (d)	9 (a)	10 (a)
11 (c)	12 (b)	13 (d)	14 (b)	15 (a)	16 (c)	17 (b)	18 (c)	19 (a)	20 (a)

सेक्शन II सामान्य जागरूकता, गणित एवं तर्कशक्ति

1 (d)	2 (b)	3 (a)	4 (d)	5 (c)	6 (b)	7 (b)	8 (a)	9 (d)	10 (c)
11 (d)	12 (b)	13 (a)	14 (d)	15 (a)	16 (a)	17 (d)	18 (b)	19 (a)	20 (d)
21 (a)	22 (d)	23 (b)	24 (b)	25 (a)	26 (d)	27 (d)	28 (d)	29 (b)	30 (c)

स्कोर कार्ड

- कुल Attempted प्रश्न
  अंग्रेजी भाषा [ ] सामान्य जागरूकता, गणित एवं तर्कशक्ति [ ]
- कुल सही व गलत प्रश्न
  अंग्रेजी भाषा [/] सामान्य जागरूकता, गणित एवं तर्कशक्ति [/]
- फाइनल स्कोर (कुल सही उत्तर के अंक – गलत उत्तर के अंक)
  अंग्रेजी भाषा [/] सामान्य जागरूकता, गणित एवं तर्कशक्ति [/]

समय 45 मिनट सही उत्तर 1 अंक गलत उत्तर 0.25 अंक

- रिजल्ट
  - 10 से नीचे (किसी भी सेक्शन में) - Average (सिलेक्शन नहीं)
  - 10-18 के बीच में (कुल 35+) - Good (सिलेक्शन हो सकता है)
  - 18 से ऊपर (दोनों सेक्शन में) - Excellent (100% सिलेक्शन)
- टिप्पणी
  यदि आपका स्कोर किसी भी सेक्शन में 10 से नीचे है तब आप बार-बार प्रैक्टिस करें और ऐसा तब तक करें जब तक आपका स्कोर 10-18 (कुल 35+) के बीच में नहीं हो जाता।

संकेत एवं हल

सेक्शन I अंग्रेजी भाषा

1. (b) Jahangir was called an emperor because he ruled over a very big kingdom.

2. (c) The desire of Jahangir was to be just to his subjects.

3. (d) The soldiers tied a big bell in front of the palace.

4. (c) In context of the passage, 'complaint' means 'objections'.

5. (c) The people would ring the bell if they had any complaint.

6. (a) 'Little' means trivial, less importance or small.

7. (d) 'Immortal' means 'never ending'. So, its correct antonym is 'Temporary', which means not permanent or existing for a short time.

8. (d) The substituted one word for the given sentence is 'concubinage'.

9. (a) QSRP is the correct sequence to form a meaningful sentence.

10. (a) PRQS is the correct sequence to form a meaningful sentence.

11. (c) The given sentence is in imperative form. So, to make the passive of the given sentence, replace 'please' with 'you are requested to + Ist form of verb + object'. Hence, 'You are requested to run home' is the correct answer.

12. (b) The correct indirect speech of the given sentence is : 'The doctor advised the patient to take complete rest'.

13. (d) 'So that' is the correct conjunction to fill the blank.

14. (b) 'Unless' is the correct alternative.

15. (a) Use 'have known' in place of 'have been knowing' because 'know' is the verb of perception and we cannot add-ing with it.

16. (c) When the comparison is takes place between two verbs then 'as' should be used instead of 'like'. Hence, replace 'like' with 'as'.

17. (b) The sentence having correct use of adverb is : 'My brother seldom smokes' because seldom is used before the verb it modifies.

18. (c) 'Bid' is the correct verb to use when referring to the Act of saying farewell or leaving, making it suitable for the sentence.

19. (a) The correct preposition for the given blank is 'for' as it indicates the purpose or intended treatment of the prescription, which is for the cough.

20. (a) 'Preferable to' is the correct one for the given blank.

सेक्शन II सामान्य जागरूकता, गणित एवं तर्कशक्ति

1. (d) मानव शरीर में प्रवेश करने वाले कीटाणुओं या जीवाणुओं के खिलाफ रक्त में उपस्थित सफेद रक्त कोशिकाएँ (WBC) लड़ती हैं। इनका मुख्य कार्य शरीर को रोगों के संक्रमण से बचाना है। यह आकार में अमीबा के समान होती हैं। इनमें केन्द्रक उपस्थित होता है। सफेद रक्त कोशिकाओं का निर्माण अस्थिमज्जा, लिम्फ नोड व यकृत में होता है। इनका जीवनकाल 2-4 दिन का होता है तथा इनकी मृत्यु रक्त में ही हो जाती है।

2. (b) हवा, पानी व जलवायु की क्रिया द्वारा चट्टानों के टूटने की प्रक्रिया को अपक्षयण कहा जाता है। इस प्रक्रिया में टूटने से निर्मित पदार्थों का एक जगह से दूसरी जगह स्थानान्तरण नहीं हो पाता है, यह एक जटिल प्रक्रिया है, जिसमें वातावरण का तापमान, नमी, चट्टान की संरचना, दाब व अन्य जैविक कारक मिलकर कार्य करते हैं।

3. (a) जब कम्प्यूटर प्रयोक्ता किसी डॉक्यूमेन्ट को एडिट करते हैं, तो वे इसकी एपीयरेन्स को बदल देते हैं। एडिट मेन्यू बार का दूसरा मेन्यू होता है जिसमें एडिटिंग से सम्बन्धित ऑप्शन होते हैं। इसे ऑपन करने की शॉर्ट की Alt + E होती है।

4. (d) वायु सेना के शीर्ष पदाधिकारी की सूची क्रमानुसार है– एयर चीफ मार्शल, एयर मार्शल, एयर वाइस मार्शल, एयर कॉमोडोर, ग्रुप कैप्टन, विंग कमाण्डर।

5. (c) सविनय अवज्ञा आन्दोलन 7 अप्रैल, 1934 को अन्तिम रूप से वापस ले लिया गया था। सविनय अवज्ञा आन्दोलन 12 मार्च, 1930 को नमक कानून की अवज्ञा के साथ ही पूरे देश में प्रसारित हो गया था।

6. (b) यदि किसी मन्त्री के विरुद्ध अविश्वास प्रस्ताव पारित हो जाए, तो पूरी मन्त्रिपरिषद् को त्याग-पत्र देना पड़ता है। अविश्वास का प्रस्ताव एक संसदीय प्रस्ताव है जिसे पारम्परिक रूप से विपक्ष द्वारा संसद में कार्यकारी सरकार को हराने या कमजोर रखने की उम्मीद से रखा जाता है।

7. (d) शेर की पूंछ जैसे (Lion Tailed) मैकाक के 'बियर्ड लंगूर' भी कहा जाता है। यह प्रजाति दक्षिण भारत के पश्चिमी घाट या उष्णकटिबंधीय वन सदाबहार जंगलो में पाया जाती है। शेर की पूंछ वाले ये मैकाक सर्वाहारी होते है जो मुख्यतः स्थनीय फल, बीज, फूल, कीड़े, घोंघे व छोटे कशेरूको को खाते है। इस प्रजाति के संरक्षण हेतू वर्ष 1973 में सेव साइलेंट वैली परियोजना शरू की गयी थी।

8. (a) माना कुल मतों की संख्या = x

हारने वाले उम्मीदवार को प्राप्त मत = 30%

∴ जीतने वाले उम्मीदवार को प्राप्त मत

$= (100 - 30)\% = 70\%$

प्रश्नानुसार,

x का 70% − x का 30% = 500

$\Rightarrow \frac{70x}{100} - \frac{30x}{100} = 500$

$\Rightarrow \frac{40x}{100} = 500$

$\Rightarrow x = \frac{500 \times 100}{40} = 1250$

9. (d) व्यंजक $= (a + b + 2c)(a^2 + b^2 + 4c^2 - ab - 2bc - 2ca)$

$= (a^3 + ab^2 + 4ac^2 - a^2b - 2abc - 2a^2c + a^2b + b^3 + 4bc^2 - ab^2 - 2b^2c - 2abc + 2a^2c + 2b^2c + 8c^3 - 2abc - 4bc^2 - 4ac^2)$

$= (a^3 + b^3 + 8c^3 - 6abc) + (ab^2 - ab^2) + (4ac^2 - 4ac^2) (-a^2b + a^2b) - 2a^2c + 4bc^2 - 2b^2c + 2a^2c + 2b^2c - 4bc^2$

$= a^3 + b^3 + 8c^3 - 6abc$

10. (c) ∵ पहली संख्या × दूसरी संख्या

= ल.स. × म.स.

$\Rightarrow 207 \times X = 1035 \times 23$

$\Rightarrow X = \frac{1035 \times 23}{207} = 115$

अतः $\frac{X}{23} = \frac{115}{23} = 5$

11. (d) दर $(r) = 20 \times \frac{1}{2} = 10\%$ अर्द्ध वार्षिक

समय $(n) = 2 \times 2 = 4$ अर्द्ध वर्ष

∴ मिश्रधन $= P\left(1 + \frac{r}{100}\right)^n$

$= 10000 \times \left(1 + \frac{10}{100}\right)^4$

$= 10000 \times \frac{11 \times 11 \times 11 \times 11}{10000}$

= ₹14641

12. (b) माना पहले पाइप और दूसरे पाइप द्वारा लिया गया समय x और $6x$ घण्टे हैं।

प्रश्नानुसार, $\frac{1}{x} + \frac{1}{6x} = \frac{1}{22}$

$\Rightarrow \frac{6+1}{6x} = \frac{1}{22}$

$\Rightarrow x = \frac{22 \times 7}{6}$

अतः तेजी से भरने वाले पाइप द्वारा लिया गया समय $= \frac{154}{6}$ मिनट

या 25.66 मिनट

13. (a) दिया है,

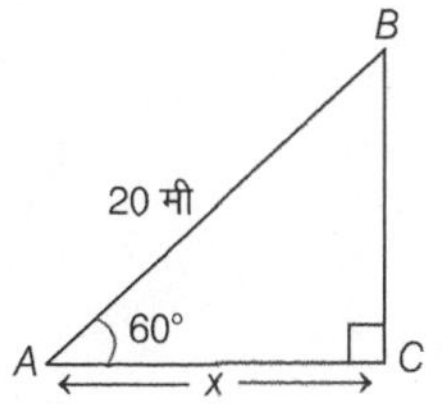

चित्र में, AB एक सीढ़ी तथा BC एक दीवार है।

अब, माना $AC = x$ मी

ΔACB में, $\cos 60° = \frac{AC}{AB}$

$\Rightarrow \frac{1}{2} = \frac{x}{20}$

$\Rightarrow x = \frac{20}{2} = 10$ मी

अतः दीवार से सीढ़ी के पैरों के बीच की दूरी = 10 मी

14. (d) वृत्ताकार मैदान का क्षेत्रफल $= \pi r^2$ [r = त्रिज्या]

$= \pi \times \left(\frac{28}{2}\right)^2$

$= \frac{22}{7} \times 14 \times 14$

= 616 वर्ग मी

अतः समतल करने की कुल लागत

= 616 × 125 = ₹ 77000

15. (a) ट्रेन की गति $= \frac{\text{दूरी}}{\text{समय}} = \frac{125 + 75}{10}$

[∵ दूरी = रेलगाड़ी की लम्बाई + स्टेशन की लम्बाई]

$= \frac{200}{10} = 20$ मी/से $= 20 \times \frac{18}{5}$

= 4 × 18 = 72 किमी/घण्टा

16. (a) जिस प्रकार,

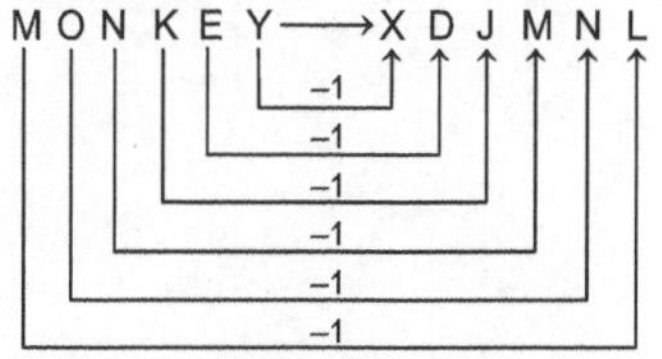

उसी प्रकार,

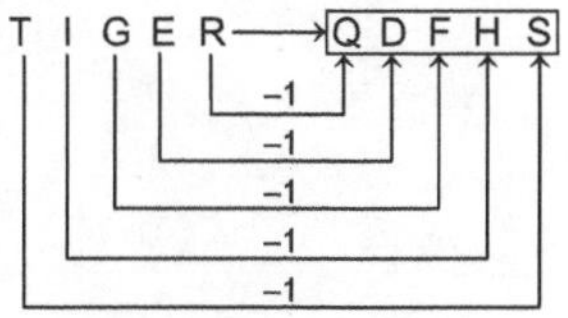

17. (d) वर्ग में कुल छात्र = (84 + 8) − 1 = 91

18. (b) चिह्न परिवर्तन के बाद

$20 \div 10 + 6 \times 4 - 6$

$= 2 + 24 - 6 = 20$

19. (a) कथनानुसार,

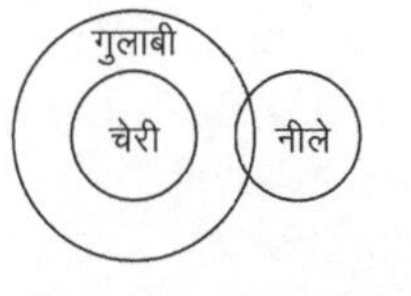

निष्कर्ष I. (✗) II. (✗) III. (✓)

अतः केवल निष्कर्ष III कथनों के अनुसार है।

20. (d) दिए गए पासे की दोनों स्थितियों में अंक 3 समान फलक पर है, तब

'1' के विपरीत '5' है।

'2' के विपरीत '6' है।

तथा '3' के विपरीत '4' है।

अतः '3' के विपरीत '4' होगा।

21. (a) प्रश्नानुसार,

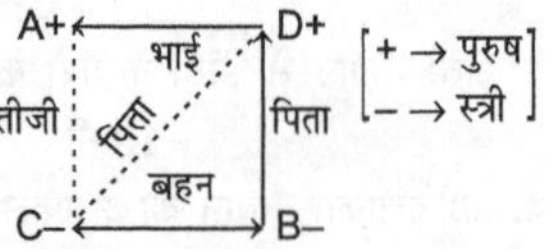

उपरोक्त आकृति से स्पष्ट है कि C, A की भतीजी होगी।

22. (d) दिए गए शब्दों को शब्दकोश के क्रमानुसार व्यवस्थित करने पर,

Descover → Destort → Destroy → Devastate
(i) (ii) (iii) (iv)

Destort दूसरे स्थान पर आएगा।

23. (b) MEMORISE को छोड़कर सभी शब्द स्वर (Vowel) से प्रारम्भ हुए हैं।

24. (b) 6 4 7 3 5 9 7 6 4 3 7 7 8 6 2 4 7 6 3 9 3 2 7 5 7

शृंखला में ऐसे मात्र दो 7 हैं, जिनके पहले के दो अंकों का योग बाद के दो अंकों के योग से अधिक है।

25. (a) $4=(2)^2, 9=(3)^2, 16=(4)^2$

$25=(5)^2, 36=(6)^2, 49=(7)^2$

$64=(8)^2, 81=(9)^2, 100=(10)^2$

अतः ? = 100

26. (d) दिए गए क्रमानुसार कागज को मोड़कर छेद करने के पश्चात, खोलने पर यह विकल्प (d) के समान दिखाई देगा।

27. (d) आकृति (d) के अतिरिक्त अन्य सभी आकृतियों को घुमाने पर वह एक समान प्रतीत होती है।

28. (d) दी गई आकृति के जल प्रतिबिम्ब में नीचे का भाग ऊपर तथा ऊपर का भाग नीचे आ जाता है। अतः इस प्रकार जल प्रतिबिम्ब स्वरूप प्राप्त आकृति (d) है।

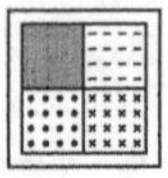

29. (b) दिए गए चित्र के अनुसार,

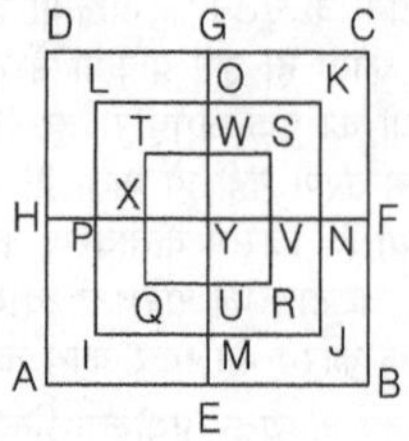

वर्ग = ABCD, AEYH, EBFY, FCGY, GDHY, IJKL, IMYP, MJNY, NKOY, OLPY, QRST, QUYX, URVY, VSWY तथा WTXY

वर्गों की कुल संख्या = 15

30. (c) प्रथम युग्म की पहली आकृति का वृत्त, दूसरी आकृति में दीर्घवृत्त बन जाता है। यही परिवर्तन द्वितीय युग्म की पहली से दूसरी आकृति में होगा तथा उत्तर आकृति (c) प्राप्त होगी।

भारतीय वायु सेना

अग्निवीर वायु फेज-1

(ग्रुप-Y) विज्ञान विषय के अतिरिक्त

प्रैक्टिस सेट 21

समय : 45 मिनट | पूर्णांक : 50

निर्देश

1. इस प्रैक्टिस सेट में कुल 50 प्रश्न हैं तथा परीक्षा की अवधि 45 मिनट है।
2. प्रत्येक सही उत्तर के लिए 1 अंक का प्रावधान है।
3. गलत उत्तर के लिए 0.25 नकारात्मक अंक का प्रावधान है।

सेक्शन I ➛ अंग्रेजी भाषा

Directions (Q. Nos. 1-4) *Read the following passage carefully and answer the questions that follow.*

Kitchen garden today is driven by both aesthetics and necessity. A great variety of vegetables are combined with herbs, annual and perennial flowers and fruit trees in creative ways. The concept of kitchen garden dates back to several thousand years. By 2700 BC the Egyptians had a recorded history of growing over 500 herbs, which were used as drugs to cure illness. In today's India herbal (medicinal and aromatic) plants are the new entrants in Indian gardens. As in cities people mostly reside in high rise apartments, kitchen garden in roofs of terraces are coming up where pot culture is the current trend. Today herbs are appreciated for their beauty and their use in healthcare. Chefs use herbs to liven their dishes. So, herbs in Indian kitchen garden is coexisting with annual and perennial flowers.

1. The Egyptians used to grow over 500 herbs to
(a) garnish their food
(b) cure illness
(c) beautify their kitchens
(d) decorate their houses

2. The theme of the passage is
(a) Pot culture
(b) Kitchen garden
(c) Egyptians and medicinal plants
(d) Use of herbs

3. Kitchen gardens have become popular in Indian cities as
(a) people have no time for marketing
(b) there is lack of open space in high rises
(c) roofs/terraces are better places for gardening
(d) None of the above

4. Chefs use herbs
(a) for beautification of the kitchen
(b) to cure illness
(c) to enliven seasonal flowers
(d) to make food tastier

5. In the following question, out of the given four alternatives. Select the alternative which best expresses the meaning of the idiom/phrase.
To go to the devil
(a) To mourn the death of a close friend
(b) To switch allegiance
(c) To curse someone
(d) To be in an extremely and increasingly bad or ruinous condition.

6. Select the most appropriate option for the given blank.
We are .... of flour. So, we have to buy the bread.
(a) by (b) in (c) up (d) out

7. Choose the word that is opposite in meaning to the given word.
Acquire
(a) Barter (b) Reach
(c) Garner (d) Discard

8. Select the word segment that substitutes (replaces) the underlined word segment

correctly and completes the sentence meaningfully. Select the option 'No correction required', if the sentence is correct as given.
At last Godfrey turning his head against her and their eyes met, dwelling in that meeting without any movement on either side.
(a) Turned his head towards her
(b) No correction required
(c) turning his head for their
(d) turn his head along

Directions (Q. Nos. 9 and 10) *Fill the blanks with correct form of verb.*

9. The director made the officers......longer than usual.
(a) to wait (b) wait
(c) waiting (d) in waiting

10. Neither of the men......here yet.
(a) is (b) were
(c) are (d) was

11. Select the incorrectly spelt word from the given sentence.
While he stood, in the cluch of his adversary, he still held his hand on his sword.
(a) While (b) adversary
(c) cluch (d) sword

12. The adjective form of 'Man' is
(a) Manness (b) Manly
(c) Manful (d) Man

13. Identify the segment that contains a grammatical error. If there is no error, select 'No error'.
It kept getting darker and darker / and we could rarely see / the ball any more.
(a) No error
(b) the ball any more
(c) It kept getting darker and darker
(d) and we could rarely see

14. Select the most appropriate meaning of the given idiom.
Leave no stone unturned.
(a) To share a secret that wasn't suppose to be shared
(b) The final event in a series of unacceptable actions
(c) To act in a frenzied manner
(d) Make all possible efforts

Direction (Q. No. 15) *Select the one which best expresses the same sentence in Passive/Active voice.*

15. Please shut the door and go to sleep.
(a) The door is to be shut and you are to go to sleep
(b) Let the door be shut and you be sleep
(c) You are requested to shut the door and go to sleep
(d) The door is to be shut and you are requested to sleep

Directions (Q. Nos. 16 and 17) *Find the wrongly spelt word.*

16. (a) Cease (b) Seize
(c) Beseige (d) Beseech

17. (a) Brillient (b) Valiant
(c) Salient (d) Radiant

18. Select the sentence with no spelling error.
(a) Water likage was thought to be a major cause of landslides.
(b) Water leakage was thought to be a major cause of landslides.
(c) Water leackage was thought to be a major cause of landslides.
(d) Water leakaige was thought to be a major cause of lendslides.

Directions *(Q. Nos. 19 and 20) Choose the alternative, which best expresses the meaning of the idiom/phrase.*

19. To lose ground
(a) to become less powerful
(b) to become less popular
(c) to loose foundation
(d) to be without a leader

20. To fall back on
(a) to appose something important
(b) to suffer an injury on the back in an accident
(c) to fail to do something important in time
(d) to seek support out of necessity

सेक्शन II ➛ सामान्य जागरूकता, गणित एवं तर्कशक्ति

1. फ्रांस की राजधानी पेरिस किस नदी के किनारे स्थित है?
(a) विश्चुला (b) सीन
(c) राइन (d) डेन्यूब

2. 73वें संवैधानिक संशोधन अधिनियम द्वारा भारतीय संविधान में कौन-सा भाग जोड़ा गया है?
(a) भाग-IX (b) भाग-IX (B)
(c) भाग-IX(A) (d) भाग-X

3. पुरातात्विक स्थल इनाम गाँव कहाँ स्थित है?
(a) कर्नाटक
(b) उत्तर प्रदेश
(c) गुजरात
(d) महाराष्ट्र

4. मानव व कम्प्यूटर के बीच परस्पर सम्पर्क कौन स्थापित करता है?
(a) सॉफ्टवेयर
(b) हार्डवेयर
(c) सिस्टम सॉफ्टवेयर
(d) एप्लीकेशन सॉफ्टवेयर

5. मौमा दास किस खेल से सम्बन्धित है? भारत आया था?
(a) शूटिंग (b) टेबल टेनिस
(c) हॉकी (d) तीरन्दाजी

6. हाल ही में किस राज्य सरकार ने बाल क्रमिको के बचाने के लिए 'ऑपरेशन स्माइल एप्स' शुरू किया है?
(a) राजस्थान (b) उत्तर प्रदेश
(c) तेलंगाना (d) कर्नाटक

7. इन्सुलिन
(a) रुधिर नलिकाओं को संकुचित करती है
(b) रक्त स्रावण को उद्दीप्ति करती है
(c) रुधिर शर्करा को बढ़ाती है
(d) रुधिर शर्करा को घटाती है

8. एक व्यक्ति धारा की दिशा में दो घण्टे में 16 किमी दूरी तय करता है। यदि वह समान समय में धारा के विपरीत दिशा में आधी दूरी तय करता है, तो धारा की गति ज्ञात कीजिए।
(a) 4 किमी/घण्टा (b) 2 किमी/घण्टा
(c) 3 किमी/घण्टा (d) 1 किमी/घण्टा

9. किसी की-बोर्ड को 15% और 25% हानि पर बेचने पर ₹ 50 का अन्तर आता है, तो की-बोर्ड का लागत मूल्य क्या है?
(a) ₹330 (b) ₹500 (c) ₹240 (d) ₹300

10. 5 अंकों की छोटी-से-छोटी संख्या क्या है, जो 12, 24, 48, 60 और 96 से पूर्णत: विभाजित होती है?
(a) 10000 (b) 10024
(c) 10160 (d) 10080

11. यदि $a + \frac{1}{a} = \sqrt{3}$ है, तो $a^3 + \frac{1}{a^3}$ का मान ज्ञात कीजिए।
(a) 0 (b) – 2 (c) 1.5 (d) 2

12. 6 लड़कियों की एक कक्षा की औसत आयु x वर्ष हैं। $x - 2, x + 4, x + 8$ और $x + 10$ आयु वाली चार नई लड़कियाँ कक्षा में शामिल होती हैं। कक्षा की नई औसत आयु क्या है?

(a) $x+1$ (b) $x-2$
(c) $x+5$ (d) $x+2$

13. दो संख्याओं का अनुपात 3 : 4 है। यदि दोनों संख्याओं में से 3 घटा दिया जाए, तो अनुपात 2 : 3 हो जाता है। संख्याओं का योगफल ज्ञात कीजिए।
(a) 16 (b) 20 (c) 21 (d) 22

14. $(1+\tan\theta-\sec\theta)(1+\cot\theta+\text{cosec}\,\theta)$ का मान क्या है?
(a) 2 (b) 1 (c) 0 (d) −1

15. यदि ताश की गड्डी में से एक पत्ता यादृच्छिक रूप से खींचा जाए, तो काला पत्ता आने की प्रायिकता बताइए।
(a) $\frac{1}{3}$ (b) $\frac{1}{2}$ (c) $\frac{1}{4}$ (d) $\frac{1}{6}$

16. किसी एक खास कूटभाषा में, 'RAMEN' को 'RIQEV' लिखा जाता है। उसी कूटभाषा में 'MODEL' को कैसे लिखा जाएगा?
(a) PIHSQ (b) PHHSQ
(c) PHHHR (d) PIISR

17. दिए गए विकल्पों में से सम्बन्धित शब्द/संख्या को चुनिए।
248 : 3 :: 328 : ?
(a) 7 (b) 5 (c) 4 (d) 6

18. X और Y भाई-भाई हैं। R, Y का पिता है। S, T का भाई है और X का मामा है। T का R से क्या सम्बन्ध है?
(a) मामा (b) पत्नी
(c) बहन (d) भाई

19. 39 विद्यार्थियों की एक कक्षा में सुरेश अशोक से 7 रैंक आगे है। यदि अशोक की रैंक अन्त से 17वीं है, तो सुरेश की आरम्भ से कौन-सी रैंक होगी?
(a) 16वीं (b) 23वीं
(c) 24वीं (d) 15वीं

20. यदि A = 1 एवं CAT = 24 हो, तो POLICE = ?
(a) 57 (b) 60 (c) 62 (d) 59

21. शब्द 'DOCUMENTARY' में अक्षरों के ऐसे कितने जोड़े हैं, जिनके बीच उतने ही शब्द हैं, जितने अंग्रेजी वर्णमाला में उनके बीच होते हैं?
(a) 1 (b) 2 (c) 3 (d) 4

22. A, B, C, D और E पाँच लड़के एक पार्क में एक वृत्त में बैठे हैं। A का मुँह दक्षिण-पश्चिम दिशा की ओर है, D का मुँह दक्षिण-पूर्व दिशा की ओर है, B और E क्रमश: A और D के ठीक सामने हैं और C, D और B के बीच समान दूरी पर है। C का मुँह किस दिशा की ओर है?
(a) पश्चिम (b) दक्षिण
(c) उत्तर (d) पूर्व

23. निम्नलिखित प्रश्न में, दी गई श्रृंखला में से लुप्त संख्या को चुनिए।
20, 22, 26, 32, 40, ?
(a) 50 (b) 52 (c) 48 (d) 54

24. दिए गए शब्दों को शब्दकोश के क्रमानुसार व्यवस्थित करने पर, कौन-सा शब्द 'चौथे' स्थान पर आएगा?
1. Convert 2. Convex
3. Convect 4. Convent
5. Convict
(a) Convert (b) Convent
(c) Convict (d) Convex

25. कागज के एक टुकड़े को मोड़ा जाता है और उसमें छेद किया जाता है, जैसा कि नीचे प्रश्न आकृतियों में दिखाया गया है। दी गई उत्तर आकृतियों में से बताइए कि खोले जाने के बाद वह किस उत्तर आकृति के समान दिखाई देगी?

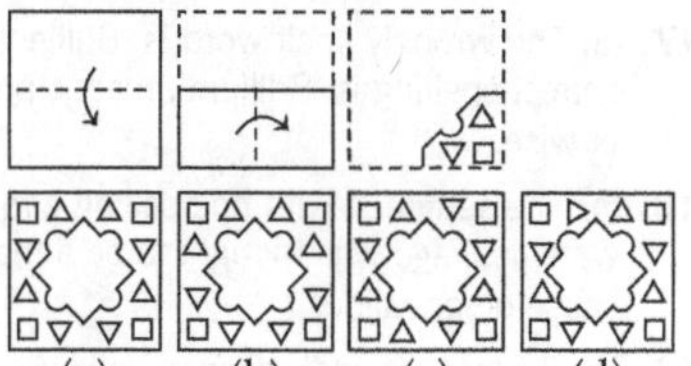

(a) (b) (c) (d)

26. यदि H, + का संकेत हो, Q, − का, A, × का तथा T, ÷ का संकेत हो, तो
14 A 10 H 42 T 2 Q 8 = ?
(a) 153 (b) 251 (c) 158 (d) 216

27. नीचे दिए गए वेन आरेख का अध्ययन कीजिए और बताइए कि कौन-सा अक्षर साक्षर महिलाओं को प्रदर्शित/निरूपित करता है, जो तलाकशुदा नहीं है

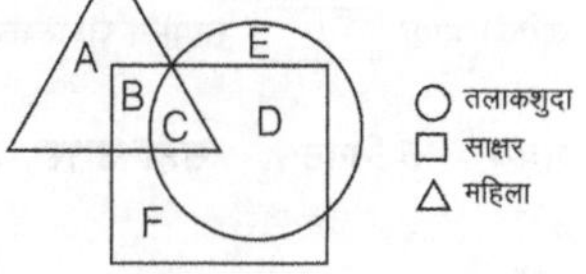

(a) B (b) F (c) C (d) D

28. नीचे दी गई आकृति का दर्पण प्रतिबिम्ब कैसा बनेगा?

प्रश्न आकृति

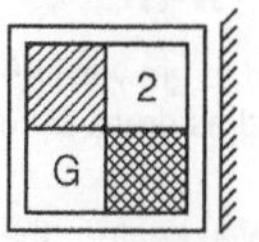

उत्तर आकृतियाँ

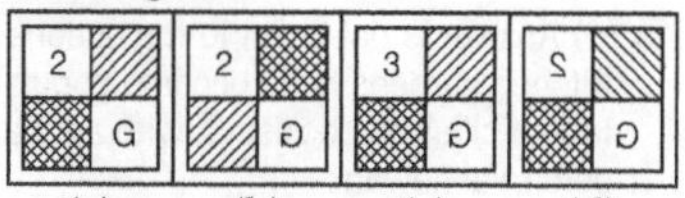

(a) (b) (c) (d)

29. प्रश्न आकृति में कितने आयत हैं?

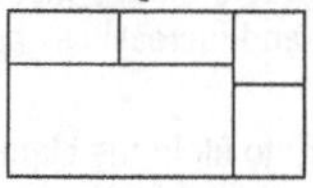

(a) 6 (b) 7 (c) 8 (d) 9

30. निम्नलिखित आकृतियों में से उस आकृति को चुनिए, जो अन्य आकृतियों से भिन्न हो?

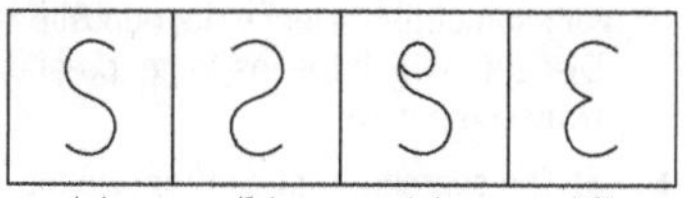

(a) (b) (c) (d)

उत्तरमाला

सेक्शन I अंग्रेजी भाषा

1 (b)	2 (b)	3 (d)	4 (d)	5 (d)	6 (d)	7 (d)	8 (a)	9 (b)	10 (a)
11 (c)	12 (b)	13 (d)	14 (d)	15 (c)	16 (c)	17 (a)	18 (b)	19 (a)	20 *(d)*

सेक्शन II सामान्य जागरूकता, गणित एवं तर्कशक्ति

1 (b)	2 (a)	3 (d)	4 (a)	5 (b)	6 (c)	7 (d)	8 (b)	9 (b)	10 (d)
11 (a)	12 (d)	13 (c)	14 (a)	15 (b)	16 (a)	17 (c)	18 (b)	19 (a)	20 (b)
21 (b)	22 (d)	23 (a)	24 (d)	25 (a)	26 (a)	27 (a)	28 (d)	29 (d)	30 (c)

स्कोर कार्ड

- कुल Attempted प्रश्न
  अंग्रेजी भाषा [ ] सामान्य जागरूकता, गणित एवं तर्कशक्ति [ ]
- कुल सही व गलत प्रश्न
  अंग्रेजी भाषा [/] सामान्य जागरूकता, गणित एवं तर्कशक्ति [/]
- फाइनल स्कोर (कुल सही उत्तर के अंक – गलत उत्तर के अंक)
  अंग्रेजी भाषा [/] सामान्य जागरूकता, गणित एवं तर्कशक्ति [/]

समय 45 मिनट सही उत्तर 1 अंक गलत उत्तर 0.25 अंक

- रिजल्ट
  - 10 से नीचे (किसी भी सेक्शन में) - Average (सिलेक्शन नहीं)
  - 10-18 के बीच में (कुल 35+) - Good (सिलेक्शन हो सकता है)
  - 18 से ऊपर (दोनों सेक्शन में) - Excellent (100% सिलेक्शन)
- टिप्पणी
  यदि आपका स्कोर किसी भी सेक्शन में 10 से नीचे है तब आप बार-बार प्रैक्टिस करें और ऐसा तब तक करें जब तक आपका स्कोर 10-18 (कुल 35+) के बीच में नहीं हो जाता।

संकेत एवं हल

सेक्शन I अंग्रेजी भाषा

1. (b) The Egyptians used to grow over 500 herbs which were used as drugs to cure illness.

2. (b) According to the given context, the there of the passage is 'Kitchen Garden'.

3. (d) Answer is not given in the options. Kitchen gardens have become popular in Indian cities as coexisting with annual and perennial flowers.

4. (d) Chefs use herbs to make food tastier.

5. (d) The idiom 'To go to the devil' means 'To be in an extremely and increasingly bad or ruinous condition'.

6. (d) The correct word to fill in the blank is 'out'. The phrasal verb 'out of' is used to indicate that something is out of stock or unavailable.

7. (d) The word 'Acquire' means to obtain or gain something. Hence, its opposite is 'Discard', which means to get rid of or throw away something.

8. (a) The segment that can replace the highlighted part of the sentence meaningfully is 'turned his head towards her'.

9. (b) 'Wait' is the correct verb here.

10. (a) With 'neither of' singular form of verb should be used. Hence, 'is' is the correct answer.

11. (c) The incorrectly spelt word in the sentence is 'cluch'. The correct spelling is 'clutch'.

12. (b) The adjective form of the noun 'Man' is 'Manly'.

13. (d) Part 'and we could rarely see' contains an error in the use of 'rarely' which suggests infrequency, whereas the context indicates a continuous action of diminishing visibility. To correct this, the word 'rarely' should be replaced by 'barely', indicating that visibility is diminishing to the point of almost not seeing the ball.

14. (d) The idiom 'leave no stone unturned' means to make every possible effort or to search thoroughly in order to achieve a goal or find a solution.

15. (c) As the given sentence is in imperative form and to convert it in passive voice are + third form of verb' should be used. Hence, 'you are requested to shut the door and go to sleep' is the correct answer.

16. (c) The wrongly spelt word is Beseige'. Its correct spelling is 'Besiege' and it means surround a place with armed forces in order to capture it.

17. (a) The wrongly spelt word is Brillient'. Its correct spelling is 'Brilliant', means prudent or wise.

18. (b) The sentence with no spelling errors is water leakage was thought to be a major cause of landslides.

19. (a) 'To lose ground' means to allow somebody to have an advantage or to lose an advantage for yourself. Hence, to become less powerful is the correct answer.

20. (d) 'To fall back on' means to got to somebody for support.

सेक्शन II सामान्य जागरूकता, गणित एवं तर्कशक्ति

1. (b) फ्रांस की राजधानी पेरिस सीन नदी के किनारे स्थित है। इसे दुनिया के सबसे सुन्दर नगरों में से एक और दुनिया की फैशन और ग्लैमर राजधानी माना जाता है। ध्यातव्य है कि वर्ष 2024 में ग्रीष्मकालीन ओलम्पिक खेलों का आयोजन पेरिस में किया जायेगा।

2. (a) 73वें संवैधानिक संशोधन अधिनियम द्वारा भारतीय संविधान में भाग-IX जोड़ा गया है, जो पंचायती राज से सम्बन्धित है। भारतीय संविधान में अनुच्छेद-243 से 243(ण) पंचायती राज के सम्बन्ध में विशेष उल्लेख करता है। भारत में पंचायती राज व्यवस्था की शुरुआत 2 अक्टूबर, 1959 को राजस्थान के नागौर जिले से की गई थी। 73वें संविधान संशोधन, 1992 के तहत इन्हें संवैधानिक दर्जा प्रदान किया गया। वर्तमान में भारत में त्रिस्तरीय पंचायती व्यवस्था (कुछ राज्यों को छोड़कर) लागू है।

3. (d) इनामगाँव महाराष्ट्र में स्थित उत्तर हड़प्पा संस्कृति से जुड़ा कृषि गाँव तथा पुरातात्विक स्थल है। यह स्थल घोड नदी के दाहिने किनारे पर स्थित है तथा भीमा घाटी का 'क्षेत्रीय केन्द्र' माना जाता है। यह स्थल महाराष्ट्र के पुणे से 89 किमी दूर पूर्व में स्थित है। यह स्थल 1800-1200 ई.पू. पूर्व पुराना है।

4. (a) मानव व कम्प्यूटर के बीच सम्पर्क सॉफ्टवेयर स्थापित करता है। हार्डवेयर कम्प्यूटर के आन्तरिक भाग होते हैं। सिस्टम सॉफ्टवेयर एक कम्प्यूटर प्रोग्राम होता है जिसे हार्डवेयर और एप्लीकेशन प्रोग्राम को रन करने के लिए डिजाइन किया जाता है।

5. (c) मौमा दास टेबिल टेनिस खेल से सम्बन्धित हैं। वह पश्चिम बंगाल के कोलकाता शहर की निवासी हैं। उन्होंने वर्ष 2010 के राष्ट्रमण्डल खेलों में रजत पदक हासिल किया था। इसके अतिरिक्त उन्होंने वर्ष 2016 के ग्रीष्मकालीन ओलम्पिक खेलों में भी भाग लिया। वर्ष 2013 में उनको अर्जुन पुरस्कार से भी सम्मानित किया गया है।

6. (c) फरवरी, 2024 में तेलंगाना राज्य सरकार ने बाल श्रमिकों को बचाने के लिए ऑपरेशन स्माइल-एक्ट चलाया, जिसने राज्य भर में 3479 बाल मजदूरों को बचाया गया। इस ऑपरेशन के दौरान 2947 बच्चों को अनके माता-पिता से मिलाया गया इसके अतिरिक्त 254 मामले भी दर्ज किये गये।

7. (d) इन्सुलिन रुधिर शर्करा को घटाती है। यह शरीर में ग्लूकोज के उपापचय को नियन्त्रित करता है। इन्सुलिन की खोज फ्रेडरिक बैटिंग व चार्ल्स बेस्ट ने वर्ष 1921 में की थी, इसके अल्प स्त्रवण से मधुमेह (डायबटीज) नामक रोग हो जाता है।

8. (b) व्यक्ति की धारा की दिशा में चाल

$u = \frac{16}{2} = 8$ किमी/घण्टा

तथा धारा की विपरीत दिशा में चाल

$v = \frac{8}{2} = 4$ किमी/घण्टा

अतः धारा की गति

$= \frac{u-v}{2} = \frac{8-4}{2}$

$= \frac{4}{2} = 2$ किमी/घण्टा

9. (b) माना की-बोर्ड का लागत मूल्य = ₹ x

प्रश्नानुसार,

$x \times (100-15)\% - x \times (100-25)\% = 50$

$\left[\because \text{विक्रय मूल्य} = \frac{\text{क्रय मूल्य} \times (100 \pm \text{लाभ / हानि\%})}{100}\right]$

$x \times \frac{85}{100} - x \times \frac{75}{100} = 50$

$\Rightarrow \quad \frac{10x}{100} = 50$

$\Rightarrow \quad x = \frac{50 \times 100}{10} = 500$

∴ की-बोर्ड का लागत मूल्य = ₹ 500

10. (d) 12, 24, 48, 60 तथा 96 का ल.स.

12	12, 24, 48, 60, 96
2	1, 2, 4, 5, 8
2	1, 1, 2, 5, 4
2	1, 1, 1, 5, 2
5	1, 1, 1, 5, 1
	1, 1, 1, 1, 1

$= 12 \times 2 \times 2 \times 2 \times 5$

$= 12 \times 40 = 480$

5 अंकों की सबसे छोटी संख्या = 10000

∵ 10000 = 20 × 480 + 400 (शेषफल)

∴ अभीष्ट संख्या = 10000 + (480 − 400)

= 10000 + 80 = 10080

11. (a) दिया है, $a + \frac{1}{a} = \sqrt{3}$

दोनों पक्षों का घन करने पर,

$a^3 + \frac{1}{a^3} + 3 \times a \times \frac{1}{a}\left(a + \frac{1}{a}\right) = 3\sqrt{3}$

$\Rightarrow \quad a^3 + \frac{1}{a^3} + 3 \times \sqrt{3} = 3\sqrt{3}$

$\Rightarrow \quad a^3 + \frac{1}{a^3} = 3\sqrt{3} - 3\sqrt{3} = 0$

12. (d) 6 लड़कियों की औसत आयु = x वर्ष

∴ 6 लड़कियों की कुल आयु का योग = $6x$

नई चार लड़कियों की आयु,

$(x-2), (x+4), (x+8)$

और $(x+10)$ वर्ष

तब, कक्षा की नई औसत आयु

$= \frac{6x + (x-2) + (x+4) + (x+8) + (x+10)}{10}$

$= \frac{10x + 20}{10}$

$= x + 2$

13. (c) माना दो संख्याएँ क्रमशः $3x$ तथा $4x$ हैं,

तब प्रश्नानुसार,

$\frac{3x-3}{4x-3} = \frac{2}{3}$

$\Rightarrow \quad 9x - 9 = 8x - 6$

$\therefore \quad x = 3$

अतः संख्याओं का योगफल = $3x + 4x$

$= 7x = 7 \times 3 = 21$

14. (a) त्रिकोणमिति व्यंजक

$= [1 + \tan\theta - \sec\theta](1 + \cot\theta + \operatorname{cosec}\theta]$

$= [1 + \cot\theta + \operatorname{cosec}\theta + \tan\theta + \tan\theta.\cot\theta + \tan\theta.\operatorname{cosec}\theta - \sec\theta - \sec\theta.\cot\theta - \sec\theta.\operatorname{cosec}\theta]$

$= [1 + \cot\theta + \operatorname{cosec}\theta + \tan\theta + 1 + \sec\theta - \sec\theta - \operatorname{cosec}\theta - \sec\theta.\operatorname{cosec}\theta]$

$= [1 + \cot\theta + \tan\theta + 1 - \sec\theta.\operatorname{cosec}\theta]$

$= \left[1 + \frac{\cos\theta}{\sin\theta} + \frac{\sin\theta}{\cos\theta} + 1 - \frac{1}{\sin\theta.\cos\theta}\right]$

$= \left[\frac{\sin\theta.\cos\theta + \cos^2\theta + \sin^2\theta + \sin\theta.\cos\theta - 1}{\sin\theta.\cos\theta}\right]$

$= \frac{2\sin\theta.\cos\theta}{\sin\theta.\cos\theta} = 2$

15. (b) यहाँ, $n(S) = 52$ [पत्तों की कुल संख्या]

तथा $n(E) = 26$ [काले पत्तों की संख्या]

$\therefore \quad P(E) = \frac{26}{52} = \frac{1}{2}$

16. (a) जिस प्रकार,

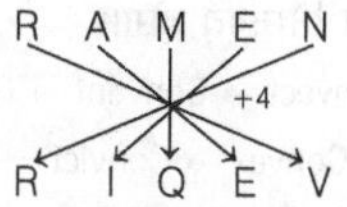

उसी प्रकार,

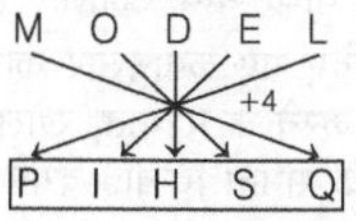

17. (c) जिस प्रकार, 248 ⇒ (24) ÷ 8 = 3,

उसी प्रकार, 328 ⇒ (32) ÷ 8 = 4

18. (b) प्रश्नानुसार,

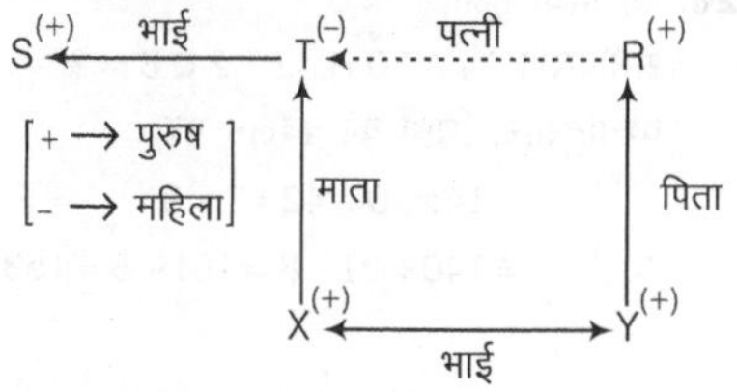

अतः आरेख से स्पष्ट है कि T, R की पत्नी है।

19. (a) सुरेश की अन्त से रैंक = 17 + 7 = 24वीं

अतः सुरेश की प्रारम्भ से रैंक

= 39 − 24 + 1 = 16वीं

20. (b) जिस प्रकार,

3 1 20
C A T ⇒ 3 + 1 + 20 = 24

उसी प्रकार,

16 15 12 9 3 5
P O L I C E

⇒ 16 + 15 + 12 + 9 + 3 + 5 = 60

21. (b) प्रश्नानुसार,

∴ अक्षर-युग्म = MR, RT = 2

22. (d) प्रश्नानुसार, लड़कों के बैठने का क्रम निम्नवत् होगा

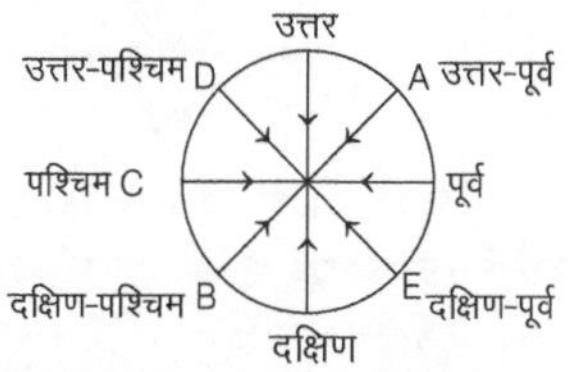

अतः उपरोक्त चित्र से स्पष्ट है कि C का मुख पूर्व की ओर है।

23. (a) दी गई श्रृंखला का क्रम निम्नवत् है,

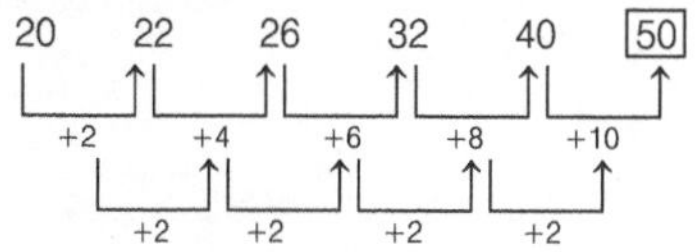

∴ ? = 50

24. (d) अंग्रेजी शब्दकोश के अनुसार शब्दों का क्रम निम्नवत् होगा।

Convect → Convent → Convert → Convex → Convict

अतः चौथा शब्द 'Convex' होगा।

25. (a) दिए गए क्रमानुसार कागज को मोड़कर, छेद करने के पश्चात, खोलने पर यह विकल्प (a) के समान दिखाई देगा।

26. (a) दिया हुआ,

समीकरण 14 A 10 H 42 T 2 Q 8 = ?

प्रश्नानुसार, चिह्नों को बदलने पर,

$= 14 \times 10 + 42 \div 2 - 8$

$= 140 + 21 - 8 = 161 - 8 = \boxed{153}$

27. (a) अक्षर B उन महिलाओं को निरूपित करता है जो साक्षर तो है किन्तु तलाकशुदा नहीं है।

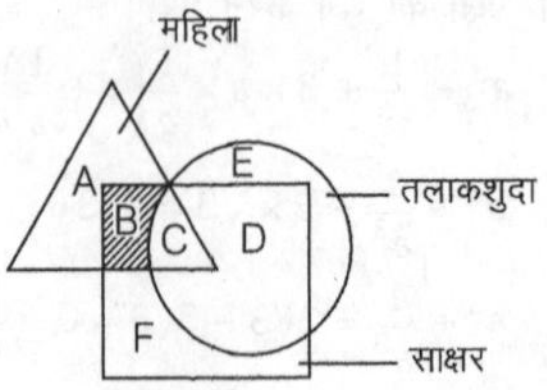

28. (d)

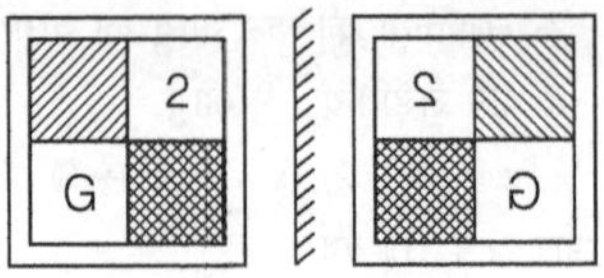

अतः उत्तर आकृति (d) सही प्रतिबिम्ब आकृति होगी।

29. (d) आकृति में बिन्दुओं के नाम रखने पर,

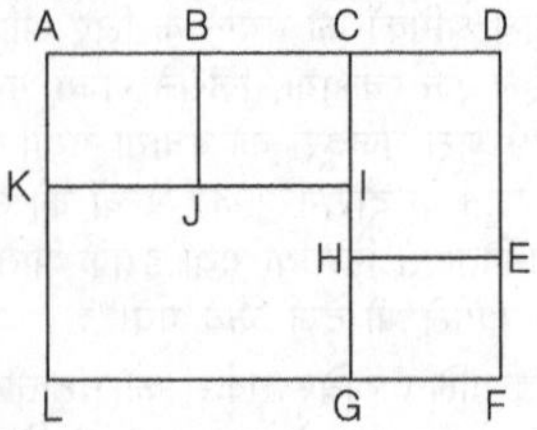

आकृति में निम्न आयत हैं

ABJK, BCIJ, ACIK, CDEH, HEFG, CDFG, KIGL, ADFL और ACGL

अतः आकृति में कुल 9 आयत हैं।

30. (c) आकृति (c) के अतिरिक्त अन्य सभी आकृतियों में किसी के छोर का मुँह बन्द नहीं है लेकिन आकृति (c) के छोर का मुँह बन्द है। अतः यह तीनों आकृतियों से भिन्न है।

भारतीय वायु सेना

अग्निवीर वायु फेज-1

(ग्रुप-Y) विज्ञान विषय के अतिरिक्त

प्रैक्टिस सेट 22

समय : 45 मिनट **पूर्णांक** : 50

निर्देश

1. इस प्रैक्टिस सेट में कुल 50 प्रश्न हैं तथा परीक्षा की अवधि 45 मिनट है।
2. प्रत्येक सही उत्तर के लिए 1 अंक का प्रावधान है।
3. गलत उत्तर के लिए 0.25 नकारात्मक अंक का प्रावधान है।

सेक्शन I ➛ अंग्रेजी भाषा

Directions (Q. Nos. 1-4) *Read the following passage carefully and answer the questions that follow.*

Tagore had a very healthy contempt for mere agitational politics which he likened to an engine which continually whistles and throws out columns of smoke without ever moving. To the Pilots of India's ship of destiny his advice was, "Fear not the waves of the sea but mind the leaks in your own vessels". If we become a subject people it was not because the British were wicked but because we were weaklings. We had ceased to believe in ourselves. Instead of tapping the sources of our own power, we were content to pick rags from other people's dustbins. Unlike Gandhi, Tagore believed in the power and resources of Science, though he dreaded the prospect of man becoming the slave of machines instead of machines being the slaves of man. In fact he dreaded every form of organised power, whether social political or industrial which ignored human values and tended to stifle the personality of man. Though outside India, Tagore upheld and interpreted the Indian Philosophy of life, in his own country he was the severest critic of its social institutions and religious practices which encouraged superstition and inequality and tolerated injustice.

1. Tagore compared agitational politics with
(a) and eternally stationary engine that does not make any smoke
(b) a stationary engine that sometimes breathes smoke and time
(c) an engine that whistles, lets out smoke but remains stationary
(d) an ever moving engine eternally spewing smoke

2. According to Tagore, his countrymen had become colonial subjects because
(a) they did not believe in the resources of science
(b) they lacked self belief
(c) the British were wicked
(d) they were physically weak

3. By 'leaks in your own vessel' Tagore means
(a) leaks in a ship
(b) a ship in distress
(c) slavery to machines
(d) inherent weaknesses

4. Tagore had a fear of
(a) any power that defined human values and stifled man's personality
(b) power that was political and industrial
(c) organised industrial and social power
(d) organised social and political power

5. Correct the underlined part of sentence. Choose 'No correction required' as an answer if the sentence is grammatically correct.

Her shoes <u>been too</u> small.
(a) are too (b) is too
(c) No correction (d) has too

Directions (Q. No. 6) *In the following questions, the first and the last part of the sentence are given and numbered S_1 and S_6. The remaining parts are jumbled. Rearrange the given parts into a meaningful sentence.*

6. S_1 : The advantage of travelling
P : customs and manners is that

Q : we learn to appreciate the good points of others
R : to different places and having
S : the opportunity of observing people's
S_6 : and our prejudices against them disappear.
(a) QRSP (b) PQRS
(c) RSPQ (d) SPQR

Directions (Q. Nos. 7-10) *Fill in the blanks with correct alternative.*

7. I feel I am .... raw for this new position.
(a) to (b) two
(c) most (d) too

8. Sonia disliked eating in the ...... restaurant.
(a) noisily (b) noiseful
(c) noisy (d) noised

9. He was convicted ...... manslaughter.
(a) of (b) from
(c) for (d) to

10. As soon as he got the telegram, he ..... in a taxi.
(a) would have left
(b) left
(c) had left
(d) has left

Directions (Q. Nos. 11 and 12) *Fill in the blanks with correct alternatives.*

11. His parents were transferred to Agra .... he was five years old.
(a) when (b) since
(c) while (d) still

12. .... much I tried, I could not help him.
(a) Though (b) However
(c) As (d) Because

13. Choose the word that means the same as the given word.
Serve
(a) Attend (b) Carrousel
(c) Carrier (d) Abandon

Directions (Q. Nos. 14 and15) *In these questions, Choose the word similar in meaning to the word given.*

14. Flair
(a) Talent (b) Tendency
(c) Bias (d) Need

15. Conservation
(a) Preservation (b) Respiration
(c) Correction (d) Confusion

Direction (Q. No. 16) *Choose the word opposite in meaning to the word given.*

16. Sacred
(a) Profuse (b) Prolific
(c) Profound (d) Profane

Direction (Q. No. 17) *Choose the one which can be substituted for the given words or sentence.*

17. One who hates marriage
(a) Misanthrope (b) Misogamist
(c) Misogynist (d) Polygamist

Directions (Q. Nos. 18-20) *Find out which part of the sentence has an error.*

18. Our football team (a)/comprises of (b)/ eleven skilled players. (c)/ No error (d)

19. It is high time (a)/ we renovate (b)/ our old house. (c)/ No error (d)

20. One of the boys (a)/ who always gives the correct answer (b)/ is Samuel. (c)/ No error (d)

सेक्शन II ➤ सामान्य जागरूकता, गणित एवं तर्कशक्ति

1. डाण्डिया रास' किस राज्य का लोक नृत्य है?
(a) महाराष्ट्र
(b) गुजरात
(c) जम्मू-कश्मीर
(d) हरियाणा

2. निम्नलिखित में से कौन-सा कार्बन का अपरूप नहीं है?
(a) ग्रैफाइट
(b) मीथेन
(c) हीरा
(d) C-60 बकमिनस्टर फुलरीन

3. अन्तर्राष्ट्रीय पर्यावरण दिवस कब मनाया जाता है?
(a) 21 जून (b) 20 जून
(c) 5 जून (d) 31 मई

4. निम्नलिखित में से ग्रैण्ड स्लैम टेनिस की श्रेणी में कौन नहीं आता है?
(a) ऑस्ट्रेलियन ओपन
(b) विम्बलडन
(c) रोलैण्ड ग्रास
(d) इण्डियन ओपन

5. सर्च इंजन गूगल का यू आर एल है
(a) www.gmail.com
(b) http//google
(c) http//www.google.com
(d) उपरोक्त में से कोई नहीं

6. क्षेत्रफल के आधार पर विश्व का सबसे बड़ा महासागर कौन-सा है?
(a) हिन्द महासागर
(b) अटलाण्टिक महासागर
(c) प्रशान्त महासागर
(d) आर्कटिक महासागर

7. भारतीय संविधान के निर्माताओं ने स्वतन्त्रता, समता और बन्धुता के सिद्धान्तों को किस संविधान से लिया था?
(a) फ्रांस के संविधान
(b) कनाडा के संविधान
(c) ब्रिटिश के संविधान
(d) आयरलैण्ड के संविधान

8. एक तार के टुकड़े से 120 π सेमी भुजा वाला एक वर्ग बनाया गया है। यदि उसी तार को मोड़कर एक वृत्त बनाया जाए, तो वृत्त की त्रिज्या क्या होगी?
(a) 30 सेमी
(b) 120 सेमी
(c) 240 सेमी
(d) 60 सेमी

9. यदि $\tan x = \frac{10}{17}$, तो $\sin x$ का मान क्या है?
(a) $\frac{17}{\sqrt{389}}$ (b) $\frac{9}{\sqrt{389}}$
(c) $\frac{7}{\sqrt{389}}$ (d) $\frac{10}{\sqrt{389}}$

10. एक ट्रैक्टर, 36 किमी/घण्टा की गति से 10 घण्टों में अपनी यात्रा पूरी कर सकता है। यदि उसी दूरी को 8 घण्टों में पूरा किया जाना हो, तो ट्रैक्टर की गति क्या होनी चाहिए?
(a) 45 किमी/घण्टा
(b) 60 किमी/घण्टा
(c) 50 किमी/घण्टा
(d) 55 किमी/घण्टा

11. 36 किग्रा बारूद में 27 किग्रा शोरा, 5.4 किग्रा चारकोल और सल्फर की कुछ मात्रा है। सल्फर की प्रतिशतता ज्ञात करें।
(a) 15% (b) 10.0%
(c) 8% (d) 100%

12. एक भिन्न को $\frac{17}{3}$ में जोड़ने पर 4 आता है। उक्त भिन्न क्या है?
(a) $-\frac{1}{1}$ (b) $\frac{2}{3}$
(c) $\frac{9}{12}$ (d) $-1\frac{2}{3}$

13. एक निश्चित राशि पर 3 वर्ष के लिए 5% की दर से लगने वाले साधारण ब्याज तथा चक्रवृद्धि ब्याज का अन्तर ₹ 14.48 है। मूलधन ज्ञात करें।
(a) ₹ 1850 (b) ₹ 1999
(c) ₹ 1899 (d) ₹ 2160

14. किसी कार्य के $\frac{7}{10}$ भाग को A, 15 दिन में पूरा करता है। उसके पश्चात् वह B की सहायता से शेष कार्य को 4 दिन में पूरा करता है। पूरे कार्य को A तथा B मिलकर कितने दिन में पूरा करेंगे?
(a) $10\frac{1}{3}$ दिन (b) $12\frac{2}{3}$ दिन
(c) $13\frac{1}{3}$ दिन (d) $8\frac{1}{4}$ दिन

15. 14 छात्रों व उनके शिक्षक की औसत आयु 15 वर्ष है। यदि शिक्षक की आयु निकाल दी जाए, तो औसत आयु एक वर्ष कम हो जाती है, तब शिक्षक की आयु होगी
(a) 29 वर्ष (b) 30 वर्ष
(c) 32 वर्ष (d) 35 वर्ष

16. निम्नलिखित शब्दों को शब्दकोश के अनुसार क्रम से रखें
1. TORTOISE
2. TORONTO
3. TORPED
4. TORUS
5. TORSEL
(a) 2, 5, 3, 1, 4 (b) 2, 5, 3, 4, 1
(c) 2, 3, 5, 1, 4 (d) 2, 3, 5, 4, 1

17. निम्न श्रेणी में लुप्त संख्या दिए गए विकल्पों में से ज्ञात कीजिए।
0, 4, 18, 48, ?, 180
(a) 58 (b) 68 (c) 84 (d) 100

18. दिए हुए विकल्पों से लुप्त संख्या ज्ञात कीजिए।

5	20	6	9
4	8	15	3
9	25	7	9
22	7	8	?

(a) 7 (b) 8 (c) 9 (d) 10

19. दिए गए विकल्पों में से वह शब्द चुनिए, जो दिए गए शब्द के अक्षरों का प्रयोग करके नहीं बनाया जा सकता है।
ECCENTRICITY
(a) NIECE (b) CREATE
(c) TRINITY (d) RETICENT

20. यदि 27 A 11 A 8 = 8 और 48 A 37 A 2 = 9, तो 56 A 5 A 3 = ?
(a) 48 (b) 46
(c) 47 (d) 45

21. किसी कूटभाषा में PALE को 2134 लिखा जाता है, EARTH को 41590 लिखा जाता है, तो उसी कूटभाषा में PEARL को कैसे लिखा जाएगा?
(a) 29530 (b) 24153
(c) 25413 (d) 25430

22. निम्नलिखित में से कौन-सा सही है?
6* 4* 9* 15
(a) ×, =, – (b) ×, –, =
(c) =, ×, – (d) –, ×, =

23. किसी विशेष कोड में 'PRODIGAL' को 'DORPLAGI' लिखा जाता है। इस कोड में 'BRIGHTEN' किस प्रकार लिखा जाएगा?
(a) NETHGIRB
(b) GIRBHTEN
(c) BRIGNETH
(d) GIRBNETH

24. निम्न आकृति में प्रश्नांकित स्थान पर कौन-सा अंक होगा?

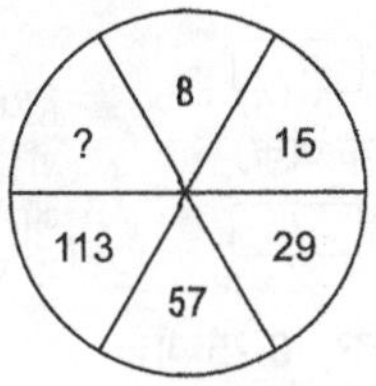

(a) 223 (b) 224
(c) 225 (d) 227

25. M, L का पिता है। R, M का पिता है। Q, S का पति है। L, Q का भाई है। S, M से कैसे सम्बन्धित है?
(a) भाँजी (b) माँ (c) बहू (d) बेटी

26. निम्नलिखित में से कौन-सी आकृति भिन्न है?

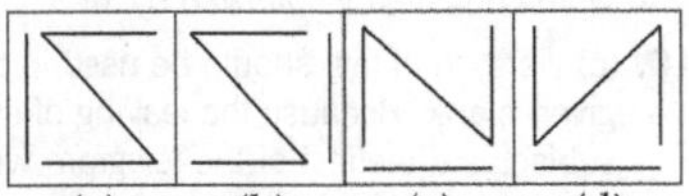

(a) (b) (c) (d)

27. नीचे दी गई आकृति में त्रिभुजों की कुल संख्या कितनी है?

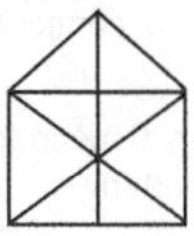

(a) 10 (b) 16
(c) 19 (d) 17

28. प्रश्न आकृतियों में चिह्न '::' से पहले दी गई आकृतियों के बीच एक निश्चित सम्बन्ध है। इसी सम्बन्ध के आधार पर चिह्न '::' के बाद दी गई आकृति के लिए उत्तर आकृतियों में से सम्बन्धित आकृति चुनिए।

प्रश्न आकृतियाँ

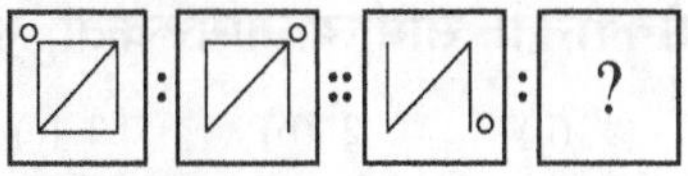

उत्तर आकृतियाँ

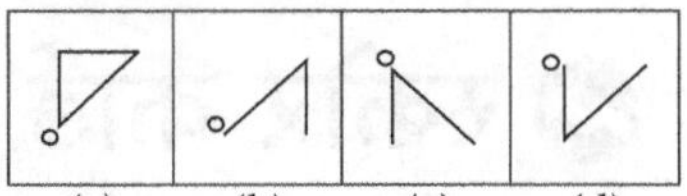

(a) (b) (c) (d)

29. यदि एक दर्पण AB रेखा पर रखा जाए, तो दी गई उत्तर आकृतियों में से कौन-सी आकृति प्रश्न आकृति का सही प्रतिबिम्ब होगी?

प्रश्न आकृति

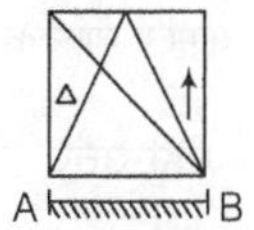

उत्तर आकृतियाँ

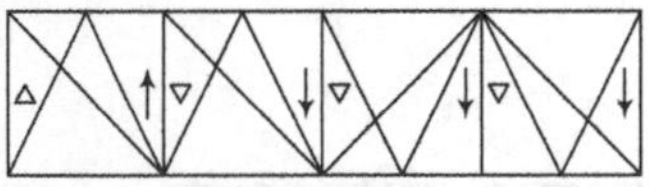

(a) (b) (c) (d)

30. निम्नलिखित उत्तर आकृतियों में से वह उत्तर आकृति चुनिए, जो प्रश्न आकृतियों में दी गई शृंखला को पूरा करती है।

प्रश्न आकृतियाँ

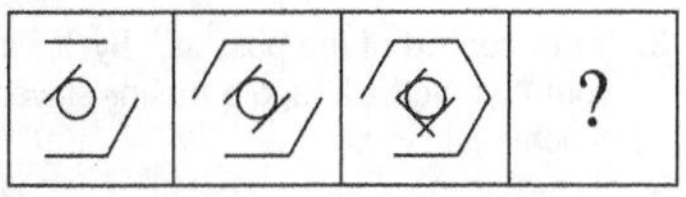

उत्तर आकृतियाँ

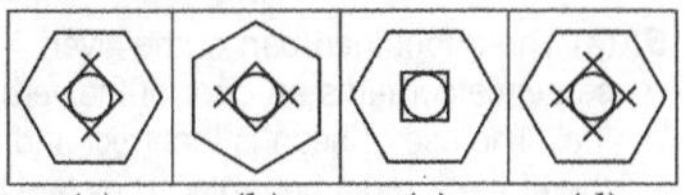

(a) (b) (c) (d)

उत्तरमाला

सेक्शन I अंग्रेजी भाषा

1 (c)	2 (d)	3 (c)	4 (a)	5 (a)	6 (c)	7 (d)	8 (c)	9 (a)	10 (c)
11 (a)	12 (b)	13 (a)	14 (a)	15 (a)	16 (d)	17 (b)	18 (b)	19 (b)	20 *(b)*

सेक्शन II सामान्य जागरूकता, गणित एवं तर्कशक्ति

1 (b)	2 (b)	3 (c)	4 (d)	5 (c)	6 (c)	7 (a)	8 (c)	9 (d)	10 (a)
11 (b)	12 (d)	13 (c)	14 (c)	15 (a)	16 (c)	17 (d)	18 (a)	19 (b)	20 (a)
21 (b)	22 (b)	23 (d)	24 (c)	25 (c)	26 (c)	27 (d)	28 (b)	29 (c)	30 (a)

स्कोर कार्ड

- कुल Attempted प्रश्न
  अंग्रेजी भाषा [ ] सामान्य जागरूकता, गणित एवं तर्कशक्ति [ ]
- कुल सही व गलत प्रश्न
  अंग्रेजी भाषा [/] सामान्य जागरूकता, गणित एवं तर्कशक्ति [/]
- फाइनल स्कोर (कुल सही उत्तर के अंक – गलत उत्तर के अंक)
  अंग्रेजी भाषा [/] सामान्य जागरूकता, गणित एवं तर्कशक्ति [/]

समय 45 मिनट सही उत्तर 1 अंक गलत उत्तर 0.25 अंक

- रिजल्ट
  - 10 से नीचे (किसी भी सेक्शन में) - Average (सिलेक्शन नहीं)
  - 10-18 के बीच में (कुल 35+) - Good (सिलेक्शन हो सकता है)
  - 18 से ऊपर (दोनों सेक्शन में) - Excellent (100% सिलेक्शन)
- टिप्पणी
  यदि आपका स्कोर किसी भी सेक्शन में 10 से नीचे है तब आप बार-बार प्रैक्टिस करें और ऐसा तब तक करें जब तक आपका स्कोर 10-18 (कुल 35+) के बीच में नहीं हो जाता।

संकेत एवं हल

सेक्शन I अंग्रेजी भाषा

1. (c) Tagore compared agitational politics with an engine that whistles, lets out smoke but remains stationary.

2. (d) According to Tagore, his countrymen had become colonial subjects because they were physically weak.

3. (c) In context of the passage, By 'leaks in your own vessel' Tagore means slavery to machines.

4. (a) Tagore had a fear of the power that defined human values and stifled man's personality.

5. (a) The underlined part of the given sentence contains an error of the verb form 'be'. The use of been is incorrect and therefore, it must be replaced by 'are too'.

6. (c) The correct sequence is 'RSPQ', i.e. 'The advantage of travelling to different places and having the opportunity of observing people's customs and manners is that we learn to appreciate the good points of others and our prejudices against the disappear'.

7. (d) The correct word to fill in the blank is 'too'.

8. (c) 'Noisy' is the proper adjective to use here to make the sentence meaningful.

9. (a) The proper preposition will be 'of' as the word convicted is followed by 'of'.

10. (c) Here, 'had left' should be used in the given blank. Because the leaving of the subject is the effect of the telegram which is a cause and effect relationship. So, had +6 verb 3 is used here.

11. (a) Conjunction 'when' is suitable here as it indicates or denotes time of action.

12. (b) 'However' is the correct alternative to fill the given blank.

13. (a) The word 'serve' mean to attend to someone or something.

14. (a) Flair is the natural ability of a person to do something very well. Hence, 'Talent' is its correct synonym or similar meaning word.

15. (a) 'Conservation' and 'Preservation' both mean for saving something.

16. (d) 'Sacred' means 'holy' or 'venerable. So, 'profane is correct antonym that means 'impious' or showing lack of respect for God or holything.

17. (b) One who hates marriage is called Misogamist.

18. (b) Don't use 'of' after comprises. It is superfluous use.

19. (b) 'Its time' or 'its high time' is followed by second form of verb. So, 'Renovate' is to be replaced by 'renovated'.

20. (b) Phrase 'one of the' takes plural noun and singular verb after it. So, replace 'give' by 'gives'.

सेक्शन II सामान्य जागरूकता, गणित एवं तर्कशक्ति

1. (b) 'डाण्डिया रास' गुजरात राज्य का लोक नृत्य है। यह नृत्य देवी दुर्गा के सम्मान में प्रदर्शित किया जाता है। यह नृत्य मुख्यतः नवरात्रि के अवसर पर आयोजित किया जाता है। इस नृत्य को 'तलवार नृत्य भी कहा जाता है, क्योंकि इस नृत्य में छड़े देवी दुर्गा की तलवार का प्रतिनिधित्व करती है।

2. (b) मीथेन (CH_4) कार्बन का अपरूप नहीं है, जबकि ग्रैफाइट, हीरा व C-60 बकमिनस्टर फुलरीन कार्बन के अपरूप हैं। मीथेन एक

रंगहीन, गन्धहीन गैस है, जो ईंधन के रूप में प्रयोग की जाती है। यह एल्केन श्रेणी का प्रथम सदस्य है और सबसे साधारण हाइड्रोकार्बन है। यह जल में अविलेय है तथा ग्रीन हाउस प्रभाव उत्पन्न करती है। इसका उपयोग गैसीय ईंधन के रूप में काजल बनाने तथा अनेक कार्बनिक यौगिकों के निर्माण में किया जाता है।

3. (c) अन्तर्राष्ट्रीय पर्यावरण दिवस प्रत्येक वर्ष 5 जून को मनाया जाता है। पहला विश्व पर्यावरण दिवस 5 जून, 1974 को मनाया गया था। इस दिवस को मनाने का उद्देश्य लोगो को प्रकृति व पर्यावरण संरक्षण के प्रति जागरूक करना है। वर्ष 2024 में विश्व पर्यावरण दिवस की थीम 'हमारी भूमि, हमारा भविष्य, हम पीढ़ी की बहाली कर रहे है' है।

4. (d) इण्डियन ओपन ग्रैण्ड स्लैम की श्रेणी में नहीं आता है, जबकि ऑस्ट्रेलियन ओपन, विम्बलडन व रोलैण्ड ग्रास एवं US ओपन ग्रैण्ड स्लैम के अन्तर्गत होने वाली अन्तर्राष्ट्रीय टेनिस ओपन प्रतियोगिताएँ हैं। ग्रैण्ड स्लैम टूर्नामेण्ट को 'मेजर' भी कहा जाता है। ग्रैण्ड स्लैम के अन्तर्गत होने वाले ऑस्ट्रेलियन ओपन व US ओपन दोनों हार्ड कोर्ट पर खेले जाते हैं, जबकि फ्रेंच ओपन मिट्टी पर तथा विम्बलडन घास पर खेला जाता है।

5. (c) सर्च इंजन 'गूगल' का यू आर एल (यूनिफॉर्म रिसोर्स लोकेटर) http://www.google.com है। यह एक फॉर्मेटिंग टेक्स्ट स्ट्रिंग है जिसे वेब ब्राउजर, ई-मेल क्लाइन्ट्स या किसी अन्य सॉफ्टवेयर में इस्तेमाल किया जाता है।

6. (c) क्षेत्रफल के आधार पर विश्व का सबसे बड़ा महासागर प्रशान्त महासागर है। इसका क्षेत्रफल 165.7 मिलियन वर्ग किमी है। इसकी आकृति त्रिभुजाकार है। प्रवाल भित्तियाँ इसकी मुख्य विशेषता है। यह कर्क तथा मकर रेखा के मध्य में स्थित है, इसलिए इसे मध्य प्रशान्त महासागर भी कहा जाता है।

7. (c) भारतीय संविधान की प्रस्तावना में स्वतन्त्रता, समता व बन्धुता का सिद्धान्त फ्रांस के संविधान से लिया गया था। इसके अतिरिक्त संविधान में गणतन्त्र प्रणाली का प्रावधान भी फ्रांस के संविधान से लिया गया है। भारतीय संविधान की प्रस्तावना को 'संविधान की कुँजी' कहा जाता है। प्रस्तावना के अनुसार संविधान के अधीन समस्त शक्तियों के स्रोत 'भारत के लोग' हैं।

8. (c) प्रश्नानुसार,

वर्ग की परिधि = वृत्त की परिधि

$\Rightarrow$ वृत्त की परिधि $= 4 \times$ वर्ग की भुजा

$= 4 \times 120\pi$

$= 480\pi$ सेमी

$\Rightarrow 2\pi r = 480\pi$ [जहाँ, r वृत्त की त्रिज्या है]

$\Rightarrow \quad 2r = 480$

$\therefore \quad r = 240$ सेमी

अतः वृत्त की त्रिज्या, $r = 240$ सेमी

9. (d) दिया है,

$$\tan x = \frac{10}{17} = \frac{\text{लम्ब}}{\text{आधार}}$$

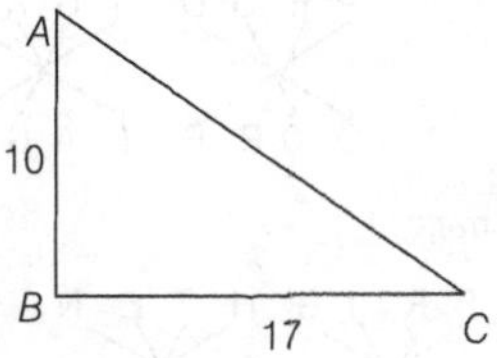

पाइथागोरस प्रमेय से,

$$(\text{कर्ण})^2 = (\text{लम्ब})^2 + (\text{आधार})^2$$

$\Rightarrow \quad (AC)^2 = (AB)^2 + (BC)^2$

$\Rightarrow \quad (AC)^2 = (10)^2 + (17)^2 = 100 + 289$

$\Rightarrow \quad (AC)^2 = 389$

$\Rightarrow \quad AC = \sqrt{389}$

तब, $\quad \sin x = \frac{\text{लम्ब}}{\text{कर्ण}}$

$= \frac{10}{\sqrt{389}}$

10. (a) यात्रा की कुल दूरी = चाल $\times$ समय

$= 36 \times 10 = 360$ किमी

$\therefore$ 8 घण्टे में 360 किमी की दूरी तय करने के लिए ट्रैक्टर की अभीष्ट चाल $= \frac{\text{दूरी}}{\text{समय}}$

$= \frac{360}{8} = 45$ किमी/घण्टा

11. (b) प्रश्नानुसार,

बारूद की मात्रा = 36 किग्रा

शोरे की मात्रा = 27 किग्रा

चारकोल की मात्रा = 5.4 किग्रा

$\therefore$ सल्फर की मात्रा $= 36 - (27 + 5.4) = 3.6$

सल्फर की प्रतिशतता

$$= \frac{\text{सल्फर की मात्रा}}{\text{कुल मात्रा}} \times 100$$

$$= \frac{3.6}{36} \times 100$$

$= 10\%$

12. (d) माना वह भिन्न x है,

तब प्रश्नानुसार,

$$x + \frac{17}{3} = 4$$

$\Rightarrow \quad x = 4 - \frac{17}{3}$

$\Rightarrow \quad x = \frac{12 - 17}{3}$

$\therefore \quad x = -\frac{5}{3} = -1\frac{2}{3}$

13. (c) चक्रवृद्धि ब्याज – साधारण ब्याज

= चक्रवृद्धि मिश्रधन – मूलधन $- \frac{\text{मूलधन} \times \text{दर} \times \text{समय}}{100}$

$= \text{मूलधन}\left(1 + \frac{\text{दर}}{100}\right)^{\text{समय}} - \text{मूलधन} - \frac{\text{मूलधन} \times \text{दर} \times \text{समय}}{100}$

$= 14.48$

$= \text{मूलधन}\left[\left(1 + \frac{5}{100}\right)^3 - 1 - \frac{5 \times 3}{100}\right] = 14.48$

$= \text{मूलधन}\left[\frac{9261}{8000} - 1 - \frac{15}{100}\right] = 14.48$

$= \text{मूलधन}\left[\frac{9261 - 8000 - 1200}{8000}\right] = 14.48$

$= \text{मूलधन} = \frac{14.48 \times 8000}{61}$

$\therefore$ मूलधन = ₹ 1899

वैकल्पिक विधि

$$D = \frac{PR^2 (300 + R)}{(100)^3}$$

यहाँ, $D = 14.48, R = 5, P = ?$

$$14.48 = \frac{P \times 25 (300 + 5)}{(100)^3}$$

$\Rightarrow 14480000 = P \times 25 \times 305$

$$P = \frac{14480000}{25 \times 305} = ₹1899$$

14. (c) $\because$ A द्वारा 15 दिन में किया गया कार्य $= \frac{7}{10}$ भाग

$\therefore$ शेष कार्य $= 1 - \frac{7}{10} = \frac{3}{10}$

A और B द्वारा मिलकर 4 दिन में किया गया कार्य $= \frac{3}{10}$ भाग

$\Rightarrow$ दोनों का 1 दिन का कार्य $= \frac{3}{40}$ भाग

अतः दोनों मिलकर उस कार्य को $\frac{40}{3}$ दिन अर्थात् $13\frac{1}{3}$ दिन में पूरा कर लेंगे।

15. (a) 14 छात्र और शिक्षक की आयु का योग

= औसत $\times$ कुल व्यक्ति

$= 15 \times (14 + 1) = 225$ वर्ष

$\because$ शिक्षक को हटाने के पश्चात्,

14 छात्रों की आयु का योग $= 14 \times 14$

$= 196$ वर्ष

अतः शिक्षक की आयु $= 225 - 196 = 29$ वर्ष

16. (c) शब्दकोश के अनुसार क्रम निम्नवत् है

TORONTO $\rightarrow$ TORPED $\rightarrow$ TORSEL
(2) (3) (5)

$\rightarrow$ TORTOISE $\rightarrow$ TORUS
(1) (4)

$\Rightarrow$ 2, 3, 5, 1, 4

17. (d) श्रृंखला का क्रम निम्नवत् है

$1^3 - 1^2 \Rightarrow 1 - 1 = 0$

$2^3 - 2^2 \Rightarrow 8 - 4 = 4$

$3^3 - 3^2 \Rightarrow 27 - 9 = 18$

$4^3 - 4^2 \Rightarrow 64 - 16 = 48$

$5^3 - 5^2 \Rightarrow 125 - 25 = \boxed{100}$

$6^3 - 6^2 \Rightarrow 216 - 36 = 180$

18. (a) प्रत्येक पंक्ति में बड़ी संख्या छोटी संख्याओं के योग के बराबर है

पंक्ति I में; $5 + 6 + 9 = 20$

पंक्ति II में; $4 + 8 + 3 = 15$

पंक्ति III में; $9 + 7 + 9 = 25$

पंक्ति IV में; $? + 8 + 7 = 22$

$\Rightarrow \quad ? = 22 - 15 = \boxed{7}$

19. (b) दिए गए शब्द के अक्षरों के प्रयोग से शब्द 'CREATE' नहीं बनाया जा सकता है, क्योंकि दिए गए शब्द में अक्षर A अनुपस्थित है।

20. (a) जिस प्रकार,

27 A 11 A 8

$\Rightarrow \quad 27 - 11 - 8 = 8$

तथा 48 A 37 A 2

$\Rightarrow \quad 48 - 37 - 2 = 9$

उसी प्रकार,

56 A 5 A 3 $\Rightarrow 56 - 5 - 3 = \boxed{48}$

21. (b) दिया है,

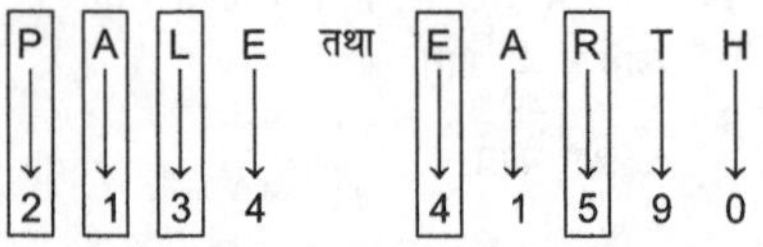

इसी प्रकार,

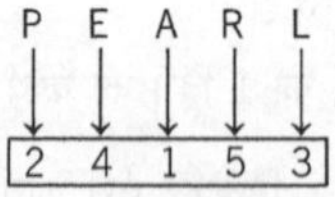

22. (b) विकल्प (a) से,

$6 \times 4 = 9 - 15 \Rightarrow 24 \neq -6$

विकल्प (b) से, $6 \times 4 - 9 = 15 \Rightarrow 15 = 15$

विकल्प (c) से, $6 = 4 \times 9 - 15 \Rightarrow 6 \neq 21$

विकल्प (d) से, $6 - 4 \times 9 = 15 \Rightarrow -30 \neq 15$

23. (d) जिस प्रकार,

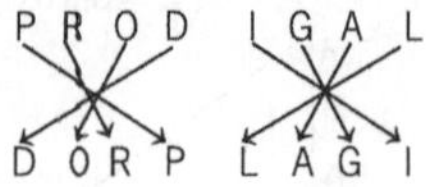

उसी प्रकार,

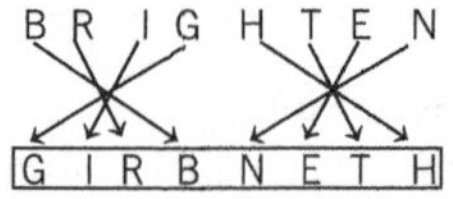

24. (c) जिस प्रकार,

$8 \times 2 - 1 = 16 - 1 = 15$

$15 \times 2 - 1 = 30 - 1 = 29$

$29 \times 2 - 1 = 58 - 1 = 57$

$57 \times 2 - 1 = 114 - 1 = 113$

उसी प्रकार,

$113 \times 2 - 1 = 226 - 1 = \boxed{225}$

25. (c) प्रश्नानुसार,

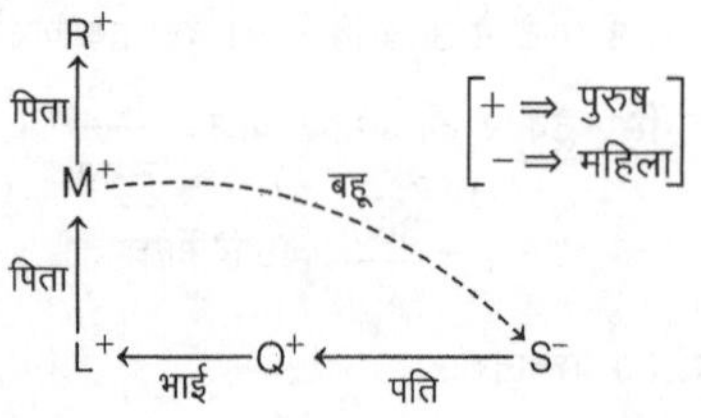

अतः S, M की 'बहू' होगी।

26. (c) आकृति (c) को छोड़कर अन्य सभी एक ही आकृति की घूर्णन स्थितियाँ हैं।

27. (d) आकृति में बिन्दुओं के नाम रखने पर,

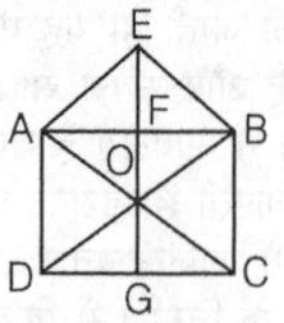

त्रिभुजों के नाम निम्न हैं

AFE, BFE, AOF, BOF, AOD, DOG, COG, BOC, ACD, ABC, BCD, ABD, AOB, COD, BEO, AEO और AEB

अतः आकृति में कुल 17 त्रिभुज हैं।

28. (b) प्रश्न आकृति के प्रथम युग्म की पहली आकृति में एक रेखा घटती है और वृत्त दूसरे कोने में चला जाता है अर्थात् बाईं से दाईं ओर चला जाता है। ठीक इसी प्रकार द्वितीय युग्म में, वृत्त दाईं से बाईं ओर जाएगा तथा एक रेखा की कमी होगी। अतः उत्तर विकल्प (b) की आकृति प्राप्त होगी।

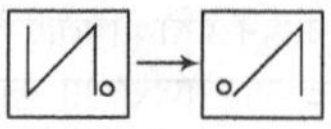

29. (c) प्रश्नानुसार,

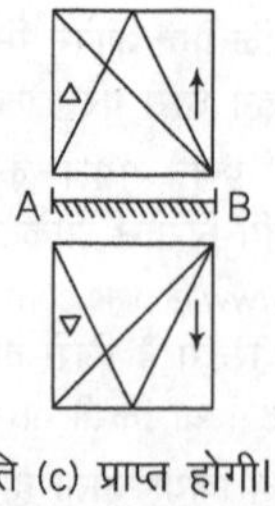

अतः उत्तर आकृति (c) प्राप्त होगी।

30. (a) प्रत्येक अगली आकृति में दो-दो रेखाएँ बढ़ रही हैं। एक वृत्त के ऊपर (स्पर्श रेखा) तथा दूसरी बढ़ते हुए षट्भुज बनाती है।

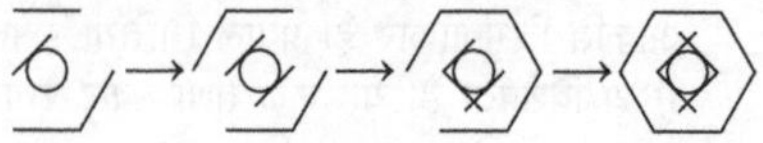

भारतीय वायु सेना

अग्निवीर वायु फेज-1

(ग्रुप-Y) विज्ञान विषय के अतिरिक्त

प्रैक्टिस सेट 23

समय : 45 मिनट | **पूर्णांक** : 50

निर्देश

1. इस प्रैक्टिस सेट में कुल 50 प्रश्न हैं तथा परीक्षा की अवधि 45 मिनट है।
2. प्रत्येक सही उत्तर के लिए 1 अंक का प्रावधान है।
3. गलत उत्तर के लिए 0.25 नकारात्मक अंक का प्रावधान है।

सेक्शन I ✈ अंग्रेजी भाषा

Directions (Q. Nos. 1-4) *Read the following passage carefully and answer the questions that follow.*

Once there lived an old man who had a bag of gold. He was foolish, he dug a hole in the ground and put the bag of gold into the hole. Then he covered the hole with a stone. He used to visit the place nearly every day.

He would take away the stone and put his fingers into the hole. Then he would touch the gold and feel very happy. One day he took the stone away and put his fingers into the hole. How angry and sad he was when he discovered that his treasure was not there. The old man went to a friend and sadly told him the story. His friend said, "There is no reason for you to be sad. Your gold was useless to you. You still have the hole. You can visit it whenever you like. All you have to do is to imagine that your treasure is still there."

1. The old man hid the gold
(a) in a secret chamber
(b) in a bank locker
(c) underground
(d) in an unknown place

2. The old man was pleased when he
(a) used the gold
(b) touched the gold
(c) added to the gold
(d) gave away the gold

3. The old man visited the place where he had kept the gold hidden
(a) every day
(b) once a week
(c) almost everyday
(d) as often as possible

4. The friend told the old man that
(a) he had not lost anything
(b) he would get back his gold
(c) he should complain to the police
(d) he should not have hidden it in a hole

Direction (Q. No. 5) *Identify the incorrectly spelt word.*

5. (a) Rapport (b) Support
(c) Repport (d) Purport

Direction (Q. No. 6) *Choose the word almost nearest in meaning to the word given below*

6. Controvert
(a) Subvert (b) Indict
(c) Contradict (d) Confuse

Direction (Q. No. 7) *Choose the word almost opposite in meaning to the word give below*

7. Focus
(a) Disappear (b) Disperse
(c) Link (d) Layer

Direction (Q. No. 8) *Choose the correct one word substitute for the given sentence.*

8. A poem of fourteen lines
(a) Ballad (b) Psalm
(c) Carol (d) Sonnet

Direction (Q. Nos. 9 and 10) *Rearrange the following in the correct sequence to form a meaningful sentence and choose the correct option.*

9. A : for some time
B : which is troublesome
C : the weather becomes cool and pleasant
D : though there is humidity in it

The correct sequence should be

(a) CBAD (b) DBAC
(c) ACBD (d) CADB

10. A : well skilled in his job
B : he is a capable person
C : but his roughness of a rustic nature
D : devalues his achievements

The correct sequence should be

(a) BACD (b) BCDA
(c) CDBA (d) ADBA

Direction (Q. No. 11) *Change the voice.*

11. We must take care of all living species on Earth.
All living species on Earth.......

(a) are taken care of by us.
(b) must be taken care of by us.
(c) had been taken care of by us.
(d) will be taken care of by us.

Direction (Q. No. 12) *Select the one which best expresses the same sentence in Indirect / Direct speech.*

12. She asked me, "How is your father"?

(a) She asked me how was my father
(b) She asked him how my father is
(c) She asked how father was
(d) She asked me how my father was

13. Choose the most appropriate antonym of the underlined word.
She inspired us with a courage, a power and a confidence in her and in our cause, which nothing could snake or <u>daunt</u>.

(a) baffie (b) scare
(c) cheer (d) dismay

Direction (Q. No. 14) *Change the following verb into noun.*

14. Approve

(a) Approving (b) Approval
(c) Approved (d) Approves

15. Select the incorrectly spelt word from the given sentence.
The aboriginal tribes of Australia are of a low-class black race, but generally pieceful and inoffensive in their habits.

(a) their
(b) pieceful
(c) inoffensive
(d) aboriginal

16. Choose the idiom/phrase that can substitute the underlined group of words meaningfully.
Finally, everything is in <u>public knowledge</u> and now people will decide the outcome.

(a) Through thick and thin
(b) Bright spark
(c) Out in the open
(d) Break a leg

Directions *(Q. Nos. 17-20) Fill in the blanks with the correct alternatives.*

17. Select the most appropriate option for the given blank. The neighbouring army has .... a war on us.

(a) voiced (b) said
(c) declared (d) gave

18. She succeeded due to her ..... work.

(a) most hard (b) more hard
(c) hard (d) harder

19. .... precaution is necessary in handling that machine.

(a) Little (b) The little
(c) A little (d) A few

20. I don't believe what he ....

(a) saying
(b) has said
(c) says
(d) had said

सेक्शन II ➣ सामान्य जागरूकता, गणित एवं तर्कशक्ति

1. निम्नलिखित में से कौन-सा युग्म सही रूप से मेल खाता है?

(a) कथक — केरल
(b) कुचिपुड़ी — ओडिशा
(c) भरतनाट्यम — तमिलनाडु
(d) कथकली — उत्तर प्रदेश

2. भारत पर सर्वप्रथम अरबी आक्रमण किसके द्वारा किया गया?

(a) मोहम्मद गौरी
(b) मोहम्मद बिन कासिम
(c) महमूद गजनवी
(d) उपरोक्त में से कोई नहीं

3. निम्नलिखित में से कौन-सी एक ठण्डी महासागरीय धारा है?

(a) गल्फ स्ट्रीम
(b) अगुलहास धारा
(c) लैब्राडोर धारा
(d) अलास्का धारा

4. संविधान सभा के स्थायी अध्यक्ष कौन थे?

(a) राजेन्द्र प्रसाद
(b) सच्चिदानन्द सिन्हा
(c) जवाहरलाल नेहरू
(d) सरदार वल्लभभाई पटेल

5. 'एशिया का नोबेल' किस पुरस्कार को कहा जाता है?

(a) साहित्य अकादमी (b) पुलित्जर पुरस्कार
(c) रैमन मैग्सेसे (d) मान बुकर पुरस्कार

6. प्रोटीन के पाचन के लिए जिम्मेदार अग्न्याशयी रस में कौन-सा एन्जाइम मौजूद होता है?

(a) ट्रिप्सिन (b) पेप्सिन
(c) एमाइलेज (d) उपेस

7. 'कम्प्यूटर का पिता' किसे कहा जाता है?

(a) चार्ल्स डिफेन्स् (b) चार्ल्स बैबेज
(c) ऑलिवर ट्विस्ट (d) लव लाइस

8. एक आयताकार डिब्बे की माप 2 : 3 : 5 के अनुपात में है। यदि कुल सतह क्षेत्र 6200 वर्ग सेमी है, तो घनाभ के आयाम ज्ञात कीजिए।

(a) 20 सेमी × 30 सेमी × 50 सेमी
(b) 20 सेमी × 30 सेमी × 40 सेमी
(c) 30 सेमी × 30 सेमी × 40 सेमी
(d) 20 सेमी × 40 सेमी × 50 सेमी

9. एक वस्तु को ₹ 184 में बेचने पर 20% की हानि होती है। 15% का लाभ प्राप्त करने के लिए उसका विक्रय मूल्य क्या होना चाहिए?

(a) ₹ 254.45 (b) ₹ 256.65
(c) ₹ 264.50 (d) ₹ 223.60

10. यदि $a + \cfrac{1}{5 + \cfrac{1}{3 + \cfrac{1}{4}}} = \frac{15}{69}$, तो a का मान ज्ञात कीजिए।

(a) $\frac{2}{69}$ (b) $\frac{3}{69}$ (c) $\frac{5}{69}$ (d) $\frac{7}{69}$

11. वह बड़ी-से-बड़ी संख्या ज्ञात कीजिए, जिससे 1250 तथा 1615 को विभाजित करने पर शेष क्रमशः 4 और 5 बचता हैं।

(a) 13 (b) 14 (c) 16 (d) 18

12. एक कक्षा में 18 लड़के और कुछ लड़कियाँ थी। एक परीक्षा में लड़कों के औसत अंक 12, जबकि लड़कियों के 14 थे। यदि कुल औसत 13.1 था, तो कक्षा में छात्रों की कुल संख्या कितनी थी?

(a) 42 (b) 40
(c) 44 (d) 38

13. एक बॉक्स में मौजूद 286 पेन्सिलों को $\frac{1}{2}:\frac{1}{3}:\frac{1}{4}$ के अनुपात में तीन बच्चों में वितरित किया जाना है। पहले बच्चे को प्राप्त पेन्सिलों की संख्या ज्ञात कीजिए।
(a) 88 (b) 66 (c) 132 (d) 42

14. यदि $27^x = \frac{9}{3^x}$, तो $\frac{1}{x^4}$ का मान क्या होगा?
(a) 10 (b) 8
(c) 16 (d) 4

15. दो पासों को फेंका जाता है। पासों के ऊपर के फलक पर अंकों का योग 9 होने की प्रायिकता ज्ञात कीजिए, जबकि पहले पासे पर ऊपर के फलक पर 5 अंक प्राप्त हो।
(a) $\frac{1}{9}$ (b) $\frac{1}{36}$
(c) $\frac{1}{216}$ (d) $\frac{5}{6}$

16. नीचे एक अनुक्रम दिया गया है, जिसमें एक पद लुप्त है। दिए गए विकल्पों में से वह सही विकल्प चुनिए, जो अनुक्रम को पूरा करेगा।
97, 86, 99, 88, 101, ?, ?
(a) 88, 99 (b) 90, 103
(c) 121, 108 (d) 114, 103

17. दिए गए शब्दों को शब्दकोश के क्रमानुसार में व्यवस्थित कीजिए।
1. Taken 2. Tactless
3. Tackle 4. Tactful
5. Talent
(a) 12543 (b) 54132
(c) 24351 (d) 34215

18. (::) के बाईं ओर दिए गए शब्द किसी-न-किसी तर्क/नियम/ सम्बन्ध के आधार पर आपस में सम्बन्धित हैं। समान तर्क/नियम/ सम्बन्ध के आधार पर दिए गए विकल्पों में से (::) के दाईं ओर लुप्त शब्द /शब्द युग्म को चुनिए।
एक्वेरियम : मछली :: ?
(a) शराब : तहखाना
(b) पशु : चिड़ियाघर
(c) छत्ता : मधुमक्खी
(d) हवाई जहाज : विमानशाला

19. एक 31 विद्यार्थियों की कक्षा में अरुण का प्रारम्भ से स्थान 17वाँ है। अन्त से उसका कौन-सा स्थान है?
(a) 14 (b) 15 (c) 16 (d) 17

20. यदि बीते कल से पहला दिन बृहस्पतिवार था, तो रविवार कब होगा?
(a) आज
(b) आज से दो दिन बाद
(c) आने वाला कल
(d) आने वाले कल से अगले दिन

21. यदि किसी कूटभाषा में HOSPITAL को 32574618 लिखा जाता है, तो उसी कूटभाषा में POSTAL को कैसे लिखा जाएगा?
(a) 752618 (b) 725618
(c) 725168 (d) 725681

22. दिए गए समीकरणों के आधार पर अनुत्तरित समीकरण का सही उत्तर ज्ञात कीजिए।
यदि $6*5=91$
$8*7=169$
$10*7=657$
तब, $11*10=?$
(a) 331 (b) 993 (c) 678 (d) 845

23. दिए हुए विकल्पों से लुप्त संख्या ज्ञात कीजिए।

173	(24)	526
431	(18)	325
253	(?)	471

(a) 22 (b) 42 (c) 30 (d) 06

24. नीचे दिए गए प्रश्न में, कुछ कथन दिए गए है और उन कथनों के आधार पर कुछ निष्कर्ष दिए गए हैं। आपको मानना है कि दिए गए कथन सत्य है चाहें वे सामान्यत: ज्ञात तथ्यों से अलग प्रतीत होते हों। सभी निष्कर्षों को पढ़िए और फिर निश्चय कीजिए कि दिए गए निष्कर्षों में से कौन-सा निष्कर्ष तार्किक रूप से दिए गए कथनों के अनुसार है।
कथन
सभी N, Q हैं।
कुछ H, Q हैं।
निष्कर्ष
I. कुछ Q, N हैं।
II. कुछ Q, H हैं।
III. कुछ N, H हैं।
(a) निष्कर्ष I और II दोनों कथनों के अनुसार हैं
(b) केवल निष्कर्ष III कथन के अनुसार है
(c) निष्कर्ष II और III दोनों कथनों के अनुसार हैं
(d) केवल निष्कर्ष II कथन के अनुसार है

25. निम्नलिखित प्रश्न में विभिन्न स्थानों पर Δ चिह्न विभिन्न गणितीय चिह्नों के लिए है, जो विकल्पों के रूप में दिए गए हैं। चिह्नों के सही क्रम वाले विकल्प को चुनिए, जिसे प्रतिस्थापित करने पर प्रश्न समीकरण सही हो जाए।
$$24 \Delta 4 \Delta 5 \Delta 4$$
(a) × + = (b) = × +
(c) + × = (d) ÷ = ×

26. एक कक्षा में 5 पंक्तियाँ हैं, जिनमें पाँच बच्चे A, B, C, D और E एक-दूसरे के पीछे अलग-अलग पाँच पंक्ति में निम्न प्रकार बैठे हैं
A बैठा है C के पीछे, लेकिन B के आगे। C बैठा है E के पीछे। D बैठा है E के आगे। पहली पंक्ति से अन्तिम पंक्ति तक वे किस क्रम में बैठे हैं?
(a) DECAB (b) BACED
(c) ACBDE (d) ABEDC

27. नीचे दी गई आकृति में कितने त्रिभुज हैं?

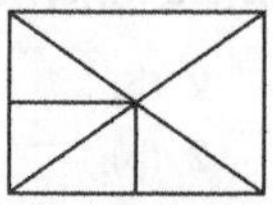

(a) 12 (b) 8
(c) 16 (d) 15

28. प्रश्न आकृतियों में चिह्न से पहले दी गई आकृतियों के बीच एक निश्चित सम्बन्ध है। इसी सम्बन्ध के आधार पर चिह्न ':.' के बाद दी गई आकृति के लिए उत्तर आकृतियों में से सम्बन्धित आकृति चुनिए।
प्रश्न आकृतियाँ

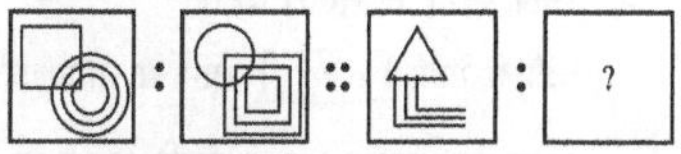

उत्तर आकृतियाँ

(a) (b) (c) (d)

29. निम्नलिखित उत्तर आकृतियों में से वह उत्तर आकृति चुनिए, जो प्रश्न आकृतियों में दी गई शृंखला को पूरा करती है।
प्रश्न आकृतियाँ

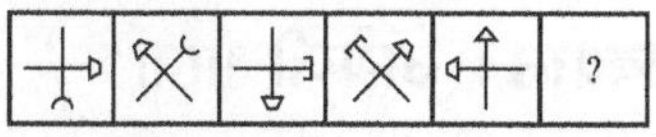

उत्तर आकृतियाँ

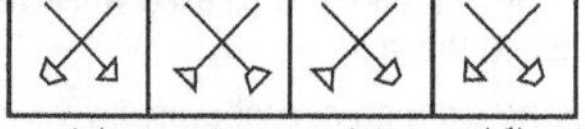

(a) (b) (c) (d)

30. इस प्रश्न में, यदि एक दर्पण को MN रेखा पर रखा जाए, तो दी गई उत्तर आकृतियों में से कौन-सा प्रश्न आकृति का सही प्रतिबिम्ब होगा?
प्रश्न आकृति

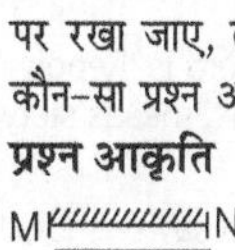

उत्तर आकृतियाँ

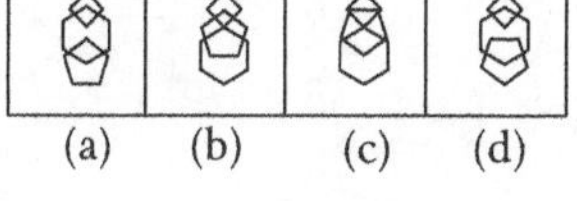

(a) (b) (c) (d)

उत्तरमाला

सेक्शन I अंग्रेजी भाषा

1 (c)	2 (b)	3 (c)	4 (a)	5 (c)	6 (c)	7 (b)	8 (d)	9 (d)	10 (a)
11 (b)	12 (d)	13 (c)	14 (b)	15 (b)	16 (c)	17 (c)	18 (c)	19 (c)	20 (c)

सेक्शन II सामान्य जागरूकता, गणित एवं तर्कशक्ति

1 (c)	2 (b)	3 (c)	4 (a)	5 (c)	6 (a)	7 (b)	8 (a)	9 (c)	10 (a)
11 (b)	12 (b)	13 (c)	14 (c)	15 (b)	16 (b)	17 (d)	18 (c)	19 (b)	20 (c)
21 (b)	22 (a)	23 (a)	24 (a)	25 (b)	26 (a)	27 (a)	28 (a)	29 (d)	30 (b)

स्कोर कार्ड

- कुल Attempted प्रश्न
  अंग्रेजी भाषा [ ] सामान्य जागरूकता, गणित एवं तर्कशक्ति [ ]
- कुल सही व गलत प्रश्न
  अंग्रेजी भाषा [/] सामान्य जागरूकता, गणित एवं तर्कशक्ति [/]
- फाइनल स्कोर (कुल सही उत्तर के अंक – गलत उत्तर के अंक)
  अंग्रेजी भाषा [/] सामान्य जागरूकता, गणित एवं तर्कशक्ति [/]

समय 45 मिनट सही उत्तर 1 अंक गलत उत्तर 0.25 अंक

- रिजल्ट
  - 10 से नीचे (किसी भी सेक्शन में) - Average (सिलेक्शन नहीं)
  - 10-18 के बीच में (कुल 35+) - Good (सिलेक्शन हो सकता है)
  - 18 से ऊपर (दोनों सेक्शन में) - Excellent (100% सिलेक्शन)
- टिप्पणी
  यदि आपका स्कोर किसी भी सेक्शन में 10 से नीचे है तब आप बार-बार प्रैक्टिस करें और ऐसा तब तक करें जब तक आपका स्कोर 10-18 (कुल 35+) के बीच में नहीं हो जाता।

संकेत एवं हल

सेक्शन I अंग्रेजी भाषा

1. (c) The old man dug a hole and hid the gold underground.

2. (b) The old man was pleased when he touched the gold.

3. (c) The old man almost everyday visited the place, where he had kept the gold hidden.

4. (a) The friend told the old man that he had not lost anything.

5. (c) The wrongly spelt word is 'Repport'. Its correct spelling is Report, means story, account, etc.

6. (c) 'Controvert' means to say or show that something is not true. Hence, controvert is to contradict.

7. (b) 'Focus' means centre of attraction. So, the correct antonym will be 'disperse', which means scatter in different direction.

8. (d) Fourteen lines poem is called sonnet.

9. (d) The correct sequence is CADB.

10. (a) The correct sequence is BACD.

11. (b) To convert the given sentence into passive voice, must be + IIrd form of verb should be used. Hence, 'must be taken care of by us' is the correct alternative.

12. (d) To convert the given sentence in indirect speech, following structure to be used Wh-word + possessive adjectives + complement + helping verb.
Hence, option (d) is its correct answer as the sentence is in interrogative form.

13. (c) The underlined word 'daunt' means to make someone feel intimidated or apprehensive. Hence, its antonym is 'cheer' which means to encourage or uplift someone's spirits.

14. (b) The noun from of 'Approve' is 'Approval'.

15. (b) The incorrectly spelt word in the given sentence is 'pieceful'. The correct spelling is 'peaceful'.

16. (c) The idiom that can replace the highlighted part of the sentence meaningfully is 'out in the open', it means something that is public or widely known.

17. (c) The correct word to fill in the blank is 'declared'.

18. (c) 'Hard' is the correct adjective to fill the blank.

19. (c) 'A little' is the correct answer as it means not much but some, that is suitable for the given sentence.

20. (c) 'Says' is the correct form of verb as the sentence denotes to the present tense.

सेक्शन II सामान्य जागरूकता, गणित एवं तर्कशक्ति

1. (c) भरतनाट्यम नृत्य तमिलनाडु राज्य से सम्बन्धित है। यह दक्षिण भारत का प्रमुख शास्त्रीय नृत्य है, जो भरतमुनि के 'नाट्यशास्त्र' पर आधारित है। इस नृत्य को तमिलनाडु में देवदासियों द्वारा विकसित व प्रसारित किया गया था। भरतनाट्यम के दो भाग हैं-नृत्य एवं अभिनय। नृत्य शरीर के अंगों से उत्पन्न होता है, इसमें रस, भाव व काल्पनिक अभिव्यक्ति आवश्यक है, जबकि अभिनय में शारीरिक प्रक्रियाओं का प्रयोग होता है। इस नृत्य को 'सादिर', 'दासी अट्टम' व 'तन्जावूर नाट्यम' के नाम से भी जाना जाता है।

2. (b) भारत पर सर्वप्रथम 712 ई. में अरबी आक्रमण मोहम्मद बिन कासिम ने किया। मोहम्मद बिन कासिम ने 17 वर्ष की उम्र में भारतीय उपमहाद्वीप के पश्चिमी इलाकों पर आक्रमण किया और सिन्धु नदी के साथ लगे सिन्ध और पंजाब क्षेत्रों पर अधिकार कर लिया। इसी ने सर्वप्रथम भारत पर जजिया कर लगाया।

3. (d) लैब्राडोर एक ठण्डी महासागरीय धारा है। यह मुख्यतः अटलाण्टिक महासागर की जलधारा है। उच्च अक्षांशों से निम्न अक्षांशों की ओर बहने वाली जलधारा को ठण्डी जलधारा कहते हैं। ये प्रायः ध्रुवों से भूमध्य रेखा की ओर चलती हैं। ये धाराएँ जिन क्षेत्रों में बहती हैं, वहाँ के तापमान को घटा देती हैं

4. (a) संविधान सभा के स्थायी अध्यक्ष डॉ. राजेन्द्र प्रसाद थे। संविधान सभा ने 2 वर्ष, 11 माह, 18 दिन में कुल 114 बैठके कीं। इन बैठकों में प्रेस और जनता को भाग लेने की स्वतन्त्रता थी।

5. (c) 'रैमन मैग्सेसे' को एशिया का नोबेल पुरस्कार कहा जाता है। यह पुरस्कार एशिया के व्यक्तियों को उनके अपने क्षेत्र में विशेष रूप से उल्लेखनीय कार्य करने के लिए प्रदान किया जाता है। यह पुरस्कार फिलीपीन्स के भूतपूर्व राष्ट्रपति रैमन मैग्सेसे की स्मृति में दिया जाता है। इस पुरस्कार की शुरुआत वर्ष 1957 में हुई थी।

6. (b) प्रोटीन के पाचन के लिए अग्न्याशयी रस में ट्रिप्सिन नामक एन्जाइम उपस्थित होता है। यह एन्जाइम भोजन में उपस्थित प्रोटीन को पॉली पेप्टाइड्स में बदल देता है। इसके अतिरिक्त अग्न्याशयी रस में एमाइलेज एवं लाइपेज एन्जाइम भी उपस्थित होते हैं। एमाइलेज माण्ड को शर्करा में तथा लाइपेज वसा को वसा एसिड व ग्लिसरॉल में परिवर्तित कर देता है।

7. (b) कम्प्यूटर का पिता चार्ल्स बैबेज को कहा जाता है। इन्होंने 1822 ई. में एक मशीन का निर्माण किया जिसका व्यय ब्रिटिश सरकार ने वहन किया। इस मशीन का नाम डिफरेंश इंजन रखा गया जो आधुनिक कम्प्यूटर का आधार बना।

8. (a) माना आयताकार डिब्बे की मापें क्रमशः $2x$ सेमी, $3x$ सेमी और $5x$ सेमी हैं।

आयताकार डिब्बे (घनाभ) की कुल सतह का पृष्ठीय क्षेत्रफल = 6200 वर्ग सेमी

$$2 \times (2x \times 3x + 3x \times 5x + 5x \times 2x) = 6200$$

$$\Rightarrow \quad 2 \times (6x^2 + 15x^2 + 10x^2) = 6200$$

$$\Rightarrow \quad 31x^2 = 3100$$

$$\Rightarrow \quad x^2 = 100$$

$$\Rightarrow \quad x = 10 \text{ सेमी}$$

तब, डिब्बे की मापें 20 सेमी, 30 सेमी एवं 50 सेमी होंगी।

$\therefore$ घनाभ का आयाम = 20 सेमी × 30 सेमी × 50 सेमी

9. (c) दिया है,

विक्रय मूल्य = ₹ 184, हानि = 20%

$$\text{क्रय मूल्य} = \frac{\text{विक्रय मूल्य} \times 100}{(100 - \text{हानि\%})}$$

$$= \frac{184 \times 100}{(100 - 20)} = \frac{184 \times 100}{80}$$

$$= ₹\ 230$$

तथा 15% लाभ प्राप्त करने के लिए,

$$\text{विक्रय मूल्य} = \text{क्रय मूल्य} \times \frac{(100 + \text{लाभ\%})}{100}$$

$$= \frac{230 \times (100 + 15)}{100}$$

$$= \frac{230 \times 115}{100} = ₹\ 264.50$$

10. (a) दिया है,

$$a + \cfrac{1}{5 + \cfrac{1}{3 + \cfrac{1}{4}}} = \frac{15}{69}$$

$$\Rightarrow a + \cfrac{1}{5 + \cfrac{1}{\frac{13}{4}}} = \frac{15}{69}$$

$$\Rightarrow a + \cfrac{1}{5 + \frac{4}{13}} = \frac{15}{69}$$

$$\Rightarrow a + \cfrac{1}{\frac{65 + 4}{13}} = \frac{15}{69}$$

$$\Rightarrow \quad a + \frac{13}{69} = \frac{15}{69}$$

$$\Rightarrow \quad a = \frac{15}{69} - \frac{13}{69}$$

$$\therefore \quad a = \frac{2}{69}$$

11. (b) अभीष्ट संख्या

= (1250 – 4) तथा (1615 – 5) का म.स.

= 1246 तथा 1610 का म.स.

```
1246) 1610 (1
      1246
      364) 1246 (3
           1092
           154) 364 (2
                308
                56) 154 (2
                    112
                    42) 56 (1
                        42
                        14) 42 (3
                            42
                            ×
```

$\therefore$ म.स. = 14

अतः अभीष्ट संख्या 14 है।

12. (b) माना कक्षा में x लड़कियाँ हैं।

तब

प्रश्नानुसार, लड़कों के कुल अंक + लड़कियों के कुल अंक = पूरी कक्षा के कुल अंक

$$12 \times 18 + 14 \times x = 13.1\,(18 + x)$$

[$\because$ कुल अंक = औसत × व्यक्तियों की संख्या]

$$\Rightarrow \quad 216 + 14x = 13.1 \times 18 + 13.1x$$

$$\Rightarrow \quad 14x - 13.1x = 235.8 - 216$$

$$\Rightarrow \quad 0.9x = 19.8$$

$$\therefore \quad x = 22$$

तब कक्षा में छात्रों की कुल संख्या

= 18 + 22 = 40

13. (c) तीनों बच्चों को मिला पेन्सिल के भाग का अनुपात

$$= \frac{1}{2} : \frac{1}{3} : \frac{1}{4} = 6 : 4 : 3$$

$\therefore$ पहले बच्चे को मिली पेन्सिलों की संख्या

$$= \frac{\text{अनुपात}}{\text{अनुपातिक योग}} \times \text{कुल पेन्सिलों की संख्या}$$

$$= \frac{6}{6 + 4 + 3} \times 286$$

$$= \frac{6}{13} \times 286$$

$$= 6 \times 22 = 132$$

14. (c) दिया है, $27^x = \frac{9}{3^x}$

$$\Rightarrow \quad 3^{3x} \times 3^x = 9 \qquad [\because (a^m)^n = a^{mn}]$$

$$\Rightarrow \quad 3^{4x} = 3^2 \quad [\because a^m \times a^n = a^{m+n}]$$

तुलना करने पर, $4x = 2$

$$x = \frac{1}{2}$$

अब, $\frac{1}{x^4} = \frac{1}{\left(\frac{1}{2}\right)^4} = \frac{1}{\frac{1}{16}} = 16$

15. (b) यहाँ, $n(S) = 6 \times 6 = 36$

तथा $E = (5, 4) \Rightarrow n(E) = 1$

$\therefore \quad P(E) = \frac{1}{36}$

16. (b) दी गई शृंखला का क्रम निम्नवत् है,

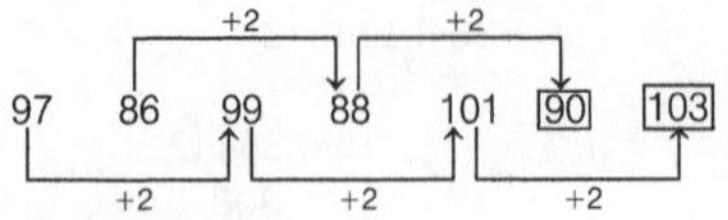

17. (d) दिए गए शब्दों को शब्दकोश के अनुसार अवस्थित करने पर,

3. Tackle → 4.Tactful → 2.Tactless → 1.Taken→ 5. Talent

∴ अभीष्ट कूट = 3, 4, 2, 1, 5

18. (c) जिस प्रकार, एक्वेरियम में मछली रहती है। उसी प्रकार, छत्ता में मधुमक्खी रहती है।

19. (b) अरुण का अन्त से स्थान

= 31 − 17 + 1 = 15 वाँ

20. (c) आज पड़ने वाला दिन

= बृहस्पतिवार + 2

= शनिवार

अतः आने वाला कल रविवार होगा।

21. (b) जिस प्रकार,

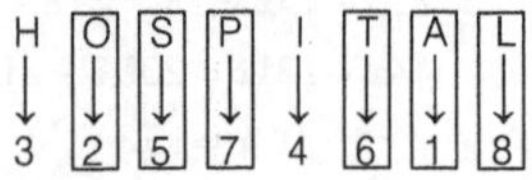

उसी प्रकार,

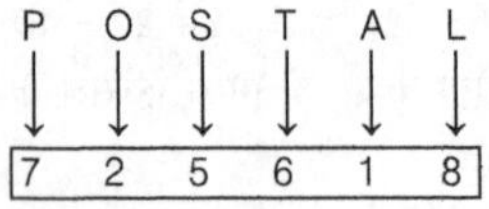

22. (a) जिस प्रकार,

$6^3 - 5^3 = 216 - 125 = 91$

$8^3 - 7^3 = 512 - 343 = 169$

तथा $10^3 - 7^3 = 1000 - 343 = 657$

उसी प्रकार, $11^3 - 10^3 = 1331 - 1000$

$= 331$

23. (a) बीच के कोष्ठक () वाली संख्या दोनों किनारों पर स्थित संख्या के अंकों का योग है।

अतः जिस प्रकार,

$(1 + 7 + 3) + (5 + 2 + 6) = 11 + 13 = 24$

तथा

$(4 + 3 + 1) + (3 + 2 + 5) = 8 + 10 = 18$

उसी प्रकार,

$(2 + 5 + 3) + (4 + 7 + 1) = 10 + 12 = 22$

24. (a) कथनानुसार,

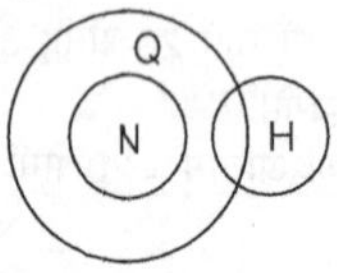

निष्कर्ष

I. (✓) II. (✓) III. (✗)

अतः निष्कर्ष I और II अनुसरण करते हैं।

25. (b) दिया गया समीकरण, 24 Δ 4Δ 5 Δ 4

विकल्प (a) से,

$24 \times 4 + 5 = 4$

$\Rightarrow \quad 96 + 5 = 4$

$\Rightarrow \quad 101 \neq 4$

विकल्प (b) से,

$24 = 4 \times 5 + 4$

$\Rightarrow \quad 24 = 20 + 4$

$\Rightarrow \quad 24 = 24$

26. (a) बैठने का क्रम निम्नवत् है,

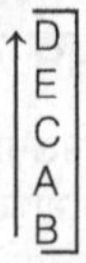

⇒ DECAB

27. (a) आकृति में बिन्दुओं के नाम रखने पर,

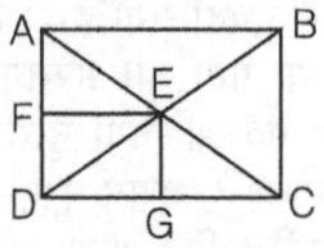

त्रिभुजों के नाम निम्न हैं

AEB, AEF, DEF, DEG, CEG, BEC, ABD, BCD, ABC, ACD, ADE और CDE

अतः आकृति में कुल 12 त्रिभुज हैं।

28. (a) प्रश्न आकृति का ध्यानपूर्वक अवलोकन करने पर स्पष्ट होता है कि दोनों आकृतियाँ आपस में अपना स्थान बदल लेती हैं। एक डिजाइन वाली आकृति तीन डिजाइन में बदल जाती है और तीन डिजाइन वाली आकृति एक डिजाइन वाली आकृति में बदल जाती है।

29. (d) दी गई आकृतियों में प्रत्येक आकृति को वामावर्त दिशा में 135° घुमाने पर दूसरी आकृति प्राप्त होती है। इसी क्रमानुसार,

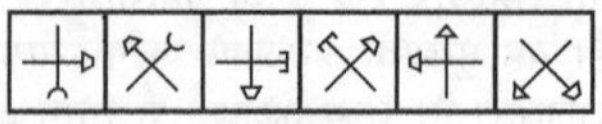

30. (b) प्रश्नानुसार,

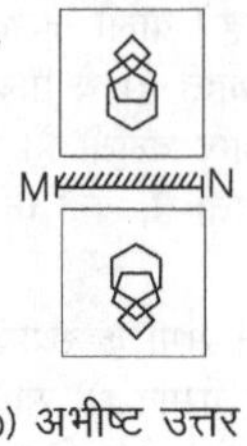

अतः विकल्प (b) अभीष्ट उत्तर आकृति होगी।

भारतीय वायु सेना

अग्निवीर वायु फेज-1

(ग्रुप-Y) विज्ञान विषय के अतिरिक्त

प्रैक्टिस सेट 24

समय : 45 मिनट

पूर्णांक : 50

निर्देश

1. इस प्रैक्टिस सेट में कुल 50 प्रश्न हैं तथा परीक्षा की अवधि 45 मिनट है।
2. प्रत्येक सही उत्तर के लिए 1 अंक का प्रावधान है।
3. गलत उत्तर के लिए 0.25 नकारात्मक अंक का प्रावधान है।

सेक्शन I ➛ अंग्रेजी भाषा

Directions (Q. Nos. 1-4) *Read the following passage carefully and answer the questions that follow.*

A recent investigation by scientists at the USA Geological Survey shows that strange animal behaviour might help predict future earthquakes. Investigators found such occurrences in a 10 km radius of the epicentre of a fairly recent quake. Some birds screeched and flew about wildly, dogs yelped and ran uncontrollably. Scientists believe that animals can perceive these environmental changes as early as several days before the mishap.

In 1976, after observing the animal behaviour, the Chinese were able to predict a devastating quake. Although hundreds of thousands of people were killed, the government was able to evacuate millions of other and thus keep the death toll at a lower level.

1. What prediction may be made by observing animal behaviour?
(a) An impending earthquake
(b) The number of people who will die
(c) The 10 km radius of epicentre
(d) Ecological conditions

2. How can animals perceive these change when human beings cannot?
(a) Animals are smarter than human beings
(b) Animals have certain instincts that human beings don't possess
(c) By running round the house, they can feel the vibrations
(d) Human beings don't know where to look

3. If scientists can accurately predict earthquakes there will be
(a) fewer animals going crazy
(b) a lower death rate
(c) fewer people evacuated
(d) fewer environmental changes

4. In this passage the word 'evacuate' means
(a) remove (b) exile
(c) destroy (d) expel

Directions (Q. Nos. 5 and 6) *Find out which part of the sentence has an error.*

5. Every boy (a)/ have to submit the assignment (b)/ by this evening. (c)/ No error (d)

6. The art exhibition (a)/ is a big hit (b)/ and they made a lot of profit. (c)/ No error (d)

Directions (Q. Nos. 7-10) *Fill in the blanks with the correct alternatives.*

7. The money was divided......Anwar and Rashid.
(a) between (b) among
(c) into (d) with

8. His father died....cancer.
(a) from (b) of
(c) with (d) off

9. ....it rains on Sunday, I will not be able to drive .
(a) And (b) Where
(c) Either (d) If

10. Lalit was late to the party.......his car broke down on the high way.
(a) if (b) because
(c) while (d) although

11. Choose the word that means the same as the given word.
Followed
(a) Transgressed
(b) Disobliged
(c) Obeyed
(d) Claimed

12. In the following question, out of the given four alternatives, select the alternative which best expresses the meaning of the Idiom/ phrase.
To sit at someone's feet
(a) To be someone's feet
(b) To attend upon as someone's disciple
(c) To be proud of someone
(d) To wash someone's feet

13. Improve the underlined part of the sentence. Choose 'No improvement' as an answer if the sentence is grammatically correct.
We have to face <u>frequently flood</u> and droughts.
(a) Frequenter flood
(b) Frequently floods
(c) No improvement
(d) Frequent floods

Direction (Q. No. 14) *Select the one which best expresses the same sentence in Direct/Indirect speech.*

14. She asked, "Is the secretary coming to the meeting?"
(a) She asked that the secretary was coming to the meeting.
(b) She asked that if the secretary was coming to the meeting.
(c) She asked if the secretary is coming to the meeting.
(d) She asked if the secretary was coming to the meeting.

Directions (Q. No. 15) *Select the one which best expresses the same sentence in Passive/Active voice.*

15. "If you want to smoke, you will have to go out", said the conductor.
(a) The conductor ordered me to go out and smoke
(b) The conductor said that if I/he wanted to smoke, I/he would have to go out
(c) The conductor told me that smoking is not permitted in the bus
(d) The conductor told me that I will have to go out and smoke

Directions (Q. Nos. 16 and 17) *Find the correctly spelt word.*

16. (a) Intermittently (b) Intarmitent
(c) Intermitantly (d) Intarmittan

17. (a) Coleague (b) Callague
(c) Coleegue (d) Colleague

18. Select the incorrectly spelt word from the given sentence.
A tool designed for an innocuous purpose can be easily used for the same function but with a far different application in mind.
The proper sequence should be
(a) designed (b) aplication
(c) function (d) innocuous

19. Select the most appropriate option for the given blank.
She .... for hours while the train rolled on.
(a) had slumber (b) has slumbered
(c) slumbered (d) slumbers

Direction (Q. No. 20) *Choose the one which can be substituted for the given sentence.*

20. One who is greedy
(a) Voracious (b) Avaricious
(c) Carnivorous (d) Omnivorous

सेक्शन II ➤ सामान्य जागरूकता, गणित एवं तर्कशक्ति

1. मानव शरीर की सबसे बड़ी ग्रन्थि है
(a) अग्नाशय (b) यकृत
(c) फेफड़े (d) वृक्क

2. निम्नलिखित में से कौन-सा स्मारक-स्थान युग्म सही है?
(a) अलाई दरवाजा — तन्जावुर
(b) ताजमहल — मेरठ
(c) गोलकोण्डा किला — हैदराबाद
(d) लाल किला — जयपुर

3. महाद्वीपीय द्रव्यमान का मुख्य खनिज घटक क्या है?
(a) ऑक्सीजन और ऐलुमिना
(b) मैग्नीशियम और सिलिका
(c) ऐलुमिना और मैग्नीशियम
(d) सिलिका और ऐलुमिना

4. भारत के पहले उपराष्ट्रपति कौन थे?
(a) डॉ राजेन्द्र प्रसाद
(b) सरदार वल्लभभाई पटेल
(c) अरुणा आसफ अली
(d) डॉ. सर्वपल्ली राधाकृष्णन

5. 'चैत्रा भूमि' किस महापुरुष की समाधि स्थल है?
(a) महात्मा गाँधी
(b) इन्दिरा गाँधी
(c) बाबू जगजीवन राम
(d) डॉ. भीमराव अम्बेडकर

6. ......उच्च गति का एक ऐसा नेटवर्क है, जो किसी शहर या नगर में स्थानीय नेटवर्क को जोड़ता है।
(a) LAN (b) MAN
(c) VAN (d) TAN

7. निम्नलिखित में से एमनेस्टी इण्टरनेशनल किससे सम्बन्धित है?
(a) मानवाधिकार
(b) सांस्कृतिक विरासत संरक्षण
(c) वन संरक्षण
(d) पशु अधिकार

8. एक यात्री अपनी यात्रा की कुल दूरी का $\frac{2}{5}$ भाग पैदल तय करता है और शेष दूरी का एक-तिहाई भाग बस से तय करता है। उसकी यात्रा की शेष बची दूरी का भिन्न में मान क्या है?
(a) $\frac{7}{15}$ (b) $\frac{3}{5}$
(c) $\frac{2}{5}$ (d) $\frac{1}{5}$

9. 'S' का आधा मान ज्ञात कीजिए।
यदि $S = 6 + [(16-4) \div (2^2 + 2)] - 2$
(a) 11 (b) 8 (c) 3 (d) 4

10. कॉफी की कीमत 15% बढ़ाने पर उसकी बिक्री 15% कम हो गई। आय पर इसका कुल प्रभाव क्या होगा?
(a) शून्य (b) 2.25% वृद्धि
(c) 2.25% कमी (d) 15% कमी

11. 20 व्यक्तियों का औसत भार 60 किग्रा है। एक नया व्यक्ति समूह में शामिल हो जाता है और 21 व्यक्तियों का औसत भार 59 किग्रा हो जाता है। नए व्यक्ति का भार कितना होगा?
(a) 40 किग्रा (b) 41 किग्रा
(c) 39 किग्रा (d) 29 किग्रा

12. 2.5मी चौड़ाई का एक फुटपाथ एक आयताकार बगीचे जिसकी लम्बाई 10 मी और चौड़ाई 8 मी है, के चारों ओर है। बगीचे का क्षेत्रफल जिसमें फुटपाथ भी शामिल है, ज्ञात करें।
(a) 130.25 वर्ग मी (b) 131.25 वर्ग मी
(c) 195.00 वर्ग मी (d) 162.50 वर्ग मी

13. यदि $\tan A = \frac{3}{4}$, तो
$$\frac{(1+\cos A)(1-\cos A)}{(1+\sin A)(1-\sin A)} = ?$$
(a) $\frac{16}{9}$ (b) $\frac{16}{25}$ (c) $\frac{9}{16}$ (d) $\frac{9}{25}$

14. एक पार्टी में, 68 रसोइए 24 घण्टे में किसी काम को कर सकते हैं। 17 रसोइए उसी काम को कितने घण्टे में करेंगे?
(a) 72 (b) 145
(c) 96 (d) 120

15. कोई धन उधार लेकर ₹ 121 की दो वार्षिक किस्तों में चुकता किया गया। यदि चक्रवृद्धि ब्याज की दर 10% वार्षिक हो, तो कितना धन उधार लिया गया?
(a) ₹ 217.80 (b) ₹ 210
(c) ₹ 220 (d) ₹ 200

16. दिए हुए अनुक्रम में कौन-सी संख्या गलत है?
126, 98, 70, 41, 14
(a) 98 (b) 70
(c) 126 (d) 41

17. निम्नलिखित शब्दों को शब्दकोश के अनुसार व्यवस्थित कीजिए।
1. Inventory 2. Involuntary
3. Invisible 4. Invariable
5. Investigate
(a) 4, 2, 5, 3, 1 (b) 4, 5, 1, 3, 2
(c) 2, 5, 4, 1, 3 (d) 4, 1, 5, 3, 2

18. दिए गए विकल्पों में से सम्बन्धित शब्द/संख्या को चुनिए।
ढाँचा : मकान : : अस्थिपंजर : ?
(a) पसली (b) खोपडी
(c) शरीर (d) लावण्य

19. श्याम पूर्व की ओर 5 किमी चला और फिर दाईं ओर मुड़कर 3 किमी चला। वह फिर दाईं ओर मुड़ा और 4 किमी चला। इसके बाद वह पीछे मुडा। इस समय वह किस दिशा की ओर है? (इस समय उसके सम्मुख कौन-सी दिशा है?)
(a) पूर्व (b) पश्चिम
(c) उत्तर (d) दक्षिण

20. निम्नलिखित प्रश्न में, दिए गए विकल्पों में से अलग अक्षर/अक्षरों को चुनिए।
(a) OSX (b) FJN
(c) IMQ (d) NRV

21. यदि आप एक पंक्ति में एक छोर से 9वें व्यक्ति हैं और दूसरे छोर से 11वें, तो पंक्ति में कितने व्यक्ति हैं?
(a) 20 (b) 19
(c) 21 (d) 18

22. नौ दिन पहले मोहिनी सिनेमा देखने गई। वह केवल बृहस्पतिवार को ही सिनेमा देखने जाती है। आज सप्ताह का कौन-सा दिन है?
(a) शनिवार
(b) बृहस्पतिवार
(c) रविवार
(d) मंगलवार

23. निम्नलिखित संख्या-श्रृंखला में ऐसे कितने '4' हैं, जिनके तुरन्त बाद सम संख्या और तुरन्त पहले विषम संख्या है?
7 3 4 5 1 2 4 3 5 4 8 1 7 5 4 6 1 4 7 4 2 6 7 8 5 2
(a) 2 (b) 5
(c) 3 (d) 4

24. यदि '□' का अर्थ है '+', '⊠' का अर्थ है '×', '1' का अर्थ है '–', 'S' का अर्थ है '÷', तो 15 □ 5 ⊠ 4 1 16 S 8 = ?
(a) 12 (b) 16
(c) 28 (d) 33

25. H, I की बहन है। B, H की माँ है। J, R की बेटी है। I, J की बहन है। R, H से कैसे सम्बन्धित है?
(a) दादाजी
(b) पिता
(c) दामाद
(d) मामा

26. निम्नलिखित में से कौन-सा आरेख भारतीय थल सेना, भारतीय वायु सेना तथा भारतीय नौसेना के बीच सम्बन्ध को सही रूप से निरूपित करता है?

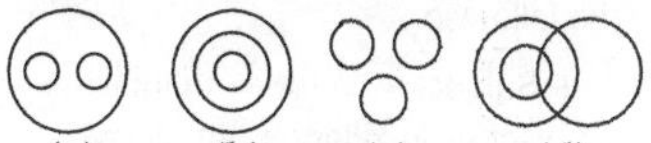

(a) (b) (c) (d)

27. निम्नलिखित आकृति में कितने आयत हैं?

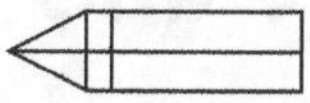

(a) 7 (b) 12 (c) 8 (d) 9

28. निम्नलिखित आकृतियों में से उस आकृति को चुनिए, जो अन्य आकृतियों से भिन्न है।

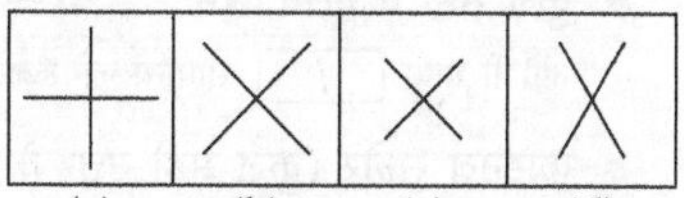

(a) (b) (c) (d)

29. प्रश्न आकृतियों में चिह्न ':: ' से पहले दी गई आकृतियों के बीच एक निश्चित सम्बन्ध है। इसी सम्बन्ध के आधार पर चिह्न ':: ' के बाद दी गई आकृतियों के लिए उत्तर आकृतियों में से सम्बन्धित आकृति चुनिए।

प्रश्न आकृतियाँ

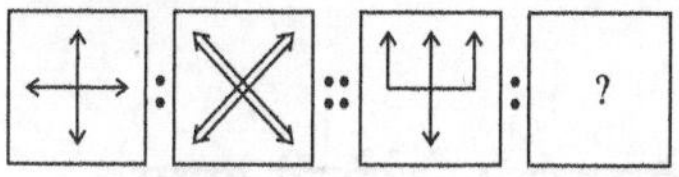

उत्तर आकृतियाँ

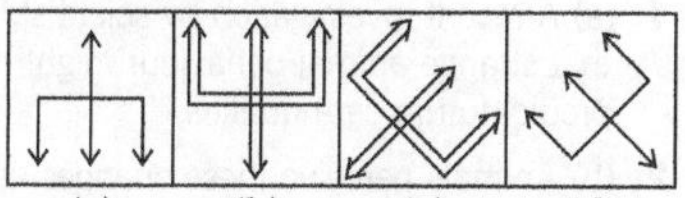

(a) (b) (c) (d)

30. नीचे दी गई प्रश्न आकृति का दर्पण प्रतिबिम्ब कैसा बनेगा, यदि दर्पण रेखा AB पर रखा है।

प्रश्न आकृति

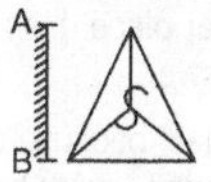

उत्तर आकृतियाँ

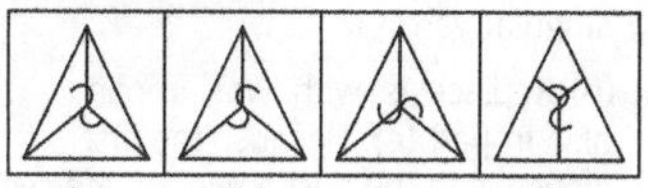

(a) (b) (c) (d)

उत्तरमाला

सेक्शन I अंग्रेजी भाषा

1 (a)	2 (b)	3 (b)	4 (a)	5 (b)	6 (b)	7 (a)	8 (b)	9 (d)	10 (b)
11 (c)	12 (b)	13 (d)	14 (d)	15 (b)	16 (a)	17 (d)	18 (b)	19 (c)	20 (a)

सेक्शन II सामान्य जागरूकता, गणित एवं तर्कशक्ति

1 (b)	2 (c)	3 (d)	4 (d)	5 (d)	6 (a)	7 (a)	8 (c)	9 (c)	10 (c)
11 (c)	12 (c)	13 (c)	14 (c)	15 (b)	16 (d)	17 (d)	18 (c)	19 (a)	20 (a)
21 (b)	22 (a)	23 (c)	24 (d)	25 (b)	26 (c)	27 (d)	28 (d)	29 (c)	30 (a)

स्कोर कार्ड

- कुल Attempted प्रश्न
  अंग्रेजी भाषा [ ] सामान्य जागरूकता, गणित एवं तर्कशक्ति [ ]
- कुल सही व गलत प्रश्न
  अंग्रेजी भाषा [/] सामान्य जागरूकता, गणित एवं तर्कशक्ति [/]
- फाइनल स्कोर (कुल सही उत्तर के अंक – गलत उत्तर के अंक)
  अंग्रेजी भाषा [/] सामान्य जागरूकता, गणित एवं तर्कशक्ति [/]

समय 45 मिनट सही उत्तर 1 अंक गलत उत्तर 0.25 अंक

- रिजल्ट
  - 10 से नीचे (किसी भी सेक्शन में) - Average (सिलेक्शन नहीं)
  - 10-18 के बीच में (कुल 35+) - Good (सिलेक्शन हो सकता है)
  - 18 से ऊपर (दोनों सेक्शन में) - Excellent (100% सिलेक्शन)
- टिप्पणी
  यदि आपका स्कोर किसी भी सेक्शन में 10 से नीचे है तब आप बार-बार प्रैक्टिस करें और ऐसा तब तक करें जब तक आपका स्कोर 10-18 (कुल 35+) के बीच में नहीं हो जाता।

संकेत एवं हल

सेक्शन I अंग्रेजी भाषा

1. (a) A recent investigation by scientist, shows that strange animal behaviour might help predict future earthquakes.

2. (b) Animals perceive these changes as they have certain instincts that human beings do not possess.

3. (b) If scientists can accurately predict earthquakes, there will be a lower death rate.

4. (a) 'Evacuate' means remove (someone) from a place of danger to a safer place. Hence, 'Remove' is its correct answer.

5. (b) Replace 'have' with 'has' because the main subject of the sentence (every boy) is in singular form. A singular subject takes singular verb.

6. (b) Replace 'is' with 'was' in part also in part (c). Because the first clause is in the past tense So, the second clause should also be in the similar tense.

7. (a) 'Between' is the correct preposition as in the given blank it is used only for two persons or things.

8. (b) Preposition 'of' should be used with word 'die' if disease is mentioned.

Die of is used (if mention the disease name) and Die from is used (if the reason of die is mention e.g. disease, accident, hunger).

9. (d) 'If' is the suitable conjunction to fill the blank as the given sentence denote a condition for happening of an action.

10. (b) The given sentence denotes a reason of an action, hence 'because' is the suitable answer.

11. (c) The word 'Followed' can mean to comply with or obeyed.

12. (b) The idiom 'To sit at someone's feet' means to be a student or disciple of someone, learning from them or being guided by them.

13. (d) The underlined part of the sentence contains an error. Replace it with 'frequent floods' to correct it.

14. (d) To change the given sentence in indirect speech, Subject + Auxiliary + first form of verb should be used as the given sentence is in interrogative form. The correct sentence is

She asked if the secretary was coming to the meeting.

15. (b) To change the given sentence in passive voice, following structure should be followed

If + Subject + $Verb_1$ + infinitive + Subject + Auxiliary + Infinitive

Hence, "The conductor said that if I/he wanted to smoke, I/he would have to go out", is the correct answer.

16. (a) The correctly spelt word is intermittently, means continually.

17. (d) The correctly spelt word is colleague, means companion.

18. (b) The incorrectly spelt word in the given sentence is 'aplication'. The correct spelling is 'application'.

19. (c) The correct word to fill in the blank is 'slumbered'. As the given sentence is in simple past tense, 'slumbered' is the most appropriate option to maintain tense consistency.

20. (a) Voracious is one who is greedy.

सेक्शन II सामान्य जागरूकता, गणित एवं तर्कशक्ति

1. (b) मानव शरीर की सबसे बड़ी ग्रन्थि यकृत है। इसका वजन लगभग 1.5 से 2 किग्रा होता है। इसका कार्य प्रोटीन को संश्लेषित करना और पाचन के लिए आवश्यक अम्ल बनाना है। यकृत द्वारा ही पित्त स्त्रावित होता है, जो आंत में उपस्थित एन्जाइम की क्रिया को तीव्र कर देता है।

2. (c) गोलकोण्डा का किला, हैदराबाद (तेलंगाना) में स्थित है। यह किला अपने अद्भुत ध्वनि सिस्टम व रहस्यमयी गुफाओं के लिए प्रसिद्ध है। मध्यकाल में यह कुतुब शाही राजवंश (1518-1687 तक) की राजधानी थी। इस किले का निर्माण 14वीं शताब्दी में वारंगल के शासक 'प्रताप रूद्र' ने कराया था। वर्ष 1687 में इसे मुगल शासक औरंगजेब द्वारा विजित कर लिया गया।

3. (d) महाद्वीपीय द्रव्यमान का मुख्य खनिज घटक सिलिका (Si) व एलुमिना (Al_2O_3) है। इसी कारण महाद्वीपीय परत को सियाल (SiAl) भी कहते हैं। यह भू-पर्पटी महाद्वीपों व महाद्वीपीय शेल्फ के नीचे तथा महासागरीय परत के ऊपर स्थित होती है। इसका घनत्व 2.7 ग्राम/घन सेमी तक होता है।

4. (d) डॉ. सर्वपल्ली राधाकृष्णन भारत के पहले उपराष्ट्रपति (1952-1962) और द्वितीय राष्ट्रपति रहे है। वे भारतीय संस्कृति के संवाहक, प्रख्यात शिक्षाविद्, महान दार्शनिक और एक आस्थावान हिन्दू विचारक थे। उनके इन्हीं गुणों के कारण सन् 1954 में भारत सरकार ने उन्हें सर्वोच्च सम्मान 'भारत रत्न' से अलंकृत किया था। उनके जन्मदिन को (5 सितम्बर) भारत में 'शिक्षक दिवस' के रूप में मनाया जाता है।

5. (d) 'चैत्रा भूमि' डॉ. भीमराव अम्बेडकर की समाधि स्थल है। यह स्थान दादर (मुम्बई) में स्थित है। चैत्रा भूमि बौद्ध धर्म के लोगों का आस्था केन्द्र भी है। ध्यातव्य है कि डा. भीमराव अम्बेड़कर को भारतीय संविधान के निर्माता के रूप में जाना जाता है।

6. (a) LAN (लोकल एरिया नेटवर्क) उच्च गति का एक ऐसा नेटवर्क है, जो किसी शहर या नगर में स्थानीय नेटवर्क को जोड़ता है। इसमें आँकड़ों के संचरण की गति 100 मेगाबाइट प्रति सेकण्ड से 2 गीगा बाइट प्रति सेकण्ड तक होती है।

7. (a) एमनेस्टी इण्टरनेशल एक गैर-सरकारी संगठन है, जो मानवाधिकारों से सम्बन्धित है। इसकी स्थापना जुलाई, 1961 में पीटर बेनेन्नसन द्वारा की गई थी। इसका मुख्यालय लन्दन (UK) में स्थित है। इस संगठन का उद्देश्य मानवीय मूल्यों व मानवीय स्वतन्त्रता को बचाने व भेदभाव मिटाने के लिए शोध एवं प्रतिरोध करना तथा मानवाधिकारों के मुद्दों पर वैश्विक अभियान चलाकर वैश्विक जनमत तैयार करना है।

8. (c) माना यात्रा की कुल दूरी x है।

तब, पैदल तय की गई यात्रा $= x$ का $\frac{2}{5} = \frac{2x}{5}$

शेष यात्रा की दूरी $= x - \frac{2x}{5} = \frac{3x}{5}$

बस द्वारा तय की दूरी $= \frac{3x}{5}$ का $\frac{1}{3} = \frac{x}{5}$

तब, शेष दूरी $= x - \left(\frac{2x}{5} + \frac{x}{5}\right)$

$= \left(x - \frac{3x}{5}\right) = \frac{2x}{5}$

$\therefore$ अभीष्ट भिन्न भाग $= \frac{2}{5}$

9. (c) $S = 6 + [(16 - 4) \div (2^2 + 2)] - 2$

$= 6 + [12 \div 6] - 2$ [BODMAS नियम से]

$= 6 + 2 - 2 = 8 - 2 = 6$

अब, S का आधा मान $= 6 \times \frac{1}{2} = 3$

10. (c) कुल प्रभाव $= x + y + \frac{xy}{100}$

$= 15 - 15 + \frac{15 \times (-15)}{100}$

[$\because$ '+', वृद्धि के लिए और '–' कमी के लिए]

$= \frac{-225}{100} = -2.25\%$

अर्थात् आय में 2.25 प्रतिशत कमी होगी।

11. (c) 20 व्यक्तियों का औसत भार = 60 किग्रा

$\therefore$ उनके भार का योग $= 60 \times 20$

$= 1200$ किग्रा

समूह में एक व्यक्ति शामिल होने पर,

21 व्यक्तियों का कुल भार $= 21 \times 59 = 1239$

अतः नए व्यक्ति का भार $= 1239 - 1200$

$= 39$ किग्रा

12. (c) प्रश्नानुसार,

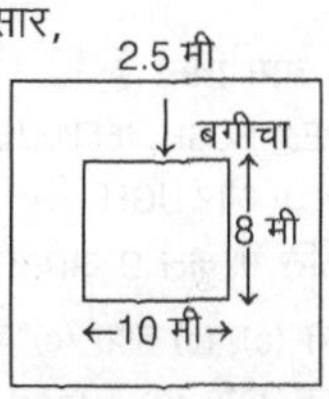

बगीचे की फुटपाथ सहित लम्बाई

$= 10 + 2.5 + 2.5 = 15$ मी

तथा बगीचे की फुटपाथ सहित चौड़ाई

$= 8 + 2.5 + 2.5 = 13$ मी

अतः बगीचे का फुटपाथ सहित क्षेत्रफल

= लम्बाई × चौड़ाई $= 15 \times 13 = 195$ वर्ग मी

13. (c) दिया है, $\tan A = \frac{3}{4}$

$\therefore \frac{(1 + \cos A)(1 - \cos A)}{(1 + \sin A)(1 - \sin A)}$

$= \frac{(1 - \cos^2 A)}{(1 - \sin^2 A)}$

[$\because (a + b)(a - b) = a^2 - b^2$]

$= \frac{\sin^2 A}{\cos^2 A} = \tan^2 A = \left(\frac{3}{4}\right)^2$

[$\because \tan A$ का मान रखने पर]

$= \frac{9}{16}$

14. (c) माना 17 रसोइए उसी काम को x दिन में करेंगे।

तब, $M_1 \times H_1 = M_2 \times H_2$ से,

$68 \times 24 = 17 \times x$

$x = \frac{68 \times 24}{17} = 96$ दिन

अतः 17 रसोइए उसी काम को 96 दिन में करेंगे।

15. (b) यहाँ, $x =$ ₹ 121, $r = 10\%$

माना उधार लिया गया धन ₹ P है।

तब,

$$x = \frac{P}{\left(\frac{100}{100 + r}\right) + \left(\frac{100}{100 + r}\right)^2}$$

$$\Rightarrow \quad P = 121\left[\left(\frac{100}{110}\right) + \left(\frac{100}{110}\right)^2\right]$$

$$= 121\left[\frac{10}{11} + \frac{100}{121}\right]$$

$$= \frac{121[110 + 100]}{121}$$

$= (110 + 100) =$ ₹ 210

16. (d) दी गई शृंखला का क्रम निम्नवत् है,

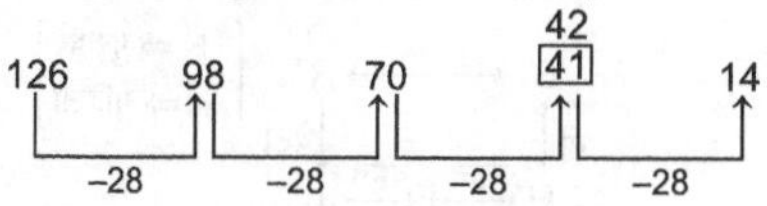

अतः 41 के स्थान पर 42 संख्या होगी।

17. (d) शब्दकोश के अनुसार क्रम निम्नवत् है

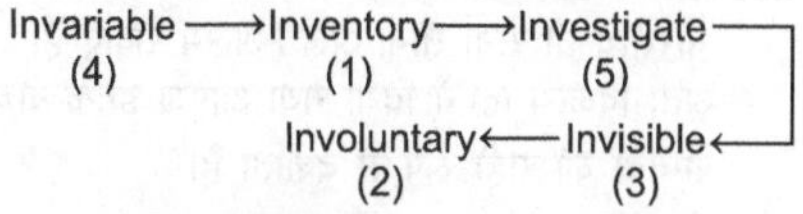

$\Rightarrow$ 4, 1, 5, 3, 2

18. (c) जिस प्रकार, मकान सम्बन्धित है ढाँचा से। उसी प्रकार, शरीर सम्बन्धित है अस्थिपंजर से।

19. (a) श्याम के चलने का क्रम निम्नवत् है,

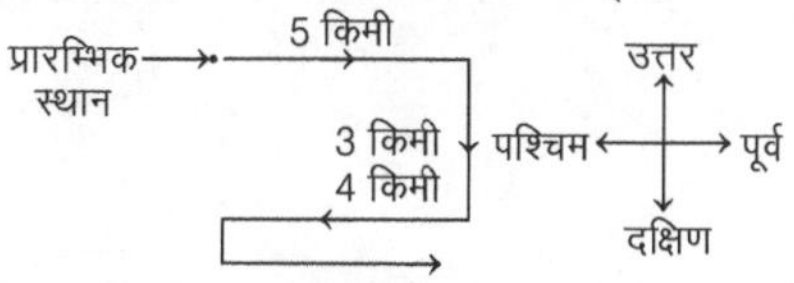

आरेख से स्पष्ट है कि इस समय श्याम का मुख पूर्व दिशा की तरफ है।

20. (a) विकल्पवार परीक्षण से,

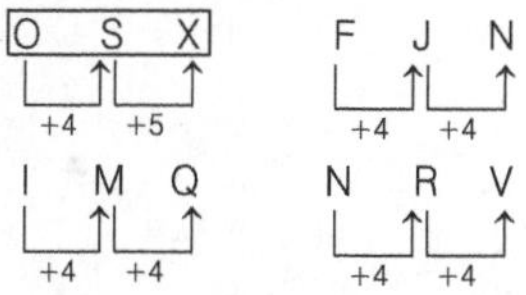

अतः अक्षर समूह 'OSX' अन्य सभी से भिन्न है।

21. (b) पंक्ति में कुल व्यक्तियों की संख्या

$= (9 + 11) - 1 = 20 - 1 = 19$

22. (a) चूँकि प्रत्येक सप्ताह में सात दिन होते हैं तथा सातवें दिन पुनः वहीं दिन फिर से आता है। अतः दो दिन पहले पड़ने वाला दिन

= बृहस्पतिवार

अतः आज पड़ने वाला दिन = बृहस्पतिवार + 2

= शनिवार

23. (c) प्रश्नानुसार,

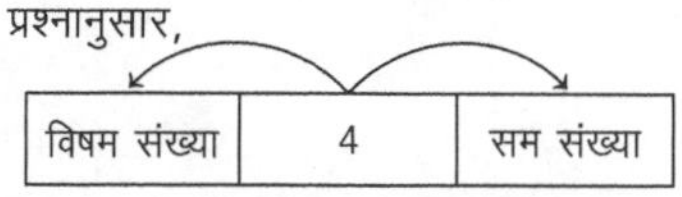

7 3 4 5 1 2 4 3 [5 4 8] 1 7 [5 4 6] 1 4 [7 4 2] 6 7 8 5 2

उपर्युक्त संख्या-शृंखला में तीन ऐसे 4 हैं जिनके तुरन्त बाद सम संख्या तथा तुरन्त पहले विषम संख्या है।

24. (d) दिया गया समीकरण

= 15 □ 5 ☒ 4 1 16 S 8

प्रश्नानुसार, चिन्हों को बदलने पर,

$= 15 + 5 \times 4 - 16 \div 8$

$= 15 + 5 \times 4 - 2 = 15 + 20 - 2$

$= 35 - 2 = \boxed{33}$

25. (b) प्रश्नानुसार,

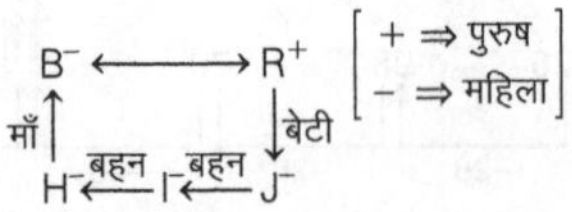

अतः R, H का पिता है।

26. (c) भारतीय थल सेना, भारतीय वायु सेना और भारतीय नौ सेना तीनों अलग-अलग सेवाएँ हैं। अतः विकल्प (c) में दिया गया आरेख इनके बीच सम्बन्ध को सही रूप से दर्शाता है।

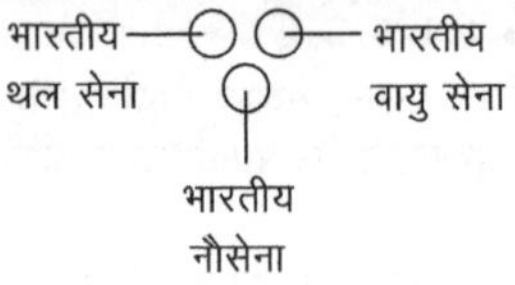

27. (d) आकृति में बिन्दुओं के नाम रखने पर,

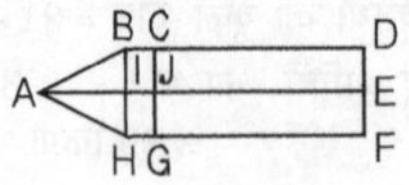

आयतों के नाम निम्न हैं

BDEI, CDEJ, BCGH, IEFH, JEFG, BDFH, CDFG , BCJI और IJGH

अतः आकृति में कुल 9 आयत हैं।

28. (d) आकृति (a), (b) तथा (c) की रेखाएँ परस्पर एक-दूसरे पर लम्बवत् हैं परन्तु आकृति (d) की रेखाएँ एक-दूसरे पर लम्बवत् नहीं हैं। अतः आकृति (d) अन्य आकृतियों से भिन्न है।

29. (c) प्रश्न आकृति के प्रथम युग्म की पहली आकृति में रेखाओं को दोगुना करके नई अर्थात् दूसरी आकृति बनाई गई है। ठीक इसी प्रकार, दूसरे युग्म की पहली आकृति में रेखाओं को दोगुना करने पर,

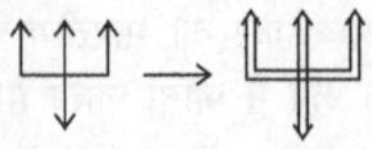

चूँकि प्रथम युग्म की दूसरी आकृति को 45° घुमाया गया है। अतः द्वितीय युग्म की दूसरी आकृति को भी घुमाएँगे और विकल्प (c) वाली आकृति प्राप्त होगी।

30. (a)

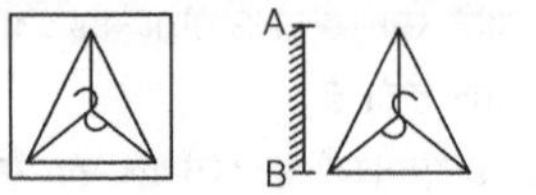

अतः उत्तर आकृति (a) प्रश्न आकृति का सही दर्पण प्रतिबिम्ब है।

भारतीय वायु सेना

अग्निवीर वायु फेज-1

(ग्रुप-Y) विज्ञान विषय के अतिरिक्त

प्रैक्टिस सेट 25

समय : 45 मिनट | पूर्णांक : 50

निर्देश

1. इस प्रैक्टिस सेट में कुल 50 प्रश्न हैं तथा परीक्षा की अवधि 45 मिनट है।
2. प्रत्येक सही उत्तर के लिए 1 अंक का प्रावधान है।
3. गलत उत्तर के लिए 0.25 नकारात्मक अंक का प्रावधान है।

सेक्शन I ➤ अंग्रेजी भाषा

Directions (Q. Nos. 1-4) *Read the following passage carefully and answer the questions that follow.*

For the past several years, scientist have issued ominous warnings about the future of the Earth's climate. Predictions of dramatic global change arising from the continued dumping of industrial by-products into the atmosphere and forest loss of massive scale can no longer be ignored. Compelling scientific evidence strongly suggests that world climate patterns, previously regarded as reliably stable, could be thrust into a state of turmoil. Emissions of natural and synthetic gases are increasing the heat-trapping capacity of the atmosphere through a phenomenon known as the greenhouse effect. The projected impacts of this world-wide climatic disruption dwarf many of the environment problems of the past.

1. The greenhouse effect is a phenomenon that increases
(a) emission of natural gas
(b) emission of synthetic gas
(c) production of heat
(d) retention of heat

2. 'Ominous' given in the first line means
(a) clear (b) inauspicious
(c) detailed (d) frequent

3. 'Projected' in the last sentence means
(a) expected (b) proposed
(c) stated (d) apprehended

4. That world climate patterns will change drastically is
(a) probable (b) improbable
(c) possible (d) impossible

5. I respect the **beliefs** of my astrologer. The word given in bold is
(a) a noun (b) an adverb
(c) an adjective
(d) a part of the verb

6. What is the verb form of given noun?
Care
(a) Care (b) Caring
(c) Careful (d) Carefully

7. They began to learn .... British history when they were in school?
(a) of (b) about
(c) on (d) with

Directions *Rearrange the following four sentences P, Q, R and S in proper sequence to form a meaningful paragraph.*

8. P. Even the Kremlin has adopted it to communicate with reporters.
Q. Telegram, a sleek online messaging service founded in 2013, has 200 million users worldwide.
R. Russia's business and political elite have taken to its anonymous "channel" feature to dish out insider gossip.
S. About 15 million of them are in Russia, the homeland of its founder, Pavel Durov.
(a) SPQR (b) RQPS
(c) QSRP (d) PSRQ

9. Select the most appropriate meaning of the given idiom.
Between a rock and a hard place
(a) On the point of achievement
(b) Stuck between two very bad options
(c) Willing to do anything
(d) Avoiding the main topic, not speaking directly about the issue

10. Identify the segment that contains a grammatical error. If there is no error, select 'No error'.
Running into Sonya's room and not finding her there, Natasha ran to the nursery, but Sonya was not there either.
(a) No error
(b) but Sonya was not there either.
(c) Running into Sonya's room and not finding her there,
(d) Natasha ran to the nursery,

11. Find the part of the given sentence that has an error in it. If there is not error, choose 'No error'.
No one may deny that Angelina was a devoted wife and mother.
(a) No error
(b) devoted wife and mother,
(c) that Angelina was a
(d) No one may deny

Direction (Q. No. 12) *Fill in the blank with a suitable adverb.*

12. You always bring a gift ...... you come to my house.
(a) wherever
(b) whenever
(c) whatsoever
(d) however

13. Find the part of the given sentence that has an error in it. If there is no error, choose 'No error'.
Supriya has much prettier face than Shilpa in our class.
(a) Supriya has much prettier
(b) No error
(c) Shilpa in our class
(d) face than

14. Select the most appropriate word to fill in the blank.
The glass broke .... pieces.
(a) at (b) into
(c) on (d) over

15. Fill in the blank with the most appropriate option. Of course it is. They just sit around .... maybe, when there's a war.
(a) expect (b) except
(c) assent (d) accept

Directions *Choose the correct indirect form of the sentence from the options given below.*

16. Riya wanted to know, "Have we bought enough bread for dinner ?"
(a) Riya wanted to know did we buy enough bread for dinner.
(b) Riya enquired if we had enough bread for the dinner.
(c) Riya asked if we have enough bread for dinner.
(d) Riya wanted to know if we had bought enough bread for dinner.

Direction (Q. No. 17) *Choose the word similar in meaning to the given word.*

17. Gloomy
(a) Misty (b) Obscure
(c) Murky (d) Shadowy

Direction (Q. No. 18) *Choose the word opposite in meaning to the given word.*

18. Frugal
(a) Miserly (b) Gluttonous
(c) Plentiful (d) Extravagant

Direction (Q. No. 19) *Find the correctly spelt word.*

19. (a) Massacar (b) Masacre
(c) Messacre (d) Massacre

Direction (Q. No. 20) *Choose the one which can be substituted for the given sentence.*

20. A place of good climates for invalids.
(a) Hospital (b) Asylum
(c) Sanatorium (d) Retreat

सेक्शन II ➻ सामान्य जागरूकता, गणित एवं तर्कशक्ति

1. निम्नलिखित में से कौन-सी भू-आकृतियाँ उत्क्रमण की युवा अवस्था का चित्रण नहीं करती है?
(a) V-आकार की घाटियाँ
(b) डेल्टा
(c) रैपिड
(d) गार्ज

2. रण उत्सव किस राज्य में मनाया जाता है?
(a) महाराष्ट्र (b) मध्य प्रदेश
(c) गुजरात (d) राजस्थान

3. अन्तराष्ट्रीय संस्था WTO का मुख्यालय कहाँ स्थित है?
(a) वांशिगटन डी.सी. (b) न्यूयॉर्क
(c) पेरिस (d) जेनेवा

4. 'HTML' का पूरा नाम क्या है?
(a) Hyper Text Mailing Language
(b) Hyper Text Markup Language
(c) Hyper Text Microsoft Language
(d) Hyper Text Modulated Language

5. भारतीय राष्ट्रीय काँग्रेस की स्थापना किसने की?
(a) स्वामी विवेकानन्द
(b) ए. ओ ह्यूम
(c) महात्मा गाँधी
(d) व्योमेशचन्द्र बनर्जी

6. विधान परिषद् के कितने सदस्य सीधे राज्यपाल द्वारा मनोनीत किए जाते हैं?
(a) $\frac{1}{3}$ (b) $\frac{1}{4}$ (c) $\frac{1}{12}$ (d) $\frac{1}{6}$

7. फूड पैकेजिंग उद्योग में चिप्स को ऑक्सीकृत होने से रोकने के लिए किस गैस का उपयोग किया जाता है?
(a) नाइट्रोजन (b) हाइड्रोजन
(c) हीलियम (d) कार्बन

8. दो पाइप A और B एक टैंक को क्रमश: 12 तथा 16 मिनट में भर सकते हैं। दोनों पाइप एकसाथ खोल दिए जाते हैं परन्तु टैंक भरने से 4 मिनट पहले पाइप A बन्द कर दिया जाता है। कितने मिनट में टैंक पूरा भर जाता है?
(a) 9 मिनट 8 सेकण्ड
(b) 10 मिनट 9 सेकण्ड
(c) 11 मिनट 19 सेकण्ड
(d) 11 मिनट 29 सेकण्ड

9. यदि $a - b = 5$ और $a^2 + b^2 = 31$, तो ab का मान ज्ञात करें।
(a) 4 (b) 5
(c) 2 (d) 3

10. एक नाव को 10 नाविकों में से 56 किग्रा भार वाले व्यक्ति के स्थान पर नया व्यक्ति आने से इनके औसत भार में 800 ग्राम की वृद्धि हो जाती है। नए नाविक का भार कितना है?
(a) 8 किग्रा (b) 9 किग्रा
(c) 64 किग्रा (d) 56 किग्रा

11. $\frac{\tan A - \sin A}{\tan A + \sin A}$ का मान क्या है?
(a) $\frac{\sec A - 1}{\sec A + 1}$ (b) $\sec A$
(c) $\frac{\sec A + 1}{\sec A - 1}$ (d) 1

12. एक बेलन का आयतन 660 घन सेमी है। उसकी ऊँचाई की गणना कीजिए यदि उसकी त्रिज्या 5 सेमी हो।
(a) 8.4 सेमी (b) 8.0 सेमी
(c) 9.4 सेमी (d) 9.0 सेमी

13. रोहित एक गेंद को ₹700 में खरीदता है। रोहित इस गेंद पर ग्राहक को 20% और 40% दो क्रमागत बट्टे देता है। गेंद का विक्रय मूल्य क्या होगा?
(a) ₹ 336 (b) ₹ 442
(c) ₹ 372 (d) ₹ 325

14. दो संख्याओं का अनुपात 8 : 9 तथा म.स. 14 है। उनका ल.स. ज्ञात कीजिए।
(a) 1008 (b) 112
(c) 126 (d) 1080

15. $\dfrac{\frac{1}{1}\div\frac{1}{2}\times\frac{1}{2}+\frac{1}{2}\times\frac{1}{2}\div\frac{1}{2}}{\frac{1}{4}\times\frac{1}{4}\div\frac{1}{2}+\frac{1}{4}\div\frac{1}{4}\times\frac{1}{2}-\frac{1}{4}\div\frac{1}{2}\times\frac{1}{2}}$
का मान क्या है?
(a) 4 (b) 1
(c) 2 (d) 8

16. किसी विशेष कोड में 'WHEN' को VGFO लिखा जाता है। इस कोड में 'POLICE' को कैसे लिखा जाएगा?
(a) ONKHBD (b) ONKJDF
(c) OPKJBF (d) QPMHBD

17. लड़कों की एक पंक्ति में जीवन आरम्भ से 7वाँ और अन्त से 11वाँ है। लड़कों की एक अन्य पंक्ति में विकास आरम्भ से 10वाँ और अन्त से 12वाँ है। दोनों पंक्तियों में मिलकर कितने लड़के हैं?
(a) 36 (b) 37
(c) 38 (d) 39

18. नीचे एक पासे की दो स्थितियाँ दी गई हैं। 'F' वाले फलक के आसन्न फलक पर क्या आ सकता है?

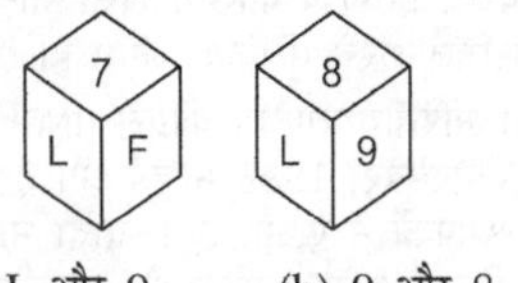

(a) L और 9 (b) 9 और 8
(c) 7 और 9 (d) 8 और L

19. एक अनुक्रम दिया गया है, जिसमें एक पद लुप्त है। दिए गए विकल्पों में से वह सही विकल्प चुनिए, जो अनुक्रम को पूरा करेगा।
ABC, EJN, IRY, ?, QHU
(a) MZJ (b) MZK
(c) MZI (d) MYJ

20. दिए गए आरेख में, कितने सरीसृप न तो स्तनपायी हैं और न ही उभयचर हैं?

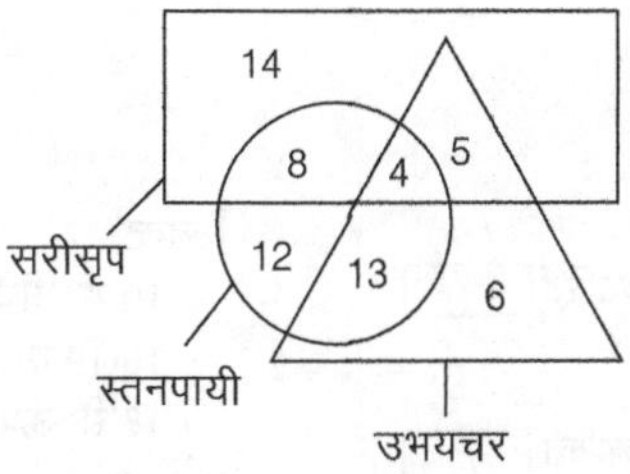

(a) 9 (b) 12
(c) 13 (d) 14

21. उस विकल्प को चुनिए, जो छठी संख्या से ठीक उसी तरह सम्बन्धित है, जिस तरह पहली संख्या दूसरी संख्या से सम्बन्धित है और तीसरी संख्या चौथी संख्या से सम्बन्धित है।
11 : 81 :: 22 : 400 : : ? : 225
(a) 17 (b) 13
(c) 11 (d) 15

22. एक लड़की का परिचय देते हुए विपिन ने कहा, "उसकी माता मेरी सास की इकलौती बेटी है।" विपिन का उस लड़की से क्या सम्बन्ध है?
(a) पिता (b) भाई
(c) पति (d) चाचा

23. निम्नलिखित प्रश्न में, दिए गए विकल्पों में से अलग शब्द युग्म को चुनिए।
(a) ढाका-बांग्लादेश (b) नई दिल्ली-भारत
(c) बीजिंग-चीन (d) लाहौर-पाकिस्तान

24. राजू के सम्मुख उत्तर दिशा है। वह 30 मी आगे चलकर बाएँ मुड़ता है और 15 मी जाता है। अब वह दाएँ मुड़कर 50 मी जाता है और अन्त में दाएँ मुड़कर चलता है। वह किस दिशा की ओर जा रहा है?
(a) उत्तर (b) पूर्व
(c) दक्षिण (d) पश्चिम

25. यदि घड़ी शाम 8 : 30 बजे का समय दर्शा रही हो, तो बताइए कि घण्टे की सूई और मिनट की सूई के बीच क्या कोण होगा?
(a) 90° (b) 75°
(c) 60° (d) 85°

26. उस विकल्प आकृति को चुनिए, जिसमें दी गई आकृति निहित है। (घूर्णन की अनुमति नहीं है)

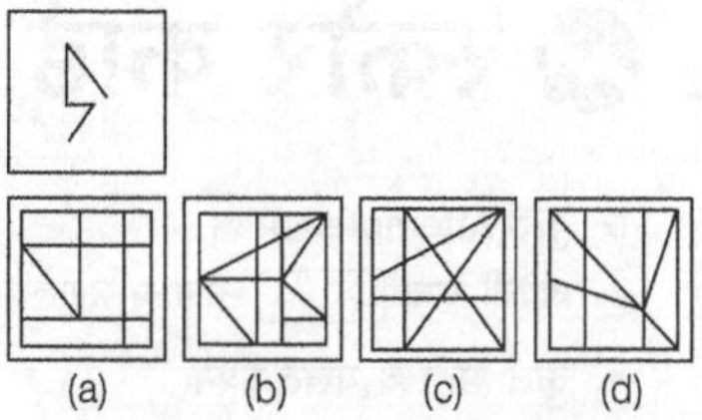

27. यदि नीचे दी गई संख्याओं के पहले और दूसरे अंक को बदल दिया जाए तथा तीसरे अंक में 2 जोड़ दिया जाए, तब सबसे बड़ी संख्या होगी
574, 377, 742, 573
(a) 574 (b) 573 (c) 377 (d) 742

28. दिए गए विकल्पों में से उस आकृति को चुनिए, जो निम्नलिखित शृंखला में प्रश्नचिह्न (?) के स्थान पर आ सकती है।

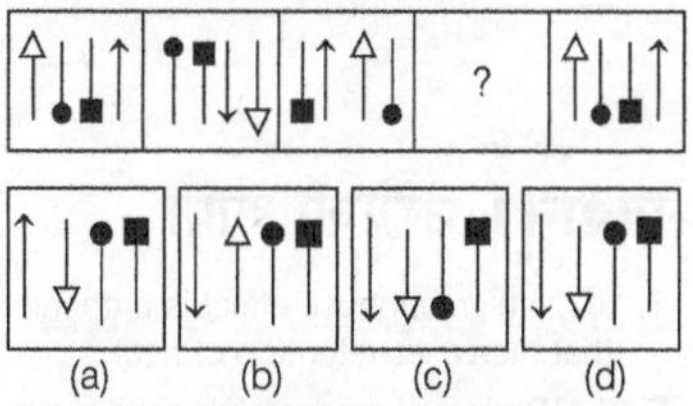

29. प्रश्न आकृतियों में चिह्न ':: ' से पहले दी गई आकृतियों के बीच एक निश्चित सम्बन्ध है। इसी सम्बन्ध के आधार पर चिह्न ':: ' के बाद दी गई आकृति के लिए उत्तर आकृतियों में से सम्बन्धित आकृति चुनिए।

प्रश्न आकृतियाँ

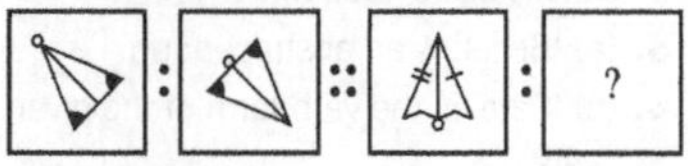

उत्तर आकृतियाँ

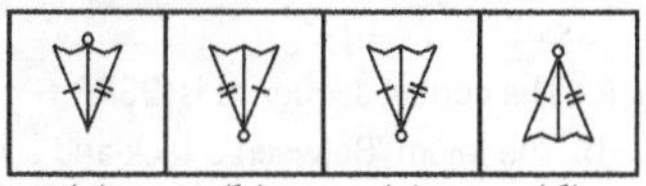

30. नीचे दिए गए चित्र में कितने त्रिभुज हैं?

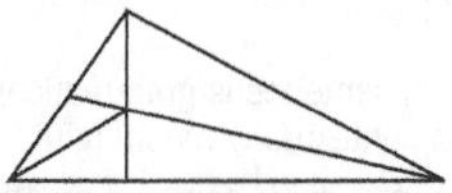

(a) 6 (b) 10 (c) 11 (d) 12

उत्तरमाला

सेक्शन I अंग्रेजी भाषा

1 (d)	2 (b)	3 (a)	4 (a)	5 (a)	6 (a)	7 (b)	8 (a)	9 (b)	10 (a)
11 (d)	12 (b)	13 (a)	14 (b)	15 (b)	16 (d)	17 (c)	18 (d)	19 (d)	20 (c)

सेक्शन II सामान्य जागरूकता, गणित एवं तर्कशक्ति

1 (b)	2 (c)	3 (d)	4 (b)	5 (b)	6 (d)	7 (a)	8 (a)	9 (d)	10 (c)
11 (a)	12 (a)	13 (a)	14 (a)	15 (a)	16 (b)	17 (c)	18 (d)	19 (a)	20 (d)
21 (a)	22 (a)	23 (d)	24 (b)	25 (b)	26 (c)	27 (a)	28 (d)	29 (c)	30 (d)

स्कोर कार्ड

- कुल Attempted प्रश्न
  अंग्रेजी भाषा [ ] सामान्य जागरूकता, गणित एवं तर्कशक्ति [ ]
- कुल सही व गलत प्रश्न
  अंग्रेजी भाषा [/] सामान्य जागरूकता, गणित एवं तर्कशक्ति [/]
- फाइनल स्कोर (कुल सही उत्तर के अंक – गलत उत्तर के अंक)
  अंग्रेजी भाषा [/] सामान्य जागरूकता, गणित एवं तर्कशक्ति [/]

समय 45 मिनट सही उत्तर 1 अंक गलत उत्तर 0.25 अंक

- रिजल्ट
  - 10 से नीचे (किसी भी सेक्शन में) - Average (सिलेक्शन नहीं)
  - 10-18 के बीच में (कुल 35+) - Good (सिलेक्शन हो सकता है)
  - 18 से ऊपर (दोनों सेक्शन में) - Excellent (100% सिलेक्शन)
- टिप्पणी
  यदि आपका स्कोर किसी भी सेक्शन में 10 से नीचे है तब आप बार-बार प्रैक्टिस करें और ऐसा तब तक करें जब तक आपका स्कोर 10-18 (कुल 35+) के बीच में नहीं हो जाता।

संकेत एवं हल

सेक्शन I अंग्रेजी भाषा

1. (d) The greenhouse effect is a phenomenon that increases retention of heat.

2. (b) 'Ominous' means giving the worrying impression that something bad is going to happen. Hence, 'inauspicious' is its correct answer as it also means the same.

3. (a) The word 'Projected' in the list sentence of the passage means 'expected'.

4. (a) The world climate patterns will change drastically is 'probable'.

5. (a) 'Belief' is an abstract noun.

6. (a) 'Care' is the verb form of the given noun 'Care'.

7. (b) The correct filler for the given blank is 'about'.

8. (c) The correct sequence is QSRP.

9. (b) The idiom 'Between a rock and a hard place' means being in a difficult situation where there are not good choices, often feeling trapped between two undesirable options.

10. (a) The given sentence is grammatically correct and contextually meaningful.

11. (d) 'No one may deny' contains an error. The modal 'may' is inappropriate in the context of the sentence. Replace it with 'can' to correct the sentence.

12. (b) 'Whenever' is the suitable alternative according to the given sentence.

13. (a) 'Supriya has much prettier' contains an error. The error is the missing article 'a' before 'much prettier'.

14. (b) The correct word to fill in the blank is 'into'. Here, preposition 'into' is used to.

15. (b) The correct word to fill in the blank is 'except'. It means to exclude or skip over.

16. (d) The correct indirect form of the given sentence is - Riya wanted to know if we had bought enough bread for dinner.

17. (c) 'Gloomy' is the state of sadness or being murky. Hence, 'Murky' is its correct answer.

18. (d) 'Frugal' means economical or not costly. So, 'Extravagant' is its correct antonym that means spending a lot of money or being wasteful'.

19. (d) The correctly spelt word is 'Massacre' and it means to deliberately and brutally kill many people.

20. (c) 'Sanatorium' is the correct answer.

सेक्शन II सामान्य जागरूकता, गणित एवं तर्कशक्ति

1. (b) डेल्टा भू-आकृति नदियों की युवा अवस्था को प्रदर्शित नहीं करती है, जबकि V-आकार की घाटी, रैपिड और गार्ज; नदियों की युवा-अवस्था को प्रदर्शित करते हैं। किसी नदी के मुहाने पर उसके द्वारा बहाकर लाए गए अवसादों के निक्षेपण से बनी त्रिभुजाकार आकृति को डेल्टा कहा जाता है; जैसे – सुन्दरबन डेल्टा, चापाकार डेल्टा, एश्चुअरी डेल्टा और पालियुक्त डेल्टा आदि।

2. (c) रण उत्सव गुजरात राज्य के कच्छ जिले के कच्छ के रण में मनाया जाता है। इस उत्सव का आयोजन प्रतिवर्ष दिसम्बर माह में किया जाता है। यह उत्सव मुख्यत: ऊँट की सवारी तथा रेत पर कलाकारी के लिए प्रसिद्ध है। इस उत्सव (कार्निवल) का आयोजन गुजरात पर्यटन निगम द्वारा किया जाता है, जिसका मुख्य उद्देश्य पर्यटकों को यहाँ के रहन-सहन, संस्कृति तथा हस्त शिल्प कला से परिचित कराना है।

3. (d) अन्तर्राष्ट्रीय संस्था WTO (विश्व व्यापार संगठन) का मुख्यालय जेनेवा में स्थित है। इसकी स्थापना सन् 1995 में की गई थी। इस संगठन का उद्देश्य सदस्य देशों के मध्य व्यापार के नियमों को विनियमित करना है। वर्तमान समय में इसके 164 सदस्य देश हैं। वर्ष 2016 को अफगानिस्तान इसका 164वां सदस्य बना था।

4. (b) HTML का पूरा नाम Hyper Text Markup Language है। HTML वेब पेज और वेब आधारित एप बनाने में प्रयोग होने वाली प्रोग्रामिंग भाषा है। इसका उपयोग वेबपेज पर टेक्स्ट, इमेज व वीडियो जैसी सामग्री को संरचित करने में किया जाता है।

5. (b) भारतीय राष्ट्रीय कॉंग्रेस (INC) की स्थापना 28 दिसम्बर, 1885 में हुई थी। इसके संस्थापकों में ए.ओ. ह्यूम, दादा भाई नौरोजी व दिनशा वाचा शामिल थे। भारतीय राष्ट्रीय कांग्रेस का प्रथम अधिवेशन वर्ष 1885 में बम्बई (मुम्बई) के गोकुल दास तेजपाल संस्कृत महाविद्यालय में हुआ था। इस अधिवेशन की अध्यक्षता व्योमेश चन्द्र बनर्जी ने की थी। वर्तमान में इस पार्टी का मुख्यालय नई दिल्ली में स्थित है।

6. (d) विधान परिषद् के $\frac{1}{6}$ सदस्य सीधे राज्यपाल द्वारा मनोनीत किए जाते हैं। इसके सदस्यों का कार्यकाल 6 वर्षों तक होता है लेकिन प्रत्येक दो वर्ष पश्चात् एक-तिहाई सदस्य सेवानिवृत्त हो जाते हैं। विधान परिषद को राज्य विधानमण्डल का 'उच्च सदन' भी कहा जाता है।

7. (a) फूड पैकेजिंग उद्योग में चिप्स को ऑक्सीकृत करने के लिए नाइट्रोजन गैस का उपयोग किया जाता है। यह एक रंगहीन, गन्धहीन, स्वादहीन और निष्क्रिय गैस है, जिसका रासायनिक सूत्र N व परमाणु संख्या 7 तथा परमाणु द्रव्यमान 14.0067 r है। इस गैस की खोज वर्ष 1773 में ब्रिटिश वैज्ञानिक अर्नेस्ट रदरफोर्ड ने की थी। इसका अन्य उपयोग अमोनिया गैस बनाने में, हवाई जहाज के टायरों में, उर्वरक के रूप में तथा विस्फोटक (TNT) बनाने में किया जाता है।

8. (a) माना टैंक पूरा भरने में लगा समय $= x$ मिनट

प्रश्नानुसार, $\frac{x-4}{A}+\frac{x}{B}=1$

$\Rightarrow \frac{x-4}{12}+\frac{x}{16}=1$

$\Rightarrow \frac{4x-16+3x}{48}=1$

$\Rightarrow 7x = 48+16 \Rightarrow 7x = 64$

$\therefore x = \frac{64}{7}$

अतः टैंक भरने में लगा समय $= \frac{64}{7}$ मिनट

या 9 मिनट 8 सेकण्ड

9. (d) $a-b=5$ तथा $a^2+b^2=31$

$\because (a-b)^2 = a^2+b^2-2ab$

$\Rightarrow (5)^2 = 31-2ab$

$\Rightarrow 2ab = 31-25$

$\Rightarrow ab = \frac{6}{2} = 3$

10. (c) माना नए नाविक का भार x किग्रा तथा 10 नाविकों का औसत भार y है, तब

10 नाविकों का कुल भार = औसत × कुल नाविक $= y \times 10 = 10y$

प्रश्नानुसार, $10y - 56 + x = 10\left(y+\frac{800}{1000}\right)$

$\left[\because \text{औसत} = \frac{\text{कुल भार}}{\text{नाविकों की संख्या}}\right]$

$\Rightarrow 10y - 56 + x = 10y + 8$

$\Rightarrow x = 56 + 8$

$\therefore x = 64$ किग्रा

वैकल्पिक विधि

नए नाविक का भार = निकले हुए नाविक का भार + औसत में वृद्धि × नाविकों की संख्या

$= 56 + 0.8\times 10 = 56 + 8 = 64$ किग्रा

11. (a) $\frac{\tan A - \sin A}{\tan A + \sin A}$

$= \frac{\frac{\sin A}{\cos A} - \sin A}{\frac{\sin A}{\cos A} + \sin A}$

$= \frac{\frac{\sin A - \sin A.\cos A}{\cos A}}{\frac{\sin A + \sin A.\cos A}{\cos A}}$

$= \frac{\sin A(1-\cos A)}{\sin A(1+\cos A)}$

$= \frac{1-\cos A}{1+\cos A}$

अंश व हर में cos A से भाग देने पर,

$\Rightarrow \frac{\frac{1-\cos A}{\cos A}}{\frac{1+\cos A}{\cos A}} = \frac{\frac{1}{\cos A}-1}{\frac{1}{\cos A}+1} \Rightarrow \frac{\sec A - 1}{\sec A + 1}$

12. (a) $\because$ बेलन का आयतन $= \pi r^2 h$

$\Rightarrow 660 = \frac{22}{7}\times(5)^2\times h$

$\Rightarrow h = \frac{7\times 660}{22\times 25}$

[$\because r$ = त्रिज्या, h = ऊँचाई]

$\Rightarrow h = \frac{210}{25}$

$\therefore h = 8.4$ सेमी

13. (a) गेंद का क्रय मूल्य = ₹ 700

दो क्रमागत छूट = 20%, 40%

तब, गेंद का विक्रय मूल्य

$= 700\times\frac{80}{100}\times\frac{60}{100}$

$= 7\times 8\times 6 =$ ₹ 336

14. (a) माना संख्याएँ $8x$ तथा $9x$ हैं

जहाँ, x = म.स. = 14 (दिया है)

पहली संख्या $= 8\times x = 8\times 14 = 112$

तथा दूसरी संख्या $= 9\times x = 9\times 14 = 126$

अतः अभीष्ट ल.स.

$= \frac{\text{दोनों संख्याओं का गुणनफल}}{\text{म. स.}}$

$= \frac{112\times 126}{14}$

$= 1008$

15. (a) $\frac{\frac{1}{1}\div\frac{1}{2}\times\frac{1}{2}+\frac{1}{2}\times\frac{1}{2}\div\frac{1}{2}}{\frac{1}{4}\times\frac{1}{4}\div\frac{1}{2}+\frac{1}{4}\div\frac{1}{4}\times\frac{1}{2}-\frac{1}{4}\div\frac{1}{2}\times\frac{1}{2}}$

$= \frac{2\times\frac{1}{2}+\frac{1}{2}}{\frac{1}{4}\times\frac{1}{2}+1\times\frac{1}{2}-\frac{1}{2}\times\frac{1}{2}}$

$= \frac{1+\frac{1}{2}}{\frac{1}{8}+\frac{1}{2}-\frac{1}{4}} = \frac{\frac{3}{2}}{\frac{1}{8}+\frac{1}{4}} = \frac{\frac{3}{2}}{\frac{3}{8}}$

$= \frac{3}{2}\times\frac{8}{3} = 4$

16. (b) जिस प्रकार,

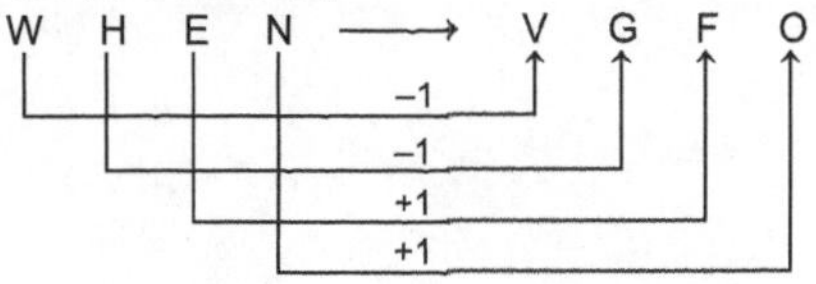

उसी प्रकार,

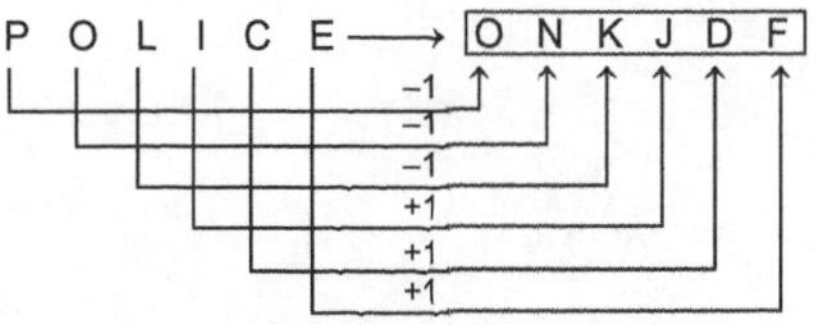

17. (c) पहली पंक्ति में लड़कों की संख्या

$= 7 + 11 - 1 = 17$

दूसरी पंक्ति में लड़कों की संख्या

$= 10 + 12 - 1 = 21$

$\therefore$ दोनों पंक्तियों में लड़कों की संख्या

$= 17 + 21 = 38$

18. (d) दिए गए पासों का अवलोकन करने पर, अक्षर L उभयनिष्ठ फलक पर है।

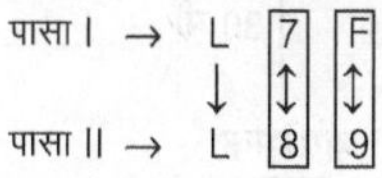

चूँकि '9', F का विपरीत फलक है, इसलिए F के आसन्न फलक पर 8 और L आ सकता है।

19. (a) दी गई श्रृंखला का क्रम निम्न प्रकार है,

A $\xrightarrow{+4}$ E $\xrightarrow{+4}$ I $\xrightarrow{+4}$ M $\xrightarrow{+4}$ Q

B $\xrightarrow{+8}$ J $\xrightarrow{+8}$ R $\xrightarrow{+8}$ Z $\xrightarrow{+8}$ H

C $\xrightarrow{+11}$ N $\xrightarrow{+11}$ Y $\xrightarrow{+11}$ J $\xrightarrow{+11}$ U

$\therefore$? = MZJ

20. (d) प्रश्नानुसार,

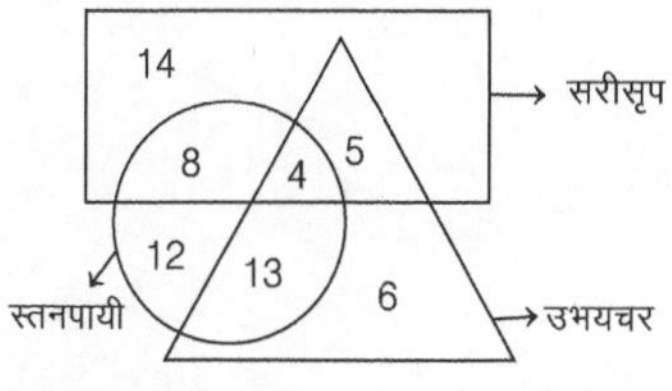

अतः 14 ऐसे सरीसृप हैं, जो न तो स्तनपायी और न ही उभयचर है।

21. (a) जिस प्रकार,

11: 81

$(11-2)^2 = 9^2 = 81$

तथा 22 : 400

$(22-2)^2 = 20^2 = 400$

उसी प्रकार,

(? : 225)

$(?-2)^2 = 225$

$?-2 = 15$

$\Rightarrow ? = 15 + 2 = \boxed{17}$

22. (a) प्रश्नानुसार,

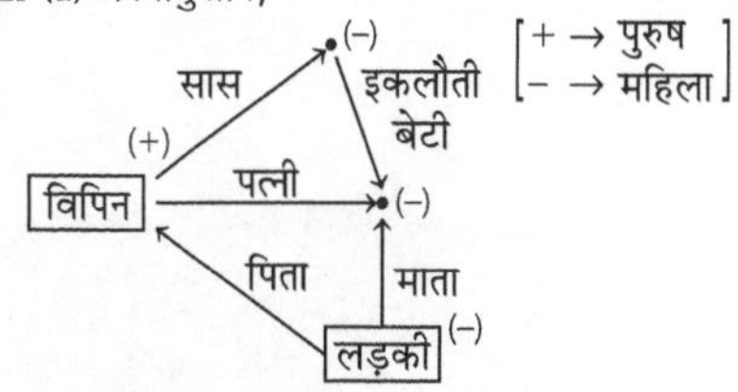

आरेख से स्पष्ट है कि विपिन लड़की का पिता है।

23. (d) लाहौर -पाकिस्तान के अतिरिक्त अन्य सभी शब्द समूह में देश और उसकी राजधानी का युग्म हैं।

अतः लाहौर-पाकिस्तान अन्य सभी से भिन्न है, क्योंकि पाकिस्तान की राजधानी इस्लामाबाद है।

24. (b) राजू के चलने का क्रम निम्नवत् है,

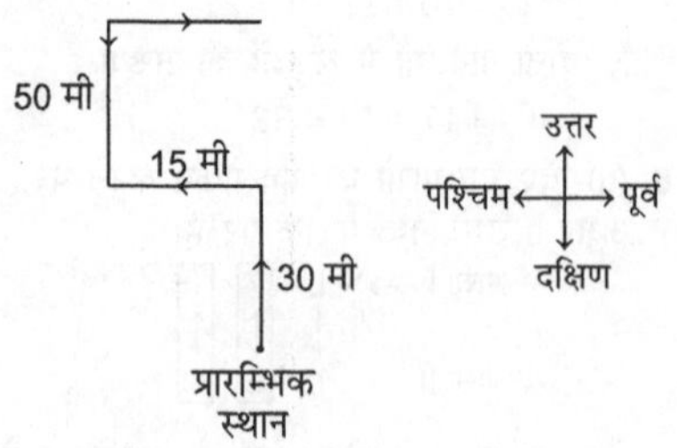

आरेख से स्पष्ट है कि राजू पूर्व दिशा की ओर जा रहा है।

25. (b) अभीष्ट कोण $= 30 \times H \sim \frac{11}{2} \times M$

यहाँ, $H = 8$ घण्टे तथा $M = 30$ मिनट है,

तब कोण $= 8 \times 30 \sim 30 \times \frac{11}{2}$

$= 240 \sim 15 \times 11$

$= 240° \sim 165° = 75°$

अतः 8 बजकर 30 मिनट पर दोनों सूइयों के बीच 75° का कोण बनेगा।

26. (c) दी गई प्रश्न आकृति, विकल्प आकृति (c) में निहित है।

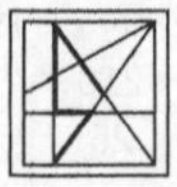

27. (a) दी गई संख्याएँ → 574, 377, 742, 573

प्रश्नानुसार, प्राप्त संख्याएँ, 756, 739, 474, 755

∴ अभीष्ट संख्या = 756 या 574

28. (d) दी गई आकृति शृंखला में प्रथम पद में निहित तीलीनुमा सभी आकृतियाँ अगले पद में क्रमशः एक स्थान बाएँ प्रतिस्थापित हो जाती हैं तथा प्रत्येक आकृति की दिशा विपरीत हो जाती हैं।

अतः इस अनुक्रम का अनुसरण करने पर प्रश्न चिह्न के स्थान पर विकल्प आकृति (d) जैसी आकृति बनेगी।

29. (c) प्रश्न आकृति के प्रथम युग्म की पहली आकृति में त्रिभुज 180° दक्षिणावर्त पर घूमता है तथा सिरे वाला वृत्त नीचे आधार के बीच चला जाता है। ठीक इसी प्रकार का परिवर्तन द्वितीय युग्म में करने पर उत्तर आकृति (c) प्राप्त होती है।

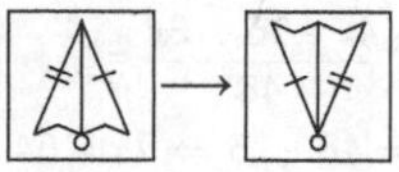

30. (d) आकृति में बिन्दुओं के नाम रखने पर,

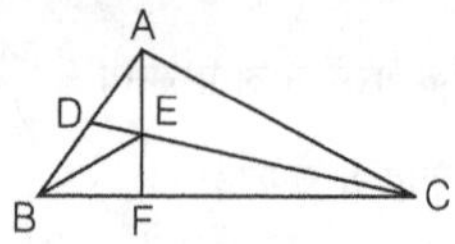

त्रिभुजों के नाम निम्न हैं

ADE, BDE, BEF, CEF, ACE, ABE, ABF, ACF, DBC, BCE, ABC और ACD

अतः आकृति में कुल 12 त्रिभुज हैं।

भारतीय वायु सेना

अग्निवीर वायु फेज-1

(ग्रुप-Y) विज्ञान विषय के अतिरिक्त

प्रैक्टिस सेट 26

समय : 45 मिनट

पूर्णांक : 50

निर्देश

1. इस प्रैक्टिस सेट में कुल 50 प्रश्न हैं तथा परीक्षा की अवधि 45 मिनट है।
2. प्रत्येक सही उत्तर के लिए 1 अंक का प्रावधान है।
3. गलत उत्तर के लिए 0.25 नकारात्मक अंक का प्रावधान है।

सेक्शन I » अंग्रेजी भाषा

Directions (Q. Nos. 1-4) *Read the following passage carefully and answer the questions that follow.*

If this is so, if to read a book as it should be read calls for the rarest qualities of imagination, insight and judgement, You may perhaps conclude that literature is a very complex art and that it is unlikely that we shall be able, even after a life time of reading, to make any valuable contribution to its criticism. We must remain readers, we shall not put on the further glory that belongs to those rare beings who are also critics.

1. What are the qualities required for reading a book?
(a) Proper judgement
(b) Imagination
(c) Imagination, insight and judgement
(d) None of the above

2. The author feels that we cannot have the greatness of
(a) writers (b) critics
(c) publishers (d) readers

3. What is the opinion of most of the people about literature?
(a) That it is not an easy one to contribute anything
(b) That it is to some extent difficult to understand
(c) That no contribution is necessary for literature
(d) That it is very easy to understand

4. The antonym of 'conclude' is
(a) Commence (b) Exclude
(c) End (d) Include

5. Rohan .... that he had gone to the doctor because he had a fever.
(a) has explained (b) had explained
(c) explained (d) was explaining

6. Cilia walked aimlessly .... the road, by the lake.
(a) along (b) down
(c) over (d) near

Directions (Q. Nos. 7 and 8) *Fill in the blank with correct words.*

7. Age and experience.......wisdom to man.
(a) bring (b) have brought
(c) are bringing (d) brings

8. During the recent floods two thirds of our city..... in ruins.
(a) were (b) are (c) is (d) was

9. The verb form of knowledge is
(a) knowledgeable
(b) knowledgeably
(c) know
(d) knowing

10. Find the word similar in meaning to the given word.
Courtesy
(a) generosity (b) Abhorrence
(c) Agreement (d) Caution

11. Fill in the blank with the most appropriate option.
In the morning we were up at .... of day and down to the nigger cabins to pet the dogs.
(a) break (b) breach
(c) brake (d) breech

12. Improve the underlined part of the sentence. Choose 'No improvement' if the sentence is grammatically correct.
I can make fresh coffee if you'd like some.
(a) Should makes freshest
(b) No improvement
(c) can made fresher
(d) can made freshest

13. Select the most appropriate synonym of the given word.
Purview
(a) Depth (b) Limitation
(c) Domain (d) Extreme

14. Select the most appropriate meaning of the given idiom.
Pull a fast one
(a) To help someone urgently
(b) To produce something that is needed
(c) To adjust in a difficult situation
(d) To deceive someone

Directions (Q. Nos. 15 and 16) *In the following questions, some parts have been jumbled up. You are required to rearrange these parts, which are labelled P, Q, R and S to produce the correct sentence.*

15. Kapil,
P : Left in an aeroplane
Q : After reading a sailing magazine
R : Had decided
S : To build his own boat nine years earlier
(a) PRQS (b) RSQP
(c) RQPS (d) PSRQ

16. When,
P : it becomes an honour of a life time
Q : in recognition of their great performance
R : illustrious personalities
S : win an award
(a) RPQS (b) PQRS
(c) QRSP (d) RSQP

Directions (Q. Nos. 17 and18) *Choose the alternative, which best expresses the meaning of the idiom/phrase.*

17. To eat a humble pie
(a) To feel downtrodden
(b) To accept defeat
(c) To be humiliated
(d) To accept abuse

18. To break the ice
(a) to start doubting
(b) to start a quarrel
(c) to start a conversation
(d) to break a friendship

Direction (Q. No. 19) *Change the following sentence into Passive voice.*

19. Have the girls asked this question?
(a) Has this question asked by the girls?
(b) This question have asked by girls
(c) Has this question been asked by the girls
(d) Have this question asked by the girls?

Direction *(Q. No. 20) Change the following sentence into Indirect speech.*

20. He asked me, "What time will the Sun set tomorrow?"
He asked me what time.......
(a) does the Sun set the next day
(b) the Sun would set tomorrow
(c) the Sun would set the next day
(d) would the Sun set the next day

सेक्शन II ➤ सामान्य जागरूकता, गणित एवं तर्कशक्ति

1. 27 जुलाई-9 अगस्त 2024 के मध्य बहुराष्ट्रीय सैन्य अभ्यास 'खान क्वेस्ट 2024' कहाँ आयोजित हुआ था?
(a) इण्डोनेशिया (b) उलानबटार
(c) बीजिंग (d) न्यूयॉर्क

2. उस युक्ति को क्या कहा जाता है, जो कम्प्यूटर आउटपुट को टेलीफोन लाइनों पर प्रेषित करने के लिए रूपान्तरित करती है?
(a) इण्टरफेस (b) इण्टरप्रेटर
(c) मोडम (d) I/O पोर्ट

3. 2011 की जनगणना के अनुसार भारत में सर्वाधिक जनघनत्व वाला राज्य कौन-सा है?
(a) राजस्थान (b) उत्तर-प्रदेश
(c) महाराष्ट्र (d) बिहार

4. भारत रत्न के पश्चात् भारत का दूसरा सबसे बड़ा नागरिक सम्मान कौन-सा है?
(a) पद्मश्री
(b) राजीव गाँधी सद्भावना पुरस्कार
(c) पद्म भूषण (d) पद्म विभूषण

5. किस कोशिकांगक को 'सेल का पॉवर हाउस' भी कहा जाता है?
(a) लाइसोसोम (b) माइटोकॉण्ड्रिया
(c) गोल्गी एपरेटस (d) प्लास्टिडस

6. 'जलियावाला बाग हत्याकाण्ड' किस वर्ष हुआ?
(a) जनवरी, 1918 में
(b) फरवरी, 1919 में
(c) अप्रैल, 1919 में
(d) उपरोक्त में से कोई नहीं

7. मुख्य चुनाव आयुक्त का कार्यकाल कितने वर्ष का होता है?
(a) 62 वर्ष की आयु तक
(b) 63 वर्ष की आयु तक
(c) 64 वर्ष की आयु तक
(d) 65 वर्ष की आयु तक

8. चरण और रजत का वेतन 5 : 4 के अनुपात में है। यदि प्रत्येक के वेतन में ₹ 3000 की वृद्धि होती है, तो नया अनुपात 6 : 5 हो जाता है। चरण का वेतन क्या है?
(a) ₹ 15000 (b) ₹ 20000
(c) ₹ 18000 (d) ₹ 12000

9. यदि किसी मोटर नाव की शान्त जल में गति 9 किमी/घण्टा है। तब उसे 12 किमी जल की विपरीत दिशा में जाने तथा आने में कुल समय 3 घण्टे लगते हैं, तो धारा की गति ज्ञात कीजिए।
(a) 3 किमी/घण्टा (b) 4 किमी/घण्टा
(c) 6 किमी/घण्टा (d) 9 किमी/घण्टा

10. एक लम्बवृत्तीय शंकु के आधार की परिधि 88 सेमी है। यदि शंकु की ऊँचाई 28 सेमी है, तो शंकु का वक्र पृष्ठीय क्षेत्रफल क्या है?
(a) $616\sqrt{5}$ सेमी^{2}
(b) $561\sqrt{5}$ सेमी^{2}
(c) $627\sqrt{3}$ सेमी^{2}
(d) $670\sqrt{3}$ सेमी^{2}

11. एक सोसाइटी के 120 सदस्यों की औसत आयु 62.5 वर्ष है। 30 नए सदस्यों को शामिल करने पर औसत आयु 58.2 वर्ष हो जाती है। नए शमिल हुए सदस्यों की औसत आयु कितनी है?
(a) 41 वर्ष
(b) 42 वर्ष
(c) 40 वर्ष
(d) 39 वर्ष

12. एक परीक्षा में, स्पन्दना ने 50 में से 22 अंक प्राप्त किए। उसे एक और परीक्षा देनी होगी और इसे पास करने के लिए उसे कुल मिलाकर 56% अंक प्राप्त करने की आवश्यकता है। यदि दूसरी परीक्षा 75 अंक की थी, तो दूसरी परीक्षा में उसके अंकों का प्रतिशत कितना था?
(a) 48 (b) 60 (c) 64 (d) 54

13. $\frac{1}{5}$ में से एक भिन्न को घटाने पर $\frac{1}{12}$ प्राप्त होता है। भिन्न कितनी है?
(a) $\frac{1}{7}$ (b) $\frac{7}{60}$
(c) $\frac{5}{12}$ (d) $\frac{11}{30}$

14. $\sqrt{(1-\sin A)}/\sqrt{(1+\sin A)}$ का मान क्या है?
(a) $\tan^2 A$ (b) $\sec A + \tan A$
(c) $\sec A - \tan A$ (d) $\sec^2 A$

15. P और Q मिलकर किसी कार्य को 20 दिनों में पूरा कर सकते हैं। यदि Q अकेले उसी कार्य का 25 दिनों में पूरा कर सकता है, तो P अकेले उसी कार्य को कितने दिनों में पूरा कर सकता है?
(a) 50 दिन (b) 100 दिन
(c) 20 दिन (d) 25 दिन

16. दिए गए विकल्पों में से दर्पण के उस सही प्रतिबिम्ब को चुनिए, जो नीचे दर्शाए गए संयोजन के अनुसार दर्पण को रेखा AB पर रखने पर बनेगी।

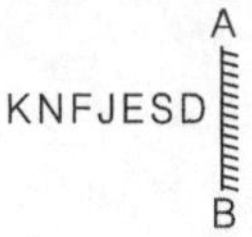

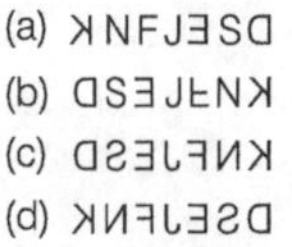

17. लुप्त पद को ज्ञात कीजिए।
1, 5, 13, 25, 41, ?
(a) 51 (b) 57 (c) 67 (d) 61

18. यदि शब्द 'BANKER' के अक्षरों को वर्णमाला क्रम में व्यवस्थित किया जाए, तो ऐसे कितने अक्षर हैं, जिनका स्थान अपरिवर्तित रहेगा?
(a) एक (b) दो
(c) तीन (d) चार

19. दी गई दो संख्याओं (अंकों को नहीं) को आपस में बदलने पर, निम्नलिखित में से कौन-सा समीकरण सही होगा?
4 और 3
(a) 4+3×7-2=29
(b) 3×4÷2+7=17
(c) 4×3+7-5=16
(d) 7×4+3÷1=30

20. बेमेल शब्द को छाँटिए।
(a) इंग्लैण्ड
(b) इटली
(c) स्वीडन
(d) अफगानिस्तान

21. दिए गए विकल्पों में से लुप्त अंक ज्ञात कीजिए।

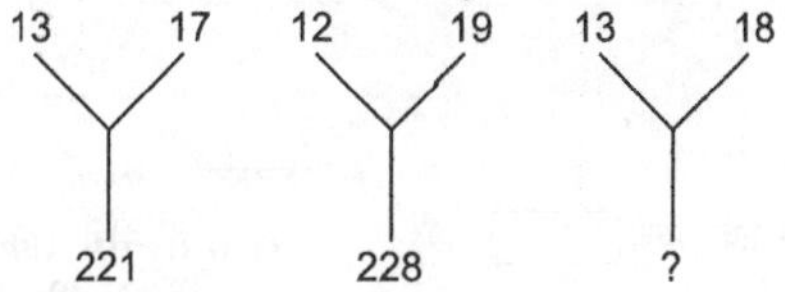

(a) 31 (b) 229
(c) 234 (d) 312

22. एक फोटो की ओर संकेत करते हुए विकास ने कहा, "वह मेरे दादा के इकलौते पुत्र की पुत्री है।" विकास का फोटो वाली लड़की के साथ क्या सम्बन्ध है?
(a) पिता (b) भाई
(c) बहन (d) माता

23. पीटर 8 किमी पश्चिम की ओर चलने के बाद दाईं ओर मुड़ गया और 3 किमी चला। उसके बाद वह फिर दाईं ओर मुड़कर 12 किमी चला। वह उस स्थल से कितनी दूरी पर है जहाँ से उसने चलना आरम्भ किया था?
(a) 7 किमी
(b) 8 किमी
(c) 4 किमी
(d) 5 किमी

24. किसी कूटभाषा (कोड) में SISTER को RHRSDQ लिखा जाता है, तो उस कोड में UNCLE को कैसे लिखा जाएगा?
(a) TMBKD (b) TBMKD
(c) TVBOD (d) TMKBD

25. यदि 14A 13A 3 = 30 और 39A 14A 3 = 56, तो 28 A 11 A 4 = ?
(a) 40 (b) 63 (c) 43 (d) 57

26. निम्नलिखित संख्या-श्रृंखला में ऐसी कितनी सम संख्याएँ (अंक) हैं, जिनमें प्रत्येक के बाद एक विषम संख्या है और पहले एक सम संख्या है?
8 6 7 6 8 9 3 2 7 5 3 4 2 2 3 5 5 2 2 8 1 1 9
(a) 4 (b) 1
(c) 2 (d) 3

27. नीचे प्रश्न आकृतियों में आकृतियों की एक श्रृंखला दी गई है। वह उत्तर आकृति चुनिए जो प्रश्न में दी गई आकृति को पूरा करेगी

प्रश्न आकृतियाँ

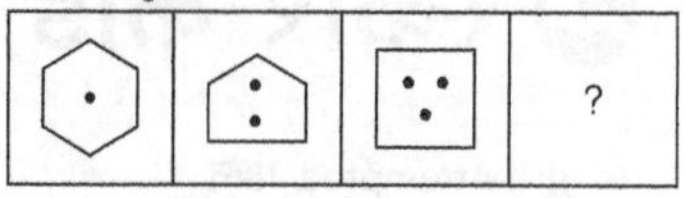

उत्तर आकृतियाँ

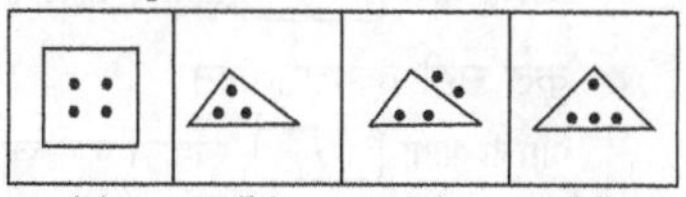

(a) (b) (c) (d)

28. नीचे दिए गए चित्र में आयतों तथा वर्गों का योग कितना होगा?

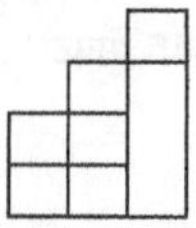

(a) 16 (b) 13 (c) 12 (d) 10

29. प्रश्न आकृतियों में चिह्न '::' से पहले दी गई आकृतियों के बीच एक निश्चित सम्बन्ध है। इसी सम्बन्ध के आधार पर चिह्न '::' के बाद दी गई आकृति के लिए उत्तर आकृतियों में से सम्बन्धित आकृति चुनिए।

प्रश्न आकृतियाँ

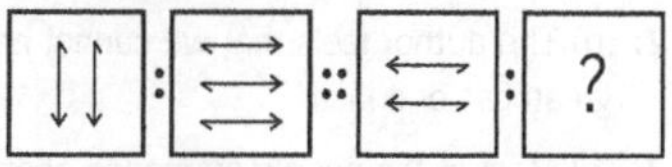

उत्तर आकृतियाँ

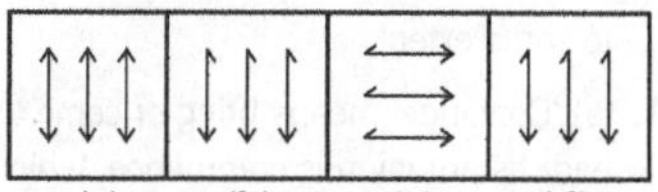

(a) (b) (c) (d)

30. उस विकल्प आकृति को चुनिए, जिसमें दी गई आकृति निहित है। (घूर्णन की अनुमति नहीं है)

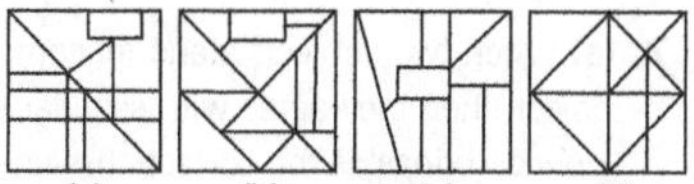

(a) (b) (c) (d)

उत्तरमाला

सेक्शन I अंग्रेजी भाषा

1 (c)	2 (b)	3 (b)	4 (a)	5 (c)	6 (a)	7 (d)	8 (d)	9 (c)	10 (a)
11 (a)	12 (b)	13 (c)	14 (d)	15 (a)	16 (d)	17 (d)	18 (c)	19 (c)	20 (c)

सेक्शन II सामान्य जागरूकता, गणित एवं तर्कशक्ति

1 (b)	2 (c)	3 (d)	4 (d)	5 (b)	6 (c)	7 (d)	8 (a)	9 (a)	10 (a)
11 (a)	12 (c)	13 (b)	14 (c)	15 (b)	16 (c)	17 (d)	18 (b)	19 (a)	20 (d)
21 (c)	22 (b)	23 (d)	24 (a)	25 (c)	26 (a)	27 (d)	28 (a)	29 (d)	30 (a)

स्कोर कार्ड

- कुल Attempted प्रश्न
  अंग्रेजी भाषा [ ] सामान्य जागरूकता, गणित एवं तर्कशक्ति [ ]
- कुल सही व गलत प्रश्न
  अंग्रेजी भाषा [/] सामान्य जागरूकता, गणित एवं तर्कशक्ति [/]
- फाइनल स्कोर (कुल सही उत्तर के अंक – गलत उत्तर के अंक)
  अंग्रेजी भाषा [/] सामान्य जागरूकता, गणित एवं तर्कशक्ति [/]

समय 45 मिनट सही उत्तर 1 अंक गलत उत्तर 0.25 अंक

- रिजल्ट
  - 10 से नीचे (किसी भी सेक्शन में) - Average (सिलेक्शन नहीं)
  - 10-18 के बीच में (कुल 35+) - Good (सिलेक्शन हो सकता है)
  - 18 से ऊपर (दोनों सेक्शन में) - Excellent (100% सिलेक्शन)
- टिप्पणी
  यदि आपका स्कोर किसी भी सेक्शन में 10 से नीचे है तब आप बार-बार प्रैक्टिस करें और ऐसा तब तक करें जब तक आपका स्कोर 10-18 (कुल 35+) के बीच में नहीं हो जाता।

संकेत एवं हल

सेक्शन I अंग्रेजी भाषा

1. (c) Imagination, insight and judgement are the qualities required for reading a book.
2. (b) The author feels that we cannot have the greatness of critics.
3. (b) Most of the people opinioned about literature is that it is difficult to understand to some extent.
4. (a) 'Conclude' means bring or come to an end. Its antonym is commence, which means begin or to start.
5. (c) As the sentence is in simple past tense, 'explained' is the most appropriate answer here.
6. (a) The correct filler for the given blank is 'along' as it is often used to describe movement or action that follows the length of something, usually a path or a road.
7. (d) When two subjects stand for common object, then they agree with singular verb. Hence, 'brings' is the correct answer.
8. (d) Use of singular verb is suitable here as ordinals/cardinals agrees with singular verb. Hence, 'was' is the suitable answer.
9. (c) The correct answer is 'know'.
10. (a) 'Generosity' means a willingness to help and support, which is similar to 'courtesy'. Hence, 'Generosity' is the correct answer.
11. (a) The correct word to fill in the blank is 'break'. The phrase 'break of day' means the time of day when the sunlight begins to appear.
12. (b) The underlined part of the given sentence is grammatically correct and contextually meaningful.
13. (c) The word 'Purview' refers to the range or scope of someone's knowledge, authority or responsibility. 'Domain' is its synonym as it also means an area or sphere of activity, control or influence.
14. (d) 'Pull a fast one' is an idiom that means to deceive or trick someone, often by being dishonest or crafty.
15. (a) The correct sequence is 'PRQS' to produce the correct sentence i.e. "Kapil left in an aeroplane, had decided after reading a sailing magazine to build his own boat nine years earlier.
16. (d) To produce a correct sentence, the sequence is 'RSQP', i.e. When illustrious personalities win an award in recognition of their great performance it becomes an honour of a life time."
17. (d) 'To eat a humble pie' means to say and show that you are sorry for a mistake that you made. Hence, 'to accept abuse' is the correct answer.
18. (c) 'To break the ice' means get conversation going in a strained situation or when strangers meet. Hence, among the given options, 'to start a conversation' is its correct meaning.
19. (c) The sentence is in simple perfect tense (Interrogative type). So, 'Has + been asked' should be used.
20. (c) After changing the speech of the given sentence, 'The Sun would set the next day' is the correct alternative. As the given sentence is in interrogative form, the structure should be followed is—'Wh word + subject + helping verb + verb + complement'.

सेक्शन II सामान्य जागरूकता, गणित एवं तर्कशक्ति

1. (b) सैन्य अभ्यास 'खान क्वेस्ट 2024' उलानबटार, मंगोलिया में आयोजित किया गया था। इसमें मंगोलिया, भारत तथा संयुक्त राज्य अमेरिका ने भाग लिया था।
2. (c) मॉडेम एक नेटवर्क हार्डवेयर डिवाइस है जो किसी कम्प्यूटर को एक टेलीफोन लाइन या केबल या सैटेलाइट कनैक्शन पर डाटा भेजने और प्राप्त करने की अनुमति देता है।
3. (d) 2011 की जनगणना के अनुसार भारत में सर्वाधिक जनघनत्व वाला राज्य बिहार है। इसका जनघनत्व 1106 प्रति व्यक्ति किमी है। इसके बाद क्रमशः पश्चिम बंगाल (जनघनत्व-1028) व केरल (जनघनत्व-860) का स्थान है।
4. (d) भारत रत्न के पश्चात् भारत का दूसरा सबसे बड़ा नागरिक सम्मान पद्मविभूषण है। यह सम्मान केवल भारतीय नागरिकों को दिया जाता है। विभिन्न क्षेत्रों जैसे—कला, शिक्षा, उद्योग, साहित्य विज्ञान, खेल, चिकित्सा, समाज सेवा और सार्वजनिक जीवन आदि में विशिष्ट योगदान हेतु।
5. (b) माइटोकॉण्ड्रिया को 'कोशिका या सेल का पॉवर हाउस' कहा जाता है, क्योंकि ऊर्जायुक्त कार्बनिक पदार्थों का ऑक्सीकरण माइटोक्रॉण्ड्रिया में ही होता है, जिससे काफी मात्रा में ऊर्जा प्राप्त होती है, यह कोशिका का श्वसन स्थल भी है। कोशिका में इनकी संख्या निश्चित नहीं होती।

माइटोकॉण्ड्रिया की खोज 'अल्टमैन' ने वर्ष 1886 में की थी। DNA, केन्द्रक के अतिरिक्त माइटोक्रॉण्ड्रिया में पाया जाता है।

6. (c) 'जलियावाला बाग हत्याकाण्ड 13 अप्रैल, 1919 को हुआ था। इसमें अंग्रेज अफसर जनरल डायर ने अमृतसर के जलियावाला बाग में मौजूद निहत्थी भीड़ पर अन्धाधुँध गोलियाँ चलवायी। इस हत्याकाण्ड के विरोध में महात्मा गांधी ने 'केसर-ए-हिन्द' की उपाधि तथा जमनालाल बजाज ने 'राय बहादुर' की उपाधि वापस लौटा दी।

7. (d) मुख्य चुनाव आयुक्त का कार्यकाल 65 वर्ष की आयु तक होता है। वह भारतीय चुनाव आयोग का प्रमुख होता है और भारत में स्वतन्त्र एक निष्पक्ष रूप से राष्ट्र और राज्य के चुनाव करवाने का जिम्मेदार होता है। मुख्य चुनाव आयुक्त की नियुक्ति भारत के राष्ट्रपति द्वारा की जाती है।

8. (a) माना चरण और रजत का वेतन क्रमशः ₹$5x$ व ₹$4x$ हैं।

प्रश्नानुसार, $\frac{5x + 3000}{4x + 3000} = \frac{6}{5}$

$\Rightarrow \quad 5(5x + 3000) = 6(4x + 3000)$

$\Rightarrow \quad 25x + 15000 = 24x + 18000$

$\Rightarrow \quad 25x - 24x = 18000 - 15000$

$\Rightarrow \quad x = 3000$

$\therefore$ चरण का वेतन $= 5 \times 3000 =$ ₹ 15000

9. (a) माना धारा की गति x किमी/घण्टा है।

दिया है शांत जल में नाव की गति = 9 किमी/घण्टा

प्रश्नानुसार, $\frac{12}{9+x} + \frac{12}{9-x} = 3$

$\left[\because \text{समय} = \frac{\text{दूरी}}{\text{चाल}}\right]$

$\Rightarrow \quad \frac{4}{9+x} + \frac{4}{9-x} = 1$

$\Rightarrow \quad \frac{4(9-x) + 4(9+x)}{(9+x)(9-x)} = 1$

$\Rightarrow \quad 4(9 - x + 9 + x) = 81 - x^2$

$[\because (a+b)(a-b) = a^2 - b^2]$

$\Rightarrow \quad 18 \times 4 = 81 - x^2$

$\Rightarrow \quad x^2 = 9$

$\therefore \quad x = 3$ किमी/घण्टा

10. (a) माना शंकु के आधार की त्रिज्या $= r$ सेमी

शंकु की ऊँचाई $(h) = 28$ सेमी

तब, शंकु की परिधि = 88 सेमी

$\Rightarrow \quad 2\pi r = 88$

$\Rightarrow \quad r = \frac{88 \times 7}{2 \times 22}$

$r = 14$ सेमी

शंकु की तिर्यक ऊँचाई $(l) = \sqrt{h^2 + r^2}$

$= \sqrt{28^2 + 14^2}$

$= \sqrt{784 + 196}$

$\sqrt{980} = 14\sqrt{5}$ सेमी

$\therefore$ शंकु का वक्रपृष्ठीय क्षेत्रफल $= \pi r l$

$= \frac{22}{7} \times 14 \times 14\sqrt{5}$

$= 616\sqrt{5}$ सेमी^{2}

11. (a) 120 सदस्यों की कुल आयु

$= 120 \times 62.5$

$= 7500$ वर्ष

30 नए सदस्यों के आने के बाद,

150 सदस्यों की कुल आयु

$= 150 \times 58.2$

$= 8730$ वर्ष

$\therefore$ नए सदस्यों की आयु

$= 8730 - 7500$

$= 1230$ वर्ष

$\therefore$ नए सदस्यों की औसत आयु

$= \frac{1230}{30} = 41$ वर्ष

12. (c) दिया है, पहली परीक्षा में 50 में से प्राप्त अंक = 22

माना दूसरी परीक्षा में उसका अंक प्रतिशत x है।

$\therefore$ इस परीक्षा में प्राप्त अंक $= \frac{75 \times x}{100}$

प्रश्नानुसार, $22 + \frac{75 \times x}{100} = (50 + 75) \times \frac{56}{100}$

$\Rightarrow \quad 22 + \frac{3x}{4} = \frac{125 \times 56}{100}$

$\Rightarrow \quad \frac{3x}{4} = 70 - 22 \Rightarrow \frac{3x}{4} = 48$

$\therefore \quad x = 64$

13. (b) माना वह भिन्न x है।

तब प्रश्नानुसार,

$\frac{1}{5} - x = \frac{1}{12}$

$\Rightarrow \quad x = \frac{1}{5} - \frac{1}{12}$

$\Rightarrow \quad x = \frac{12 - 5}{60}$

$\therefore \quad x = \frac{7}{60}$

14. (c) $\frac{\sqrt{1 - \sin A}}{\sqrt{1 + \sin A}} = \sqrt{\frac{1 - \sin A}{1 + \sin A}}$

संयुग्मी से गुणा करने पर,

$= \sqrt{\left(\frac{1 - \sin A}{1 + \sin A}\right) \times \left(\frac{1 - \sin A}{1 - \sin A}\right)}$

$= \sqrt{\frac{(1 - \sin A)^2}{1 - \sin^2 A}} = \sqrt{\frac{(1 - \sin A)^2}{(\cos A)^2}}$

$= \frac{1 - \sin A}{\cos A} = \frac{1}{\cos A} - \frac{\sin A}{\cos A}$

$= \sec A - \tan A$

15. (b) P और Q का एक दिन का कार्य $= \frac{1}{20}$

तथा Q का एक दिन का कार्य $= \frac{1}{25}$

$\therefore \quad P$ का एक दिन का कार्य

$= \frac{1}{20} - \frac{1}{25} = \frac{5 - 4}{100}$

$= \frac{1}{100}$

अतः P को अकेले उस कार्य को करने में लगा समय $= \frac{1}{1/100} = 100$ दिन

16. (c) दी गई प्रश्न आकृति का सही दर्पण प्रतिबिम्ब विकल्प आकृति (c) के समान दिखाई देगा।

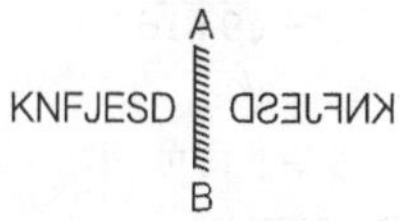

17. (d) दी गई शृंखला निम्न प्रकार है,

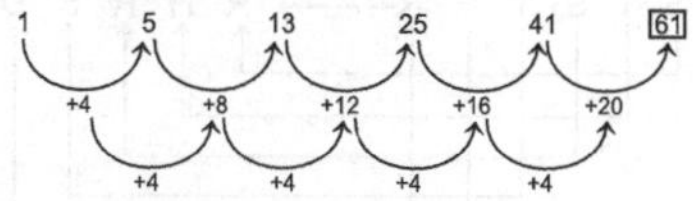

$\therefore \quad ? = 61$

18. (b)

दिया गया शब्द $\longrightarrow$ B A N K E R

वर्णमाला क्रम में व्यवस्थित करने पर $\longrightarrow$ A B E K N R

अतः दो अभीष्ट अक्षर होंगे।

19. (a) विकल्प (a) से,

$4 + 3 \times 7 - 2 = 29$

प्रश्नानुसार,

4 और 3 के स्थान आपस में बदलने पर,

$3 + 4 \times 7 - 2 = 29$

$\Rightarrow \quad 3 + 28 - 2 = 29$

$\Rightarrow \quad 31 - 2 = 29$

$\Rightarrow \quad 29 = 29$

20. (d) अफगानिस्तान, एशियन देश है, जबकि अन्य सभी यूरोपियन देश हैं।

21. (c) जिस प्रकार, $13 \times 17 = 221$,

$12 \times 19 = 228$

उसी प्रकार, $13 \times 18 = \boxed{234}$

22. (b) दादा के इकलौते पुत्र, विकास के पिता होंगे तथा उनकी बेटी विकास की बहन होगी। अतः विकास फोटो वाली लडकी का भाई होगा।

23. (d) पीटर के चलने का क्रम निम्नवत् है

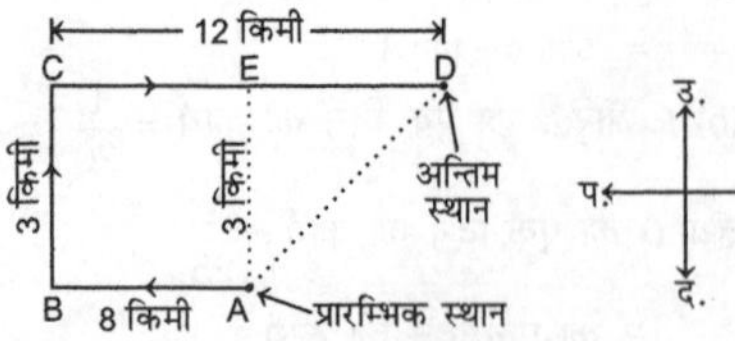

CE = BA = 8 किमी,

AE = BC = 3 किमी

ED = CD − CE

= 12 − 8

= 4 किमी

अतः प्रारम्भिक स्थान से दूरी

(AD) = $\sqrt{AE^2 + ED^2}$

= $\sqrt{3^2 + 4^2}$

= $\sqrt{9+16}$

= $\sqrt{25}$

= 5 किमी

24. (a) जिस प्रकार,

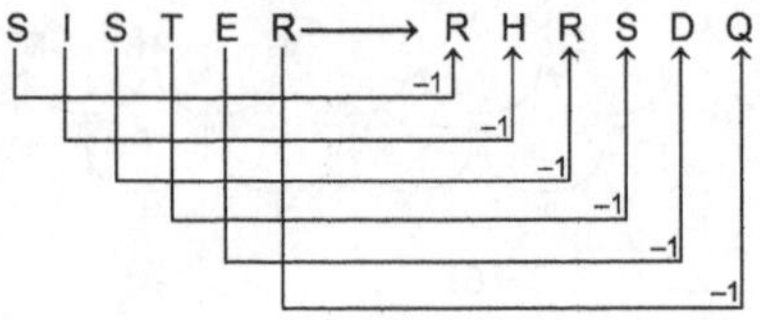

उसी प्रकार,

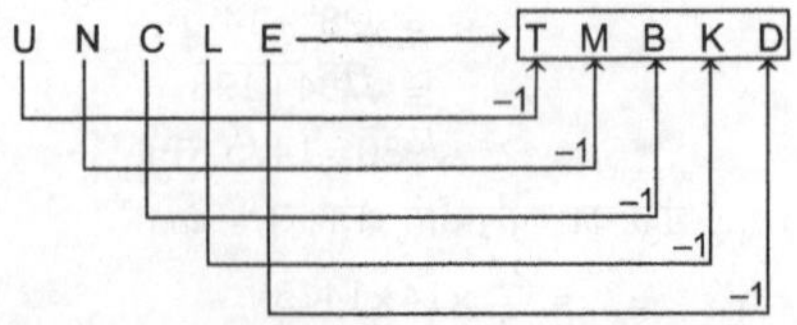

25. (c) जिस प्रकार, 14 A 13 A 3 = 30

A को + प्रतिस्थापित करने पर,

14 + 13 + 3 = 30

तथा 39A14A3 = 56

39 + 14 + 3 = 56

उसी प्रकार, 28A11A4

28 + 11 + 4 = 43

26. (a)

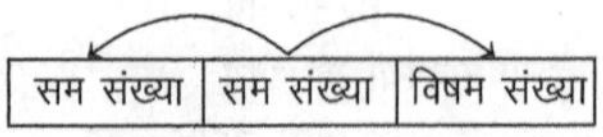

शृंखला 8 6 7 6 8 9 3 2 7 5 3 4 2 2 3 5 5 2 2 8 1 1 9

इस प्रकार संख्या-शृंखला में ऐसी चार सम संख्याएँ (अंक) हैं, जिनमें प्रत्येक के बाद एक विषम संख्या है और पहले एक सम संख्या है।

27. (d) प्रत्येक अगली आकृति में डिजाइन में एक भुजा कम हो जाती है तथा एक काले बिन्दु की वृद्धि अन्दर की ओर हो रही है। इसी क्रम में उत्तर आकृति (d) अभीष्ट आकृति होगी।

28. (a) आकृति में बिन्दुओं के नाम रखने पर,

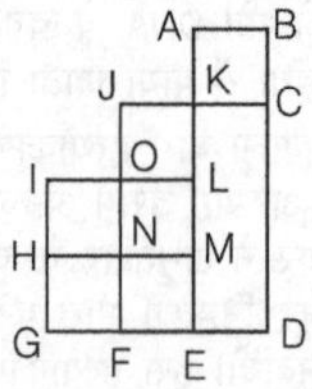

आयतों के नाम निम्न हैं

ABDE, KCDE, JKMN, JKEF, IOFG, OLEF, JCDF, HMEG और HMLI = 9

वर्गों के नाम निम्न हैं

ABCK, JKLO, OLMN, NMEF, IONH, HNFG और ILEG = 7

अतः आयतों तथा वर्गों की संख्या का योग

= 9 + 7 = 16

29. (d) प्रश्न आकृति के प्रथम युग्म की पहली आकृति में एक '↓' बढ़ाते हैं फिर वामावर्त दिशा में 90° घुमाकर इसे उल्टा करते हैं, तो दूसरी आकृति प्राप्त होती है। ठीक इसी प्रकार से, द्वितीय युग्म की पहली आकृति के साथ करने पर,

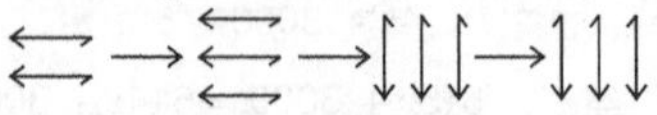

30. (a) दी गई प्रश्न आकृति, विकल्प आकृति (a) में सन्निहित है।

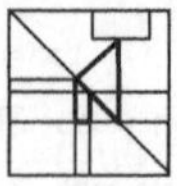

भारतीय वायु सेना

अग्निवीर वायु फेज-1

(ग्रुप-Y) विज्ञान विषय के अतिरिक्त

प्रैक्टिस सेट 27

समय : 45 मिनट | पूर्णांक : 50

निर्देश

1. इस प्रैक्टिस सेट में कुल 50 प्रश्न हैं तथा परीक्षा की अवधि 45 मिनट है।
2. प्रत्येक सही उत्तर के लिए 1 अंक का प्रावधान है।
3. गलत उत्तर के लिए 0.25 नकारात्मक अंक का प्रावधान है।

सेक्शन I ➶ अंग्रेजी भाषा

Directions (Q. Nos. 1-4) *Read the following passage carefully and answer the questions that follow.*

Last year I suffered a stroke I had to be hospitalised. I was put in a general ward because there was no room in the intensive coronary care unit.

Not far from my bed was a patient in obvious **indigent circumstances** and on hospital diet. For breakfast he used to get two eggs, besides other things.

The man was regularly visited by a twelve year old boy, perhaps his son, dressed in worn out clothes. The man always kept one egg for that boy when he arrived soon after the doctors had done their rounds.

One day was a **shortfall** in the supply of eggs to the hospital and our man got only one egg. He looked at it for a long time, turning it over in his hands and then put it away. He thought the boy's need was greater than his perhaps.

1. Why did the other patient in the hospital look at the egg for a long time?
   (a) Because the egg was rotten
   (b) Because he was annoyed at being given only one egg
   (c) Because he wanted to eat it as early as possible
   (d) Because he could not decide whether he should eat it or give it to the boy

2. What does the given passage focus on?
   (a) Paternal affection of the man
   (b) Poverty of the man
   (c) Poor condition of the hospital
   (d) Poor condition of the boy

3. What does it mean by **indigent circumstances** as used in the passage?
   (a) Miserly personality
   (b) Rich background
   (c) Miserable condition
   (d) Poor condition

4. Choose the opposite meaning word of **shortfall** in the context of the passage.
   (a) default (b) loss
   (c) theft (d) abundance

Direction (Q. No. 5) *Identify the incorrectly spelt word.*

5. (a) Mathametician (b) Statistician
   (c) Dietician (d) Physician

Direction (Q. No. 6) *Choose the word nearest in meaning to the word given below.*

6. Knave
   (a) Emperor (b) Enchanter
   (c) Soldier (d) Scoundrel

Direction (Q. No. 7) *Choose the word almost opposite in meaning to the given word.*

7. Strange
   (a) Odd (b) Dark
   (c) Real (d) Familiar

Direction (Q. No. 8) *Choose the correct one word substitute for the following sentence.*

8. A place where dead bodies are buried
   (a) Museum (b) Cemetery
   (c) Crematory (d) Park

Directions (Q. Nos. 9 and 10) *A sentence, split into four parts has been given. Choose the best order which produces the original sentence.*

9. Everyone knows that,
P : it is difficult
Q : to speak more politely
R : to go to the manager
S : and tell him that he ought
(a) QSRP (b) PRSQ
(c) QRSP (d) PSRQ

10. The concept of death,
P : that it has been reduced
Q : as an inevitability
R : is so ancient
S : to a cliche
(a) SPRQ (b) QRPS
(c) SRPQ (d) QPRS

Direction (Q. No. 11) *Fill in the blank with the correct alternative.*

11. Precautions are to be taken with any one who seems .....
(a) contagious (b) infectious
(c) diseased (d) defiled

12. Select the incorrectly spelt word from the given sentence.
A strong business acumen and entreprenurial fire have always separated him from his peers.
(a) acumen (b) peers
(c) entreprenurial (d) business

13. Select the word segment that substitutes (replaces) the bracketed word segment correctly and completes the sentence meaningfully. Select the option 'No correction required' if the sentence is correct as given.
It was interesting to be in the (quite old town one more).
(a) quiet old town once much more
(b) quite vintage town once more
(c) quiet old town once more
(d) No correction required

14. Fill in the blank with the most appropriate option.
In the morning we were up at .... of day and down to the nigger cabins to pet the dogs.
(a) break
(b) breach
(c) brake
(d) breech

15. Improve the underlined part of the sentence. Choose 'No improvement' as an answer if the sentence is grammatically correct.
I <u>can make fresh</u> coffee if you'd like some.
(a) should makes freshest
(b) No improvement
(c) can made fresher
(d) can made freshest

16. Select the most appropriate synonym of the given word.
Purview
(a) Depth (b) Limitation
(c) Domain (d) Extreme

17. Find the part of the given sentence that has an error in it. If there is no error, choose 'No error'.
My cousin's watch is more elegant than your old watch.
(a) your old watch
(b) more elegant than
(c) My cousin's watch is
(d) No error

18. Fill in the blank with the most appropriate option.
He .... pardon and was getting into the carriage, but felt he must glance at her once more.
(a) said
(b) asked
(c) adjured
(d) begged

Direction (Q. No. 19) *Select one which best expresses the same sentence in passive / active voice.*

19. Has the price rise affected all the people?
(a) Have all the people been affected by the price rise?
(b) Are all the people being affected by the price rise?
(c) Had all the people being affected by the price rise?
(d) Are all the people affected by the price rise?

Direction (Q. No. 20) *Select the one which best expresses the same sentence in Direct / Indirect form.*

20. Asmita advised me to go and see a doctor.
(a) Asmita asked me, "Will you go and see a doctor"?
(b) Asmita told me, "Go and see the doctor".
(c) "Shouldn't you go and see a doctor?" asked Asmita
(d) "You should go and see a doctor," said Asmita

सेक्शन II ➤ सामान्य जागरूकता, गणित एवं तर्कशक्ति

1. कम्प्यूटर शब्दावली में URL का विस्तार क्या है?
(a) यूबर रिमोट लोकेशन
(b) यूनिवर्सल रेडियो लैबोरेटरी
(c) यूजर रैण्डम लिस्ट
(d) यूनिफार्म रिसोर्स लोकेटर

2. संविधान के अनुसार, तिरंगे की लम्बाई व चौड़ाई के बीच कितना अनुपात होना चाहिए?
(a) 3 : 2 (b) 3 : 1
(c) 2 : 1 (d) 4 : 3

3. 'लाइफ ऑन माई टर्म्स' पुस्तक किसकी आत्मकथा है?
(a) शशि थरुर (b) शरद पवार
(c) प्रणव मुखर्जी (d) चेतन भगत

4. डायोड के एक........के रूप में प्रयोग किया जाता है?
(a) रेक्टिफायर
(b) एम्प्लीफायर
(c) मैग्लीफायर
(d) प्यूरीफायर

5. विश्व स्वास्थ्य संगठन (WHO) द्वारा किस किस भारतीय संस्थान को नेल्सन मंडेला 2024 पुरस्कार से सम्मानित किया गया है?
(a) राष्ट्रीय आयुर्वेद संस्थान
(b) राष्ट्रीय मानसिक स्वास्थ्य व तंत्रिका विज्ञान संस्थान
(c) भारतीय मानसिक स्वास्थ्य व अनुसंधान केन्द्र
(d) उपरोक्त में से कोई नहीं

6. निम्न में से कौन काकोरी पड्यन्त्र केस (मुकद्दमा) से सम्बन्धित नहीं था?
(a) रामप्रसाद बिस्मिल
(b) राजेन्द्र लाहिड़ी
(c) अशफाफ उल्ला खां
(d) सूर्य सेन

7. सुनील छेत्री किस खेल में भारत का प्रतिनिधित्व करते हैं?
(a) बास्केटबॉल
(b) फुटबॉल
(c) क्रिकेट
(d) हॉकी

8. एक लड़का अपनी वास्तविक गति की $\frac{10}{9}$ गति से दौड़ता हुआ 2 घण्टे 20 मिनट 24 सेकण्ड में 39 किमी दूरी तय करता है। लड़के की वास्तविक गति ज्ञात कीजिए।
(a) 15 किमी/घण्टा
(b) 50 किमी/घण्टा
(c) 39 किमी/घण्टा
(d) 150 किमी/घण्टा

9. 21, 35 और 75 में से प्रत्येक द्वारा विभाजित होने वाली सबसे छोटी पूर्ण वर्ग संख्या कौन-सी हैं?
(a) 18225 (b) 1225
(c) 21025 (d) 11025

10. मेदिनी एक दीवार को अकेले 21 दिनों में पेंट कर सकती है, जबकि युकी को इसका दोगुना समय लगेगा। यदि वे दोनों साथ में काम करें, तब उन्हें आधी दीवार को पेंट करने में कितना समय लगेगा?
(a) 7 (b) 6
(c) 11 (d) 14

11. नीरज की आय में 60% की कमी हुई उसके बाद 60% की वृद्धि हुई। उसकी आय में अन्तिम हानि ज्ञात कीजिए।
(a) 12% (b) 36% (c) 4% (d) 5%

12. यदि $2+\cfrac{1}{x+\cfrac{1}{5+\cfrac{1}{2}}}=\frac{37}{13}$, तो x का मान होगा
(a) 1 (b) 2 (c) 3 (d) 4

13. सरल कीजिए $\sqrt{75.24+?}=8.71$
(a) 6.0241 (b) 6.241
(c) 62.41 (d) 0.6241

14. एक शंकु, जिसकी आधार की त्रिज्या 9 सेमी और ऊँचाई 12 सेमी हो, को बनाने के लिए 10 सेमी चौड़ाई वाली कितने सेमी लम्बी कागज की शीट की आवश्यकता होगी?
(a) 45.50 सेमी (b) 42.39 सेमी
(c) 24 सेमी (d) 29 सेमी

15. दो सिक्कों को एकसाथ उछालने पर केवल एक शीर्ष आने की क्या प्रायिकता है?
(a) $\frac{1}{2}$ (b) $\frac{1}{4}$
(c) $\frac{3}{4}$ (d) इनमें से कोई नहीं

16. दिए गए विकल्पों में से सम्बन्धित शब्द ज्ञात कीजिए।
धुआँ : प्रदूषण : : युद्ध : ?
(a) हानि (b) लाभ
(c) मृत्यु (d) विनाश

17. निम्नांकित श्रेणी में विलुप्त संख्या है
2, ?, 42, 132, 402, 1212
(a) 10 (b) 8
(c) 20 (d) 12

18. निम्नलिखित में उचित संख्या को चुनिए।

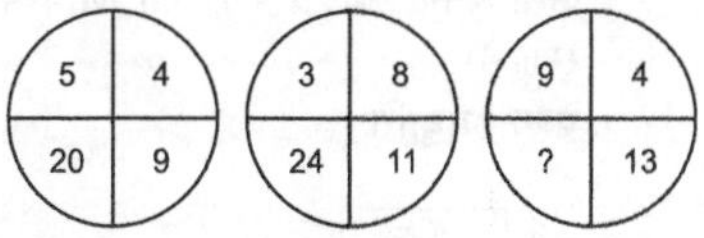

(a) 117 (b) 52
(c) 26 (d) 36

19. निम्नलिखित प्रश्न में, दिए गए विकल्पों में से अलग अक्षर/अक्षरों को चुनिए।
(a) BDEF (b) LMNO
(c) IJKL (d) ABCD

20. M, P का पुत्र है। Q पोत्री है O की, जो P का पति है। M का O से क्या सम्बन्ध है?
(a) पुत्र (b) पुत्री
(c) माता (d) पिता

21. शंकर P स्थान पर खड़ा है। वहाँ वह दक्षिण की ओर 10 मी चलता है फिर वह 20 मी पश्चिम की ओर जाता है। इसके बाद वह 10 मी दक्षिण की ओर चलता है। फिर 20 मी पूर्व की ओर चलता है। इसके बाद वह 5 मी उत्तर को चलकर Q पहुँच जाता है। P और Q के बीच कितनी (मी में) दूरी है?
(a) 0 (b) 15
(c) 5 (d) 10

22. एक निश्चित सांकेतिक भाषा में HOUND को FMSLB लिखा जाता है। उसी सांकेतिक भाषा में BROWN को कैसे लिखा जाएगा?
(a) ZPMUL (b) ALNVK
(c) EQMZN (d) BRPYM

23. कागज के एक टुकड़े को मोड़ा जाता है और उसमें छेद किया जाता है, जैसा कि नीचे प्रश्न आकृतियों में दिखाया गया है। दी गई उत्तर आकृतियों में से बताइए कि खोले जाने के बाद वह किस उत्तर आकृति के समान दिखाई देगी?

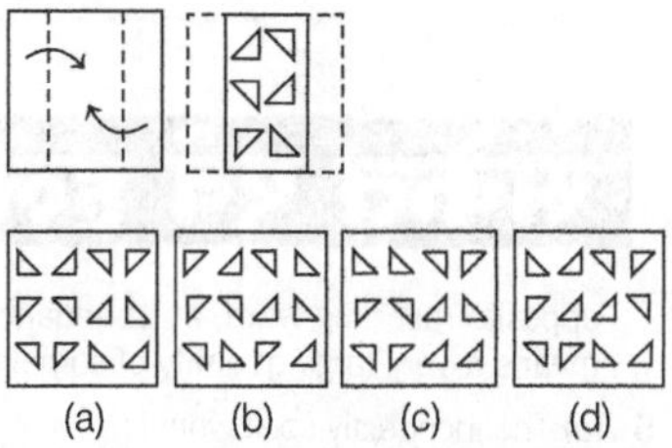

(a) (b) (c) (d)

24. एक व्यक्ति 8 : 15 प्रात:काल पर कार्यालय पहुँचा। उसे पता चला कि वह मिटिंग शुरू होने से 40 मिनट पहले आ गया है। मिटिंग शुरू होने का सही समय क्या है?
(a) 8 : 55 प्रात:काल
(b) 9 : 05 प्रात:काल
(c) 9 : 00 प्रात:काल
(d) 8 : 45 प्रात:काल

25. दिए गए वेन आरेख में कौन-सी संख्या उन पायलट का प्रतिनिधित्व करती है, जो शादीशुदा तो है लेकिन तेलगु नहीं बोलते हैं?

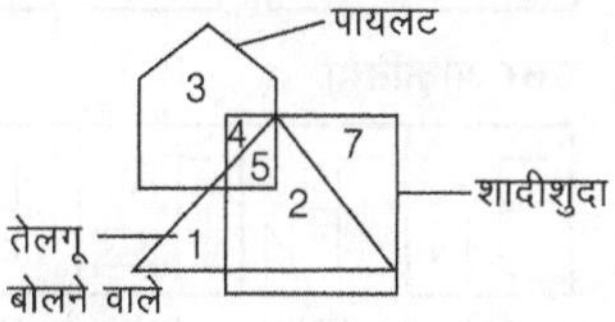

(a) 5 (b) 4
(c) 2 (d) 7

26. नीचे दिए गए प्रश्न में कुछ कथन दिए गए हैं और उन कथनों के आधार पर कुछ निष्कर्ष दिए गए हैं। आपको मानना है कि दिए गए कथन सत्य हैं चाहे वे सामान्यत: ज्ञात तथ्यों से अलग प्रतीत होते हों। सभी निष्कर्षों को पढ़िए और फिर निश्चय कीजिए कि दिए गए निष्कर्षों में से कौन-सा निष्कर्ष तार्किक रूप से दिए गए कथनों के अनुसार है।

कथन
सभी Z, D हैं।
कोई भी Y, Z नहीं है।

निष्कर्ष
I. कुछ D, Y नहीं हैं।
II. कुछ Z, Y नहीं हैं।
III. कुछ D, Z हैं।

(a) सभी निष्कर्ष कथनों के अनुसार है
(b) निष्कर्ष I और II दोनों कथनों के अनुसार है
(c) निष्कर्ष II और III दोनों कथनों के अनुसार है
(d) केवल निष्कर्ष I कथनों के अनुसार है

27. नीचे दी गई उत्तर आकृतियों में से वह आकृति चुनिए जो प्रश्न आकृतियों में दी गई शृंखला को पूरा करती है

प्रश्न आकृतियाँ

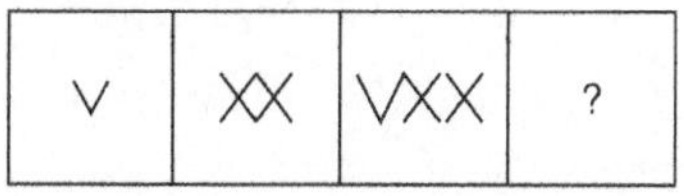

उत्तर आकृतियाँ

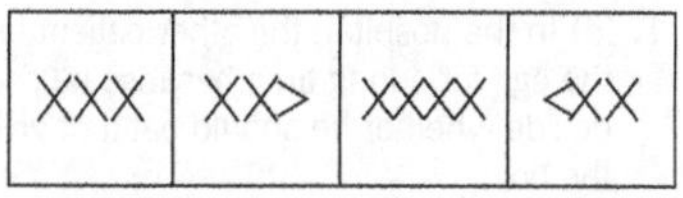

(a) (b) (c) (d)

28. प्रश्न आकृतियों में चिह्न ':: ' से पहले दी गई आकृतियों के बीच एक निश्चित सम्बन्ध है। इसी सम्बन्ध के आधार पर चिह्न '::' के बाद दी गई आकृति के लिए उत्तर आकृतियों में से सम्बन्धित आकृति चुनिए।

प्रश्न आकृतियाँ

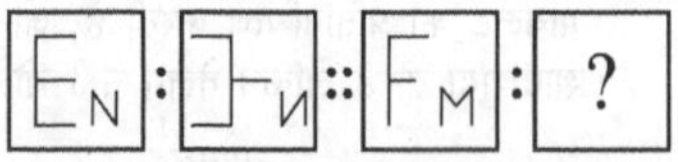

उत्तर आकृतियाँ

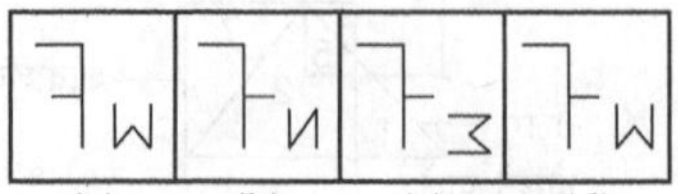

(a) (b) (c) (d)

29. नीचे दी गई प्रश्न आकृति का दर्पण प्रतिबिम्ब कैसा बनेगा, यदि दर्पण रेखा MN पर रखा है।

प्रश्न आकृति

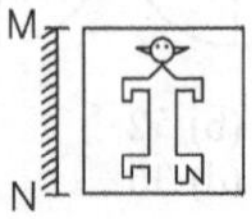

उत्तर आकृतियाँ

(a) (b) (c) (d)

30. शब्द 'DOUBTS' में अक्षरों के ऐसे कितने युग्म हैं, जिनके बीच उतने ही अक्षर है, जितने अंग्रेजी वर्णमाला में उनके बीच होते है।

(a) 1 (b) 2 (c) 3 (d) 4

उत्तरमाला

सेक्शन I अंग्रेजी भाषा

1 (d)	2 (a)	3 (c)	4 (d)	5 (a)	6 (d)	7 (d)	8 (b)	9 (b)	10 (b)
11 (b)	12 (c)	13 (c)	14 (a)	15 (b)	16 (c)	17 (d)	18 (d)	19 (a)	20 (d)

सेक्शन II सामान्य जागरूकता, गणित एवं तर्कशक्ति

1 (d)	2 (a)	3 (b)	4 (b)	5 (c)	6 (d)	7 (b)	8 (a)	9 (d)	10 (a)
11 (b)	12 (a)	13 (d)	14 (b)	15 (a)	16 (d)	17 (d)	18 (d)	19 (a)	20 (a)
21 (b)	22 (a)	23 (a)	24 (a)	25 (b)	26 (a)	27 (c)	28 (d)	29 (b)	30 (b)

स्कोर कार्ड

- कुल Attempted प्रश्न
  अंग्रेजी भाषा [ ] सामान्य जागरूकता, गणित एवं तर्कशक्ति [ ]
- कुल सही व गलत प्रश्न
  अंग्रेजी भाषा [/] सामान्य जागरूकता, गणित एवं तर्कशक्ति [/]
- फाइनल स्कोर (कुल सही उत्तर के अंक – गलत उत्तर के अंक)
  अंग्रेजी भाषा [/] सामान्य जागरूकता, गणित एवं तर्कशक्ति [/]

समय 45 मिनट सही उत्तर 1 अंक गलत उत्तर 0.25 अंक

- रिजल्ट
  - 10 से नीचे (किसी भी सेक्शन में) - Average (सिलेक्शन नहीं)
  - 10-18 के बीच में (कुल 35+) - Good (सिलेक्शन हो सकता है)
  - 18 से ऊपर (दोनों सेक्शन में) - Excellent (100% सिलेक्शन)
- टिप्पणी
  यदि आपका स्कोर किसी भी सेक्शन में 10 से नीचे है तब आप बार-बार प्रैक्टिस करें और ऐसा तब तक करें जब तक आपका स्कोर 10-18 (कुल 35+) के बीच में नहीं हो जाता।

संकेत एवं हल

सेक्शन I अंग्रेजी भाषा

1. (d) In the hospital, the other patient look at the egg for a long time because he could not decide whether he should eat it or give it to the boy.

2. (a) The given passage focus on paternal affection of the man.

3. (c) As used in passage, indigent circumstances means miserable condition.

4. (d) In context to the passage, shortfall means an amount or thing that is less than required. So, 'abundance' is its correct opposite meaning word, as abundance means a very large quantity of something.

5. (a) The incorrectly spelt word is Mathamettician. Its correct spelling is Mathematician, which means expert in Maths.

6. (d) 'Knave' means 'being evillish' (dishonest or unscrupulous man). So, 'Scoundrel' is its correct synonym.

7. (d) 'Strange' means something or someone new. So, its correct antonym will be 'familiar', which means acquainted with or not new.

8. (b) 'Cemetery' is a place where dead bodies are buried.

9. (b) The correct order is PRSQ and the sentence formed is-Everyone knows that it is difficult to go to the manager and tell him that he ought to speak more politely.

10. (b) The correct order is QRPS and the sentence produces as given below.

The concept of death, as an inevitability is so ancient that it has been reduced to a cliche.

11. (b) When there is a risk of spreading some disease then 'infectious' will be appropriate to used.

12. (c) The incorrectly spelt word in the sentence is 'entreprenurial'. The correct spelling is 'entrepreneurial', which means relating to or characteristic of an entrepreneur.

13. (c) The bracketed part of the sentence contains a contextual error. The use of the word 'quite' and 'one' is incorrect. The word 'quite' must be replaced with 'quiet' and 'one' with 'once'.

14. (a) The correct word to fill in the blank is 'break'. The phrase 'break of day' means the time of day when the sunlight begins to appear.

15. (b) The underlined part of the given sentence is grammatically correct and contextually meaningful.

16. (c) The word 'Purview' refers to the range or scope of someone's knowledge, authority or responsibility. 'Domain' is its synonym as it also means an area or sphere of activity, control or influence.

17. (d) The given sentence is grammatically correct and contextually meaningful.

18. (d) The correct word to fill in the blank is 'begged'. To 'beg pardon' means to politely ask for apology.

19. (a) The given sentence is in present perfect (interrogative) form and the structure followed to change its voice is -Has/have + object + been + verb$_3$ + by + subject. Hence, "Have all the people been affected by the price rise" is the correct answer.

20. (d) The given sentence is imperative. To change it in direct speech following structure should be followed

Subject + Modals + first form of verb + conjunction + object + first form of verb + object. Hence, "You should go and see a doctor", said Asmita, is the correct answer.

सेक्शन II सामान्य जागरूकता, गणित एवं तर्कशक्ति

1. (d) कम्प्यूटर शब्दावली में URL का विस्तार 'यूनिफॉर्म रिसोर्स लोकेटर' है। यह एक फॉर्मेटिंग टेक्स्ट स्ट्रिंग है जिसे वेब ब्राउजर' ईमेल क्लाइन्टस' या किसी अन्य सॉफ्टवेयर में इस्तेमाल किया जाता है। नेटवर्क रिसोर्स कोई भी फाइल हो सकती है जैसे कि web pages, text document, graphics या programl

2. (a) संविधान के अनुसार, तिरंगे की लम्बाई व चौड़ाई के बीच 3 : 2 का अनुपात होता है। भारतीय राष्ट्रीय ध्वज तिरंगा पिंगली वेंकय्या द्वारा डिजाइन किया गया था। जिसको भारत की संविधान सभा ने 22 जुलाई, 1947 को अपनाया था।

3. (b) 'लाइफ ऑन माई टर्म्स' पुस्तक शरद पवार की आत्मकथा पर आधारित है। इस पुस्तक में शरद पवाल के राजनीतिक व सामाजिक मुद्दों पर प्रकाश डाला गया है। वर्तमान में शरद पवार नेशनलिस्ट कॉंग्रेस पार्टी (एन सी पी) के अध्यक्ष है।

4. (b) डायोड को एक एम्प्लीफायर के रूप में प्रयोग किया जाता है। एम्प्लीफायर एक इलेक्ट्रॉनिक डिवाइस है, जो एक सिग्नल के वोल्टेज तथा धारा को बढ़ा देता है।

5. (c) मानसिक स्वास्थ व कल्याण को बढ़ावा देने की प्रतिबद्धता हेतु राष्ट्रीय मानसिक व्स्वास्थ्य व तंत्रिका विज्ञान संस्थान (NIMHANS) को विश्व स्वास्थ्य संगठन (WHO) द्वारा वर्ष 2024 थे नेल्सन मडेला पुस्कार से सम्मानित किया गया है। यह संस्थान एशिया के प्रसिद्ध मानसिक संस्थानों में से है इसकी स्थापना 27 दिसम्बर, 1974 के एक मानसिक अस्पताल के रूप में बंगलुरू में की गयी थी।

6. (d) सूर्य सेन, काकोरी षड्यन्त्र केस (वर्ष 1925 में) से सम्बन्धित नहीं थे। जबकि रामप्रसाद बिस्मिल, राजेन्द्र लाहिड़ी व अशफाफ उल्लां खां काकोरी षड्यंत्र केस से सम्बन्धित थे। जिन्हें इस केस के अर्न्तगत 19 दिसम्बर, 1927 ई. को फांसी की सजा दी गयी।

ध्यातव्य है कि 9 अगस्त, 1925 को क्रांतिकारियों ने सहारनपुर से लखनऊ जारी रेलगाड़ी से सरकारी खजाना काकोरी नामक स्थान पर लूट लिया जिसे काकोरी काण्ड कहा गया।

7. (b) सुनील छेत्री, फुटबॉल खेल में भारत का प्रतिनिधित्व करते हैं। वे एक पेशेवर भारतीय फुटबॉल खिलाड़ी हैं, जो स्ट्राइकर या विंगर के रूप में खेलते हैं। वे वर्तमान में इण्डियन सुपर लीग के क्लब बेंगलुरु FC तथा भारतीय राष्ट्रीय फुटबॉल टीम के कप्तान हैं। उन्होंने वर्ष 2002 में मोहन बागान FC से अपने फुटबॉल करियर की शुरुआत की थी। वह भारत की ओर से सर्वाधिक अन्तर्राष्ट्रीय गोल करने वाले फुटबॉल खिलाड़ी हैं। उन्हें 'कैप्टन फैण्टास्टिक' के नाम से भी जाना जाता है।

8. (a) माना लड़के की वास्तविक गति x किमी/घण्टा है।

प्रश्नानुसार, चाल × समय = दूरी, से

$$x \times \frac{10}{9}\left(2 + \frac{20}{60} + \frac{24}{3600}\right) = 39$$

$$\Rightarrow \frac{10x}{9} \times \left(2 + \frac{1}{3} + \frac{1}{150}\right) = 39$$

$$\Rightarrow \frac{10x}{9} \times \frac{(300 + 50 + 1)}{150} = 39$$

$$\therefore \quad x = \frac{39 \times 9 \times 15}{351}$$

$$= 15 \text{ किमी/घण्टा}$$

9. (d) 21, 35 और 75 का ल.स. लेने पर,

3	21, 35, 75
5	7, 35, 25
5	7, 7, 5
7	7, 7, 1
	1, 1, 1

21, 35 और 75 का ल.स.

$$= 3 \times 5 \times 5 \times 7 = 525$$

∴ अभीष्ट संख्या = $n \times$ ल.स.

(n धन पूर्णांक है)

$$= 525 \times 21 = 11025$$

नोट 3 और 7 का युग्म बनाने हेतु $(3 \times 7 =) 21$ की गुणा की जाती है।

10. (a) मेदिनी का 1 दिन का कार्य $= \frac{1}{21}$

युकी का 1 दिन का कार्य $= \frac{1}{42}$

मेदिनी और युकी का 1 दिन का कार्य

$$= \frac{1}{21} + \frac{1}{42} = \frac{2+1}{42} = \frac{3}{42} = \frac{1}{14}$$

∵ मेदिनी और युकी 1 कार्य करते हैं = 14 दिनों में

∴ मेदिनी और युकी $\frac{1}{2}$ कार्य करेंगे

$$= \frac{14}{2} = 7 \text{ दिनों में}$$

11. (b) माना नीरज की प्रारम्भिक आय = ₹ x

60% कमी तथा फिर 60% वृद्धि के बाद आय

$$x \times \frac{100-60}{100} \times \frac{(100+60)}{100}$$

$$= x \times \frac{40}{100} \times \frac{160}{100} = ₹\frac{64x}{100}$$

∴ आय में परिणामी हानि

$$= \frac{\text{हानि}}{\text{प्रारम्भिक आय}} \times 100$$

$$= \frac{x - \frac{64}{100}x}{x} \times 100$$

$$= \frac{36 \times 100}{100} = 36\%$$

वैकल्पिक विधि, यहाँ, $x = -60$ और $y = 60$

अत: आय में अन्तिम हानि $= x + y + \frac{xy}{100}$

$$= -60 + 60 - \frac{60 \times 60}{100}$$

= −36%(−) ऋणात्मक चिन्ह हानि (कमी) को दर्शाता है।

12. (a) दिया है,

$$2 + \cfrac{1}{x + \cfrac{1}{5 + \cfrac{1}{2}}} = \frac{37}{13}$$

$$\Rightarrow \quad 2 + \cfrac{1}{x + \cfrac{2}{11}} = \frac{37}{13}$$

$\Rightarrow \quad \dfrac{11}{11x+2} = \dfrac{37}{13} - 2$

$= \dfrac{37-26}{13}$

$\Rightarrow \quad \dfrac{11}{11x+2} = \dfrac{11}{13}$

$\therefore \quad 11x + 2 = 13$

$11x = 13 - 2 = 11$

$x = 1$

13. (d) $\sqrt{75.24 + ?} = 8.71$

दोनों ओर का वर्ग करने पर,

$\Rightarrow \quad 75.24 + ? = (8.71)^2$

$\Rightarrow \quad 75.24 + ? = 75.8641$

$\Rightarrow \quad ? = 75.8641 - 75.24$

$\therefore \quad ? = 0.6241$

14. (b) शंकु के आधार की त्रिज्या $r = 9$ सेमी तथा ऊँचाई $h = 12$ सेमी

$\therefore$ तिरही ऊचाई $l = \sqrt{r^2 + h^2}$

$= \sqrt{(9)^2 + (12)^2}$

$= \sqrt{81 + 144} = \sqrt{225}$

$= 15$ सेमी

$\therefore$ शंकु का वक्रपृष्ठ $= \pi r l = \dfrac{22}{7} \times 9 \times 15$

अब, कागज की शीट की लम्बाई

$= \dfrac{\text{शंकु का वक्रपृष्ठ}}{\text{कागज की चौड़ाई}}$

$= \dfrac{\frac{22}{7} \times 9 \times 15}{10}$

$= \dfrac{22 \times 9 \times 15}{7 \times 10}$

$= 42.428 \approx 42.39$ सेमी

15. (a) यहाँ, $S = \{HH, HT, TH, TT\}$

$\Rightarrow \quad n(S) = 4$

तथा $\quad E = \{HT, TH\}$

$\Rightarrow \quad n(E) = 2$

अतः $\quad P(E) = \dfrac{n(E)}{n(S)} = \dfrac{2}{4} = \dfrac{1}{2}$

16. (d) जिस प्रकार, धुएँ से प्रदूषण होता है। उसी प्रकार, युद्ध से विनाश होता है।

17. (d) दी गई श्रृंखला निम्न प्रकार है,

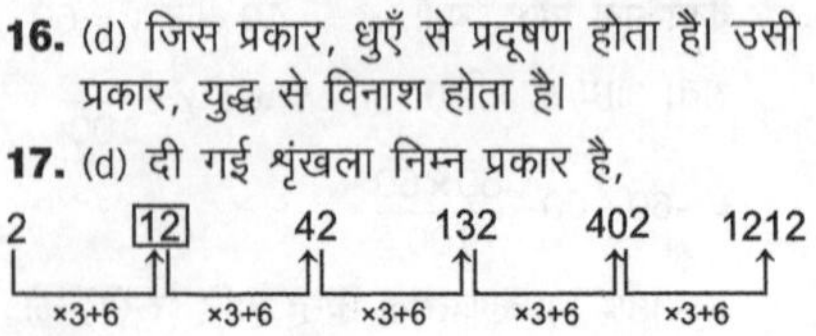

$\therefore \quad ? = 12$

18. (d) जिस प्रकार,

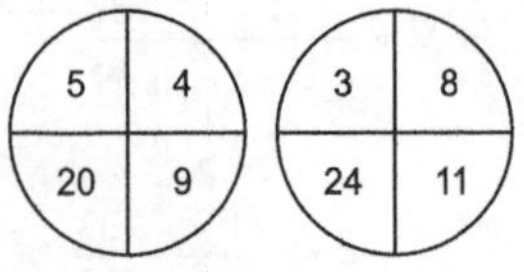

$\Rightarrow \quad 5 \times 4 = 20$

$\Rightarrow \quad 3 \times 8 = 24$

$\Rightarrow \quad 5 + 4 = 9$

$\Rightarrow \quad 3 + 8 = 11$

उसी प्रकार,

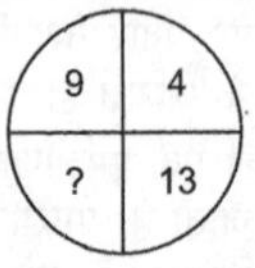

$\Rightarrow \quad 9 \times 4 = \boxed{36}$

$\Rightarrow \quad 9 + 4 = 13$

19. (a) जिस प्रकार,

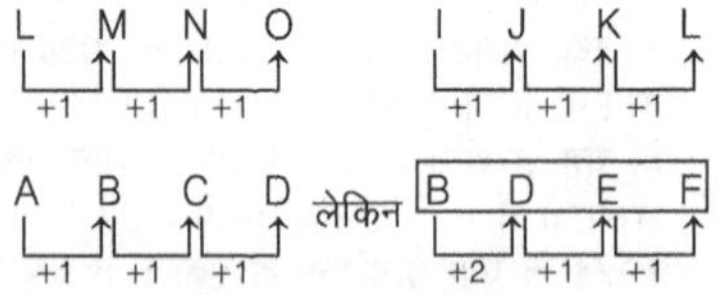

अतः 'BDEF' सभी से भिन्न है।

20. (a) प्रश्नानुसार,

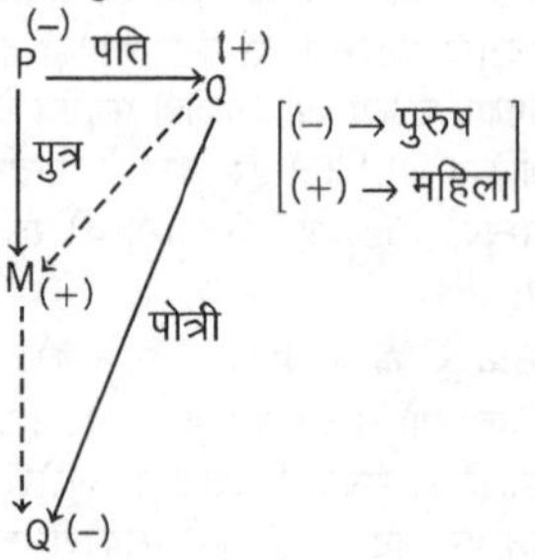

उपरोक्त आरेख से स्पष्ट है कि M, O का पुत्र है।

21. (b) शंकर के चलने का मार्ग निम्नवत् है

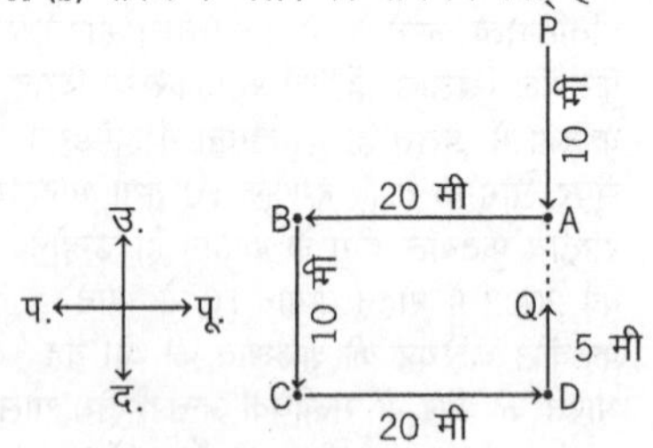

अभीष्ट दूरी $(PQ) = PA + AQ$

$= PA + (BC - DQ)$

$= 10 + (10 - 5)$

$= 10 + 5$

$= 15$ मी

22. (a) जिस प्रकार,

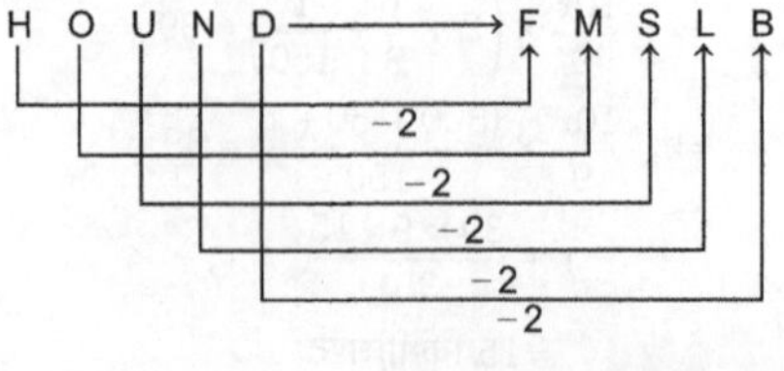

उसी प्रकार,

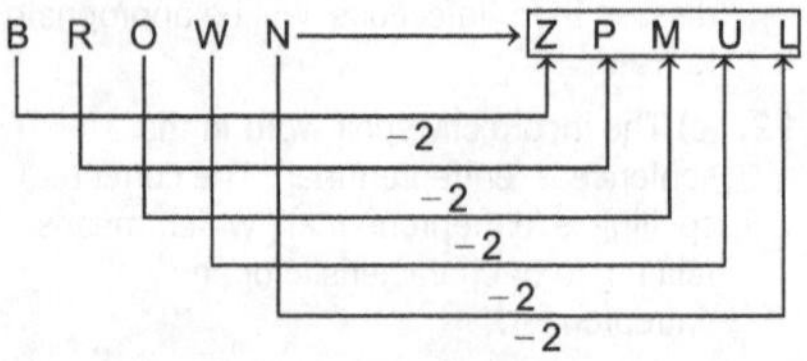

23. (a)

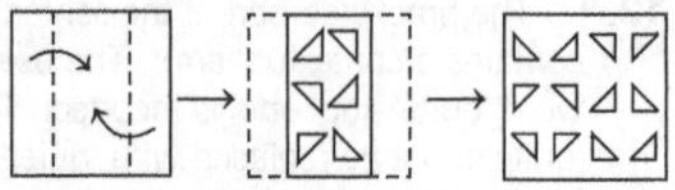

अतः दिए गए क्रमानुसार, कागज को मोड़कर छेद करके खोलने पर यह विकल्प (a) के समान दिखाई देगी।

24. (a) मिटिंग शुरू होने का सही समय

$= 8:15 + 40$ मिनट

$= 8:55$ प्रातःकाल

25. (b) संख्या '4' उन पायलटों का प्रतिनिधित्व करती है जो शादीशुदा तो है लेकिन तेलगु नहीं बोलते हैं।

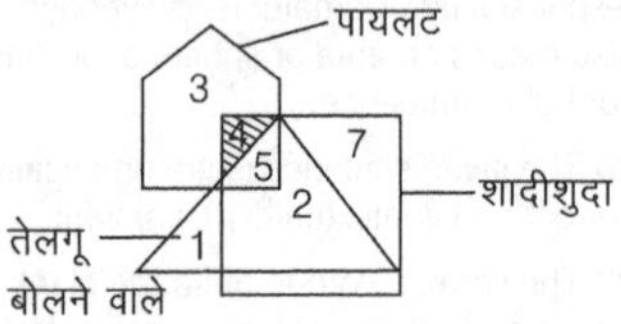

26. (a) कथनानुसार,

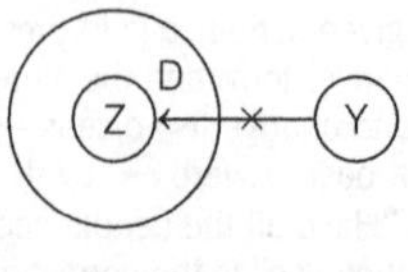

निष्कर्ष I. (✓) II. (✓) III. (✓)

अतः सभी निष्कर्ष कथनों के अनुसार है।

27. (c) प्रत्येक अगली आकृति में दो रेखाओं की वृद्धि हो रही है। अतः उत्तर आकृति (c) प्रश्न आकृतियों में दी गई श्रृंखला को पूरा करेगी।

28. (d) चूँकि E को उलटकर Ǝ लिखा गया है तथा बीच की रेखा को पीछे किया गया है तथा 'N' को नीचे की ओर उलटकर И लिखा गया है।

इसी तरह F_M को लिखने पर, विकल्प (d) वाली आकृति प्राप्त होती है।

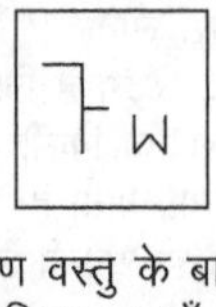

29. (b) चूँकि दर्पण वस्तु के बाईं ओर रखा है, इसलिए आकृति का दायाँ भाग बाईं ओर तथा बायाँ भाग दाईं ओर चला जाएगा। अतः इस प्रकार आकृति (b) प्राप्त होती है।

30. (b) प्रश्नानुसार,

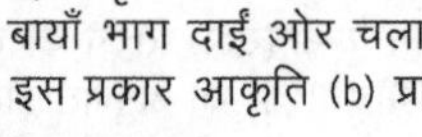

$\therefore$ अभीष्ट अक्षर-युग्म = OS, ST = 2

भारतीय वायु सेना

अग्निवीर वायु फेज-1

(ग्रुप-Y) विज्ञान विषय के अतिरिक्त

प्रैक्टिस सेट 28

समय : 45 मिनट

पूर्णांक : 50

निर्देश

1. इस प्रैक्टिस सेट में कुल 50 प्रश्न हैं तथा परीक्षा की अवधि 45 मिनट है।
2. प्रत्येक सही उत्तर के लिए 1 अंक का प्रावधान है।
3. गलत उत्तर के लिए 0.25 नकारात्मक अंक का प्रावधान है।

सेक्शन I ➤ अंग्रेजी भाषा

Directions (Q. Nos. 1-4) *Read the following passage carefully and answer the questions that follow.*

Once an ant who had come to drink at a stream fell into the water and was carried away by the swift current. She was in great danger of drowning. A dove perched on a nearby tree, saw the ant in danger and dropped a leaf into the water. The ant climbed onto this and was carried to safety.

Sometime after this a hunter, creeping through the bushes, saw the dove asleep and took careful aim with his gun. He was about to fire when the ant who was nearby, crawled forward and bit him sharply in the ankle. Thus, the hunter missed his aim and the loud noise of the gun awakened the dove from her sleep. She saw her danger and flew swiftly away to safety. Thus, the ant repaid the dove for having saved in the foaming current of the stream.

1. The ant came to the stream to
(a) fall into it
(b) look at the swift current
(c) carry back some water
(d) drink at it

2. The dove dropped a leaf into the water to
(a) save the ant (b) down tjkhe ant
(c) help itself (d) perch on it

3. The dove was in danger because
(a) a hunter wanted to care for it
(b) there was a bush nearby
(c) a hunter was about to shoot it
(d) it had fallen off the branch

4. The word 'aim' in this passage means
(a) to point a gun at something or someone
(b) to have an ambition
(c) to try to reach somewhere
(d) to look at something

Direction (Q. No. 5) *Give one word for the following words / sentence.*

5. Killing's one's brother
(a) Suicide
(b) Fratricide
(c) Patricide
(d) Matricide

6. Select the most appropriate meaning of the given idiom.
See eye to eye
(a) To be spontaneous
(b) To fight with someone.
(c) To share the same opinion as someone.
(d) To speak aggressively.

7. Find the part of the given sentence that has an error in it. If there is no error, choose 'No error'.
The rabbit lead the body towards the outskirts of the city.
(a) outskirts of the city
(b) boy towards the
(c) No error
(d) The rabbit lead the

Direction (Q. No. 8) *Choose the correctly spelt word.*

8. (a) Parralel (b) Parrallel
(c) Parallel (d) Paralel

Direction (Q. No. 9) *Choose the correct alternative of the following question.*

9. What does the phrase 'To set one's face against' mean?
(a) To oppose with determination
(b) To judge by appearance
(c) To get out of difficulty
(d) To look at one steadily

Directions (Q. Nos. 10 and 11) *Choose the correct meaning of the following idioms from the choice given.*

10. To make both ends meet.
(a) To live lavishly
(b) To live luxuriously
(c) To live within his income
(d) To live below poverty line

11. Hit the nail on the head.
(a) To touch to exact point
(b) To touch the bottom
(c) To do the whole work at a time
(d) To do all work

Directions (Q. Nos. 12-14) *Find out which part of the sentence has an error.*

12. His father would (a)/ rather die than (b)/ to beg from door to door. (c)/ No error (d)

13. In 1960 a earthquake (a)/ destroyed much (b)/ of San Francisco. (c)/ No error (d)

14. Part of the research programme (a)/ involved interviewing teenagers (b)/ in inner city areas. (c)/ No error (d)

Direction (Q. No. 15) *Fill in the blank with correct form of verb.*

15. Simon ...... very polite at the moment, because he wants to make a good impression.
(a) was being (b) has been
(c) is behaving (d) is being

16. Aditya doubts everything, he is a ....
(a) Altruist (b) Pessimist
(c) Optimist (d) Cynic

Direction (Q. No. 17) *Choose the correct alternative of the given sentence.*

17. The verb form of the adjective 'noble' is
(a) disnoble (b) nobleness
(c) nobility (d) nobleful

Direction (Q. No. 18) *Fill the blank with suitable clause.*

18. My dog enjoys being bathed ..... hates getting his nails trimmed.
(a) because
(b) if
(c) whether
(d) but

19. The junior-class boys dashed <u>in an out of an</u> playground in record time.
(a) in and out of the
(b) in or out of the
(c) in or out of a
(d) No improvement

20. The noun form of 'perceive' is ....
(a) Perception
(b) Perceiving
(c) Perceptive
(d) Perceivable

सेक्शन II ➸ सामान्य जागरूकता, गणित एवं तर्कशक्ति

1. महात्मा गाँधी ने किस तटीय शहर में 'नमक कानून' को तोड़ा था?
(a) अहमदाबाद (b) दाण्डी
(c) साबरमती (d) सूरत

2. 'तुंगभद्रा बहुउद्देशीय परियोजना' किस नदी पर स्थापित है?
(a) गोदावरी (b) कृष्णा नदी
(c) महानदी (d) सिन्धु

3. पेरिस ओलम्पिक 2024 में किस भारतीय खिलाड़ी को ओलम्पिक आर्डर से सम्मानित किया गया था?
(a) पीवी सिन्धु (b) अभिनव बिन्द्रा
(c) नीरज चोपड़ा (d) पीटी ऊषा

4. निम्न में से किसने भारत के कार्यवाहक प्रधानमन्त्री के रूप में दो बार कार्य किया?
(a) चौधरी चरण सिंह
(b) विश्वनाथ प्रताप सिंह
(c) इन्द्र कुमार गुजराल
(d) गुलजारी लाल नन्दा

5. अनचाहे ई-मेल को सामान्यत: क्या कहा जाता है?
(a) बल्क (b) स्पैम
(c) वायरल (d) ट्रैश

6. रुधिर एक.....ऊतक है।
(a) माँसपेशी (b) तरल संयोजी
(c) वाहिका (d) तन्त्रिका

7. विष्णु शर्मा द्वारा रचित पशुओं पर आधारित नीतिकथाओं के प्रसिद्ध संग्रह का नाम क्या है?
(a) हितोपदेश (b) कथासरितासागर
(c) पंचतन्त्र (d) जातक

8. $[-45+7\times 23-(247\div 13)-11]\div 2]$ का मान क्या है?
(a) −14 (b) −47 (c) 43 (d) 86

9. एक समचतुर्भुज जिसकी प्रत्येक भुजा की लम्बाई 30 मी है के एक विकर्ण की लम्बाई 36 मी है। इस समचतुर्भुज का क्षेत्रफल ज्ञात कीजिए।
(a) 840 मी^{2} (b) 860 मी^{2}
(c) 856 मी^{2} (d) 864 मी^{2}

10. निम्नलिखित में से कौन-सी साधारण भिन्न को दशमलव के रूप में लिखने पर उसका मान शान्त दशमलव में प्राप्त नहीं होगा?
(a) $\frac{27}{480}$ (b) $\frac{22}{440}$ (c) $\frac{240}{450}$ (d) $\frac{81}{450}$

11. 36 मी की दूरी पर स्थित एक टावर के शीर्ष से एक इमारत के निचले सिरे का अवनमन कोण 30° है। टावर की ऊँचाई कितनी है?
(a) $12\sqrt{3}$ मी (b) 24 मी
(c) 36 मी (d) $24\sqrt{3}$ मी

12. एक कस्बे की 5% जनसंख्या की किसी महामारी में मृत्यु हो जाती है और बची जनसंख्या में से 8% घबराकर कस्बे को छोड़कर चले गए। यदि कस्बे की कुल जनसंख्या अभी 88274 है, तो शुरुआत में कस्बे की कुल जनसंख्या ज्ञात करो।
(a) 121600 (b) 99800
(c) 101000 (d) 84500

13. 30 छात्रों की औसत आयु 15 वर्ष है। यह पाया गया कि औसत आयु की गणना करते समय एक छात्र की आयु 9 वर्ष के बजाय 15 वर्ष ली गई थी। सही औसत आयु क्या होगी?
(a) 14.2 वर्ष (b) 14.8 वर्ष
(c) 16.4 वर्ष (d) 15.6 वर्ष

14. वह बड़ी-से-बड़ी संख्या ज्ञात कीजिए, जिससे 270, 675 और 1215 को विभाजित किया जाए, तो प्रत्येक दशा में समान शेष बचता है।
(a) 45 (b) 135
(c) 270 (d) 75

15. $\frac{1+x^2}{1-x}\div\frac{1-x^4}{x-1}\times\frac{x(1-x)}{(1+x)}$ का मान क्या है?
(a) $\frac{-x}{1+x^2}$ (b) $\frac{-x}{(1+x)^2}$
(c) $\frac{-x}{1+x}$ (d) $\frac{-x}{1+2x^2}$

16. कॉलेज पार्टी में पाँच लड़कियाँ एक पंक्ति में बैठी हैं 'P' है 'M' के बाईं ओर और 'O' के दाईं ओर। 'R' बैठी हैं 'N' के दाईं ओर, परन्तु 'O' के बाईं ओर। बीच में कौन बैठा है?
(a) O (b) R
(c) P (d) M

17. दिए गए विकल्पों में से लुप्त संख्या ज्ञात कीजिए।

5	4	3
6	5	4
7	6	5
23	14	?

(a) 23 (b) 17
(c) 7 (d) 12

18. निम्नलिखित में से किस उत्तर आकृति द्वारा प्रश्न आकृति पूरी होती है?

प्रश्न आकृति

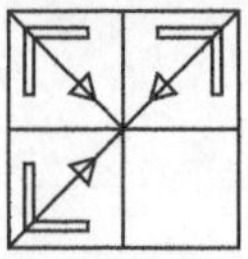

उत्तर आकृतियाँ

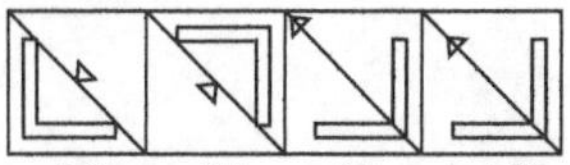

(a) (b) (c) (d)

19. एक बस जब चली, तो उसमें निश्चित संख्या में कुछ यात्री बैठे हुए थे। पहले स्टॉप पर बस से आधे यात्री उतर गए और 35 यात्री बस में चढ़े। दूसरे स्टॉप पर $\frac{1}{5}$ यात्री उतर गए और 40 यात्री चढ़े। उसके बाद बस में 80 यात्री थे और वह बिना रुके गंतव्य-स्थल की ओर गई। आरम्भ में बस में कितने यात्री थे?
(a) 25 (b) 30 (c) 40 (d) 50

20. यदि A = 1 और AND = 19, तब BAT = ?
(a) 22 (b) 23
(c) 21 (d) 20

21. एक विशेष प्रकार से STAG शब्द को HGZT, HORN को SLIM लिखा (कोड) किया गया है। उसी कोड़ का प्रयोग कर NORTH को किस प्रकार लिखा जा सकता है?
(a) NLGMI (b) MLIGS
(c) MGLIS (d) NLGIS

22. एक आदमी अपनी कार 50 किमी पूर्व दिशा की ओर चलाता है। वह दाएँ घूमा और 30 किमी गया, फिर पश्चिम की ओर घूमा और 10 किमी चला। वह आरम्भिक स्थल से कितनी दूर है?
(a) 50 किमी (b) 60 किमी
(c) 100 किमी (d) 20 किमी

23. दिए गए विकल्पों में से उस आकृति को चुनिए, जो निम्नलिखित शृंखला में प्रश्नचिह्न (?) के स्थान पर आ सकती है।

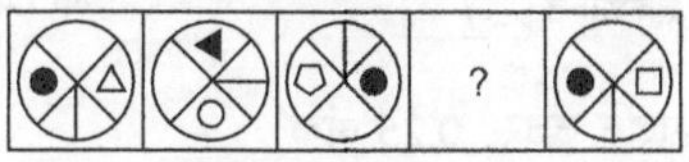

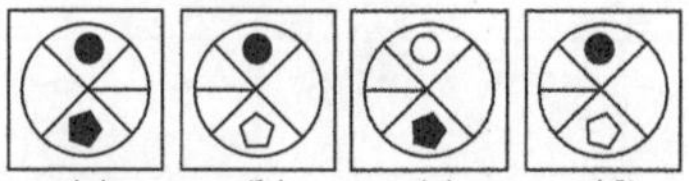

(a) (b) (c) (d)

24. (::) के बाएँ ओर दिए गए शब्द किसी तर्क/नियम/सम्बन्ध के आधार पर एक-दूसरे से सम्बन्धित हैं। समान तर्क/नियम/सम्बन्ध के आधार पर दिए गए विकल्पों में से (::) के दाएँ ओर लुप्त शब्द/शब्द युग्म को चुनिए।
कलम : लेखक : : कुल्हाड़ी : ?
(a) शिक्षक (b) रसोइया
(c) लकड़हारा (d) मोची

25. उस विकल्प आकृति को चुनिए, जिसमें दी गई आकृति निहित है। (घूर्णन की अनुमति नहीं है)।

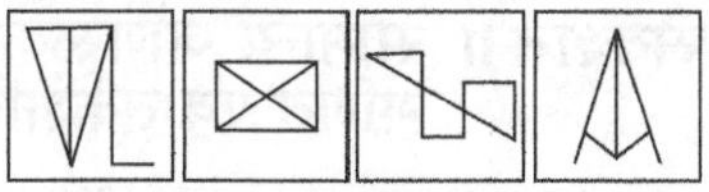

(a) (b) (c) (d)

26. दिए गए शब्दों को शब्दकोश के क्रमानुसार व्यवस्थित करें।
1. Wage 2. Waist
3. Waste 4. West
5. Wave
(a) 12354 (b) 42135
(c) 24351 (d) 35241

27. दिए गए विकल्पों में से वह शब्द चुनिए, जो दिए गए शब्द के अक्षरों का प्रयोग करके नहीं बनाया जा सकता है
STEADFAST
(a) DEAF (b) DEAN
(c) FAST (d) FED

28. प्रश्न आकृतियों में चिह्न '::' से पहले दी गई आकृतियों के बीच एक निश्चित सम्बन्ध है। इसी सम्बन्ध के आधार पर चिह्न '::' के बाद दी गई आकृति के लिए उत्तर आकृतियों में से सम्बन्धित आकृति चुनिए।

प्रश्न आकृतियाँ

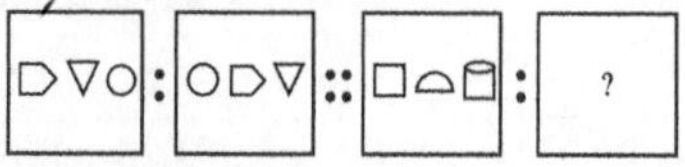

उत्तर आकृतियाँ

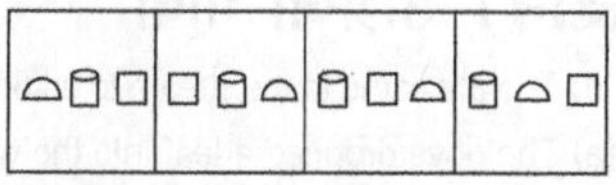

(a) (b) (c) (d)

29. दी गई आकृति में त्रिभुजों की संख्या ज्ञात कीजिए।

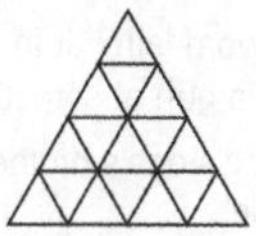

(a) 23 (b) 27 (c) 28 (d) 29

30. नीचे दी गई प्रश्न आकृति का दर्पण प्रतिबिम्ब कैसा बनेगा, यदि दर्पण रेखा XY पर रखा है।

प्रश्न आकृति

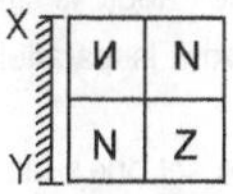

उत्तर आकृतियाँ

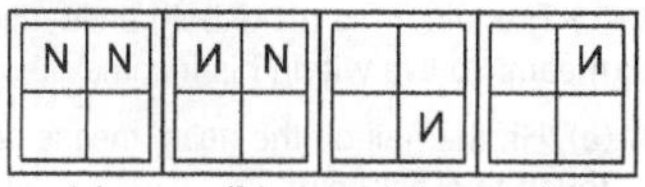

(a) (b) (c) (d)

उत्तरमाला

सेक्शन I अंग्रेजी भाषा

1 (d)	2 (a)	3 (c)	4 (a)	5 (b)	6 (c)	7 (d)	8 (c)	9 (a)	10 (c)
11 (a)	12 (c)	13 (a)	14 (c)	15 (b)	16 (d)	17 (c)	18 (d)	19 (a)	20 (a)

सेक्शन II सामान्य जागरूकता, गणित एवं तर्कशक्ति

1 (b)	2 (a)	3 (b)	4 (a)	5 (b)	6 (b)	7 (c)	8 (c)	9 (d)	10 (c)
11 (a)	12 (c)	13 (b)	14 (b)	15 (b)	16 (a)	17 (c)	18 (d)	19 (b)	20 (b)
21 (b)	22 (a)	23 (c)	24 (c)	25 (a)	26 (a)	27 (b)	28 (c)	29 (b)	30 (b)

स्कोर कार्ड

- कुल Attempted प्रश्न
  अंग्रेजी भाषा [ ] सामान्य जागरूकता, गणित एवं तर्कशक्ति [ ]
- कुल सही व गलत प्रश्न
  अंग्रेजी भाषा [/] सामान्य जागरूकता, गणित एवं तर्कशक्ति [/]
- फाइनल स्कोर (कुल सही उत्तर के अंक – गलत उत्तर के अंक)
  अंग्रेजी भाषा [/] सामान्य जागरूकता, गणित एवं तर्कशक्ति [/]

समय 45 मिनट सही उत्तर 1 अंक गलत उत्तर 0.25 अंक

- रिजल्ट
  - 10 से नीचे (किसी भी सेक्शन में) - Average (सिलेक्शन नहीं)
  - 10-18 के बीच में (कुल 35+) - Good (सिलेक्शन हो सकता है)
  - 18 से ऊपर (दोनों सेक्शन में) - Excellent (100% सिलेक्शन)
- टिप्पणी
  यदि आपका स्कोर किसी भी सेक्शन में 10 से नीचे है तब आप बार-बार प्रैक्टिस करें और ऐसा तब तक करें जब तक आपका स्कोर 10-18 (कुल 35+) के बीच में नहीं हो जाता।

संकेत एवं हल

सेक्शन I अंग्रेजी भाषा

1. (d) The ant came to the stream to drink at it.
2. (a) The dove dropped a leaf into the water to save the ant.
3. (c) The dove was in danger because a hunter was about to shoot it.
4. (a) The word 'aim' at in this passage means 'to point a gun at something or someone'.
5. (b) Killing's one's brother is called 'Fratricide'.
6. (c) 'See eye to eye' means to agree or have the same opinion as someone else.
7. (d) 'The rabbit lead the' contains an error of subject verb agreement. 'Lead' should be 'leads' as the subject the 'rabbit' is singular.
8. (c) The correctly spelt word is 'parallel' and it means 'similar'.
9. (a) The given phrase-'To set one's face' means 'to oppose with determination'.
10. (c) The idiom 'To make both ends meet' means 'to live within his income'.
11. (a) 'Hit the nail on the head' means 'to touch to exact point'.
12. (c) Syntax states the use of structure-(Rather + verb + than.....+ gerund). So, 'to beg' should be replaced by 'the begging'.
13. (a) Use 'an' in place of 'a' as the sound preceding starts with a vowel.
14. (c) Here 'of' should be used in place of 'in' because the sentence focuses on the person's belonging to some specific areas.
15. (b) Here, 'has been' (helping verb) should be used as the action is started in past is going on.
16. (d) 'Cynic' is the most appropriate option as it defines a person who doubts every thing.
17. (c) 'Nobility' is the correct verb form of the adjective 'Noble'.
18. (d) 'But' is a coordinating conjunction which is used to combine two independent clauses. It is also used to show contrast.
19. (a) The correct answer is 'in and out of the'. The definite article 'the' is needed before 'playground' because it refers to a specific playground that the speaker and listener are aware of.
20. (a) The correct answer is 'perception'.

सेक्शन II सामान्य जागरूकता, गणित एवं तर्कशक्ति

1. (b) महात्मा गाँधी ने 12 मार्च, 1930 को साबरमती आश्रम (अहमदाबाद) से अपने 79 समर्थकों के साथ प्रस्थान किया तथा 24 दिनों की यात्रा के बाद 6 अप्रैल, 1930 को तटीय शहर दाण्डी पहुँचकर नमक कानून तोड़ा तथा सविनय अवज्ञा आन्दोलन की शुरुआत की। इस आन्दोलन का उद्देश्य ब्रिटिश सरकार के नमक कानून का उल्लंघन करना, सरकारी वस्तुओं व सेवाओं, शिक्षा केन्द्रों तथा उपाधियों का बहिष्कार करना था।
2. (b) 'तुंगभद्रा बहुउद्देशीय परियोजना' कृष्णा नदी पर बनाया गया है। यह आन्ध्र प्रदेश तथा कर्नाटक राज्यों के सहयोग से कृष्णा की सहायक तुंगभद्रा नदी पर मल्लमपुरम के निकट बनाया गया है। यह दक्षिण भारत की सबसे बड़ी बहुउद्देशीय नदी घाटी परियोजना है।
3. (b) पेरिस ओलम्पिक 2024 में भारत के लिए पहला गोल्ड (2008, बीजिंग) जीतने वाले शूटर अभिनव बिन्द्रा को ओलम्पिक आर्डर से सम्मनित किया गया था।
4. (a) चौधरी चरण सिंह ने भारत के कार्यवाहक प्रधानमन्त्री के रूप में दो बार कार्य किया। ये भारत के पाँचवें प्रधानमन्त्री थे। इन्होंने यह पद 28 जुलाई, 1979 से 14 जनवरी, 1980 तक सम्भाला था। वे भारत के एकमात्र ऐसे प्रधानमंत्री रहे दौरान जिन्होंने अपने कार्यकाल के दौरान लोकसभा का सामना नहीं किया।
5. (b) स्पैम उस प्रकार के ईमेल को कहते हैं, जो बिना माँगे या बुलाए आ जाता है। इसमें प्रायः विज्ञापन भरे होते हैं।
6. (b) रुधिर एक तरल संयोजी ऊतक है जो लहू वाहिनियों के अन्दर विभिन्न अंगों में लगातार बहता रहता है। यह प्लाज्मा और रक्त कणों से मिलकर बनता है। प्लाज्मा वह निर्जीव तरल माध्यम है जिसमें रक्त कण तैरते रहते हैं।
7. (c) विष्णु शर्मा द्वारा रचित पशुओं पर आधारित नीति कथाओं के प्रसिद्ध संग्रह का नाम पंचतन्त्र है। इस पुस्तक की रचना तीसरी शताब्दी ईसा पूर्व के आस-पास मानी जाती है। यह पुस्तक मूलतः संस्कृत भाषा में रचित है। इस पुस्तक का फारसी भाषा में अनुवाद अबुल फजल ने 'अनवर-ए-सादात' तथा मौलाना हुसैन फैज ने 'अयार-ए-दानिश' के नाम से किया।
8. (c) $[-45 + 7 \times 23 - (247 \div 13) - 11] \div 2$

$= [-45 + 7 \times 23 - 19 - 11] \div 2$

[BODMAS के नियम से]

$= [-45 + 161 - 19 - 11] \div 2$

$= [161 - 75] \div 2$

$= 86 \div 2 = 43$

9. (d) एक समचतुर्भुज निम्न चित्र में दर्शाया गया है

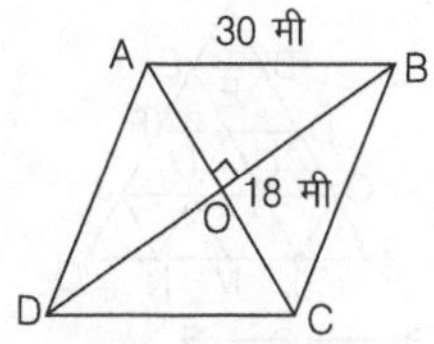

$BO = OD = \frac{BD}{2} = \frac{36}{2} = 18$ मी,

($\because$ समचतुर्भुज के विकर्ण एक-दूसरे को परस्पर लम्बवत् समद्विभाजित करते हैं)

$AB = AD = BC = CD = 30$ मी

समकोण त्रिभुज AOB में,

$(AO)^2 = (AB)^2 - (BO)^2$

$= (30)^2 - (18)^2$

$= 900 - 324 = 576$

$AO = \sqrt{576} = 24$ मी

$\because$ $AO = 24$ मी

$AC = 2AO = 48$ मी

क्षेत्रफल, $A = \frac{1}{2} \times BD \times AC$

$= \frac{1}{2} \times 36 \times 48$

$= 864$ मी^{2}

10. (c) $\frac{27}{480} = 0.05625,$

$\frac{22}{440} = 0.05,$

$\frac{240}{450} = 0.5333\ldots = 0.5\overline{3},$

$\frac{81}{450} = 0.18$

$\therefore$ अभीष्ट भिन्न $= \frac{240}{450}$

11. (a) माना टावर की ऊँचाई h मी है।

तब प्रश्नानुसार,

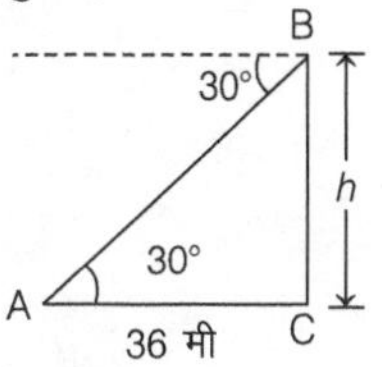

$BC = h =$ टावर

ΔABC में, $\tan 30° = \frac{BC}{AC}$

$\Rightarrow \quad \frac{1}{\sqrt{3}} = \frac{h}{36}$

$\Rightarrow \quad \frac{36}{\sqrt{3}} = h$

$\Rightarrow \quad h = \frac{36}{\sqrt{3}} \times \frac{\sqrt{3}}{\sqrt{3}}$

$= \frac{36\sqrt{3}}{3}$

$\therefore \quad h = 12\sqrt{3}$ मी

12. (c) माना कस्बे में शुरुआत में जनसंख्या $= x$

तब प्रश्नानुसार,

$x \times \left(\frac{100-5}{100}\right) \times \left(\frac{100-8}{100}\right) = 88274$

$\Rightarrow \quad x \times \frac{95}{100} \times \frac{92}{100} = 88274$

$\Rightarrow \quad x = \frac{88274 \times 10000}{95 \times 92}$

$\therefore \quad x = 101000$

13. (b) $\because$ 30 छात्रों की औसत आयु = 15 वर्ष

$\therefore$ 30 छात्रों की कुल आयु का योग

$= 30 \times 15 = 450$ वर्ष

प्रश्नानुसार,

एक छात्र की आयु में 9 वर्ष की बजाय 15 वर्ष लेकर गणना करने पर,

कुल 30 छात्र की सही आयु का योग

$= 450 - 15 + 9 = 444$

$\therefore$ कुल 30 छात्र की सही औसत आयु

$= \frac{444}{30} = 14.8$ वर्ष

14. (b) वह बड़ी-से-बड़ी संख्या जिसे 270, 675 तथा 1215 को भाग देने पर प्रत्येक दशा में समान शेष बचे

$= (675 - 270), (1215 - 675)$

तथा $(1215 - 270)$ का म.स.

$= 405, 540$ तथा 945 का म.स.

$405 = \underline{3 \times 3 \times 3} \times 3 \times \underline{5}$

$540 = 2 \times 2 \times \underline{3 \times 3 \times 3} \times \underline{5}$

$945 = \underline{3 \times 3 \times 3} \times \underline{5} \times 7$

$\therefore$ 405, 540 तथा 945 का म.स.

$= 3 \times 3 \times 3 \times 5 = 135$

$\therefore$ अभीष्ट संख्या $= 135$

15. (b) दिया गया व्यंजक,

$\left(\frac{1+x^2}{1-x}\right) \div \left(\frac{1-x^4}{x-1}\right) \times \frac{x(1-x)}{(1+x)}$

$= \frac{1+x^2}{1-x} \times \frac{x-1}{1-x^4} \times \frac{x(1-x)}{(1+x)}$

$= \frac{(1+x^2)}{(1-x)} \times \frac{-(1-x)}{(1-x^2)(1+x^2)} \times \frac{x(1-x)}{(1+x)}$

$= -\frac{1}{(1-x^2)} \times \frac{x(1-x)}{(1+x)}$

$= -\frac{1}{(1+x)(1-x)} \times \frac{x(1-x)}{(1+x)} = -\frac{x}{(1+x)^2}$

16. (a) पाँचों लड़कियों के बैठने का क्रम निम्नवत् है

बाईं ओर ← N R [O] P M → दाईं ओर

अतः O बीच में बैठी है।

17. (c) जिस प्रकार, $5 \times 6 - 7 = 30 - 7 = 23$

तथा $4 \times 5 - 6 = 20 - 6 = 14$

उसी प्रकार, $3 \times 4 - 5 = 12 - 5 = \boxed{7}$

18. (d) उत्तर आकृति (d) द्वारा प्रश्न आकृति पूरी होती है।

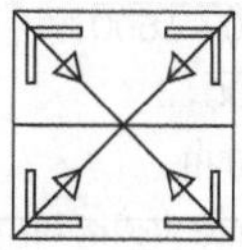

19. (b) माना आरम्भ में बस में x यात्री थे।

पहले स्टाप पर बस में यात्रियों की संख्या

$= x - \frac{x}{2} + 35 = \frac{x}{2} + 35$

दूसरे स्टाप पर बस में यात्रियों की संख्या

$= \left(\frac{x}{2} + 35\right) \times \frac{4}{5} + 40$

$= \left(\frac{x+70}{2}\right) \times \frac{4}{5} + 40$

प्रश्नानुसार,

$\left(\frac{x+70}{2}\right) \times \frac{4}{5} + 40 = 80$

$\Rightarrow \quad \frac{4x + 280 + 400}{10} = 80$

$\Rightarrow \quad 4x + 680 = 800$

$\Rightarrow \quad 4x = 800 - 680 = 120$

$\Rightarrow \quad 4x = 120$

$\Rightarrow \quad x = \frac{120}{4} = 30$

20. (b) जिस प्रकार, 1 14 4

A N D

$\Rightarrow \quad 1 + 14 + 4 = 19$

उसी प्रकार, 2 1 20

B A T

$\Rightarrow \quad 2 + 1 + 20 = \boxed{23}$

21. (b) जिस प्रकार,

S T A G → H G Z T तथा H O R N → S L I M

उसी प्रकार,

N O R T H → M L I G S

अतः NORTH को MLIGS लिखा जाएगा।

22. (a) आदमी के चलने का क्रम निम्नवत् है

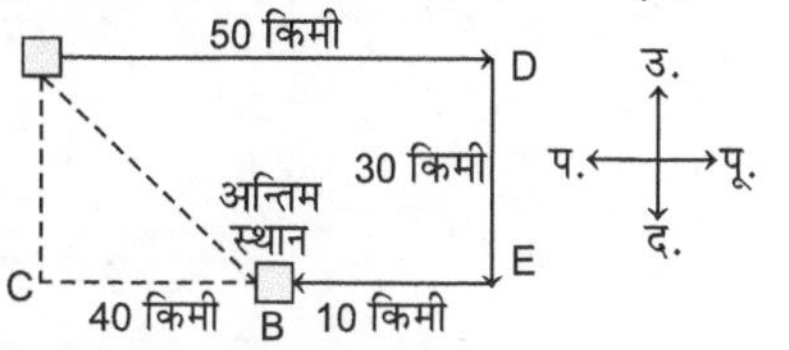

आरम्भिक स्थल से दूरी (AB)

$= \sqrt{AC^2 + BC^2}$

$= \sqrt{(30)^2 + (40)^2}$

$(\because AC = DE \text{ तथा } BC = AD - BE)$

$= \sqrt{900 + 1600}$

$= \sqrt{2500}$

= 50 किमी

23. (d) प्रश्न आकृति प्रत्येक अगले पद में 90° वामावर्त दिशा में घूम जाती है तथा छायांकित भाग, अछायांकित भाग में और अछायांकित भाग, छायांकित भाग में बदल जाता है, तो इस प्रकार उत्तर आकृति (c) प्राप्त होगी।

24. (c) जिस प्रकार, लेखक द्वारा पेज पर लिखने के लिए 'कलम' उपयोगी होती है।

उसी प्रकार, लकड़हारे द्वारा वृक्ष काटने के लिए 'कुल्हाड़ी' उपयोगी होती है।

25. (a) विकल्प आकृति (a) को देखने पर हम पाते है। कि इसमें प्रश्न आकृति सन्निहित है। जैसा कि चित्र में दिखाया गया है,

26. (a) दिए गए शब्दों का अंग्रेजी शब्दकोश के अनुसार क्रम निम्न है।

Wage → Waist → Waste → Wave → West

1 2 3 5 4

27. (b) दिए गए शब्द 'STEADFAST' में अक्षर 'N' की अनुपस्थिति के कारण शब्द 'DEAN' नहीं बनाया जा सकता है।

28. (c) प्रश्न आकृति के प्रथम युग्म की पहली आकृति का पहला तत्त्व दूसरी आकृति में दूसरा हो जाता है, दूसरा तत्त्व तीसरा हो जाता है और तीसरा तत्त्व पहला हो जाता है। इसी प्रकार, द्वितीय युग्म की पहली आकृति को व्यवस्थित करने पर उत्तर आकृति को व्यवस्थित करने पर उत्तर आकृति (c) प्राप्त होगी।

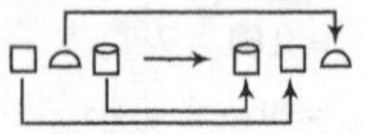

29. (b) आकृति में बिन्दुओं के नाम रखने पर,

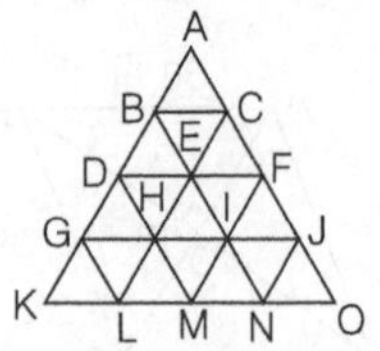

त्रिभुजों के नाम निम्न हैं

ABC, BDE, EBC, ECF, DGH, DHE, EHI, EIF, FIJ, GKL, GLH, HLM, HMI, IMN, INJ, JNO, DKM, DFM, FMO, ADF, BKN, CLO, AGJ, ELN, BGI, CHJ और AKO

अतः आकृति में कुल 27 त्रिभुज हैं।

30. (b)

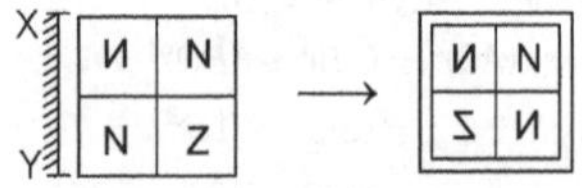

जब दर्पण XY रेखा पर होगा, तो प्रतिबिम्ब आकृति (b) के समान बनेगा।

भारतीय वायु सेना

अग्निवीर वायु फेज-1

(ग्रुप-Y) विज्ञान विषय के अतिरिक्त

प्रैक्टिस सेट 29

समय : 45 मिनट | पूर्णांक : 50

निर्देश

1. इस प्रैक्टिस सेट में कुल 50 प्रश्न हैं तथा परीक्षा की अवधि 45 मिनट है।
2. प्रत्येक सही उत्तर के लिए 1 अंक का प्रावधान है।
3. गलत उत्तर के लिए 0.25 नकारात्मक अंक का प्रावधान है।

सेक्शन I ➔ अंग्रेजी भाषा

Directions (Q. Nos. 1-4) *Read the following passage carefully and answer the questions that follow.*

At first sight, silence would seem to be the essence of non-communication. Yet we know that in some circumstances silence can speak volumes. It is also a potent tool in the communication tool-box, for the speaker, as it adds emphasis to point, allowing time for its full significance to sink in. Handled skillfully, it can build up anticipation for what is to come-the pregnant pause. It gives opportunity to make eye contact with the audience and gauge their reactions. It is an essential component of the timing of one's delivery. For the listener, silence can buy time, either to digest what has been said or to consider a response or both. Silence will often lure the speaker into saying more than he or she may have intended.

1. For the listener, silence can
(a) lure him to say more
(b) buy time
(c) emphasise a point
(d) be a potent tool

2. According to the author, the pregnant pause
(a) builds up anticipation
(b) leads to confusion
(c) breaks up communication
(d) helps communication

3. The opposite of 'Potent' is
(a) weak (b) inherent
(c) latent (d) patent

4. Give the synonym of 'Gauge'.
(a) Gather knowledge
(b) Share information
(c) Measure
(d) Make statement

Directions (Q. Nos. 5 and 6) *Choose the correct meaning of the following idioms from the choice given.*

5. To bell the cat
(a) to take lead in danger
(b) to tie a bell to cat's neck
(c) to be alert of the enemy
(d) to make noise

6. Select the most appropriate word to fill in the blank.
A large .... of elderly people live alone.
(a) value (b) quantity
(c) number (d) capacity

Direction (Q. No. 7) *Choose the word similar in meaning to the word given.*

7. Freelance
(a) Self-betrayed (b) Self-centred
(c) Self-employed (d) Self-driven

Direction (Q.No. 8) *Choose the word opposite in meaning to the word given.*

8. Wither
(a) Shine (b) Bloom
(c) Excel (d) Wilt

Direction (Q. No. 9) *Find the correctly spelt word.*

9. (a) Propellar (b) Propelar
(c) Propeller (d) Propelre

10. Find the part of the given sentence that has an error in it. If there is not error, choose 'No error'.
If acid drainage will reaches groundwater, it may persist for decades or centuries.
(a) Groundwater, it may presist
(b) If acid drainage will reaches
(c) No error
(d) For decades of centuries

Direction (Q.No. 11) *Choose the word which can be substituted for the given words / sentence.*

11. To free anything from germs.
(a) Cauterise (b) Sterilise
(c) Antiseptic (d) Antivirus

Direction (Q. No. 12) *Choose the best order which produces the meaningful sentence.*

12. For thousands of years,
P : one of the most important friuts
Q : the strange fruit of this bush
R : of the mediterranean region
S : has been regarded as
(a) PQRS (b) QSPR
(c) PSQR (d) QRPS

13. The noun form of 'innovate' is ....
(a) Innovation (b) Innovator
(c) Innovating (d) Innovatively

14. A : his writings are so philosophical
B : to read between the lines
C : that it is sometimes difficult
D : and find out what he wants to convey
The correct sequence should be
(a) ACBD (b) BDAC
(c) BCAD (d) ABCD

Direction (Q. No. 15) *Select the one which best expresses the same sentence in Indirect / Direct form.*

15. She said to me, "What can I do for you?"
(a) She asked me what she could do for me
(b) She asked me what she can do for me
(c) She asked me that she can do for me
(d) She asked me whether she can do anything for me

Direction (Q. No. 16) *Select the one which best expresses the sentence in Active / Passive voice.*

16. Who gave you permission to enter?
(a) By whom were you given permission to enter?
(b) By whom was you given permission to enter?
(c) By whom you were given permission to enter?
(d) By whom given you permission to enter?

Direction (Q. No. 17) *Choose the correct alternative.*

17. The noun form of the verb 'leak' is
(a) Leakage
(b) Leaking
(c) Leaky
(d) Disleak

Directions (Q. Nos. 18 and 19) *Fill in the blanks with suitable word.*

18. An actress is a woman ...... plays in the films or theatre plays.
(a) which
(b) whose
(c) when
(d) who

19. If she comes to Jaipur, she ...... you.
(a) would meet
(b) meets
(c) will meet
(d) met

20. Choose the most appropriate antonym of the underlined word.
Venus was the quiet one pensive and observant of everything around her.
(a) Thoughtful (b) Reflective
(c) Pondering (d) Ignorant

सेक्शन II ➤ सामान्य जागरूकता, गणित एवं तर्कशक्ति

1. पोलो के पारम्पारिक खेल में प्रत्येक टीम में कितने खिलाड़ी होते हैं?
(a) 3 (b) 4 (c) 6 (d) 11

2. 'एक्सरसाइज पिच ब्लैक 2024' का आयोजन कहाँ किया गया था?
(a) संयुक्त राज्य अमेरिका (b) ऑस्ट्रेलिया
(c) चीन (d) भारत

3. UNIX ऑपरेटिंग सिस्टम किसका ट्रेडमार्क है?
(a) माइक्रोसॉफ्ट (b) बेल लैबोरेटरीज
(c) एप्पल (d) मोटोरोला

4. किस जीव के कारण कालाबार नामक रोग होता है?
(a) इशरीकिया कोली (b) लीशमेनिया
(c) एजोटोवेक्टर (d) क्लोस्ट्रीडियम

5. 'भारतीय सिविल सेवा' का जनक किसे कहा जाता है?
(a) रॉबर्ट क्लाइव (b) लॉर्ड कॉर्नवालिस
(c) लॉर्ड हार्डिंग (d) सर जॉन शेर

6. भारतीय चुनावों में मतदान करने की न्यूनतम आयु कितनी है?
(a) 25 वर्ष (b) 16 वर्ष
(c) 18 वर्ष (d) 21 वर्ष

7. नदी का डेल्टा बनना किस प्रक्रिया का परिणाम है।
(a) अपक्षरण (b) वाष्पीकरण
(c) अवसादन (d) निक्षेपण

8. एक निश्चित धनराशि पर साधारण ब्याज एक निश्चित ब्याज की दर से 2 वर्षों में ₹ 1200 है। उसी धनराशि का चक्रवृद्धि ब्याज, साधारण ब्याज की दर से 2 वर्षों में ₹ 1290 मिलता है। मूलधन कितना होगा?
(a) ₹ 12000 (b) ₹ 16000
(c) ₹ 6000 (d) ₹ 4000

9. $\left(\frac{1+\sec^2 A}{1+\cos^2 A}\right)\left(\frac{1+\sin^2 A}{1+\operatorname{cosec}^2 A}\right)$ का मान क्या है?
(a) $\operatorname{cosec}^2 A$ (b) $\tan^2 A$
(c) $\cos^2 A$ (d) $\sec^2 A$

10. 126 किमी/घण्टा की चाल से चल रही एक रेलगाड़ी, उसी दिशा में 72 किमी/घण्टा की चाल से चल रही एक कार को 40 सेकण्ड में पार करती है। रेलगाड़ी की लम्बाई मीटर में क्या होगी?
(a) 500 मी (b) 600 मी
(c) 900 मी (d) 450 मी

11. छूट की दर ज्ञात करें, जब अंकित मूल्य ₹ 1880 और विक्रय मूल्य ₹ 1598 है।
(a) 12% (b) 15%
(c) 13% (d) 20%

12. $\dfrac{\frac{5}{2}\div\frac{2}{5}\times\frac{1}{5}-\frac{1}{5}\div\frac{3}{5}\times\frac{5}{2}}{\frac{2}{3}\div\frac{1}{5}-\frac{1}{2}\times\frac{5}{2}\div\frac{25}{4}+\frac{1}{2}\div\frac{2}{5}\times\frac{1}{5}}$ का मान क्या है?
(a) $\frac{28}{125}$ (b) $\frac{31}{127}$ (c) $\frac{32}{127}$ (d) $\frac{25}{123}$

13. 15 परीक्षाओं में सुवीर द्वारा प्राप्त औसत अंक 29 हैं। रूचिरा अब तक 27 का औसत बनाए रखे है, लेकिन अब तक केवल 11 परीक्षाएँ दी हैं। सुवीर के प्रदर्शन से मेल खाने के लिए रूचिरा को शेष चार परीक्षाओं में औसत से कितना स्कोर करना पड़ता है?
(a) 35 (b) 36 (c) 34.5 (d) 35.5

14. 9 सेमी त्रिज्या वाले गोले को खींचकर बने 0.4 सेमी व्यास वाले एकसमान तार की लम्बाई क्या है?
(a) 243 मी (b) 240 मी
(c) 60.75 मी (d) 60 मी

15. एक लॉटरी में 15 लड़के तथा 10 लड़कियाँ हैं। तीन विद्यार्थियों को यादृच्छिक रूप से चुना जाता है। इसकी क्या प्रायिकता है, कि चुने गए विद्यार्थियों में से 1 लड़की तथा 2 लड़के हों?

(a) $\frac{31}{47}$ (b) $\frac{21}{46}$
(c) $\frac{22}{47}$ (d) $\frac{31}{46}$

16. S, T की बहन है। R, S का भाई है। U, W की पत्नी है। T, U का पिता है। T, W से कैसे सम्बन्धित है?

(a) पिता (b) ससुर
(c) मामा (d) बेटा

17. यदि सफेद को नीला, नीले को लाल, लाल को पीला, पीले को हरा, हरे को काला, काले को बैंगनी और बैंगनी को नारंगी कहा जाता है, तो काजल का रंग कैसा होता है।

(a) काला (b) पीला
(c) नीला (d) बैंगनी

18. दिए गए समीकरण को सन्तुलित करने तथा ★ चिह्नों के स्थान पर प्रतिस्थापित करने के लिए गणितीय चिह्नों का सही क्रम समूह चुनिए।

16 ★ 4 ★ 5 ★ 9 ★ 1

(a) + ÷ = × (b) ÷ + = ×
(c) × = + − (d) + × = ÷

19. *दिए गए विकल्पों में से लुप्त अंक ज्ञात कीजिए।*

9	4	5
12	16	15
15	20	25
180	80	?

(a) 125 (b) 75 (c) 20 (d) 25

20. दिए गए विकल्पों में से सम्बन्धित शब्द को चुनिए।

लोमड़ी : चालाक : : खरगोश : ?

(a) साहसी (b) खतरनाक
(c) डरपोक (d) क्रूर

21. राजू ऊपर से 10वें स्थान पर है और रवि नीचे से 21वें स्थान पर है और उनके बीच 3 छात्र हैं। कक्षा में कुल कितने छात्र हैं?

(a) 31 (b) 32
(c) 33 (d) 34

22. सुधा, पुष्पा से लम्बी है, लेकिन मालती से नाटी है। गीता, बीजू से नाटी है और बीजू उतना लम्बा नहीं है, जितना पुष्पा लम्बी है। यदि ये सभी ऊँचाई के क्रम में खड़े हों, तो इनमें से मध्य में कौन होगा?

(a) गीता
(b) मालती
(c) पुष्पा
(d) सुधा

23. एक अनुक्रम दिया गया है, जिसमें एक पद लुप्त है। दिए गए विकल्पों में से वह सही विकल्प चुनिए, जो अनुक्रम को पूरा करेगा।

LOG, FLH, ZII, TFJ, NCK, ?

(a) HYL (b) HAL
(c) HZL (d) HZM

24. दिए गए आरेख में कितनी लाल कारें हैं?

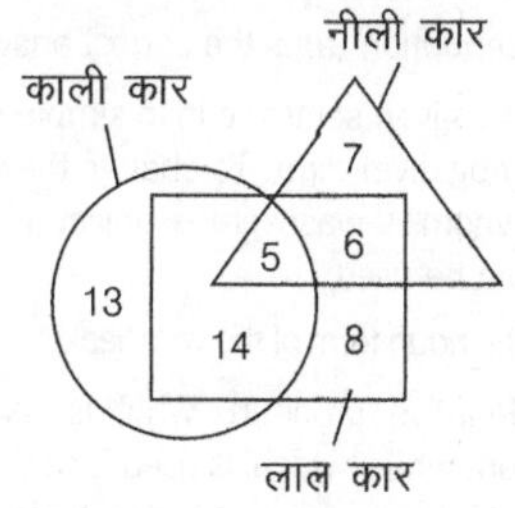

(a) 31 (b) 22
(c) 28 (d) 33

25. किसी सांकेतिक भाषा में Ram is Poor का अर्थ है 'ti mi no,' That is Home का अर्थ है, 'pi no bee' तथा my Home का अर्थ 'to bee', तब That का कोड क्या होगा?

(a) no (b) pi
(c) bee (d) ti

26. यदि एक दर्पण को रेखा AB पर रखा जाए, तो दी गई विकल्प आकृतियों में से कौन-सी आकृति प्रश्न आकृति का सही दर्पण प्रतिबिम्ब होगी?

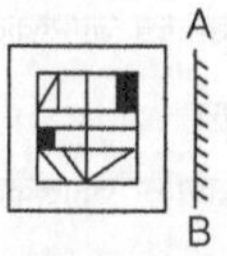

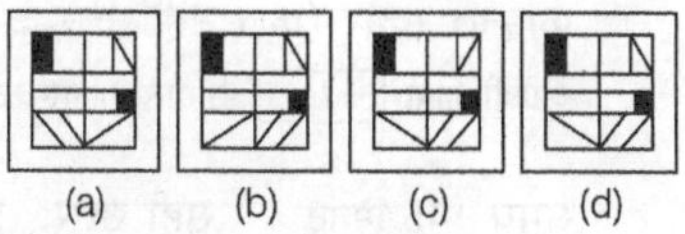

27. दिए गए शब्दों में से, तीन किसी प्रकार समान हैं। हालाँकि, एक विकल्प अन्य तीन के समान नहीं है। उस विकल्प को चुनिए, जो बाकियों से अलग है।

(a) फूलगोभी (b) सेब
(c) अंगूर (d) केला

28. नीचे दिए गए प्रश्न में उस उत्तर आकृति का चयन कीजिए, जो प्रश्न आकृतियों में दी गई शृंखला को पूरा करेगी।

प्रश्न आकृतियाँ

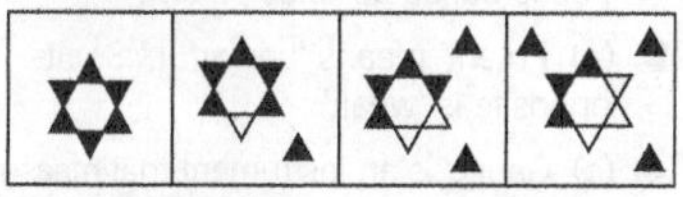

उत्तर आकृतियाँ

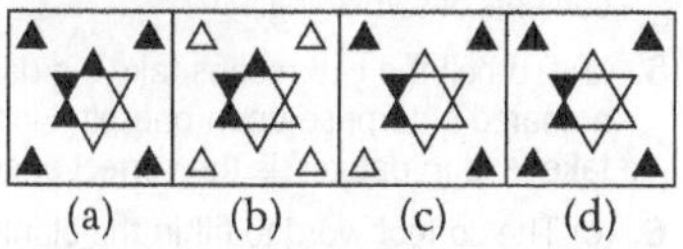

29. यदि 96 C 3 = 32 और 288 C 8 = 36, तो 408 C 6 = ?

(a) 64 (b) 60 (c) 68 (d) 62

30. यदि 'BROWNIE' शब्द के अक्षरों को अंगेजी वर्णमाला शृंखला में बाँए से दाएँ के क्रम में व्यवस्थित किया जाता है, तो कितने अक्षर अपरिवर्तित रहेंगे?

(a) एक (b) दो
(c) तीन (d) चार

उत्तरमाला

सेक्शन। अंग्रेजी भाषा

1 (b)	2 (a)	3 (a)	4 (c)	5 (a)	6 (a)	7 (c)	8 (b)	9 (c)	10 (b)
11 (b)	12 (b)	13 (a)	14 (d)	15 (a)	16 (a)	17 (a)	18 (d)	19 (c)	20 (d)

सेक्शन॥ सामान्य जागरूकता, गणित एवं तर्कशक्ति

1 (b)	2 (b)	3 (b)	4 (b)	5 (b)	6 (c)	7 (d)	8 (d)	9 (b)	10 (b)
11 (b)	12 (d)	13 (c)	14 (a)	15 (b)	16 (b)	17 (d)	18 (b)	19 (b)	20 (c)
21 (d)	22 (c)	23 (c)	24 (d)	25 (b)	26 (d)	27 (a)	28 (d)	29 (c)	30 (a)

स्कोर कार्ड

- कुल Attempted प्रश्न
  अंग्रेजी भाषा [ ] सामान्य जागरूकता, गणित एवं तर्कशक्ति [ ]
- कुल सही व गलत प्रश्न
  अंग्रेजी भाषा [/] सामान्य जागरूकता, गणित एवं तर्कशक्ति [/]
- फाइनल स्कोर (कुल सही उत्तर के अंक – गलत उत्तर के अंक)
  अंग्रेजी भाषा [/] सामान्य जागरूकता, गणित एवं तर्कशक्ति [/]

समय 45 मिनट   सही उत्तर 1 अंक   गलत उत्तर 0.25 अंक

- रिजल्ट
  - 10 से नीचे (किसी भी सेक्शन में) - Average (सिलेक्शन नहीं)
  - 10-18 के बीच में (कुल 35+) - Good (सिलेक्शन हो सकता है)
  - 18 से ऊपर (दोनों सेक्शन में) - Excellent (100% सिलेक्शन)
- टिप्पणी
  यदि आपका स्कोर किसी भी सेक्शन में 10 से नीचे है तब आप बार-बार प्रैक्टिस करें और ऐसा तब तक करें जब तक आपका स्कोर 10-18 (कुल 35+) के बीच में नहीं हो जाता।

संकेत एवं हल

सेक्शन I अंग्रेजी भाषा

1. (b) According to the context of the passage, for the listener silence can buy time.

2. (a) According to the author, the pregnant pause builds up anticipation.

3. (a) 'Potent' means 'powerful.' So, its opposite is 'weak'.

4. (c) 'Gauge' is an instrument that measure and gives a visual display of the amount, level or contents of something.

5. (a) 'To bell the cat' means take the danger of a shared enterprise upon oneself. Hence, 'to take lead in danger' is the correct answer.

6. (c) The correct word to fill in the blank is 'number'.

7. (c) 'Freelancing' is earning by self. Hence, 'self-employed' is the correct answer.

8. (b) 'Wither' means to become weaker, so 'Bloom' is its correct antonym which means to become healthy.

9. (c) The correctly spelt word is 'Propeller'. Propeller means the front part of aircraft that helps it in aviation.

10. (b) 'If acid drainage will reaches' contains an error of verb form. The verb 'reach' should be used with the singular noun 'acid drainage'.

11. (b) 'Sterilise' is the correct answer as it make free from bacteria or other living micro-organisms.

12. (b) The correct sequence to make the meaningful sentence is QSPR and the sentence is-For thousands of years, the strange fruit of this bush has been regarded as one of the most important fruits of the mediterranean region.

13. (a) The noun form of 'innovate' is innovation.

14. (a) The correct sequence should be ACBD.

15. (a) The given sentence is in interrogative form. To change its speech, following structure is to be followed-Wh word + Subject + helping verb + verb + Complement
Hence, option (a) is the correct answer.

16. (a) The given sentence is in simple past (interrogative) form. To change the voice, 'By whom + was/were + object + verb should be used.

17. (a) The noun form of the verb 'leak' is 'leakage'.

18. (d) Relative pronoun 'who' is used for a person, while 'which' is used for a thing as an object. Hence, 'who' is the suitable clause.

19. (c) When the 'if clause' is in simple present tense, main clause should be in simple future tense.

20. (d) The underlined word 'pensive' means 'thoughtful and observation'. Hence, its antonym is 'ignorant' which is used to refer to someone who lacks knowledge or awareness.

सेक्शन II सामान्य जागरूकता, गणित एवं तर्कशक्ति

1. (b) पोलो खेल में प्रत्येक टीम में 4 खिलाड़ी होते हैं। यह खेल घोड़ों पर बैठकर खेला जाता है। 1957 में भारत की पोलों टीम में फ्रांस में खेली गई विश्व कप चैम्पियनशिप में खिताबी विजय हासिल की थी।

2. (c) बहुराष्ट्रीय हवाई युद्ध अभ्यास 'एक्सरसाइज पिच ब्लैक 2024' का आयोजन ऑस्ट्रेलिया में 12 जुलाई से 2 अगस्त 2024 तक किया गया। इसमें विश्व भर के 140 से अधिक विमानों ने प्रतिभाग किया, जिस कारण यह अब तक का सबसे बड़ा अभ्यास है।

3. (b) UNIX ऑपरेटिंग सिस्टम 'बेल लैबोरेटीज' का ट्रेडमार्क है। यह एक कम्प्यूटर परिचालन तन्त्र है। यह मूल रूप से 1969 में बेल प्रयोगशाला में विकसित किया गया था।

4. (b) लीशमैनिया डोनावानी नामक प्रोटोजोआ (परजीवी) के कारण कालाजार नामक रोग होता है। इस रोग का वाहक बालू मक्खी (Sand fly) है। इस रोग से प्रभावित अंग अस्थि-मज्जा है। इस रोग के प्रमुख लक्षण तेज बुखार, शारीरिक दुर्बलता, भूख न लगना, त्वचा सूख जाना व बालों का झड़ना आदि है। इस रोग से बचाव के लिए पेर्मेथ्रिन नामक कीटनाशकों का उपयोग किया जाता है।

5. (b) 'भारतीय सिविल सेवा' का जनक लॉर्ड कॉर्नवालिस को कहा जाता है। सिविल सेवा के अन्तर्गत सभी सरकारी विभाग जिनमें सशस्त्र सेनाओं से सम्बन्धित विभाग नहीं आते हैं। यह शासकीय सेवा की एक शाखा है। भारत में सिविल सेवा अधिकारी के तौर पर महत्त्वपूर्ण पद आईएसएस, आईपी एस, आईएफएस आदि आते हैं।

6. (c) भारतीय चुनावों में मतदान करने की न्यूनतम आयु 18 वर्ष है। भारतीय संविधान के अनुच्छेद (आर्टिकल) 325 व 326 के अनुसार प्रत्येक वयस्क नागरिक को, जो पागल या अपराधी न हो, मताधिकार प्राप्त है। किसी नागरिक को धर्म, जाति, वर्ण, सम्प्रदाय अथवा लिंग भेद के कारण मताधिकार के वंचित नहीं किया जा सकता।

7. (d) नदी का डेल्टा बनना निक्षेपण प्रक्रिया का परिणाम है। डेल्टा, किसी नदी के मुहाने पर बहाकर लाए गए अवसादों के निक्षेपण से बनी त्रिभुजाकार आकृति होती है, डेल्टा का निर्माण निम्न ज्वार वाले क्षेत्रों में होता है जहाँ तटीय पौधे पाए जाते हैं। सुन्दरबन डेल्टा विश्व का सबसे बड़ा डेल्टा है, जो गंगा नदी पर स्थित है।

8. (d) 2 वर्ष के साधारण ब्याज और चक्रवृद्धि ब्याज का अन्तर = 1290 − 1200 = ₹ 90

माना मूलधन ₹ P तथा ब्याज की दर R% वार्षिक है।

$\therefore$ साधारण ब्याज $= \frac{P \times R \times 2}{100}$

$\Rightarrow \quad 1200 = \frac{PR}{50} \Rightarrow \quad PR = 60000$

$R = \frac{60000}{P}$ ...(i)

2 वर्ष के चक्रवृद्धि ब्याज और साधारण ब्याज में अन्तर $= P\left(\frac{R}{100}\right)^2$

$\Rightarrow \quad 90 = P\left(\frac{60000}{P \times 100}\right)^2$ [समी (i) से]

$\Rightarrow \quad 90 = P \times \frac{600 \times 600}{P \times P}$

$\Rightarrow \quad 90P = 600 \times 600$

$\therefore \quad P = \frac{600 \times 600}{90} =$ ₹ 4000

अतः मूलधन = ₹ 4000

9. (b) त्रिकोणमितिय व्यंजक

$= \left(\frac{1+\sec^2 A}{1+\cos^2 A}\right)\left(\frac{1+\sin^2 A}{1+\text{cosec}^2 A}\right)$

$= \left(\frac{1+\frac{1}{\cos^2 A}}{1+\cos^2 A}\right)\left(\frac{1+\sin^2 A}{1+\frac{1}{\sin^2 A}}\right)$

$= \frac{1}{\cos^2 A}\left(\frac{\cos^2 A+1}{1+\cos^2 A}\right)\left(\frac{1+\sin^2 A}{\sin^2 A+1}\right) \cdot \frac{\sin^2 A}{1}$

$= \frac{\sin^2 A}{\cos^2 A} = \tan^2 A$

10. (b) रेलगाड़ी की कार के सापेक्ष चाल

$= 126 - 72 = 54$ किमी/घण्टा

$= 54 \times \frac{5}{18}$ मी/से = 15 मी/से

अतः रेलगाड़ी की लम्बाई = चाल × समय

$= 15 \times 40 = 600$ मी

11. (b) माना छूट की दर = x%

अंकित मूल्य = ₹ 1880,

विक्रय मूल्य = ₹ 1598

प्रश्नानुसार, $1880 \times \frac{(100-x)}{100} = 1598$

$\Rightarrow \quad 100 - x = \frac{159800}{1880}$

$\Rightarrow \quad x = 100 - \frac{15980}{188}$

$\Rightarrow x = \frac{18800 - 15980}{188} \Rightarrow x = \frac{2820}{188}$

$\Rightarrow \quad x = 15\%$

12. (d) दिया गया व्यंजक,

$$\frac{\frac{5}{2} \div \frac{2}{5} \times \frac{1}{5} - \frac{1}{5} \div \frac{3}{5} \times \frac{5}{2}}{\frac{2}{3} \div \frac{1}{5} - \frac{1}{2} \times \frac{5}{2} \div \frac{25}{4} + \frac{1}{2} \div \frac{2}{5} \times \frac{1}{5}}$$

$$= \frac{\frac{5}{2} \times \frac{5}{2} \times \frac{1}{5} - \frac{1}{5} \times \frac{5}{3} \times \frac{5}{2}}{\frac{2}{5} \times \frac{5}{1} - \frac{1}{2} \times \frac{5}{2} \times \frac{4}{25} + \frac{1}{2} \times \frac{5}{2} \times \frac{1}{5}}$$

$$= \frac{\frac{5}{4} - \frac{5}{6}}{2 - \frac{1}{5} + \frac{1}{4}} = \frac{5\left(\frac{6-4}{24}\right)}{\left(\frac{40-4+5}{20}\right)}$$

$$= \frac{\left(\frac{5}{24} \times 2\right)}{\left(\frac{41}{20}\right)} = \frac{10}{24} \times \frac{20}{41} = \frac{25}{123}$$

13. (c) 15 परीक्षाओं में सुवीर के कुल अंक

= औसत × परीक्षाओं की संख्या

$= 29 \times 15 = 435$

11 परीक्षाओं में रूचिरा के कुल अंक

= औसत × परीक्षाओं की संख्या

$= 27 \times 11 = 297$

तब, शेष चार परीक्षाओं में रूचिरा के लिए आवश्यक अंक = 435 − 297 = 138

$\therefore$ रूचिरा का शेष चार परीक्षाओं में अंकों का औसत

$= \frac{\text{परीक्षाओं के अंक}}{\text{परीक्षाओं की संख्या}} = \frac{138}{4} = 34.5$

14. (a) दिया है, गोले की त्रिज्या (r) = 9 सेमी = 0.09 मी

तथा तार का व्यास (d) = 0.4 सेमी

तार की त्रिज्या, $R = 0.2$ सेमी = 0.002 मी

अब, माना तार की लम्बाई = h

प्रश्नानुसार,

गोले का आयतन = तार का आयतन

$\Rightarrow \quad \frac{4}{3}\pi r^3 = \pi R^2 h \Rightarrow h = \frac{4}{3} \cdot \frac{r^3}{R^2}$

$\Rightarrow \quad h = \frac{4}{3} \times \frac{0.09 \times 0.09 \times 0.09}{0.002 \times 0.002}$

$= 81 \times 3 = 243$ मी

अतः तार की लम्बाई = 243 मी

15. (b) कुल विद्यार्थी = 15 + 10 = 25

अनुकूल प्रकार = ${}^{15}C_2 \times {}^{10}C_1$

कुल प्रकार = ${}^{25}C_3$

अभीष्ट प्रायिकता = $\frac{\text{अनुकूल प्रकार}}{\text{कुल प्रकार}}$

$$= \frac{{}^{15}C_2 \times {}^{10}C_1}{{}^{25}C_3} = \frac{\frac{15!}{2!(15-2)!} \times \frac{10!}{1!(10-1)!}}{\frac{25!}{3!(25-3)!}}$$

$\left\{\because {}^nC_r = \frac{n!}{r!(n-r)!}\right\}$

$$= \frac{15 \times 14 \times 13!}{2 \times 13!} \times \frac{10 \times 9!}{9!} \times \frac{3 \times 2 \times 22!}{25 \times 24 \times 23 \times 22!}$$

$$= \frac{10 \times 15 \times 7}{25 \times 4 \times 23} = \frac{21}{46}$$

16. (b) प्रश्नानुसार,

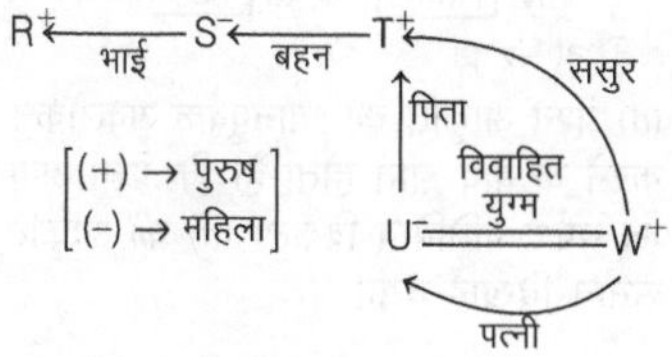

अतः T, W का 'ससुर' है।

17. (d) हम जानते है, कि काजल का रंग काला होता है परन्तु काले को बैंगनी कहा गया है। अतः काजल का रंग बैंगनी होता है।

18. (b) दिया गया समीकरण

16 ★ 4 ★ 5 ★ 9 ★ 1

विकल्प (b) के अनुसार चिह्नों के स्थान को प्रतिस्थापित करने पर,

$16 \div 4 + 5 = 9 \times 1$

$\Rightarrow \quad 4 + 5 = 9 \times 1 \Rightarrow 9 = 9$

19. (b) जिस प्रकार, $\frac{15 \times 180}{9 \times 12} = 25$

तथा $\frac{20 \times 80}{4 \times 16} = 25$

उसी प्रकार, $\frac{25 \times ?}{5 \times 15} = 25$

$? = \frac{25 \times 15 \times 5}{25}$

$\Rightarrow \quad ? = \boxed{75}$

20. (c) जिस प्रकार, लोमड़ी, चालाक प्रवृत्ति की होती है। उसी प्रकार, खरगोश, डरपोक प्रवृत्ति का होता है।

21. (d) कक्षा में कुल छात्रों की अभीष्ट संख्या = राजू का ऊपर से स्थान + बीच में छात्रों की संख्या + रवि का नीचे से स्थान

$= 10 + 3 + 21 = 34$

22. (c) प्रश्नानुसार, ऊँचाई के क्रम मे व्यवस्थित करने पर,

मालती > सुधा > [पुष्पा] > बीजू > गीता

अतः इनमें से मध्य में 'पुष्पा' होगी।

23. (c) दी गई श्रृंखला का क्रम निम्नवत् है,

$L \xrightarrow{-6} F \xrightarrow{-6} Z \xrightarrow{-6} T \xrightarrow{-6} N \xrightarrow{-6} \boxed{H}$

$O \xrightarrow{-3} L \xrightarrow{-3} I \xrightarrow{-3} F \xrightarrow{-3} C \xrightarrow{-3} \boxed{Z}$

$G \xrightarrow{+1} H \xrightarrow{+1} I \xrightarrow{+1} J \xrightarrow{+1} K \xrightarrow{+1} \boxed{L}$

अतः प्रश्नवाचक चिह्न (?) के स्थान पर 'HZL' आएगा।

24. (d) दिए गए वेन आरेख के अनुसार, लाल कारों की कुल संख्या
$= 8 + 6 + 14 + 5 = 33$

25. (b) प्रश्नानुसार,
Ram (is) Poor → ti mi (no)
that (is) [Home] → pi (no) [bee]
my [Home] → to [bee]
∴ That → pi

26. (d) प्रश्न आकृति का ध्यानपूर्वक अवलोकन करने के बाद ज्ञात होता है। कि प्रश्न आकृति का दर्पण प्रतिबिम्ब विकल्प (d) की आकृति के समान दिखाई देगा।

27. (a) चूँकि सेब, केला और अंगूर तीनों फल है। जबकि फूलगोभी सब्जी है।
अतः फूलगोभी, अन्य सभी से भिन्न है।

28. (d) प्रत्येक अगली आकृति में वामावर्त एक शीर्ष से काला रंग हट जाता है तथा एक कालांकित त्रिभुज आ जाता है। इसी क्रम में उत्तर आकृति (d) अभीष्ट आकृति होगी।

29. (c) जिस प्रकार,
$96 \text{ C } 3 \Rightarrow 96 \div 3 = 32$
तथा $288 \text{ C } 8 \Rightarrow 288 \div 8 = 36$
उसी प्रकार,
$408 \text{ C } 6 \Rightarrow 408 \div 6 = \boxed{68}$

30. (a)
दिया गया शब्द ⟶ [B] R O W N I E
अंग्रेजी वर्णमाला के क्रमानसार ⟶ [B] E I N O R W
अतः केवल एक अक्षर (B) का स्थान अपरिवर्तित रहेगा।

भारतीय वायु सेना

अग्निवीर वायु फेज-1

(ग्रुप-Y) विज्ञान विषय के अतिरिक्त

प्रैक्टिस सेट 30

समय : 45 मिनट | पूर्णांक : 50

निर्देश

1. इस प्रैक्टिस सेट में कुल 50 प्रश्न हैं तथा परीक्षा की अवधि 45 मिनट है।
2. प्रत्येक सही उत्तर के लिए 1 अंक का प्रावधान है।
3. गलत उत्तर के लिए 0.25 नकारात्मक अंक का प्रावधान है।

सेक्शन I ➵ अंग्रेजी भाषा

Directions (Q. Nos. 1-4) *Read the following passage carefully and answer the questions that follow.*

Self-directed learning, in its broadest meaning, describes a process in which individuals take the initiative with or without the help of others, in diagnosing their learning needs formulating learning goals, identifying resources for learning, choosing and implementing learning strategies and evaluating learning outcomes. Thus, it is important to attain new knowledge easily and skillfully for the rest of his or her life.

What is the need for self-directed learning? One reason is that there is convincing evidence that people, who take the initiative in learning, learn more things and learn better than people who sit at the feet of teachers passively waiting to be taught. The second reason is that self-directed learning is more in tune with our natural processes of psychological development : an essential aspect of maturing is developing the ability to take increasing responsibility of our own lives to become increasingly self-directed. The third reason is that many of the new developments in education put a heavy responsibility on the learners to take a good deal of initiative in their own learning. To meet the challenges in today's instructive environment, self-directed learning is most essential.

1. In self-directed learning, an individual
(a) takes initiative with or without the help of others.
(b) is passive and waits for directions.
(c) is helpless and dependent.
(d) takes initiative, without an objective.

2. Which word best describes self-directed learning?
(a) Active learning
(b) Passive learning
(c) Compulsory learning
(d) Repulsive learning

3. The modern environment according to the author is
(a) Restrictive (b) Instructive
(c) Less developed (d) Impracticable

4. The synonym of the word 'Diagnosing' is
(a) searching (b) examining
(c) identifying (d) complying

Direction (Q. Nos. 5) *Choose the correct indirect form of the given sentence.*

5. "You have to change this sentence into indirect speech", the teacher said to the students.
(a) The teacher said the students that they had to change this sentence into indirect speech.
(b) The teacher told the students that they had to changed that sentence into indirect speech.
(c) The teacher said the students that they would have to change that sentence into indirect speech.
(d) The teacher told the students that they had to change that sentence into indirect speech.

6. The noun form of ' admire' is ... .
(a) Admirable
(b) Admiration
(c) Admiring
(d) Admirably

Directions (Q. Nos. 7) *Choose the correct passive form of the given sentence.*

7. Can the software update solve the issue?
(a) can the issue was solved by the software update?
(b) can the software update be solved the issue?
(c) can the issue be solved by the software update?
(d) can the issue has been solved by the software update?

Directions (Q. Nos. 8) *Find the part of the given sentence that has an error in it. If there is no error, choose 'No error'.*

8. My trousers was completely ruined after I sat on the chewing gum.
(a) My trousers was
(b) completely ruined after
(c) I sat on the chewing gum
(d) No error.

Directions (Q. Nos. 9 and 10) *Choose the correct transformation of the following sentence from complex to simple.*

9. Fill in the blank with the most appropriate option.
On the ...... in the train he talked to his neighbours about politics and the new railways.
(a) tourism
(b) encourage
(c) journey
(d) itinerary

10. Which one of the following word is a noun?
(a) Interesting
(b) Develop
(c) Teacher
(d) Brave

Direction (Q. No. 11) *Fill in the blank with the correct option.*

11. That was my brother who went with ..... .
(a) her (b) she
(c) he (d) his

12. Choose the most appropriate synonym of the underlined word.
To me, this was both a perfect <u>articulation</u> of the problem and the suggestion of a solution.
(a) Mispronounce (b) Damp
(c) Park (d) Enunciation

13. Improve the underlined part of the sentence. Choose 'No Improvement' as an answer if the sentence is grammatically correct.
Walking <u>through the dew</u>, he wet his sneakers.
(a) No improvement
(b) from the dewy
(c) through the dewy
(d) across the dewy

Direction (Q. No. 14) *Fill in the blank with suitable conjunction.*

14. Believe in your mother ..... do your duty.
(a) though (b) unless
(c) and (d) because

15. Select the most appropriate antonym of the given word.
Procure
(a) Consume (b) Abstain
(c) Multiply (d) Hinder

Directions (Q. Nos. 16-20) *Fill in the blanks with suitable words.*

16. She has only .... friends.
(a) fewer (b) less
(c) more (d) a few

17. How did these things come ...... ?
(a) about (b) into
(c) at (d) down

18. The reward was not commensurate ...... the work done by us.
(a) for (b) on
(c) with (d) upon

19. Had I saved money, I .... new car.
(a) will purchase
(b) would purchase
(c) would have purchased
(d) purchased

20. I ..... to the movies with some friends last night.
(a) have gone (b) went
(c) am gone (d) am going

सेक्शन II ➤ सामान्य जागरूकता, गणित एवं तर्कशक्ति

1. वर्ष 1946 में कैबिनेट मिशन का भारत आगमन हुआ, इस मिशन के अध्यक्ष कौन थे?
(a) ए.वी. अलेक्जेण्डर
(b) लार्ड-पैथिक लोरेन्स
(c) सर-स्टे-फोर्ड क्रिप्स
(d) उपरोक्त में से कोई नहीं

2. नेशनल डायमण्ड इंस्टीट्यूट ·········· में स्थित है।
(a) सूरत (b) गाँधीनगर
(c) वड़ोदरा (d) वापी

3. निम्नलिखित में से भारत के किस वैज्ञानिक का सम्बन्ध क्रेस्कोग्राफ के आविष्कार से है?
(a) सत्येन्द्रनाथ बोस
(b) मेघनाद साहा
(c) जगदीशचन्द्र बोस
(d) होमी जे. भाभा

4. "ऊर्जा को न तो उत्पन्न किया जा सकता है, न ही नष्ट किया जा सकता है"। यह नियम किस नियम पर आधारित है?
(a) द्रव्यमान संरक्षण नियम पर
(b) न्यूटन के गति विषयक नियम पर
(c) आर्कमिडीज का सिद्धान्त पर
(d) ऊर्जा संरक्षण नियम पर

5. जुलाई 2024 में भारतीय सेना में सम्मलित किए गए 'ज़ोरावर टैंक' को किसके द्वारा बनाया गया है?
(a) डी आर डी ओ (b) लार्सन एंड टुब्रो
(c) इसरो (d) (a) और (b) दोनों

6. यूएसबी (USB) का पूर्ण रूप क्या है?
(a) यूनिवर्सल सीरियल बस
(b) यूनिक सीरिज बॉक्स
(c) यूनिक सीरीयल बैण्ड
(d) यूनाइटेड सीरीज बैण्ड

7. 'विश्व स्वास्थ्य दिवस' कब मनाया जाता है?
(a) 5 जून (b) 15 दिसम्बर
(c) 30 अक्टूबर (d) 7 अप्रैल

8. एक व्यक्ति 15% वार्षिक की दर से कुछ धन उधार लेता है। वह उस धन को ₹ 1058 प्रत्येक की दो बराबर किस्तों में चुकाता है। वह धन है
(a) ₹ 1720 (b) ₹ 1820
(c) ₹ 1920 (d) इनमें में से कोई नहीं

9. टीना अकेले किसी कार्य को 12 दिनों में कर सकती है और मीना अकेले उसी कार्य को 15 दिनों में कर सकती है। यदि टीना और मीना को ₹ 18000 में इस कार्य को करने की जिम्मेदारी सौंपी जाती है, तो मीना को कितनी धनराशि प्राप्त होगी, यदि वे दोनों एकसाथ मिलकर कार्य करें?
(a) ₹ 6000 (b) ₹ 8000
(c) ₹ 10000 (d) ₹ 12000

10. दो प्रत्याशियों के बीच एक ग्रामीण चुनाव में 10% मत अमान्य घोषित हुए। एक प्रत्याशी, जिसे कुल मान्य मतों का 62% मत मिला, 21600 मतों से विजयी हुआ। ग्रामीण चुनाव के कुल मतों की संख्या क्या है?
(a) 41600 (b) 60000
(c) 90000 (d) 100000

11. यदि $\sec\theta + \tan\theta = 5$, तो $\sec\theta - \tan\theta$ का मान क्या है?
(a) $\frac{1}{3}$ (b) $\frac{1}{5}$ (c) $\frac{1}{6}$ (d) $\frac{1}{2}$

12. एक त्रिभुज की प्रत्येक भुजा की लम्बाई क्रमश: 13, 15 और 14 इंच हैं। इस त्रिभुज का क्षेत्रफल ज्ञात कीजिए।
(a) 84.2 वर्ग इंच (b) 42.1 वर्ग इंच
(c) 81.2 वर्ग इंच (d) 84 वर्ग इंच

13. दो संख्याओं का म.स. और ल.स. क्रमशः 19 और 342 हैं, यदि एक संख्या को 2 से विभाजित करने पर भागफल 19 आता है, तो दूसरी संख्या ज्ञात कीजिए।
(a) 133 (b) 171 (c) 198 (d) 114

14. शिवानी और परिणिता के बीच कोई धनराशि 5 : 7 के अनुपात में बाँटी गई। यदि परिणिता, शिवानी को ₹ 5 दे देती है, तो अनुपात बदल कर 3 : 4 हो जाएगा। विभाजित की गई धनराशि क्या है?
(a) ₹ 396 (b) ₹ 408
(c) ₹ 420 (d) ₹ 432

15. किसी नाव की चाल शान्त जल में 12 किमी/घण्टा है। यदि नाव जल की धारा की विपरीत दिशा में 38 किमी की दूरी 4 घण्टे में तय करती है, तो धारा की चाल (किमी/घण्टा में) कितनी है?
(a) 6.5 (b) 3 (c) 2.5 (d) 1.7

16. निम्न श्रेणी में लुप्त संख्या ज्ञात कीजिए।
27, 32, 30, 35, 33, ?
(a) 28 (b) 31 (c) 36 (d) 38

17. यदि सुनीता, अनीता से लम्बी है। रीना, चित्रा से लम्बी है लेकिन बानु से छोटी है। अनीता, चित्रा से छोटी है। चित्रा, सुनीता से लम्बी है, तो सबसे छोटी कौन है?
(a) सुनीता (b) अनीता
(c) रीना (d) बानु

18. दी गई आकृति में कितने चतुर्भुज हैं?

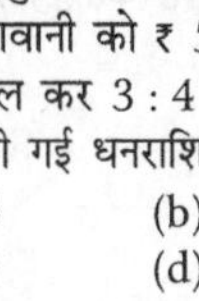

(a) 22 (b) 23 (c) 25 (d) 24

19. दिए गए विकल्पों में से सम्बन्धित अक्षरों को चुनिए।
AYBZ : CWDX : EUFV : ?
(a) GSHT (b) GHST
(c) SHGT (d) MVGT

20. दिए गए विकल्पों में से लुप्त संख्या ज्ञात कीजिए।

5	6	12
4	3	4
2	3	?
18	27	96

(a) 4 (b) 5 (c) 3 (d) 6

21. दिए गए दो चिह्नों को आपस में बदलने के बाद निम्नलिखित समीकरण का मान क्या होगा?
× और ÷
$47 + 13 \div 65 \times 5 - 16$
(a) 190 (b) 195
(c) 205 (d) 200

22. राजू अपनी उत्तर-पश्चिम दिशा में 2 किमी चला। वहाँ से वह 90° दक्षिणावर्त घूमा और 2 किमी चला। वहाँ से वह 90° दक्षिणावर्त घूमा और 2 किमी चला। तब वह अपनी आरम्भिक अवस्था में किस दिशा में होगा?
(a) दक्षिण-पूर्व (b) उत्तर-पूर्व
(c) दक्षिण-पश्चिम (d) पश्चिम

23. हरि को याद है, कि उसके पिता का जन्मदिन 13 और 16 जून के बीच में पड़ता है, जबकि उसकी बहन को याद पड़ता है कि उसके पिता का जन्मदिन 14 और 18 जून के बीच पड़ता है। उनके पिता का जन्मदिन किस दिन होगा, जिस पर दोनों सहमत हों?
(a) 14 जून (b) 15 जून
(c) 16 जून (d) 17 जून

24. यदि किसी सांकेतिक भाषा में 'मीरा सुन्दर है' को 'ki po mo', 'सीता सुन्दर थी' को 'ji ti po' तथा 'मीरा स्कूल जाएगी' को 'mo xu ze' लिखा जाता है, तो उस सांकेतिक भाषा में 'है' का कोड क्या होगा?
(a) ji (b) po
(c) xu (d) ki

25. निम्नलिखित शब्दों को शब्दकोश में आने वाले क्रम के अनुसार लिखें।
1. Mobile 2. Mandate
3. Mandarin 4. Monkey
5. Master
(a) 32514 (b) 31254
(c) 35241 (d) 35214

26. उस विकल्प को चुनिए, जो तीसरी संख्या से ठीक उसी तरह सम्बन्धित है, जिस तरह पहली संख्या दूसरी संख्या से सम्बन्धित है और पाँचवीं संख्या छठी संख्या से सम्बन्धित है।
14 : 210 : : 13 : ? : : 16 : 272
(a) 204 (b) 162
(c) 174 (d) 182

27. निम्नलिखित उत्तर आकृतियों में से वह उत्तर आकृति चुनिए, जो प्रश्न आकृति में दी गई श्रृंखला को पूरा करेगी

प्रश्न आकृतियाँ

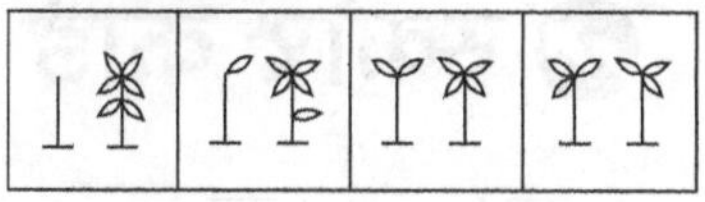

उत्तर आकृतियाँ

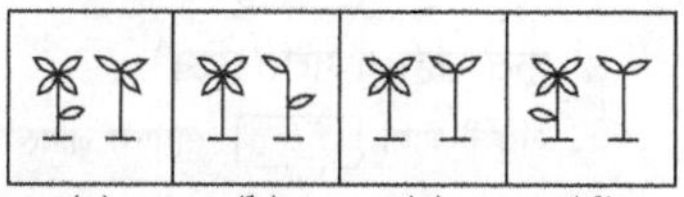

(a) (b) (c) (d)

28. किसी एक खास कूटभाषा में, 'GIRL' को 'QWNL' लिखा जाता है। इस कूटभाषा में 'KEPT' को कैसे लिखा जाएगा?
(a) YUJP (b) YVJP
(c) YUKR (d) YUKP

29. निम्नलिखित आकृतियों में से उस आकृति को चुनिए, जो अन्य आकृतियों से भिन्न है।

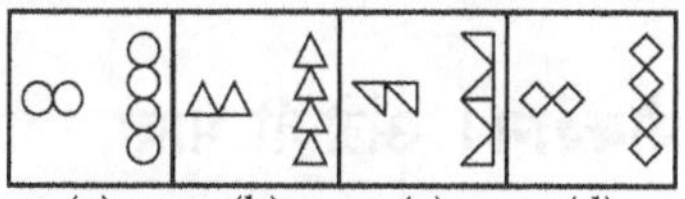

(a) (b) (c) (d)

30. दी गई आकृति में सही दर्पण प्रतिबिम्ब कौन-सा होगा, यदि दर्पण रेखा MN पर रखा है।

प्रश्न आकृति

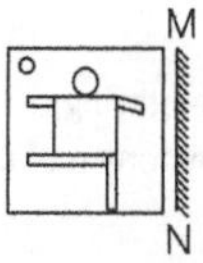

उत्तर आकृतियाँ

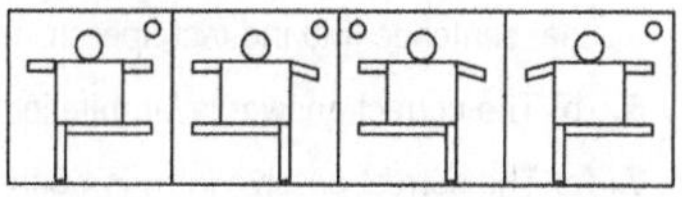

(a) (b) (c) (d)

उत्तरमाला

सेक्शन I अंग्रेजी भाषा

1 (a)	2 (a)	3 (b)	4 (c)	5 (d)	6 (b)	7 (c)	8 (a)	9 (c)	10 (c)
11 (a)	12 (d)	13 (a)	14 (c)	15 (d)	16 (d)	17 (a)	18 (c)	19 (c)	20 (b)

सेक्शन II सामान्य जागरूकता, गणित एवं तर्कशक्ति

1 (b)	2 (a)	3 (b)	4 (d)	5 (c)	6 (a)	7 (d)	8 (a)	9 (b)	10 (d)
11 (b)	12 (d)	13 (b)	14 (c)	15 (c)	16 (d)	17 (b)	18 (b)	19 (a)	20 (d)
21 (d)	22 (c)	23 (b)	24 (d)	25 (a)	26 (d)	27 (c)	28 (a)	29 (c)	30 (d)

स्कोर कार्ड

- कुल Attempted प्रश्न
  अंग्रेजी भाषा [ ] सामान्य जागरूकता, गणित एवं तर्कशक्ति [ ]
- कुल सही व गलत प्रश्न
  अंग्रेजी भाषा [/] सामान्य जागरूकता, गणित एवं तर्कशक्ति [/]
- फाइनल स्कोर (कुल सही उत्तर के अंक – गलत उत्तर के अंक)
  अंग्रेजी भाषा [/] सामान्य जागरूकता, गणित एवं तर्कशक्ति [/]

समय 45 मिनट सही उत्तर 1 अंक गलत उत्तर 0.25 अंक

- रिजल्ट
  - 10 से नीचे (किसी भी सेक्शन में) - Average (सिलेक्शन नहीं)
  - 10-18 के बीच में (कुल 35+) - Good (सिलेक्शन हो सकता है)
  - 18 से ऊपर (दोनों सेक्शन में) - Excellent (100% सिलेक्शन)
- टिप्पणी
  यदि आपका स्कोर किसी भी सेक्शन में 10 से नीचे है तब आप बार-बार प्रैक्टिस करें और ऐसा तब तक करें जब तक आपका स्कोर 10-18 (कुल 35+) के बीच में नहीं हो जाता।

संकेत एवं हल

सेक्शन I अंग्रेजी भाषा

1. (a) In self-directed learning, an individual takes initiative with or without the help of others.

2. (a) The word 'Active-learning' best describes self-directed learning.

3. (b) The modern environment according to the author is instructive.

4. (c) 'Diagnosing' means identifying, distinguish, etc. So, the synonym of the word is determine.

5. (d) The correct indirect form is–The teacher told the students that they had to change that sentence into indirect speech.

6. (b) The correct answer is 'admiration'.

7. (c) The correct passive form is - Can the issue be solved by the software update?

8. (a) Even though 'trousers' refers to one item of clothing, it is always treated as plural. Therefore, 'was' should be replaced with 'were' to rectify the sentence.

9. (c) The correct word to fill in the blank is 'journey'.

10. (c) 'Teacher' is a common noun.

11. (a) 'Her' is the correct pronoun to fill the blank because objective case pronoun should be used here.

12. (d) The underlined word 'articulation' is synonymous with 'enunciation' both of which mean expressing something clearly and precisely.

13. (a) The underlined part of the sentence is grammatically correct and contextually meaningful.

14. (c) 'And' is the suitable conjunction to fill the given blank as it use to join the two phrases.

15. (d) The word 'procure' means to obtain or acquire. Hence, its antonym is 'Hinder', which means to obstruct or prevent.

16. (d) To show number, a few (Quantifier) is used.

17. (a) Come 'about' (Phrasal verb) means to happen.

18. (c) Commensurate (adjective) means matching something in size, importance, quality, etc. Hence, commensurate is followed by 'with'.

19. (c) To indicate a condition would/could/might + have + verb is used (Probable condition). Hence, would have purchased is the correct answer.

20. (b) Here, past simple should be used as there is a point of time of near past. Hence, 'went' is the correct alternative.

सेक्शन II सामान्य जागरूकता, गणित एवं तर्कशक्ति

1. (b) वर्ष 1946 में ब्रिटेन के प्रधानमन्त्री क्लीमेण्ट एटली ने भारत में एक तीन सदस्यीय उच्च-स्तरीय शिष्टमण्डल भेजने की घोषणा की। इस शिष्टमण्डल में ब्रिटिश के कैबिनेट के तीन सदस्य लॉर्ड-पैथिक लारेन्स, सर स्टे-फोर्ड क्रिप्स तथा ए.वी. अलेक्जेण्डर थे। भारत आगमन पर कैबिनेट मिशन के प्रमुख अध्यक्ष लार्ड-पैथिक लॉरेन्स थे।

2. (a) 'नेशनल डायमण्ड इंस्टीट्यूट', सूरत (गुजरात) में स्थित है। यह संस्थान भारत सरकार के कस्टम विभाग के द्वारा अधिकृत एक स्वायत्त संस्थान है। इस संस्थान की स्थापना वर्ष 1978 में की गई थी। यह संस्थान डायमण्ड्स, जवाहरात व ज्वैलरी के क्षेत्र में शिक्षा व ज्ञान के लिए प्रसिद्ध है। इस संस्थान का आदर्श वाक्य-पैशन, टेक्नोलॉजी व इनोवेशन है।

3. (c) भारतीय वैज्ञानिक जगदीशचन्द्र बोस ने क्रेस्कोग्राफ का आविष्कार किया था। यह पौधे की वृद्धि को मापने वाला यन्त्र है जिसका आविष्कार वर्ष 1928 में किया गया था। जगदीशचन्द्र बोस भारत के प्रसिद्ध भौतिकशास्त्री व वनस्पति वैज्ञानिक थे। उनका जन्म 30 नवम्बर, 1858 को ब्रिटिश भारत के पूर्वी बंगाल में हुआ था। उन्होंने सेण्ट जैवियर कॉलेज (कलकत्ता) से स्नातक की उपाधि ली तथा लन्दन विश्वविद्यालय में चिकित्सा की शिक्षा ली।

4. (d) **ऊर्जा संरक्षण नियम** ''ऊर्जा को न तो उत्पन्न किया जा सकता है; न ही नष्ट किया जा सकता है। परन्तु ऊर्जा को एक रूप में दूसरे रूप में रूपान्तिरत किया जा सकता है।''

द्रव्यमान संरक्षण नियम किसी भी पृथक् प्रणाली में द्रव्यमान सदा ही संरक्षित रहता है। वह न तो बढ़ता है और न ही घटता है। केवल एक रूप से दूसरे रूप में परिवर्तित किया जा सकता है।

न्यूटन का गति विषयक नियम ये नियम किसी वस्तु पर लगने वाले बल और उसमें उत्पन्न उस वस्तु की गई गति के बीच सम्बन्ध बताते हैं।

आर्कमिडीज का सिद्धान्त जब कोई वस्तु किस द्रव में पूरी अथवा आंशिक रूप से डुबाई जाती है, तो उसके भार में कमी का आभार होता है। भारत में यह आभासी कमी वस्तु द्वारा द्रव के भार के बराबर होती है।

5. (d) उच्च ऊँचाई वाले क्षेत्रों के युद्ध के लिए 'ज़ोरावर टैंक' रक्षा अनुसन्धान और विकास संगठन (डी आर डी ओ) तथा प्रौद्योगिकी कम्पनी लार्सन एण्ड टुब्रो ने मिलकर बनाया है। दो वर्षों निर्मित यह टैंक 105 मिमी की राइफल वाली बन्दूक इसे सटीक रूप से फायर करने देती है।

6. (a) USB (यूनिवर्सल सीरियल बस) एक विशेष प्रकार का कनेक्टर है। USB कम दूरी में डिजिटल डाटा संचार के लिए एक स्टैण्डर्ड पोर्ट है, जो कम्प्यूटर और अन्य इलैक्ट्रोनिक युक्तियों के बीच सामंजस्य (interface) प्रदान करता है।

7. (d) विश्व स्वास्थ्य दिवस 7 अप्रैल को मनाया जाता है। WHO (डब्ल्यू एच ओ) विश्व स्वास्थ्य संगठन विश्व के देशों के स्वास्थ्य सम्बन्धी समस्याओं पर आपसी सहयोग एवं मानक विकसित करने की संस्था है। इस संस्था की स्थापना 7 अप्रैल, 1948 को की गई थी। इसका मुख्यालय स्विट्ज़रलैण्ड के जेनेवा शहर में स्थित है।

8. (a) माना धन = ₹ P, $r = 15\%$, $n = 2$

प्रश्नानुसार,

$$P = x\left[\left(\frac{100}{100+r}\right) + \left(\frac{100}{100+r}\right)^2 + \cdots + \left(\frac{100}{100+r}\right)^n\right]$$

$$= 1058\left[\left(\frac{100}{100+15}\right) + \left(\frac{100}{100+15}\right)^2\right]$$

$$\Rightarrow \quad P = 1058\left[\frac{100}{115} + \frac{100\times100}{115\times115}\right]$$

$$= 1058\left[\frac{20}{23} + \frac{20\times20}{23\times23}\right]$$

$$= 1058\times\frac{20}{23}\left[1+\frac{20}{23}\right]$$

$$\therefore \quad P = 1058\times\frac{20}{23}\times\frac{43}{23} = ₹1720$$

9. (b) प्रश्नानुसार,

टीना का एक दिन का कार्य $= \frac{1}{12}$

तथा मीना का एक दिन का कार्य $= \frac{1}{15}$

जब वे साथ मिलकर कार्य करें,

तब दोनों के द्वारा किए गए कार्य का अनुपात

$= \frac{1}{12} : \frac{1}{15} = 5:4$

दोनों द्वारा प्राप्त धन = ₹18000

तब, मीना को प्राप्त धनराशि

$= \frac{18000\times4}{(5+4)} = ₹\ 8000$

10. (d) माना कुल मत $= x$

$\therefore$ मान्य मत $= x \times \frac{90}{100} = \frac{9x}{10}$

प्रश्नानुसार, जीतने वाले के मत – हारने वाले के मत = 21600

$$\Rightarrow \quad \frac{9x}{10}\times62\% - \frac{9x}{10}\times38\% = 21600$$

$$\Rightarrow \quad \frac{9x}{10}\left(\frac{62}{100} - \frac{38}{100}\right) = 21600$$

$$\Rightarrow \quad \frac{9x}{10}\times\frac{24}{100} = 21600$$

$$\therefore \quad x = \frac{21600\times10\times100}{9\times24} = 100000$$

11. (b) दिया है, $\sec\theta + \tan\theta = 5$

सर्वसमिका से, $\sec^2\theta - \tan^2\theta = 1$

$\Rightarrow (\sec\theta - \tan\theta)(\sec\theta + \tan\theta) = 1$

$\Rightarrow (\sec\theta - \tan\theta)\times5 = 1$

अत: $(\sec\theta - \tan\theta) = \frac{1}{5}$

12. (d) यहाँ, $a = 13$ इंच, $b = 15$ इंच और $c = 14$ इंच

$\because \quad s = \frac{a+b+c}{2} = \frac{13+15+14}{2}$

$= 21$ इंच

तब, त्रिभुज का क्षेत्रफल

$= \sqrt{s(s-a)(s-b)(s-c)}$

$= \sqrt{21(21-13)(21-15)(21-14)}$

$= \sqrt{21\times8\times6\times7}$

$= \sqrt{7056} = 84$ वर्ग इंच

13. (b) पहली संख्या = 2 × भागफल

$= 2\times19 = 38$

प्रश्नानुसार, दूसरी संख्या $= \frac{\text{म.स.}\times\text{ल.स.}}{\text{पहली संख्या}}$

$= \frac{19\times342}{38} = 171$

14. (c) माना शिवानी और परिणिता की राशि $5x$ और $7x$ हैं

प्रश्नानुसार, $\frac{5x+5}{7x-5} = \frac{3}{4}$

$\Rightarrow \quad 20x + 20 = 21x - 15$

$\therefore \quad 35 = x$

$\therefore$ कुल राशि $= 5x + 7x = 12x$

$= 12\times35 = ₹\ 420$

15. (c) धारा के प्रतिकूल नाव की चाल $= \frac{\text{दूरी}}{\text{समय}}$

$= \frac{38}{4} = 9.5$ किमी/घण्टा

धारा की अभीष्ट चाल = शान्त जल में नाव की चाल – धारा के प्रतिकूल नाव की चाल

$= 12 - 9.5 = 2.5$ किमी/घण्टा

16. (d) दी गई श्रृंखला निम्न प्रकार है,

27 → 32 → 30 → 35 → 33 → **38**

(+5, –2, +5, –2, +5)

$\therefore \quad ? = 38$

17. (b) कथनानुसार,

सुनीता > अनीता

बानु > रीना > चित्रा

चित्रा > अनीता

चित्रा > सुनीता

अत: कथनानुसार उनकी लम्बाई का क्रम निम्नवत् होगा

बानु > रीना > चित्रा > सुनीता > अनीता

अत: सबसे छोटी अनीता होगी।

बिन्दुओं का नाम रखने

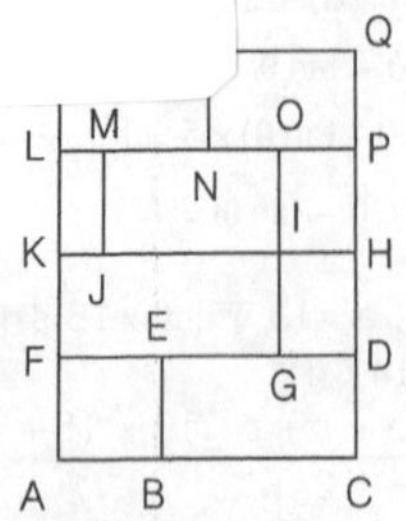

आकृति में निम्न चतुर्भुज है,
ABEF, BCDE, GDHI, GIKF, IHPO, IOMJ, MJKL, SLNR, NPQR, ACDF, FDHK, JMPH, LKIO, LPQS, KHPL, GDPO, ACHK, FDPL, KHQS, ACPL, FDQS, ACQS और FGOL

अतः आकृति में कुल '23' चतुर्भुज हैं।

19. (a) जिस प्रकार,

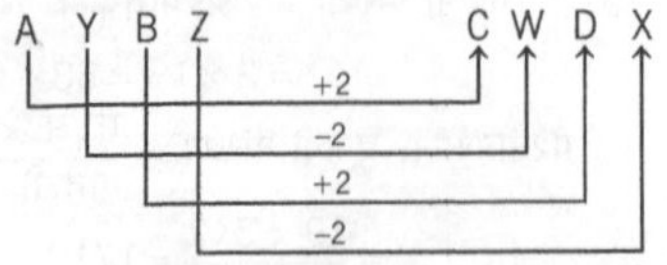

उसी प्रकार,

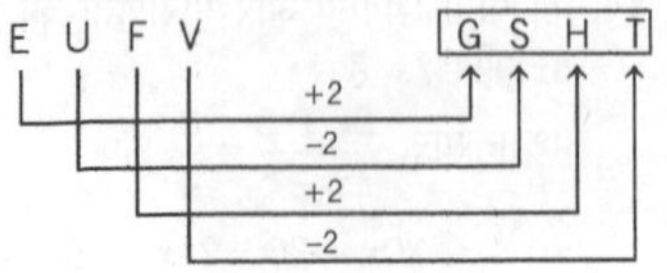

20. (d) कॉलम I से, $(5+4)\times 2$

$\Rightarrow \quad 9\times 2=18$

कॉलम II से, $(6+3)\times 3$

$\Rightarrow \quad 9\times 3=27$

$\therefore$ कॉलम III से, $(12+4)\times ?=96$

$\Rightarrow \quad 16\times ?=96$

$\Rightarrow \quad \frac{96}{16}=\boxed{6}$

21. (d) दिया गया समीकरण

$47+13\div 65\times 5-16$

प्रश्नानुसार, समीकरण के चिह्न $(\times \Leftrightarrow \div)$ बदलकर VBODMAS का प्रयोग कर हल करने पर,

$47+13\times 65\div 5-16$

$=47+\frac{13\times 65}{5}-16$

$=47+169-16$

$=216-16$

$=200$

22. (c)

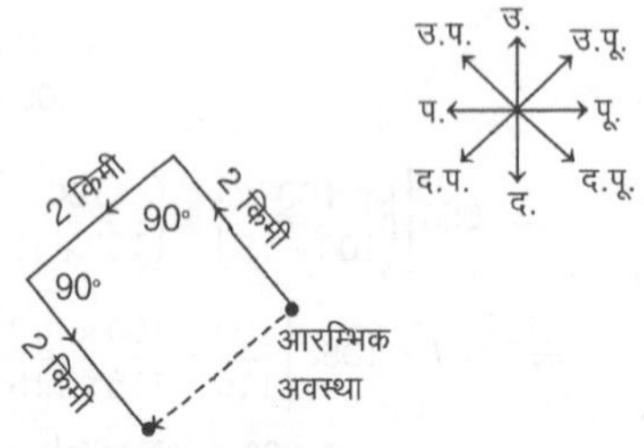

अतः राजू अपने आरम्भिक अवस्था से दक्षिण-पश्चिम दिशा में होगा।

23. (b) प्रश्नानुसार, हरि के अनुसार, पिता का जन्मदिन = 14 या 15 जून को

तथा हरि की बहन के अनुसार, पिता का जन्मदिन = 15,16 या 17 जून को

$\because$ दोनों का उभयनिष्ठ दिन 15 है।

अतः उनके पिता का जन्मदिन 15 जून को है।

24. (d) प्रश्नानुसार,

[मीरा] (सुन्दर) है ⟶ ki (po) [mo]

सीता (सुन्दर) थी ⟶ ji ti (po)

[मीरा] स्कूल जाएगी ⟶ [mo] xu ze

$\therefore$ है ⟶ ki

25. (a) दिए गए शब्दों का शब्दकोश के अनुसार क्रम निम्न है

Mandarin → Mandate → Master → Mobile → Monkey
(3) (2) (5) (1) (4)

26. (d) जिस प्रकार,

$14:210 \Rightarrow 14\times(14+1)=210$

तथा

$16:272 \Rightarrow 16\times(16+1)=272$

उसी प्रकार,

$13:182 \Rightarrow 13\times(13+1)=\boxed{182}$

27. (c) प्रत्येक अगली आकृति में दाई ओर वाले एक डिजाइन की एक पत्ती बाई ओर वाले डिजाइन पर चली जाती है। इसी क्रम में उत्तर आकृति (c) प्राप्त होगी।

28. (a) जिस प्रकार,

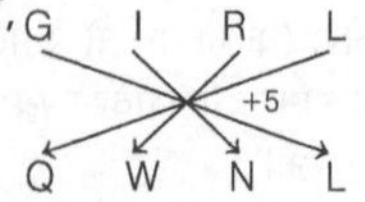

उसी प्रकार,

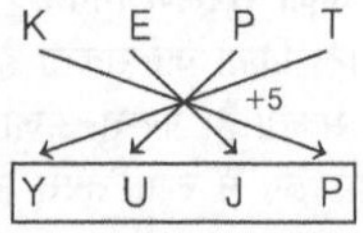

29. (c) विकल्प (a), (b) तथा (d) में आकृति के बाईं ओर के तत्त्वों की संख्या दाईं ओर की तरफ दो बढ़ जाती है तथा दिशा समान रहती है लेकिन विकल्प (c) में दो तत्त्व विपरित दिशा में हैं।

30. (d)

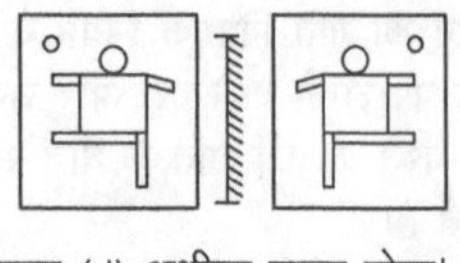

अतः विकल्प (d) अभीष्ट उत्तर होगा।